複合辞からみた日本語文法の研究

ひつじ研究叢書〈言語編〉

【第70巻】言葉と認知のメカニズム−山梨正明教授還暦記念論文集
　　　　　　　　　　　　　　　　　　　　　　児玉一宏・小山哲春 編
【第71巻】「ハル」敬語考−京都語の社会言語史　　　　　　辻加代子 著
【第72巻】判定質問に対する返答−その形式と意味を結ぶ談話規則と推論
　　　　　　　　　　　　　　　　　　　　　　　　　　　内田安伊子 著
【第73巻】現代日本語における蓋然性を表すモダリティ副詞の研究　杉村泰 著
【第74巻】コロケーションの通時的研究−英語・日本語研究の新たな試み
　　　　　　　　　堀正広・浮網茂信・西村秀夫・小迫勝・前川喜久雄 著
【第76巻】格助詞「ガ」の通時的研究　　　　　　　　　　　山田昌裕 著
【第77巻】日本語指示詞の歴史的研究　　　　　　　　　　　岡﨑友子 著
【第78巻】日本語連体修飾節構造の研究　　　　　　　　　　大島資生 著
【第79巻】メンタルスペース理論による日仏英時制研究　　　井元秀剛 著
【第80巻】結果構文のタイポロジー　　　　　　　　　　　　小野尚之 編
【第81巻】疑問文と「ダ」−統語・音・意味と談話の関係を見据えて　森川正博 著
【第84巻】接尾辞「げ」と助動詞「そうだ」の通時的研究　　漆谷広樹 著
【第85巻】複合辞からみた日本語文法の研究　　　　　　　　田中寛 著
【第86巻】現代日本語における外来語の量的推移に関する研究　橋本和佳 著

ひつじ研究叢書〈言語編〉第85巻

複合辞からみた
日本語文法の研究

田中 寛 著

ひつじ書房

まえがき

　21世紀に入り、日本語の研究、とりわけ現代語の文法に関する研究は長足の進歩を遂げている。この背景には情報の加速する現代社会において言語情報をいかに精確に、また効率よく伝達するかという要請の一方、広域化する多元文化、多元言語社会にあって情報の収集と危機管理を進めながら、いかに迅速かつ的確に対応していくか、という課題があるように思われる。これらの要請と課題に対して従来の言語研究の枠内では処理しきれなくなったことは、多くの学問体系が学際的な研究指向へと展開している現況と軌を一にしている。

　これまでは言語の内在的な構造、意味にもっぱら関心を注がれてきたのが、様々な人的交流、情報伝播のなかで、むしろ言語の外在的な側から照射する必要が高まっている。文法を動態的にとらえることにより、談話機能とその習得のプロセスにおいても様々な要因を重視する必要に迫られている。多様化する接触場面のなかで、言語がどのように機能するのか、円滑なコミュニケーションに寄与する言語研究とはどのような指向性をもつのか、これらの課題は今日、日本語の文法研究に携わる者にとって避けては通れない。

　本研究はこのような現代をとりまく言語環境の変化を真摯にうけとめ、これまで携わってきた日本語教育から日本語文法を捉えなおすという関心に導かれている。主として接続と文末叙述の交配をめぐる諸相と、同時にそれら言語発想の様式、発話意図の背景にあるものを、いくつかの主題のもとに考察した。本研究の主軸には文型を言語行動から多面体としてとらえ、そのなかで主体、および観察者の視点が文脈、伝達においてどのように内在し、また現象をどのように切り取り、認識の中に取り込んでいくか、という観点が通底している。日本語の多様で豊かな表現は、さまざまな形式によって担われている。複合辞と称される構文形式は論理的な文脈を構成する重要な要素で、これを類型的、類義的観点から整理することが、日本語の表現性と論理的構造を明らかにする重要な作業となる。

　以下、本書の構成と概略を記しておきたい。

　序章では本書執筆の立場、視点について、文型研究と文法研究の接点を求めるべく、複合辞から見た日本語文法研究の諸問題を概観するとともに、日本語教育文法を構築するにあたってのいくつかの課題を提起した。

　第1部では接続表現に見られる複合辞の特徴を、主として副詞節にもとめながら、文法化した主要形式の意味と用法を検証した。「きっかけ」、「結果誘導」と

いった文法カテゴリを担う諸形式について、構造的、意味的な分析を試みる。

第2部では引き続き文型研究の視点から、副詞節の諸相をテーマに特徴的な言語現象とその表現形式をとりあげた。レバ条件節の意味構造、連体節の接続機能、また瞬間を表す時間節などにおいて、主体の意志と形式との関係を考察した。

第3部では発話行為の観点からモダリティに関わる現象を考察した。類義的な意味と文法化の過程を「可能性」、「蓋然性」、および「確信」と「確実性」という観点から考察し、さらに言語行動から文型研究をどうとらえるか、という角度から、禁止というカテゴリについて内在する表現のレベルを検証した。

第4部では文末の叙述にかかわる表現形式を主に否定文末形式の意味と機能、およびいくつかの"表出"に関わる述語文の諸相について検討を行った。これらの多くが意味的な曖昧性をもちながら日本語固有の感情表現を構成するものである。

さらに附章として、前半での考察と後半での考察を統合する意味から、日本語の名詞述語表現の諸相を記述した。巻末には、今後の複合辞研究に資するべく、これまでの複合辞関連の主要な研究文献目録を収録した。

筆者の言語研究は日頃の日本語教育の実践的視点と深く関わっている。なかでもここ数年、中上級日本語学習者への指導の立場から、日本語の表現的な特徴を諸言語と比較観察する機会が大きな背景となっている。日本語文法の研究を通して諸言語の特徴を観察し、日本語教育に還元するという本書の目的がいささかなりとも寄与するところがあれば、との思いから江湖に問うものである。

本書に収められた論考はこの数年、タイ王国チュラロンコーン大学、カセサート大学、中国の湖南大学、山西大学、北京外国語大学などにおいて院生、教員対象の講義に用いたものを含んでいる。多くの助言を賜った関係者に感謝申し上げたい。これまでの長年にわたる日本語教育の実践的な角度から日本語文法を検証するという方法論を、これからもさらに深化させていきたいと思う。読者諸賢の大方のご高批を心からお願い申しあげる。

なお、本書は2009年度大東文化大学特別研究費の助成を受けて刊行されるものである。刊行の機会を与えてくださった関係者各位に深甚の感謝の意を表する。

平成22年2月

目次

まえがき	v
凡例	xxii

序章　複合辞からみた日本語文法の研究
―文型研究と文法研究の接点をもとめて　　1

1	はじめに	1
2	文法と文型、あるいは研究と教育の関係	2
3	「基本文型の研究」と「話しことばの文型」	4
4	「日本語表現文型」と「複合辞」	5
	4.1　「日本語表現文型」における場面認識	5
	4.2　「複合辞」という文型カテゴリー	6
	4.3　「日本語文型辞典」の編纂	6
5	中国における日本語文型研究	7
6	多言語社会における文型研究	11
7	「構造文型」、「表現文型」から「機能文型」へ	12
8	文脈重視の文型と文法研究	13
9	文型研究における語彙と構文	15
10	おわりに	16

第1部　接続表現　副詞節の諸相(1)　　23

第1章　動詞テ形後置詞の分類と意味機能
―機能的認定と様態的意味の諸相　　25

1	はじめに	25

2	動詞の実質的意味からメタファー的意味へ	26
3	動詞テ形後置詞の使用・出現分布	31
4	動詞テ形後置詞の傾向的分析	35
5	時間関係を表す動詞テ形後置詞	37
	5.1　「に先立ち／に先立って」の意味と用法	37
	5.2　「にあたり／にあたって(は)」「にのぞんで」の意味と用法	38
	5.3　「に際し／に際して(は)」の意味と用法	40
	5.4　「を控えて」「に備えて」の意味と用法	41
	5.5　「にいたって」「におよんで」の意味と用法	42
6	主題化、対比、とりたての諸相	44
	6.1　「については」「をめぐっては」「にいたっては」の意味と用法	44
	6.2　「によっては」「をおいては」などの意味と用法	46
	6.3　「にかけては」「にかけても」の意味と用法	48
	6.4　「にして」「にしては」「にしても」の意味と用法	49
	6.5　「につけ(ても)」「につけ〜につけ」「につき」の意味と用法	52
	6.6　「にひきかえ」「とひきかえに」、「に代わって」「に代えて」「代わりに」、「に限り」「に限って」「を限りに」の意味と用法	54
7	起因的な意味を表す動詞テ形後置詞	56
	7.1　「とあいまって」の意味と用法	56
	7.2　「を受けて」「も手伝って」の意味と用法	57
	7.3　「にもとづいて」「に(も)まして」「が高じて」などの意味と用法	59
	7.4　〈見せかけ〉的な意味を内包する動詞テ形後置詞	61
	7.5　様態修飾的な意味を表す動詞テ形後置詞	64
	7.6　後件の誘導成分となる動詞テ形後置詞	65
8	引用、想定の動詞テ形後置詞	67

	8.1	「こともあって」「とあって」「甲斐あって」「あってのN」の意味と用法	67
	8.2	「として」「とみて」「とみえて」「からして」などの意味と用法	69
	8.3	「といって(も)」「からといって」「かといって」の意味と用法	72
9	おわりに―動詞テ形後置詞の機能的分類にむけて		75

第2章 漸進性と相関関係を表す後置詞
―「につれて」「にしたがって」などをめぐって　　81

1	はじめに	81
2	問題の所在	81
3	「につれて」の意味と機能	83
	3.1　従来の意味記述	83
	3.2　前件述語成分の諸特徴	85
	3.3　後件述語成分の諸特徴	89
4	「にしたがって」の意味と機能	91
	4.1　従来の意味記述	92
	4.2　本節での考察	93
	4.3　動詞の意志性にかかわる諸問題	95
5	「にともなって」の意味と機能	97
	5.1　従来の意味記述	97
	5.2　本節での考察	99
6	「につれて」「にしたがって」「にともなって」の比較と使用の異同	102
7	その他の漸進性と相関関係を表す表現形式	106
	7.1　動詞テ形後置詞	106
	7.2　形式名詞やその他の名詞成分による表現形式	108
8	おわりに	110

第3章 "きっかけ"を表す構文
―〈類義語〉と〈類義文型〉についての一考察　　115

 1 はじめに 115
 2 「を機に」「を機会に」「を契機に」の意味と用法 116
 3 「をきっかけに」の意味と用法 120
 4 「を境に」の意味と用法 123
 5 「をピークに」「を最後に」「を潮に」の意味と用法 124
 6 「を振り出しに」「を皮切りに」などの意味と用法 126
 7 「を引き金に」「を切り口に」などの意味と用法 127
 8 「をばねに」「をてこに」などの意味と用法 129
 9 〈XをYに〉の意味と形態上の諸問題 132
 10 おわりに―類義語と類義文型をめぐって 134

第4章 結果誘導節における発話意図
―主観的評価をめぐる一考察　　137

 1 はじめに 137
 2 「結果」の意味と用法 138
 3 「すえ(に)」「はてに」「あかつきには」の意味と用法 144
 4 「あげく(に)」の意味と用法 146
 5 「あまり」の意味と用法 148
 6 「手前」と「ばかりに」にみる責任の所在説明 151
  6.1 「手前」の意味と用法 151
  6.2 「ばかりに」の意味と用法 152
 7 「だけに」「だけあって」と「だけで」の評価的意味 154
 8 「からには／からは」「以上(は)」「うえは」の意味と用法 156
  8.1 「からには」の意味と用法 156
  8.2 「以上(は)」「うえは」の意味と用法 157
 9 おわりに 158

第2部　接続表現　副詞節の諸相(2) ... 161

第1章　レバ条件文における文脈的意味
―論理関係と節末・文末叙述の構造 ... 163

- 1　はじめに ... 163
- 2　レバ条件文にみられる事態の普遍性 ... 164
- 3　レバ条件文の概観 ... 167
- 4　主文文末述語の特徴的な形態 ... 169
- 5　レバ条件節による主題、命題の展開 ... 173
  - 5.1　「レバ」と「ハ」 ... 173
  - 5.2　複合条件文 ... 174
  - 5.3　「ナケレバ」 ... 174
- 6　レバ条件節の限定条件と意味的な機能 ... 175
  - 6.1　「レバコソ」 ... 175
  - 6.2　「XレバXホド」 ... 176
  - 6.3　「XサエYレバ」 ... 177
  - 6.4　対比と並列 ... 177
  - 6.5　その他の諸形式 ... 179
- 7　レバ条件節の独立形式―条件形後置詞と副詞句表現 ... 180
  - 7.1　レバ条件形の後置詞 ... 180
    - 7.1.1　「ニヨレバ」 ... 180
    - 7.1.2　「トスレバ」「ニシテミレバ」 ... 181
    - 7.1.3　「トイエバ」 ... 181
    - 7.1.4　「(カ)ト思エバ」 ... 183
    - 7.1.5　「トアレバ」「トアラバ」「ト(モ)ナレバ」 ... 183
  - 7.2　副詞句の用法 ... 184
  - 7.3　言いさしのレバ ... 186
- 8　おわりに ... 186

第2章 擬似的な連体節と従属接続成分
―「理由で」「代わりに」「反面」などをめぐって　191

1　はじめに　191
2　「Nデ」節の意味と機能　192
　2.1　形式名詞・形式副詞とデ格成分　193
　2.2　姿勢や状況を表す「調子で」「素振りで」などの意味と用法　195
　2.3　「つもりで」「一心で」「思いで」の意味と用法　198
　2.4　「理由で」「目的で」の意味と用法　200
　2.5　「疑いで」「かどで」「関係で」などの意味と用法　202
　2.6　「点で」「形で」「方向で」などの意味と用法　205
　2.7　その他のデ格をともなう接続成分　206
3　「Nニ」節の意味と機能　210
　3.1　「形式名詞ニ」の接続成分　211
　3.2　「以上に」「以上は」の意味と用法　212
　3.3　「ついでに」の意味と用法　212
　3.4　「代わり(に)」の意味と用法　214
　3.5　「通り(に)」の意味と用法　217
　3.6　「わりに(は)」の意味と用法　218
　3.7　「くせに」の意味と用法　219
　3.8　「証拠に」「しるしに」などの意味と用法　219
　3.9　その他のニ格をともなう接続成分　222
4　「N(無格)」節の意味と機能　223
　4.1　「一方(で)」「他方(で)」の意味と用法　223
　4.2　「反面」「半面」「一面」「他面」の意味と用法　226
　4.3　「かたわら」の意味と用法　228
　4.4　「がてら」「かたがた」の意味と用法　230
　4.5　その他の「N(無格)」節の意味と用法　232
5　おわりに　233

第3章 "瞬間"と"同時"を表す複合辞
―事態生起の偶発性と恣意性の観点から　237

- 1　はじめに　237
- 2　時間軸の設定と事態生起の偶発性・恣意性　237
- 3　意志の非介在と瞬間性からの展開(1)　240
  - 3.1　「とたん(に)」の意味と用法　240
  - 3.2　「なり」の意味と用法　243
  - 3.3　「はずみに」の意味と用法　244
  - 3.4　「拍子に」の意味と用法　246
- 4　意志の非介在と瞬間性からの展開(2)　248
  - 4.1　「瞬間」の意味と用法　248
  - 4.2　「矢先(に)」の意味と用法　250
  - 4.3　「直前」「直後」「寸前」「間際」の意味と用法　251
- 5　事態生起に内在する主体の恣意性　253
  - 5.1　「次第」の意味と用法　253
  - 5.2　「が早いか」の意味と用法　254
  - 5.3　「か～ない(かの)うちに」の意味と用法　255
  - 5.4　「や否や」の意味と用法　257
  - 5.5　「そばから」の意味と用法　259
- 6　"同時併発"を表す諸表現　260
  - 6.1　「と同時に」「とともに」の意味と用法　260
  - 6.2　「ところを」「ところに」の意味と用法　263
  - 6.3　「ようとする」「かける」「そう」を含むトキ節とト節　264
- 7　多義性の諸問題―「と思うと」の文法化をめぐって　265
  - 7.1　「かと思うと」「かと思えば」「かと思ったら」の意味と用法　265
  - 7.2　「かと思いきや」「と思いきや」の意味と用法　269
- 8　その他の短い時間幅を表す時間節　270

9　おわりに—時間節の体系的記述に向けて　　274

第3部　文末表現とモダリティの構制(1)　279

第1章　「しかたがない」「やむをえない」考
　　　　—〈諦念〉をめぐる省察　　281

　　1　はじめに　　281
　　2　語彙と文脈—〈諦念〉の心的背景　　282
　　3　「しかたがない」にみる〈諦念〉の諸相　　284
　　4　「ようがない」の意味と用法　　287
　　5　「やむをえない」の意味と用法　　289
　　6　「無理もない」「おかしくない」「不思議ではない」などの意味と用法　　290
　　7　「ざるをえない」の意味と用法　　291
　　8　「よりほかない」「しかない」「まで(のこと)だ」の意味と用法　　293
　　9　「を余儀なくされる」の意味と用法　　294
　　10　おわりに　　295

第2章　条件と可能性・蓋然性のモダリティ
　　　　—「かもしれない」「かねない」とその周辺　　299

　　1　はじめに　　299
　　2　「かもしれない」の意味と用法　　300
　　3　「かねる」と「かねない」の本質　　306
　　4　「かねない」の意味と用法　　307
　　　　4.1　「かねないとして」「かねないとあって」「かねないだけに」　　308
　　　　4.2　「ことになりかねない」　　308

5	条件と「かねない」の文脈性	309
	5.1 「P〈と／れば〉、Qかねない」	309
	5.2 「P〈れば／たら／とき〉Qかねない」	310
	5.3 「かねない」と潜在的条件	312
	5.4 社説にみる「かねない」の出現分布	313
6	「かもしれない」「かねない」の周辺(1)	314
	6.1 「可能性がある」	314
	6.2 「恐れがある」	315
	6.3 「疑いがある」	316
	6.4 「ことがある」「場合がある」	317
	6.5 「うる／える」「こともありうる」	318
	6.6 「予想される」「考えられる」	318
7	「かもしれない」「かねない」の周辺(2)	318
	7.1 「とは限らない」「とも限らない」「わけではない」	318
	7.2 「とはいえない」「とは思えない」	320
	7.3 「保証はない」「ことは否めない」	321
	7.4 「(の)ではないだろうか」「(の)ではあるまいか」	321
	7.5 全面否定と部分肯定	322
	7.6 二重否定による可能性の示唆と確定	323
	7.7 その他の可能性を含意する表現	323
8	おわりに	324

第3章 確信と確実性判断の交渉
―「にちがいない」と「はまちがいない」を中心に 327

1	はじめに	327
2	「にちがいない」の意味と機能	328
3	社説にみる「にちがいない」「はまちがいない」の分布	332
4	「にちがいない」と「はまちがいない」にみる主観性の相違	336
5	対照研究からの考察―「にちがいない」と「はまちがいない」	338

6	「に決まっている」の意味と用法	340
7	「にかたくない」「のはかたい」「っこない」の意味と用法	341
8	おわりに	342

第4章　言語行動論からみた発話行為と文法
―〈禁止〉の構文をめぐって　　　　　　　　　345

1	はじめに	345
2	直接発話行為と間接発話行為	346
3	〈禁止〉の標示(表示)・標識の実態	347
4	不特定多数者を対象とした〈禁止〉表現	351
	4.1　〈禁止〉表現のレベル	351
	4.2　対照研究からのアプローチ―タイ語の場合	352
5	「てはならない」「てはいけない」の意味と用法	354
6	社説にみる「てはいけない」「てはならない」	356
7	「てはならない」「てはいけない」の使用分布	358
8	「てはならない」「てはいけない」の周辺	359
	8.1　「ないでください」「ないようにしてください」の意味と用法	359
	8.2　「すべきで(は)ない」の意味と用法	361
	8.3　「ないほうがいい」の意味と用法	361
	8.4　「わけにはいかない」の意味と用法	362
	8.5　「はずがない」「場合ではない」の意味と用法	362
	8.6　「お／ご～なく」の意味と用法	362
	8.7　「まじ／まじき N」「べからず／べからざる N」の意味と用法	362
	8.8　その他の禁止関連表現	363
9	おわりに	365

第4部　文末表現とモダリティの構制(2)　　369

第1章　心的表出と評価判断のモダリティ(1)
―命題の評価性をめぐって　　371

- 1　はじめに　　371
- 2　テ形接続の構文(1)　　372
  - 2.1　「てならない」の意味と用法　　372
  - 2.2　「てたまらない」「てしかたがない」「てしようがない」の意味と用法　　374
- 3　テ形接続の構文(2)　　376
  - 3.1　「ていられない」の意味と用法　　376
  - 3.2　「ておけない」「てやまない」の意味と用法　　378
- 4　「ては」「ても」に接続する心情の強調　　379
  - 4.1　「てはしかたがない」「てはたまらない」「てはかなわない」の意味と用法　　379
  - 4.2　「てもしかたがない」「てもしょうがない」「てもはじまらない」の意味と用法　　381
- 5　「ないでは」「ずには」に接続する心情の強調　　382
  - 5.1　「ないではいられない」「ずにはいられない」の意味と用法　　382
  - 5.2　「ないではおかない」「ずにはおかない」の意味と用法　　383
  - 5.3　「ないではすまない」「ずにはすまない」の意味と用法　　384
- 6　「限りだ」「ったら(ない)」などの評価性について　　386
  - 6.1　「限りだ」の意味と用法　　386
  - 6.2　「にもほどがある」「ったらない」の意味と用法　　387
  - 6.3　「きわまりない」「きわまる」の意味と用法　　389
  - 6.4　「にたえない」「にしのびない」「を禁じえない」の

　　　　　意味と用法　　　　　　　　　　　　　　　　　390
　　7　おわりに―命題の評価性をめぐって　　　　　　392

第2章　心的表出と評価判断のモダリティ（2）
―"引用"という観点からの考察　　　　　　　　395

　　1　はじめに　　　　　　　　　　　　　　　　　　395
　　2　「とは」と「なんて」―意外性と詠嘆を表す表現　　395
　　　　2.1　「とは」の意味と用法　　　　　　　　　　396
　　　　2.2　「なんて」の意味と用法　　　　　　　　　397
　　3　引用的な観点からみた心的表出の諸相（1）　　　　399
　　　　3.1　「Xといっても過言ではない」の意味と用法　399
　　　　3.2　「Xに越したことはない」の意味と用法　　　400
　　　　3.3　「Xくらいなら、Yほうがましだ」の意味と用法　401
　　4　引用的な観点からみた心的表出の諸相（2）　　　　403
　　　　4.1　接続成分にあらわれる「という」の諸相（1）　403
　　　　4.2　文末成分にあらわれる「という」の諸相（1）　405
　　5　新聞の社説にみられる「という」の複合辞　　　　410
　　　　5.1　接続成分にあらわれる「という」の諸相（2）　410
　　　　5.2　文末成分にあらわれる「という」の諸相（2）　414
　　6　おわりに　　　　　　　　　　　　　　　　　　422

第3章　否定文末形式の意味と機能（1）
―判断・評価の表現の諸相　　　　　　　　　　425

　　1　はじめに　　　　　　　　　　　　　　　　　　425
　　2　「Xではない」否定文末形式（1）　　　　　　　　426
　　　　2.1　「Xのではない」の意味と用法　　　　　　426
　　　　2.2　「Xわけではない」の意味と用法　　　　　429
　　　　2.3　「Xものではない」の意味と用法　　　　　433

        2.4 「Xことではない」の意味と用法　　　　　　　435
    3 「Xではない」否定文末形式(2)　　　　　　　　437
        3.1 「Xべきではない」の意味と用法　　　　　　437
        3.2 「Xどころではない」の意味と用法　　　　　438
        3.3 その他の「Xではない」の意味と用法　　　　439
    4 「Xがない」否定文末形式　　　　　　　　　　　442
        4.1 「Xことがない」の意味と用法　　　　　　　442
        4.2 「Xものがない」の意味と用法　　　　　　　445
        4.3 「Xはずがない」「Xわけがない」の意味と用法　446
        4.4 「Xつもりがない」の意味と用法　　　　　　447
    5 否定の形式と疑問文の用法　　　　　　　　　　448
    6 おわりに　　　　　　　　　　　　　　　　　　450

第4章　否定文末形式の意味と機能(2)
―否定の論理構造と倫理的な意味　　　　　　　453

    1 はじめに　　　　　　　　　　　　　　　　　　453
    2 否定文末形式の概観　　　　　　　　　　　　　453
    3 「Nはない」の派生的なタイプ　　　　　　　　　454
    4 状況の否定と意志の否定　　　　　　　　　　　458
        4.1 「Xことはしない」と「Xはしない」　　　　458
        4.2 「Vようと(は)しない」と「Vようなことはしない」459
        4.3 否定の動詞述語形式　　　　　　　　　　　460
        4.4 否定の論理と倫理　　　　　　　　　　　　461
    5 不可能を含意する否定形式　　　　　　　　　　462
        5.1 「ようがない」の意味と用法　　　　　　　462
        5.2 「わけにはいかない」の意味と用法　　　　463
        5.3 「かねない」の意味と用法(補遺)　　　　　464
    6 意志の限定と判断の諸相　　　　　　　　　　　464
        6.1 「しかない」と「(より)ほかない」　　　　464

6.2	「にほかならない」の意味と用法	465
6.3	「にすぎない」の意味と用法	466
6.4	「までもない」「にはあたらない」「にはおよばない」の意味と用法	467
6.5	「よしもない」「べくもない」の意味と用法	467

7 婉曲的な否定と"否定連鎖" 468
   7.1 「(ない)ではない」と「なく(は/も)ない」の意味と用法 468
   7.2 「VするともなくVする」の意味と用法 469
   7.3 「とはかぎらない」「(ない)ともかぎらない」の意味と用法 470
   7.4 "否定連鎖"構文 470
8 おわりに 472

附章　名詞述語文と"説明"のモダリティ表現
―「ことだ」「ものだ」から「寸法だ」「毎日だ」まで　475

1　はじめに　475
2　「ことだ」の諸相　476
   2.1　名詞化の「こと」と事態説明の「こと」　476
   2.2　「ことだ」の説明的モダリティ　478
   2.3　「ことか」「ことだろうか」の詠嘆、疑念用法　480
3　「ものだ」の諸相　481
   3.1　「〈単独〉ものだ」(1)　481
   3.2　「〈単独〉ものだ」(2)　482
   3.3　「というものだ」の提示用法と感慨用法　484
   3.4　「ものか」「ものだろうか」の拒否、疑念用法　485
   3.5　「もの」(「もん」)の終助詞的用法　486
   3.6　「〈複合〉ものだ」の諸相　487
4　「ところだ」「ばかりだ」の諸相　490

		4.1 確認を表す「ところだ」	491
		4.2 所望を表す「たいところだ」	491
		4.3 到達評価を表す「という／といったところだ」	492
		4.4 程度・傾向を表す「ばかりだ」	492
		4.5 根拠・論点を表す「ためだ」「点だ」	493
		4.6 「思いだ」「感じだ」「限りだ」などの用法	494
	5	文法化した名詞述語文の諸相	496
		5.1 「わけだ」「つもりだ」などの類義表現	496
		5.2 「予定だ」「状態だ」「勢いだ」などの用法	498
		5.3 期待や事態実現の可能性をうらなう法	500
	6	名詞述語文の追認・余情的用法	502
		6.1 言い替えによる"等価追認"	502
		6.2 "詠嘆的、余情的語り"としての用法	503
	7	おわりに	504

巻末資料 複合辞研究文献目録 507
　【節末にあらわれる複合辞】 509
　【文末にあらわれる複合辞】 537
　【その他の複合辞に関連する研究文献・参考文献】 563
　【辞典類・参考書類】 574

事項索引 581
文型・関連副詞索引 593

あとがき 605

凡例

- 文中の例文は作例以外は、例文の後に出典を示した。
- 文中の当該例文において、「*」は構文的にみて文としての体裁をなさない、非文法的な用法であることを示す。
- 文中の当該例文において、「?」は当該文脈において非文法的な文とはいえないまでも、やや不自然な用法であることを示す。
- 文中の当該例文において、「??」は当該文脈において「?」に比べて明らかに逸脱性があり、不自然な用法であることを示す。
- 文中の当該例文において、「#」は文そのものとしての適格性は維持しながらも、当該文脈において繋がりや場面性から逸脱した別義の用法であることを示す。
- 用例に付された下線は当該用例における文型、および関連成分であることを示す。

序　章　複合辞からみた日本語文法の研究
　　　　　―文型研究と文法研究の接点をもとめて

　本章では文型という構造的な認識・把握が文法研究にどう関わり、意味と機能をとりこみながら、いかに研究と教育の相互発展に寄与していくかを述べる。また、内外の種々の文型研究を検討しながら、複合辞を構成する語彙と文型の統合的な記述のあり方を検討していく。

1　はじめに

　この数年、日本語文法研究において日本語教育を視野に入れた教育文法への取り組みに関心が高まっている。理論的な日本語学の研究から実践的な日本語教育学への橋渡しを意図するものとして、技能別における文法教育、日本語教育文法といった模索がある[1]。そこにみられる文法研究の課題とはどのようなものだろうか。

　文法研究の切り口はさまざまであろうが、日本語教育との接点を考えた場合、文型研究と密接な関係にあることは異論のないところであろう。実践的な教育文法も個々の文型をどう扱うかという関心から離れることはできない。文法研究が部分的なものから全体的なものへの認識の拡張でもあるとすれば、また、習得という実践的な過程からみれば、文法も文型も最初からあるのではなく、それを観察・理解し、定位していく段階で、形式（構造）、意味、機能という有機的統合体として把握される。その意味で個々の文型は場面的、多機能的な対象でなければならない。

　こうした事情を背景に、日本語教材の中にも作文、文章表現や文法の副教材としての文型教材が少なからず考案され、また、その主要なものについては類義的な分析も含めて相当深いところまで進んできている。一方、日本語能力試験対策のための参考書として、各種の文型学習書が出されている。それらは用例も実用的性格をもち、類義文型、反義文型なども収録しているが、分類には相応の異同もあって、選択の基準もあいまいなところもある。とはいえ、これらがきっかけとなって旧来の、いわば「文型積み上げ式」という制約された考察とは異なる文型研究の成果が蓄積されてきたことは事実であろう。問題はこれらの長所短所をどう精査し、実りある文法研究に結び付け、日本語教育に寄与していくか、であろう。以下、文型研

究が、とりわけ日本語教育文法の研究、教育実践にどのように反映され、還元されていくかを考察する。

2 文法と文型、あるいは研究と教育の関係

「文法」とは文のしくみであり、文法研究とは文の構造と生成をめぐる考察にほかならないが、一方、それらが実際の発話や文脈という場、言語環境でどのように扱われるか、という関心も必然的に内包されていなければならない。ところが、これまでの文法研究の意識は、ともすれば外部(教育環境)との接触とは別に、どちらかといえば、言語の内在性に焦点をあてた研究、つまり、実践的体系とは距離をおいた研究が進められてきた傾向がある。一方、教育の現場、方法論の多様化から、ここまでは「研究」領域と「教育」領域の線引きが明確な実効性をもたなくなっているのも事実であろう。さまざまな言語接触の場面、領域において研究と教育の連携が模索されているように、研究対象の内在性と外在性との連携の要請は文法研究においても再検討する必要がある。

文法研究が研究のための内在的研究から、よりコミュニケーションを重視した実用性に移行しようとするとき、それぞれの専門性を有機的に結びつけ、相互に還元できる環境を、教育面と研究面から構築していく必要がある。学習者の視点に立った文型学習の過程を見直すことによって、個々の文型習得と同時により包括的な文法認識の習得への新しい展望も開けてくるにちがいない。

ここで、文法研究を三つのスペースで考えてみよう。〈入口〉、〈過程〉、〈出口〉といったスペースを考えるとき、〈入口〉の部分は「研究」領域にも「教育」領域にも共有されてはいるものの、その中身である〈過程〉の大半は研究領域が占め、〈出口〉にいたってはそれぞれ教育に直面する教師の関心と経験、さらに個々の実際の教育現場に委ねられる向きがある。こうした背景を考えるならば、日本語学の研究、理論の蓄積と日本語教育学の実践文法、教育文法との接点は分散した「点」であり、大方の議論も並行的な傾向であり続けるといえよう[2]。

ちなみに、図1は両者の並存・対応関係を表したものである。〈入口〉は学習の導入、〈過程〉は学習の途上、〈出口〉は学習の段階的修了を意味する。

この三つのスペース(概念)は決して固定的なものではなく、明確な区切りをもつものではないが、とくに研究の発端としての〈入口〉は教育現場においては日常的なものであろう。日本語文法研究の貢献はその〈過程〉において接点をもつような意識を高める必要があるが、その一つに文型研究の深化があげられる。

```
日本語文法研究┐
   ┊          └──────────────────────────────────┐
   ┊┈┈┈┈┈┈┈<入口>┈┈┈┈┈<過程>┈┈┈┈┈<出口>
日本語教育研究┐                                    ┌教育実践┐
              └────────────────────────────┘        └──────┘
```
図1　研究の<入口>、<過程>、<出口>

　さらに図2は図1と関連して〈文法〉、〈文型〉という領域、〈研究〉、〈教育〉という取り組みのあり方を示したものだが、例えば①〈文法研究と文型研究〉、②〈文法教育と文型教育〉について、さらに四項の組み合わせによっては③〈文型研究と文法教育〉、④〈文法研究と文型教育〉といった連関性については、詳しく論じられることがなかったように思われる。さらに、⑤〈文法研究と文法教育〉、⑥〈文型研究と文型教育〉にいたっては、今なお、実りある議論が少ないのが現状ではないだろうか。

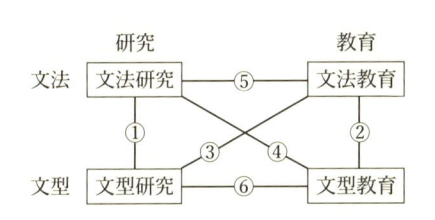

```
           研究            教育
文法    ┌文法研究┐─⑤─┌文法教育┐
        └────┘      └────┘
            ①  ╲  ╱  ②
                ╳ ④
            ③  ╱  ╲
        ┌────┐      ┌────┐
文型    │文型研究│─⑥─│文型教育│
        └────┘      └────┘
```
①＜文法研究と文型研究＞
②＜文法教育と文型教育＞
③＜文型研究と文法教育＞
④＜文法研究と文型教育＞
⑤＜文法研究と文法教育＞
⑥＜文型研究と文型教育＞

図2　文法・文型と研究・教育の相関・相補関係

　もっとも、これら文法研究、文法教育、文型研究、文型教育の4項のなかには明確な境界線が引きにくく、実際には相互乗り入れの状況があることも事実であるが、「研究」が上位概念、「教育」が下位概念であるといった見方は依然根強い。

　筆者はこれまで日本語教育に従事する中で、文型教育のありかたに常に関心を抱いてきた。その過程では、当然ながら"最初に文法ありき"ではなく、実践の過程で文法的視野を陶冶してきたことになる。こうした背景からも文型研究を通して文法を見直すという観点をあらためて提起したい。

　一方、海外に目を向ければ、例えば、中国ではこれまで日本語教育の学習書、研究書として「慣用型」と称する類書が数多く出されている。主として第二外国語学習者、理工系日本語教育における技術書の翻訳という具体的な需要から発したものであるが、日本語学習の向上にも少なからず寄与している。こうした文型研究はむしろ日本語非母語話者からの学習者の意識を重視して実用的な関心が払われてきているように思われる。文型はまた言語の発想様式をさぐるうえでも関心がもたれ

る。とくに語順についての観察は言語間のさまざまな比較対照の視点を提供するものと思われる。

以下ではこうした問題意識から、日本語教育における文法研究と文型研究をめぐって、いくつかの問題点と研究課題を提起していきたい。

3 「基本文型の研究」と「話しことばの文型」

寺村（1989）の指摘にもあるように、表現の面から文の類型化を試みた先駆的な成果として、『日本語表現文典』（国際文化振興会1944）があるが、現代語の本格的な文型研究としては、『基本文型の研究』（林四郎1961）と『話しことばの文型(1)(2)』（国立国語研究所1960, 1963）の出現をまたねばならなかった。後者の2書は、当時まだコーパスという手法も機器の設備もなかった時代にあって、研究者自らの観察と入念な作業によって踏査した分析という点において、いまなお貴重な言語資料となっている。

『基本文型の研究』は「文型」の概念を国語教育のなかではじめて具体的に示したもので、文法書と異なる学習の系統化のための試みが随所にみられる。第2部の「文型の記述」では文型を次のような3種類に位置づけた（目次参照）。

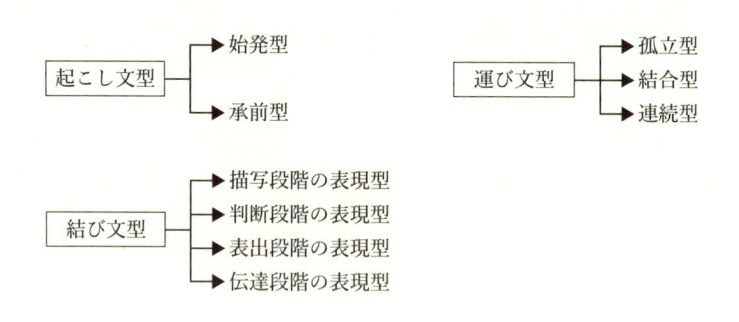

```
起こし文型 ─→ 始発型
            ─→ 承前型

運び文型   ─→ 孤立型
            ─→ 結合型
            ─→ 連続型

結び文型   ─→ 描写段階の表現型
            ─→ 判断段階の表現型
            ─→ 表出段階の表現型
            ─→ 伝達段階の表現型
```

さらにこのほかに「局部文型」の分類を設け、「並び」、「注ぎ」、「くくり」の相に分けると同時に、「文勢」に関わる相として副詞などの共起成分とともに「優勢」（プラス指向）、「劣勢」（マイナス指向）とに分類する。また、文型による学習では表現力を養う学習の方法論と可能性が述べられ、文型練習の原型が示されている。文型教育の面から、「文型」の単位認定の諸条件を検討し、より普遍的な広い枠組みを構築しようとしたものであるといえよう。

この『基本文型の研究』を理論的支柱とするならば、『話しことばの文型(1)、(2)』は、生きた話し言葉のデータ分析から記述した詳細な資料編である。(1)の

「対話資料による研究」では、具体的には「基礎的研究」に示され、「表現意図に応ずる文表現の文末部分」に注目して、「態」、「様」、「時」、「断定」、「希求」、「推定」、「意志」、「判断未確定」、「疑念」、「確認要求」、「判定要求」、「選択要求」、「説明要求」、「消極的行為要求」、「積極的行為要求」の表現をあげている。また、(2)の「独話資料による研究」では「構文」を「基準構文」と「付加構文」に分け、それぞれの「骨組み」と「拡大」、「複合」について記述している。いずれの資料もイントネーションの機能についても多くの頁を費やしている[3]。

　時代とともに、文法研究の手法も、文法と語彙の研究領域も多様化してきたことから、「話しことば」の文型も当然ながら見直しが必要になってくる。まして今日のように情報伝達のツールが高速化し、多様化する現代では、文の単位、長さ、接続の態様もかつてとは相応の量的質的な変化がみられるのではないだろうか。「から」と「ので」の使用傾向などもその一つであろう。その際、スピーチレベルなどの文体的な要素などを考慮に入れることも必要である。さらに、学際的な需要を背景に、学術書などの文献を読むための文型研究も重要さを増してきている。理工系、農学系、医学系などの専門別に頻度の高い文型項目の抽出とデータによる記述分類が今後、重要な研究対象となるであろう。

4　「日本語表現文型」と「複合辞」

　文型研究は文法研究としての取り組みの一方で、日本語教育における教材研究のなかで進められてきた。文型を基軸に文法を論ずるのは学習文法、教育文法の主流でもあり、実際の教育現場の必要に応じて、頻度の高いもの、誤用の傾向の顕著なものが研究、考察の対象とされた。ここではその特徴を3点にしぼって検証する。

4.1　「日本語表現文型」における場面認識

　1980年代に日本語教育において最も多く使用された中級日本語の教科書の一つが『日本語表現文型中級Ⅰ、Ⅱ』（筑波大学日本語教育研究会 1983）である。二冊ともほどよい長さの小読解文があり、その中に提出文型が用例とともに解説されている。編者のアイデアがきわめて実用的な項目の配列で提示されている。「表現文型」という名称がこの出現で広く定着したといってもよい。主要な文型をあげ、比較的短い生の文章を収録するといった構成は斬新で、以後の日本語教育に大いに貢献した[4]。これは中国、韓国でも翻訳され、版を重ねている。以下に、参考までに目次の項目をあげておく。

『日本語表現文型中級Ⅰ』
　1. 名・分類・定義、2. 存在・位置、3. 存在・数量、4. 移動、5. 変化、6.

過程・推移・経過、7. 時の表現、8. 要求・依頼・命令、9. 希望・願望、10. 意志、11. 申し出・勧め・誘い
『日本語表現文型中級Ⅱ』
12. 類似・比況・比喩、13. 比較、14. 程度、15. 対比 16. 伝聞、17. 予想・予感・徴候、18. 予想・期待の実現と非実現、19. 原因・理由(1)、20. 原因・理由(2)、21. 逆接

その後、『日本語表現文型』(森田良行・松木正恵 1989)が名を同じくして出版された。永野賢(1953)による複合辞の認定を新たな研究、日本語教育の角度から拡張してさまざまな準複合辞的な要素までを渉猟したことは、日本語教育に対する大きな貢献であったといえよう。その成果は友松他(1996)などに継承されている。また、辞書の項目として挙げられにくい文中表現については、河原崎他(1995)なども出された。しかし、各種文型の採択については必ずしも十分ではなく、類義文型の扱い、文脈・場面での用法についての解説、話し言葉か書き言葉かなどの位相の問題も残されている。精選された例文と明快な解説、文型検索の方法などをめぐって、今後の課題となっている。

4.2 「複合辞」という文型カテゴリー

日本語教育界に「複合辞」という文法カテゴリーが広く登場するようになったのも「表現文型」とほぼ同時期であった。また前後して、雑誌『日本語学』(Vol. 3-10、1984.10)が複合辞を特集した。収録項目数は少ないが、その後の複合辞への関心の出発点の一つとなった。複合辞という名称は、その後、以後、種々の選択、成立基準を見直しながら裾野をひろげ、これまでの構造文型による分類から、機能的な側面を重視しながら用途、表現別に区分けされた文型の整理が進められていった[5]。後置詞あるいは複合格助詞などへの関心も高まり、いわゆる〈XをYに〉文型の記述研究なども精力的になされた。『現代語複合辞用例集』(国立国語研究所 2001)は助詞相当の複合辞、助動詞相当の複合辞に大別し、実際の用例を多く収集しており、言語データとしても有益である。

4.3 「日本語文型辞典」の編纂

これまでの日本語文法研究の成果を取り入れながら編纂された『日本語文型辞典』(1998)はこれまでの文型集を集大成したものとして、各種日本語教科書の提出文型を網羅、中上級文型をまでを加えた画期的な用例辞典であった。解説も外国人学習者にもわかる説明を配慮し、例文にはルビをふるなどの工夫がほどこされた。文型と共起する関連的な副詞語彙も収録している。中国語、韓国語訳も刊行され、日本語教育にも貢献したところがきわめて大きい。このほか、富田(1997)は

収録文型数こそ少ないが、類義文型などの解説は知見に富んでいる。

実践的な用例にもとづいて文型の意味記述を試みた労作として、大阪 YMCA 日本語教師会編集による『日本語表現文型ノート』があげられる。意味を分類し、注意事項、関連文型との比較項目も比較的詳しく記述され、説明にも教育的な配慮が随所にうかがわれる。見出し項目は 308 であるが、対比項目は 549 にのぼる。「上級日本語の習得を目指している学習者の疑問にも明確に答えられ、自然な日本語表現の習得に導けるとともに、日本語教師にとって適切な例文を考える一助」(同書まえがき)となることを目指したものである。今後、こうした観点から新たな文法研究の構築が期待される[6]。

同じような趣旨で編集されたものに『中上級日本語表現文型』(石橋玲子編著、2007) がある。「多様な日本語母語話者による例文」を収録し、また、既刊の 8 種類の文型集との照合一覧などもあり、例文の確認に便利である。『どんな時どう使う日本語表現文型辞典』(友松悦子・宮本淳・和栗雅子、2007) はこれまでの『どんな時どう使う日本語表現文型』を再編集し、初級から中上級までの文型を収めた。英・中・韓国語の訳がついた学習辞典で、たとえば、「をもとに」という文型は「もと」からでも検索できるように、工夫が凝らされている。

今後、アカデミックな専門日本語教育の裾野が広がるにつれ、学習レベル別のほか、社会科学、人文科学分野にみられる文型なども考慮しながら、いっそうの調査研究と記述研究が進むことが期待される。一方、こうした文型集に共通した問題点として、作例の適格性があげられる。多くが教学の実践から生まれたものではあるが、実際の言語データから、より実用的な文例を精選することが肝要である。日本語による説明も明快にすると同時に、類義文、対義文型の情報、といった工夫が望まれる[7]。

このほか、実際の教材研究から生まれた成果として『形式名詞がこれでわかる』(小林幸江・柏崎雅世著、2003)、『複合助詞がこれでわかる』(東京外国語大学留学生日本語教育センターグループ KANAME、2007) があげられるが、未収録の項目についてもさらに補充修訂や続編の刊行が期待される。

5　中国における日本語文型研究

中国における文型教材については、多くの文型教材、研究書、学習書が刊行されてきた[7]。とりわけ、周炎輝 (1982)『日語慣用型』をはじめとする文型研究を通しての構文研究が中国の日本語文法研究、日本語教育に果たした役割は非常に大きいと言わなければならない。複合辞研究については早い時期に胡振平 (1998)『複合辞』が刊行されている。複合助詞と複合助動詞とに大別し、それぞれの細目を記述

した中国における複合辞研究の嚆矢ともいえよう。以後の研究は中国における日本語文法研究の高まりと軌を一にしているが、ここでは主として1998年から2009年にかけて出された文型研究の学習参考書・研究書を挙げておく。

○高振順主編(1998)『現代日語慣用型』北京・現代出版社

　慣用句型、慣用詞組と常用詞慣用法など2186をおさめる。文型構造と訳文は完結で、日本語の例文のあとに中国語訳を載せている。巻末附録として中国語の文型からひけるように「漢日索引」を附しているのは親切な配慮である。

○王鋭編著(2000)『日中対照　日語慣用型詳解』北京・世界図書出版公司

　日本語能力試験準拠の学習書として、文型収録数は約1000である。過去の出題問題からも広く収集している。左右対照の対訳は参照しやすく、また例文も精選されている。接続の説明もできるだけ詳しく説明している。索引も接続関係などを明示し、学習の便を考えている。項目では、〈XをYに〉などの文型、動詞テ形の後置詞についても類例が少ない印象がある。

○劉桂雲、常波涛主編(2002)『標準日語慣用句』(上・下冊)大連理工大学出版社・大連

　上下巻とも合わせて収録文型数は1693を数える。解説と例文のほかに類義文型などの参照指示がないのが惜しまれるが、項目の多さでは群をぬいている。たとえば「ところ」については次のようである。

　　「ところ」①、「ところ」②、「どころか」、「ところから」、「ところだ」、「ところだった」、「ところでは」、「どころではない」、「ところに」、「ところによると」、「ところへ」、「ところまでいく・くる」、「ところを」、「ところをみると」、…

また、項目の中には重要な副詞語彙も関連語として収録されている。

○劉暁華、羅麗僕編、蔡全勝監修(2003)『日漢双解用法例解　日語近義句型分析』大連理工大学出版社・大連

　日本語類義文型の使い分け辞典である。53の項目に分類し、「接続」、「意義」、「用例」、「分析」などの解説がある。収録文型は498をかぞえる。しかし「と思ったら」と「かと思ったら」などについては「分析」の解説がない。「というものではない」「というものでもない」などについても用例のみに終わっている。とはいえ、日本人研究者には気付かない比較研究も少なくなく、用例の対訳も有益である。なお、姉妹編として次の「日本語類義語の使い分け分析」がある。

　　呉雲珠、関薇、胡欣、張録賢編、三浦直樹監修(2003)『日漢双解用法例解　日語　近義詞分析』大連理工大学出版社・大連

○目黒真実等編、林洪等訳『日語表達方式学習詞典』（2003）北京・外語教学与研究出版社

日本語で「会話で学ぶ日本語文型辞典」と書かれている。中国語の「表達」とは日本語で「実用的な表現」といった意味で、文型を用いて会話を円滑に行うための工具書という編集目的である。計488の文型をおさめる。それぞれ見出しのあとには中国語訳、品詞別接続による構造、会話例、例文が中国語訳とともに収録され、仕上げとして例題がついている。例題には注記があり、類義表現などの分析も行われている。会話や例文はよく吟味されており、日本語のコミュニケーション能力を高める工夫がなされている。巻末の索引も確認、検索に便利である。

○目黒真実著、劉培栄、姜明訳「日本語駆け込み寺」教材開発部『中高級日本語語法』（2007）大連理工大学出版社・大連

日本語で「詳解中上級の日本語表現文型」と書かれている。日本語能力試験1、2級の受験者を対象とした自習書で、出題基準に則した表現文型のほか、接続詞、陳述副詞、および初級文型の「難所」（資料：よく使われる口語文型、資料2：よく使われる敬語動詞）が収録されている。文型編では343の文型をおさめ、それぞれ見出しのあとには中国語訳、品詞別構成、例文が中国語訳とともに掲載されている。例題は助詞の穴埋め、選択の問題があり、解説では当該文型の使用上の詳細な注意事項が中国語訳とともに載っており、対照研究にも有用である。巻末には文型の総索引が収録されている。

○于日平、黄文明編『日語疑難問題解析』（2004）北京・外語教学与研究出版社

文型を以下の36の項目に分類し、類義文型を詳しく解説したものである。①提示話題・内容、②条件、③譲歩・認可・許可・放任、④時間関係、⑤結果・実現、⑥手段・方法、⑦因果関係、⑧並列・列挙・選択、⑨様態・状態・持続・傾向、⑩基準・根拠・比較、⑪推断・推測、⑫起点・終点・限界・範囲、⑬立場・資格・身分、⑭構成・材料、⑮程度、⑯感動・感嘆、⑰忠告・命令・禁止、⑱伝聞、⑲妥当・当然・必然・必須、⑳間隔・比例、㉑勧誘・推薦・建議、㉒後悔・不満・責任、㉓意志・願望・計画・期待希望、㉔関連・相関・対応・無関係、㉕逆接、㉖アスペクト、㉗経験・体験・回憶、㉘添加・累加、㉙方面・領域、㉚能力・可能性・性質、㉛限定・制限、㉜同時進行・付帯随伴、㉝対比・代替、㉞定義・説明、㉟決定・予定・計画、㉟目的・希望

この分類の中には重複するものも少なくない。たとえば②条件については、「機能語による条件表現」といった項目と解説をもうけ、適切な例文、中国語訳とともに、類義文型についても注意点を挙げている。本書には練習のための分冊があり、

補足例文、総合練習が豊富に収録されており、文型を実践的に習得できるよう配慮されている。

○宮偉、韓雲冬、黄一峰《日語句型一点通》(2008)北京・世界図書出版公司
　構造文型と表現文型を意味別、発話意図別に分類したもので、類義文型の比較研究の視点からも実用的な分析がなされている。①第 1 章から㉗第 27 章までの配列は以下の通りである。
　①格助詞(1) 対象、②格助詞(2) 手段、原因、根拠、情報源、基準、③格助詞(3) 状況、④格助詞(4) その他、⑤並列助詞、⑥時間関係の表現、⑦授受関係の表現、⑧可能・難易関係の表現、⑨比較関係の表現、⑩立場関係の表現(受動態、使役態、使役受身態)、⑪話者の心情に関する表現(1) 判断、⑫話者の心情に関する表現(2) 義務、建議、許可、禁止等、⑬話者の心情に関する表現(3) 意志、願望、⑭話者の心情に関する表現(4) 命令、請求、勧誘等、⑮話者の心情に関する表現(5) 驚嘆、感慨、強い情感、⑯話者の心情に関する表現(6) 質問、確認、懐疑、⑰疑問、否定関係の表現、⑱提示関係の表現(1) 主題、⑲提示関係の表現(2) 限定、補充、概数、⑳提示関係の表現(3) 評価、㉑複文(1) 条件、㉒複文(2) 理由、目的、㉓複文(3) 逆接、対比、㉔複文(4) 付随状況、相関関係、㉕複文(5) 時間、㉖接続詞、㉗接尾語
　このほか以下のものもあるが、収録文型数のみ示し、内容は割愛する。
　　○《日語句型例解活用辞典》李躍凡　清華大学出版社 2003(1500 文型)
　　○《日語経典慣用句型大全》常波濤　世界図書出版公司 2006(1137 文型)
　　○《標準日語句型》南海編著　大連理工大学出版社 2007(486 文型)
　　○《日語形式名詞解析》王志国編　外語教学与研究出版社 2007(134 文型)
　　○《活学活用日語句型》崔崟、徐麗麗　外文出版社 2008(238 文型)
　　○《日本語類義文型の使い分け》(日漢双解)劉暁華、羅麗杰編著　大連理工大学出版社・大連 2003(153 文型)
　　○《応試日語句型》陶振孝、曹星、薛豹編、徐一平審訂　外語教学与研究出版社 2004(546 文型)
　なお、これらの分類項目の中には「建議」など、意味範疇のつかみにくいものや、整理統合が望まれるものもある。さらに、問題点として文型選択の基準が明らかでないものもある。例えば、〈X を Y に〉の文型として「…を味わいに」という項目があった(高振順主編 1998)。例文は次のようである。
　　・全鴨席を味わいに来ました。
　　・広東料理を味わいに行きましょう。
　編者は動作目的と移動を表す「～しに行く／来る」という文構造は理解している

はずであろうが、形態重視の結果、このような現象が生じたものと思われる。

また、「～を一緒にする」「～を一笑に付す」「～を異にする」なども、単にヲ格とニ格の組み合わせという形だけを取り出した結果、語彙的なものとの混合も散見される。「～を光栄として」なども使用頻度の低いもので、「～を誇りとして」との混用もみられる。（例文の中には実用性の低いものもあり、作例はネイティブのチェックを入念に行うなどの必要がある。）

6　多言語社会における文型研究

文型集の対訳については、中国語以外は、筆者は寡聞にして情報を得ていないが、おそらく日韓、日中対訳を除いて種類は少ないのが現状であろう。実際には各国で出された日本語教材のなかにも文型関連の教材、学習書が少なくないと思われるが、ここでは数点にしぼって紹介する。

・『日仏対照現代日本語表現文型』（会津洋他著、2005）

中上級学習者向けの貴重なテキストとなっている。作文などの用途を考えて編集されたものらしく、文例もそのまま使えるものも多い。分類項目の選定など、未整理の感があるが、対照研究にもまたがる、今後の研究の出発点となるものである。

・『タイ語の言語表現』（宮本マラシー、1997）

タイ人日本語学習者、および日本人タイ語学習者のための文型集として、タイの小説、エッセイから生きた用例を収集し、「文法化現象があらわれる表現」「慣用的表現」「反復語の表現」「文末詞と強調詞の表現」「呼称詞の表現」の5分類をおこない、それぞれ代表的な文型、表現をおさめている。だが、これらのなかには副詞、副詞的表現や接続詞、補助動詞なども含まれていて、タイ人にとって文型の輪郭がなお十分でないことがうかがわれる。

・『日・タイ表現例文集』（宮本マラシー・一宮孝子、2000）

前著に続く文例集で、848項目、2306文をおさめる。副詞、接続詞も含まれており、文法項目と文型の範囲が明確でないところが残されている。作文教育や文法教育、さらには対照研究にも十分役立つ内容をふくんでいる。

韓国でも日本語学習者向けに次のような文型集が出されているが、これらもまた日韓対照研究などにも寄与することが期待される（[　] は日本語訳）。

・박유자(2007)『시험에 꼭 나오는 필수 일본어문형』JPLUS
　　[朴裕子(2007)『試験に必ず出る必修日本語文型』JPLUS]
・이학의(2003)『일본어문형쯤이야』삼지사
　　[李ハッイ(2003)『日本語文型早分かり』三志社]
・임헌찬(2003)『일본어표현방법』보고사

［林憲燦(2003)『日本語表現方法』ポゴサ］
・황광길(2007)『현대일본어 표현문형연습』제이엔씨
　　　［ファングァンギル(2007)『現代日本語表現文型練習』J＆C］

7　「構造文型」、「表現文型」から「機能文型」へ

　文型研究は日本語能力試験の文法出題項目にあげられた各種文型の用法記述からも多くの示唆を受けている。その一つでもある『どんな時どう使う日本語表現文型500』（友松他、1996）における文型分類の内訳をみると、次のようである。

　　1．動作の対象　2．目的・手段・媒介　3．起点・終点・限界・範囲　4．時点・場面　5．時間的同時性・時間的前後関係　6．進行・相関関係　7．付帯・非付帯　8．限定　9．非限定・付加　10．比較・最上級・対比　11．判断の立場・評価の視点　12．基準　13．関連・対応　14．無関係・無視・例外　15．例示　16．強調　17．話題　18．逆接・譲歩　19．原因・理由　20．仮定条件・確定条件　21．逆接仮定条件　22．不可能・可能・困難・容易　23．傾向・状態・様子　24．経過・結末　25．否定・部分否定　26．伝聞・推量　27．心情の強調・強制　28．誘い・勧め・注意・禁止　29．主張・断定　30．感嘆・願望

『日本語表現文型』（筑波大学日本語教育研究会1983）と比べると、文法項目は増えてはいるものの、大きな変化はみられない。一方、項目の序列は恣意的で文法的な要素と表現的な要素が混在しており、さらに、ある項目の中には他の項目が含まれるものもある。例えば、19．原因・理由のなかにも多くの項目が含まれているし、25．否定・部分否定にあっては、上位概念としてさらに多くの項目を包合しうるだろう。

　一方、従来の表現文型をさらに文を越えた領域でこれを体系化しようとするとき、別の角度から、文章・談話分析に連なる文型研究の開拓が要請されるだろう。佐久間(2006)には今後の文型研究の方法論と従来の「構造文型」「表現文型」から「機能文型」への展望が示されているが、接続詞をどう扱うかも大きな課題である。「こともあって」から「そういうこともあって」、「にしても」から「それにしても」といった、接続成分から指示詞をともないながら、文脈に即した可展的な接続成分となったものも含めた記述が必要になってくる[9]。

　ちなみに、〈構造・意味〉〈表現〉〈機能〉の認識のなかで、「ほうがいい」という文型の発展的な把握のしかたを観察すれば、次のようなプロセスが考えられる。

　　　　文型　　　　〈構造・意味〉　⇒　〈表現〉　⇒　〈機能〉
　　　～ほうがいい　　比較・選択　　助言・警告　　判断・評価

　これは佐久間(2006)で提唱されている「機能文型」による理解・運用の一例であるが、対人的な機能や文脈や談話の中での文型の予測的な機能を重視したものである。
　さらに、「次第」「と思いきや」では、およそ次のような関係性をもつ。
　　　　　　　　　　　　　　　　　〈構造・意味〉⇒〈表現〉⇒〈機能〉
　　落し物が見つかり次第、ご連絡します。　　条件　　申し出　　必然
　　当たったと思いきや、実はハズレだった。　逆接　　説明　　　意外
　構造と表現の類型を理解したのち、さらに発話環境や文脈情報を重視した文型研究の工夫が望まれるが、それには従来の文型辞典に収められていない項目も精査しながら、学術書、報道文などを分析していくための文型調査が必要になってくる。今後の文型研究にあたっては、コミュニケーションを重視した、〈構造・意味〉と〈表現〉と〈機能〉を有機的、統合的に意義づける記述が求められるだろう。

8　文脈重視の文型と文法研究

　従来の文型集・文型辞典にみられる文型研究、文型の意味記述は、ともすれば、当該文型のみを対象としたもので、文章や談話における構造や展開といった視点はそれほど重視されてはいなかった。しかし、文章読解や文章・談話構成をより高度な次元で理解する際には、さらに新しい文型研究の開拓が要請される。
　たとえば、新聞の社説にあらわれる文型をみていくと、それらが従来の意味とは異なった意味を附与されていることがわかる。多くの表現形式がそれぞれの文脈で多義的な様相を示している。以下は使用・出現頻度の比較的高いものである。
　〇義務・必然の表現
　　～なければならない／なくてはいけない、～ことが必要だ／必要がある
　〇禁止・制止の表現
　　～てはならない／てはいけない、～ないほうがいい、～べきではない
　〇当為・許容の表現
　　～たほうがいい、～べきだ、～てもいい、～ればいい
　〇推量・可能性の表現
　　～可能性がある、～かもしれない、～かねない
　〇要望・期待の表現
　　～てもらいたい／てほしい

○確信・確実性の表現
　　～にちがいない／に相違ない／はまちがいない、
　　～にきまっている／のはきまっている、～にかたくない／のはかたい
　　………

　こうした項目の記述は文型辞典の記述とはやや異なる側面が出てくる。文脈のなかでそれぞれ適切な表現選択がなされている以上、固定的な用法の記述だけでは不十分さが残るのはやむを得ないことであろう。『日本語類義表現の文法』(宮島達夫・仁田義雄編、くろしお出版1999)は記述文法のあり方を示した労作であるが、これに続く学習者のためのさらなる類義表現の文法項目の記述が求められている。そして、これらの表現がどのような文脈、コンテクストによって予測され、出現するのか、その解明は文の産出の要件を考えることでもあり、実用的には同時通訳などの実践にも大きく貢献することが考えられる。

　文脈にあらわれる特有な表現形式の特徴をみるサンプルとして、首相の所信表明演説という、ある種の定型的なスピーチを参考にしてみたい。所轄の内容をつなぎ合わせた上で何らかの総括する表現形式が必要になるが、ここで頻出する文型には「と同時に」「とともに」のような並列節、また「ていく」の意志表明文などがある。以下は、サンプル調査の一例であるが、日本語にはある種の型が顕著である、という事実が理解できるように思われる。(数字は出現回数)

　　○同時進行、並列、包括の表現：「とともに」(16)、「のみならず」(2)、「はもちろん」(1)、「はもとより」(1)、「ながら」(7)
　　○意志、遂行の表現：「ていく」(3)、「てまいる」(12)、動詞の連用中止形(15)
　　○義務・必然の表現：「なければならない」(8)、「ことが必要だ」(3)
　　○目的・想定の表現：「よう(に)」(8)、「ため(に・には)」(6)

　動詞の「ます」形は、「ていく」「てまいる」の間隙を縫って、単調さをおぎなうかのように、また簡潔さを意識しながら必要な各所にあらわれている。さらに「ていく」と「なければならない」「ことが必要だ」、「とともに」と「なければならない」、さらに「ように」「ためには」と「なければならない」がリンクした表現が用いられていることに気付く。

　　「ていかなければならない」(4)、「とともに～ていく」(4)、
　　「ように～ていく」(3)、「ように～なければならない」(5)

　　　　　　　　(2007年10月1日朝日新聞夕刊、福田首相所信表明演説)

こうした、二つ以上の文型が組み合わさった「複合文型」、「共起文型」については、今後の文章・談話研究でも要請される課題の一つであろう。

9 文型研究における語彙と構文

さらに文型研究にとって語彙的なレベルをどう記述するか、という課題がある。たとえば「可能」という文法現象を考えてみよう。このなかには、
- これは日本の政治にとっても避けて通れない。
- 少子高齢化が進み、福祉支出がふくらめば、負担増が避けられない。
- 小沢代表率いる民主党の公約も「ハイそうですか」とはうなづけない。
- 共産党が宮本時代を乗り越えるにはさらに思い切った変身が欠かせない。
- 公明党があっさり首相の続投を認めたのも解せない。

さらに、「否めない」「見逃せない」などの個々の語彙表現がある。これらは特定の現象に関する評価でありながら、一般的な受容の拡がりを示唆する言い方となっている。こうした慣用的な語彙構文を文型にどう取り込んでいくかも課題である。

次に名詞述語文のタイプについて考えてみよう。

「Qのは（のも・のが）P」の、いわゆる分裂文のタイプにも強調のための倒置文と同時に述語形式として慣用化したものなど、文レベルの違いが散見される。

A) a. 彼が日本に来たの（；時期）は去年の秋だ。
  ⇒去年の秋、彼は日本に来た。cf. ?? 去年の秋は彼は日本に来た。
 b. あそこに立っているの（；人）は陳さんです。
  ⇒陳さんはあそこに立っています。
 c. 来週見学するの（；ところ）は東京電気です。
  ⇒東京電気は来週見学します。

B) a. 敵に捕まるのは日本人の恥だ。
  ⇒？日本人の恥は敵に捕まることだ。
 b. 先に礼を言うのが筋だ。
  ⇒?? 筋は先に礼を言うことだ。
 c. 彼が不祥事を起こしたのは事実だ。
  ⇒?? 事実は彼が不祥事を起こしたことだ。

A) タイプの文はそれぞれ時間や人物を焦点化した倒置文で、もとの文に復元可能であるが、B) タイプの文は倒置文というよりはむしろ、いわば慣用的な文末形式になっている。また、A) では b., c. のように「は」で主題を提示しうるものもあれば、a. のようなタイプ（時間の主題化）では不自然になることもある。b. と c. では「は」の用法も異なりをみせる。b. は主語、c. は主題の用法とみなされる。

B) タイプの判断表現ではそれぞれ文の自然さでは違いが生じている。このタイプには、「のが礼儀だ、のが常識だ、のが当然だ、のが関の山だ、のが現状だ、のがオチだ、…」のような文型（一部「のは」「のも」も含む）があげられる一方、「思

いだ、限りだ、次第だ、所存だ、現状だ、方針だ、見通しだ、見込みだ、模様だ、調子だ、運びだ」のように直接、連体修飾構造を受けて名詞述語で文が終わるものがある。これらも評価述定文の変種といえよう。これらも特有の名詞語彙を基底にした文型ということになる。こうした名詞文の本質についても、今後は連体修飾の本質とともに解明されなければならない。言語行動に加えて、言語思考の様式からのアプローチも求められる。

　さらに「象は鼻が長い」構文の範疇として、次のような補文を含む形容詞述語文をどう位置づけるかも考慮しなければならないだろう。

・好記録が続いているのは世界選手権を経験できたことが大きい。

10　おわりに

　文型には接続成分としてあらわれるもの、文末成分としてあらわれるもの、さらに前件と後件にも呼応するように共起する成分といったものもある。文法研究の側からの綿密な調査整理と学習者側、使用側から見た要望とは、完全に使用意識、想定範囲が一致しているわけではない以上、ある程度の重複的な提出はやむをえない。日常的に使用頻度の高い文型もあれば、文章語的で使用頻度の低いフォーマルな文型もある。一方、敬語を文型の中でどう位置づけるかも議論が必要なところである。助詞、助動詞が文型の根幹にある以上、『助詞・助動詞辞典』（森田良行 2007）のような基礎的な記述研究もこれからさらに求められる。また、『日本語類義表現使い分け辞典』（泉原省二 2007）にみられる比較対照の視点と同時に、分かりやすい文法記述のありかたも、外国人に対する教育文法の視点から望まれるところである。

　最後に文型研究のこれからをふまえ、いくつか提案をしてみたい。

　一つは複数の従属節からなる「複合文型」あるいは「共起文型」といったものに関する文型研究である。たとえば、次のような条件節タラ、レバと原因理由節カラ・ノデが呼応・併起するといった構造である。

・ブザーが鳴りましたら重量オーバーですからご乗車にならないで下さい。

・通貨の量が増えれば、一般的に資金がだぶつくので、資金を貸そうとする側は利子を下げることになる。

　こうした研究は、複文からさらに談話、文章研究の領域にも必然的に発展しうるものである。さらに実践的な教育の現場に還元される文法研究を考えてみた場合、品詞体系や分類の基準、節構造（連体節と条件節の交替性なども含めて）の見直しも重要な検討課題となる。

　さらに文型の共起成分としての副詞の位置づけとともに、きめ細かな日本語表現

の類型、慣用表現を文型にどう取り込むのか、また、〈禁止〉や〈依頼〉の形式といった、言語行動からみたコミュニケーション、待遇レベルからの文型の考察も必要とされよう。

一方、接続成分との関係において、文末形式の新しいカテゴリー分類も必要となろう。たとえば本書の第4部で考察する否定文末文型、附章の文末名詞文型といったものである。同時に各種専門分野にみられる学術論文などの論理的な文章、新聞の社説などの報道文などにおける文型調査も課題となる。今後は海外の、とくに中国の日本語文型研究に見られる成果なども取り入れながら、またコミュニケーションと言語行動を視野に入れて研究を進めていくことが必要であろう。複合辞研究を軸とする、日本語文法のより実用的な記述研究が進んでいくことが期待される[10]。

注

1　2003年度日本語教育学会秋季大会のシンポジウムテーマは「新しい日本語教育文法―コミュニケーションのための文法をめざして―」であった。発表者の一人である野田尚史氏は「日本語学」と「日本語教育学」の関係を〈宗主国〉と〈植民地〉の関係に置き替える形で説明したが、日本語教育文法の位置づけについての具体的な言及はなされなかった。このシンポジウムの成果は野田尚史編（2005）にまとめられている。

2　ちなみに2006年度春季大会日本語学会では「国語教育と文法」というテーマでシンポジウムが行われ、多くの関心を呼んだ。

3　(1)は大石初太郎、飯豊毅一、宮地豊、吉沢典男の各氏が、(2)は大石初太郎、宮地裕、南不二男、鈴木重幸の各氏がそれぞれ担当した。

4　「表現文型」について、佐久間（1986）では次のように述べている。
　　「表現文型」とは寺村氏（寺村秀夫、筆者注）の命名によるもので、「表現意図による文型」というのに近いが、単なる文末表現のみではなく、語彙的な意味内容や文章表現の方法といったものまでを含む広い概念である。"表現・理解のための類型的形式"といったようなもの。（注、p.124）
　　また、日本語教育における同書の位置づけについては次のように述べている。
　　ほぼ300時間程度の初級学習で習得した「構造（構文）文型」や文法的知識を生かし、実際に専門書や一般書・新聞・雑誌が読め、日本の大学・大学院での勉学が可能になるまでの日本語力を能率よく身に付けさせる中級文型の提示を意図している。場面や文脈に応じて、自分の表現したいことを適切な言語形式によって発話する応用力を養うための教材が『表現文型』なのである。（p.119）

5 複合辞の通時的研究については松木正恵氏による一連の詳細な研究がある。巻末の複合辞研究文献目録を参照。

6 のちに改訂版(『くらべてわかる日本語表現文型辞典』)が出版され、解説もより詳しいものとなった。

7 複合辞の研究は学術書、科学技術翻訳方面からも関心が高まり、独自の実用的な研究に至っている。例えば鄭光林編(1992)では"呼応詞"という用語を用い、毛文偉(2009)は"機能辞"という用語を用いて分析を行っている。なお、昨今では土屋(2006)などによる大量の言語コーパスを用いた計量的研究も多くみられる。

8 1995年当時まで中国で刊行された主要な文型研究を約20数点とりあげ、比較分析した。中国における文型教育の需要と教学の実状についてもふれている。以下はその文献リスト(順不同)である。

① 《日語慣用型》周炎輝編　人民教育出版社(1979) 改訂版《日語慣用型詳解》湖南人民出版社(1995)

② 《日語文型語形分類解説》潘国男編　秀英出版(1979)

③ 《日語慣用型》陳書玉編　商務印書館(1981)

④ 《日語常用詞語例解》田竜熙　商務印書館(1984)

⑤ 《日語中謂語的付加成分與漢訳》劉振瀛著　商務印書館(1984)

⑥ 《日語表達方式初探》王宏著　商務印書館(1981) 改訂版《日語常用表達方式》上海外語教育出版社(1994)

　《日語助詞新探》王宏著　上海訳文出版社(1980)

　《日語慣用語例解手冊(人体詞匯慣用語専鑑)》王宏著　上海訳文出版社(1983)

⑦ 《科技日語慣用句型》石明徳著　上海科学技術出版社(1980)

⑧ 《現代日語句型》孔凡・孔群編　知識出版社(1982)

⑨ 《科技日語慣用型1000例》裴韋偏編　宇航出版社(1991)

⑩ 《実用日語句型》王羊編　電子工業出版社(1991)

⑪ 《科技日語慣用型手冊》宗輝・閻宝利編　国防工業出版社(1994)

⑫ 《日語基本句型講解》宋仰之著　光明日報出版社(1992)

⑬ 《日語基礎句型続集》張国強編　北京工業大学出版社(1993)

⑭ 《日語呼応詞詳解》鄭光林編著　東北工業学院出版社(1992)

⑮ 《日語詞語搭配手冊》孔凡他編著　知識出版社(1993)

⑯ 《日語語法難点学習手冊》劉振泉編著　上海訳文出版社(1994)

⑰ 《日語慣用句型》黄光衛編　広東科技出版社(1989)

⑱ 《日語常用詞語慣用法》趙福泉他編　外語教学与研究出版社(1991)

⑲《日語基礎句型浅説》張国強編　北京工業大学出版社(1992)
9　ここでいう「機能」とは「多機能」的という意味をも内包するものだが、前後の文脈との連携を重視するという意味において、当該文型の用法的な説明だけにとどまらない。現在、早稲田大学日本語教育研究センターで佐久間まゆみ氏を中心として開発が進められている機能文型教材は、文脈の中で当該文型がどのような意味役割をもつのかを重視したもので、今後の文型研究への貢献が期待される。
10　他言語との対照研究もまた、文型研究と深く関わる。ここでは中国語資料として次のものをあげておく。
　　　武柏索・周国強他編『中国語慣用句型 500』（中華書店 1994, 2006）

参考文献（年代順に）
国際文化振興会(1944)『日本語表現文典』（復刻版、冬至書房 1998）
国立国語研究所(1960)『話しことばの文型(1)―対話資料による研究―』国立国語研究所報告 18 秀英出版
林四郎(1961)『基本文型の研究』明治図書出版
国立国語研究所(1963)『話しことばの文型(2)―独話資料による研究―』国立国語研究所報告 23 秀英出版
筑波大学日本語教育研究会(1983)『日本語表現文型中級Ⅰ、Ⅱ』イセブ
『日本語学』Vol. 3-10 特集：複合辞 1984.10 明治書院
佐久間まゆみ(1986)「『日本語表現文型』の諸問題」『日本語教育』59
野田尚史(1986)「日本語教科書における文型の扱い」『日本語教育』59
寺村秀夫(1989)「構造文型と表現文型」宮地裕他編『講座日本語と日本語教育第 13 巻日本語教授法(上)』明治書院
森田良行、松木正恵(1989)『日本語表現文型―複合辞の意味と用法―』アルク
牧野成一、筒井通雄(1989)『日本語基本文法辞典』（英文解説書）ジャパンタイムズ
牧野成一、筒井通雄(1995)『日本語文法辞典(中級編)』（英文解説書）ジャパンタイムズ
河原崎幹夫(1995)「辞書で引けない日本語文中表現」北星堂書店
友松悦子他(1996)『どんな時どう使う日本語表現文型 500 中上級』アルク
富田隆行(1997)『続・基礎表現 50 とその教え方』凡人社
池松孝子(1997)『「あいうえお」でひく日本語の重要表現文型』専門教育出版
宮本マラシー(1997)『タイ語の言語表現』大阪外国語大学学術研究叢書 17
胡振平編著(1998)《複合辞》中国・外語教学與研究出版社
グループ・ジャマシィ(1998)『教師と学習者のための日本語文型辞典』くろしお出版

宮本マラシー、一宮孝子(2000)『日・タイ表現例文集』大阪外国語大学学術研究叢書25
山崎誠、藤田保幸(2001)『現代語複合辞用例集』国立国語研究所(非売品)
『日本語学』Vol. 20-3 特集：日本語教育と日本語文法 2001.3 明治書院
小林幸江、柏崎雅世著(2003)『形式名詞がこれでわかる』ひつじ書房
大阪YMCA日本語教師会(2005)『日本語表現文型ノート』大阪YMCA
会津洋他著(2005)『日仏対照現代日本語表現文型』ひつじ書房
庵功雄(2005)「文法研究と日本語教育」松岡弘・五味正信編『開かれた日本語教育の扉』スリーエーネットワーク
白川博之(2005)日本語学的文法から独立した日本語教育文法」野田尚史編『コミュニケーションのための日本語教育文法』くろしお出版
野田尚史編(2005)『コミュニケーションのための日本語教育文法』くろしお出版
野田尚史(2006)「日本語教育と文法」講座・日本語教育学　第6巻　言語の体系と構造　縫部義憲監修、多和田眞一郎編集　スリーエーネットワーク
山崎誠、藤田保幸編(2006)『複合辞研究の現在』和泉書院
佐久間まゆみ編(2006)『「機能文型」教材開発のための文法研究』早稲田大学日本語教育研究センター 2005年度重点研究・研究報告書(研究代表者：佐久間まゆみ)
石橋玲子編著(2007)『中上級日本語表現文型』凡人社
友松悦子、宮本淳、和栗雅子(2007)『どんな時どう使う日本語表現文型辞典』アルク
東京外国語大学留学生日本語教育センターグループKANAME(2007)『複合助詞がこれでわかる』ひつじ書房
森田良行(2007)『助詞・助動詞辞典』東京堂出版
泉原省二(2007)『日本語類義表現使い分け辞典』研究社
友松悦子、和栗雅子(2007)『中級日本語文法要点整理20ポイント』スリーエーネットワーク
大阪YWCA専門学校／岡本牧子・氏原庸子(2008)『くらべてわかる日本語表現文型辞典』Jリサーチ出版
目黒真実監修、アスク出版編集部編(2008)『生きた例文で学ぶ日本語表現文型辞典(英中韓対訳付き)』アスク
関正昭(2008)「日本語教育のための文法」再考——「日本語教育文法」はいつから言われはじめたか」『東海大学紀要(留学生教育センター)』28号
村木新次郎(2008)「日本語の品詞体系の見直し—形式重視の文法から意味・機能重視の文法へ—」『日中言語研究と日本語教育』創刊号　好文出版
庵功雄(2009)「地域日本語教育と日本語教育文法」『人文・自然研究』3 一橋大学

山内博之(2009)『プロフィシェンシーから見た日本語教育文法』ひつじ書房
毛文偉(2009)《現代日語助詞性機能辞研究》中国・華東理工大学出版社
彭広陸(2009)「日語的「(表現)文型」「(表現)文型辞典」与語法体系」北京・日本学中心編『日本学研究』19(北京・学苑出版社)

第 1 部

接続表現

副詞節の諸相(1)

第1部では接続表現の主要な領域をなす副詞節をとりあげ、そこに発話場面から内省的に抽出された動詞や名詞の意味的なありかた、接続機能を考察する。類義的な文型表現に内在する発話意図、変化とその過程に置かれる主体、さらに第三者の視点の移動、主文における話し手の主観性についても言及する。

第1章では動詞から派生したテ形後置詞の分類に焦点を当て、文法化の実態をさぐりながら、認定の基準と様態修飾の機能について考察する。

第2章では動詞テ形後置詞の主要な用法である漸進性と相関関係を表す後置詞をとりあげ、それらが表す意味と機能の異同について考察する。

第3章では"きっかけ"、"契機"を表す構文を例に、類義語と類義文型の関係、さらにその周辺文脈にみられる関連文型について検討する。

第4章では結果節をみちびく話し手の主観性、命題に対するマイナス、プラス評価の所在をめぐって、後続文の展開に注目しながら検証する。

第1章　動詞テ形後置詞の分類と意味機能
―機能的認定と様態的意味の諸相

1　はじめに

　いわゆる複合助詞、複合格助詞などと称される「について」「として」「にとって」「に対して」などの意味機能については、これまでにも多くの個別的研究が蓄積されてきた。語彙的な意味の文法化のプロセスも詳細に観察され、日本語の複文における様態副詞節の一特徴としての記述がすすんでいる。その実態とは概括的にいえば、動詞の動詞らしさが消失して実質的な意味が機能的に転化したものである、といえるだろう。その文法化に注目した理論的研究として花園（1999）、通時的研究として陳（2001）などがあげられる。田中（2004a）でもその成立条件と分類の一端を述べたが[1]、文法化に至るプロセスの一方で、それらの周辺に位置する二次的、三次的な後置詞の生成、実態については必ずしも明らかにされていない。また、これらの後置詞を構成する動詞的性格の明確な線引き、記述のあり方も未整理なままであるといってよい。

　本章では格助詞相当のものからその周辺のものまで含めるために複合格助詞、複合助詞、格助詞相当表現といった名付けではなく、あえて後置詞という名称で記述の体系化を試みる[2]。それは多くの複合辞が接続助辞、文末助辞といった機能を呈するのに対して、動詞の「詞」的性格を残しつつ、格関係をも内在させているからにほかならない。本章では、従来の検討項目に加えてまだ常用的な後置詞には至らないものの、その"萌芽的"な節群（句群）をできるだけとりあげ、それらの意味するところの機能をみていきたいと思う。

　結論を先取りする形でいえば、これらの後置詞は動詞がテ形という限定的な形態で機能するものであり、性格上、様態副詞的職能の延長にあるといえよう。また、動詞の動詞らしさを表徴する働きかけ、連続性に注視するならば、本章で扱う文法現象とは、一次的な動詞成分が生起成分となり二次的動詞成分へと継起していく、いわば動詞連続的な表現形式の一部ともいえる。

　従来の複合格助詞、ないし複合助詞の研究においては、統語構造に主眼がおか

れ、意味範疇、機能的側面、たとえば「××の考察」でよいところをあえて「××をめぐる一考察」「××についての一考察」と規定する所以、背景などについては依然として明晰な説明が与えられていない。〈複合化〉することの本質的意味関係についてはなお、議論を要するところである。直截的な表現を避け、あるいはコーディネイトされたような形式の意味するところは、日本語の曖昧な特徴とも無関係ではない。本章ではこうした、いわば実質をなぞる"メタファー"的側面に着目し、発話意図も含めて考察を進めることにする。

　動詞本来の実質的な意味から後置詞としての機能的な意味用法に生成されていく過程とはおよそ図1のように説明される。前者と後者を結ぶものは対象状況の中に身を置く観察者としての視点で、そこには事態の観察と関与・変容という認識が通底する。これは本書の複合辞研究の全体にもほぼ適用されるものである。

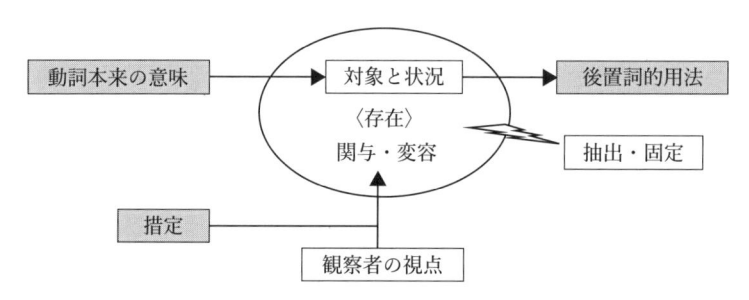

図1　動詞テ形後置詞の機能的認定のありかた

　ここで筆者は名詞述語文の意味規定に用いられる「措定」という概念を援用してみたい。これは「ある事物・事象を存在するものとして立てたり、その内容を抽出して固定する思考作用」を意味するが[3]、ここでの〈存在〉が「対象と状況」であり、その場の内部に観察者の視点を内在させることによって、「関与・変容」の事態を〈抽出〉し、「かくあるべき」「かくあるはず」のものとして〈固定〉、つまり後置詞的用法に定位すると意義づける。これが後置詞が発動する背景と考える。

2　動詞の実質的意味からメタファー的意味へ

　前節の図1にみた概念構造ないしフレーム知識をもう少し立ち入って考えてみよう。人間はそれぞれの具体的、現実的な経験を通して、メタファー化という意味の伸長を行うことが広く観察される。この動機づけによって価値的な類似性によって描こうとする領域の照合、連携がなされる。類似性や隣接性からの連想的営為

は、表現生産の要であり、そこから多様な表現形式もまた産出される。例えば「味噌汁」が「日本人」を象徴し、「賽銭箱」が「神社」を意味するように、ある事物・事象を表す際、それと何らかの関係性をもつものとの置換作業が行われ、表現レベルにおいては「援用」という形で既存の形式が踏襲される。形式と意味内容とが相補的構造をもって集積していくという認知言語学の立場からみれば、本章の対象とする動詞テ形後置詞も、こうした経験的内省から具現されたものであろう。

動詞が形式的、機能的な意味を拡張していく背景には、その動詞の持つ意味が具体的なものから抽象的なものへの変容が認められると同時に、形態的にも特化されていく特徴がうかがわれる。きわめて概念的ではあるが、この思考・認識のプロセスを図式化しておくと図2のようになる。

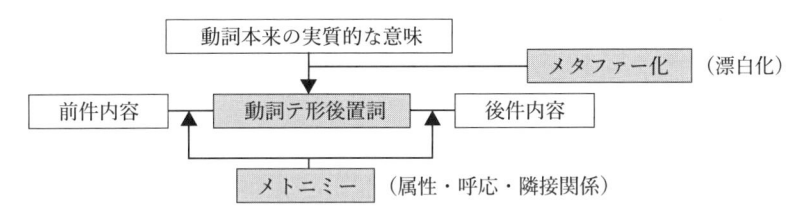

図2 動詞テ形後置詞生成におけるメタファーとメトニミーの関係性[4]

いわゆる文法化を支持する要件として、ここでは様態的、附帯的なものをイメージする事象、すなわち、原義をメタファー化しつつ、援用ないし加工される後置詞の例として、動詞「かまける」「かこつける」「さしおく」「まぎれる」「みはからう」などを例に意味的なふるまいをみてみよう。

動詞「かまける(感ける)」は「ある事柄に神経をとられて本来の使命、仕事などを放任すること」で、必然的に後件との結合を要請し、

（1）a.　商売にかまけて、家庭をないがしろにした結果、体まで壊した。
　　　b.　遊びにかまけて、肝心の勉強がおろそかになってはいけません。
　　　c.　三十代は子供の世話にかまけて、自分の好きなこともできなかった。
　　　d.　パチンコにかまけてばかりいると、今に女房に愛想をつかされるよ。

のように「何かに熱中し過ぎたあまり、しなければならないことをおざなりにする、あるいは顧みなくなる」という、評価判断への誘導成分となる。「無視して」の意味で用いられる「にかまわず」とほぼ同義である。(1d)のように状態性述語成分としてあらわれることもあるが、「かまける」「かまけた」「かまけない」などの単独での使用は通常、困難である。

動詞「かこつける(託ける)」は「二つの事態を無理に結びつけて、都合のいいよ

うにする」という意味を表す。
　（2）a.　病気にかこつけて、ずる休みをするのは彼の常套手段だ。
　　　　b.　歯医者に行くとかこつけて、出たくない会議を休んでしまった。
　　　　c.　忙しさにかこつけて、故郷の両親に手紙一本書かなかったことを悔やんでいる。
　　　　d.　酒飲みは何にでもかこつけて飲みたがるものだ。
　　　　e.　この土地の人はお祭りが好きで、何かにかこつけては集まって騒ぐ。
「を装って」「の振りをして」「を口実に（して）」のように、直接には関係のない他の事と無理に結びつけて都合のよい事由にする、他の物事のせいにする、といった意味を表す。(2e)のようにテハを用いて、習慣的行為を明示することもある。
　動詞「さしおく」は「そのままにして」「を別にしても」という意味で、
　（3）a.　仕事をさしおいてデートするのが今の若者気質だ。
　　　　b.　冗談はさしおいて、本題に入ろうではありませんか。
　　　　c.　費用のことは差し置いても、私には旅行に行く時間などない。
のように「はさておき」の意味で用いられ、(3c)のようにテモ、トシテモに接続することもある。さらにヒト名詞を対象に、「を無視して」「を素通りして」「を頭越しにして」「を置き去りにして」のように意味が拡張される。
　（4）a.　担任の先生をさしおいて、いきなり校長に話を持っていくから面倒なことになる。
　　　　b.　上官をさしおいて、私たちだけが撤退するわけにはいきません。
　　　　c.　目上の人をさしおいて出しゃばってみたり、ましてや上司をさしおいて勝手に振る舞ったりするのは論外だ。
　動詞「まぎれる」は「一緒になって区別がつかなくなる」が原義で、そこから「他と見分けのつかない状況などをうまく利用する」のような意味が原義で、混乱などに乗じる状況に用いられる。(5e)のようにヨウニ節を含むこともある。
　（5）a.　大事な書類がほかの書類にまぎれて分からなくなった。
　　　　b.　不審者は騒ぎにまぎれて、人込みのなかに消えて行った。
　　　　c.　現場のどさくさにまぎれて、暴利をむさぼる輩がいる。
　　　　d.　容疑者の後をつけていたが、人込みにまぎれて見失ってしまった。
　　　　e.　犯人は暗闇にまぎれるようにして逃走した。
さらに、(6)のように「他に心が奪われて、本来行うべきことがおろそかになる」という意味に拡張され、ある種の口実を呈し、「に追われて」をぼかしたような意味で用いられる。
　（6）a.　雑事にまぎれて、いつの間にか話し合いの場を疎んじてきた。

b．　人間はどうしても忙しさにまぎれて、連絡を怠ってしまうことがある。

　これらはいずれも前件を受けながら、後件においてマイナス評価的な内容展開を誘導、ないし示唆している。動詞の実質的な意味から抽象的、形式的な機能への傾きがみられる。
　さらに実例によって、こうした事象をいくつかの動詞を例に観察してみよう。
　動詞「見計らう」は辞書の記述をみれば、ほぼ共通して「時間などのおおよその見当をつける」といった説明があり、時間などのおおよその見当をつける様子を表すために、「食事の済んだ頃を見計らって訪れる」のような例文があげられている。状況の的確な認識、場面の捕獲といったイメージがあり、大枠では時間節の一種の細分化、動的な観察表現と意義づけられる。

　（7）　馬賊も作戦を変え、時に阿片採りになりすまして入り込む。そ知らぬ振りして作業しながら収穫が終わるのを見はからって、化けの皮を剥がして収奪する。　　　　　　　　　　　　　　　　　（朝日新聞04.9.26）
　（8）　東条の私設秘書になるまでの長い話に一区切りついたのを見計らって、末尾に若松華謡の名が書かれた例の里見遺児奨学基金発起人名簿を見せると、彼女は一瞬息をのんだ。　　（佐野眞一『阿片王　満州の夜と霧』）

　また動詞「相手取る」は、裁判に関する専門的な用語として「交渉や争いの相手とする、訴訟の相手とする」などとあり、「公害問題で企業を相手取って訴訟を起こす」という例があげられる。テ形・連用形によって限定的に表され、同時にそれによる結果の招来を主務とする。

　（9）　読売巨人軍は七日、『週刊文春』を発行する文芸春秋などを相手取り、全国紙への謝罪広告の掲載と3000万円の損害賠償を求める訴訟を起こした。　　　　　　　　　　　　　　　　　　　　（讀賣新聞04.10.8）

　動詞「相前後する」は、「説明が相前後する」のように単独でも用いられるが、物事の順序が逆になるという意味から、機能的に「複数の事柄が間をおかずに続く」さまを表すときは、「二人は相前後して出発した」のように通常テ形をとる。

　（10）　森川の失踪と相前後して、七階A病棟の看護婦富永松江が行方不明となった。　　　　　　　　　　　　　　　　　（吉岡忍『死よりも遠く』）

　ここで形態的特徴をみれば、「見計らう」「相前後する」は通常「見計らって」「相前後して」のテ形のみ、「相手取る」は「相手取り」「相手取って」の両形を可能とする。
　さらに「受ける」という動詞をみてみよう。当事者に向けられた行為・働きかけに対処して応じる、受け入れるといった契機的な意味を明示し、推移とともに客観的な事態発生の背景、事由を意味する、一種の経緯説明の表現として機能する。

(11) 政府は二十五日、尖閣列島・魚釣島への中国人活動家不法上陸事件を受けて、海上保安庁による周辺海域の警備を強化する方針を固めた。
(朝日新聞 04.3.26)
(12) 新しい人名漢字が二十七日から使えるようになったことを受け、埼玉県の会社員夫婦が三十日、長女の名を「きく水」から「掬水」に変更することを認めるよう、さいたま家裁に申し立てた。　(讀賣新聞 04.10.1)

動詞「ねらう」は、「あるものを手に入れようとしたり遂行しようとしたりしてその機会をうかがう」意味が拡張され、手段、方途を担う成分として機能する。(13b)のように「ねらいすます」のように用いることもある。

(13) a. 容疑者は女子学生が外出した隙を狙って部屋に忍び込んだものとみられる。
b. 二死一塁、イチローは真中ストレートを投げてきたのを狙い澄ましてセンターに打ち返した。

「加える」は「そのうえに」「だけでなく」といった添加、累加を表す。

(14) 景気の急回復で需要が盛り上がったのに加え、原油や鉄鋼など原材料価格の上昇が最終商品にも転嫁され始めている。　(朝日新聞 04.4.11)

動詞「踏まえる」は「見据える」「念頭に入れる」などの心理的活動を意味して、後文に示される行動や事態の根拠となる意味を表す。

(15) a. 陸連はこれまでの実績を踏まえてオリンピック出場選手を選考した。
b. 過去のデータを踏まえて予測したが、本レースは意外な展開だった。
c. これは最新の研究成果を踏まえた現代東アジア政治史研究である。

以上みてきた動詞は、単独では成立(運用)が困難で、あとに何らかの主体的な行為をもたらす、一種の誘導成分として機能していることが了解される。

構文的特徴として注意すべきもう1点は、動詞が名詞(句)を取る場合と、節を取る場合があるという点である。「相前後する」は「失踪と相前後して」「失踪したのと相前後して」のように双方が可能だが、「見計らう」は「両親が仕事に出かけた{の／ころ}を見計らって」のように節を用いるのが一般的である。一方、「相手取る」はほぼ名詞(場所名詞・人名詞)に限定される。「に対して」も対象を表す「アジア諸国に対して」のような名詞接続のほかに、

(16) 「愛知万博を知っている」と答えたのは中部圏で90.3%だったのに対し、近畿圏は66.1%、首都圏は53.6%にとどまった。(朝日新聞 04.7.8)

のようにノ節を受ける場合も少なくない。「90.3%だったが」「90.3%だったのが」というように一種の対比的な構造を呈している。名詞接続がいわば既成事実としての静的事態を表すとすれば、こうしたノ・コトを介在しながら名詞節接続を受けるものは動的事態を表している。動的事態には同時に事態を観察する特徴がみられ

るが、ノ、コトを受ける動詞の意味的なタイプと分布については、引き続き考察を行う必要がある。

3 動詞テ形後置詞の使用・出現分布

　動詞のなかでどのようなタイプが後置詞として使用されているのかを探る大まかな目安として、いくつかの文型辞典に収録されているものをみてみよう。対象とするのは日本側4点、中国側3点である。なお、広義の動詞テ形後置詞の省略形とみなされる〈XをYに（して）〉、〈XをYとして〉などの形式も参考のために掲げた（*印）[5]。連用中止形、テモ・テハ形も掲げた（表記は原掲載のまま）。一つの項目について複数の用法（下線）を掲げたものもある。なお、「をもちまして」などの丁寧形は省いた。

A：『日本語表現文型』（森田良行・松木正恵1989）：
　　(17)　からいって、からして、からといって、からはじめて、からみて、くせして、した結果をふまえて、だけあって、といって、として、としては、としても、となっては、とはいっても、にあたって、にあたり、にあって、に至っては、において、に応じて、に限って、にかけては、にかけても、に関して、に関しても、に関連して、に際して、に従い、に従って、にしたって、にして、にしては、にしても、に対応して、に対して、について、につき、につけ、につけて、につれ、につれて、にとって、にとっては、に伴って、によって、によっては、にわたって、のくせして、のに対して、の身から見て、へかけて、*を区切りとして、を経由して、*を手段として、*を第一のものとして、*を単位として、を通じて、を通して、をはじめ、*をはじめとして、を無視して、をめぐって、をめぐり、をもって、

以上は索引から転記したもので、中には用例の項目のものもあり、個別的なものが混在している印象がある。細かい形態的な指摘はあるが、比較的使用頻度の高い「とあって」「とあいまって」などもなく、収録数は少ない。

B：『どんな時どう使う日本語表現文型500』（友松悦子他1996）：
　　(18)　いかんによって、いかんによっては、から〜にかけて、からいって、からして、からといって、から見て、くせして、だけあって、と相俟って、とあって、といっても、<u>として</u>、としても、とみえて、なくして(は)、にあたって、にあって、に至って(は)、において、に応じて、に限って、に限り、にかけては、にかわって、に関して、に比べて、に加えて、にこたえて、に際して、に先立って、にしたがって、にして、に

しては、にしても、にしても～にしても、に即して、に沿って、に対して、について、につき、につけて、につれて、にとって、に伴って、に反して、にひきかえ、に基づいて、にもまして、によって、によっては、にわたって、はさておき、はぬきにして、はともかく(として)、までして、をおいて、＊を限りに、＊を皮切りとして、＊を皮切りに(して)、＊をきっかけとして、＊をきっかけに(して)、＊を契機として、＊を契機に(して)、をこめて、＊を中心として、＊を中心に(して)、を通じて、を通して、を～として、を～に(して)、＊をぬきにして、＊をぬきにしては、＊をはじめ(として)、をめぐって、をもって、をもとに(して)、

次のC、Dも日本語能力試験の1、2級レベルを意識した選定となっている。
C：『教師と学習者のための日本語文型辞典』（グループ・ジャマシイ 1998）：
(19) あっての、おいて、から～にかけて、からいって、からして、からといって、からとおもって、からみて、疑問詞＋にしたって、疑問詞＋にしても、くせして、だといって、とあいまって、とあって、とあっては、といって、といっては、といっても、として、としては、としても、とちがって、となっては、とはちがって、とみえて、にあたって、にあたり、にあって、にあっては、にいたって、にいたっては、にいたっても、において、におうじて、にかかっては、にかけて、にかけても、にかこつけて、にかまけて、にかわって、にかわり、にかわって、にかんして、にくらべて、にくわえ、にくわえて、にこたえ、にこたえて、にさいし、にさいして、にさきだち、にさきだって、にしたがい、にしたがって、にして、にしてからが、にしては、にしても、にそくして、にそって、にたいして、について、につき、につけ、につれて、にとおもって、にとって、にともない、にともなって、にはんし、にはんして、にひきかえ、にむかって、にむけて、にめんして、にもとづいて、にもまして、によって、にわたって、にわたり、のにたいして、ばあいをのぞいて、はいいとして、＊はぬきにして、＊はべつとして、をおいて、を～にひかえて、＊をかわきりとして、＊をけいきとして、をこめて、をして～させる、をつうじて、をとおして、をのぞいて、＊をはじめ(として)、をふまえ、＊をまえに(して)、をもって、

D：『くらべてわかる日本語表現文型辞典』（大阪YWCA 2008）：
(20) AからBにかけて、AからといってAだけあって、AとBがあいまって、Aとあって、Aとあっては、Aとして、Aとしては、Aとしても、Aにあたり、Aにあっては、Aにおいて、においても、おいて

は、おいてのみならず、Aに応じて、Aにかかっては、Aに限って、Aに限り、Aにかけては、Aにかわり、Aに関して、Aに比べて、Aに加えて、Aにこたえて、Aに際して、Aに先立って、Aにしたがって、Aにして、Aにしては、AにしてみればAにしても、AにしてもBにしても、Aに即して、Aに沿って、Aに対して、Aについて、Aにつき、Aにつけ、Aにつれて、Aにとって、Aにともなって、Aに臨んで、Aに反して、Aに引き替え、Aに向かって、Aに面して、Aに直面して、Aに基づいて、Aにも増して、Aによって、Aにわたって、*Aを抜きにして、A抜きで、Aはさておき／さておいて、Aをおいて～Bない、*Aを限りに、Aを兼ねて、*Aを皮切りに、*Aをきっかけに、*Aを契機に、Aをこめて、*Aを最後に、*Aを尻目に、*Aを中心に、Aを通じて、Aを通して、Aを問わず、*Aをはじめ、*Aをはじめとして、Aをめぐって、Aをもって、*Aをもとに、*Aをものともせず、*Aをよそに、Aんとして

次に中国で編集、刊行された文型集3点を見てみよう。
E：『現代日語慣用型』（高振順主編1999）：
　(21)　にあかして、にあずかって力ある、にあらずして、にあわせて、にいたって、にいたるまで、におよんで、にかぎって、にかけて、にかけては、にかわって、にかんがみて、にかんして、にかんしては、に関連して、に気をとられて、に加えて、にくわうるに、にこたえて、にしてからが、にしてみれば、に準じて、に乗じて、に背を向けて、に力を入れて、につき、につけ、につけ～につけ、にてらして、に反して、に引き続き、に向かって、に向けて、にめんじて、にもまして、によりかかって、に立脚して、～に～をかさねて、は～とあいまって、は～として、は別として、はさておいて、はぬきにして、をあいてどって、をあいてに、をあげて、*をあしばに、*をあとにして、*をいいことにして、をうわまわって、をおかして、をおして、*をかさに、をかさねて、*をかわきりに、をきして、*をきっかけにして、*をけいきとして、をこえて、をこめて、*をさかいにして、をさしおいて、をしたまわって、*を条件に、*を先頭に、*をそっちのけにして、をたずさえて、*をたのしみに、*をたよりに、*をちゅうしんにして、*をてほんとして、*を転機に、を通って、をとわず、を～にしぼって、をのぞいて、を背景に、を含めて、を踏まえて、*を振り出しに、を経て、*をほしいままに、*を前にして、*を目の当たりにして、*をむねに、*をむねとして、

＊をめどに、をもって、＊をもとにして、＊をよいことにして、＊をれいにとって、

F：『日語疑難問題解析』（于日平・黄文明編 2004）：
(22) からいって、からして、からといって、から〜にかけて、から見て、くせして、だけあって、でもって、とあいまって、とあって、といっても、として、としては、としても、なくして、なくしては、にあたって、にあたり、にいたって、において、におうじて、にかけて、にかけては、にかわって、に関して、にさいして、に先立ち、に従い、に従って、にして、にしては、にしても、に即して、に沿って、に対して、について、につき、につけ、につれて、にとって、に伴って、に則って、に則り、に基づいて、によって、により、にわたって、はともかくとして、をおいて、をかねて、＊をかわきりとして、＊をかわきりにして、＊をきっかけとして、＊をけいきにして、をつうじて、をとおして、をとおって、をはじめ、＊をはじめとして、をめぐって、をもって、＊をもとに、＊をもとにして、＊をよそに、

G：『日語表達方式学習詞典』（目黒真実編 2003）：
(23) かいがあって、が〜に控えて、が基になって、から言って、からして、からって、からと言って、から〜にかけ、から〜にかけて、から見て、くせして、こともあって、といって、と〜とが相俟って、ときては、と比べて、としたって、としては、としても、とは言っても、なくして、に当たって、に当たり、にあって、に合わせて、に至って、に至っては、において、に応じて、にかえて、に限って、に限り、に賭けて（も）、にかけては、にかこつけて、にかまけて、にかわって、にかわり、に関して、に比べて、に加え、に加えて、に応えて、に際し、に際して、に先立ち、に先立って、に従い、に従って、にして、にしては、にしても、に即して、にそって、に背いて、に対して（は／も）、について、に次いで、につき、につけ、につけて（も）、に照らして、にとって（はも）に伴って、にとり、に臨んで、に反して、にひきかえ、に（も）まして、に向かって、に免じ、に免じて、に面して、に基づいて、によって、によって（は／も）、によって〜られる、（から〜）にわたって、（に〜）を重ねて、抜きにして、を兼ねて、＊を皮切りとして、＊を皮切りに（して）、＊を口実に（して）、を込めて、＊を境に（して）、をして〜しめる、＊を中心として、＊を中心に（して）、を通じて、を通して、を〜として〜する、を〜に控えて、＊をはじめ（として）、＊をピークに（して）、を踏まえて、を経て、＊を前に（して）、をめぐって、を目指して、を

もって、*を基に(して)、

以上、7点を概観したが、形態的な多様性もさることながら、文型集によっては「にひきかえ」など主要なものが一部欠けていたり、中国側のものでは〈XをYに〉類の文型を積極的に扱っている一方で、個別的なもの、たとえば副詞句の一部(「国をあげて」の「をあげて」や「金にあかして」の「をあかして」など)も含んでいるなど、後置詞の選定基準といったものは必ずしも明確ではない。各項目の異同や分布、収録の目安といった課題についてはなお検討を要する。以下では、そのいくつかの顕著な特徴を考察していくことにしたい。

4 動詞テ形後置詞の傾向的分析

考察に移る前に、前節の文型集に収録された後置詞を対象に、ごくおおまかに名詞接続と文接続の態様をみてみると、ほぼ次のような特徴があげられる。

【名詞接続】(名詞は事柄名詞、ヒト名詞、場所名詞)
によって、にかけて、に応じて、を通して、を通じて、に限って、に向かって、にそって、に即して、…

【名詞および名詞節接続】(ノ・コトを介在)
に加えて、に対して、に備えて、に先立って、に基づいて、と違って、…

【名詞および名詞節φ接続】(ノ・コトは非介在)
に当たって、に際して、とあって、につれて、にしたがって、に及んで、…

また、形態的な面では、格支配という観点からの分類が可能である。多くがニ格とヲ格で、カラ格、ト格が数例ある。

【ニ格支配】にあって、にのぞんで、にそなえて、にからんで、にそくして、にてらして、にこたえて、にちなんで、にもとづいて、にくらべて、…

【ヲ格支配】を祝して、を期して、を記念して、をさして、を通して、をもって、を介して、をめざして、をはさんで、を含んで、…

【カラ格支配】からみて、からして、から〜にかけて、から〜にわたって、…

【ト格支配】として、といって、といっても、とみて、とみえて、とあって、とくらべて、と(は)うってかわって、…

多くが中止形、連用形の双方を有するが、制約をもつものもある[6]。

【テ形】をおいて、にとって、とあいまって、といつわって、とあって、…

【連用中止形】につき、につけ、に鑑み、にひきかえ、はさておき、…

名詞修飾(連体修飾)構造のタイプには大きく三種類がある。

【連体修飾節ル形】にともなうN、をめぐるN、…

【連体修飾節タ形】にもとづいたN、に応じたN、を受けたN、…

【連体修飾節テ形+ノ】あってのN、としてのN、を受けてのN、…
　次にテ形の構文的な特徴をみてみよう。ハをとりうるもの、モをとりうるもの、ハもモもとらないもの、さらに反復・並列形式のものがあげられる。

A：主題化類：ハを任意にとるもの。
　とあっては、ときては、にあたっては、としては、においては、にあっては、にいたっては、にかけては、に限っては、に関しては、に際しては、にしては、に対しては、については、にとっては、にのぞんでは、によっては、を措いては、をめぐっては、を除いては、…

B：譲歩、添加類：モを任意にとるもの。
　（から）といっても、と比べても、としても、にあたっても、にあっても、においても、に限って（みて）も、に関しても、に際しても、にしても、に対しても、についても、につけても、に照らしても、にとっても、をめぐっても、によっても、を差し引いても、を除いても、を別にしても、…

C：単独用法類：一般にハもモもとらないもの。
　とあいまって、と合わせて、に甘えて、に甘んじて、に応じて、に代わって、につれて、にしたがって、をめざして、に加えて、に先立って、にかわって、にかんがみて、にこたえて、に即して、に準じて、に乗じて、に背をむけて、に照らして、に反して、に免じて、に向かって、にもとづいて、にもまして、にわたって、からといって、こともあって、…

　この場合、「からといっては」「に甘んじては」のように、広義のテハ条件節の構造になり、反復や既定条件を表すものもみられる。

D：並列・反復類：モがつきそい、単独での用法のほか並列形式をもつもの。
　にとっても〜にとっても、においても〜においても、に対しても〜に対しても、によっても〜によっても、にしても〜にしても、につけ（ても）〜につけ（ても）、から見ても〜から見ても、からいっても〜からいっても、…

E：丁寧化：
　に対しまして、に先立ちまして、にあたりまして、をもちまして、につきましては、におきましては、に際しましては、から見ましても、…

F：指示詞をともなう可展的用法：
　これに先立って、これをうけて、これにこたえて、これに加えて、これに対して、これに反して、これにもまして、それにしても、それにつけても、…

G：単独の副詞・接続詞的用法：
　ついては（つきましては）、合わせて、加えて、したがって、引き続き、続いて、代わって、たまりかねて、（か）といって、からといって、ちなみに、…

　以上、動詞テ形後置詞の形態的特徴を概観したが、とりわけ、E、F、Gの特徴

は動詞の実質性の残存・消長をみるうえで有効なテストである。次にいくつかの発話意図をめぐって類義表現を考察する。

5 時間関係を表す動詞テ形後置詞

　動詞テ形後置詞のうち、比較的使用頻度の高い時間関係を表す後置詞「に先だって」「にあたって」「に際して」などの用法を検証する。いずれも「時に」「前に」という時間節と比べて何らかの事態発生に関して、恣意的に特化した状況を個別に指示するもので、その主意は近接性、接近性の主張にあるといえる[7]。

5.1 「に先立ち／に先立って」の意味と用法

　Xをする、あるいはXが行われる前に、その準備導入としての行為が後件で述べられる。動作性名詞のほか、動詞補文にも接続する。動詞「先立つ」には「先立つ不孝」「自意識が先立つ」「先立つものは金だ」のように、喫緊に必要とされる当面の事態である。形態上テ形に限定され、述語形式では成立が困難である。

(24) a.　試合開始に先立って、監督から指示があった。
　　　　cf. ?? 監督から指示があったのは試合開始に先立った。
　　　　⇒監督から指示があったのは試合開始に先立つ(こと)5分前だった。
　　b.　出発に先立って、荷物は全部空港に送っておいた。
　　　　cf. ?? 荷物は全部空港に送っておいたのは出発に先立ってだ。
　　　　⇒荷物を全部空港に送っておいたのは出発に先立つ三日前だった。

(⇒)のように、一定の数量的な支持をうけながら倒置文にする必要がある。さらに、この後置詞の使用範囲については、

(25) a.　首相が米国を訪問するのに先立って両国外相は打ち合わせを重ねた。
　　b.　各国首脳の訪日に先立ち、空港周辺は厳重な警備体制が敷かれた。

などのように、Xは大会、試合など予定された大きな行事や特別な行動に限られ、次のような日常的な習慣行為については適用されない。

(26) a.　*友だちに会うのに先立って、電話をかけてみた。
　　b.　*デートするのに先立ち、美容院に行って髪をセットした。

以下、比較的よくあらわれる例をあげておく。一般に名詞接続が多くみられ、主文では予備的、申し合わせ的、セレモニー的な行為があらわれやすい。

(27) a.　開会に先立って、主催者側によるレセプションが行なわれた。
　　b.　サッカーの試合に先立って、両国の国歌が演奏された。
　　c.　明日のレースに先立って、選手達は実際のコースを車で試走した。
　　d.　大学生の就職活動に先立って就職課による説明会が催された。

e. 選挙の開票に先立って、被選挙人の名簿が確認された。
　　　f. シンポジウムに先立ち、司会者からパネリストの紹介があった。
　　　g. 新製品の販売開始に先立って、在庫を調査しておく必要がある。
　　　h. 上映に先立ち、主催者を代表して監督からご挨拶申し上げます。
　　　i. 工場の建設に先立って、地元住民との話し合いを行った。
　　　j. 披露宴(を始める)に先立ちまして媒酌人からお祝辞をいただきます。
　　　k. 首脳会議に先立つ事務レベル会議で会議の手順が話し合われた。
　　　l. 兄の死に先立つこと3年前に、姉は夫と離婚していた。

　また、スピーチなどで(27j)のように丁寧に用いることもある。名詞修飾の場合は(27k)(27l)の「に先立つ(こと)N」のように使われる。
「に先立って」は「を前に(して)」とほぼ同義であるが、「に先立って」の方が「を前に(して)」と比べて目的性、意志性が高い。「に先立って」は予め具体的な何かをしておく、という目論見が感じられる。

　(28)　衆院厚生労働委員会は六日夜の理事懇談会で、十一日の本会議採決に先立ち、七日に小泉首相も出席して、年金改革に関する一般質疑を行うことを決めた。
　　　　　　　　　　　　　　　　　　　　　　　　　(讀賣新聞04.5.7)

　また、予見される事態の前にすでに何らかの関連事態が推移していることも表す。

　(29)　真珠湾攻撃に先立って、事実上の開戦通告文書はワシントンの日本大使館に届いていた。
　　　　　　　　　　　　　　　　　　　　　　　　　(讀賣新聞01.4.8)

　ここで類義表現をみると、「に先んじて」は先手を打つという意味で、「他社よりも先んじて技術開発を進める」のように比較・競合的意味が強調され、時間的意味は薄められている。

　(30)　薬害C型肝炎の被害者は遅れて提訴したが、予防接種が原因だと訴えたB型肝炎に先んじて08年1月に被害者救済法が成立した。
　　　　　　　　　　　　　　　　　　　　　　　　　(朝日新聞10.3.23)

　また「に先駆けて」は「世界に先駆けて発表する」「春に先駆けて咲く」のように誰よりも何よりも率先して、先導して、先取りして、という意味が強調されたもので、必ずしも時間の前後関係を意図したものではない。これらには当該目的の達成が個別的指標か共有的指標のものか、といった評価判断も介在するようである。

　(31)a. 米国は他国に先んじて原子爆弾を開発・製造した。〈個別的指標〉
　　　b. C国は各国に先駆けて景気回復への道を切り開いた。〈共有的指標〉

5.2 「にあたり／にあたって(は)」「にのぞんで」の意味と用法

　動詞「あたる」は「(事態に)直面する」という意味で、ちょうどその時・その場面に居合わせて、という意味で用いられる。「にあたり」「にあたって」「にあたっ

ては」「にあたってのN」の形がある。後件内容は予め意識され、予定された行為である。名詞接続 (32a) ～ (32d) と動詞文接続 (32e) ～ (32i) とがみられる。(32j) は連体修飾の用法である。

(32) a. 新学期にあたって、皆さんに注意しておきたいことがあります。
　　 b. 大沼さんは私の留学にあたり、保証人になっていただきました。
　　 c. 開会にあたりまして、一言ご挨拶申し上げます。
　　 d. 末筆にあたり、皆様のご健康をお祈りいたします。
　　 e. 工事を始めるにあたって、近所に挨拶回りに行った。
　　 f. 新年を迎えるにあたって、決意を新たにした。
　　 g. 研究発表を終えるにあたって、指導教授にまずお礼を申し上げます。
　　 h. この度、市長に立候補するにあたり、皆様のご支援をお願いします。
　　 i. 会を締め括るにあたり、委員長より閉会の言葉をいただきます。
　　 j. 開会にあたっての祝辞で、思わぬハプニングが起きた。

実際には重要なセレモニーなどの開始時点で挨拶が遂行されることを表す。(33) では「にあたって」に後述する「にのぞんで」が併用された例である。

(33) 本日、「戦没者を追悼し平和を祈念する日」にあたり、全国戦没者追悼式に臨み、さきの大戦において、かけがえのない命を失った数多くの人々とその遺族を思い、深い悲しみを新たにいたします。
　　　　　　　　　　　　　　　　　　　　　　　　　(朝日新聞 08.8.15)

「にあたっては」のように主題化される場合は、目的の「には」「ためには」との言い替えが可能で、当該事態に対する心得、説明などの伝達的な意図が示される。

(34) a. 家を購入するにあたっては、様々な手続きと準備が必要です。
　　　　⇒家を購入するには、様々な手続きと準備が必要です。
　　 b. 論文を執筆するにあたっては、まず目標を立てることが大切だ。
　　　　⇒論文を執筆するためには、まず目標を立てることが大切だ。

以下の例では、ある特別な時点に直面して、その場で予定していたことを積極的に述べたり、必要なことを準備したりすることを表す。

(35) 明朝出撃するに当ってどうしてもこのままの気持ちではいきたくない。純粋な天皇の臣として突入したいんだ。　　(井上光晴『死者の時』)
(36) 総料理長としての腕の見せどころは、九日にホテルで開かれた日英協会主催の歓迎午餐会。メニューを決めるにあたり、英国大使館を通じて、女王様の好き嫌いを伺いました。　　　　(讀賣新聞 04.10.6)
(37) 具体案づくりに当たっては、公共事業などで不要な補助金は整理し、予算のスリム化につなげる工夫が必要だ。　　(讀賣新聞 04.9.1)

「にのぞみ／にのぞんで」も、試合やセレモニーなどのイベントが予定されている

ところに臨席する、直面するといった意味を表す。(38c)のように「にのぞむにあたり」のように「あたって」が「のぞむ」に後接する形で用いられることもある。一種の決意表明の文としてあらわれることが多い。なお、「にのぞんでは」は主題化ではなく、むしろ反復条件の意味を表す。

(38) a. 監督、試合に臨んで、(試合に臨む気持ちを)一言お願いします。
b. 博覧会の閉会にのぞみ、ご尽力下さった皆様に深く感謝申し上げます。
c. 大会に臨むにあたり、皆さんに言っておきたいことがあります。
d. 彼は発表にのぞんでは、常に準備の甘さが目につくようだ。

(39) 大阪府知事に就任した橋本徹氏は初めての府議会に臨んで、「…類のない大改革に取り組む」と「船長」の決意を語った。 (朝日新聞08.3.2)

ここで「にあたって」と比較すると、「XにのぞんでY」のYはXと同時、同場面に発生する事態だが、「XにあたってY」ではYはXに先行し、Xという事態を想定してYの行為を充てる、準備するという場合に用いられる傾向がある。

(40) 娘の結婚式｛にあたりに／??のぞんで｝、兄は礼服を新調した。

「を迎え／を迎えて」は、「新年を迎え」「天皇陛下をお迎えして」のように、前件を構成し、後件には予定(予想)される要件が述べられる。「に直面して」「になって」のように眼前に展開される結果状況についての言及である。

(41) a. 会社は創立以来の危機をむかえ、社員は雇用解雇に脅えている。
b. 選挙戦も終盤をむかえて、候補者の演説にも力が入ってきた。

5.3 「に際し／に際して(は)」の意味と用法

「に際して」も「にあたって」と同じように当面の事態に対応する行為を表す。ある特別なことを始める時点で、あるいはその進行の時点で、「にあたって」と同じようにスピーチ、挨拶などに多く用いられる。「の際」、「のとき」と基本的には同じ意味を表すが、フォーマルなニュアンスを含む。名詞のほか動詞ル形にも接続する。

(42) a. 来日に際して、多くの方のお世話になりました。
b. お二人の新しい門出に際して、ひと言お祝いを申し上げます。
c. 三社の合併に際し、大規模なリストラが行なわれた。
d. 帰国に際して、お世話になった保証人に挨拶に行った。
e. 手術の日を決めるに際し、医者は家族の了解を得る必要がある。
f. 金子さんは私が留学するに際して、とてもお世話になった方です。

(43) 民政党が発足するに際して、浜口は、側近の中島弥団次を木村久寿弥太のもとに送った。 (福田和也『昭和天皇』)

(44) 脅迫する<u>に際して</u>、家の様子を見ておこうと、以前に何度かあの辺をうろついたことがあった。　　　　　　　　　（奥泉光『モーダルな事象』）

(43) も (44) も、「発足する際 (に)」「脅迫する際 (に)」のように言い替えが可能である。意味的には「にあたって」とほぼ同じであるが、「にあたって」よりももう少し事態は一般的で時間幅も長く、また、事前的な行為の意味合いが強い。なお、主題化の「に際しては」と丁寧形の「に際しまして」の形も多く用いられる。

(45) a. この調査を進める<u>に際して</u>は、住民の十分な理解が必要だ。
　　　b. 会社を起こす<u>に際して</u>は、法律をよく勉強しておく必要がある。
　　　c. なお、質問<u>に際しまして</u>は、氏名とご所属をおっしゃってください。

連体修飾は「に際してのN」となる。

(46) a. 旅行<u>に際して</u>の安全注意。(＝旅行<u>の際</u>の安全注意)
　　　b. 受験<u>に際して</u>の注意事項をよく読んでください。

類義表現としての「(の) 際 (は)」は「(の) 折 (は)」「(の) 節 (は)」と同様に、へりくだった言い方として用いられる。

(47) a. 乗り降り<u>の際</u>は、ホームと電車の隙間にご注意ください。
　　　b. この本は先生のお宅を訪問した<u>折</u>に、先生からいただいたものです。
　　　c. 近くまでおいでの<u>節</u>は、どうぞお気軽にお立ち寄りください。

5.4 「を控えて」「に備えて」の意味と用法

事前の準備段階にある状況を伝えるために、ある一定の予定された時間幅を念頭に入れた展開を表す言い方で、通常は「来週に」「来月に」などのように具体的な時間幅が明記される。

(48) a. 決勝戦<u>を</u>来週<u>に控えて</u>、選手たちには緊張感が高まっている。
　　　b. 出撃を数時間後に控え、特攻隊員の表情には悲壮感が漂っている。
　　　c. 投票を明日<u>に控えて</u>、候補者は有権者に向かって懸命に最後の訴えを続けている。

接続する名詞は多くが「試合」「退職」「結婚」「結納」「卒業式」「入社式」などの行事的内容、人生の節目的出来事である。時間的に迫っている状況にあり、予定を目前にしていることをことさらに強調しつつ、それに付随する状態を述べるものであるが、次のように形態的には自由で、「にあたって」などの用法とは異なる。

(49) a. 投票を明日<u>に控えた</u>候補者は最後のお願いに声をからしている。
　　　b. 結婚式を一か月後に<u>控えている</u>姉は、どことなく寂しそうだ。
　　　c. 試験を目前に<u>控えている</u>というのに、テレビなんか見ている場合ではないだろう。

「を控えて」は「決戦の日 ｛を／が｝三日後に控えている」「三日後に結婚式｛を／

が｝控えている」のように「が」「を」の双方の格表示が可能であるが、後置詞としての用法では〈Xを(時間幅＋「に」)控えて〉のパターンで表される。

(50) 姉の出産｛を／＊が｝来月に控え、郷里から母が上京してきた。

「に備えて」は「地震に備えて、保存食を貯蔵しておく」のように、多く「ておく」をともない、将来の起こり得る事態を想定して具体的な対応をはかることを意味し、時間関係を念頭においた「を控えて」とは意味的なふるまいが異なる。

(51)a. 万一に備えて、食糧を備蓄しておいた方がいいだろう。
　　 b. 来週に迫った試験に備えて、出題傾向を再確認しておく。
　　 c. 不慮の事故に備えて、海外旅行の保険に加入しておく。
　　 d. 交替の選手たちが監督の指示に備えて、ベンチに控えている。

「をにらんで」も「を念頭に置いて」「を視野に入れて」のように、将来を念頭に入れて見当をつけたり予定に入れるといった心的姿勢を表している。

(52) 双方が日中関係の全体をにらんで歩み寄ったということだ。

(朝日新聞 08.6.19)

同じく「を見越して」は将来を計算に入れて、という予定・目的を表す。

(53)a. 日本海軍は三十年代から戦争を見越して兵力の増強をはかってきた。
　　 b. 値が上がるのを見越して株を手放さないのは投資家の心得だ。

「を見据えて」も「相手を見つめる、本質を見定める」といった具体的な意味から、間近に迫ったイベント、行事などに対して、何らかの準備を心掛けるさまを表す。テ形の代わりにナガラ、ツツが用いられることもある。

(54)a. オリンピックが終わっても数十年後を見据えて、都市計画を立てる。
　　 b. 息子が大学を卒業するのを見据えながら、学費を貯めておかなくてはならない。

5.5 「にいたって」「におよんで」の意味と用法

「ある極端な段階、最終的な局面になってはじめて」の意味で、後件には「ようやく、やっと、ついに、はじめて」などの副詞が併用される。この背後に宿された感情は動詞「いたる」「および」の内包する時間的経過から生じたものである。

(55)a. 歳をとるにいたって、やっと人生の目的が少し見えてきたような気がする。
　　 b. ドラマは最終回を迎えるにいたってヒロインが死ぬという破局を迎えた。
　　 c. M社は地検の捜査を受けるにいたって、隠していた不正が明らかになった。

d.　A校が倒産するにいたって、受講生たちは経営者に抗議行動を起こした。
　　e.　自殺者が10年連続3万人を越すにいたって、政府はやっと防止対策に乗り出した。
　　f.　最終点検の段階にいたって大きなミスが判明し、ロケットの打ち上げが延期となった。
　　g.　今までさんざん遊んでいたが、社会人になって会社に就職するにいたってようやく緊張した気持ちになってきた。
　　h.　彼は今まで黙っていたが、いよいよ留年することが判明するにいたって、ついに両親に本当の話を切り出した。
「段階にいたって」のように名詞接続もみられるが、一般に動詞ル形に接続し、「卒業する {*ノ／*コト} にいたって」のようにノ、コトは介在しない。なお、「いたる」は「(Yから)Xにいたるまで」のように範囲を表すこともある。
(56) a.　(その時から)現在にいたるまで、彼からは何の音沙汰もない。
　　 b.　保証人は学費から生活費(にいたる)まで、私の面倒をみてくれた。
　一方、ややフォーマルな言い方として、「～(まで)にいたった」のように文末成分化して「ようになる」の意味で用いられることもある。
(57) a.　我が社は90年代になって、東南アジアへ進出するにいたった。
　　 b.　最近になって、著作権問題がクローズアップされるにいたった。
　　 c.　コンビニはデパート、スーパーを追い越し、販売の60％を占めるにいたった。
　　 d.　1950年代の前半には、日本経済は戦前の水準に回復するにいたった。
「におよんで」も同様に、結果事態の到達時点を表す。
(58) a.　温暖化が進行するにおよんで、地球の生態系が大きく変化している。
　　 b.　この期におよんで、まだ地位に執着するつもりなのか。
　　 c.　いざ出発という時におよんで、彼は怖じ気づいてしまった。
　　 d.　入院するにおよんで、彼はやっと自己管理の甘さを悟るにいたった。
(58b)は慣用的な副詞句、また(58d)のように「いたる」と併用されることもある。
「にあたって」「に際して」「にのぞんで」については、原則的には「とき」の意味だが、「に先立って」と同じように事前的な意味を表すこともある。
(59) a.　試合(を始める)に際して、監督は選手たちと作戦を練った。
　　 b.　試合(を始める)にあたって、監督は選手たちに注意をあたえた。
　　 c.　試合に先立って、両チームの国歌が演奏された。
　　 d.　試合にのぞんで、選手代表は決意を述べた。
　以上、述べた時間関係の後置詞を表1のように整理する。〈事前発生〉と〈発生

時点〉には目的を遂行する主体の意志が含意され、〈事後発生〉には結果事態が表明されるといった特徴が観察された。

表1 時間を位置どりする動詞テ形後置詞

事前発生	に先立って、に先んじて、に先駆けて、をひかえて、にそなえて、をにらんで、を見越して、を見据えて、
時点発生	にあたって、にのぞんで、をむかえて、にさいして、に直面して、に接して、
事後発生	にいたって、におよんで、

6 主題化、対比、とりたての諸相

　後置詞の主題化という現象は、トキを表す名詞につく「時に」と「時は」「うちに」と「うちは」などと同様の性質とみられるが、ここではほぼ慣用的にあらわれるいくつかの形式にそってみてみよう。なお、ハやモの用法についてはテハが既定条件を、テモが並列を表す場合は一定の許容性が認められるが、ここでは主題化、とりたての様相に焦点を当てる。

6.1 「については」「をめぐっては」「にいたっては」の意味と用法

　「については」「に関しては」は主題化の主たる用法で、以下に解説を順次加えていくという、取り立て的な機能をも有する。前文で言及した内容に関連して、さらに注釈的、補足的な情報を、確認・提供していく際に用いられる。演説などでは趣旨を明確に主張するために好んで用いられる傾向がある。

(60)　北朝鮮をめぐる問題に関しては、拉致、核、ミサイルといった諸懸案について包括的に解決し、その上で国交正常化を図るべく、関係国とも緊密に連携しつつ対処してまいります。核問題については、累次の国連安全保障理事会決議に基づく措置を厳格に履行しつつ、6者会合を通じて非核化を実現する努力を続けます。拉致問題については、考え得るあらゆる方策を使い、一日も早い解決を目指します。　（朝日新聞 09.10.26）

多くが「について言えば」「に関して言えば」という発話の対象設定である。「に対しては」はしばしば「については」「に関しては」とほぼ同義とみなしうる。

(61)　インフルエンザに罹った学生に対しては、保健室での受験を許可する。
　　　⇒インフルエンザに罹った学生については、……

　「をめぐっては」もまた、焦点的、注目表示的な用法である。このハの作用域は

前段の指示的内容におよび、承節と同時に補足付加することによって、総体的、関連的な理解を聞き手、読み手に求めようとするものである。

そもそも「をめぐって」は広義命題形式に属し、既知的な情報を再度焦点化すると同時に、これについてさらに注釈、説明を加える働きがある。

(62) 刑事裁判では「被告に刑事責任を負わせられるか」をめぐって検察官と弁護人が対立するケースが数多くあります。　　　　　（朝日新聞 09.7.25）

ハはこれをより焦点化、関心の共有化を意図したものである。

(63) 13 年以降の温暖化対策の国際枠組み（ポスト京都）をめぐっては、各国が 12 月のコペンハーゲンで開かれる国連の締約国会議（COP15）で合意をめざし交渉中。　　　　　　　　　　　　　　（朝日新聞 09.9.7）

(64) 出会い系サイトをめぐっては、さまざまなトラブルや事件が頻発し社会問題化している。　　　　　　　　　　　　　　　（朝日新聞 09.7.25）

(65) 今回の新型インフルワクチンの輸入をめぐっては、国は GSK 社とノバルティス社と契約し、計 4950 万人分（2 回接種）を輸入する予定。
　　　　　　　　　　　　　　　　　　　　　　　　　（朝日新聞 09.11.23）

時間節の「にあたっては」も「際しては」と同じく主題化の典型例である。ハは再度、事態を確認し、話し手と聞き手の間に共有場面を設定する働きがある。既成の事実や事態に対して、「言うまでもなく」「承知のように」「とりわけ」といった再認・追認の気持ちが含意される。なお、「*に先立っては」は非文である。

(66) a. 新製品の開発にあたっては、多くの人たちの努力と励ましがあった。
　　 b. 友達を選ぶにあたっては、趣味が同じだということが意外と大きい。
　　 c. 当ビルの設計に際しては、震度 8 の地震にも耐えられるようにした。

(67)のようにしばしば教訓的、指示的な内容が導かれることがある。主文には「べきだ」「なければならない」などのモダリティがあらわれやすい。

(67) a. 宇宙計画を推進するにあたっては、各国との技術協力が欠かせない。
　　 b. 新しい工場の建設にあたっては、防音、排煙施設などを十分に配慮しなければならない。
　　 c. 問題を議論するにあたっては、相手の意見も考えて発言すべきだ。
　　 d. 予算編成にあたっては、国民の声を十分に反映させる必要がある。
　　 e. 就職するに当たっては、今までの学生気分を捨てて、社会人としての自覚をもつようにしてください。

(68) 具体案づくりに当たっては、公共事業などで不要な補助金は整理し、予算のスリム化につなげる工夫が必要だ。　　　　　（讀賣新聞 04.9.1）

「にいたっては」では、最終的な局面、ないし極端な事態の発生についての言及が行われる。「からには」「以上は」の意味に近い。

(69) 病状がここまで悪化するに至っては、いっそ覚悟を決めて手術をしたほうがいい。
　　　cf. 病気がここまで悪化したからには、…

「(一般に) A でも X なのに {まして／いわんや} B にいたってはさらに Y」といった対比的・漸増的な説明を意図する。

(70) その日は遅刻する人が多く、(とりわけ) Y さんにいたっては、平然と午後から出勤してきた。
(71) 近頃の子どもは過保護というが、親が子どもの大学入試に付き添う状況にいたっては、ますます理解できない。

実際に(72)、(73)のように例では対比状況が詳しく述べられる。依然として進捗しない状況が後悔や批判的気分とともに表される。

(72) すでに記述して来た通りこの事件に於いては海野雪子の陳述には沢山の作りごとがあったようである。山形和光も嘘を言っている。池田友行証人に至っては、(時が来れば本当の事が言えると思うが、今は真実を語ることはできない)と言っている。　　　（石川達三『七人の敵が居た』）
(73) 家主はもちろん飛松トリさんであるが、彼女があとの二世帯にいくらの家賃で部屋を貸しているのか、その家賃もきちんきちんと支払われているかどうか、私はよく知らない。しかし近所の噂では、ほとんど支払われていないという話だ。堀田家はそれでも二、三箇月に一度くらいは金を入れるらしいが、古畑家にいたっては一文だに入れたことがないということである。　　　　　　　　　　　　　　　（梅崎春生『幻化』）

(72)では「山形和光」、(73)では「堀田家」の件が対比の要件となっている。「A はおろか」「A はもちろん」などを前句におき、「B にいたってはなおさら」という展開を示す。「にいたっても」は旧態、常態の現状を強調する。

(74) もう少し発見が早ければよかったが、全身に転移するにいたっては、もはや打つ手はなかった。
(75) 薬害エイズの被害が明るみになるにいたっても、(相変わらず)厚生省は責任を認めないばかりか、重い腰をあげようともしなかった。

6.2 「によっては」「をおいては」などの意味と用法

　引き続き、動詞ラ形後置詞のうち、「によっては」「においては」「をおいては」「にあっては」「ときては」などをみてみよう。「によっては」は、一種の条件句で「次第で(は)」とほぼ同義である。条件によって結果がプラスにもマイナスにも左右される事態をあげて、選択条件を表す。

(76)a. 時と場合によっては、実力を出せないことだってあるだろう。

b.　山沿いによっては局地的な雨に見舞われるでしょう。
　　　c.　その場の状況によっては成功する場合もあれば成功しない場合もある。
（77）「だから父さんのやっていることが戦争批判だとはいってないんだ、ここにくる人の考え方によっては、そういう危険の生まれる可能性があると…」　　　　　　　　　　　　　　　　　　（井上光晴『死者の時』）
（78）「特務大尉か」男は安心したような、ききようによっては軽蔑したようにもとれる声を出した。　　　　　　　　　　（井上光晴『死者の時』）
上例（78）のような「（聞き）ようによっては」は「（聞き）ようでは」「（聞き）方次第で（は）」のようにも用いられる。「次第によっては」「いかんによっては」（いかんでは）のように選択の可能性を示唆することもある。
（79）　出発は明朝五時だが、天候のいかんによっては出発を見合わせることもありうる。
「においては」は「に関して言えば」のように特技や技能の領域内で特筆すべき事態であることを表す。(80)では「にあたっては」も同じように用いられている。
（80）　医学者は、患者を自己とは切り離された客体として対象化し、患者が帯びた疾病を制御可能なものとして扱う。通常の医療行為においては、症状を軽くし、可能であれば治療するように制御するものであろう。しかし、細菌兵器の開発に当たっては、ヒトを実験材料として扱い、疾病を感染させ、死に至る条件を解明するために疾病を制御する。
　　　　　　　　　　　　　　　　　　　　　　　（上田信『ペストと村』）
　なお、ヲ格をとる「を措いて（は）」は「を除いて（は）」「を抜きにしては」のように、当該人物・事物が他の候補者、該当対象よりも抜きんでている様子を表す。(81b)は副詞フレーズとなったものである。
（81）a.　彼をおいて（は）、会長にふさわしい人はいないでしょう。
　　　b.　何をおいても（さしおいても）、この計画を実行しなければならない。
「にあっては」は「においては」「では」とほぼ同義で、とりわけ現在の状況、立場、資格を強くさし示す。
（82）a.　本校にあっては、帰国子女も普通の学生と同等の扱いをしている。
　　　b.　社長という立場にあっては、個人より会社の利益を考えるべきだ。
（83）　太陽光線の強烈なこの国にあっては、花も果物も、日本のそれの何倍かの芳香を発するのであった。　　　　　（堀田善衞『バルセローナ』）
「ときては」は条件形後置詞の「ときたら」と同じく広義命題形式の一つで、「学長選ときた日には」のように評価判断的な言い方にもなる。
（84）a.　営業に加えて毎日残業ときては、体力がもたない。

b. 今頃になって断りますときては、どうすることもできない。
c. 何しろ、私の抽斗ときたら、何が入っているかも分からない。
d. 近頃の若い者ときたら、挨拶一つ満足にできないんだから。

「といっては」は並列形式を用いて、対比・反復を表す。

(85) 子どもはあれが欲しいと言ってはだだをこね、これが欲しいと言っては泣きすがる。

以上、ハがつきそう動詞テ形後置詞のいくつかを概観した。

6.3 「にかけては」「にかけても」の意味と用法

次に、ハ、モの双方をともなう動詞テ形後置詞の態様を観察する。名詞に接続する「にかけては」は「についていえば」というように「その素質や能力、技量に関しては自信、実力、能力があって、通常よりも優れている」という意味を表す。「ほかのことはともかく、(A)だけは」という含みがある。ハは必須成分(省略が不可能)である。「にかけて(も)」は「賭ける」という意味があり、「たとえ賭けるようなことがあっても必ず」という意志を強調する表現である。ハは必須成分であるのに対して、モは任意で省略が可能である。

(86) a. 数学にかけては、クラスでは彼の右に出る者はいない。
b. 私は忍耐力にかけては人より勝っているという自信があります。
c. 我が社の製品の品質にかけては、創業以来の定評がある。
d. あそこの旅館はサービスにかけては、一流ホテルにひけをとらない。
e. 社長は経営にかけては、冷血なほど厳しいと言われてきた。
f. 山中教授は遺伝子の研究にかけては、世界でも指折りと言われる。
g. 円谷選手は走ることにかけては、小さい頃から得意だった。
h. この学校は吹奏楽部の実力にかけては、他校の追随をゆるさない。

なお、逆接の文脈においては対比的、特化的な言及もこの中に含まれる。

(87) a. 息子は勉強はもう一つだが、スポーツにかけては人並み以上だ。
b. 彼は誠実な男だが、商売にかけてはあまりうまいとはいえない。
c. Yさんは仕事の速さにかけては申し分ないが、雑な感じが否めない。

「においては」「では」とほぼ同義である。文を受けるときはコトを必要とする。

(88) a. 走ることにかけては、私は小学校以来誰にも負けたことはなかった。
b. あなたを愛することにかけては、僕は誰にも負けないつもりだ。
c. 彼は勉強は別だが、遊ぶことにかけては、人一倍熱心だ。

テハのかたちで用いられる「にかかっては」は、「Xにしてみれば」「ほかならぬXは」のように当事者を特化し、通常以上の影響力の大きさを表す。

(89) a. 部長の毒舌にかかっては、さすがの課長もかたなしだなあ。

  b.　１キロのステーキも大食いの彼にかかっては、10分もかからないうちに完食した。
  c.　汚れの落ちにくい壁や床掃除もプロの手にかかっては、瞬く間に綺麗になる。

「にかけて(は)」には期間、範囲を表す用法もある。
 (90)　高気圧に覆われ全国的に晴れるが、夜は西日本から関東にかけては30度前後の残暑。　　　　　　　　　　　　　　　（讀賣新聞 09.9.20）
一方、「にかけても」は名誉などに恥じないように、との決心・決意を表す。
 (91)a.　国の威信にかけても、今次のテロには毅然たる態度でのぞむべきだ。
  b.　私は甲子園では郷里の誇りにかけても、決勝進出をめざしたい。
  c.　会社の名誉と信用にかけても、偽装は一切なかったと認識している。
  d.　警察の誇りにかけても、私はあの人を守る。
　　　　　　　　　　　　　　　　　　　　　　　（佐々木譲『巡査の休日』）
(91d)では「に誓っても、絶対に」という意味で用いられている。また、「Aにおいても B においても」、「A からいっても B からいっても」も同じように並列・反復用法としても用いられる。
 (92)　わが社では企画力にかけても営業力にかけても、他社にはない人材をそろえています。
このほか、テモの形では「を差し引いても」「を別にしても」などがある。
 (93)a.　体調不良を差し引いても、今日の試合の出来はよくなかった。
  b.　体力差を別にしても、日本サッカーは欧州の水準にはまだほど遠い。

6.4　「にして」「にしては」「にしても」の意味と用法

「にして」は、「今にして思えば」「瞬時にして」「不幸にして」のような副詞句、「品行方正にして博識な」「四十にして惑わず」のような並列、接続用法がある。
 (94)a.　父は五十にして、はじめて子宝に恵まれた。
  b.　彼は科学者にして、有能な政治家でもある。
  c.　人は生まれながらにして、生きる苦悩を持ち合わせている。
  d.　天皇は神聖にしておかすべからざるものなり。
やや古風な言い方であり、「であると同時に、かつ」という兼務の意味を表す。
 一方、「にして」に「は」や「も」がつきそう場合は、ある一定の基準に照らし合わせた結果、当該の基準・水準以下、以外といった意外性の評価がなされる。
 まず「にしては」では、「当該状態から社会通念的に想定される基準に照らして以下の事態はその基準に合わない」という意味で、プラス評価でもマイナス評価でもよい。類義的な「割には」と比べてややフォーマルな感じがする。

名詞接続には次のような評価判断の例があげられる。
  (95)a.　この建物は病院にしては、小さすぎるようだ。
      b.　今日は冬にしては珍しく春のような陽気だ。
      c.　あの子どもは中学生にしては体格は大学生なみだ。
      d.　彼はバスケットボールの選手にしては、背が低い方です。
      e.　辛いと評判のタイ料理にしては、ここの店の味は日本人向けだ。
      f.　このあたりは都心にしては、むしろ緑が多くて静かなところです。
      g.　彼は外交官にしては外国語がそれほど堪能ではないし世界情勢にも明るくない。

一般に、病院ならば相応の大きさ、冬は相応の寒さ、中学生は相応の体格、といった通念があるにもかかわらず、規格外、例外的なものの顕在について述べる。

文(動詞文、形容詞文)を受ける例は次のようなものである。一種の評価を想定前と眼前との比較で説明する評価判断は、日常的に頻繁にあらわれる。
  (96)a.　この文は中学生が書いたにしては、非常によくできている。
      b.　近々結婚するにしては、彼はあまり楽しそうな様子ではない。
      c.　彼の発表は十分な準備を重ねたにしては余りに不本意な内容だった。
      d.　都心で5万では部屋を借りるにしては、十分とはいえないだろう。
      e.　彼の服装は冬山に登るにしては、あまりにも軽装すぎはしないか。
      f.　一流デパートと言われているにしては、商品はそれほど多くない。
      g.　彼は長年この会社に勤めているにしては、職場のことに無知だ。
      h.　彼女は旅行会社に勤めているにしては、時間にルーズだ。
      i.　あの学生はよく勉強しているにしては、なかなか成績が伸びない。
      j.　私のマンションは駅から近いにしては、静かなところです。
      k.　この物件は家賃が安いにしては、部屋も広くて新しい。
      l.　重病を抱えながらにしては、よくこれだけの小説を書いたものだ。
  (97)　玄関の呼鈴が二度つづけて鳴った。訪問者にしては、かなり無作法な、乱暴な鳴らし方であった。　　　　　（松本清張『ゼロの焦点』）

「にしては」の後件にはプラス評価もみられるが、多くが非難や失望のニュアンスが感じられる。「その割に、その割には」の意味を表し、後件には前件から当然予想されることと食い違う事柄がくる。「Xなのに」に言い替えられる場合が多いが、「Xのに」にはXがすでに確定した事実を直接差し出すのに対し、「にしては」にはそのような含みは感じられない。

一方、「にしても」は「たとえ～だとしても」「たとえ～といっても」のように譲歩文の類型である。「にする」は「ということにする」という想定の意味を表す。
  (98)a.　たとえ冗談にしてもそんなことは言ってはならない。

b. 金がなくて困っているにしても、新聞ぐらいは買えるだろう。
c. いずれの方法を選ぶにしても、リスクは覚悟しなければならない。
d. 少しぐらい予測はできるにしても、確かな判断はできるはずがない。
(99) 過去のペストがすべて雲南起源ではないにしても、一九世紀のペストの発生率が雲南であったことは、史料から確証することができる。

(上田信『ペストと村』)

「にしても」は「としても」と同じく、「やはり」という予測通りの結果を表す。

なお、「にしても」と「にしては」には微妙なニュアンスの差異が生じる。
(100)a. 今から｛出かける／出かけた｝にしても、間に合わないだろう。
b. 今から｛出かける／出かけた｝にしては、余りに遅すぎるだろう。
c. *今から｛出かける／出かけた｝にして、遅すぎるだろう。

また、接続詞「それにしては」は「それにしても」とほぼ同じように使われる。
(101) A：電話では２時に家を出たそうですが。
B：それにしては遅いですね。（それにしても遅いですね）
(102)a. それにしては、よく雨がふりますね。
b. それにしても、よく雨がふりますね。

双方ともに基準値にみたない、釣り合いがとれない、見かけと本質に差がある、という意外性の意味では共通している。「それにしては」は「ところで」といった話題の転換を含意するが、「それにしても」は前段の会話を引き継ぎながら、聞き手との場面の共有や、同意の姿勢がより配慮されたものとなっている。なお、「にしても」は並列形式を用いて「いずれにしても」という無条件を表す。
(103)a. 彼女は食べる物にしても着る物にしても、何一つ不自由な思いをしたことはない。
b. 電車で行くにしてもバスで行くにしても、けっこうかかりそうだ。
c. 高いにしても安いにしても、必要なものは購入すべきだ。
d. 小説にしたって何にしたって、書くのは並大抵ではない。

(103d)のように会話体では「にしたって何にしたって」の形になることもある。

同じように「AからしてもBからしても」「Aから言ってもBから言っても」「Aから見てもBから見ても」のような反復・並列形式へと拡張したものもある。
(104)a. 隣の子は勉強の成績からしても品行からしても、家の子よりはましなほうだ。
b. サービスからいっても料理からいっても、このホテルの方がいい。
c. 右から見ても左から見ても、富士山の姿は素晴らしい。

「AにしろBにしろ」もこの類型である。
(105) 父が多額の金を母に残しておいてくれたにしろ、また父方の祖母が兄

に金をくれたにしろ、俺達の兄弟が石見家に世話になった事実は感謝すべきだろう。　　　　　　　　　　　　　　　（立原正秋『剣ヶ崎』）
ちなみに、反復・並列形式には次のようないくつかの肯定・否定の類型がある。
(106) a. 参加するにしろしないにしろ、説明会には全員出席してください。
b. 参加するにせよしないにせよ、説明会には全員出席してください。
c. 参加しようがしまいが、説明会には全員出席してください。
d. 参加しようとしまいと、説明会には全員出席してください。

名詞（句）並列では「AであれBであれ」をはじめ、「AであってもBであっても」「AであろうがBであろうが（Aでなかろうが）」、「AであろうとBであろうと（Aでなかろうと）」などがあり、一般に無条件（「いずれにしても」）を表す。
(107) a. 日本人であれ外国人であれ、料金は一律にすべきだ。
b. 日本人であっても外国人であっても、…
c. 日本人であろうが外国人であろうが（；日本人でなかろうが）、…
d. 日本人であろうと外国人であろうと（；日本人でなかろうと）、…

なお、並列形式をとる後置詞には、このほかに「AとしてもBとしても」「AにとってもBにとっても」「Aに対してもBに対しても」などがある。

6.5 「につけ（ても）」「につけ〜につけ」「につき」の意味と用法

引き続き、動詞連用形、テ形後置詞のなかで、形態的な特徴をもつものを考察する。「につけ」（「につけて」「につけても」）は「たびに」という事態の発生頻度とともに、ある現象なり行為に関連して、自然と対応するさまを表す。
(108) a. 今の若者のマナーを見るにつけ、家庭教育の大切さを痛感する。
b. 両親のいつもの夫婦喧嘩を見るにつけ、結婚するのをやめてしまいたくなる。
c. 母はちょっと買物に行くにつけても、車で行きたがる。
(109) 今回のような官製談合を見せつけられるにつけ、天下りそのものを禁止しなければ解決策にならないという思いを強くする。
　　　　　　　　　　　　　　　　　　　　　　　　　　（朝日新聞08.6.17）
(110) 国内においても、類義語研究の資料とされたり、大学のゼミ教材として採用されるなど、現代語研究（中略）などの分野で利用されていると聞くにつけ、より充実したものに改めたいとの願望を強くした。
　　　　　　　　　　　　　　　　　　　　　　　　　（森田良行『基礎日本語』）
「たびに」が事態の反復が基点となるのに対し、「につけ」は、話し手の「あらためて」「つくづく」といった感慨が基点となって強調される点に情意的意味がある。なお、並列表現としては無条件に近く、「何事につけても」のように当事者の常態

的行為が示される。事態はマイナス的評価をともないやすい。

(111) a. 買い物に行くにつけ、どこに行くにつけ、娘は車を使いたがる。
b. 体調がいいにつけ悪いにつけ、試合には出なければならない。
c. 嬉しいにつけ悲しいにつけ、彼の歌はいつも私のそばにあった。
d. 雨につけ風につけ、母は毎日私を迎えに来てくれた。

「Aにつけ何につけ」のように後半をぼかした言い方もみられる。「良きにつけ悪しきにつけ」は慣用句で、「いいときもわるいときも」という意味を表す。なお、上掲の「AにせよBにせよ」は意志がともなうが、「につけにつけ」は自然とそうなる習慣性や、そうならざるをえない事態を表す。副詞句として「何かにつけ(て)(ては)」「何事につけ(ても)」がある。

(112) a. 今日の部長は何かにつけ部下にあたるが、どうも虫の居所が悪いようだ。
b. この村の住民は何かにつけ(ては)、集まっては酒をふるまうのが習慣だ。
c. 何事につけても、人生我慢が一番だ。

「につけ」の前には動詞「見る」「聞く」「思う」などで、「と決まって思い出される、偲ばれる、案じられる、よみがえる」といった心理的な発生態様が一般的だが、次のような習慣性についても用いられる。(113)のように「たびに」は常に「につけ」に置き替えられない。

(113) 誕生日がくるたびに、父は大きな鯛を買ってきてくれた。
cf. 誕生日になるときまって、*誕生日がくるにつけ

「それにつけても」は談話にみられる接続詞で、「それにしても」のように話題を共通のものに変えて、聞き手にも一定の事態の想起をうながす言い方である。

(114) a. それにつけても、バブル経済の頃はよかったよなあ。
b. それにつけてもおやつは×××。

なお、「につき」は「について」とは異なり、一定の名詞について事由や経過説明などを表す。また数量詞について単位を表す。

(115) a. 非常口につき、非常時以外の出入りを禁ず。
b. 喪中につき年末年始のご挨拶を遠慮申し上げます。
c. 暖房中につき開放厳禁。
d. 大人一名につき、三千円の参加費を申し受けます。

「ついては」(「つきましては」)は「そういう次第で」という前文を受ける接続詞的用法として用いられる。これに対し、「これをもって」(「以上をもちまして」)は式次第を閉じる際の挨拶として用いられる。

(116) a. つきましては、皆様のご参加をお待ちしております。

　　　　b.　以上をもちまして、閉会の辞とさせていただきます。

6.6　「にひきかえ」「とひきかえに」、「に代わって」「に代えて」「代わりに」、「に限り」「に限って」「を限りに」の意味と用法

　「にひきかえ」も連用形のみ用いる後置詞の一つで、異なる二つの性格や傾向を比べて、「とは正反対に他方は」、「とは対照的に他方は」のように対比の意味を表す。「に比べて」よりも比較の度合いが極端である。

　(117)a.　努力家の姉にひきかえ、妹は怠け者です。
　　　　b.　この頃は大人しい男子学生にひきかえ、女子学生のほうが積極的でしっかりしている。
　　　　c.　兄はまじめ一方だが、それに引き換え弟は遊んでばかりいる。
　　　　d.　昨日の暑さに引き換え、今日の涼しさは異常だ。

　「のにひきかえ」のように、ノ節をとることもある。

　(118)a.　彼女の優秀なのに引き換え、妹のほうは学業はさっぱりだ。
　　　　b.　隣の家はご主人は無口なのにひきかえ、奥さんはとても社交的だ。
　　　　c.　昔の学生がよく読書したのにひきかえ、今の学生は活字が苦手だ。
　　　　d.　妹は家庭的なのにひきかえ、姉は活発で、毎日出歩いている。
　　　　e.　私達が倹しく暮らしているのに引き換え、兄達は派手な生活をしている。
　　　　f.　戦争中、貧しかったのにひきかえ、今の豊かさは夢のようだ。
　　　　g.　昨日あれほど暑かったのにひきかえ、今日は肌寒い一日です。
　　　　h.　近年石油の需要が伸びてきたのに引き換え、石炭は斜陽の一途を辿っている。
　　　　i.　去年はひどい米不足だったのにひきかえ、今年は豊作のようだ。
　　　　j.　彼は彼女とデートだそうだが、それにひきかえこっちは残業だ。

　「それにひきかえ」のように接続詞的な用法もある。また、「にひきかえ」はしばしば「代わりに」との言い替えが可能である。

　(119)　英語の成績が悪い{のにひきかえ／代わりに}、数学は申し分ない。

　一方、「とひきかえに」は「の代わりに」の意味で、交換条件を表す。

　(120)a.　犯人は人質とひきかえに、二億円の身代金を要求してきた。
　　　　　（身代金とひきかえに人質を解放すると要求してきた）
　　　　b.　預かり証とひきかえに荷物を渡す。
　　　　　＝荷物を預かり証と交換して渡す。

c. 彼は友情とひきかえに会長の名誉を手に入れた。
　　　　　＝科学が発展した代わりに、…
　　　d. 科学の発展とひきかえに、人類が失ったものはあまりにも大きい。
　　　　　＝彼は会長の名誉を手に入れた代わりに、…
(120c)は「友情を犠牲にして」という意味を含んでいる。
　一方、同じく交替、代替を表す「に代わって」は「の代わりに」とはやや意味を異にして新しい局面の出現、誕生を意味することが多い。
　　(121)a. 親に代わってお詫び申し上げます。cf.？親の代わりに
　　　　b. (横綱朝青龍に)代わって東口から横綱白鵬の土俵入りです。
　　(122) 評判の悪かった年金からの天引きに代わって、本人や配偶者、子どもの銀行口座からの引き落としも認めるなどの手直しが並んだ。
　　　　　　　　　　　　　　　　　　　　　　　　　(朝日新聞08.6.13)
　　(123) 彼らはさっきまでの繭草という叫びに代って、塌々米、塌々米と連呼しはじめていた。　　　　　　　　　　　　　(辻原登『村の名前』)
(124)、(125)のように「に代わって」は主体の交替、「に代えて」は対象の交替を表す。
　　(124) そして今年、「対テロ戦争」の正義を訴え続けたブッシュ氏に代わって、オバマ大統領が登場した。　　　　　　　(朝日新聞09.9.11)
　　(125) オバマ政権は現行のMD配備計画に代えて、イージス艦に搭載される海上配備型迎撃ミサイルを中心にしたシステムを段階的に配備していく方針だ。　　　　　　　　　　　　　　　　　　　(朝日新聞09.9.19)
多義的な意味として「に代えて」は「と交替して」の意味で試合の作戦などに用いられ、「XをYに換えて」は優先手段を、「に替えて」は「を犠牲にして」の意味で用いられる。いずれも対応、戦略的な意図を表す。
　　(126)a. 監督は負傷した中村に代えて、遠藤を後半から投入した。
　　　　b. 反政府主義者たちは銃をペンに換えて政府と闘うことにした。
　　　　c. 命に替えて(でも／も)子どもを守り抜きたい。
　動詞「限る」は機能的な動詞の一つで、後置詞の「に限り」と「に限って」には意味の分化がみられる。まず、「に限り」は適用されるサービスなどの対象を限定するもので、
　　(127)a. 本日から三日間に限り、定価の3割引きにてご奉仕いたします。
　　　　b. 10代の女性に限り、半額サービスいたします。
　　　　c. チラシ持参のお客様に限り、粗品進呈。
　　　　d. 本日限り、3割引きの出血サービス。
　　　　e. 本日を限りに、閉店とさせていただきます。

のように用いられる。「声を限りに」のような様態副詞句もある。(127e)のように「を限りに」は限度・制限を表す「をもって」の意味で用いられる。丁寧に述べるときは「に限りまして」となる。

(128) 当店ではランチタイムに限りまして禁煙とさせていただきます。

一方の「に限って」は「に限り」と同じように用いられるケースもあるが、多くが通常、あるいは本来だいている評価に適合しない事態に対しての疑念などが差し出され、心情的な意味が深く関わる。

(129)a. 君は忙しいとき、大事なときに限って休む癖があるんですね。
　　　b. うちの子に限って、万引きなどするはずがありません。
　　　c. いつも早く来るのに、今日に限って遅いのは事故でもあったのだろうか。
　　　d. 力の弱い者に限って、自分を見せびらかしたり徒党を組んだりしがちだ。

(129d)のように、文末形式と共起して、特例の常態なり傾向を示すこともある。「に限り」よりも感情的で不満や煩雑な気持ちを表す。

(130) 五輪競技の模様は全世界に中継されるが、驚いたことに中国国内に限って、映像は10秒遅れで放映されるという。　　(朝日新聞08.7.23)

なお、「に限っては」のようにテハの形になると、言外に排除の気持ちを強く含む。「にあたっては」「に際しては」に近い限定的な意味を表す。

(131) 未成年者のエアチケット購入に限っては、親の同意が必要になる。

7　起因的な意味を表す動詞テ形後置詞

　ここでは動詞テ形後置詞のうち、「起因」的な性格にかかわるものをいくつか概観することにする。起因とはある事態の発生する原因を意味するが、さらに広い背景や関係、きっかけをも内包するものととらえる[8]。

7.1　「とあいまって」の意味と用法

　一種の相乗効果を表す言い方で、一般に「AはBとあいまってC」の形でAとBが調和して(または相補して)Cがもたらされる、という意味を表す。複数の要素、特徴、因子が重なり合って、互いに影響を受け、作用しあってより顕著な効果をもたらすさまを述べる。一緒になって、調和して、という意味に近い。一種のプラス評価を補強する用法で、およそ次の三つのタイプがみられる。

(132)a. 好天気とあいまって、この連休は大勢の人出が予想される。
　　　　　要素①〈好天気〉＋要素②〈連休〉⇒結果；大勢の人出

b. これまでの努力や実力と運が相俟って、難関校に合格した。
　　　　要素①〈努力や実力〉＋要素②〈運〉⇒結果；難関校に合格
　　c. 「新日本紀行」という番組は日本の地方の美しさが音楽とナレーションとあいまって、何とも言えない旅情をかきたてる。
　　　　要素①〈地方の美しさ〉＋要素②〈音楽とナレーション〉
　　　　　⇒結果；何とも言えない旅情

実際の用例では(132b)のタイプが多くみられるようである。

(133) a. 海外旅行ブームと円高景気とが相俟って、年末の成田からの出国者数は今年最高を記録した。(AにBが加わって)
　　b. 良質な学生とすぐれた教授陣とが相俟って、その大学の名声を内外に知らしめてきた。(AとBが重なって)
　　c. 社長の辣腕と経済の先読みの鋭さが相俟って、我社は今年も黒字続きだ。(AとBが相乗して)

(134) 詰襟の学生服のポケットに無雑作に手をつっこみ、口をへの字に結んだ里見の風貌は、体を少しななめにかしがせた姿勢や、ひとり草履履きという個性的ないでたちとも相俟って、一度決めたらテコでも動きそうにない強い意志を感じさせる。
　　　　　　　　　　　　　　　　　　(佐野眞一『阿片王　満州の夜と霧』)

(135) 広い額はその昔は、その上に乱れかかっている長髪と相俟って卓抜な俊秀な感じを人に与えたが、　　　　　　　　(井上光晴『死者の時』)

(136) 出版の市場主義・商業主義と相俟って人文学に依拠する人文書は「周縁化」どころか絶滅寸前の状態にある。　　　(『図書』09.11)

7.2 「を受けて」「も手伝って」の意味と用法

「を受けて」は何らかの重大な決定や発生の影響によって生じるさまを述べる。時事報道文に多くみられ、ノ節を受けることも多い。

(137) 衆院選での民主党の圧勝を受け、顔ぶれが一新された国会で今週、鳩山新政権が誕生する。　　　　　　　　　　(朝日新聞09.9.13)

(138) 麻生首相が830投開票の総選挙日程を決めたのを受け、与野党は14日、選挙戦をにらんだ動きを加速させた。　　(朝日新聞09.7.14)

(139) 重要閣僚が固まったのを受け、政権移行の作業を本格化させなければならない。　　　　　　　　　　　　　　　(朝日新聞09.9.7)

「も手伝って」は「こともあって」に近い意味で、付随的な原因や背後関係などを補足する言い方である。直接に述べるのではなく、「を受けて」と同様に、迂言的に結果事態をさしだす用法である。

(140) しみじみ落ち着いた雰囲気のなか、猿渡からあらためて相談を持ちかけられてみると、自分が解説文を書いたことも手伝って、何が何でも雑誌掲載すべしと意見が変わるのだから面白い。

(奥泉光『モーダルな事象』)

「も重なって」も「も手伝って」と同様に「に加えて」とはまた違った視点から、複数の原因理由の背景を提示する。次の例ではト節に表わされた事態に加えて、「計器に示されることによって」という添加の様相を表している。

(141) 日頃からコンピュータ・デスプレイで機械や装置の状態を確認したり、操作をしたりすることが習慣化していると、異常事態発生時には、警報のメッセージが続々と計器に示されることも重なって、運転員やパイロットの注意力はデスプレイや表示パネルに釘づけになってしまう。

(柳田邦男『壊れる日本人』)

「に絡んで」の「絡む」はもともと「物に巻きつく、巻き点いて離れない、まといつく」という意味が他の物事と密接に結びついて、影響を与えるという意味に拡張したものである。「がもとで」の意味が基調にあるが、ある問題が複雑に交錯しあって、別の事態が明らかになるさまを表す。

(142) 千葉市議会議長を務める××市議が市内に建設中のビルをめぐるトラブルに絡み、市内の不動産会社幹部に金銭を要求した疑いがあることが関係者への取材でわかった。

(朝日新聞 09.9.3)

「ちなむ」もル形では用いられず、タ形またはテ形で用いられる。ある物事との関係をもとにして、連想なども入れながら他の物事の成立、つながりを述べる。

(143) a. 寅年にちなんでタイガー印の商品を売り出したが、売れ行きはさっぱりだった。
b. 一月に生まれたのにちなんで、父は娘の名前を冬美とつけた。
c. 毎年八月になると各テレビ局や各紙で終戦にちなんで戦争関連の特集記事が組まれる。

(144) お母さんのお民が、孟母三選の故事にちなんで、学校のなかで育てば、教育のためによいと考えたからです。

(村本邦子『一人っ子の上手な育て方』)

「あやかる」は「便乗する」「乗じる」という意味を表す一方、打算的な気持ちもこめながら、影響を受けて同様の状態になる、感化されてよい状態になることを意味する。

(145) a. 当時の「満洲国」ブームにあやかって息子の名前を康徳とつけた。
b. 書道の先生にあやかって字がうまくなりたいと思うのは自然だ。
c. 学長の役職にあやかって、出世をたくらむ人間がぞろぞろいる。

       d. ご当地の温泉ブームにあやかろうと、どの店も温泉饅頭を売り出した。

(145d) のように意志形や、「あやかりたいとおもって」のように「たいと思って」などを併用することもあり、動詞らしさを幾分残している。

　「に応えて」は前件事態に対して何らかの対処を試みる、という意味を表す。「に応じて」と比べて、具体的な対応策を差し出すところに意味的な特徴がみられる。

(146) a. 日中友好協会は省政府の招待に応え、青年交流団を派遣することを決定した。
       b. 四川大地震救援募金の呼びかけに応えて、民間から多くの義捐金が集まった。
       c. 新しい基金設立の必要に応えるべく、議員の中からも積極的な意見が出た。
       d. 聴衆のアンコールに応えて、辻井さんはもう一曲、演奏した。

「に応えるべく」(「応えるために」) という目的表現としてもあらわれる。

(147) 　市民の文化的な要求に応えて演劇ホール、コンサートホールなど文化施設の充実も必要になるだろう。　　　　（田中角栄『日本列島改造論』）

このほか、起因的な意味の周辺として、「を介して」「を通じて」などがあげられる。過程を表しながら、結果を招来する言い方である。

(148) 　腺ペストの場合、感染してから発症するまで、ながくて一週間ほどの時間がある。その間に移動し、ヒトノミを介して現地の住民に感染させる。　　　　　　　　　　　　　　　　　　　（上田信『ペストと村』）

(149) 　細菌戦を通じて、「制御する側」と「制御される側」との関係が浮かび上がってくる。　　　　　　　　　　　　　（上田信『ペストと村』）

7.3　「にもとづいて」「に（も）まして」「が高じて」などの意味と用法

　「にもとづいて」は、「ある原典、事実に依拠して」、「ある事柄をもとにして、根拠にして」という意味で、通常は名詞を受ける。

(150) a. 計画にもとづいて、作業は着々と進められた。
       b. この小説は実際にあった話にもとづいて、書かれたものです。
       c. 事実にもとづく小説ということで、実名まで登場して話題になった。
       d. 刑法第 31 条にもとづき、被告を無期刑に処します。
       e. 両校の協定にもとづいて、留学生が交換された。
       f. 彼は何ごとも自己の信条にもとづいて、行動する主義です。
       g. 長年の経験にもとづいた判断だから、信頼がおける。
       h. それぞれの国には気候の違いにもとづく、生活スタイルがある。

i. 日本人は誤解にもとづくと思われるような非難を受けることがしばしばある。
(151) 郵政公社内には民営化基本方針への懐疑的な見方が根強い。数字に基づいた詳細な試算なしに基本方針が決まったためだ。

(讀賣新聞 04.10.6)

「にもまして」は、「それ以上に」「それよりも」のように、さらに程度のはげしい状態であることを対比的に述べる。「例年にも増して」「いつにもまして」「以前にもまして」のようなフレーズのほか、「それにもまして」という接続句として用いられる。

(152)a. 父は歳をとると、以前にもまして頑固になった。
b. 彼は仕事のミスも多いが、それにもまして困るのは接客態度だ。

なお、「まして」「ましてや」も副詞的なふるまいをみせる。前件には「さえ／すら〜のに」などの文をともなう。

(153)a. 大学生にも解けない問題のに、まして中学生にできるはずがない。
b. 英語ですら満足に話せないのに、ましてやフランス語に至っては尚更だ。

「高じる、昂じる」もむしろ、マイナスの結果を招来する。当該事象・行為が発展して、さらなる結果をもたらす際に用いられる。(154a)は「風邪をこじらせて」という意味で用いられる。(154e)「高じてくる」のように動詞的性格が強くみられるものもある。

(154)a. 風邪がこうじて肺炎になることもあるから要注意だ。
b. 趣味が高じてとうとう全財産をつぎ込むことになった。
c. ちょっとした誤解が高じて大喧嘩になることもある。
d. 持病が高じてとうとう寝たきりになってしまった。
e. 妻に対する疑念がますます高じてきて、興信所にまで相談に行くことになった。

「が仇で」「が仇となって」は「(逆に)裏目に出る」ことで、好い結果を期待してやったことが逆に不都合な結果に終わるという、一種の逆接表現をなす。

(155)a. 村の発展のために橋を造ったのが仇で、若い人間は皆村を出て行ってしまった。
b. 親切にしてあげたつもりが仇となって、いい仕事を全部とられてしまった。
c. 生来の潔癖さが仇となって、彼は会社でいつも孤立している。
d. 本事件は警察が被害者のプライバシーを慮るあまり、公開捜査を遅らせたことが仇となって、不幸な結果を招いたものだ。

第1章　動詞テ形後置詞の分類と意味機能　61

「つけ」もまた、「つけがたまって」のように接続成分の一部を構成する。
　(156)a.　がんばりすぎた付けが回って、体を壊してしまった。
　　　　b.　長い間無理をした付けがたまって、入院するはめになった。
　　　　c.　学生時代に勉強しなかった付けが今になって出てきた。
　　　　d.　女房に逃げられた？　君、奥さんを大事にしなかった付けですよ。
動詞「たたる」も受身形をふくむテ形によって起因的状況を表す。
　(157)a.　無理をしたのがたたって、入院するはめになった。
　　　　b.　過労と飲み過ぎが祟って、胃を壊してしまった。
　　　　c.　若い時分の気ままな生活がたたって、老後は惨めな有様だよ。
　　　　d.　これまでの怠け癖が祟って、直前の受験勉強も焼け石に水だった。
　　　　e.　悪天候にたたられて、競技会は何度も中断された。
このほか、マイナス的視点から「がわざわいして」、「が裏目に出て」などがある。「がもとで」といった一種の偶発的な原因理由を表し、後件には「ことになる」や「てしまう」を用いた結果事態が示される。
　反対に「が功を奏して」「が幸いして」などは意外なプラスの結果を表す。
　(158)a.　選手を入れ替えたのが功を奏して、追加得点につながった。
　　　　b.　時間に遅れたのが幸いして、危うく事故機に乗らずにすんだ。
「反映する」も後置詞的なふるまいを見せ、当該事態の起因状況を表す。「反映してか」のように不確実な要素を残すこともある。
　(159)a.　その庭園は家主の好みを反映して、御影石をふんだんに使った贅沢
　　　　　　な設計になっている。
　　　　b.　A議員は国民の意見を反映させるべく、日夜走り回っている。
　　　　c.　最近は女性の社会進出を反映して、各地の保育園は入園の順番待ち
　　　　　　だという。

7.4　〈見せかけ〉的な意味を内包する動詞テ形後置詞

　本来の遂行目的とは異なる偽装的な行為の遂行をになう節構造がいくつかある。一つは文字通り、動詞「偽る」を用いたものである。引用句の変種で「〜という虚偽の理由を持ち出して」という意味を表す。
　(160)a.　今日は会社に行きたくなかったので病気と偽って会社を休んだ。
　　　　b.　あの店は中古品を高級品と偽って客に高値で売り付けるという、
　　　　　　もっぱらの評判だ。
　　　　c.　女は結婚するために必要だと偽って複数の男性から金を巻きあげて
　　　　　　いたという。
「ふりをして」「まねをして」もこれと同類の〈見せかけ〉的表現である。

(161)a. 真面目なふりをして、善良な人をだますなんて許せない。
　　　b. その青年は前に老人が立っていても寝たふりをして坐っていた。
　　　c. 死んだふりをして敵を欺こうとしてもだめだ。すぐにばれる。
　　　d. 学生は分かったふりをして聞いてはいるが、実はまるで理解していない。

「まねをして」はそのように倣って、なぞってという意味である。

(162)a. 姉のまねをして化粧を濃い目にしてみたら、気分まで変わった。
　　　b. 警察の調べによると、女性は怯えるまねをして、車内で「ギャー」という声を出してみたことがわかった。
　　　c. 投票用紙に○を書くまねをして、白票を投じるケースはよくあることだ。

「にならって」は虚偽の事実の移行、移し替えではなくプラスの成果の期待である。「それと同じようにする」という意味である。

(163)a. 日本はアメリカにならって戦後六・三・三教育制度を設けた。
　　　b. 焼香ははじめての経験だったが、隣の人に倣って同じようにやってみた。
　　　c. 他社のやり方にならって、我社でもフレックス制を採り入れた。

「をよそおって」もまた、事実、真実とちがうことをして、本来の目的達成を目論む言い方である。文末では「ように装う」のようになる。本来は(164a)のような言い方がメタファー化したものである。(164g)のような述語成分としての用法もみられる。

(164)a. 絹のドレスを上品によそおって、男たちをうっとりさせていた。
　　　b. そのカップルは客をよそおって店内に入り、宝石を強奪して逃走した。
　　　c. わざと親切をよそおって、近づいてくる人間には要注意だ。
　　　d. 宅配便の配達をよそおって、ドアを開けさせ「金を出せ」と脅した。
　　　e. 警官は民間人をよそおって、長時間その店で張り込みを続けた。
　　　f. 身内の人間をよそおって、現金を振り込ませる詐欺事件が横行している。
　　　g. 反対意見はあったが、表向きは努めて彼の説に賛成するようによそおった。

「と見せかけて」「を見せかけて」も文字通り、ある目的を遂行するために「ふりをして」「まねをして」「といつわって」と同じような意図的な手段・姿勢を表す。

(165) a. 金持ちの御曹司で独身と見せかけて(は)、男は複数の女性に結婚詐欺をはたらいた。
　　 b. あの店は高級品に見せかけて、偽ブランドを売りつけるというもっぱらの噂だ。
　　 c. 守ると見せかけて、相手の虚を衝くフェイントで攻撃に転じた。
　　 d. A女性は錬炭自殺を見せかけて、男性を殺害したものと見られる。
　　 e. あの会社の社長は誠実なように見せかけて、裏で不正なことをやっている。

「ごまかす」「だます」「目をぬすむ」は具体的、現実的行為の提示である。
(166) a. 製造年月日や消費期限、品質などを誤魔化して商品を売るケースがある。
　　 b. 客の目をごまかして釣銭を少なく渡そうとしてもすぐに分かることだ。
　　 c. 男は女をだまして金を取ろうとした。
　　 d. 彼女は男にだまされて結婚するはめになった。
　　 e. 母親はテレビを見ているこどもをだまして、早く床に就かせた。
　　 f. 騙されたと思って、この薬を一か月続けて飲めばよくなりますよ。

「かすめる」も具体的な空間移動のものから抽象的な移動がみられる。
(167) a. 鳥が水面をかすめて飛んで行った。
　　 b. 零式水上偵察機が海面をかすめるように急降下した。
　　 c. 謎の物体が航空管制塔の視界をかすめ過ぎて行った。
　　 d. 雲が月をかすめるように流れて行くのを眺めていた。
　　 e. 台風は紀伊半島をかすめる(ような)形で東海地方へと北上した。

のように物理的な状況から、「網の目をくぐって」「の目をくらませて」「の目を盗んで」のように意図的な達成をもくろんで用いられる。
(168) a. 男は店員の目をかすめて万引きしようとしたところを警備員に捕まった。
　　 b. 受刑者は看守の監視の目をくぐって暴力団からの差し入れを受け取った。
　　 c. 犯人は警察の監視の目を盗んで、逃走している。
　　 d. 彼は仕事の暇をぬすんで、恋人に会いに上京していた

「に追われて」も実際には事実関係を追及することは難しい。そういう状況であることを意図的に誇大に述べる可能性も十分に考えられる。
(169) a. 報告書を書くのに追われて、肝心の研究がおろそかになりがちだ。

　　　　b.　借金取りに追いまくられて、とうとう職場にまで電話がかかってきた。

「ほだす」も「ほだされて」という受身形で用いられることが多い。やむなく当初の思惑とは異なった結果にいたる状況が示されるが、これも結果発生からの言及ということであれば、真偽が問われる余地を残している。

(170)a.　子を思う心にほだされて、つい高い買い物をするはめになった。
　　　　b.　世話になっている義理にほだされて生命保険に入らされることになった。
　　　　c.　一生君を幸せにするという彼の熱意にほだされて、とうとう結婚の返事をしてしまった。

「乗じる」「つけ込む」「つけいる」もテ形によって「隙を狙って」という意味を担い、目的を遂行する際の様態、状況を表す。

(171)a.　市民たちは大地震後の混乱に乗じて、食糧の強奪を始めている。
　　　　b.　家人の不在に乗じて借金取りが家に上がり込んだ。
　　　　c.　暗闇に乗じて女性を連れ去るという事件が相ついでいる。
　　　　d.　酔いに乗じて、言わなくてもよいことを口外してしまった。
(172)a.　彼らは人の親切につけこんで、金をむしりとる悪い奴らだ。
　　　　b.　借金取りは人の弱みにつけこんで、じゃんじゃん電話をかけてくる。
　　　　c.　老人の信じやすさにつけこんで、詐欺をはたらく犯罪が絶えない。
　　　　d.　相手の不利な立場につけいって暴利を貪る悪徳マネーが横行する。

「に乗って」も具体的な事象から、抽象化がみられる。

(173)a.　風船が風に乗って空高く舞い上がっていった。
　　　　b.　情報は衛星からの電波に乗って届けられた。
　　　　c.　幼児らが伴奏に乗って元気よく歌っている。
　　　　d.　おいしい仕事の話に乗って、身を崩すはめになった。
　　　　e.　新入幕の土佐の灘は勢いに乗って、中日まで勝ち星を積み重ねた。
　　　　f.　その映画は昨今のオカルトブームに乗って、前代未聞の興行成績をあげた。

前項(一次動詞句)は後項(二次的動詞句)の目的遂行にあたっての前提的な意味を表す。これらはもはや後置詞の域をこえ、語彙的な成分であると同時に、動詞テ形によって連続的な継起を表すバリエーションとみなされるべきものであろう。

7.5　様態修飾的な意味を表す動詞テ形後置詞

　これまでとりあげた動詞テ形後置詞のほかに、個別的、語彙的なものとしていく

つかあげておきたい。次の例では広くは様態や場面であるが、起因や方途を表し、話し手の情意を事態の推移に埋め込むような形で差し出したものである。

(174) テストの成績がふるわない生徒が、自分の努力不足を棚にあげて「テストの制度が悪い」と開き直る——。　　　　　　　　　（朝日新聞08.5.18）
(175) 妊娠して子ももうけたが、姑の苛酷な扱いに堪えかねて、夫を強くうながして家を出て温泉宿に住込みで働くようになったという。
　　　　　　　　　　　　　　　　　　　　　　　　　　　　　（吉村昭『死顔』）
(176) 多少なりともやる気があるなら、民主党案を逆手にとって、骨抜き案にもう一度骨を入れ直すこともできるはずだ。　（朝日新聞08.5.21）

「を掲げて」、「と呼応して」なども、話し手の評価判断の姿勢を表す[9]。

(177) 反藩閥、反政府の旗幟を掲げて結社し、自由党と呼応して自由民権を標語の一つとした団体であった。　　　　　　（井上光晴『死者の時』）

「任せる」は「存分に使う」「なすがままにする」という意味を具体化して、「足に任せて（歩き回る）」「金に任せて本を買う」「暇に任せて諸国漫遊する」「筆に任せて書きまくる」「力に任せて・力任せに」「若さに任せて」「酔いに任せて」「勢いに任せて」などの慣用的な副詞句も少なくない。

(178) a. 社員たちは酒に酔ったのに任せて、上司の悪口を言い合った。
　　　b. 若いときは足に任せて奈良や京都を方々歩き回ったものだ。
　　　c. 社長は道楽からだろうか、金にまかせて骨董品を買い集めている。
　　　d. 彼は定年後は暇にまかせて、各地の温泉めぐりをしている。
　　　e. この小説は筆にまかせて書きなぐったようなところがある。
　　　f. 女は長い髪を風に吹かれるに任せて、断崖に立ち尽くしていた。
　　　g. 私は深く感動し、しばし涙の流れるに任せて呆然としていた。
　　　h. 春風に身をまかせて何も考えないでいると、天国にいる気分だ。

「にあかして」も「そのままにして」「自由に」、または「気にしないで」「ふんだんに使って」という放任の意味を表し、後件には結果事態が示される。後置詞というよりはむしろ慣用句的な成分といえよう。

(179) a. この庭園は闇将軍が金に飽かして贅沢を尽くしたものだ。
　　　b. 彼は退職後は暇にあかして、ゴルフ三昧の日々を送っている。

7.6　後件の誘導成分となる動詞テ形後置詞

前件の行為・事象が意味的に後件の継起表現を必然的に要求するものがある。
「をそそのかして」「をうながして」「をさそって」「をつついて」「に命じて」「をせかして」「をあおって」などは主要な行為を起こさせるための一次的行為で、動詞連続的な展開を誘導する。後には使役成分「させる」があらわれることも多い。

また前項動詞が「にそそのかされて」「に促されて」のように受身形になることもある。

(180) a. 子どもをそそのかして、万引きをさせるという非情な親がいる。
b. 彼は上司にそそのかされて、機密文書を漏洩したと見られる。
c. 彼等はＦ教授をけしかけて次期学長選に立候補させようという狙いだ。
d. 友人にけしかけられて崖の上から川に飛び込んだら大ケガをした。
e. 課長は部下に命じて、今日中に会議の書類を準備させた。
f. 季節はずれの陽気に誘われて、桜もちらほらと咲き出した。
g. 学生をせかしてシンポジウムの会場準備をしたので、やっと間に合った。
h. 昼飯をせかされて食べたものだから、味も何も分からなかった。
i. 木枯らしに舞う落ち葉にせかされるように、東北では冬支度が始まった。
j. 友人をたきつけて密輸をはかろうとしたが、当局に情報がもれた。
k. 仲間にかきたてられて、やむなく犯行を手伝ったことで量刑は情状酌量された。

「をせかせて」は、「にせかされて」「にせかされるように」などの形もとる。
「にからんで」「もからめて」も実質的な意味よりも「関連する」という意味で、問題の出所とその結果をそれとなく示唆する用法として用いられる。

(181) a. 土地贈賄にからんで、様々な政治献金の行方が問題になっている。
b. 彼は義理に絡まれて、出資についていやとは言いだせなくなった。
c. 人件費に増税問題もからめて、予算折衝をしたいと思う。

「を押し切って」「にたまりかねて」「に追いまくられて」なども、当該事態への対応において、何らかの様態、姿勢を表す。

(182) a. 親の反対を押し切って結婚した以上、離婚はできない。
b. 父は娘に押し切られて、芸能界で働くことを認めた。
c. 彼は役員たちの不安を押し切る形で、会社の合併案を提示した。

(183) a. あまりに行儀の悪い女子中学生にたまりかねて、老人はきつく注意した。
b. 乗客が携帯電話をしているのにたまりかねて、私は文句を言った。
c. 咳を堪えていた女がたまりかねて手を口に当てて烈しく咳きこんだ。

なお、(183c)の「たまりかねて」は「我慢できなくなって」の意味で副詞的成分として用いられる。「に照らして」も「に従って」「に比較して」「を参照して」とい

う意味を表し、後置詞的なふるまいを呈する。
- (184) a. 良心に照らして何ら疚しいところはない、と幹事長は言い切った。
  b. 検察は法に照らして事件を処置するもので事実に照らして述べたまでだ。
  c. 世界情勢に照らして国防を見直すことは、十分考えられることだ。
  d. 日頃の彼の行いに照らして(みれば)彼が犯人だとは到底思えない。
  e. 戦前の歴史に照らして、今あるべき外交政策を考えてみたい。

(184e)のような例では「反省して」といった意味合いも含まれうる。さらに、「を抜きにして」「を別にして」などのほか、「(親)を制して」「(先に並んでいた)のがあたって」「(仕事)に嫌気がさして」「(親)にたてついて」「(勉強)はそっちのけにして」のような結果を誘導、誘発するテ形動詞句などが個別的に観察される[10]。

8 引用、想定の動詞テ形後置詞

ここでは動詞のテ形が引用の形式をとるものについて、いくつかのパターンに分類して意味的なふるまいをみていく。

8.1 「こともあって」「とあって」「甲斐あって」「あってのN」の意味と用法

「こともあって」はいくつかの背景因子のなかからより顕著なものを差し出すといった用法で、原因理由の婉曲的な言い方である。(186)の「こともあってか」などのように、不定助詞の「か」をともなうことも少なくない。

- (185) これまでにも日韓合作映画が多数制作されたこともあって、彼等にとって日本映画に協力することは珍しいことではない。

(朝日新聞 09.12.2)

- (186) ボクに、だいぶ体力が付いてきたということもあってか、先生はボクを徒競走に参加させてもいいのでは、と考えてくれていたのだ。

(乙武洋匡『五体不満足』)

一方、「とあって」は特段の原因理由の提示でありながら、第三者から見た判断、意義付けがなされる。「ということで」という主題化の一類型である。

- (187) 秋場所後にけいこで目に余る怠慢を繰り返した力士には罰則が科されることが通達されてからの初の巡業とあって、参加した全63関取がけいこ場に姿を見せる異例の光景となった。

(http://news.biglobe.ne.jp/topics/091019)

「とあって」は、「ということで」の意味で、客観的、恒例的なイベントなどにおい

て、予想通りの事態が遂行される状況を示す場合が多い。
(188)a. 夏の甲子園に地元高校が40年ぶりに出場すると<u>あって</u>、大変な騒ぎだ。
b. 連休最初の土曜日と<u>あって</u>、高速道路はマイカーでどこも渋滞している。
c. 夫は長年妻の介護につきそってきたと<u>あって</u>、大変なやつれかただった。
(189) 01年に同時多発テロが起きて最初の夏季五輪と<u>あって</u>、警備費は前回のシドニーの4倍を超え、7万人が警備につく。　(朝日新聞04.8.21)

「とあっては」のように主題化する言い方では、必然的な結論が導かれる。「とあれば」も同様の意味を表す。
(190)a. 子どもがいじめられていると<u>あっては</u>、親は黙って<u>いられない</u>。
b. 断りたいのはやまやまだが、社長たっての命令と<u>あっては</u>、海外赴任も<u>仕方がない</u>。
c. 出発は明日に迫ったが、台風がくると<u>あれば</u>、<u>断念せざるをえない</u>。

また、「とあっては」が後件の「わけにはいかない」などと共起して、「以上」「からには」といった意味を表す接続成分となる。「ときては」などと合わせて広義の命題成分である。
(191) 君のたっての頼みと<u>あっては</u>、引き受け<u>ないわけにはいかない</u>。

こうした「とあって」は原因理由を限定する「だけに」「だけあって」「なかで」とも意味的な重なりがみられる。
(192) しっかり練習したと<u>あって</u>、本番でも十分に実力を発揮した。
  cf.a. しっかり練習した<u>だけに</u>、本番でも十分に実力を発揮した。
  b. しっかり練習した<u>だけ(のことは)あって</u>、本番でも十分に実力を発揮した。
  c. ?しっかり練習した<u>なかで</u>、本番でも十分に実力を発揮した。

(192)では、「なかで」のみ不適格だが、(193)ではいずれも可能である。
(193)a. 都心から離れていると<u>あって</u>、緑も豊かで空気も新鮮だ。
b. 都心から離れている<u>だけに</u>、緑も豊かで空気も新鮮だ。
c. 都心から離れている<u>なかで</u>、緑も豊かで空気も新鮮だ。

一方、「とあって」は特典や評判を表すことも多い。
(194)a. 初心者でも指導をうけながら本格的なダイビングが楽しめると<u>あって</u>、この教室の参加者の評判は上々だ。

b. この料亭はお手頃価格で新鮮な活魚料理が堪能できるとあって、遠方からの客も大勢押し掛けてくる。

「甲斐(が)あって」は期待できるだけの値打ち、努力などの行為の結果としてあらわれた効果を表し、述語形式としても用いられる。なお否定形式は「甲斐もなく」「甲斐もむなしく」の形になる。

(195)a. 弟は努力した甲斐があって、みごと司法試験に合格した。
b. 念入りに準備した甲斐あって、シンポジウムは盛会だった。
c. こんな綺麗な風景が見られるとは、苦労して登った甲斐があった。
d. そんなに喜んでもらえるとは、僕も頑張った甲斐があったよ。
e. 家族の手厚い介護の甲斐もなく、ついに母は不帰の客となった。

「あってのN」は「あればこその」という、条件や前提を強調した言い方である。「Xがあってはじめて成立する」という評価判断を表す。

(196)a. 皆さまのご支援あっての商売ですので、書き込み大歓迎です。
b. 両国の交流も相互理解があっての賜物であることは言うまでもない。
c. 有権者あっての政治なのだから政治家はもっと国民の声を聞かなければならない。
d. 得意先あっての下請けとなれば、多少の苦情は我慢するしかない。
e. 信頼あっての交渉力。管理者として仕事のグレードアップをはかろうとするなら、内部的な交渉力が必要になる。

加護、恩恵を表し、それがなければ存在、成立しないという条件帰結、因果関係を意味する。全体としては義務や要求を意図する。「あっての」は対象の強調であったが、一方、「ならではのN」は主体そのものを強調した用法である。

(197) 一流ホテルならではのサービスと設備が宿泊者にうけている。

8.2 「として」「とみて」「とみえて」「からして」などの意味と用法

「Xにして」としばしば類義的な「Xとして」は事件や事故の報道によくみられる表現で、ほぼ「Xことによって」という起因的内容を表す。

(198) マレーシア検察当局は25日、覚せい剤を同国に持ち込んだとして危険薬物法違反(不正取引)の罪で、東京都在住の元看護師、竹内真理子容疑者(35)を起訴した。　　　　　　　　　　　(讀賣新聞09.11.25)
(199) 警視庁は24日、覚せい剤を使用したとして同法違反(使用)容疑で酒井容疑者を東京地検に追送検した。　　　　　　　　(朝日新聞09.8.25)

この場合の「として」は「XをYと判断して」の意味で、(200)のような「と仮定して」の意味とは明らかに異なっている。

(200)a. 今から出かけるとして、着くのは2時頃だろう。

　　　　b.　一日に五枚書いたとして、一ヶ月には中編小説が出来上がる。

一方、次の「として」は意志・意向を表す「(こと)とする」「ことにする」の中止形とみなし、構文的な異同がみられる。

　　(201)　その件は後でゆっくりうかがうとして、そろそろ本論に入りませんか。；…うかがうことにして、

「として」のやや定型化したものとして「はいいとして」「は別として」「は許されるとして」「はさておくとして」などがある。

　　(202)　5分、10分の遅刻はいいとして、重要な会議に一時間も遅れるとは言語道断だ。(「ならまだしも」「ならともかく」「はさておき」)

「としては」は客観的な資格、基準を表す意味で、6.4で述べた「にしては」との意味的な重なりがみられ、いずれも一般通念に抵触する意味を表す。

　　(203)a.　彼はバスケットボールの選手としては背が低いほうだ。
　　　　b.　彼はバスケットボールの選手にしては背が低いほうだ。

同じく「割には」の意味を表すが、(203b)は(203a)と比べて話し手の意外な気持ちが強い。(203a)は一般的な基準値から見て単に低いという事実をありのままに述べたものである。「にしては」は、一般的な基準値からの大きな逸脱を表している。

　なお、「としては」は「私としては、私としましては、私といたしましては」のように改まった言い方で、名詞に接続して立場を表すことが多い。文に接続する場合は、「として」を用いる。(204c)、(204d)のように「としては」を用いると非文に近くなる。

　　(204)a.　最初から計画に加わった私としては、君のやり方には賛成しかねる。
　　　　b.　一日に十枚書くとして、一ヶ月に中編小説が仕上がる計算になる。
　　　　c.　??軽井沢に土地を買うとしては、いくら費用がかかるだろうか。
　　　　d.　??学会で研究発表するとしては、かなり手直しが必要だろう。

ここで再度、「にして」「にしては」「にしても」との異同を確認しておく。次のように「にしては」「にしても」は自然だが、「としては」は不自然である。

　　(205)　今から出かける{にしては／にしても／??としては}、あまりにも遅すぎはしないか。

さらに、「としても」と「にしても」を比較してみると、「としても」に蓋然性、「にしても」に必然性の傾きが認められるが、実際には双用されることも少なくない。

　　(206)a.　たとえ断られたとしても、頼んでみるだけは頼んでみよう。
　　　　b.　今からでは仮に最終電車に乗れたにしても、座れないだろう。

一方、「とみて」は当該事態の判断材料にもとづき、現在考えられ得る範囲での可能性を見込んだ言い方で、これも事件の捜査報道などによくみられる。動詞「み

る」は「判断する」に近い意味であるが、「との疑いをもって」のように、なお可能性の域を出ないものである。

(207) 顔に複数の外傷があり、多額の保険金がかかっていたことなどから、県警は男性が事件に巻き込まれた可能性があるとみて捜査を進めていた。　　　　　　　　　　　　　　　　　　　　（朝日新聞 09.11.5）

(208) 道警は、蓄積した疲労が遭難を誘発した可能性があるとみて、生死を分けた二つのパーティーの行動を比較して捜査。（朝日新聞 09.8.25）

　また、「とみえて」はそのようにみえる、思われるという、自発的な意味も含みながら、認識判断のモダリティを表す「らしい」にほぼ言い替えが可能で、眼前の状況を観察した結果をさしだすものである。

(209) 悪尉氏は私と会えたことがよほど嬉しかったと見えて、上機嫌で、飲みっぷりもなかなかのものだった。
　　　　　　　　　　　　　　　　（倉橋由美子『倉橋由美子の怪奇掌篇』）

(210) わずか四項目の列挙と見えて、実はその背景に鋭い社会批判と巧妙な諧謔の味を隠す。　　　　　　　　　　　（朝日新聞 08.4.21）

(211) 憲一さん、あんな性質だから、あんまり友だちも大勢いなかったとみえ、その人だけと親しかったようだわ。　（松本清張『ゼロの焦点』）

(212) 禎子は室田耐火煉瓦の本社に着くと、受付の人は、社長から聞いていると見えて、すぐに社長室に通るように言った。
　　　　　　　　　　　　　　　　　　　　　　　（松本清張『ゼロの焦点』）

(213) あなたはご存じなかったのですが、私がここに立っているのが見えたとみえて、もっと近いところにいた家内は、舟の中から、私に手を振っていましたよ。　　　　　　　　　　　（松本清張『ゼロの焦点』）

「からして(も)」「から見て(も)」は「から言って(も)」という意味で、観察や視点の根拠を表す。評価的な誘導句としての働きを有する。

(214) a. 今の状況からして、彼は博士論文を書くのはかなり困難だね。
　　 b. 君のその態度、その話しぶりからして、俺は気に入らないのだ。
　　 c. いまでも勿論そうだが、彼は学生の時分からして頑固だった。

最も基本的なものをあげ、「ましてや他は」と強調する場合もある。

(215) a. 外見からして、彼は裕福な家庭で育っていることが分かる。
　　 b. 新入社員のA君からしても、これくらいのことは知っているよ。

また、やや古風な表現として、「ゆえに」「から」の原因・理由や根拠を表すこともある。

(216) a. 君のことを信用しているからして、仕事を任せたのだ。
　　 b. そんなわけだからして、ひとつ協力してくれないか。

「ことからして」のようにある実績を例に現状の程度を説明することもある。
 (217) a. 高齢者にとっては、近くの停留所に行くことからして大変なのだ。
    b. クローン動物の実験に成功したことからして、世界の遺伝子研究のレベルは想像以上に達していることがうかがえる。

「から推して」「から察して」（「から想像して」）は「からみて」の延長に位置する。
 (218) 金沢で別れた時の姉の悲嘆から推して、彼女は、やりきれない気持ちで来たが、   （松本清張『ゼロの焦点』）

8.3 「といって（も）」「からといって」「かといって」の意味と用法

 動詞「いう」が実質的な発話の意味を残しながら、伝聞・引用的な機能とともにある種の問題提起の形式をとる用法がある。以下ではそれらを瞥見する。
 まず、「といって」は、当面の事態とそれに応ずる場面を述べるもので、主文には注意警告などの主張があらわれることが多い。
 (219) （君のように）仕事が嫌になったといって、すぐに転職するようでは先が思いやられる。

多くは「言う」の意味がまだ残されているものだが、抽象化が進んで次のように接続詞的に用いられ、「わけでもない」のように主文で一部を否定する言い方もみられる。これは後で述べる「かといって」の用法と大筋では変わらない。
 (220) 山田喬は、現在公立の病院に勤めていて、さして裕福でもなさそうだが、といって、不自由な生活をしているわけでもなさそうであった。
               （井上靖『あした来る人』）

「といっても」は当該の事態が社会の一般通念、現象とは異なった程度、資格、状況にあることを示す。
 (221) 途上国といっても、中国やインド、ブラジルなどの新興国は成長軌道を駆け上がっている。   （朝日新聞 08.7.11）
 (222) 日本では、死刑の次に重い刑が無期懲役だ。無期といっても、必ずしも一生刑務所に入っているわけではない。 （朝日新聞 08.5.20）

(222)のように部分否定をともなうこともある。「ひとくちに X といっても」「一般に X といっても」は結局は「A もあれば B もある」、というように無制限のなかの限定機能を表すこともある。
 (223) ひとくちに左派といっても、路線は一様ではない。ベネズエラのように反米主義と資源ナショナリズムを掲げる急進派もあれば、ペルーやブラジルのような穏健派もある。   （朝日新聞 08.5.12）

 カラ節を受ける「からといって」は「といって」を強調した言い方で、主文では「とは限らない」「とはいえない」「（という）わけではない」「（という）ものではな

い」などの否定表現でうけ、全面否定を回避する。例えば(224)では「といって」がなくても意味的には成立するが、敢えて用いることによって、評価成分を際立たせている。「必ずしも」「いつも」「常に」などの副詞を併用することが多い。

(224)

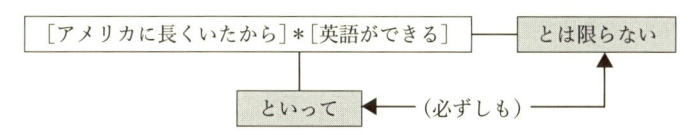

```
[アメリカに長くいたから]＊[英語ができる] → とは限らない
       ↓                                    ↑
     といって ←──── (必ずしも) ─────────────┘
```

(225) それだけの秘密が知られたからといって、まさか殺人までするわけはない。　　　　　　　　　　　　　　　　（松本清張『ゼロの焦点』）

(225)では「[それだけの秘密が知られたから殺人までする]ということはありえない」という、いわば話し手側から評価判断をくだす言い方である。(224)では「といって」は省略が可能だが、(225)では「といって」は必須成分である。「から」と「からといって」には認定のしかたにおいて異同が認められる。多くが引用の機能を援用しつつ、「などといいながら」のような例示的な機能を呈している。

(226) 障害者だからといって、いじめを受けたこともなければ、何かを制限されたという記憶もない。　　　　　　（乙武洋匡『五体不満足』）

次のように「いくら〜からといって(も)」のように無条件の言い方もみられる。

(227) いくら考え事をしているからといっても、少しくらいきちんと私のことを見てくれたっていいでしょう。　（村上春樹『ノルウェイの森』）

(228) いくら、流れ動くからといって、砂は水とはちがうのだ……水は泳ぐことができるが、砂は人間を閉じこめ、圧し殺す……
　　　　　　　　　　　　　　　　　　　　　　　　　（安部公房『砂の女』）

(229) さらに、同様な工業化の水準にあるからといって、必ずしもその社会のあり方が同様であるということにはならないのである。
　　　　　　　　　　　　　　　　　　　　　（中根千枝『タテ社会の人間関係』）

「からといって」のかかる範囲については判別が難しいケースがある。(229)では「同様な工業化の水準にあるからといって」は「その社会のあり方が同様である」という事実をくつがえす言い方になっている。「といって」は主体ではなく第三者側としての話し手の評価成分である。後件には否定表現が多くあらわれる。

(230) でもこんなことを言ったからといって、私のことを重荷としては感じないで下さい。　　　　　　　　　　（村上春樹『ノルウェイの森』）

(230)の例では「といって」を用いながら「こんなことを言ったから私のことを重荷として感じる」という事態を打ち消すことで、主体の立場を話し手が代弁する形になっている。(231)のように条件節を用いた場合は少々複雑な意味構成となる。

「からといって」の後には「事態は収拾されるわけではなく」といった内容が省略されている。

 (231) むろん、解散した<u>からといって</u>、与党が勝てば「ねじれ」は続く。
                （朝日新聞 08.5.14）

(232)では、自問自答的に「かというと」を用いながら途中で修正するような手続きが行なわれている。

 (232) 解散した<u>からといって</u>、大丈夫<u>かというと</u>そんなことは<u>なく</u>、与党が勝てば依然として、「ねじれ」は続く。

一般に「から」は主体行為、「からといって」は話し手の認識判断であるが、しばしば主体と話し手との心情が融合、一体化するケースもみられる。以下、文末形式に注目しながら「からといって」の実例をあげる。

 (233) しかし、今回の文科省の要求の仕方が稚拙だった<u>からといって</u>、大担な教育投資が必要でない<u>わけではない</u>。   （朝日新聞 08.7.2）

 (234) 勝訴した<u>からといって</u>、NHKは手放しで喜ぶ<u>わけにはいくまい</u>。
                （朝日新聞 08.6.13）

 (235) 最高裁の判断は「新査定基準は当時の金融界には定着しておらず、そのようなあいまいな基準から逸脱した<u>からといって</u>、ただちに違法<u>とはいえない</u>」というものだ。   （朝日新聞 08.7.19）

 (236) いくら天麩羅を食うのに忙しい<u>からといって</u>、むろん会話が全然なかった<u>のではない</u>。   （奥泉光『モーダルな事象』）

 (237) 生活文化は戦争が終わった<u>からと言って</u>、すぐに回復する<u>ものではない</u>。   （上田信『ペストと村』）

 (238) 位牌に向かって合掌した<u>からといって</u>、死人が甦る<u>わけではない</u>が、
              （高橋和巳『憂鬱なる党派』）

「からといって」のあとに、しばしば「ようなことがある」「ことがある」を介して禁止表現が置かれるケースもある。

 (239) 処理はいままでも遅れ気味だ。事件があった<u>からといって</u>、滞る<u>ようなことがあってはならない</u>。   （朝日新聞 08.5.15）

 (240) 政権移行や組織立ち上げの時期だ<u>からといって</u>、情報収集に手間取ったり、被害拡大の防止が遅れたりする<u>ことがあってはならない</u>。
                （朝日新聞 09.9.3）

接続句としての「かといって」も、「からといって」「と(は)いっても」に隣接した言い方で、「Xは確かにそうであるが、実は」といった修正の意味を表す。

 (241)a. ハンバーグは大好きだが、<u>かといって</u>(いくら何でも)毎日食べる<u>となると</u>飽きてしまう。

　　　　b.　相撲観戦は好きだが、かといって高い金を払ってまで見に行く気にはなれない。
　　　　c.　ジョギングは健康のためにいいというが、かといっていきなり長距離を走るのは危険だ。

主観的な判断を挿入しながら不満や非難、さらには一般的な警告をも表す。後文に「かというと」「かといえば」「とすれば」などを併用することもある。

　(242) a.　今の仕事は充実しているが、かといって、ずっと今の会社で働きたいかといえば、そこまでの気持ちはない。
　　　　b.　できるだけ多くの人の意見を採り入れたいが、かといって、全部の意見を聞き入れていいかというと、そんなことはできない。
　(243)　　今年度の予算は経済危機対策で補正後には空前の100兆円規模にまでふくらんだ。来年度にそれを圧縮すれば景気にはマイナスに働く。かといって予算規模を維持しようとすれば、国債の大量発行が避けられない。　　　　　　　　　　　　　　　　（朝日新聞 09.9.4）

9　おわりに―動詞テ形後置詞の機能的分類にむけて

　本章では従来の「について」「にとって」など、一般に複合助詞、ないし複合格助詞として認定されているもののほかに、動詞が機能性を有し、後置詞を構成する周辺的なものも含めてみてきた。同時に形態的な特徴に注目しながら、様態修飾的なふるまいをみせる動詞テ形後置詞の分布を、できるだけ多角的、多面的に記述しようと試みた。この文法現象は、複文の研究、とりわけ文の展開、拡張という角度からも興味深い研究対象であるが、テ形の本質、動詞の実質性の残存、消滅の過程なども含め、個々の動詞を逐一検討していく一方で、動詞テ形後置詞生成の要件をさらに考察していく必要がある。
　ここでは試案として、Ⅰ類、Ⅱ類、Ⅲ類の分類を提案したい。
　Ⅰ類：文法化が進んだもので、格助詞、前置詞に相当するもの
　　　　について、にとって、に対して、に応じて、に関して、をめぐって、として、にあたって、に際して、に先立って、にもとづいて、にもとづいて、につれて、にしたがって、にともなって、を通して、を通じて、…
　Ⅱ類：Ⅰ類に隣接したものも含め、比較的出現・使用頻度の高いもの
　　　　に向けて、を含めて、を除いて、とくらべて、と合わせて、をおいて、をめざして、を踏まえて、にちなんで、を受けて、に引き続いて、を介して、とくらべて、をのぞいて、をふくめて、をめざして、…
　Ⅲ類：Ⅱ類ほどは高くないが、しばしば出現するもの

にかこつけて、を見計らって、に寄せて、を期して、にならって、に交じって、を交えて、が災いして、が幸いして、が昂じて、をとらえて、をはさんで、を添えて、にとどめて、にまぎれて、と並んで、に続いて、と言って、と思って、と考えて、とみて、とみえて、とは打って変わって、がたたって、が災いして、につけこんで、につけいって、をおかして、をおして、をさして、をこえて、に絞って、をあとにして、をぬきにして、をこめて、をさしおいて、をぬすんで、をかすめて、…

I類は多くの文型辞典や日本語教科書の中上級レベルにおける項目、II類はそれに準ずるものとみてよい。個別的なものとしては当然、III類が最も多いが、これには一部動詞連続の表現形式も含まれ、認定基準についてはさらなる検討を要する。

次に動詞テ形後置詞の記述にあたって、次のAからFの要目を確認したい。

A：動詞の実質性の残存

　動詞本来の意味がどこまで維持されているのかをみるテストとして、丁寧化の可否があげられる。リストの中には「開会に先立ちまして」「??南下するにつれまして」のように成否の制約がみられた。また「からといって」「かといって」などの引用句が文末の否定成分と共起するなどの特徴も観察された。

　さらに認定の一つの規準として、「まぎれる」「かすめる」のように動詞の具体的な意味から抽象的な意味への拡張があげられる。起因的な後置詞の説明でもふれたように、前項動詞句が働きかけ的な機能をもつとき、しばしば動詞連続的な構造を呈するが、後置詞を構成するうえでの意味的特徴が観察された。

B：補文を構成するφ節、ノ節、コト節、その他

　文に接続する場合、ノやコトを介するもの・介さないものの分布がみられた。また、「時」「すき」などの名詞成分を用いるものもある。
・開催するにあたって、卒業するにいたって、南に進むにつれ、
・風化していく(の)にともなって、開催する(の)に先立ち、
・タイで生まれたのにちなんで、審議したのを受けて、
・前回審議されたことをふまえて、席を外したすきを見計らって、

C：後置詞接続のタイプ

　次の三種の形態が観察された。
・連用中止形のみに接続
　　につけ、につき、に限り、を鑑み、はさておき、にひきかえ、…

・テ形のみに接続
において、にとって、に乗じて、に応じて、として、にして、…
・連用中止形、テ形の双方に接続
につれて(につれ)、にしたがって(したがい)、をめぐって(めぐり)、をふまえて(ふまえ)、にもとづいて(もとづき)、…

D：名詞修飾のタイプ
次の四種のタイプが観察された。
・〈テのN〉型：(日本人)にとってのN、(読者)あってのN
・〈ヴルN〉型：(選挙)改革にともなうN、(交渉)にからむN
・〈ヴタN〉型：(現場)に根ざしたN、(将来)を見据えたN
・〈ヴルN〉／〈ヴタN〉型：(事実)に{基づく／基づいた} N」

E：類義文型の検討
次のようにいくつかの類義表現、類義文型が観察された。
について・に関して・をめぐって・に対して／を祝して・を祝って／につれて・にしたがって・にともなって／に応じて・によって・に沿って・にならって／に即して・に則って・に照らして／を通じて・を通して・を経て・を介して／を見計らって・を見据えて・を見越して／に当たって・に際して・に臨んで／に先立って・に先駆けて・に先んじて／(親)に対して・に向かって／(将来)に向けて・に向かって／(目的地)を指して・をめざして・をめがけて／にあまえて・にあまんじて・に免じて／にちなんで・にあやかって・になぞらえて／に限って・に限り・に限定して・に絞って／をふまえて・にもとづいて・に根ざして／と合わせて・とならんで／を入れて・を含めて／を措いて・を除いて・を別にして／を受けて・に(引き)続いて／の応じて・に応えて・に加えて・に重ねて・を兼ねて／にからんで・にからめて／を冒して・を押して・を押し切って・を振り切って／をもって・によって／を含んで／を含めて、…

F：形態的な交替、拡張
類義的な意味を保ちつつ、他の統語構造と言い替え可能なものが観察された。
にもとづいて・をもとに／にかわって・にかえて・かわりに／を頼って・を頼りに／をきっかけに・がきっかけで、…
とりわけ、日本語教育ではこうした類義文型の検討が重要であろう。このなかには中国語母語話者にとっては「に対して」「にとって」の使い分けは中国語の介詞という母語干渉のため、誤用の生じる可能性が高いものがある。これらの習得、誤

用例分析も教学上の検討課題の一つである。
　文の論理的な展開を記述するにあたって、こうした文法項目が当該動詞のいかなる文法化の過程を有し、主体の観察的な姿勢にもとづくのかを検討していくことは、語彙研究と文法研究を連携するうえでも重要な作業となろう。また、本章7節で述べた"萌芽的"ともいえる個々の後置詞が動詞句連続型とどのような構文的、意味的関係にあるのかも、ひきつづき考察の対象としなければならない。

注

1 「動詞テ形の後置詞―分類と意味機能をめぐって―」(『日本語複文表現の研究』2004 に収録)を参照。従来の研究は「にとって」など、格助詞相当成分としての記述研究が大部分を占める。使用頻度の高い動詞テ形後置詞の用法の記述については巻末の複合辞文献目録を参照。

2 複合格助詞の名称は佐伯哲夫(1966)などによる。複合助詞は砂川由里子(1987)、関正昭(1989)などによる。現代日本語文法研究において後置詞という名称で広くとりあげたのは鈴木重幸(1972)『日本語文法・形態論』が嚆矢である。これを受けて村木新次郎(1983)、金子尚一(1983)によって研究が進んだ。その後、佐藤尚子(1990)、花井珠代(2003)でも使用されている。この研究史の詳細は松木正恵(2006a)を参照。

3 『大辞泉』(小学館 2002)。「ある命題を自明なもの、あるいは任意の仮定として、推理によらずに肯定して主張すること」(『明鏡国語辞典』大修館書店 2001)。「〈SはPである〉〈Aが存在する〉というように、ある命題を推論の助けを借りずに端的に主張したり、事物の存在を肯定し、その内容を明瞭に示す思考の働き」であると同時に、推論の前提として、とりあえず肯定された、いまだ証明されていない命題」(『大辞林』三省堂 1988)などと定義される。こうした思考原理をもとに、後置詞は話し手の内部においては一種の想定句として認識される。

4 シミリ(simile 直喩、明喩)に対して、メタファー(metaphor 隠喩、暗喩)、メトニミー(metonymy 換喩、転喩)は従来の修辞学から認知言語学、認知意味論の分野でしばしば援用される概念であるが、本章では主として意味的な変容について用いている。すなわち、メトニミーにおいては対象事物を直接指す代わりに、その属性や空間的、時間的隣接関係にあるものと認識する。

5 本章では数点のものを観察したが、今後、より大規模な調査が必要である。中上級レベルの日本語教育において主要な後置詞のほかにどのような後置詞を優先させるかも検討課題である。なお、〈XをYに〉形式の態様については第1部第3章を参照。

6 動詞テ形と連用中止形の使用状況については池上(2006)を参照。なお、否定形の後置詞として「を問わず」「にかかわらず」「にもかかわらず」「にこだわらず」「によらず」「もかまわず」「をもろともせず」などがある。
7 これらは「を受けて」「に続いて」、さらに「を前に」「をしおに」なども含めて、時間節表現のマトリクスとして位置づけられるものである。
8 起因的という名称は、因果関係をはじめとして、方途、背景など、およそ場面、話題に関わる要素を内包する。ここでは、一次的前項動詞が二次的後項動詞句に対していわば契機的な機能をはたす、という意味で用いている。
9 ここで話し手の姿勢というのは、対象への認識のしかたにほかならず、動詞の副詞的転成の現象としてしばしば観察される。以下はその代表的なものである。
　　　あわてて、焦って、争って、奮って、競って、進んで、率先して、たまりかねて、まとめて、黙って、誓って、謹んで、思いつめて、ごまかして、調子に乗って、…
　　句構成の「声をからして」「額に汗して」「落ち着いて」「気をきかせて」「腰を宙に浮かせて」「急に思いたって」なども主体の物理的な動作とともに心的な姿勢をも表す。なお、こうした動詞テ形の副詞的用法については成田(1983)、有賀(1991)、林(2006、2008)などを参照。
　　なお、様態修飾とは、当該の目的を達成するための付随的、付帯的な行為・現象でもあり、たとえば「声をからす」「ひたいに汗する」という行為は一般にそれのみの目的で行われるものではない。何らかの誘起性、親和性のある行為が共演して初めて成立する。
　　　[声をからし] て [演説する] ⇔？[演説する] のに [声をからす]
　　　[額に汗し] て [家計を支える] ⇔？[家計を支える] のに [額に汗する]
　　　[息をひそめ] て [じっと見守る] ⇔？[事態を見守る] のに [息をひそめる]
　　もっとも「声をからしている」「額に汗している」「息をひそめている」のようにテイル形を用いれば状況のあり方が一般化される。動詞テ形後置詞はこうしたテ形の意味的なふるまいを背景に、当該行為・現象を重層的に描き出すのにあずかっている。
10 後置詞の"萌芽的"な形態として次のようなものも補足しておく。
　　　〜が引き金になって、を抜きにして、を待ちかねて、に気をとられて、に押されて、と組んで、にしびれをきらして、に切羽詰まって、に追われて、に急かされて、に混じって、を決め込んで、を忖度して、を慮って、を跳ね返して、を振り切って、に甘んじて、(嵐)を冒して、(病気)を押して、(親)に背いて、(時代)に抗して、(方針)に逆らって、に重ねて、が重なって、に輪をかけて、

を兼ねて、をおきざりにして、をなおざりにして、…

　様態修飾の職能を考えた場合、テのほかにママ、ナガラ、ヨウニなどもあげられる。これらに共通した特徴として一次的成分としての前句動詞句が前触れ的、導入的、契機的な意味を働きかけ、あとに続く二次的成分としての後句動詞句において、その新規事態の出現、達成が描かれる。以下、仁田(1995)「シテ形接続をめぐって」を視野に、その若干の例(遠藤周作『海と毒薬』より)をあげる。

・あれは門司が空襲で焼かれた時、この街に妹を頼って逃げてきた患者である。
・縁のない眼鏡をキラキラさせてカルテの束をめくっている、
・数人の患者があわててベッドの上に這いあがり、
・腕を背後に組んで歩きまわっていた兵隊の姿も見えない。
・おばはんは顔を横にして息を引きとっていた。
・憲兵に呶鳴られながら苦力が大豆の袋を背負って働かされています。
・どこにもなかったものですからみんな争って手を出しました。
・ビスケットをくばり、患者をせきたてて汚れ物をバスケットに入れて歩くのです。
・急に思いたって大津の彼女の家をたずねてみた。
・生活に追いまくられてひどく疲れた表情をしていた。
・産婦人科の仲間を誤魔化して借りてきた子宮ゾンデを使って、
・血の気の失せた顔を壁にもたせて、歯を食いしばって我慢している
・同じ下宿の学生が作業着にゲートルをはいて洗面所にあらわれた。
・研究室の戸を開くと、既に戸田がこちらに背をむけて机にむかっている。
・眼鏡を光らせながらゆっくりと廊下の向こうから歩いてきた。
・老人は茶碗を両手に持ったままぽんやりと答えた。
・おやじは黙って死体を見おろした。
・遅れて出てきた勝呂は壁に靠れて彼女たちが腰をまげて押していくその担架車の軋んだ音をじっと聞いていた。

第2章　漸進性と相関関係を表す後置詞
　　　──「につれて」「にしたがって」などをめぐって

1　はじめに

　外的世界における事態の変化に対して、主体の観察、関与の実態が言語表現にどのように反映されるかは、言語形式を研究する上での大きな関心事である。ここで〈観察・関与〉の一範疇として扱う"漸進性"、"相関関係"とは、時空間の移動・推移によって、対象となる事態が次第に変容をみせていく様子プロセスをいう。本章では「につれて」をはじめとする後置詞のいくつかをとりあげ、時間の移動・推移を背景に事態がどのように観察されていくのかをみていく。
　具体的には、形式の前件において変化(移動・推移)を表す動詞や名詞のタイプについて、いわゆる動作性名詞の特徴なども含めて考察し、後件ではどのような述語表現があらわれるのかを動詞の意志性や文末制限などを手がかりに考察してみたい。そしてこれらの形式に共通する特徴、個別的な特徴を確認したのち、動詞の実質性の残存もふくめ、どのような表現意図や表現機能をもつのかを検討する。
　これまで個々の後置詞の意味特徴については多くの研究の蓄積があり、「につれて」「にしたがって」「にともなって」の形式に関しても塩入(1999)、佐野(2005)、菅長(2006)、劉(2009)などの研究がある。山崎(2005)では新聞データを使用して分布上の特徴を考察している。しかしながら、これらの形式にひそむ発話意図、表現様式の発想、意味構造の本質については、十分に考察されていないようである。
　本章では動詞テ形後置詞として比較的使用・出現頻度の高いこれらの形式を、"漸進性"、"相関・連動性"という意味特徴に注目しながら考察を進めていく。

2　問題の所在

　ある出来事の出現、変化、推移という時間と空間の移動を表す顕著な言語形式として、しばしば次のような表現が好んで用いられる。

(1) 夜間飛行のジェット機の翼に点滅するランプは、遠ざかるにつれ次第に星のまたたきと区別がつかなくなります。(城達也「ジェットストリーム」)

この表現は前件のさしだす状況下で、文末の「くなる」形式に示されるように、もとから存在した状況が変化していくさまを表している。いわば本体の周囲の影響を受けての周囲の変化、推移を表すものだが、同時に、この表現の真意はある種のイベント的事象を提示することで、文全体がきっかけ的な表現意図を担うところにある。したがって、本体の変化ばかりではなく、次のように新しい別事態の生起、介入をもたらすことも少なくない。

(2) a. 戦局が緊迫化するにつれ、健康な男子のすべてが軍需産業その他に従事している中で、放浪状態の自分が見とがめられて捕らえられることを予感し、… (吉村昭『破獄』)

b. 肉体の運動にともなって彼女の感情は昂進し、しきりにしゃべり、笑い、そして大胆な滑降や旋回をこころみ、転倒し、
(石川達三『青春の蹉跌』)

c. 耳が馴れるにしたがって、老師がごく低く呟いている経文らしいものが聴かれたが、何の経文かわからない。 (三島由紀夫『金閣寺』)

d. 戦闘の激化とともに、撃沈される船が増し、各造船所では船の建造、修理に専念していた。 (遠藤周作『海と毒薬』)

これらの形式もまた共通して漸進的な意味を有しているが、それに相関して、あるいは影響を受けて、新しい別事態の出現ないし変化・推移を並行的に表している。つまり、前掲(1)において元の事態が、外からの影響(前件事態)を受けながら、次第に変化の度合いを増していくことを述べていたのに対して、(2)は他の事態の成り行きについて言及しているのである。この中には、(2b)のように前件が引き金となって、新たな事態が発生するという因果関係が表されるケースもある。

このように、一般に変化、推移という現象は自者(「本体」)の変化、そして他者(「本体」とは別事態)の変化、の2種類のケースが考えられる。

「につれて」をはじめとする形式は時間移動の言語化をめぐる複文の一タイプとみることができるが、これまでどちらかと言えば形式の類似性のみに関心がもたれる一方で、それらの表す意味構造については必ずしも分析的であったとはいえない。各種辞書の意味記述をみると循環的、置き替え的な記述が多く、その形式のもつ本質的な意味は明らかではない。「にしたがって」「にともなって」などとの類義性の背後にある共通性、個別性を明らかにするとともに、後件の事態が前件の引き起こす内容に対して、どのような意味をもちうるのかを考えてみる必要がある。そこでは当然、動詞の実質的な意味レベル(残存度)や、名詞化のふるまいといった観点から、比例、相関、連動などの意味関係を明らかにし、同時に事由を表すケース

についての考察が必要とされる。さらに「を受けて」「とともに」「の中で」などの用法についても関連性を指摘したい。なお、「につれ」「にしたがい」「にともない」の形も、文体的な傾向を除いては実質的な意味の違いはないものとみて、これらを上記形式の中に含めることにする。

3 「につれて」の意味と機能

まず、動詞「つれる」のテ形を用いた「につれて」をめぐって、「連れ添う」というものとの意味から派生して、観察と複数事態の関与、およびその変容の過程を検分しながら、この形式の有する融合的、迎合的、一体的な意味構成を記述する。

3.1 従来の意味記述

「につれて」をつくる動詞「つれる」の実質的な意味としては、

(3) a. 歌は世につれ、世は歌につれ、…
　　 b. 自分も調子につれて、一緒に笑ってしまった。
　　 c. 新たなる記憶につれて、新たなる愛の波が打ち返した。

のように「に付随して」「につられて」という意味があり、後置詞「につれて」はそこから抽象化され、機能的に発展したものと思われる。

辞書的な意味記述を瞥見すると、おおむね次のようである[1]。

a. 《連語》(「につれて」の形で)…に従って。…に応じて。「日が経つにつれて慣れる」「年をとるにつれて忘れっぽくなる」(『現』p.837)
b. (「…につれ(て)」の形で)そうなるに従って。それと共に。「年がたつにつれて悲しみが薄らぐ」(『岩』p.779)
c. 一方の変化に並行して、他方の状態も変化することを表す。…に従って。…と共に。「時・(日)がたつにつれて」(『新』p.779)
d. 《連語》(「…につれて」の形で)一方の変化にともなって他方も変化する意を表す。…にしたがって。…とともに。…につれ。「日がたつにつれて忘れる」「大きくなるにつれて美しくなる」
　《接続》それにつれて。それと共に。「人手不足になり、つれて人件費が上がる」(『学』p.871)

a. c. d. は「つれて」の、b. は「つれる」のそれぞれの見出しのなかに収める。また文連結の名称としては〈連語〉が一般のようである。中には「にしたがって」「とともに」が、あるいは「に並行して」「にともなって」のような言い替え、ないし循環的記述がなされているだけで、変化の表す詳細な状況については明らかではない。なお、d. では《接続》の機能として接続詞的用法をあげている。

また、『外国人のための基本語用例辞典』(1991: 654)でも「一方が変わるとその変わり方と同じ程度に他方も変わる関係を表す」としているが、「Xと同じ程度にYが変わる」という点については検討が必要だろう。このように意味記述は概して簡素で、あとは用例による補完という説明が一般的である。

一方、文法記述、文型・構文研究についてみてみると、森田・松木(1989: 88; 112)では「接続助詞の働きをするもの」の項目の一つに「相関を示す」一項として、「に従い」「に従って」「につれ(て)」をとりあげ、次のように説明している。

　　動詞の連体形を受けて「Aするに従い(従って)Bする」「Aするにつれ(つれて)Bする」の形をとり、Aの動作、作用、変化の進行に対応してBの動作、作用、変化が進行することを表す。時間的にはAがBより多少早く生じることになる。"…に応じて""…とともに"の意味である。(傍点、引用者)

AがBの原因・理由の性格を帯びている事実については次のように記述している。

　　動詞の連体形を受けて、前件が原因・理由となって後件が生じることを示す。前件の動作・作用・変化の進行に対応して後件の動作・作用・変化が進行するという関係にあるが、単なる時間的な相関関係にとどまらず因果関係が生じているものである。(同)

こうした背景から、「前件、後件ともに変化動詞、変化を表す表現が用いられている」ことの指摘が続くが、「につれて」と「に従って」とは同義扱いとなっている。なお、説明文中の連体形はル形(基本形)をさす。

小泉保他編(1989: 340)では動詞「つれる」の文型として「に従って」「とともに」の説明をあげているのみである。益岡・田窪(1992: 198)では「につれて」を「にしたがって」とともに〈その他の副詞節〉として、「経済が発展するにつれて、社会の矛盾も拡大してきた」という例文をあげながら、「ある事態の持つ性質と別の事態の持つ性質が時間に相関していることを表す」と述べているが、「時間に相関する」という意味記述については十分な説明とはいいがたい。グループ・ジャマシイ(1998: 446–447)では「につれて」の意味は「ある事態の進展とともにほかの事態も進展するという、おおまかな比例関係を表す」のように説明されている。この「比例関係」という説明も表層的なとらえ方の域を出ていないきらいがある。事態の進展や変化の仕方はおおまかな規定でしかなく、後件の事態の諸相についてもこうした説明からは本質的な特徴は見出しがたい。

以上の記述をまとめると、「ある事態が進行し、それと関連する、あるいは影響を受ける別の事態が等しく進行しているさま」を表すことになる。いずれにしても説明は大同小異で、形式の構造的意味には詳しく踏み込まれていない。

「につれて」で表される内容は複数事態の等価的な並行性とみなされる。一定の影響をあたかも規則的な曲線を描くように受け続ける環境、状況において、別の結

果事態がもたらされるということは、変移を遂げつつも、同時性の強い並行関係と意味づけられる。ここでの事態とは人的制御を超えた、自然発生的な進展こそがふさわしい。前件の動詞では「月日がたつ」「金持ちになる」「暗くなる」などの動詞成分がその典型である。表される文意は、一般的な傾向として現在進行する事態の観察、内省、さらには、ある種の通念や常態などである。

（4）a. 日がたつにつれて、痛みがなくなっていった。《観察・内省》
　　　b. 人間は年をとるにつれて、忘れっぽくなる（ものだ）。《通念・常態》

以下では、前件事態と後件事態の進行の様相を詳しくみていくことにしたい。

3.2　前件述語成分の諸特徴

「につれて」の前接部分についてみてみると、名詞句があらわれる場合と動詞句があらわれる場合とがある。名詞では「回復、普及」や「高齢化、近代化」など、一般にスル動詞となる動作性名詞が多い。

（5）入院当初は眩暈に曳き込まれるように眠ったが、恢復につれて、却って夜中に目覚める時が多くなっていった。　　（高井有一『浅い眠りの夜』）

（6）情報化文明の高度の組織化につれて、日本人の各世代の中に芸術的、詩的世界への渇望というべきものが近来とみに強まり、…
　　　　　　　　　　　　　　　　　　　　　　　　　　　（朝日新聞 85.1.14）

（7）……そして私の頭の回転につれて、双眼鏡の視野に、大きく桜島岳の全貌が浮かび上がってきた。　　　　　　　（梅崎春生『桜島』）

収集した例をみる限り、名詞句接続のケースは一般的には少ないようである。動詞についてみると、「連れ添う」現象として「上がる」「進む」「離れる」などの移動や方向を表す動詞が多くあらわれる。ある方向を指向する点が共通している。

（8）事故時に比べると格段に低いが、自然界のガンマ線量と比べると十万倍を超える値。ただし距離が離れるにつれてガンマ線量は激減し、
　　　　　　　　　　　　　　　　　　　　　　　　　　　（讀賣新聞 99.10.17）

（9）男女別ではいずれも男子のほうが女子より「（難しい言葉を）知っている」割合が高く、学年が上がるにつれて差は大きくなる。
　　　　　　　　　　　　　　　　　　　　　　　　　　　（毎日新聞 99.10.19）

（10）診察が進むにつれて捕虜は落着きはじめたのか、指示通りに従った。
　　　　　　　　　　　　　　　　　　　　　　　　　　　（遠藤周作『海と毒薬』）

（11）大陸生活が長くなるにつれ、里見の中国語は、本物の中国人と間違えるまでに上達していった。　　（佐野眞一『阿片王　満州の夜と霧』）

(12) 日本の戦況が不利になってくるにつれ、彼の日常はどことなく凄絶な動きを示しはじめ、家族ともあまり口をきかなかった。
(立原正秋『剣ヶ崎』)

収集した用例から「につれて」に前接する動詞として次のような例が観察された。

(13) 近付く、迫る、遠ざかる、成長する、進む、前進する、進展する、上がる、下がる、退却する、上回る、下回る、静まる／鎮まる、落着く、焦る、困惑する、増える、増す、減る、重なる、日が経つ、変わる、向上する、問題になる、入る、移行する、長引く、年を取る、酔いが廻る、発達する、帯びる、復旧する、回復する、拡大する、集中する、度重なる、栄える、衰える、増殖する、波及する、慣れる、(寿命が)のびる、差が開く／縮まる、経る、ダウンする、アップする、上達する、…

これらは量的質的な変化、局面の変化、事態の漸次進行などの動きをともなう変化動詞のグループである。《移動》《増減》、《接近》、《経過》を表す動詞がその典型である。後件文末にあらわれる成分に注意しながら、実例をみてみよう。

(14) 不登校のこどもが増えるにつれて、いつどこで学ぶかはこども個人の選択の問題だという考え方が広がりつつある。 (朝日新聞99.5.3)
(15) 路上にころがる死体が、鉄橋に近づくにつれて増した。
(三木卓『砲撃のあとで』)
(16) もろもろの記憶の中では、時を経るにつれて、夢と現実とは等価のものになっていく。 (三島由紀夫『奔馬』)
(17) 体形はちがうが、歳をとるにつれて仕種が父に似てきている。
(佐江衆一『黄落』)
(18) 橘たちが工場内を移動するにつれて、工員たちが持場を離れてぞろぞろついてきたから、… (辻原登『村の名前』)
(19) 市電の軌道の青く光る大道路に近づくにつれ、バラックの数がふえ、人影も多くなった。 (高橋和巳『憂鬱なる党派』)

「超える」などの場合、瞬間的な行為のようにみえるが、「バーを超えるにつれて、調子が出てきた」のように、規則的に変移する事象の連続性を含意する場面では使用可能である。また、形容詞を語基とする自動詞「早まる／速まる」「広まる」「深まる」「強まる」「高まる」なども漸増性を表す変化動詞の一群をなしている。

進行、推移を表す動詞のなかで生産的なものに〈N化スル動詞〉がある。「スル」は動詞「進行する」の意味に等しい。

(20) 多くのアジア諸国で民主化が進み、経済交流が多様化するにつれて、お互いの社会の隅々まで人脈を広げることも大切になっている。
(朝日新聞99.10.31)

なお、〈NノN化ニツレテ〉の名詞形も少なくない。
(20)' …経済交流の多様化につれて、
このタイプの動詞としては次のようなものである。多くが自動詞的なもので、一部他動詞の受身形を含む。
(21) 具体化する、一般化する、日常化する、熾烈化する、サービス化する、現実化する、制度化する、自動化する、活発化する、活性化する、弱体化する、巨大化する、深刻化する、複雑化する、一体化する、高齢化する、肥大化する、過熱化する、老朽化する、マンネリ化する、システム化する、長期化する、慢性化する、機械化される、近代化される、実用化される、…

このほか「食べ続ける」「読み進む」など一部、補助動詞をともなうものもみられる。このことは動作行為が瞬間性ではなく、一定の継続性(進行性)を有することが前提であることを示している。次の例のように「食べる」、「読む」などの動作動詞だけでは不自然な文になり、補助動詞をともなわなければ成立しにくい[2]。
(22) a. ??タイ料理を食べるにつれてじっとりと汗をかいてきた。
(；食べ続ける)
b. ??母からの手紙を読むにつれ、涙が込み上げてきた。(；読み進む)
前件には、変化を表す典型である「ナル」動詞も多くあらわれる。
(23) 茨城県東海村で起きた臨界事故は事態の深刻さが明らかになるにつれて、世界各国の関心も大きくなっている。　　　(朝日新聞99.10.1)
(24) あの太鼓のような暗い音が少しずつ大きくなり高くなるにつれ、日本も敗け、私たちもどこかに引きずり込まれていくかもしれないと思いました。　　　　　　　　　　　　　　　　　　(遠藤周作『海と毒薬』)
(25) 東京が年毎に空気が悪くなって息苦しくなるにつれて、ケニアあたりの広漠たるサバンナに立って見たい、というようなことを漠然と考え出した気がする。　　　　　　　　　　　　　　(日野啓三『断崖の年』)
(26) 寒くなるにつれてコソ泥や強盗が多くなり、十数軒の隣組が自衛のために、若い者を出し合って、夜警を何班か作り、
(清岡卓行『アカシアの大連』)
「(動詞可能形を含む)ヨウニナル」も同じように観察される。
(27) そうして身体をみずから動かせるようになるにつれて、幻覚も次第に沈静化した。あるいは知覚が凡庸化してきた。　(日野昭三『断崖の年』)
動詞の「テイク」「テクル」の形では次のように一体的な描写の中で用いられる[3]。

(28) 薬液が太い首や、栗色の毛の密生した厚い胸や乳首の上を赤く染めていくにつれ、まだぬられていない、少し窪んだ腹部の白さがうかび上がってくる。　　　　　　　　　　　　　　　　　　　（遠藤周作『海と毒薬』）
(29) 戦死者はいつまでも若い。いや、生き残りが日を追って老いゆくにつれ、ますます若返る。　　　　　　　　　　（吉田満『戦中派の死生観』）
(30) ゆっくりと橋を渡ってゆくにつれて、牧師館の姿は少しずつ薄れて、渡り終えたときにはざわめく崖の木々の闇しか見えなかった。
　　　　　　　　　　　　　　　　　　　　　　　　（日野昭三『断崖の年』）

後文には(31)のような不可抗力的な状況「感じられてならない」もみられる。
(31) 激戦の息切れがしずまって来るにつれて、彼にはまた新しい不安が感じられてならなかった。　　　　　　　　（石川達三『生きている兵隊』）
(32) 男の意識は山間に入ってくるにつれて、山懐に抱かれてきたこの国の伝統的な心のあり方のことばかり考えていた。　（日野昭三『断崖の年』）
(33) だが少なくとも今日という日を生きている、という事実自体が光っていた、ということが身体が回復してくるにつれて、逆によくわかってくる。　　　　　　　　　　　　　　　　　　　　　　　　　　　　（同上）

変化動詞の中には、形容詞派生のものもみられる。
(34) その黄色い世界が薄れるにつれ、その光景のむごたらしさが私の心に重くのしかかり胸をしめつけられるような淋しさが襲ってきた。
　　　　　　　　　　　　　　　　　　　　　　　　　（福永武彦『死の影』）

変化を表す動詞という点では動詞の受身形も出来の一つの姿をなす。
(35) ミサイルが配置され、自衛隊が補強されるにつれ、駐留軍兵士の数は相対的に減り、　　　　　　　　　　　　　　（高橋和巳『堕落』）
(36) 弥生後期の典型的な「ムラ」として教科書にも登場したが、吉野ケ里（佐賀県）の大規模遺跡が発見されるにつれて(登呂遺跡の)影が薄くなった。　　　　　　　　　　　　　　　　　　　　　（朝日新聞00.3.30）

以上の例に共通することは、単なる一回性の事態ではなく、それを受けた持続的、波及的事態をも含意していることである。(35)では類似的な事態生起の連鎖、(36)では大規模遺跡群としてのその他の出現の可能性が背景に置かれている。
　なお、受身形としては、「クローズアップされる、注目される、浮き彫りにされる、見捨てられる、置き去りにされる、あばかれる、追いつめられる」などの例がみられた。以上の変化動詞や「ナル」「テイク、テクル」などの変化・移動表現が一般であるが、「日本語を教えるにつれて日本語の難しさが分かってきた」のように、継続、進行を含意する場合は動詞のままであらわれることも多い。

(37) 日本の存在が、自由諸国のなかで無視できぬウエイトを占める<u>につれて</u>、外からの力は、当然のことながら、アイデンテイテイーの枠のなかで、日本を捉える方向に急速に変化した。（吉田満『戦中派の死生観』）
(38) 麓のほうに降る<u>につれて</u>、苑の風情が広島の浅野家別邸縮景園や高松の栗林公園を模したものになる。　　　　（松本清張『神々の乱心・上』）
(39) 深くいぶかしい思いで、男は目を凝らした。見つめる<u>につれて</u>建物はまわり一面の木々の闇から音もなく浮き出してきて、ひとりでに光り出すようだった。　　　　　　　　　　　　　　　（日野昭三『断崖の年』）

　これらの動詞は現行事態によって近い将来、後発事態が引き起こされる、あるいは期待される内実や期待感を含意していることに因っている。(39)では前文にすでに「目を凝らす」という動作行為が実在し、その継続的な状況が示唆されてもいるが、一般にこうした動詞の場合、森田・松木(1989)で指摘されているように、原因・理由を表す意味合いが強いようである。この動詞のタイプには「あきらめる」、「調べる」、「負担する」など比較的多くの動詞があげられるが、ここでは主体的というよりは、引きづられた(周囲の状況によってやむなく差し向けられた)行為であるという特徴を指摘しておくにとどめたい。

　一方、共起する副詞についてみてみると、一定の幅での漸増、推移という過程を維持する性格から、「急激に」「突然」などの《起動》、「かなり」「相当」「大いに」などの《程度》に関する副詞は一般にはあらわれにくい[4]。

(40)a. ?あたりが<u>急に</u>暗くなってくるにつれ、静けさも増してきた。
　　b. ?生産性が<u>大いに</u>高まるにつれて、輸出高も伸びをみせている。

「しばしば」「何度も」「繰り返し」などの《頻度》を表す副詞、「徐々に」「少しずつ」「一歩一歩」といった《漸次》にかかわる副詞は無変化動詞の成立をいくぶん可能にする。事態の進行を予測することから、習慣性を付与されるのであろう。

(41)a. <u>しばしば</u>里帰りする<u>につれ</u>、家族の接し方も変わってきた。
　　b. <u>繰り返し</u>眺める<u>につれ</u>、その絵のよさが分かってきた。
　　c. <u>何度も</u>読み返す<u>につれ</u>、作者の思いが伝わってくる。
　　c. <u>一歩一歩</u>山奥に進む<u>につれて</u>、珍しい野鳥に出会うようになった。

3.3　後件述語成分の諸特徴

　以上、前接部分の特徴についてみてきたが、後件主文にあらわれる述語成分の特徴について観察する。これまでの例にもみられたように、述語成分には「テイク」「テクル」など、事態発生のゆくえを示唆する表現があらわれやすい。

(42) 満州建国計画が進む<u>につれて</u>疎外され<u>ていった</u>岸井参謀にはなぜか、ある好意を彼はもっていた。　　　　　　　　　　　　　　（高橋和巳『堕落』）

この「テイク」「テクル」は「徐々に」という漸進的状況を現時点を起点に将来へ、あるいは過去から現在への流れの時間幅でとらえたものであるが、「テイル」「テイタ」が状況の完了を一部ながら認めているものもある。
 (43) 南京が近付くにつれて抗日思想はかなり行き渡っているものと見られ、一層庶民に対する疑惑は深められることにもなった。
            （石川達三『生きている兵隊』）
 (44) 敵の気まぐれな射撃も夜が更けて行くにつれて全くやみ、味方もしんと静まっていた。   （石川達三『生きている兵隊』）
このほか、述語成分には「薄まる」などの変化動詞、形容詞に「ナル」をともなう表現が多い。ル形は発生的な事実として、テクル形、テイル形、ツツアル形は状況的な事実としてさしだされたものといえよう。タ形は単独ではあらわれにくく、「クナッタ」「ヨウニナッタ」「テキタ」のような形が多い。つまり、前件と後件は「につれて」を基点として、図1のように前件述語成分と対称性を示すような述語成分が呼応し、状況をコンパクトで一体的なものとしてとらえるのである。

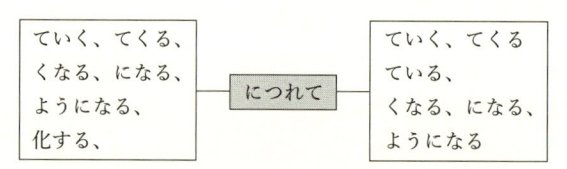

```
┌─────────────┐          ┌─────────────┐
│ていく、てくる、│          │ていく、てくる │
│くなる、になる、│ につれて │ている        │
│ようになる、  │          │くなる、になる、│
│化する、     │          │ようになる    │
└─────────────┘          └─────────────┘
```
図1 「につれて」の表す事態の前件と後件の対称性

タ形が不自然になるのは変化の結果に視点が置かれてしまい、そこに至る過程の変化の所在が不透明で、前件の過程状況との釣り合いを失うためであろう。ただし、
 (45) そして会議できまった避難順序がいつの間にか逆になるにつれて、こんどは軍人家族の集結・出発を守る形で、ところどころに憲兵が立った。自分らも、と駅に集まった市民は、なぜか憲兵に追い払われるようになった。   （半藤一利『ソ連が満州に侵攻した夏』）
では「憲兵が立った」のようにタ形があらわれているが、事態の一部であり、総体としての事態状況はその後の文の「ようになった」で表されている。また、(46a)のように「してしまった」の形や名詞節を受けたものとなると、許容度は増してくる。これは後件事態を前件事態とあわせて状況を一体的なものととらえているからであろう。(46b)の「示す」も「示していった」のような進行相を含意している。
 (46)a. 山奥を突き進んで行くにつれ、道に迷い込んでしまった。
   b. 息子が成長するにつれて美術に関心を示したのは、父親の影響を受けたものだろう。

このほか、文末制約については主文は平叙文で、命令、意志などのモダリティ、誘いや疑問文の形式はとりにくい。
　(47)a.　*戦況が厳しくなるにつれ、思想を取り締まれ。
　　　b.　*地価が下がるにつれて、もっと都心に近いところに住みたい。
　　　c.　*情報化が進むにつれて新しい知識を仕入れておきませんか。
制約の背景としては、この形式が事実本位の描写が客観的な判断、観察に依拠している事情があり、一般に「私」などの主語にみられるような自由な主意の介入を許さないことに因っている。ただし、(48)のように義務や「ナル」表現は許容される。これは事実としてのある種の通念や進行した後の結果事態を含意しているからだと思われる。前件はいわば状況判断の誘導的な成分である。
　(48)a.　戦況が厳しくなるにつれ、思想の取り締まりが激しくなってきた。
　　　b.　地価が下がるにつれて、もっと都心に近いところに住みたくなった。
　　　b.　情報化が進むにつれて、新しい知識を仕入れておかねばならない。
　このほか、「につれて」には(49)のように、必ずしも漸進性を表さず、影響をうけあう関係を示すケースもある。この場合は「つれて」は実質的な意味を表し、「につられて」「に引きづられて」「に沿って」という意味に近くなる。
　(49)　この廊下は土地の高い低いにつれていくつもの階段を上り下りして、右に折れ、左に曲がります。　　　　　　　　（松本清張『神々の乱心・上』）
数は少ないが、(50)のように「の」によって対象を名詞化するケースもある。
　(50)　「人間の記憶というものは人がだんだん亡くなるのにつれて、この世から消えてしまう。ほんまに儚いもんや」　　　　　　（団鬼六『美少年』）
最後に「につれて」が指示詞とともに接続成分としてあらわれる場合をみてみよう。これは時間の移動を表しているというよりは、むしろ後述する「にともなって」と類似した《連動》の意味が強い。単なる比例関係ではなく、連続的な経緯としての結果がしめされている。接続成分としては次のように前件連続の用法と、と後件独立の用法がある。
　(51)　志乃は枕元へ駆け寄って、うすい蒲団の上から父の胸をゆさぶった。すると、それにつれて父の顔、肉芽ほとんど朽ち落ちて骨がありありとうき出した。　　　　　　　　　　　　　　　　　　　　　　（三浦哲郎『忍ぶ川』）
　(52)　鬼灯に似た火のつらなりは何度も現われ、それにつれて夜空の朱の色は増し隣接の町にも炎がひろがった。　　　　　　（三木卓『砲撃のあとで』）

4　「にしたがって」の意味と機能

　次に動詞「したがう」のテ形「にしたがって」について、動詞本来の意味的な拡

張と、付随する事態産出の諸相について考察する。

4.1 従来の意味記述

　動詞「したがう」はある対象の事態進行に付随するという意味で、「法律に従う」「(法律に沿って／の通りに行う)のように用いる。この動詞が「にしたがい」「にしたがって」の形になって動詞句や名詞句に後接すると、実質的な意味を残しながら、前件事態が主で、後件事態が従であるような事態の連動的な発生がもたらされる。同じように辞書の意味記述をみてみると次のようである。

a. 物事の程度や変化に応じる。順応する。「年を重ねる<u>に従い</u>気弱になる」(『現』p.528)
b. 《「したがって」「したがいまして」の形で》それに連れて起こる。①…に連れて。…と共に。「仕事が進むにしたがって興味も増した」②《接続詞的に》それゆえ。その結果。(『岩』p.486)
c. 他の事柄が変化するのと並行して、その移動が行われる。「作業がはかどるに従って成果は次第に上がってきた」「年をとるに従い慎重の度合いを加えるようになった」(『新』p.591)
d. 〈「…にしたがい・したがって」などの形で〉…につれて。…と共に。…に応じて。「成長するに従い美術に関心を示した」「時間がたつに従って空は明るくなった」(『学』p.554)

いずれも動詞「したがう」が見出し語で最後の意味項目としてあげられている。用例もほぼ「につれて」との置き替えが可能なものばかりである。説明も「につれて」とほぼ同義であるが、a.にある「応じる」「順応する」という記述は「にしたがって」に特有の意味であることをうかがわせている。『外国人のための基本語用例辞典』(p.434)では、「それと同じだけそれと並行しての意味を表す」とあるが、「につれて」などとの本質的な意味の弁別については、なお不詳であるといってよい。

　森田(1977: 229-230)では動詞「従う」が「Bの動きや変化に応じてAもそれに合わせて身を処し行動を変えていか<u>ざるをえない</u>制約の条件を含んでいる」(傍点、引用者)ことを指摘し、そこから「Bに応じてAも自動的に変動していく連動的な因果関係を表す」ようになり、この「無意志的な現象」は「するに従って」の形で用いられる、とする。前件には、「時がたつにしたがって、登るにしたがって、年をとるにしたがって、値が高くなるにしたがって、南下するにしたがって、工業化が進むにしたがって」といった例をあげている。また、「…につれて」「…にともなって」「…とともに」「…に応じて」に相当する、とも説明している。しかし、用例をみる限り、必ずしも「無意志的な現象」とは限らないものもある。

また、森田・松木 (1989: 88, 112) でも「にしたがって」は「につれて」とほぼ同様の扱いとなっている。小泉他編 (1989: 228-229) では動詞「したがう」の文型として「あることに応じて」「あることとともに」のように分けて、「必要に従って予算を配分する」「山に登るに従って温度が下がる」のような例文をあげている。「要求にしたがう」「国策にしたがう」は文字通り、動詞「したがう」の意味を残しており、「必要に応じて」「必要にもとづいて」のようにも言い替えられる。グループ・ジャマシイ (1998: 436) では「『その動作や作用が進むのにともなって』という意味を表す。後ろには『気圧が下がる』など前に述べた動作や進行にともなって変化が生じる事柄が続く」とあり、「にともなって」との置き替えを示唆しているにとどまる。

4.2 本節での考察

ここでは動詞「したがう」の表す主従の意味関係を手がかりに前件と後件との意味の相関について検証していきたい。なお、形態的な特徴については、今回、名詞句接続は実際の用例にあたった限りでは、ほとんどみられなかった。名詞句接続の場合は、「ルールにしたがって」のように、「したがう」がその対象とするものの制約下に置かれるという実質的な意味で用いられることがほとんどで、「につれて」にあらわれた次のようなケースは不自然である。

(53) ??高齢化にしたがって、老人の寝たきり問題が深刻になってきている。

名詞句に「したがう」が付く場合は遵守対象、随行対象を表す場合がほとんどである。たとえば、(54) の例では「異臭」が「従う」の原義のままに「空気の流れ」に支配されるような関係を保っており、「につれて」が並行関係を表したのと本質を異にしている。

(54) 米飯の饐えたような臭いと酢のような鋭い異臭が、空気の流れにしたがって交互に鼻をついてくる。　　　　　（三木卓『砲撃のあとで』）
(55) 水の上には、水の性質にしたがって、船をうかべるべきなのだ。
　　　　　　　　　　　　　　　　　　　　　　（安部公房『砂の女』）
(56) しかし女の要求にしたがって、心にもなく婚約したとすれば、それは女の側のエゴイズムということになるに違いない。
　　　　　　　　　　　　　　　　　　　　（石川達三『青春の蹉跌』）

これらはむしろ、「に沿って」「に応じて」の意味的性格に近い。「につれて」が一定幅の事態の一体的な推移を表したのに対して、「にしたがって」の場合はその場における段階的な程度の漸進という事態に重きが置かれる。したがって、「一段一段」「一歩一歩」「少しずつ」「刻一刻」等の副詞は「につれて」よりも「にしたがって」と共起しやすい。

(57) a. 一歩一歩森の中を進む｛にしたがって＞につれて｝静けさは増していった。
b. 太陽が沈んで行く｛にしたがって／??につれて｝地上の温度が段々下がった。

次の用例では一定の「年齢」の幅が意識されており、現行事態の進行とその変動による影響が後件に示されている。後件の発生は「につれて」よりも必然的な意味合いが強い。

(58) タテ社会では、上に行くにしたがって社会的エネルギーが集中するために、ネットワークの密度も高くなっており、（中根千枝『適応の条件』）
(59) 介護保険では年齢が上がるに従い、発生する確率が高くなることが医学的に説明できる病状を特定疾患として定めている。（日経新聞 99.10.3）

また、一般的な状況観察ではなく、次のように眼前の個別の観察においては「にしたがって」のほうが「につれて」より自然であるように思われる。

(60) 大通りにもまだ死体がころがっていた。日を経る｛に従って／?につれて｝黒く渇びて行く。　　　　　（石川達三『生きている兵隊』）

「にしたがって」はさらに動詞「したがう」の実質的な意味が強く残っている場合があり、後件事態には「につれて」と比べて主体者側にある意志的な行為の必然性が認められる。

(61) 1993年夏、731部隊展が始まり全国各地で展開されるに従って三尾さんは自分の犯した罪責の重さが次第に増してくるのを感じ取っていく。
　　　　　　　　　　　　　　　（『撫順の空に還った三尾さん』）

この例では主文述語の「感じ取る」が「三尾さん」の意志に基づく行為であることが分かる。前件、後件にあらわれる述語動詞のありかたは「につれて」のそれをほぼ踏襲してはいるが、「につれて」と比べて獲得される後件の事態は意識的、かつ積極的な事柄である。ここから、「にしたがって」は段階的な事態の推移を、それまでの経緯と照らし合わせて述べるような特徴が観察される。「につれて」が「年をとる」「日がたつ」「成長する」などのように自然発生的な時間の移行が主として意識の対象とされていたのに対して、「にしたがって」のほうはむしろ人為発生的な時間の移動を背景とする場合が多いという傾向がみられる。

次例では「汚染がひどくなる」という事態が「喘息や慢性気管支炎になる人」の「急増」を誘発するという意味を表しており、働きかけの度合い、あるいは吸引力においても「につれて」よりは高い。後件でさしだされる事柄は、自ずと断定的結論に近い性質のものである。「ざるをえない」などの文末述語は「につれて」よりも生起しやすい。(62)では「急増せざるをえない」といった読みに近くなる。さらに、前文の「うちは」で示された状況と対比的な立場から「にしたがって」を用

いて対照的な事態の必然的な推移が約束されており、「につれて」という当面の現象を本位に述べる「につれて」とは異なった様相をみせている。

 (62) 大気汚染が軽いうちは、ごく少数の人たちが喘息になっていくが、汚染がひどくなるに従って、喘息や慢性気管支炎になる人が急増する。

(朝日新聞 85.1.23)

4.3　動詞の意志性にかかわる諸問題

 次に動詞の自他、意志性という観点から述べると、前件に意志的な行為がみられる場合は、事態の自然発生を重視する「につれて」との置き替えはやや不自然で、「にしたがって」のほうが自然である。次の「スピードを上げる」行為は多分に意志的な行為を意味している。

 (63) スピードを上げる{にしたがって／?につれて}、窓の景色も変わっていった。

 ここからも、前掲森田（1977）で述べられた「無意志的な現象」は部分的修正が必要であろう。反対に前件述語が自動詞の場合は「につれて」の方が「にしたがって」よりも自然である。

 (64) スピードが上がる{につれて／?にしたがって}、窓の景色も変わっていった。

 次のように継続性よりは瞬間性を含意する動詞群においては、「にしたがって」はあらわれにくい（「徐々に窓を開けるにしたがって」のように漸次的な副詞を挿入した場合は許容度は増す）。

 (65)a. ??窓を開けるにしたがって、冷たい風が入ってきた。
   b. ??タバコを吸うのをやめるにしたがって、体の調子が良くなってきた。

 この点は友松ほか（1996）でも指摘されているが[5]、「にしたがって」は「につれて」とは異なり、後述の「にともなって」「とともに」などと同じく、後件には話し手の意向や義務を表す表現が来ることも不自然ではない。

 (66)a. 二十歳になる{にしたがって／??につれて}将来の志望を決めた。
   b. 国と国、人と人の国際交流が進む{にしたがって／??につれて}私達の世界に対する考え方も変えていかなければならない。

 「にしたがって」の場合の前接述語成分のありかたも以上の点をのぞけば、変化にかかわる動詞が共通してみられる。前述の副詞「一刻一刻」などとの共起をはじめ、「につれて」には無い特徴も若干観察されるものの、「にしたがって」と「につれて」はほとんど実質的な意味の違いがないケースも多い。前接部分において「につれて」の場合とほぼ同質の動詞があらわれることからも、以下の例にみるように「につれて」でみた特徴は概ね共有されている。

(67) こうして一まずおちつきはしたものの、日がたつにしたがって、われわれにはまた別な不安が始まりました。　　　（竹山道雄『ビルマの竪琴』）
(68) 工業化が進むに従って、社会における家庭の役割は弱まるという意見があったが、多数意見は、役割は変化するが、弱まることはないというものだった。　　　　　　　　　　　　　　　　　　　（朝日新聞 84.8.16）
(69) 日米関係が緊密化するに従い、相互理解の努力が双方で不可欠だ。
　　　　　　　　　　　　　　　　　　　　　　　　　　（朝日新聞 99.9.30）

次のような人間主体の移動に関わる場合は、「につれて」は不自然である。

(70) 私達がその前を通って行くに随って、その奇怪な人々は細い優しい声で呼びかけた。　　　　　　　　　　　　　　　　　（原民喜『夏の花』）
(71) 私が歩くに従って、木々に見え隠れした、赤と青との濃淡に染められた山肌は、天上の美しさであった。　　　　　　　（梅崎春生『桜島』）

次のような主体の思考活動の進行においても「につれて」は一般に成立しがたい。

(72) 私が思うこと、考えることを、だんだん知って来るに従って、吉良兵曹長は必ず私を憎むようになるに決まっている。　（梅崎春生『桜島』）

主体の移動する状況と場面の展開は必ずしも「につれて」ほどに一体的である必然性はない。また、「にしたがって」は「につれて」とほとんど同じく「の」の挿入をみないが、次のような場合は動詞「したがう」の本来の意味が「に応じて」の意味と等しく用いられたもので、時間の移動を表したものではない。

(73) 道は一度、校舎の壁が折れるのに従って右に曲がった。
　　　　　　　　　　　　　　　　　　　　　　　　　　　（柴田翔『鳥の影』）

文体面では「にしたがって」は「につれて」と比べてやや文章語的な向きがある。

(74) 防疫研究の基礎進むに随い、防疫の実地応用に関し石井軍医正は万難を排して挺身満州に赴き、防疫機関の設立に関して尽瘁せり。
　　　　　　　　　　　　　　　　　　　　（常石敬一『医学者たちの組織犯罪』）
(75) …御大典の頃より御政務多端と相成、内外御審念遊ばさるる事の多きに随ひ、御心身御過労の為め、御精力幾分衰へさせられ、…
　　　　　　　　　　　　　　　　　　　　　（松本清張『神々の乱心・上』）
(76) 大連から汽車が北上するに従って、車窓からの眼界は次第に広潤となって、ついに茫茫たる平野が展開されますが、
　　　　　　　　　　　　　　　　　　　　（長谷川如是閑『ハルビン直行』）

また「にしたがいまして」のように丁寧体でもあらわれることからも動詞的な性格が強い。今回、収集した用例のなかでは、「にしたがって」が最も少なかった。「につれて」が前件後件ともに等価的、均質的な事態の比例相関的な変化、と意義づけるならば、「にしたがって」は主従的な関係における相関的変化、あるいは時間軸

に沿った進捗的な相関関係、といった点で意義づけができるように思われる。

5 「にともなって」の意味と機能

　動詞「ともなう」のテ形を用いた「にともなって」について、「ともなう」の起因的な背景から生じる結果事態に注目しながら、これの機能的特徴を考察する。

5.1　従来の意味記述

　「にともなって」は動詞「ともなう」がこれまでの「につれて」「にしたがって」と比べて、実質的な意味がさらに強く残っているように思われる。辞書にみられる意味記述をみると「につれて」「にしたがって」のような連語として扱われたものは少ない。

a.　同時に生じさせる。あわせ持つ。「この仕事は危険をともなう」（『現』p.903）
b.　付きまとうように、一方があれば他方もある。「この仕事は危険がともなう」「権利と義務は相伴う」。一方の変化に応じて他方も働く。「収入に伴って支出もふえる」（『岩』p.846）
c.　一方が…する度合いに応じて、他方も... する。「収入に伴わない［＝釣り合わない］生活・世の進歩に伴って［＝につれて］（『新』p.1018）
d.　一方が他方と同時に存在する。それに付随して生ずる。「危険を伴う仕事」「権利には義務が伴う」（『学』p.948）

動詞「ともなう」の語義を示したものがほとんどで、「にともなって」の形で後半とりあげているb.も付随的な説明である。また、c.のように「につれて」と同義としているものの、「にしたがって」への言及がないなど、説明に異同がある。「につれて」や「にしたがって」と比べると、意味記述は簡素である。森田（1980: 348）では動詞「ともなう」を人間主体の場合と事柄主体の場合とに分け、後者の文型「A ニ伴ってB ガ…する」として、次のような例をあげている（番号は通し番号）。

(77) a.　当然のことながら、失業者の増加が経済不況に伴って生じますから、
　　 b.　四肢のけいれんが発作に伴って現れた場合は要注意です。
　　 c.　噴火に伴って付近に群発地震の発生することもある。
　　 d.　大気圏における炭酸ガスの増量に伴って生ずる温室効果。
　　 e.　ランキングが上がるに伴って対戦相手も強くなることゆえ、

これらに共通した意味は「A の状態変化や作用につれてB が生ずるという付随現象」で、「につれて（生じる）」の意味であるとしている。一方、森田・松木（1989: 13, 30）では「につけ（て）」を「に関連して」「に伴って」「に応じて」の意味で、

状況(場合)、時(機会)を示すとして「に伴って」をあげているが、各用法間には、相応の意味のズレがあるように思われる。

　グループ・ジャマシイ (1998: 448) では「『にともなって』の前と後に変化を表す表現を用いて、前で述べる変化と連動して後で述べる変化が起こるという意味を表す。あまり個人的な事柄ではなく、規模の大きい変化を述べるのに使う」との説明がある。動詞「ともなう」の意味記述では「随伴」が主たる意味であるが、そのありかたが意志的なものであるのか、偶発的なものであるのかは、主文との意味の結合関係をみるうえで重要である。ここでいう「規模の大きい変化」とは社会的な事件、変革、改革などを表すとみられるが、同時に「引き起こされる側」の事態が予期されない事柄であることが多い。したがって、「にともなって」は次のように突然の不可避的な事態を説明するのにしばしば用いられる。

　(78)　「放射能漏れに伴い、臨時休業と致します」　　　　（朝日新聞 99.10.1)

　このような「事情説明」は同時に因果関係が背後に介在することを示している。したがって、次のような言い替えが可能である。

　(79)a.　放射能漏れ(の心配)のため、臨時休業と致します。
　　　b.　放射能漏れの影響で、臨時休業と致します。

　こうした「起因」「影響」を意味する婉曲的な提示に用いられるのは「にともなって」の特徴である。後件はむしろ前件事態からやむなく引き起こされるに至った結果事態である。用例をみると「にともなって」は「につれて」「にしたがって」などと比べて、名詞句にもっとも接続しやすい傾向が観察される。

　(80)　外為市場の落ち着きに伴い、国内輸出関連企業の業績改善期待も広がった。　　　　　　　　　　　　　　　　　　　　　　（朝日新聞 09.7.27)

　(81)　埼玉県越谷市内で公共下水道の普及に伴い不用になった浄化槽を雨水貯水施設として活用する家庭に対し、…　　　　　　　（朝日新聞 93.8.27)

　(82)　かつては低い建物が軒を連ねるだけだったが、「台湾の奇跡」と呼ばれた高度成長にともなって、オフィスビルやホテルが林立した。
　　　　　　　　　　　　　　　　　　　　　　　　　　　　　（朝日新聞 99.9.22)

　(83)　資本主義的な性格を持つ私営企業の急増に伴って経営者の入党の是非や富裕層の人などが共産党の本質に関わる問題として提起されている。
　　　　　　　　　　　　　　　　　　　　　　　　　　　　（朝日新聞 99.10.27)

　(84)　…しかし、その後彼らは朝鮮戦争をはじめとする国際情勢の急激な変化に伴い、全て釈放された。（映画「海と毒薬」1986 最後のナレーション）

名詞句は多くが「進行」を表す点では「につれて」とほぼ重なっており、「上昇、向上、浸透、拡充、拡大、拡張、発展、発達、東進、進展、増大、…」などのスル動詞となる動作性名詞がその代表的なものである。〈Np の Np 化にともなって〉の

形も多くみられる。

(85) 七十歳以上の高齢者を含めた(国保の)加盟者総数は、人口の高齢化に伴い九三年度から増加に転じている。　　　　　　（日経新聞 99.11.2）

(86) 白書はまず、学校教育の現状について受験競争の激化に伴い、知識を一方的に教え込む教育に陥りがちになり、…　　　　　　（讀賣新聞 99.11.4）

(87) こうして軍紀の混乱と、何よりも戦争長期化にともない、兵士には戦争目的の不明確性による戦争疑問視の意識も見られることになった。

　　　　　　（纐纈厚『侵略戦争』）

5.2　本節での考察

　進行を表す動作性名詞以外にも、発生にまつわる動作性名詞が多くあらわれる。それによって起こる随伴的な現象を表し、前件では事由を表す傾向が強くなる。

(88) 合理化案は十一月に予定されている政府保有NTT株の第五次放出に伴い、同社が作成した株式売り出し目論見の訂正書類に盛り込んだ。

　　　　　　（朝日新聞 99.10.26）

(89) 大蔵省も二千円札発行に伴って「自動販売機などの準備が整えば千円札の利用が減る分、二千円札の利用が増える」とみている。

　　　　　　（讀賣新聞 99.10.6）

(90) 日本相撲協会は…横綱若乃花の年寄名跡「藤島」襲名に伴い、現藤島親方の「音羽山」取得を承認した。　　　　　　（朝日新聞 00.3.8）

(91) 日本再軍備は朝鮮戦争の開始にともないアメリカ駐留軍が朝鮮半島へ出撃し、その結果生じる空白を埋め、…安全保持を図るためとされている。

　　　　　　（纐纈厚『侵略戦争』）

これらの名詞では「導入、再編、開催、施行、崩壊、中止、合併、建設、設立、…」といった新規イベントの発生を提示するもので、〈Xが引き金となってY〉、〈Xがきっかけとなって Y〉のような帰結 Y に向かう起点 X を明示する点で特徴的である。X は後件に対して主体的に働きかけを行うもので、例えば、(89)では「二千円札発行が二千円札の利用増加をうながす」ことが読み取れる。こうした特徴を踏まえて、「にともなって」から「によって」への移行が可能なケースも多い。また、「にともなって」に前接する名詞は必ずしもスル動詞になる動作性名詞に限定されるわけではない。何らかの動きを意味するものであれば、「円高」「オイルショック」や「経済不況」「少子化傾向」「人口移動」「任期満了」といった複合名詞、名詞句になるものも多い。次の例も「震え」という動作が事態の連動的発生をもたらし、同時に事由をも表している。

(92) あふれるような花の盛られた青磁の花瓶が、体を支えている肘の震えにともなって微風に揺れるように揺れていた。　　　　（高橋和巳『堕落』）

こうした点も動詞「ともなう」の実質的な意味のふるまいを示しているもので、「につれて」「にしたがって」にはみられなかった特徴である。

　動詞句が前接する場合も、事態の連動的発生と事由を表す場合がみられる。

(93) 長引く不況を克服するため、証券会社が大幅な機構改革や人員削減計画を明らかにするに伴い、自主営業を危ぶむ声も出てきた。
　　　　　　　　　　　　　　　　　　　　　　　　（朝日新聞95.8.2）

こうした「にともなって」のタイプは「につれて」「にしたがって」の背景密着型の言い方とは性格を異にしている。また、「にともなって」は事態の出現のし方が具体的、個別なケースであることも特徴の一つである。「につれて」の用例でみた(9)と次の例を比べてみると、前接動詞は同じ「上がる」だが、「にともなって」には具体的な変移を表す数値があげられている。

(94) また、「本を読まない（読書時間0分）は小学生は5割、高校生は6割と学年が上がるに伴って上昇している。　　　　（毎日新聞99.10.17）

「にともなって」は「の」「こと」を挿入して名詞節を受けるケースが「につれて」「にしたがって」と比べて、しばしば観察される。これは名詞化という手続きによって、前件であらわされた現象が一つのまとまった内容、既成事実であることを明示している[6]。

(95) 新しい健康保険制度がスタートするのに伴って、サラリーマン、公務員など被用者保険本人の医療費支払い方式が一日から大きく変わる。
　　　　　　　　　　　　　　　　　　　　　　　　（朝日新聞84.9.30）

(96) メキシコは中南米有数の中進工業国だが、石油資源開発などが進むのに伴い、対外債務が膨れ上がっている。　　　　（朝日新聞84.12.10）

(97) クレジットカードと一体型のキャッシュカードの発行や海外のATMでの利用開始などでカードの機能が拡大するのに伴い不正引き出しの損害が増え、…　　　　　　　　　　　　　　　　　（日経新聞99.10.31）

さらに、「につれて」「にしたがって」が動詞では基本形（辞書形）にのみ接続していたのが、「にともなって」では、基本形以外のタ（ナカッタ）形にも接続実際に可能である。この場合は「の」、「こと」は義務的な成分である。

(98) 一日の国鉄ダイヤ改定で東海道・山陽新幹線の最高時速が10キロ引き上げられて220キロになったのに伴い、沿線住民から「家の揺れがひどくなった」という苦情が相次いでいる。　　　　（朝日新聞86.11.15）

(99) 十月一日付で不動産関連会社を吸収合併したことに伴い資産の評価替えなどを実施した結果、株式資本は五億円程度に増えたという。
(日経新聞 99.11.2)

特に、「こと」をともなう際には、背景の複数化(「など」の付加)や、背景の累加(「も」の付加)を許すことがある。

(99)' …不動産関連会社を吸収合併したことなどにも伴い、…

連体修飾化は「につれて」「にしたがって」にはみられなかったが、「にともなって」には頻繁に〈Np にともなう Np〉の形であらわれる。〈Np による Np〉とほぼ同義であるが、前者「にともなう」は付帯的、間接的な影響、後者「による」は直接的な影響による結果事態であるといえる。

(100) ニューメデイアの浸透に伴う本格的な情報化の到来は価値観の拡散をもたらす。
(朝日新聞 85.1.27)

(101) 少子化に伴う人口減少時代の到来やインターネットの普及などに伴う行政の情報化の進展、悪化する財政状況など、…　(讀賣新聞 99.11.1)

なお、動詞句接続の場合は〈Vp ノ・コトにともなう Np〉の形になるのが普通である。動詞「ともなう」の実質的な意味が残存していることを示している。因果関係を表す「(こと)による」との言い替えがほぼ可能である。

(102)??空路が拡充されるに伴う顧客獲得キャンペーンを反映し、…
→空路が拡充されるのに伴う顧客獲得キャンペーンを反映し、…

最後に接続成分の一部として機能する点をみると、単独で接続詞「したがって」となるほか、指示詞をともなって用いられることが「につれて」「にしたがって」と比べて多い。以下の例では事由による展開という観点から、「それにつれて」などに置き替えると、少し不自然になってしまうようである。これも前件継承型と後件独立型の用法がある。

(103) 東京も昭和に入ると、都市化の波が郊外へと広がってゆき、これにともない、都市計画道路の工事も盛んに行われるようになりました。
(東武鉄道『ゆあ東上』180 号)

(104) 財政難による業務見直しや効率化によって事業の廃止や民間委託が進むだろう。それに伴って、職員の配点や出向がおこなわれ、…
(朝日新聞 99.4.26)

「にともなって」が指示詞とともに前文を受ける場合、接続詞として機能するが、「これとあいまって」「これと連動して」などの類義的な表現もみられる。

(105) 火力発電の燃料である原油価格が高騰し、これに連動して液化天然ガス(LNG)の価格があがっているためで、　(朝日新聞 99.10.26)

6 「につれて」「にしたがって」「にともなって」の比較と使用の異同

　以上、「につれて」「にしたがって」「にともなって」の意味と用法を考察してきたが、次にこれらの3形式の実際の使用状況をみてみたい。これらのあいだには次のような使用上の微妙な異同がみられるが、その背景、要因としてはどのような要件が考えられるだろうか。

　　(106)a.　年をとる {につれて／にしたがって／?にともなって} 体が弱ってきた。
　　　　b.　経済不況 {にともなって／??につれて／??にしたがって} 失業者も増えてきた。

次の例はある日本語教科書にあるものだが、幾分すわりが悪いように感じられる。

　　(107)a.　?父の思い出話を聞くにつれて、昔のことが思い出されてきた。
　　　　b.　?彼の説明を聞くにつれて、腹が立ってきた。

　また、「につれて」のところでも指摘したが、「年月がたつ」「暗くなる」「人口が増える」「区域が広がる」などのように、明確に時間移動や空間移動がしめされている動詞であれば問題はないが、「聞く」のような意志をともなう動詞については自然ではない。(107)の例ではいずれも「聞くほどに」「聞くうちに」のような継続的な読みが必要になる。この場合は動詞の種類にあまり制約を受けない「にしたがって」「にともなって」のほうが自然である。「にしたがって」「にともなって」には「につれて」と比べて、後件事態を発動する契機性が強く認められる。

　「につれて」「にしたがって」「にともなって」もともに時間的な経過を表していることでは共通しているが、それが主体にとって自覚されたものであるかどうかによって意味的な異同が生じていることも考えられる。また、経過の時間が長期か短期かといった幅、あるいは不可抗力的な事態(たとえば「年をとる」)か人為的な事態(たとえば「経済不況」)かなどとも関係が指摘されるだろう。これについては前項名詞、前節の動詞述語の意味的な分布をさらに詳しく調査しなければならない。

　これまでの観察をもとに比較してみると、ほぼ表1のようになる。

表1 「につれて」「にしたがって」「にともなって」の用法の比較

	XにつれてY	XにしたがってY	XにともなってY
変化関係	平行的	段階的	連動的
名詞句接続	○	(#)○	○
動詞句接続	○	○	○
前接動詞	ル形	ル形	基本形／タ形
前接動詞の意志性	×[7]	○	○
ノ・コトの前接	△	△	○
主文動詞の制約[8]	強い	やや強い	弱い
主文動詞の意志性	弱い	やや強い	強い
単独接続詞の用法	△	(#)○	×
指示詞＋接続詞の用法	○	○	○
丁寧化	×	△	○
連体修飾化	×	×	○
動機・因果関係	△	△	○

（# は別の意味用法になることを示す）

それぞれの連体修飾構造について整理すると、おおむね表2のようになる。これによれば、「にともなって」だけが修飾構造を有する。このことは「ともなう」がまだ動詞の実質的な残存性とともにテンスからの「解放性」がみられ、これに対して「つれる」「したがう」は動詞らしさを多分に消失していることを示す。

表2 「につれて」「にしたがって」「にともなって」の連体修飾構造

	ル形接続	タ形接続	テノ形接続
につれて	??につれるN	??につれたN	??につれてのN
にしたがって	??にしたがうN	??にしたがったN	??にしたがってのN
にともなって	にともなうN	?にともなったN	??にともなってのN

やや仮説的なことを述べるならば、「にともなって」が非過去形にも後接するということは、「につれて」「にしたがって」がもっぱら既成の事実現象について言及する機会が多いのに比べて、「にともなって」はこれから起こりうる事態についても言及し得るという点が大きな特徴としてあげられるように思う。つまり、時間と空間を表す言語形式には接続成分となる動詞のテンス性による揺れがみられ、それが移動（変化）のあり方を分化させているとも言える。

ここでX、Yの事態間の比例、相関、連動の関係をイメージ化してみると、ほぼ図1のようになる。

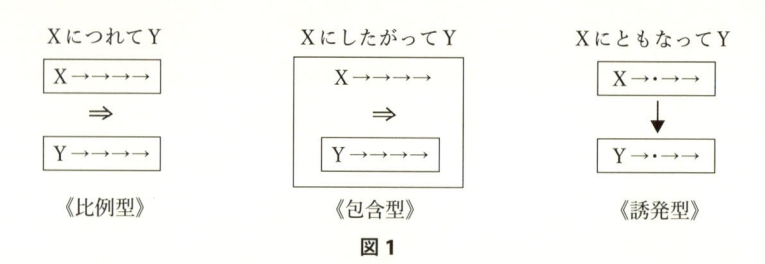

```
    Xにつれて Y              Xにしたがって Y           Xにともなって Y
  ┌─────────┐          ┌─────────────┐          ┌─────────┐
  │ X→→→→  │          │ X→→→→       │          │ X→・→→ │
  └─────────┘          │   ⇒         │          └─────────┘
     ⇒                 │ Y→→→→       │              ↓
  ┌─────────┐          └─────────────┘          ┌─────────┐
  │ Y→→→→  │                                    │ Y→・→→ │
  └─────────┘                                    └─────────┘
    《比例型》              《包含型》                《誘発型》
```

図1

すなわち、《比例型》ではXの進行とYの進行はほぼ並行性を保ちつつ、相互比例的な関係にあり、同方向に向かって収束していくようなイメージである。《包含型》ではXの進行にYがいわば随伴する形で進行し、両者には主従関係が認められる。内部での力関係によって生じる事態の動静に関心がよせられる。さらに《誘発型》ではXの進行のある過程においてがYの発生・進行を誘発、牽引し、あたかも同時並走の様相を呈する。むしろYの結果事態の展開に関心がおかれる。

ここで「につれて」「にしたがって」「にともなって」の類義性を検討するために、本文中で用いた実例を15項、無作為的にあげて、選択させるという調査を試みた結果が表3である[9]。ブランクにした部分を三つの形式から選択させた。原文に用いた形式は、それぞれ5項、4項、6項である。

表 3 **(a)**「につれて」,**(b)**「にしたがって」,**(c)**「にともなって」の選択率調査結果
*正答と一致した選択率の高い値

例文	実例(再掲)	(a)	(b)	(c)	総(%)
(5)	恢復につれて	32	27	41	100
*(9)	学年が上がるにつれて	*72	17.5	10.5	100
*(14)	こどもが増えるにつれて	*51.5	29.5	19	100
*(20)	……が多様化するにつれて	*37.5	35.5	27	100
*(23)	……が明らかになるにつれて	*59	27.5	13.5	100
(59)	年齢が上がるにしたがい	62.5	20.5	17	100
(62)	汚染がひどくなるにしたがって	60.5	25	15.5	100
(67)	日がたつにしたがって	77.5	14	8.5	100
(68)	工業化が進むにしたがって	66.5	19.5	14	100
*(82)	高度成長にともなって	10.5	21.5	*68	100
*(83)	私営企業の急増にともなって	18.5	26	*55.5	100
*(85)	人口の高齢化にともない	15	22.5	*62.5	100
(93)	……を明らかにするにともない	39	30	31	100
*(96)	……などが進むのにともない	32.5	26.5	*41	100
*(98)	220キロになったのにともない	12	23	*65	100

接続の仕方は名詞句、動詞句ともに提示し、「にともなって」の項目には名詞化辞ノが入る例もふくんでいる。(93)を除いて例文のほとんどが前接動詞は非意志動詞である。この結果を見ても三者の用法のあいだに揺れがあることが観察されるが、「につれて」との正答率と「にともなって」の正答率が高いことも分かる。一方、「にしたがって」をみると正答率は低く、ほとんど「につれて」を選択していることが分かる。これは「につれて」が一般的で広く用いられていることにも因っている。したがって、「につれて」と「にしたがって」の区別もほとんど意識されていないということだろう。また、今回の用例収集では圧倒的に「につれて」が多く観察された(「につれて」254例、「にしたがって」89例、「にともなって」161例など)が、これは事態を均衡的にとらえようとする視点の異同が背景にあることが了解される。学習者にとって、「につれて」が語形的に短く、定着しやすいということもあるかもしれない。なお、「時間が経つにつれて」「時間を経るにしたがって」「時間を追うにしたがって」のように、連語化したフレーズとしてほぼ固定的なものである。「日がたつ」「時間がたつ」の場合は「にしたがって」「にともなっ

て」よりも「につれて」がユニットとして定着しやすいことがうかがわれる。

7 その他の漸進性と相関関係を表す表現形式

これまで「につれて」をはじめとする表現形式についてみてきたが、ここではこれらに関係するいくつかの表現とその特徴について概観する。

7.1 動詞テ形後置詞
【を受けて】事態発生の前後関係を表すもので、前件事態がきっかけとなって、後件事態の発生が確定されるというものである。決定に至る経緯を表すことが多い。
 (108) 神戸市は1975年、市議会の核積載艦艇入港拒否の決議を受けて、艦船が所属する国に非核証明書の提出を求めた。　　（朝日新聞99.2.24）
 (109) 三月の日韓首脳会議で「過去の歴史」問題が語られなかったのを受けて、戦後補償に一区切りついたかのような空気が政界などに流れている。　　　　　　　　　　　　　　　　　　　　　　（朝日新聞99.4.8）
【と合わせて・と並行して・に重ねて】複数事態の同時発生を表しながら、事態の誘発を表す点では「につれて」の用法に近いものである。
 (110) アルプスビジネスサービスが紹介業の許可を取得したのに合わせ、一日付けで東京営業所を開設した。　　　　　（日経新聞99.11.2）
 (111) 東京営業所は五人のスタッフで運営、当面は事務職や営業・販売機などの分野で人材派遣と並行して人材紹介を手掛ける考え。
　　　　　　　　　　　　　　　　　　　　　　　　　（日経新聞99.11.2）
 (112) …たまたま2012年ごろ、11年周期の太陽活動が極大になる予想などに重ねて、滅亡説が生まれたらしい。　　　（朝日新聞09.11.28）
【を待って】時間の前後関係を表す点では「を受けて」に近い性質のものである。
 (113) 東京三菱は個人口座を残高によって選別するコンピュータシステムが整備されるのを待って、維持手数料を導入する準備を進めている。
　　　　　　　　　　　　　　　　　　　　　　　　　（朝日新聞99.11.3）
 (114) タクシーが走り去るのを待って、田岡は低い塀を乗り越え、慎ましやかな庭に立った。　　　　　　　　　　　（高村薫『地を這う虫』）
【に続いて】前件の事態に引き続いて別の事態が発生する様子を表す。時間の移動に沿った一連の進行状況を説明する特徴がある。
 (115) 最近ラオスは外国の投資を認める外資法を制定したのに続いて、6月には初の総選挙を実施し、…　　　　　　　（朝日新聞88.4.28）

(116) 去年の東京都知事選挙で当時の自民党小沢幹事長と固いスクラムを組んだのに続いて、ことし夏の参院選挙では高知選挙区の小沢系候補者を推薦して話題になった。　　　　　　　　　　（朝日新聞 92.10.26）

【とあいまって・と(相)前後して】複数の事態が重なってあらわれたり、前後に関連する事態が発生するさまを表す。むしろ同時性を示唆する際に用いられる。

(117) 13万の工場から出る排煙とあいまって、大気汚染は一日1万1千トン、公害による死者は年に10万人と推定されている。
　　　　　　　　　　　　　　　　　　　　　（朝日新聞 85.9.21）

(118) 台湾製の安い実用的なミシンが出回り出すのと相前後して、日本のミシンは高級化をめざし、実用一点張りではなく、…
　　　　　　　　　　　　　　　　　　　　　（朝日新聞 84.7.25）

【に絡んで】前件の事態が、何らかの影響を後件に及ぼすという意味で、「にともなって」に類似した性格がみられる。

(119) 今年度は一般企業も事業の再構築に絡み設備廃棄や年金・退職金の積み立て不足など償却を必要とする要因を多く抱えている。
　　　　　　　　　　　　　　　　　　　　　（日経新聞 99.11.2）

【に応じて・に対応して・に比例して】「に呼応して」なども含めて、何かが異なったり変化が生じたりする際に、それに見合った別の事態があらわれる、という意味である。もっとも等価的な場合は「に比例して」が用いられる。

(120) 高度経済成長期に入ると、民間企業の力が飛躍的に大きくなった。それに応じて民間労組の発言力が強くなった。　（朝日新聞 85.1.8）

(121) 産業構造や雇用慣行の変化に対応して、転職の円滑化も急ぐ必要がある。　　　　　　　　　　　　　　　　　　（朝日新聞 99.7.3）

(122) 海外からの日本に対する関心が高まるのに比例して、外国紙の特派員も増えている。　　　　　　　　　　　　　（朝日新聞 92.11.2）

【に及んで・に至って】ともに文章語的な用法、ノ、コトの連結を必要としない。「この期に及んで」のようにその場の最終的な段階に至る、という意味を表す。

(123) 最近ではスピリドーノワ女史のゴーリキー研究『歴史との対話』が刊行されるに及んで事件のおおよその輪郭が明らかになった。
　　　　　　　　　　　　　　　　　　　　　（毎日新聞 95.8.2）

(124) 卒業するに至って、ようやく研究することの面白さがわかってきた。

【にあって】当該事態の置かれた状況、身分、立場といったものを提示し、展開される事態の帰結の当然性を確認するものである。「のなかにあって」のように用いることもある。

(125) さまざまな格差や痛み、制度のほころびが深刻になる日本社会にあって、正面から「社会の見直し」を呼びかけた率直さが、新鮮に響いたのは確かだ。　　　　　　　　　　　　　　　（朝日新聞 09.10.27）
(126) したがって、こうした強い社会学的志向のなかにあって、転職を容易にしうる条件はきわめて限られてくる。

（中根千枝『タテ社会の人間関係』）

7.2　形式名詞やその他の名詞成分による表現形式

【とともに】「と同時に」という同時発生（「終戦とともに」）、「と一緒に」という随伴（「轟音とともに／風とともに」）、「と等しく」という加合（「石油とともに原子力も／復習するとともに予習も怠らない」）を表す一方で、漸増的な事態の進行を表す。ある物事が他の物事と同じ状態であるさまを表すこともある。「につれて」「にともなって」などとの置き替えが多くの場合、可能である。「普及」、「経過」などの進行を表す動作性名詞に続く場合が多い。

(127) 加入者が五千万人を突破した携帯電話の普及と共に、電話使用中に起きる交通事故が増加している。　　　　　　　　（朝日新聞 99.10.31）
(128) 懸命の救助作業が行われているが、時間の経過とともに犠牲者の数は増え続けている。　　　　　　　　　　　　　（朝日新聞 99.9.22）

【なか・なかで】事態の進行状況を一定の時間の幅でとらえる表現で、その時間幅でどのような新規事態が観察されるのかに視点がおかれる。前接動詞は進行を表すものがほとんどだが、基本形のほかにもタ形があらわれることもある。

(129) 日清・日露戦争を経て、軍事的膨張主義を特徴とする大陸政策が推し進められるなか、軍紀の引き締めも一段と強化されるばかりであった。　　　　　　　　　　　　　　　　　　　　（纐纈厚『侵略戦争』）
(130) 財政・金融による景気政策が伸び切ったなかで、政府はミクロの構造対策に力点を移している。　　　　　　　　　　（朝日新聞 99.5.2）

「なか（で）」はこのように解説的な論調に多くみられるが、一方で「本格化した寒さの中」「オウムへの不信感がなお根強いなか」「拍手に迎えられるなか」などのように、一般に現況の事態を背景に主要事態の発生を述べる際に広く用いられる。

(131) 日本社会の停滞感が強まる中で、「公共性」という言葉を手がかりに、将来像を描こうという試みが盛んになってきた。　（朝日新聞 99.5.3）

【今・今日・現在】時間節の一部であるが、現在の状況を説明する言い方で、「普及するにつれ」「横行するにつれ」などの言い替えが可能である。

(132) 携帯電話やインターネットが普及した今、情報を隠すことは、逆にデマや誤解の原因になりかねない。　　　　　　　（朝日新聞 09.2.1）

(133) インターネットで虚偽情報が横行する今日、災害時のデマの危険性は過去のものとは言い切れない。　　　　　　　（朝日新聞 04.9.23）

(134) 価値観が複雑化している現在、相手が何を考えている人物なのかが読めない。　　　　　　　　　　　　　　　（朝日新聞 09.9.2）

(135) ただでさえ本が売れないご時世、「何でもいいから受賞作を出してくれ」というのが各社の切なる願いだったにちがいない。

（朝日新聞 10.1.26）

【裏で・陰で】「なか」、「なかで」の類型として進行の状況を一方で表すもので、「一方」といった、対比的な状況をも意味する。

(136) 一億玉砕が叫ばれる裏で、冷静に打算的に、戦争の終局を見つめる人とマネーが存在した。　　　　　　　　　（朝日新聞 09.7.27）

(137) ビルの高層化が進む陰で、見過ごされてきた多くの危険性が明らかになっている。　　　　　　（NHK「クローズアップ現代」09.9.9）

【うちに・あいだに】事態の進行が前件で表され、その過程において次第に別な事態が発生するという意味で、動詞の意志・非意志の区別を問わない[10]。

(138) 人間本来の行動とは異質の、飛行を重ねるうちに、さまざまな作用によって心因症の疲労を感じ、…　　　（渡辺洋二『重い飛行機雲』）

(139) 里見のおぼろげな記憶を頼りに取材を重ねるうち、何人かの正体をつかむことができた。　　　　（佐野眞一『阿片王　満州の夜と霧』）

(140) 夫政男との閉じ込められた生活の中で、政男は死にたいと泣いて訴え、光代も涙ぐみながら介護している間に、死はいつの間にか変哲もない日常的なものになって、光代は夫の首に手拭を巻きつけた。

（吉村昭『死顔』）

【過程で】「なか」「なかで」「うちに」などと同じく、事態の一定の経過、経緯とともに新たな事態の発生を表す。

(141) 新法を契機とした融資条件見直しの過程で、このような体質を改める新たな取り組みが生まれるよう、関係者は大いに努力すべきだ。

（朝日新聞 09.10.31）

(142) 地球温暖化や通商や農業、人権や製品の安全ルールづくりなど、EUはすでに多くの分野で世界に影響力を発揮している。それでも域内を「一つの声」にまとめる過程で加盟 27 か国間の利害調整に手間取ることもあった。　　　　　　　　　　　　　　　（朝日新聞 09.10.6）

以上、漸進的な状況と相関関係を表しながら、時間節、様態節とも関連するいくつかの形式を考察した[10]。

8 おわりに

　時間と空間の移動を表す言語形式として、本章では「につれて」を始めとする類義的な表現の意味的な特徴を記述し、そこに示されるイベントとしての一体的表現、および出現モデルの態様を考察した。これらの多くが時間節、様態節も交渉がみられる。その結果、前件および後件には副詞的語彙の共起や動詞の性格、さらに文末形式としては「てくる」「くなる」のような変化・推移構文のほか、疑問文や意志表示が出現しないなどの、一定の制約が見られることがわかった。

　また、「にしたがって」「にともなって」などの随伴(付き添い)を表す文に共通する時間移動に関わる事態の連鎖的発生の様相について観察してきた。さらに実際に使用者のアンケートなども参考にしながら使用状況の分析を行った。また、後置詞の記述的研究の方向性についてもいくつかの問題点を提起した。

　前件と後件との関係はたがいに補完しあう関係にあり、同時に主従の関係が時間の前後関係によって、規定されている場合も少なくない。また、これらの形式は次のような条件節とも相関している。

　　(143)　…兵士たちの軍紀の頽廃が目立ってくるようになると、再び軍紀の見
　　　　　直しが軍当局の焦眉の課題となった。　　　　　(纐纈厚『侵略戦争』)

あるいは、「目立ってくるようになったので」のような原因理由文との重なりもみられる。「につれて」などの形式は条件と原因理由を直接に明示するのではなく、状況を提示して、聞き手にその判断をゆだねようとする特徴が観察される。このことは複文によって、事態を間接的に、あるいは責任回避的に述べる発想にも連なっていくように思われる。

　異種事態の関与と、それによる元事態の変容の推移が、外側からでなく内側からの観察の視点で描かれることによって、日本語の特徴的な状況把握の様相がさし出される。こうした時間移動の視点は発話者の視点であると同時に、ある客観的な観察の視点とも重なっている。むしろ第三者の語りの視点という性格から、事態の推移を説明する時事的、報道的な文に多くみられる。会話文にはほとんど観察されないものであるが、このことから「個人的な事柄ではなく、規模の大きい変化を述べるのに使う」(グループ・ジャマシイ)という説明が得られるのであろう。

　本章では、とりわけ「につれて」の使用頻度の高さがきわだった。「回復する」など自然移行的な事態に多くつきそうものであったが、「にしたがって」ではそれに加えて人為的事態発生の状況も観察された。また、「にともなって」では動詞の実質的な意味がもっとも強く、さまざまな形態も観察された。「につれて」「にしたがって」にはみられない、因果関係の展開が多くみられた。これはまた、前件の後

件に対する働きかけの度合いが大きいことにも支えられている。

　さらに、時間移動の発話意図を考えてみるならば、新規事態の前触れ的な表明、という特徴がみられる。新規事態の発生を誘導、述定しつつ、主体を離れての客観的な観察、報告を形成している。ある種の公平な意見、中立的な表明をなすところに共通した特徴がみられる。このことは一部を除いてモダリティとの共存が希薄であることからも確認される。

　時間節はその指定する言語形式によって、図2のように大きくは時間の移動・推移を表す場合と、時間の定位を表す場合とが考えられる。場面や文脈により、表現の幅は客観的、主観的条件もあわせて選択される。

時間移動の指定形式	時間定位の指定形式
につれて／にしたがって／にともなってとともに、の中で、を境に、を最後に、やいなや／が早いか、	とき／まえに／てから・あとで、うちに／あいだ、－ば－ほど、とたん／なり、かと思うと、と同時に、
叙述文・説明文	叙述文・発話文
《客観的》	《主観・客観的》

図2　時間節の指定形式

　時間移動の指定形式では、事態の流れ、経緯を具体的に述べることから、書き言葉的な要素が強く、ことがらも大きな事態が描かれる傾向がある。これに対して、時間定位の形式では個々の事態が示され、イベントも一般的な内容から、話し言葉に多くみられる。時間移動の形式では、時間定位の形式の一般性から概念性が進み、主観性があらわれにくいのが特徴である。

　今回、「につれて」「にしたがって」「にともなって」の中国語訳をみていく過程で気がついたことの一つに、日本語ではそれほど多く観察されなかったのに対して、中国語ではこれらに対応する複文関連句"随着"があらわれるケースが比較的多いという点があった。これは表面的にみれば、比較的規模の大きい事態推移を述べるという言語発想形式にも因るのであろうが、反対に日本語に置き替える際には、その使い分けに困難さを生じることにはならないだろうか。たとえば、外国人日本語学習者の作例によっては、「の」「こと」の挿入なども含め、文の接続、つきそいのあり方を表すのに複雑な状況(言語的な制約)がしばしば観察されている[11]。

　こうした視点の移動、つまり時々刻々変化する眼前の状況を、現在の視点からとらえようとする発想に通底するものとは何であろうか。諏訪(1998)は日本文化論の考察の中で遠近法にひそむ日本の型文化と視点移動との興味深い相関を、美術、

芸術の表現技法を例に論証しているが、日本語の視覚的感性もまた同じ風土に根ざしたものといえよう。熊倉(1990)では語り手の視点の社会性という特徴をとりあげ、話し手の共感、視点の集団性をあげているが、本章で議論した漸進性を表す構文は、こうした日本人の思考発想様式、日本語の感性を象徴的に浮き彫りにしているように思われる[12]。

(144) 遠近法に従って、手前から奥に進む<u>につれて次第に小さくなる</u>兵隊の行列が、右上から中央下へ、次に左上へと、滑らかな曲線を描く構図は頗る絵画的であり、… (奥泉光『浪漫的な行軍の記録』)

こうしたイメージによる喚起は、ときに収束し、ときに拡散しながら立体的な概念の構図を構成し、あたかもそこに主体が介在するかのような臨場感も漂わせ、話し手の位置する場との二重性を好む日本人の言語発想の一つとも受け取れる。首相の施政方針演説などに頻出する「XとともにYてまいります」式の並列表現も、事態を複数化することで場の二重性を表しているが、それが主体の存在、介在をぼかす結果をも生じやすい。

複文研究のなかで多様な意味構造を表す後置詞の研究は動詞のレベル、すなわち名詞性、接続性といった種々の文法化の生成にかかわる事象を再検討するものである。本章では前件、後件にあらわれる動詞の分類、様態・結果の副詞との共起関係という根幹的な問題についてはいくつかの傾向をあげるにとどまったが、これらの形式の階層構造(従属度、独立度)などについては今後の検討課題としたい。

注

1 参照した辞書は次の通り。『現』(『現代国語例解辞典』第一版 1985)、『岩』(『岩波国語辞典』第五版 1994)、『学』(『学研現代新国語辞典』初版 1994)、『新』(『新明解国語辞典』第五版 1997)。以下の説明、用例中の下線は引用者による。

2 牧野(1995: 287)では、「につれて」については「同時進行の変化」simultaneously growing changes という説明をしている。

3 「テイク」「テクル」は空間の移動も同時に表している。

4 変化や移動を表す動詞にともなう結果の副詞の態様については仁田(1983: 117–136)を参照。なお、「いやいや」「焦って」などの主体行為の態様を表す副詞についても「につれて」とは一般に共起しにくい。塩入(1999)参照。

5 友松(1996: 51–53)を参照。なお、「につれて」が頻度を含意する場合は、「につけ」、「たびに」などとの置き替えが生じることもある。

6 名詞化辞「の」の現象規定については堀江(1997: 20)を参照。

7 「につれて」の前接動詞はほとんどが非意志性の動詞であるが、「経験を重ねる」、「安定指向を強める」などのような意志動詞もたまにあらわれる。これらは個々の現実の主体的な行為を表す動詞という範疇からはややはなれている。
  ・大手銀行のコンピューター・サービス社長は技術者として経験を重ねるにつれて、妻や友人との対話が少なくなった。　　　　　　　　　　　　（朝日新聞 84.10.18.）
  ・経済が低成長過程に移り政策選択の幅もせばまって中央の政治が安定指向を強めるにつれて、地方選挙は低迷の一途をたどってきた。　　　　　（朝日新聞 84.11.13）
8 主文動詞の制約とは「ヨウニナル」「テキタ」などの定型表現をともなう特徴を指す。
9 約200名の日本語母語話者を対象に各問を分散させながら、もっともふさわしいものを選択記入させる方法で実施した。（1999.10.7/8. 実施）
10 このほか、頻度を表す「につけ（て）」「につけても」、「たび（に）」などの接続成分にも一部に意味の近接性が認められる。
  ・重松は清書を続けながら、あの阿鼻叫喚の巷を思い出すにつけ、百姓たちのお祭が貧弱であればあるほど、我れ人ともに、いとおしむべきものだという気持になっていた。　　　　　　　　　　　　　　　　　　　　　　　　　　（井伏鱒二『黒い雨』）
  ・気が付くと、階段を上っていた。一歩一歩近付くたびに、胸が高鳴る。まるで、これから好きな女の子に告白でもするかのように。　　　　　　（乙武洋匡『五体不満足』）
11 以下の例文は外国人日本語学習者、日本語母語話者双方の作例による。
  【につれて】
  ・経済が成長につれて国民の所得水準も高くなってきた。
  ・70年代日中邦交正常化につれて、日本語ブームは急に上回ってきた。
  ・最近日本経済の不景気につれてアジアの経済が悪くなっていく一方だ。
  ・時間がたつのにつれて、気持ちはだんだん焦ってくる。
  ・日本経済不景気が深まることにつれて、人々の日常生活にも影響を与えている。
  【にしたがって】
  ・経済不況の深刻化にしたがって自殺者の数も増えていく世の中。
  ・講習会の人数が減るにしたがって、講師への報酬も前に比べてよくない。
  ・お金持ちになるにしたがって、貧乏だった時のことは忘れていく。
  ・ハングルを勉強することにしたがって、母語である日本語をはじめ色んな言語に興味を持つようになった。
  【にともなって】
  ・登山するにともなって最低これだけは知っておいてください。
  ・会社が倒産するにともなって生活が厳しくなるだろう。

・冷戦の終わりにともなって新しく民族紛争や宗教に関わる問題が台頭した。
・毎週日曜日サッカーをやることにともなって、タバコも酒も止めることになった。
・年末が近付くのにともなって「そろそろ忘年会をしないと」という声が聞こえる。

12　こうした言語発想については、以下の文献を参照した。
・熊倉千之(1990)『日本人の表現力と個性　新しい「私」の発見』中公新書
・諏訪春雄(1998)『日本人と遠近法』ちくま新書
とくに諏訪の9章「日本の型文化と視点移動」からは多くの示唆を得た。

第3章 "きっかけ"を表す構文
― 〈類義語〉と〈類義文型〉についての一考察

1 はじめに

　〈XをZにY〉の形式をもつ複合辞の中には、"契機"ないし"きっかけ"を表すグループが観察される。Xが起因的事態、Zが媒体的事態、Yが結果的事態で、大きくは因果関係を表しながら、その使い分けには前文、後文ともにいくつかの変化にまつわる特徴がみられる。本章で扱うのは具体的には次のような形式である。Zの項には一定の語彙的な意味傾向がみてとれ、以下のような関連的な語彙が観察される。

- ・〜を機に、〜を機会に、〜を契機に
- ・〜をきっかけに、〜がきっかけで
- ・〜を境に、〜を境目に、〜を節目に、〜を区切りに
- ・〜をピークに、〜を最後に、〜を潮に
- ・〜を皮切りに、〜を振り出しに、〜を手始めに
- ・〜を切り口に、〜を手掛かりに、〜を突破口に
- ・〜をバネに、〜をてこに、〜を教訓に

　これらは物事のはじまりの要因を抽出することによって、その後にもたらされる事態の帰趨、展開、帰結を特化する言い方である。形態的には〈XをZにY〉を基軸に、〈XをZにしてY〉、〈XをZとしたY〉などの形をとる[1]。この形式は村木 (1983) によって注目され、附帯状況を表す副詞句、副詞節と意義付けられた。そこでは、Zにみられる語彙的な特徴をはじめ、前件、後件にあらわれる事態の特徴、変化の大きさ、主体の意志性、事態の連続性・非連続性などが議論の対象とされている。さらに名詞句以外に節を受けるかどうかも考察の対象となる。
　本章では「機会」「契機」「きっかけ」などの〈類義語〉と、それを用いた〈類義文型〉との関係性について考察する。そして、この基軸となる語彙的な性格を、基層的なものから周縁的なものへと拡張する、いわばメタファー的な援用によって、構文を生産していく過程に注目する。最後に、それぞれの文中でのふるまい（連用

修飾、連体修飾の形態的特徴)についても述べる。さらに、こうした"きっかけ"を表す表現の周辺に分布する類義文型の意味的な特徴をみながら、これらの表現がどのような発話意図を内包するのか、について考察する。

2 「を機に」「を機会に」「を契機に」の意味と用法

「機」も「機会」も「契機」も、何らかの新規の事態をもたらす"きっかけ"を表すことにおいては共通しているが、その程度や使用背景においてはいくらかの使い分けがみられるようである。次の例をみてみよう。

(1) これを{機会に／?機に／?契機に}、よろしくおつき合いください。

「機」は偶然のチャンス、「機会」は与えられたチャンス、「契機」は新事態の発現に対する積極的な期待といったニュアンスがある。「機会」「機」「契機」の順に文の自然さがあらわれている。「よろしくお付き合い下さい」という後文の行為を、かりに複数のチャンスとみれば「機会」が充当するが、一回性の行為ととらえれば「機」が用いられるようである。つまり、後文の事態を話し手が一回性のものか反復可能(repeatable)なものか、という判断によって、軸となる語彙的な選択も行われるのである。さらに、後文事態を途中経過の事態ととらえるか、結論としてとらえるか、因果関係の親疎(意外性、偶発性)によっても、軸となる語彙の選択決定が下されていくことになる。

「機」には「機が熟す」「機を逸する」「機をみる」「機に乗じる」「機をうかがう」などの言い方がある。「を機に」と「を機会に」には微妙な差異がみられる。

(2) A氏が発言したのを{機に／?機会に}、各委員も意見を言うようになった。

この場合は、「機会」はやや不自然である。「機」は「好機」であり、それをうかがう場面というものが存在する。後文はそれぞれの発言主体にとっては一回性的なものであり、内発的なものである。これに対して、(1)のように「機会」はむしろ外界から触発されたものであり、外発的な特徴が認められる。「機」はその場面、状況で認められる可塑的、部分的な営為、「機会」はより固定的、結論的な印象がある。言い替えれば、「機会」は「機」の集合体として意義づけられるであろう。

たとえば「を機に」の実例をみると次のようである[2]。

(3) 原爆投下から来年で六〇年を迎えるのを機に、広島平和記念資料館(広島市)や長崎原爆資料館(長崎市)などが二十日、被爆者の遺品や遺影、体験記などの募集を始めた。貴重な被爆資料の散逸を防ぐのが狙い。

(讀賣新聞 04.7.21)

第 3 章 "きっかけ" を表す構文　117

(4) 自民党内からは二〇〇八年の北京五輪や二〇一〇年の上海万国博を機に、借款供与を打ち切る考えが出ている。　　　　　　（讀賣新聞 04.10.6）
(5) 赤木博さんは定年退職を機にタイに渡り、北タイでイチゴ栽培に従事した。

このように「を機に」は主体の内発的、積極的な取り組みが意図されている。これに対して、「を機会に」では以下の例にみるように、主体にとって「に乗じて」という、外部からの偶発的な好機到来を示唆する傾向がある。

(6) 震災を機会に政府は永続する残酷な左翼弾圧の方針を確定した。
　　　　　　　　　　　　　　　　　　　　　　　　（宮本百合子『逆接』）
(7) それが、数年後に北陸路でばったりと顔を合わせたのを機会に、二人の感情が動き、ついに憲一は、曽根益三郎という偽名になりすまし、久子の内縁の夫となったのであろう。　　　　　　　　　（松本清張『ゼロの焦点』）
(8) 次郎は次郎で、父に再会したのを機会に、剣ヶ崎での暗い想い出を清算してしまおう、そんな気持ちがあった。　　　　　　　（立原正秋『剣ヶ崎』）

「を縁に」、「を機縁に」も出会い、きっかけを表す言い方である。「機縁」はもとは仏教語で「機」は「縁」に会えば発動すると言われ、衆生が仏法を聞く縁、不思議な縁で仏の教えを受けることを意味する。これが転じて人間関係に用いることとなった。そのきっかけをもとに、よいことが始まるという意味で用いる[3]。

(9) これを｛機縁／ご縁｝に、今後ともおつき合い願います。

(9)では今回の出来事を何らかの互いの人生の縁としてとらえる気持ちがあり、(1)と比べてより継続的な意味合いが配慮される。以下、実例で観察してみたい。

(10) 二人は互いに相憐れむというような懐かしみを感じた。これを縁に木村はどこまでも岡を弟とも思って親しむつもりだ。（有島武郎『或る女』）
(11) 書面の要求は初めの手紙と同じ意味の返事がないのに、焦れた為かもっと迫った気持ちの追加が出来て、銀座で接触したのを機縁として唯むやみにもう一度かの女に会い度いという意欲の単独性が露骨に現れて来ていた。　　　　　　　　　　　　　　　　　　　（岡本かの子『母子叙情』）
(12) 僕は「話」らしい話のない小説を論じた時、偶然この「純粋な」と云ふ言葉を使つた。今この言葉を機縁にし、最も純粋な作家たちの一人一志賀直哉氏のことを論ずるつもりである。
　　　　　　　　　　　　　　　　　（芥川龍之介『文芸的な、あまりに文芸的な』）
(13) 「と開き直るほどでもございませんが、まあ、こういう場所でお目にかかったのをご縁に退屈話としてお聞き下さい」
　　　　　　　　　　　　　　　　　　　　　　　（松本清張『偏狂者の系譜』）

「機」「機会」よりも情意的な親しみを感じさせる。一方、「動機」では「を動機

に」はなく、「が動機で」が「が縁になって」のように自動詞的に用いられるが、実質的には主体の比較的大きな意志決定(「結婚の動機、留学の動機」など)を意味している。

(14) 激しい侮蔑にじっと堪えている人間がしめす表情によく似ていた。自分の骨を眼にしたことが動機で、他人から嫌われる職業に身を沈ませた自分に、人間としての強い羞恥を感じつづけているのか。
(吉村昭『星への旅』)

(15)では「名詞」前節を「間の文化について『和の思想』を書いたのが縁になって」のように、句節の交替が可能である。

(15) 間の文化について書いた『和の思想』が縁になって、十一月三日、福岡市で開かれる九州大学のシンポジウムで基調講演をすることになった。
(朝日新聞09.10.15)

「機縁」「縁」も「が機縁で」、「が縁で」の形をとることもある[4]。これらは結果を生じる直接的な要因というよりも間接的に結果を生じさせる条件なり事情を表すものである。「出会い」、「めぐりあわせ」、「つながり」、「関わり合い」といったものを重視する心情的風土は、日本社会において均質的な集団を営む習性とも関係があるようにも思われる。

(16) 秀麿は父の詞を一つ思い出したのが機縁になって、今一つの父の詞を思い出した。
(森鷗外『かのように』)

(17) 作家の井上靖氏は中学のころ、詩を書く友人から短い作品を見せられた。その詩が縁で文学の道に導かれたという。　(讀賣新聞04.9.24)

「転機」は物事の転換する因子で、人生、戦局などの変わり目に用いられる。

(18) ところが事態は急転して、日本軍の沿海州撤退を転機に、極東白系の没落が始まり、瞬く間に白露窮民の無料宿泊所と化したのであるが、……
(小栗虫太郎『聖アレキセイ寺院の惨劇』)

一方、「契機」は比較的大きな事件、大きな転換点となる体験を表す。「を契機に」はXの部分は時代や人生の節目となるような出来事がきて、後件事態ではその後の大幅なかつ急激な変化、積極的な取り組み、計画的な行動がもたらされる。

(19)a. 六本木ヒルズの事件を契機に、回転自動ドアの構造が見直されることになった。
　　b. 大病をしたのを契機に、これまでの食生活や習慣を根本から変えてみることにした。

また「契機」は思想的立場、日常的な対応などにおいて、人生の大きな転回点を表す象徴的な出来事(漱石の「修善寺の大患」など)を提示する。

(20)　よく知られているように、徳富蘇峰は日清戦争を契機にその思想的立場を急角度に転換した。（米原謙「初期蘇峰と〈平民主義〉の挫折」）

(21)　被害者のなかでもっとも悲惨なケースは、ペストを契機に全員が死去した家族である。　　　　　　　　　　　　　（上田信『ペストと村』）

(22)　国通(満州国通信社)の出現を契機に、政府は国内の通信統制に乗り出した。　　　　　　　　　　　　（佐野真一『阿片王　満州の夜と霧』）

(21)はやや破格な例で、日本軍の細菌戦攻撃によってペストが流行したという事態が全村民の死亡をもたらし、その結果、村の消滅の大きな契機となったことを表している。動詞テ形を伴う際は「を契機として」「を契機にして」が用いられる。

(23)　日本人に仇打ちしたいという気持ちは、一九七二年の日中国交回復を契機にして、変化し始めた。　　　　　　　　　（上田信『ペストと村』）

(24)　去年の夏、一度失神するほどの痛みが起ったのを契機として、それからは毎週一度の割合で急激に悪化していたのである。
　　　　　　　　　　　　　　　　　　　　　　　（井上光晴『死者の時』）

(25)　私が初めて彼女の唇を襲ったのは、例の麦畠の道であった。この道は、暗いし、あまり人通りはない。それまでも、手はたびたび握り合っていたが、その接吻を契機として、それだけでは満足できなくなった。
　　　　　　　　　　　　　　　　　　　　　　　（松本清張『潜在光景』）

(25)は主体の体験として、大きな転回点となる意味で「契機」が用いられている。このように「契機」の表す変化の規模、程度は予期したものより大きく、その後の成り行きを決定づけたり運命づけたりする様子が述べられる。

　なお注意すべきことは、「機会」だけが連体修飾構造を受けて接続成分になることができる点である。「機」も「契機」も後述する「きっかけ」も直接、連体修飾構造を受けることはできない。「機会(に)」は「ついで(に)」と同じような意味である。この場合も「上野公園に行く」試みは一回性の可能性にとどまらない。制約的な事態ではなく、別の発生の機会も十分に考えられるものである。一方「機」、「契機」は一回性を期待値とすることが一般的である。さらに「機は何ですか」などと言えないように、語彙としての安定性を欠くものといえよう。

(26)a.　上京した{機会に／ついでに}、上野公園に行ってみることにした。
　　b. ??上京した{機に／契機に}、……
　　c. ??上京したきっかけで、……

なお、こうした統語構造の違いについては後節で検討する。

3 「をきっかけに」の意味と用法

　"きっかけ"を表す文のなかでももっとも使用頻度の高い言い方で、一般に新事態の積極的な進展を表す。ある事態(X)が偶然に発生し、そのことから新しい(Y)の事態が習慣的に始まるようになったという意味で、「きっかけにして」のように「にして」を添えることでより発展的な展開を表す。

(27)　10人を超える愛人との不倫騒動をきっかけに、今季の米ツアー出場の無期限自粛を表明している米男子ゴルフのタイガー・ウッズが、
（朝日新聞 10.1.22）

(28)　その後一年ほど姉は嫁ぎ先にそのままいたが、姑が一人息子である夫を他の女と交際させ、女に子供ができたのをきっかけに、嫁ぎ先を追い立てられてしまったのだ。　　　　　　　　　　　（吉村昭『星への旅』）

(29)　そしてこの歌集をきっかけに、今度は私の作品たちが素敵な出会いをしてくれることを、心から願っている。　　（俵万智『サラダ記念日』）

(30)は「きっかけは～にある」という存在文、所有文の構造をなしている。

(30)　体に変調をきたしたきっかけは、一ヵ月近く前、静岡県下に日帰り旅行をしたことにあった。　　　　　（吉村昭『冷たい夏、熱い夏』）

総じて、これらは事後説明の言い方で、明確な経緯があって、それが予期されるであろう当然の周囲への波及、変化をもたらすといった意味を表す。

　一方、こうしたスル的な、つまり何らかの努力や投資がもととなって新規現象が表されるのに対し、ナル的な、つまり主体の意志とは関わりなく自然発生、意向決定を表すのが「がきっかけで」、「がきっかけとなって」といった自動詞的な言い方では、「てきた」「ことにした」などの文末表示によって、結果に重きを置いた意図が強調される。ノはコトよりも頻繁にあらわれる[5]。

(31)　カラオケ大会で優勝したのがきっかけで、プロダクションから声がかかってきた。

(32)　小学生の時、父に柔道を教えてもらったのがきっかけで私は柔道の道を進むことにした。

(33)　二人は間違い電話がきっかけとなって仲直りすることになった。

「ことになった」のほか「ようになった」のような文末表現が顕著である。

(34)a.　入院したのをきっかけに、食生活にも気をつけるようにした。
　　b.　入院したのがきっかけで、食生活にも気をつけるようになった。

いずれも後件主文にはその結果、達成された新事態があらわれる。

　なお、前件と後件の原因・結果の結びつきが直接的、現象的なものには「がきっかけで」のかわりに「がもとで」、「が原因で」が用いられる。

(35) ??古い刺身を食べたのがきっかけで、食中毒になった。
　　⇒古い刺身を食べたのがもとで、食中毒になった。
(36) 昨年11月27日に浮気を巡る夫婦げんかがもとで起こしたとされる車の自損事故以来、ウッズの動向が明らかになるのは初めて。
（朝日新聞10.1.22）

「をきっかけに」が出来事の発生、経過を述べながら、ナレーション、あるいはドラマの筋書きの説明のようにあらわれることがある。

(37) 東京の大学病院の内科医・優は、幼いころ母親を病気で亡くしたのをきっかけに医師を志した。　　　　　　　（讀賣新聞04.6.29）
(38) ボートでこぎだしたオホーツクの海で霧の中に迷い、〈自然と一体化した私〉を感じたことをきっかけに、女性は生きる希望を回復していく。
（讀賣新聞04.6.29）

この二つの用例は、意志や希望の覚醒に重点が置かれている。「こと」は「の」よりも重大事を示唆し、また、起因が複数想定される場合も「こと」で明示される。

(39) 一九三四年に、人体実験の対象とされた囚人が脱獄したことをきっかけに、部隊の整備・拡張を図る。こうして生まれたのが七三一部隊である。　　　　　　　　　　　　　　　　　　（上田信『ペストと村』）
(40) 米国では06年に「2012年は、かつてない変革の前兆」と主張する本が出たことなどをきっかけに、類似本の出版が相次いだ。
（朝日新聞09.11.28）

次は「きっかけにする」という動詞の表す行為（「ては」による反復行為）がまだ強く残存しているものである。

(41) その間彼は朝の遠乗をすますと買おうとする宝石の撰択をきっかけにしては、一日の幾時間かを宝石売とシャランシャーと三人で過した。
（宮本百合子『古き小画』）

次のように開始の意味が明確に表されているものもある。

(42) 町の空気が一変したのは、海軍機の渡洋爆撃をきっかけに開始された日本軍の中国軍に対する本格的な攻撃が報じられてからであった。
（吉村昭『炎のなかの休暇』）

「きっかけ」は「契機」がある種の目論見が背後にあるのに対して、次の例のように偶発的な意図がうかがわれる。

(43) 文化庁は十二月十一日から二十四日までソウルで日本映画四十六作品の特別上映会を開催する。「冬のソナタ」など韓国ドラマのヒットを契機に韓流ブームに沸く日本のように、韓国の人たちにも映画をきっかけに日本文化に触れてもらいたい考えだ。　　　　　（讀賣新聞04.10.6）

「をきっかけに」は日常的な物事の発端、始まりを表すことが多く、時代の大きな転折、転換には用いられない。

(44)a. ささいな見解の相違をきっかけに、しまいには大喧嘩になった。
　　 b. ??ささいな見解の相違を契機に、しまいには大喧嘩になった。
(45)a. ??バブル経済をきっかけに、日本経済は下降の一途をたどった。
　　 b. 　バブル経済を契機に、日本経済は下降の一途をたどった。

先の「を契機に」の用法ではある程度まとまった既成事実の蓄積があったのに対し、「をきっかけに」では偶然的な、たとえ一回性のものでも影響を期待するところに違いがあるようである。さらに「きっかけ」は「機」や「契機」と異なり、比較的自由な語彙使用がみられる。次のような例では「きっかけ」しか使えない。

(46)　日本への出稼ぎが急増したのは、90年代の出入国管理法がきっかけだ。
　　　　　　　　　　　　　　　　　　　　　　　　　　（朝日新聞08.5.2）

その他の類義語を用いた表現をいくつかみておこう。
「端緒」は「発端」が物事の起こったその理由となる事柄を意味するのに対して、物事を行ったり解決をつけたりするためのきっかけとなる事柄を意味する。

(47)　一通の手紙を端緒として美術館の再興運動が起こった。

「発端」は「最初の出だし」「単なる始まり」の意味で用いられる。

(48)a. 事件の発端は家事をめぐるささいな口論だった。
　　 b. ささいな口論を発端に、大きな事件へと拡大した。

次のように、「発端」が具体的に作品の「冒頭」や当初の場面をさす場合がある。

(49)　霜が降り始める頃の事を発端に書いてから、やっと雪もろくに降らない冬の時候まで漕ぎ付けたのである。　　　　　　　　（森鷗外『青年』）
(50)　…実際この十姉妹の流行は、一時天下を風靡した万年青と同じく、不可解な魅力を以って、四国を発端にして中国、近畿、殊に慎作の故郷附近には感冒よりも凄まじい伝染力をふるった。　　（山本勝治『十姉妹』）

後述の「皮切り」「振り出し」に近いものだが、それほどの意図をもった事態ではない。「基礎」や「土台」もまた、始発の重大な要素で、これも「きっかけ」の周縁と見なしてよいものであろう。

(51)　オバマ氏は、何かをなしての受賞ではない。だが歴史的とされるプラハ演説を源に、核軍縮の川は流れ出した。　　　　　（朝日新聞09.10.10）
(52)　「鉄人28号」の原作者横山光輝さんが、長田区に隣接する須磨区の出身だということをよりどころに、観光客やテナントを呼び込む切り札として、3年がかりで「巨大ロボット」を完成させた。
　　　　　　　　　　　　　　　　　　　　　　　　　　（朝日新聞09.11.7）

4 「を境に」の意味と用法

　「境」とは性質、機能、役目、分野、立場、所属といった互いに異なるものが接する部分で、「境界線」「境目」のように本来は物理的な線状のイメージがあり、
　(53) a.　川を境に両国がにらみ合っている。
　　　 b.　大通りを境に二つの名門大学が位置している。
　　　 c.　英国では3月末を境に夏時間が始まる。
のような地形的な位置特徴や時間的な端境を述べる時に用いられる。これらは「を隔てて」「を挟んで」といった動詞テ形の後置詞に置き替えることがほぼ可能である。こうした物理的、空間的、時間的な意味をもつ用法が「一大転機」を象徴するイベントとして用いられることがある。つまり、「を境に」はある種の大事件、大事故、決定的体験などの以後、以前とは大きく変わった状況の出現があらわされる。単なる「きっかけ」、「契機」ではなく、社会の体質、国民の考え方、人生観や運命観などに与える変化がその代表例である。これは「境」という語のもつ「区切る」というイメージが働いているからであろう。
　(54)　「オウム真理教」の事件をさかいに、日本社会は危機管理が叫ばれるようになった。
　(55) a.　9・11のテロを境に、世界は新たな戦争の火種を持つことになった。
　　　 b.　バブル崩壊を境に、日本人の生き方に変化が見られるようになった。
　　　 c.　2009年8月30日を境に自民党の55年体制から民主政治へと変わったと言われる。
　　　 d.　敗戦を境に大人たちはそれまでの考え、思想を悉く否定していった。
その時代や社会を震撼せしめるような事態が発生し、その余韻が長く続いた結果、決定的な規模の変化をもたらした意義を定位する。単に変化の筋道だけを言うのではなく、結果をもたらした、あるいはその引き金となった事件の重みを示唆、暗示することにむしろ意味があるといえよう。起因的事態は歴史的な出来事だけではなく、人生や運命の転機となった決定的な出来事も含まれる。
　(56)　文人を輩出した名族が住む村の住民であることに誇りを持っていた人々が、ペスト蔓延を境に崇山村の生まれであることをできれば隠しておきたいという気持ちに囚われるようになったという。
　　　　　　　　　　　　　　　　　　　　　　　　　(上田信『ペストと村』)
　(57)　何もいわずに障子を閉め、何か今夜を境にして父との間に別な関係が生まれたな、という気持ちに浸りながら階段を上っていく昌作の胸に、
　　　　　　　　　　　　　　　　　　　　　　　　　(井上光晴『死者の時』)
　(58)　どちら(注：ソウル、ギリシャ)の街もオリンピックを境に運転手の質が

上がったと聞く。　　　　　　　　　　　　　（朝日新聞 09.11.26)
　(59)　…そして今見るこの景色も夢であり得ない。それはあまりに残酷だ、残酷だ。なぜゆうべをさかいにして、世の中はかるたを裏返したように変わってはくれなかったのだ。　　　　　　（有島武郎『或る女』）

類義的な「境界」もまた時代の大きな転折的な起因として用いられる。
　(60)　式が終わるまではまだその大学の学生なのだろうけど、いったん終わってしまうと、そのときを厳然たる境界として、もはやその大学の学生ではなくなってしまう。　　　　　　　　　　　　（『図書』2009.12)

「節目」はある時代のエポックを象徴する際に用いられる。
　(61)　生誕百年を節目に、ヴェイユ本の出版ラッシュが続く
　　　　　　　　　　　　　　　　　　　　　　（朝日新聞 09.12.28)

5　「をピークに」「を最後に」「を潮に」の意味と用法

　これまでとりあげた「契機」「機」「きっかけ」などの用法は、軸となる語彙がもとの意味をほぼそのまま残して用いられたが、以下ではこの種の類義語がある種のイメージを拡張して用いられる周縁的な語彙の用法をみてみよう。
　まず、ある時点が変化の決定的な瞬間と認識された場合、その転折を強調する言い方として「をピークに」、「を最後に」などがある。「をピークに」はそれまで上昇傾向であったのがその最高点を示した以後、凋落をたどる場合などに用いられる。起因的事態を最高点、最高潮としてそれ以降は減少ないし下り坂の傾向にあることを特に数値的に示すもので、「を境に」の派生的な用法とみなされる。
　(62)　日本からの米国留学生は 1997 年の 4 万 7 千人をピークに減り続け、2007 年は 3 万 4 千人にまで落ち込んでいる。　　　（朝日新聞 09.12.11)
　(63)　伊政府観光局によると、イタリア国内の空港に到着した日本人は約 147 万人(07 年)、97 年の約 217 万人をピークに減り始めた。
　　　　　　　　　　　　　　　　　　　　　　（朝日新聞 09.7.18)

「を最後に」「を限りに」は事態の終結、停止ないし消滅を表す。
　(64)　私の受けた肺結核手術の執刀医であった醍醐氏は、東京大学の医学部教授を最後に定年退官し、……　　（吉村昭『冷たい夏、熱い夏』）
　(65)　この旅を最後に、曽根とも接触することを避けよう、という漠然とした意識も湧いている。　　　　　　　　　（吉村昭『星への旅』）
　(66)　五冊目の途中、高校の入学式を最後に梨恵の写真がめっきり減った。
　　　　　　　　　　　　　　　　　　　　　（荻原浩『明日の記憶』）
　(67)　楠は樹齢一千年を越えると云われていたが、今日を限りに終止符を打た

れたのだ。　　　　　　　　　　　　　　　　（井伏鱒二『黒い雨』）

次は「のを最後に」のように節を受ける場合である。「を最後に」は後述の「を振り出しに」と対極の意味にある。

(68) 作品については、昭和十一年、京都の榊原書店から童話集『ドジョウの土地踊り』を出したのを最後に、以後発表は途絶える。
（奥泉光『モーダルな事象』）

(69) 私は永いこと中学校の教員をして、先年、校長を三年間勤めたのを最後に現在退職している者であります。　　（松本清張『偏狂者の系譜』）

(70) 吉原さんは10日午後6時ごろ、家族が自宅で姿を確認したのを最後に、行方がわからなくなっていた。　　　　　　（朝日新聞 08.12.12）

(70)のように「消息が途絶える」ような事態にしばしば用いられる。

「を潮に」はそろそろ引き揚げる、お開きにする時期の到来を表す。「潮」は「ちょうどよいとき、おり」という意味で、「が潮時だ」のような言い方もある。

(71) 梅村淳は小笠原長生の落とし子だったという説もあります。松下氏が梅村の名前を切り出したのを潮に、そう切り出すと、
（佐野眞一『阿片王　満州の夜と霧』）

(72) a. 会長が席をはずしたのをしおに、来賓たちも帰る仕度をはじめた。
  b. 言い出すしおに、茶を差し出す。

(72b)のように「ちょうどそのとき」「と同時に」という意味を表す言い方もあるが、そのときは連体修飾節を受ける傾向がある。

なお、文学作品の中には「機会」を〈しお〉と読ませる例も少なくない[6]。

(73) 三人の男たちは勝手なことを喚いていたが、源さんが立ちあがったのを機会(しお)に一同どやどやと店を出て行く。
（小林信彦『紳士同盟ふたたび』）

(74) 午後九時近くにその敬子から電話が入り、これから東北新幹線に乗るという連絡があったのを機会(しお)に、十津川と亀井は加藤邸を辞した
（西村京太郎『みちのく殺意の旅』）

「これを機会(しお)に」「それを機会(しお)に」も接続句として用いられる

(75) そんな矢先、伊藤がドイツから帰国した。これを機会(しお)に、この研究は箕原少尉の特命事項として伊藤が引き継ぐことになった。
（中沢義彦『海軍技術研究所エレクトロニクス王国の先駆者たち』）

(76) くやしいよう——と号泣しはじめた時、パトロールの警官二人、辻を曲って足早にちかづいてきた。それを機会(しお)に、彼はそっと人垣をはなれた。　　　　　　　　　　　　　（小松左京『流れる女』）

「そろそろ」「とうとう」などの副詞が表すように、一般に痺れを切らして待ち切れ

なくなった心境を述べることが多い。

6 「を振り出しに」「を皮切りに」などの意味と用法

　「振り出し」は「道中双六の起点」で「サイコロを振り始める」ところから転じて初歩的なレベルでの「出発点」を表す。一巡するというイメージがあるので、劇団などの巡演、巡業などがイメージされやすい。また職務担当を一通り経験するといった内容も提示される。

　　(77)　山田は営業職を振り出しに、各部門の仕事を十年、担当してきた。
　　(78)　二人はサンミシェルを振り出しに河を越え、グランブルヴァールからサンマルタンの方へと坂を登っていったとき、久慈は突然矢代に訊ねた。
　　　　　　　　　　　　　　　　　　　　　　　　　　　　（横光利一『旅愁』）

「が振り出しで」も同じような意味で用いられる。

　　(79)　俺だって十四年の年に女郎買いに行ったのが振り出しで、いつの間にかコンナ犬攫のルンペンに……まあそんな事はどうでもいい。
　　　　　　　　　　　　　　　　　　　　　　　　　　（夢野久作『超人髯野博士』）

　「皮切り」も起点、出発点を表す。ここでは連続したひと続きの出来事の始めの部分をさし、類似的な現象、行為が発展、展開していく様子が描かれる。

　　(80)　沖縄を皮切りに、甲子園高校野球の地方大会が始まった。
　　(81)　まず、住宅貯蓄にたいして所得税軽減などの手厚い恩典を与えたのを皮切りに、金融面では、各州が実施している無利子の住宅金融制度がある。　　　　　　　　　　　　　　　　　　　　　（田中角栄『日本列島改造論』）
　　(82)　昭和51年に大学を中退、東京へ出て、左翼系の出版社を皮切りに、漫画雑誌や業界誌の編集の仕事についた。　　（奥泉光『モーダルな事象』）
　　(83)　同じ頃、村の教育委員会が戦争体験の記録集作りを始めていて、その調査員に話をしたのを皮切りに、大学の調査グループや新聞記者が訪ねてくるようになった。　　　　　　　　　　　　　　　　（目取真俊『水滴』）
　　(84)　いのちの電話は東京を皮切りに広がり、今は全国五十カ所で約八千人のボランティアが悩みを受け止めている。　　　　（朝日新聞 01.11.8）
　　(85)　岩倉使節団に会計役として随伴したのを皮切りに、陸軍では一貫して兵站畑を進み、陸軍省会計局長から帝室会計審査局長をへて、宮内大臣となった。　　　　　　　　　　　　　　　　　　　（福田和也『昭和天皇』）

「が皮切りとなって」という言い方は用例としては少ない。

　　(86)　防疫所の調査で、福建の商人が運んできた黒砂糖の貨物にネズミの死体が発見されたのが皮切りとなり、大量のネズミが死んでいるのが発見さ

れた。　　　　　　　　　　　　　　　　　　　（上田信『ペストと村』）

「皮切り」は「何か物事を始めるときに最初にすること」、「振り出し」は「物事を行うその出発点」を意味する。これは「皮切り」「振り出し」といった語の喚起する意味のイメージによるものと思われる。

(87) 今度の全国ツアーは北海道 {を皮切りに／を振り出しに} 沖縄まで三か月かけて回る。

「手始めに」は「皮切り」「振り出し」と類義的だが、それが起点となって、より規模の大きい行為に拡張していくさまが述べられる。

(88) やはり土佐の先輩である木村は、浜口が帝大に入学した時の保証人を引き受けてくれたのを手はじめに、節目節目でなにくれとなく面倒をみてくれた恩人であった。　　　　　　　　　（福田和也『昭和天皇』）

(89) 日本では06年で国内総生産比0.2%にすぎず、英国やドイツに比べて大幅に見劣りする。介護職を手始めに看護婦など医療職種全般にも広げるべきだ。　　　　　　　　　　　　　　（朝日新聞09.10.24）

(90) 北川アキは手始めに天竺出版の新城に電話をかけ、
　　　　　　　　　　　　　　　　　　　（奥泉光『モーダルな事象』）

(91) 防犯のためカギを一斉交換したのを手始めに、道路の補修や植木の手入れを住民でやるよう提案した。　　　　　　（朝日新聞05.1.9）

7　「を引き金に」「を切り口に」などの意味と用法

　ある行為、現象が何らかの衝撃、初動的な事象、現象を受けて拡張されるイメージはほかにもあることを示唆する一方で、偶発的な接点を重視する。「引き金（引き鉄）」は比較的望ましくない事件を誘発する"きっかけ"となる事柄で、「を引き金に」、「が引き金となって」の形や、また「が引き金となった」のような文末形式としても用いられる。

(92) a. ストレスが引き金となって、糖尿病や胃病を誘発することがある。
　　 b. 軽いスポーツと思っても、それが心臓発作の引き金になることがある。
　　 c. 看守たちの非人道的な扱いが、受刑者たちの暴動の引き金となった。
　　 d. 待遇改善問題を引き金に、内部で燻っていた問題が一気に表面化した。

(93) ソニーが凍結営業利益の57%が吹き飛ぶ下方修正を発表したのを引き金に、他の電機や自動車、精密機械にも業績悪化の不安が広がった。
　　　　　　　　　　　　　　　　　　　　（朝日新聞08.10.26）

(94) 温暖化による被害を引き金に紛争が次々と起きれば、いかに巨大な軍事力を持つ米軍、世界最大の軍事同盟である北大西洋条約機構（NATO）でも対応しきれない。　　　　　　　　　　　　（朝日新聞 08.7.21）

「突破口」や「切り口」、「呼び水」なども類義表現として用いられる。

(95) 開業医の再診料に手をつけていれば、もっと多くの財源をひねり出すことができた。それを突破口に、開業医と勤務医の役割分担やそれぞれの待遇のあり方を改めて論議することもできたはずだ。（朝日新聞 08.2.2）

(96) 日本経団連は五月、多様な雇用形態に応じた、一律的でない複眼的な人事、賃金管理などを盛り込んだ提言を発表した。その中で「正社員」と「非正社員」という名称についても、雇用形態の違いを切り口に、それぞれ「長期雇用従業員」「有期雇用従業員」という仮称を用いた。

（讀賣新聞 04.9.20）

(97) さまざまな支援で新興国や途上国の脱温暖化を後押しする「鳩山イニシアチブ」を呼び水に、中国やインドなどとの妥結点を探る、そんなしたたかな交渉戦略も求められよう。　　　　　　（朝日新聞 09.9.18）

「起爆剤」「刺激剤」「試金石」もまた新しい事業や計画実行のための発端となる。

(98) 市は景気回復をはかるための起爆剤としてオリンピック招致に乗り出した。
　　⇒市はオリンピック招致を起爆剤に景気回復をはかりたい考えだ。

(99) この新製品の開発が我社が国際市場に進出できるか否かの試金石となる。
　　⇒我社はこの新製品の開発を試金石として、国際市場に進出する考えだ。

「糸口」は「解決の糸口」などというように、解明の布石となるものである。比較的複雑な物事を解決するためのきっかけとなる事柄を意味する。「を糸口に」、「が糸口となって」のように用いられる。

(100) a. 犯人のものと思われる毛髪の発見を糸口に人物の割り出しが進められた。
　　 b. リンネの業績を糸口に、分類学は飛躍的な発展を遂げた。
　　 c. 一人の目撃者の証言を糸口に、事件は解決にむけて動きだした。
　　 d. 博多転勤を出世の糸口として彼は営業成績を伸ばしていった。

「手掛かり」も「糸口」と同じような意味だが、調べたり捜したりするときの端緒を意味することが多い。「糸口」と比較して決定的な要因とまでは至らないのが普通である。

(101) 犯人の残していった遺留品を手掛かりに捜索を進めているが、事件解

明の決定的な糸口にはなっていないようだ。
- (102) 今回の司令部派遣を手がかりに、現地の安全状況や要請をよく調べ、日本の役割を広げることを考えるべきだ。　　　　　　　（朝日新聞 08.7.1）
- (103) 文字情報の単位として、漢字ぐらい濃密なものはない。ひと塊の直線と曲線を手がかりに、思いは色んな事物や場面へと広がっていく。
（朝日新聞 08.12.13）

「ヒント」も"きっかけ"の範疇に隣接したものと考えられる。「をヒントに」のほか、「がヒントになって」など、いくつかのパターンがみられる。
- (104) a. 鳥の嘴の形をヒントにコンコルドの機首を設計した。
- b. コンコルドの機首は鳥の嘴の形にヒントを得て設計した。
- (105) a. 教授の論文がヒントになって、私の研究がさらに進んだ。
- b. 教授の論文が私のさらなる研究のヒントになった。
- c. 私は教授の論文をヒントに、研究をさらに進めた。

「足掛かり」はもとは、具体的かつ物象的意味で用いられたものである。
- (106) 街から吹きつける煙が次第に少なくなって、右手が田圃になったので、崩れかかった石崖を足がかりに岸にのぼった。　（井伏鱒二『黒い雨』）

さらにこれが抽象化され、踏み台、飛躍のためのはずみを意味することが多い。
- (107) a. 海外赴任を足掛かりに彼は順調な出世コースを歩み出した。
- b. 彼は地方の同人誌での創作活動を足掛かりに中央文壇に進出したいと思った。

さらに、解決の糸口、拠点といった意味で「を足がかりに（して）」「が足がかりとなって」のほか、「が足がかりとなった」のように文末形式としても用いられる。
- (108) a. ラジウムの発見を足がかりに（して）原子物理学の研究が進んだ。
- b. ラジウムの発見が足がかりとなって原子物理学の研究が進んだ。
- c. ラジウムの発見が原子物理学の研究の足がかりとなった。

8　「をばねに」「をてこに」などの意味と用法

「ばね」は元来は弾力性を利用してエネルギーを吸収・蓄積するために用いるものがここでは「飛躍台」としてメタファー化が行われる。その対象とは、くやしさ、悲しみ、失敗、といったものである。
- (109) 初めて挑んだ昨年は、第一人者の張翔名人にあと一歩及ばなかった。そのくやしさをばねに、今年は挑戦者決定リーグを8戦全勝で突破し、七番勝負では4勝1敗と圧倒した。　　　　（朝日新聞 09.10.18）
- (110) 欧州の貧困国だったアイルランドは、EUへの経済統合をバネに高成

長を遂げた。　　　　　　　　　　　　　　　　　（朝日新聞 09.10.6）
(111) 中国は先進国への輸出をバネに高度成長を続けているが、
　　　　　　　　　　　　　　　　　　　　　　　（朝日新聞 08.2.1）

　また、「てこ」は、「ある大きな目的を達成するための、比較的小さくても強力な手段」としてイメージされ、元来は「丸太をてこにして岩を動かす」のような具体的な道具が、「公共事業をてこに景気回復を図る」「ワールドカップを観光客誘致のてこにする」のように用いられる。

(112) 予算や権限をてこに、省庁が職員を押し付け、受け入れる側は補助金や事業の発注、許認可での有利な取り計らいや情報を期待する。
　　　　　　　　　　　　　　　　　　　　　　　（朝日新聞 09.10.12）
(113) こんなことを想像するのは、MS がパソコンでの独占的なシェアをてこに、このような抱き合わせ販売を力ずくで推し進めてきたからだ。
　　　　　　　　　　　　　　　　　　　　　　　（朝日新聞 08.2.6）

　このほか、「ばね」「てこ」に類したものを次にあげる。

(114) 六千四百人を越える犠牲者を出した阪神大震災を教訓に、危険性を直視し、対策を進めていくべきだ…　　　　　（讀賣新聞 04.6.18）
(115) どうか、最後には晴れやかなせいせいした気持ちになって祖国のために死んでいった私の魂を踏み台にして、日本国民として胸を張って生きて下さい。　　　　　　　　　　　　　　（井上光晴『死者の時』）
(116) 米国や中国の好景気を追い風に、経営利益の総額は過去最高に達し、今期も増益基調が鮮明だ。　　　　　　　（讀賣新聞 04.5.28）

「を掛け声に」「を合言葉に」「を合図に」「を旗印に」なども、行動のさきがけ、スローガンなどの有用性を表す。

(117) 分権推進を掛け声に、小泉政権時代に行われた「三位一体」の改革では、結局、自治体の歳入の大きな部分を占める地方交付税を大幅に減らされた。　　　　　　　　　　　　　　　　（朝日新聞 08.7.29）
(118) 堀内さんは「がんばろう神戸」を合言葉にボランテア団体をつくった。街が復興するにつれ、孤立感を深めていく遺族のことが気になってきた。　　　　　　　　　　　　　　　　　　（朝日新聞 05.1.16）

「合図」は「手を挙げたのを合図に」、「それを合図に」のように用いられるが、実際には(120)のような例もみられる。

(119) やがて、父の会社の重役の一人が最後にあいさつをし、それを合図に宴会は終ろうとした。　　　　　　　　（井上靖『あした来る人』）
(120) 汗と土に汚れた顔を上気させて、男が投げ返してくれという合図に両手を挙げた。　　　　　　　　　　　　　（奥泉光『石の来歴』）

このほか「を(芸の)肥やしに」「を(心の)ささえに」「を励みに」「をはずみに」「を力に(変えて)」なども幾分、"きっかけ"的要素を含意している。

(121) a. 家族、友人の声援を支えに(して)、ここまで頑張ってくれたのだ。
   b. 地元の皆さんの応援を励みに、いい結果を残したいと思う。
   c. 彼女は前回の試合の失敗を力に、精神的にもたくましく成長した。
   d. さまざまな苦労を肥やしに、彼は自分の演技に磨きをかけた。
   e. 今回の失敗を糧に(して)、諸君にはまた大きく成長してほしい。
   f. 過去の苦い戦争の経験を教訓に平和外交に徹さねばならない。

　以上、"きっかけ"を表す語彙をベースに、類義表現を複数のグループに分類して、それらの特徴を考察してきた。これらの語彙の分布を図1のように示しておく。中心の大円に基層語彙、周辺の四つの小円に周辺語彙が分布する。
　〈XをZにY〉形式のZにおいて、これらの語彙の内包する意味的な範疇を活性化させながら、さらにXとYの価値的な類似性がさまざまな意味関係を構築し、当該形式を支える心的背景ともなっているが、それらの感覚領域、意味拡張は当然ながら語彙的なイメージの喚起する程度によって一様ではない。
　たとえば、前半で扱った「をきっかけに」などの類型と、後半で扱った「をひきがねに」などの類型では、前者の基層語彙にはメタファー的な抑制が働き、後者の周辺語彙では比喩理解が前提となって、意味が相応に拡張されたものである。
　なお、XとYの関係においては、第1章の動詞テ形後置詞の考察でみたように、メトニミー的なモデルに支えられている。すなわち、YはXの属性・呼応・隣接関係を程度の差をもちながら維持していると考えられる(図2)。

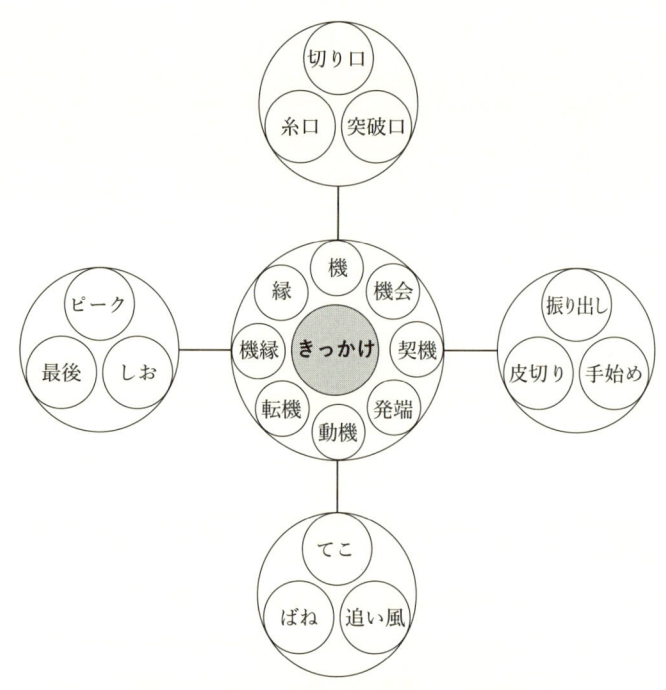

図1 "きっかけ"を表す基層語彙と周辺語彙

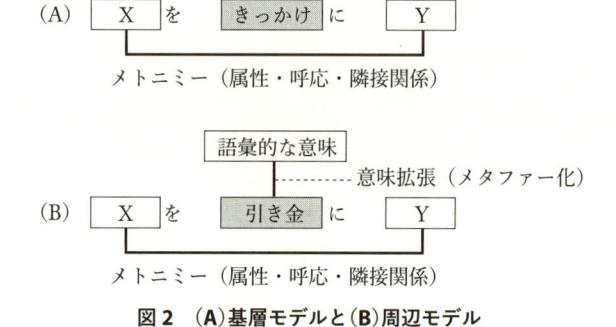

図2 (A)基層モデルと(B)周辺モデル

9 〈XをYに〉の意味と形態上の諸問題

　〈XをYに〉形式のうち、本章であげた以外の類型を、主要な文型集や文型辞典などを参考に、使用頻度の高いものをあげておこう。

(122) 〜をもとに、を相手に、を基礎に、を足場に、を頼りに、を前提に、を条件に、を最優先に、を参考に、を手本に、をモデルに、を頼りに、を視野に(入れて)、を中心に、を柱に、を軸に、を軸足に、を拠点に、をスローガンに、を旗印に、をモットーに、を誇りに(思って)、を建前に、をテーマに、背景に、をバックに、を舞台に、を目途に、を目安に、を限りに、を目標に、を区切りに、を目的に、を頭に、を先頭に、を筆頭に、を念頭に(置いて)、を拠り所に、を根拠に、をいいことに、を幸いに、を支えに、を口実に、を理由に、を苦に、を盾に、をカサに(きて)、を尻目に、をよそに、を抜きに、を横目に、を胸に、を手に、を背に、をネタに、をえさに、を題材に、を材料に、を肴に、を例に(とって)、を対象に、をターゲットに、を相手に、を目の当たりにして、をそっちのけに(して)、を別にして(は別として)、をはじめ(として)、を向こうに回して、を前に、をあとに(して)、を担保に(入れて)、……

このなかには「ここを先途と奮い立つ」(瀬戸際、大事な分かれ目として)や「雲を霞と姿をくらます」(一目散に)のような形のものもあるが、数は少ない。これらは基本的には動詞のシテが省略されたもので、また一部にはシテをともなうものがあるなど、動詞テ形後置詞と縁続きのものとみなしてよい。

　一般に名詞派生型のこの様態修飾句にみられる連用修飾のタイプ、連体修飾のタイプにはいくつかの傾向がみられる。前者には動詞「して」やもとの連語成分を補充するものも散見される。後者は前者に連動したものだが、やや不自然な結合もみられる。ちなみに、「機／機会」、「契機」、「きっかけ」、「境」、「皮切り」を対象に、形態的な分布、一般的な傾向を検証してみると次のようである。

【連用修飾のタイプ】

	機・機会	契機	きっかけ	境	皮切り
XをYに	○	○	○	○	○
XをYにして	×	○	○	○	○
XをYとして	×	○	○	△	×

【連体修飾のタイプ】

	機・機会	契機	きっかけ	境	皮切り
XをYとするN	×	△	○	△	×
XをYとしたN	×	○	○	×	×
XをYにするN	×	×	×	△	×
XをYにしたN	×	×	×	○	×

以上はおよその傾向であるが、「を絶好の機会とした」など修飾語をともなうと許容度が高まることもある。一般に「にする」のほうが具体的・個別的で規定、制約が強く、「とする」は総括的、常識的で「といった形にする」のように一部に蓋然性が認められる。さらに形態的には次のような交替性が一部にみられる。

(123) a. 減税を消費者拡大のてこにする⇔減税をてこに消費者を拡大する
 b. 失敗を前進するための教訓とする⇔失敗を教訓に(して)前進する
 c. 原案を作るのに人の意見を参考にする
  ⇔人の意見を参考に原案を作る
 d. 資料を集めて今後の参考にする／今後の参考に資料を集める

こうした分布がみられるのは、文体によるところも大きいが、語の性質、特に社会通念からみた規定、制約の強さなどが関係していると思われる。

10　おわりに―類義語と類義文型をめぐって

　以上、本章では種々の契機を表す表現形式をめぐって、きっかけ、契機といったものの内実を探ろうと試みた。実際の教育の現場ではイメージでは分かっていてもいざ例文をつくる際には、学習者のレベル、語彙力によって日本人であればおよそ想像のつきにくい例文を産出することもある。これは「契機」「機」「きっかけ」「境」といった核になる語の意味的な特徴が文全体の意味に及ぼす結果と思われるが、類義語の検討だけではなく、原因・理由の背景と結果、帰趨とのバランスの問題でもある。同時に、作例する（表現する）学習者側にとって、"きっかけ"に付随する体験が、当然影響を及ぼすことも想像される。
　本章の考察の関心、出発は、なぜことさらに「きっかけ」「契機」という語彙を用いて表現するのか、といった素朴な意味の探究からであった。端緒、発端に拘泥する、心情的な背景は、さらに文脈の構造にも及ぶ。考察の過程で、この意味範疇は相応に幅と奥行きをもち、さまざまな表現形式を内包することがわかった。"きっかけ"的な意味を内包する構文では、意味的なずれを生じながらも、「もと」「たたき台」なども〈きっかけ〉から派生した表現とみなしてよいものである。

(124) 一葉の肖像は生前の写真をもとに樋口家からも意見を聞きながら作製された。　　　　　　　　　　　　　　　　　　　　　（讀賣新聞 04.6.18）
(125) 報告書をたたき台に年末までに「新しい防衛計画の大綱」が策定される。　　　　　　　　　　　　　　　　　　　　　　（讀賣新聞 04.10.6）

動詞テ形後置詞の「を受けて」もこの類型に数えられるだろう。

(126) 去る7月7日のロンドン同時多発テロを受けて、車内では不審物取締りを強化しております。　　　　　　（東武鉄道 2005.11.1 掲示観察）

さらに、「ことから」も自然な推移、推論からの展開を表すという意味では"きっかけ"構文との重なりが認められる。

(127) a. 二人で些細な口論を始めたことから、しっくりいかなくなった。
　　　b. 二人で些細な口論を始めたのがきっかけで、しっくりいかなくなった。

しかし次のような「ことから」はもはや単純な"きっかけ"的な意味ではなく、確実な原因・理由の入口を示す。

(128) 現場は、路地が入り組む住宅地で地元住民以外は往来が少ない場所だったことから県警は地元に土地勘がある者の犯行と判断。

(朝日新聞 05.11.30)

時々刻々と移ろいゆく時間の流れの中で、当該事態、事象の発生を特化する背景には、瞬間を捕捉する独特の発想的風土があるように思われる。こうした定型的な表現が選択され、好まれる根底には閉塞化した状況を打破するための、いわば第三者からの、あるいは高みからの観察の視点が導入される。日本語における空間性、時間性を考えるとき、常にこの視点が囲繞するようである。集団的行動の裡にひそむ転換の思想は〈天恵〉の思想でもあり、起因的なものへの傾斜と、〈今＝ここ〉を離れない、同時性、瞬間性への固執は日本語を覆う言語文化を考えるうえで、大きなエートスであることは確かであろう[7]。

類義語が類義表現を生成する際、文全体の表す変化、事態の規模にまで及ぶ。従来、類義語の研究は多くなされてきたが、教育の面ではむしろ類義表現、類義文型に目を向ける必要がある。また、本研究を通じて、多くが原因・理由、手段、指標・目的を表す〈XをYに〉形式において、"きっかけ"を表すグループは、類義的周辺的なものを含め、比較的大きな比重を占めていることを確認した。

注

1　本章では"きっかけ"という用語を文型における意味素として便宜的に用いる。〈XをYに〉構文については村木(1983)をふまえた田中(2004a)では「名詞派生の後置詞」として意義づけられている。このなかには〈を理由に〉〈を目的に〉が、〈〜理由で〉〈〜目的で〉のように連体修飾を受けたり、〈のが原因で〉〈のが目的で〉のように補文を受けるなどして擬似的な連体節成分になるものがある。第2部第2章を参照。

2　「機」の類義語として「期」も「時期」「機会」を意味し、「を期に」のように用いられることがある。この場合、「この期に及んで」「期が訪れる」のように、待望された事態の発生、出現に重きをおいた言い方になる。

例：これは当時の内閣が、例えば韓国における民主体制への転換を期に近隣諸国との友好関係の再構築をはかり、…　　　　（劉傑他編『国境を越える歴史認識』）

3　「きっかけ」「契機」は物事の起こる原因や動機までを含めていうこともある。「機」はやや古めかしい言い方。物事をするのに適当な時という意味で用いられることもある。また、「機」には「好機、時機、勝機、商機、転機」などの語彙のほか、「機運、機縁、機敏」、さらに「好機をうかがう、好機を逸する、機に乗じて、機が熟する、臨機応変、機を失する、機をみるに敏」などの語彙がある。

4　〈Xが機縁で〉の用例は観察されたが、〈Xが機で〉、〈Xが機となって〉などは許容度が落ちるようである。

5　節を受ける場合は一般に「こと」よりも「の」が多くあらわれる傾向は、同時的、一体的に対象をとらえようとする心理的背景があると思われる。

6　中国・湖南大学の羅明輝氏のご教示による。(73)～(76)の用例も氏からの提供による。ここに記して感謝申し上げる。

7　(Ethos ギリシャ：人間が行為の反復によって獲得する持続的な性格・習性。一般に、ある社会集団・民族を支配する倫理的な心的態度。『大辞泉』小学館より）。なお、「機」の発想様式については、内田樹著『日本辺境論』（新潮新書、2009）第3章「「機」の思想」pp.158–210 を参照。

第4章　結果誘導節における発話意図
―主観的評価をめぐる一考察

1　はじめに

　副詞節は日本語の複文のなかでも、非常に多様な構造と意味特徴を呈している。現在行われている一般的な分類にしたがえば、副詞節には原因理由節、時間節、条件節、目的節、譲歩節、補文節などがあげられるが、そのなかには従来の分類に入りにくいもの、たとえば「きり」「まま」「なり」などの中断を表す附帯・様態節、「につれて」などの移行・変化を表す後置詞など、時間節でありながら意味的には原因理由、条件的な性格も十分に認められるものがある。こうした背景から副詞節の認定もさることながら、より個々の文法現象の緻密な記述研究によって、節分類の基準を検討する必要もでてくる。

　本章では副詞節のうち、程度を内包しつつ、原因理由節と時間節の双方にまたがって後件をみちびく表現としてあらわれるいくつかの複合辞をとりあげながら、その意味と機能、さらに類義表現の異同についても考察をおこなうことにしたい。

　そもそも「結果」を表す表現として、ある前件事態が結果としての後件事態をみちびく際に、動詞のテの形を用いた複文構造がある。

　　（1）a.　あなたに会えて嬉しい。（あなたに会えたことが私を嬉しくさせた）
　　　　b.　手紙をもらって安心した。（手紙をもらったことが私を安心させた）

これらの言い方は、視点を変えれば括弧内に記したように前件を主格として、後件を実現たらしめる、いわば使役的な働きかけとしての特徴もみいだされる。

　程度と因果の事象はそれがいかなる関係であれ、何らかの相関を有していることは多くの事例から観察されるが、前件で常態以上の事態が提示される際には、後件ではおのずと結果的事態がもたらされることになる。この点を明示したのが、英文法でいうところの「結果節」であろうと思われる。英語では相関接続詞として"so ～ that""such ～ that"などを「結果節」（consecutive clause）と称するが、ここでは日本語の副詞節でそれに相当するものを想定してみたい。すなわち、前件で程度が甚だしい状況を提示し、その影響下で結果事態がみちびかれる、というものであ

る。例えば、次のような用例である[1]。
(2) They had *such* a fierce dog *that* no-one dared to go near their house.
　　彼らは凄い猛犬を飼っていたので、誰もあえて彼らの家に近づこうとしなかった。
(3) His speech went on far *so* long *that* people began to fall asleep.
　　彼の演説があまり長く続いたので、聞いている人は居眠りをし始めた。

広義には原因理由節として表わされるものの、その裡には程度を内包しつつ、個別の主観的な評価、判断が介在する。

本章では必ずしも上記の英語学の結果節と重なるものではないが、主観性という観点から、程度と結果事態に重きをおいた、いくつかの構文を比較検討してみたい。具体的にとりあげる構文は「結果」「すえ」「あげく」「あまり」「手前」「以上」「からには」などである。また、これらは一部時間節、条件節とも交差するものである。益岡・田窪 (1992: 190) では広義の原因理由を表す副詞節に含められるものであるが、程度に重きをおいて必然的な結果を招来しているところから、ここでは「結果誘導」節という名付けのもとに話し手の発話意図、とりわけ話し手の主観的評価の介在についてみていくことにする。

2　「結果」の意味と用法

まず文字通りの「結果」を用いた構文の考察から始めたい。寺村 (1981) でも述べられているように、「結果」という名詞は連体修飾構造を受けるが、出現する様相は多様で、一般名詞と異なるふるまいを有している[2]。まず、語の実質的な意味での「結果」は次のように種々の格を配置しながら具体的な情報 (可視的、視認的な対象) として認識されている。

(4) a.　実験してわかった結果を報告します。
　　b.　実験してわかった結果は満足のいくものではなかった。
　　c.　実験してわかった結果 {に／に対して} 検討を加える。
　　e.　実験してわかった結果 {で／によって}、今後の計画を決定する。
　　f.　実験して分かった結果として(は)、予想した通りといえる。
　　g.　実験してわかった結果よりさらに重要な問題がある。
　　h.　実験してわかった結果から従来分からなかった問題点が解明された。

これに対して本節であつかうものは「結果」が形式名詞の機能をおびて、接続的な句末・節末文型として用いられるものである[3]。まず、例文をあげる。

(5) a.　いろいろ考えた結果、やはり国に帰ることに決めた。
　　b.　立って歩くようになった結果、人間の生活は大きな変化を遂げた。

第4章 結果誘導節における発話意図 139

    c. 先生と相談した結果、論文のテーマを変えることにした。
    d. 十年も研究を重ねた結果、この本を完成した。
    e. 投票の結果、知事には田中氏が再選された。
    f. 長い間苦労に苦労を重ねた結果、この製品を完成させた。
    g. 失敗をくりかえした結果、彼はいくらか大人になったようだ。

「結果」のあとには何らの格助詞も付着せず、もっぱら複文成立のための接続成分として参画している。接続の態様をみると、「結果」の前は動詞の完了のタ形がくるのが普通である。また主文も動詞が完了形でおわるものがほとんどである。「結果」を意味する以上、当然のことであろう。しかし、ル形が恒常性を潜在的に意味する場合は後述の「あまり」が用いられる。主体のもつある種の性癖、傾向を表す。以下の例では三種の言い方が可能となる。

    （6） 彼は｛心配する／心配した／心配の｝あまり、寝込んでしまった。

派生形としては自動詞を受けながら「ようになった」などの移行を表す形式、また「ことにした(決めた)」「してしまった」などの形もみられる。また、共起する副詞としては「いろいろ」「長いあいだ」など、また繰り返す「重ねる」などの反復性の強い動詞、「考える」のような思考動詞も用いられる。

  一方、「食べる」「買う」などは、後件において相応の達成感や最終的な結果判断を表すには不釣合いである。

    （7）a. ?たくさん食べた結果、おなかをこわしてしまった。
        b. ?テレビを見すぎた結果、目を悪くしてしまった。

また、1回性の動作行為も、この文型のもつ発話意図に反している。

    （8）a. ?家に帰った結果、部屋が荒らされていた。（⇒家に帰ると）
        b. ?給料をもらった結果、前月より少なくなっていた。（⇒給料をもらうと）

発見を表す後件の事態は、条件節の「と」によって表される。「結果」をもって事態の前後関係を表すには、前件において継続性、あるいは過剰な結果事態の説明、つまり時間的、量的な規模が不可欠である。

    （7）'a. 毎日たくさん食べ続けた結果、おなかをこわしてしまった。
         （食べ過ぎた結果、おなかをこわしてしまった）
       b. 毎日近くでテレビを見続けた結果、とうとう目を悪くしてしまった。
         （見過ぎた結果、とうとう目を悪くしてしまった）

後件には「結局」「とうとう」などの副詞が共起することからも、後件事態は日常一般行為よりは達成感、達成度の大きい行為、イベントが示されるのが普通である。また「増える」などの漸増を表す動詞はそれ自体、継続性を内包する。以下、実際の用例で検証する。

(9)　父性を欠いて育てられた者が増えた結果、社会の秩序が維持できないという瀬戸際に現代社会が立たされていると言うことができる。
　　　　　　　　　　　　　　　　　　　　　　（林道義『父性の復権』）
(10)　建国準備委員会は、九月六日に南北各界各層を網羅した千余名からなる全人民代表者会議を開いた結果、国号を「朝鮮人民共和国」とすることにきめた。　　　　　　　　　　　　　　　　　（松本清張『北の詩人』）
(11)　英一は、その時ふと浮かびかけた苦笑をおさえつけていた。結婚後三年、子に恵まれなかった姉は、病院で診断をうけた結果、先天的な不妊症と断定された。　　　　　　　　　　　　　　　　（吉村昭『星への旅』）

　これらの用例のそれぞれの文末述語の特徴から、「結果」は事実の出自を客観的に指し示していることが了解される。
　品詞的な接続の特徴では動詞のほか、「〈名詞〉の結果」のかたちで表される。この名詞はいわゆる動作性名詞である。この場合、「投票」などの行為は一回性のものであっても許容される。いずれも「結果としてこうなった」という発生の事態を述べるものである。
　なお、「開票結果」と「開票の結果」は似て非なる構成を示す。前者は複合名詞（句）としてのみ用いられるが、後者は句にも節にもなりうる。

(12)　開票の結果、調査の結果、審査の結果、分析の結果、……

　一方、形容詞は「結果」には前接しない。これは形容詞の表す事態がすでに状態性のものであり、その蓄積のうえに後件事態が招来されるという性質のものではないからである。

(13)??暑かった結果、各地で水難事故が相次いだ。

　形容詞の場合は、次のような附加的な成分をともなう連体修飾構造に拡張する必要がある。

(13)'　暑い日が続いた結果、各地で水難事故が相次いだ。

　または、「暑い日が続く」ことを背景に、直接原因としない、「こともあって」「ことも手伝って」などのような動詞テ形後置詞が用いられることもある。

(13)"a.　暑い日が続いたこともあって、各地で水難事故が相次いだ。
　　　b.　暑い日が続いたことも手伝って、各地で水難事故が相次いだ。

　学習者の誤用としては、上記のような一般動詞を用いたもの、さらには「いろいろ考えた結果は、やはり国に帰ることに決めた」のように「は」を使う点がみられる。「結果は」とした場合は例文（4b）であげたように判断的な内容（「よかった」とか「満足のいくものであった」など）が続くことが多い。
　「結果」構文のもう一つの顕著な特徴は事態判明の文である。「ことがわかった」「のがみつかった」などが後件にみられる代表的な形式であるが、今まで分からな

かった事態が当面の事態が終わったことによって明らかになるという経緯を表している。「結果としてもたらされる」事態の評価、判断でもある。

(14) a. いろいろ調べてみた結果、私の判断が間違っていることが分かった。
　　 b. いろいろ調べてみたところ、私の判断が間違っていることが分かった。

つまり、前件 P によってもたらされた後件 Q の客観的な事態を表す。

(15) 弾丸を調べた結果、本物の 38 口径の拳銃から発射されたものであることが分かった。　　　　　　　　　　　　　　　　（讀賣新聞 04.6.25）

なお、次のような「結果」は文末に移行したものと考えられ、事由ないし根拠を表す。これは倒置文の類型として「から」に置き換えられることが多い。

(16) これだけのいい成績が残せたのは、努力した結果です。
　　 （⇒努力した結果、これだけのいい成績が残せたのだ）
(16)' これだけのいい成績が残せたのは、努力したからです。
　　 （⇒努力したから、これだけのいい成績が残せたのだ）

(17)を例に、こうした結果の統語的な特徴を確認してみよう。

(17) 禎子が、新婚旅行の行先につい、北陸を希望したのは鵜原憲一の未知の一部分をすぐ知りたいという欲望が動いた結果かもしれなかった。
　　　　　　　　　　　　　　　　　　　　　　　　（松本清張『ゼロの焦点』）
(17)' 禎子が、新婚旅行の行先につい、北陸を希望したのは鵜原憲一の未知の一部分をすぐ知りたいという欲望が動いたからかもしれなかった。
(17)" 禎子は、鵜原憲一の未知の一部分をすぐ知りたいという欲望が動いた結果、つい新婚旅行の行先に北陸を希望したかもしれなかった。

「結果」構文を観察すれば、周到な――ここに「程度」が含意されるのであるが――時間的労力的な投資によって、新しい、または意外な事態が判明するという意味を呈している。「結果」の前には「探す」「鑑定する」「調査する」「（実験）を行う」などの動詞があらわれやすい。主文にあらわれる結果事態はある程度予想、想定された範囲での事態発生表す傾向がある。実際の用例をみてみよう。

(18) ひも状のものを探した結果、被害者と被告人が寝ている部屋にある箪笥の中から、長さ七〇センチの手拭を取り出した。　　（吉村昭『死顔』）
(19) 逮捕直後の尿検査では、覚せい剤の反応が出なかったが、毛髪を鑑定した結果、覚せい剤反応が検出された。　　　　　（朝日新聞 09.8.25）
(20) ここで 96 年から若返り作戦を進めた結果、生産性が 3 倍へと飛躍的に向上したという。　　　　　　　　　　　　　　（朝日新聞 08.7.29）

(21) 東京の一番の弱みは、国民的な盛り上がりがいまひとつなことだ。IOC が候補地ごとに世論調査をした結果、自国への招致への支持はマドリードの 90％を最高に他の 3 都市は 70％を超えたが、東京は 59％にとどまる。　　　　　　　　　　　　　　　　　　　　　（朝日新聞 08.6.8）
(22) 投下物は検査され、細菌培養を行った結果、多数のペスト菌の特徴を持つ細菌が検出された。　　　　　　　　　　　　（上田信『ペストと村』）
(23) すでに、本年度補正予算を見直した結果、約 3 兆円にも相当する不要不急の事業を停止させることができました。　　　（朝日新聞 09.10.26）
(24) 業界は今、不況と過当競争にあえぐ。新規参入などが大幅に自由化された結果、車は増えたが客足は伸びない。　　　　（朝日新聞 09.11.26）

次のような名詞述語の文末形式も、こうした用法の類型とみなされる。なお、(25)では「…簡略化したが、これは乗車マナーなどの注意が増えてきた結果だという」のように、(26)では「入会したが、これは北尾与一郎の科学的なボクシングを慕った結果であった」のように、文中に「これが」を挿入した読みが必要である。

(25) 91 年には到着前の駅名アナウンスを 2 回から 1 回に減らすなど簡略化したが、乗車マナーなどの注意が増えてきた結果だという。
　　　　　　　　　　　　　　　　　　　　　　　　（朝日新聞 01.2.24.）
(25)' 乗車マナーなどの注意が増えてきた結果、91 年には到着前の駅名アナウンスを 2 回から 1 回に減らすなど簡略化したという。
(26) 有光は私大出のボクサーで、卒業の年、フェザー級の大学選手権に優勝し、すぐに富岡拳闘クラブに入会した。フライ級の著名なボクサーである北尾与一郎の科学的なボクシングを慕った結果であった。
　　　　　　　　　　　　　　　　　　　　　　　　（吉村昭『星への旅』）
(26)' 有光は私大出のボクサーで、卒業の年、フェザー級の大学選手権に優勝し、フライ級の著名なボクサーである北尾与一郎の科学的なボクシングを慕った結果、すぐに富岡拳闘クラブに入会した。

文末述語にあらわれる「結果」は連体節表現で示された内容を言い替えた代表的なものである。次の例も「結果」の文中移動が可能で、意味的にも「から」との置き替えが可能である。

一種の説明的な名詞述語文となったものとして、さらに数例をあげる。

(27) 一九日に発症した一六歳の少年のリンパ腺から液体を抽出しプレパラートに塗って検査した結果、ペスト菌が検出される。一一月三〇日に、福建からきた防疫専門員が影県に到着、患者を検査しリンパ腺から採取した液体のプレパラートの顕微鏡検査、細菌培養、動物接種をおこない、いずれも陽性という結果となった。　　　　　　（上田信『ペストと村』）

「結果となる」は「結果が判明する」「結果を得たる」「ことになる」という意味である。(28)の「結果だ」は、前件を受け、「これは…結果を示している」のように実質性が認められ、むしろ「証拠だ」のような意味で用いられる。

 (28) 生活必需品を上げると消費者に敬遠され値上げが浸透しない、とメーカーや流通企業が嘆いている。90年代からずっと続くデフレに適応して、生活防衛が身についている結果だ。   (朝日新聞08.5.1)

次の「結果が」は実質的な意味を残しながらも、結果事態をもたらす意味で、因果関係を構成している。「結果が」は「結果」という接続成分に移行しうる。

 (29) 戦後民主主義が古い体質、伝統をむやみに切り捨ててきた結果が、最近の教育の荒廃を招いたといってよい。(；「～結果、最近の教育の荒廃が生じた」)

同じように、(30)の「結果」は「(その)結果が手口を巧妙化させた」とも言える。

 (30) 警察によって取り締まりを強化した結果、かえって麻薬密売の手口を巧妙化させた。

 (30)' 警察による取り締まりの強化は、かえって麻薬密売の手口を巧妙化させる結果になった。(…結果をもたらした)

(30)'は(30)と知的意味は同じであるが、(30)と比べて主文事態の「結果をまねいた、引き起こした」という他動性において、責任追及の意図達成が認められる。

 一方、「結果」は因果関係も内包し、収束的機能のほかに展開的機能を有して、「結果」、「その結果」のように接続句として用いられる。

 (31) 審査委員会では厳正な審議を行い、結果、推薦者1名を決定いたしました。

 (32) 日本人の無計画性は、どこの国の料理でもとにかく受け入れてしまうのである。その結果、日本は文化だけでなしに、料理の面においてもふきだまりとなっている観がある。 (河野友美『たべものと日本人』)

「結果」は一種の事態判明の様相を表すことから、「ところ」と言い替えられる。

 (33) 検査した{結果／ところ}、新型インフルエンザに罹っていることが判った。

ただ、「結果」節は事態の推移、経緯を表すものである以上、主体自身の事態については適格性をもたない。

 (34) 冷蔵庫に入っていたハムを食べた{ところ／??結果}、急にお腹が痛くなった。

 以上、形式名詞に近い機能的な名詞「結果」について、コト的事態の発生を表す意味的な本質とあわせて、接続成分を軸として、文末、接続詞成分としても用いられる特徴を考察した[4]。

3 「すえ(に)」「はてに」「あかつきには」の意味と用法

　「すえ(に)」は「結果」よりも語の意味のより抽象化がすすんだもので、「すえが思いやられる」のように「将来」という意味が連語成分のなかに認められるほかは、一般に単独では用いられない。前節でみた接続成分の「結果」には、いくらか事態内部についての言及がみられたのが、「すえ」では広く、事態の周辺にまで状況が拡大されるという特徴がある。これは「結果」がまだいくらか実質的な意味を残していることを示している[5]。「すえ」は名詞接続の場合は「結果」と同様に、「(名詞)のすえ」の形になるが、動詞の場合はタ形接続が普通である。「に」は任意であるが、「に」がつきそうと「やっと」「ついに」などの副詞があらわれやすい。

(35)a. 日韓戦は接戦のすえ、韓国に軍配があがった。
　　b. 口論のすえ、なぐりあって相手に怪傷をさせた。
　　c. 幾日かの漂流のすえに、やっと島の岸にたどりついた。
　　d. 長年の苦心のすえに、実験はついに成功した。
　　e. 我がチームは決勝に進んだが、延長戦のすえ、惜しくも敗れた。

(36) 煩悶の末、衝動的な精神錯乱から突発的に(投身自殺が)行われたとしても、…
　　　　　　　　　　　　　　　　　　　　(松本清張『ゼロの焦点』)

(37) 則雄はもともと折角の日曜日の午後をまるまるその会で潰してしまうつもりはなかった。というより、もともとは、その会に出席するつもりは全くなかったのだが、今朝になって、息子の裕太にどこかに連れて行くことをねだられた末、窮余の一策として、ここに来たのだった。
　　　　　　　　　　　　　　　　　　　　(柴田翔『鳥の影』)

なお「すえ」の前の名詞は動詞ル形による修飾を受けるのが一般的である。

(38)a. 長期にわたる議論のすえ、入試制度が改革されることになった。
　　b. 5時間に及ぶ討議のすえ、両国は米の自由化問題について最終的合意に達した。

名詞の前の動詞はタ形でも許容されるが、次のようにやや不自然な印象を受ける。

(39) ?5時間にもおよんだ討議のすえ、両国は米の自由化問題について…

また、動詞には思考動詞が多く用いられる。

(40) 禎子は黙って考えた末、「私にはよく分かりませんが、あるいはそうかもしれません」と、うつむいて低い声で言った。
　　　　　　　　　　　　　　　　　　　　(松本清張『ゼロの焦点』)

悩みなどのほか、道楽などの逸脱した行為が提示される。

(41)a. 彼はさんざん道楽をしたすえに、家族にも見放されてしまった。

b.　いろいろ考えた末、ついに会社を辞めることにした。
　　　c.　幾日も思い悩んだすえ、僕は友達に断りの手紙を書いた。

グループ・ジャマシイ(1998)によると、「すえに」は「ある経過をたどったあとで最後に」の意味で使われるとしているが、事態の評価内容については言及がない。必ずしも当初の希望が達成されるわけではなく、不本意なままに終わるケースもみられる。

　(42)　西武中島裕之内野手(27)が22日、3時間のロング交渉の末、保留した。
　　　　　　　　　　　　　　　　　　　　　　　　　　（日刊スポーツ 09.12.23）

「すえ」は「結果」と同様に、しばしば次のような倒置文が可能である。
　(43)　帰国するというのは、さんざん迷った末の結論です。
　　　　cf. 帰国するというのは、さんざん迷った結果の結論です。

しかし、次の場合は、倒置文は不自然で「結果」が用いられる。
　(44) ??成功したのはたゆまぬ努力のすえです。（⇒努力の結果）

(45)の倒置文においても、被修飾名詞にかかる動詞はタ形が一般である。
　(45)　*帰国するというのは、さんざん迷う末の結論です。
　　　　cf. 帰国するというのは、さんざん迷った末の結論です。

「すえ」は本意（努力、精進）の成就について、「あげく」は次に述べるように不本意な結末（愚行、失敗）について用いるのが一般的な傾向である。
　(46)　苦学の末に功成り名遂げた江崎君は、学生の頃と変わらぬ本の虫である。
　(47)　鑑真は五度の難破の末にようやく来日を果たした苦心談で知られる。
　(48)　頼みもしない名所案内の末、支払時に「少ないよ」と日本語で泣かれたのは80年代のソウルだった。　　　　　　　　　　（朝日新聞 09.11.26）
　(49)　あれこれ悩んだ末に、紺色のスーツを選び、ネクタイを結び始めた私に、妻の枝美子が呆れた顔をする。　　　　　　　（荻原浩『明日の記憶』）
　(50)　かくて大変な苦労と犠牲の末に、とうとう私はアトランティスのコインの所有者となったわけです。　　　　　　（奥泉光『モーダルな事象』）

「すえに」とよく似た用法に物事の結末、末路を表す「はてに」がある。「なれのはて」は「年月を経過したあとの状態」をいう。「すえが思いやられる」「すえは大臣」などのように「すえ」が単独使用が可能であったのに対し、「はて」は名詞や文を受けて「はてに」「はては」の形で用いられる。
　(51) a.　絶望のはてに、一家は無理心中したものと思われる。
　　　 b.　口論のはては、殴り合いになった。
　　　 c.　思案の果てに彼は何とか現状から脱出しようと試みた。
　　　 d.　一か月も探し歩いた果てに、愛犬は見るも無残な姿で発見された。

e. さんざん男性に尽くしたその果てに捨てられるなんて、あんまりよね。
f. 父は長い間、病いに苦しみぬいた果てに、亡くなった。

(52) 路上生活のはてに万引きや無銭飲食で捕まり、「刑務所なら寝床と食事がある」と語った70代や80代もいる。　　　　　（朝日新聞08.11.16）

(52)などは「すえ」と知的意味はほとんど変わらない。次節で述べる「あげく」との複合語「あげくの果て」の言い方もあるが、接続詞的な用法がすわりがよい。

(53) a. 彼は会社のために身を粉にして働いたあげくの果てに解雇された。
b. 彼は会社のために身を粉にして働き、あげくの果ては解雇された。

「あかつき」は「あかつきには」の形で「はてに」と同様に相応の時間の経過を経て成就、達成、到達した結果事態を自認したり見越したりして述べるものだが、選挙演説などにみられるように、未実現の状態での期待、決意を表明する。「もし、条件が満たされれば」のような想定を含意し、「待ち望んでいたことが実現する、そのときは」といった意味を表す。

(54) a. 当選の暁には、必ず皆さまのお役に立ちます。
b. 取引成功のあかつきには、社長から特別のボーナスが出るそうです。
c. 勝利を得たあかつきには、国民の皆様のために粉骨砕身の努力をいたします。
d. 交渉が成立したあかつきには、君を部長に推薦してあげよう。

4 「あげく(に)」の意味と用法

「あげく」（「に」ははずして使うことが多い）は「挙(げ)句」「揚(げ)句」とも表記し、もともと連歌、俳諧の最後の句を意味したのが転じて「終わり」「果て」「とどのつまり」という意味を表すようになったものである。接続成分として事態の最終的な結果を表し、前件には「いろいろ」「さんざん」「長い間」などの模索を示唆する副詞が共起する。後件には「とうとう」「ついに」などの副詞が共起する。後件事態は消極的な（残念な）内容が述べられる。「結果」よりも「すえ」、「すえ」よりもさらに「あげく」において話し手の感情の発露、感慨の振幅は大きくなる。名詞接続の文例をあげる。

(55) a. 長い間の苦労のあげく、とうとう病床に倒れてしまった。
b. 口論のあげく、つかみ合いになってしまった。
c. 長時間の議論のあげく、その計画は中止になった。
d. 悪戦苦闘のあげく、友人のつてで留守宅を借りることができた。
e. 囚人たちは長期にわたる労働のあげく、ついに死んでしまった。

次は動詞接続であるが、「結果」、「すえに」と同様に、「あげく」の前接部分はタ形で表されるのが普通である。「あげく」の主な用例は次のようなものである。
- (56) a. 山で道に迷うと、さんざん歩き回ったあげく、寒さと疲れのために命を落とすことがある。
  - b. 彼は留学するといっては大騒ぎしたあげくに、選抜試験に落ちてしまった。
  - c. 遊びつづけたあげく、とうとう一文なしになってしまった。
  - d. いく日も考えに考えたあげく、この家を売り払うことにした。
  - e. 客はさんざん難癖をつけたあげく、結局、何も買わずに帰っていった。
  - f. さんざん迷ったあげく、結局、大学院には行かないことにした。
  - g. その男はお金に困ったあげく、銀行強盗を計画した。

(56a)、(56b)、(56c)の後件事態は自然発生的、あるいは誘発性の出来事で、主体の意志のあずかり知らぬことであるが、(56d)、(56e)、(56f)、(56g)は主体の意志性が関与している。「あげく」には結末に至る過程や経緯が重視されることから、前文がしばしば長くなることがある。(59)の後段例は「あげくのN」の用法である。

- (57) ——三十九日間B町警察署の留置場にいたあいだに、六回にわたって私は地検に押送され、そのうち四回は検事のところへ呼び出されて取り調べを受けたが、四回のうちの二回は地検の地下室の設備の悪い所で、朝から八時間ぐらい待たされた揚句、午後五時から九時近くまで取り調べられた。　　　　　　　　　　　　　（石川達三『七人の敵が居た』）
- (58) その日の私は数日前、家庭教師の月謝をもらったばかりだったから、もっとましなところに入っても困らぬ身分だったが、盛り場に遊びに来た老若男女でいっぱいの店に入るには何故か気後れがして、何軒も入りかけてはやめた挙句、労務者の疲れた安日給取りが狭いテーブルに肘をすりあわせんばかりにして飯をかき込んでいる、汚れ、わびしい厚生食堂にやっと落ち着き場所を見つけたのだった。　　（柴田翔『鳥の影』）
- (59) 伊木一郎の父は酔ったあげく時折厚化粧の女給に送られて戻ってきた。その女給に対しても祖母は日によって全く違った態度を示した。その女給は一郎がカンガルーと拳闘をした数日後、広場のサーカス小屋でライオンの檻に手を差し込んで、おいでおいでと手招きをした。泥酔したあげくの所業である。その手にライオンが飛びかかって鋭い爪を当てた。引き裂かれた手から白い骨がのぞいていた。

　　　　　　　　　　　　　　　　（吉行淳之介『砂の上の植物群』）

文末の形態、修飾する副詞の性格などそのほとんどが「結果」構文に類似する。「あげく」は「そのあげく」、さらに「はて」と複合した「あげくのはてに」「あげくのはては」の形で、結果を導く副詞性接続語としても機能する。

(60) 勉強をしないで遊んでばかりいて、そのあげくどうなるかは通知表を見なくても分かる。

(61) 気の毒だったね。さんざん通ったあげくにの果てに、先方から電話一本で契約を断られるとは。

(62) 男は大酒のみで怠け者、そのうえ競輪・競馬で大借金ときて、挙げ句の果ては夜逃げをしたとか。

グループ・ジャマシイ (1998) によれば「あげく」は「後ろに何らかの事態を表す表現を伴って、前で述べた状態が十分長く続いた後にそのような結末・解決・展開になったという意味を表す」とし、「その状態が続くことが精神的にかなりの負担になったり迷惑だったりするような場合」に多く用いられるという。また「挙げ句の果てに(は)」は「長い間ある状態が続き、それが限界に達したときにその結果として起こることを述べる」としている。

ここで「結果」は事態本位の述べたて、「すえに」「あげく」は情意寄りの述べたてという区別ができそうだが、一般に「すえに」のほうは当初の目論見に沿った達成が確保されるのに対し、「あげく」は予想外、あるいは正規からの逸脱を表し、一般に好ましくない事態に陥るという特徴が表される。

(63)a. さんざん道に迷ったすえに、やっと宿にたどりついた。
   b. さんざん道に迷ったあげく、とうとう野宿をするはめになった。

(63b) の「あげくに」は「我慢に絶えきれなくなって、仕方なしに」という不本意な決断が表されるとみてよい。上例のように「すえに」は「やっと」が、「あげく」は「とうとう」(しばしば「結局」「ついに」も)といった副詞が共起しやすい。このほか、「思わしくない結果」を表すものに、「とどのつまり」(接続助詞相当句と接続詞)がある。

(64)a. 遊び過ぎたとどのつまりが留年するはめとなった。
   b. 遊び過ぎて、とどのつまり留年するはめとなった。

5 「あまり」の意味と用法

「結果」、「すえに」「あげく」がどちらかといえば、事態の推移を記述する方向に傾いていたのに対し、本節では主観的な意味が濃厚な「あまり」をとりあげる。「あまり(あんまり)」は元来、「余り」という余剰を表す意味が、過剰の意味を機能化して副詞として働くことが優勢になった語である。通常、

(65)　あの映画はあまりおもしろくなかった。
のように「それほど」「そんなに」と同類で、「ない」と呼応する、否定の類型としてあらわれるほか、
　　　(66)a.　あまり遊んでばかりいると試験の前になっても知らないよ。
　　　　 b.　予定よりあまりにも早く着いてしまったので、誰もまだ迎えに来ていなかった。
のように「あまりに」「あまりにも」を含め、「〜すぎる」の意味で用いられる。ここであつかう「あまり」を程度を表す形式名詞とみなし、接続成分として転成したのは、後者の意味の拡張、抽象化によるものと思われる。
　接続成分としての「あまり」は次のような例文に表れる。
　　　(67)a.　父は働きすぎたあまりに、病気になってしまった。
　　　　 b.　長時間テレビを見続けたあまり、目が悪くなってしまった。
「あまり」はグループ・ジャマシイ(1998: 12)によれば「感情や状態を表す名詞や動詞について、その程度が極端であることを表し、後半ではそのために起こってしまった良くない結果を述べる」としているように、原因・理由節と程度節の双方の性格をもつ。「あまり」も前の修飾語は継続性のある動作行為が前提となることでは共通している。したがって、次のような行為は継続性であっても、主観的な観点から「あまり」は適用されない。以下の例は「結果」を用いて客観的な事態とすべきであろう。
　　　(68)a.　?(長時間)パソコンを打ったあまり、肩が痛くなってしまった。
　　　　　　　⇒(長時間)パソコンを打った結果、肩が痛くなってしまった。
　　　　 b.　?雨が降り続いたあまり、川の水が氾濫しそうになった。
　　　　　　　⇒雨が降り続いた結果、川の水が氾濫しそうになった。
「あまり」は動詞のタ形に後接し、当該動詞はすでに時間的な経過を経た「過剰な」意味が付与されている。補助動詞としては「すぎる」のほか、「続ける」もあらわれる。一方、次のように動詞のル形に接続する場合がある。これは一般に無意識の行為や習慣による過失の状況を表す。
　　　(69)a.　急ぐあまり、大切なところをうっかり見落としてしまった。
　　　　 b.　子の将来を思うあまり、つい厳しいことを意ってしまった。
　　　　 c.　周囲を強く意識しすぎるあまり、必要以上に緊張してしまう。
形容詞、形容動詞にも接続する。この場合は現在形のみである。
　　　(70)a.　子供がかわいいあまり、親は自分を犠牲にしてまでかばってしまう。
　　　　 b.　彼女は几帳面なあまり、細かくやりすぎて却って上司から嫌われる。
　　　　 c.　林さんは実験に熱心なあまり、昼食をとるのもしばしば忘れてしまう。
形容詞、形容動詞を名詞に替えて、「Nのあまり」の形で用いられる。

(71) 悔しさのあまり、淋しさのあまり、嬉しさのあまり、便利さのあまり
「あまり」に接続する語彙的特徴を整理すると、次の二つの類が認められる。
(72) **A類**：感情形容詞から転成した感覚などを表す名詞；
悔しさ、恐ろしさ、暑さ、寒さ、痛さ、悔しさ、ひもじさ、虚しさ、寂しさ、嬉しさ、はずかしさ、腹立たしさ、真実を見たさ、…
(73) **B類**：感情・状態を表す一部の名詞；
感激、喜び、興奮、緊張、心労、疲労、空腹、勢い、恐怖、心配、不安、怒り、腹立ち、落胆、失望、…

A類には「真実を見たさ」のような、希望願望の「たい」の名詞形も含まれる。一方で、「あまり」を用いた形式には「あまりの〈名詞〉に」がある。グループ・ジャマシイ (1998: 11-12) では「程度の意味を含む名詞について、『その程度が高すぎるために』という意味を表す。後半にはそれが原因で必然的に起こる結果を述べる表現が続く」と述べている。(74)はその代表的な用例である。

(74) a. 余りの問題の複雑さにどこから手をつければよいのかわからない。
　　 b. 警官隊のあまりのひどさに、市民は怒りの声をあげた。
　　 c. 課長のあまりの口臭に、私は思わず顔をそむけた。
　　 d. あまりの激痛に、幾度も気を失いかけた。
　　 e. 外務省のあまりの理不尽な対応に、非難の声があがっている。

この〈名詞〉は形容詞、形容動詞の名詞形のほか、(74b)、(74e)などの一定の過剰さ、異常さを表す名詞もふくまれる。「あまり」は、「あまりの〜に」という副詞句への移行がしばしばみられるが、その交代の可否条件、また意味の相関については検討が必要である。

(75) a. 忙しさのあまり、つい食事をすることも忘れてしまった。
　　 b. あまりの忙しさに、とうとう体をこわして入院する羽目になった。
(76) a. 激痛のあまり、何度も顔をしかめた。
　　 b. あまりの激痛に、幾度も気を失いかけた。
(77) その古い手紙の下書きが引き出しの奥から出てきた時、あまりの懐かしさに私はしばし片づけの手を止めた。　　　　（吉本ばなな『白河夜船』）

(77)の場合も「懐かしさのあまり」と言い替えても知的意味も伝達性もほとんど変わらないが、「あまりの〜に」の「に」は「病気に倒れる」などの理由を表すことからも、こちらにより深刻な事態が示されるようである。次のような形容詞に接続する言い方は、「かわいいあまり」は例外として、自然さに欠ける。

(78) ??悲しいあまり、??嬉しいあまり、??暑いあまり、??痛いあまり、…

これらはすべて「悲しさのあまり」か、「あまりの悲しさに」の形で、つまり名詞形として用いられるものである。「あまりの」のあとは感情形容詞、感情形容動詞

の名詞形、または感情を表す動詞の連用形語幹である。
　ただし、次のような例では言い替えができない。
(79) a. ｛あまりの人出に／??人出のあまり｝十分に鑑賞もできなかった。
   b. ｛勢いのあまり（；勢いあまって）／?あまりの勢いに｝土俵下に転落。
   c. 彼は愛妻をなくした｛あまりの悲しさに／?悲しさのあまり｝病気になってしまった。
   d. 合格した｛あまりの嬉しさに／?嬉しさのあまり｝か夕べは眠れなかった。

「あまりの〈名詞〉に」は(79d)のようにカを付して推量を表すこともある[6]。

6　「手前」と「ばかりに」にみる責任の所在説明

　本来、原因理由を表す副詞節であるが、後件主文の結果事態に重きをおいた形式をとりあげる。いずれも必然的にもたらされる事態を強調すると同時に、それに対処するマイナス的な行為がさしだされる。

6.1　「手前」の意味と用法

　「手前」は空時間の位置関係を示す名詞として、「小学校のすぐ手前」「ゴール10メートル手前」「爆発する一歩手前」「5分手前」などの用法のほか、「手元」の意味から、「他人に対する自分の立場、面目」あるいは「他人や周囲、世間に対する体裁」を意味し、これが接続成分となったものである。「わけだから」「のだから」という表現に近いが、より情意的な意味を含む。したがって、後件主文には回避できない、拒否しづらい行為が示される。大方は進退きわまる状況である。「〜である以上」に近い意味を表す。名詞接続、文接続の双方が可能である。

(80) a. 友人の手前、頼まれたらいやといえない。
   b. 子供がいじめられたとなると、世間の手前、黙っていられない。
   c. 発表すると言った手前、引っ込みがつかなくなった。
   d. みんなの前でできる豪語した手前、引き下がれない。
   e. 力になろうと言った手前、いまさら断れない。

また、次のように名詞接続の場合は、背景の読みが必要である。

(81) a. 世間さまの手前(を考えると)、みじめな姿はさらしたくない。
   b. 妻や子どもの手前、がっかりした様子は見せられない。
    ＝妻や子どもと一緒に生活している手前、…
   c. 私に期待をかけている親の手前、留年したことを切り出せなかった。
    ＝親が私に期待をかけている手前、…

d.　客の手前、子どもをきつく叱ることもできなかった。
　　　　　＝客がいる手前、客が見ている手前、
実例では「手前もあって」などの形、また後件には「さすがに」「いまさら」など
の副詞が観察される。
　（82）　S侯爵家に推薦した手前、俺を有名に仕立てなければならぬと思った
　　　　　か、先生はしきりと史学雑誌などに寄稿することを慫慂するようになっ
　　　　　た。　　　　　　　　　　　　　　　　　（松本清張『偏狂者の系譜』）
　（83）　喧嘩しに来たんじゃあないわ。一そう応酬したかったが、受付嬢の手
　　　　　前、さすがに口には出せなかった。　　　（井上靖『あした来る人』）
　（84）　忠平にたのみこめば、大旦那にきこえる手前もあって、どこか産婦人科
　　　　　の医者を世話してくれるかもしれない。　　（水上勉『越前竹人形』）
　「手前」は現代語ではあまりみかけなくなったものの、自己主張を抑制し、周囲
や体裁を重んじるという点からは、日本人の言語習慣を象徴した表現形式であると
もいえるだろう。「手前」にやや似た言い方に「建て前」がある。「公の立場、原
則」に近い表向きの立場や考えのことで、「上」、「から」を必要とする。
　（85）　成績は公開しないという建前上、ここは名前は伏せて審議すべきです。
　（86）　親に心配させてはならないという建前から、息子は大学の成績を一切、
　　　　　報告しなかった。

6.2　「ばかりに」の意味と用法

　「ばかりに」は多義的な「ばかり」が接続成分となったもので、当該事態がもと
となって、予期されていた次の事態（多くが好ましくないもの）が生じたことに対
する残念さ、大変さを表す。しばしば前件において「たまたま」「うっかり」などの
副詞を併用することもある。
　（87）a.　少し生水を飲んだばかりに、おなかをこわしてしまった。
　　　　b.　うっかり口をすべらしたばっかりに、彼を怒らせてしまった。
　　　　c.　忠告をしたばかりに恨まれるハメになった。
　　　　d.　彼は外国人であるばかりに、正社員になれずにいる。
　　　　e.　たまたま金がないばかりに、こんな安アパートに住んでいる。
「ばかりに」はしばしば「手前」との交替が認められる。
　（88）a.　仕事を引き受けた手前、断るわけにはいかない。〈主体意志の推移〉
　　　　b.　仕事を引き受けたばかりに、断るわけにはいかなくなった。〈事態の
　　　　　　推移〉
ただ、「手前」は主体の動態が描かれるのに対して、「ばかりに」は事態の推移に視
点が置かれる。「手前」のほうが「ばかりに」よりも主観的な強さが際立っている

といえよう。また「ばかりに」には副詞「なまじ」がしばしば共起する。「なまじ」は「しなくてもよいのにあえて無理をする」という意味で、過失的な行為遂行を表す「うっかり」「つい」と同様に、十分な成果が期待できる保証が確かではないのに何かを敢えてするという、「ばかりに」のマイナス的な心的状況を誘導する共起成分となる[7]。

(89) a. なまじ英語ができるばかりに、翻訳を頼まれるはめになる。
　　 b. なまじ横から口をはさんだばかりに手痛い仕打ちを受けた。

(89)のように「ものだから」に近い意味で、「Xでなければそういうこともないのに、なかったのに」という特例による窮地の状況を表す。なお、『大辞林』(講談社、第二版2001)の「ばかりに」の説明に、「だけに」「ために」とあるが、同じマイナス評価を表しながら、「だけに」との単純な言い替えには無理がある。

(90) 彼は外国人である {ばかりに／? だけに}、その会社の正社員になれずにいる。

(91) お金がない {ばかりに／? だけに}、仕方なしにこんな安アパートに住んでいる。

「だけに」には、評価的な内容、積極的な働きかけの内容が続きやすい。

(92) a. 忠告をしたばかりに、相手にプレッシャーを与えることになった。
　　 b. 忠告をしただけに、相手に恥かしい行為は見せられない。

注意すべき点は名詞接続で、「*外国人のばかりに」は非文で、「外国人であるばかりに」のように言う必要がある。さらに、「ばかりに」は前文に「ながら」節や「のに」節を受けながら展開する言い方も観察される。

(93) いかに学歴ではなくて実力だと一人力んでみたところで、実力がありながら学歴がないばかりに不遇をかこつ者がいかに多いかは、歴然としている。　　　　　　　　　　　　　　(磯貝芳郎他『自己抑制と自己表現』)

希望・願望の「たい」をともなう「たいばかりに」の場合、「ばかり」の意味は「一心」「思い」を表し、ほかの用例に見られる「ばかり」と性格を異にする。

(94) 夫人としては、自分の前歴の洩れるのを防ぎたいばかりに、その好意で、憲一を防衛したつもりであった。　　(松本清張『ゼロの焦点』)

「ばかりに」の後件は、一般に不満などの不利益の事態を表す。

(95) もらって来たばかりに、家でも、川辺さんのお宅でも、それから川辺さんから犬を預かった人も、みんな災難ですわ」
　　　　　　　　　　　　　　　　　　　　　　(井上靖『あした来る人』)

(96) 現に、おまえだって、そんな幻想相手の鬼ごっこに疲れはてたばかりに、こんな砂丘あたりにさそい出されて来たのではなかったか。
　　　　　　　　　　　　　　　　　　　　　　(安部公房『砂の女』)

なお、「手前」も「ばかりに」も倒置文は成立しない。
- (97) 引き受けた手前、なかなか断れない。
    cf.*なかなか断れないのは、引き受けた手前だ。
- (98) 英語ができるばかりに、よく翻訳を頼まれる。
    cf.*よく翻訳を頼まれるのは、英語ができるばかりにだ。

以上、被害の結果感情を表す「手前」、「ばかりに」の用法をみてきた。

7 「だけに」「だけあって」と「だけで」の評価的意味

　表出のなかにはある種の評価を前触れ的にさしだす用法がある。「だけに」と「だけあって」はしばしば交替が可能だが、「だけに」は「XがXだけに、いっそう、よけいに」という意味が前面に出される。結果事態は正価、負価を問わない。
- (99) 周囲の期待も大きかっただけに、入賞を逃したのは痛かった。
- (100) 顔が萎んでいるだけに、骸骨が笑うように見えるのが気持ち悪い。
 　　　　　　　　　　　　　　　　　　　　　　（奥泉光『モーダルな事象』）
- (101) ふたりは、飛行機や十七時間の汽車の旅のあとだけに、この揺れにはじめのうちは新鮮な感じを持ったが、　　　　　（辻原登『村の名前』）

「XがXだけにますます」のように、比例的な事象についても用いられる。後件には「かえって」「むしろ」などの副詞がつきやすい。
- (102)a. 若い時代が華やかだっただけに、彼の施設での最期はいっそう孤独だった。
   　b. 国民が期待して選んだ首相だけに今回の政治とカネの不祥事は痛い。
- (103) 事が事だけにあえて言ってみたのだが、事が事だけに責任を取らされるであろう。　　　　　　　　　　　（城山三郎『硫黄島に死す』）
- (104) 「さすがに郷土史をやっていらっしゃるだけに詳しいですね」と、私はいった。　　　　　　　　　　　　　　（松本清張『偏狂者の系譜』）

(104)のように、「かえって」が使えないものは、「だけあって」のプラス評価に傾くことになる。なお、「だけに」は次のように連続した用法もみられる。
- (105) この室田夫妻も夫の所在は知っていなかった。仕事の面は几帳面だっただけに、それから地方への出張が多い仕事だけに、誰もそのことを問題としなかったのだ。　　　　　　（松本清張『ゼロの焦点』）

さらに、「だけに」は「それだけに」という接続詞としての可展的用法がある。

(106) しかし、鵜原君は精神的に何か悩んでいたのは事実のようですな。それだけに、私どもも、ちょっとききにくかったのですが。
（松本清張『ゼロの焦点』）

一方の「だけあって」は「だけに」と比べて〈正〉の事態を積極的に支持する。

(107) 時刻は午に近く、日曜だけあって、アパート前の公園に群れる子供たちの声が喧しく聞こえてくる。　（奥泉光『モーダルな事象』）
(108) さすがに学校の先生だけあって、新聞は読んでいるらしく、猿渡の一件を桑幸は知っていた。　（奥泉光『モーダルな事象』）

「だけあって」は「Aとは（さすがに）Bだけのことはある」のように文末において、評価成分として機能することがある。

(109) a. 相手を5ラウンドで沈めたとは、さすがに世界チャンピオンだけのことはある。
　　　b. さすがに世界チャンピオンだけ［のことは］あって、相手を5ラウンドで沈めた。

「だけに」「だけあって」が結果指向であったのに対して、「だけで」は「ちょっと〜だけで」のように最低・最小条件を表す。

(110) 最近の中学生にちょっと注意しただけで逆切れする生徒が少なくない。
(111) 禎子は、一ぜんを軽く食べただけですませた。
（松本清張『ゼロの焦点』）

次は「だけだ」の中止用法の「だけで」の例である。(112) は「一方で」「ばかりで」との言い替えが可能である。また(113)のように「までで」との言い替えも可能である。

(112) お金は出て行くだけで、我家では少しも貯蓄できない。（一方で、ばかりで）
(113) 単に忠告しただけ［のこと］で、他意などない。
　　　cf. 単に忠告したまで［のこと］で、忠告したに過ぎず、
(114) 禎子はうなずいただけで、言葉が咽喉につかえて出なかった。
（松本清張『ゼロの焦点』）

「だけでは」は「ようでは」「ばかりでは」などと同様にテハ構文の一種で、主文には否定的な未達成事態、ないし達成に至るまでの困難さが描かれる。

(115) 国立近代美術館でアニメのセル画を保存するなどの話も出ているが、個別の代替案を並べるだけでは総合的な芸術振興の姿は見えて来ない。
（朝日新聞09.10.1）

(116) さらに「現行の選挙制度を維持する限り、定数を振り返るだけでは格差の縮小は困難であり、選挙制度自体の見直しが必要」とまで踏み込んだ。　　　　　　　　　　　　　　　　　　　　（朝日新聞 09.10.1）

「(たとえ)だけでも」は逆条件のテモの強調した言い方で、一般値よりもなお少数値においても発生する可能性を示唆する。以下の例では「通常の生活をしている人でさえも」のように、より限定的な言い方になる。

(117) 糖尿病の大半を占める2型というタイプは遺伝要因に環境要因が重なって発症しますが、先進国では遺伝要因を持つ人は通常の生活をしているだけでも高い確率で糖尿病になるようです。
　　　　　　　　　　　　　　　　　　　　（朝日新聞 09.11.14）

(118) こんなはがきを寄こすだけでも、エミーは気立てのいい子なんですよ
　　　　　　　　　　　　　　　　　　　（松本清張『ゼロの焦点』）

(119) わたしなぞは高いところから下を覗いただけでも恐ろしくて、死ぬ気が起りませんがね。　　　　　　　（松本清張『ゼロの焦点』）

8　「からには／からは」「以上(は)」「うえは」の意味と用法

既定の原因・理由を前提条件として、主文を導くいくつかの形式をみていく。後件には必然的な当為表現があらわれる。

8.1　「からには」の意味と用法

「からには」は既然的な用法と仮想的な用法がみられる。話し手の意志、積極性が強く打ち出されることから、働きかけ文になる点でこれまでとりあげた文型と異なりをみせている。主文にも「わけにはいかない」「なければならない」などの主観性の強い断定表現があらわれる。

(120) a. 聞いたからには黙って見ているわけにはいかない。
　　　b. 教師であるからには、これくらいのことを知っていなくてどうする。
　　　c. 約束したからには、最後まで責任をもってやってほしい。
　　　d. 引き受けたからには、責任をもつべきです。（もつほうがいい）
　　　e. 日本に来たからには、日本の法律に従わざるを得ない。

もう一つの「からには」には「仮にも」という副詞との共起がしばしばみられる。

(121) a. 仮にも一国を代表する首相であるからには、下手な外交は許されないはずだ。

　　　　b.　仮にも大人であるからには、君も常識をわきまえなければならない。

「からには」は条件節「(いやしくも／仮にも)〜なら」との類似が認められる。
　(122) a.　仮にも大学生なら、このくらいの漢字は読めるだろう。
　　　　b.　仮初めにも語学を勉強しようというのなら、辞書くらいは用意すべきだ。

「からには」は「のだから」の意味を表し、しばしば確信推量の「にちがいない」とも共起して、根拠を表す。前文には「いったん、どうせ、同じ」などの副詞が、主文には義務・当為の「べきだ」、願望意志表現があらわれやすい。
　(123)　都心の一等地に住んでいるからには、相当の資産家にちがいない。

「からは」は「からには」と同じ意味を表すが、文語的な響きがある。
　(124)　この雨の夜に、この羅生門の上で、火をともしているからは、どうせ唯の者ではない。
　　　　　　　　　　　　　　　　　　　　　　　　　　(芥川龍之介『羅生門』)

8.2　「以上(は)」「うえは」の意味と用法

「以上(は)」は絶対的な前提のもとでの事態の展開を意味する。後件を拘束する点では「からには」「からは」と共通しているが、判断の程度はより断定的である。
　(125) a.　契約書に書かれている以上、期日までに完成させる必要がある。
　　　　b.　親子である以上、お互いの生活に無関心ではいられない。
　　　　c.　約束した以上は、裏切ることはできません。
　　　　d.　いったん始めた以上、最後までやりぬきなさい。

「以上は」は「前件が後件につながる」という意味において、既定条件の「ては」「(てみ)れば」との連続性がみられる。
　(126) a.　相手のやり方が誠実である以上、文句はつけられない。
　　　　b.　相手のやり方が誠実であっては、文句はつけられない。
　　　　c.　相手のやり方が誠実であってみれば、文句はつけられない。

ル形、テイル形に後接する「以上」は次のような例で、「限り」との言い替えがほぼ可能である。
　(127)　この列島に生きる以上、地震はいつどこを襲うかわからない。
　　　　　　　　　　　　　　　　　　　　　　　　　　(朝日新聞 08.6.15)
　(128)　彼がここに来ている以上、彼の胸の中には何らかの仮説が立てられているに違いなかった。　　　　　　　　　　(松本清張『偏狂者の系譜』)

(129) 義父の影響力を引き出すのとひきかえに梅木教授が一種の家内奴隷として妻の暴圧に耐え続けている以上、梅木教授の御蔭と申してあながち誤りではなかった。　　　　　　　　（奥泉光『モーダルな事象』）

タ形に後接する「以上」は次のような例である。

(130) あなたが立ち会った以上、秘密裡に始末をつけることなんてことはもうできやしない。　　　　　　　　　　（奥泉光『モーダルな事象』）
(131) だが、従来の彼の生活の基盤が根こそぎ灰燼に帰した以上、今まで身につけてきた態度では次の段階を生きてゆけない。
　　　　　　　　　　　　　　　　　　　　（高橋和巳『憂鬱なる党派』）

また、ナイ形に後接する「以上」は次のような例である。

(132) 人にはそれぞれの運命というものがあり、その運命を共にするつもりのない以上、人の秘密には触れない方がいい。
　　　　　　　　　　　　　　　　　　　　（高橋和巳『憂鬱なる党派』）
(133) 自分が今後山室氏の関係筋から恩恵を被ることはない以上、見栄を切らずに一万円にとどめた自分の判断は正しかったと、いじましく思い直したりした。　　　　　　　　　　（奥泉光『モーダルな事象』）

「うえは」も「以上」とほぼ同じ要件を導くが、ややあらたまった表現である[8]。

(134) a. 契約を結ぶうえは、条件を慎重に検討すべきだ。
　　　b. 弁護士になると決めたうえは、苦しくてもがんばるだけです。
　　　c. みんなに支持されたうえは、是非とも声援にこたえたい。

(134a)は仮定十分条件を、(134b)、(134c)は既定十分条件をそれぞれ表している。「からには」「からは」「以上」「うえは」の表現に共通してみられる特徴は、責任遂行の意志・義務、覚悟、依頼・勧告・命令、当為（疑問文は不可）などの、働きかけが強い点があげられる。

9　おわりに

　本章では結果に重きをおく表現をみてきたが、前件の誘導される内容によって、事態の適否、プラス・マイナスかの判断、評価を示唆する内容が差し出されるという共通点がみられた。そこでは、主体の動向、動態とともに、話し手の評価、主観性のありかたがどう投影されるかという視点が介在していることも議論した。

　以上、考察した結果を図1のA類からD類のように整理する。

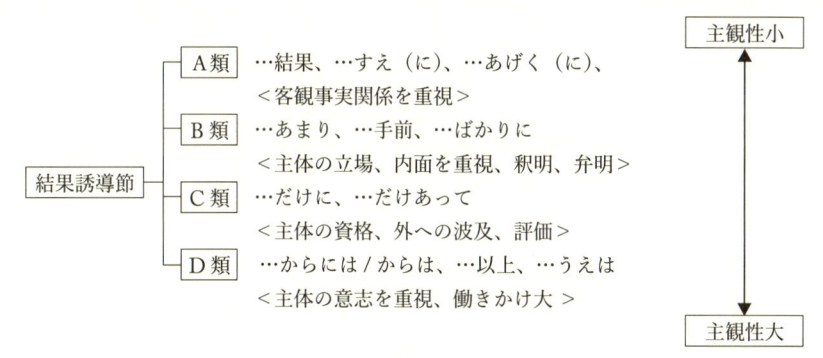

```
                        ┌─ A類  …結果、…すえ(に)、…あげく(に)、        主観性小
                        │         <客観事実関係を重視>                    ▲
                        ├─ B類  …あまり、…手前、…ばかりに               │
          結果誘導節 ───┤         <主体の立場、内面を重視、釈明、弁明>   │
                        ├─ C類  …だけに、…だけあって                     │
                        │         <主体の資格、外への波及、評価>         │
                        └─ D類  …からには/からは、…以上、…うえは      ▼
                                  <主体の意志を重視、働きかけ大>         主観性大
```

図1

　同じA類にあっても、主体の意志に照らして言えば、「結果」は自然な道理的展開、「末に」は努力が報いられる過程を、「あげく」は屈折した結末を提示する特徴がみられた。また、これらの類型は語用論的に話し手の主体に代わって釈明や弁明を果たすといった言語行為がしばしばみられることは注意すべき点であろう。

　複文の運用においては、母語話者にとっては無意識に後件内容との整合が実行されているが、中上級レベルの日本語教育においては場面を考慮しながら、類義表現として指導する必要が生じる。「だけに」「だけあって」などにみられる話者の心理の展開と合わせて、後続表現においてどのような文があらわれやすいのか。コミュニケーションの観点に立った研究が求められる。

注

1　英文法における結果節の概要については、大東文化大学教授望月昭彦氏よりご教示いただいた。記して感謝申し上げる。(2)。(3)の英文例はA. J. トムソン他、江川泰一郎訳『実例英文法』(研究社 1973: 336–367) による。

2　寺村(1981)の第18章を参照。

3　なお、「結果」には因果関係のほか経過を重視した時間の前後関係を表すものがある。次の例では「廻り歩いて」のようにテ形に置き替えられる。

　　・以上の手掛りが私が解剖学教室、市役所、警察署、新聞社を二日にわたって廻り歩いた結果えたものである。　　　　　　　　　　　(渡辺淳一『死化粧』)

4　中国語では「結果」は「商量的結果決定派他去」(相談の結果、彼を派遣することにした) のような接続成分としての用法も近年、散見されるが、「結果は」「結局」のように、接続副詞として主文文頭に用いられることが多い。

老師譲写人好事、結果好多学生写拾銭包。(『人民日報』09／11／20)
(教師がいいことを書かせた結果、多くの学生が財布を拾ったことを書いた)
　cf. 教師がいいことを書かせたら、{結果は／結局}、…
中国語の「結果」に関する詳細な研究は姚(2009)を参照。

5　「すえ」は「結果」とほぼ同義に用いられることも少なくない。中国語では「結果」があてられる。ただ、翻訳上は誤用が生じる可能性がある。
　　新製品は実験を重ねた末に出来上がったものだ。
　　；新産品是多次試験的結果。(？新製品は多くの実験の結果だ)

6　「結果」「すえ」「あげく」「あまり」の形態的な比較は表1の通りである。

表1

	接続のテンス	ニ格	その—	Nの—	複合名詞	述語成分
結果	タ形	—	○	○	○	○
すえ	タ形	○	×	○	×	×
あげく	タ形	○	○	△	×	×
あまり	ル・タ形	○	○	△	×	×

7　「ばかりに」は「だけに」との類似点がみられるが、用法については微妙な差異がある。なお、「ばかりにあって」という言い方は存在しない。
　　a.　なまじ知っているばかりに、めったな口はきけない。
　　b.　なまじ知っているだけに、めったな口はきけない。
　　c.　英語ができるばかりに、よく翻訳を頼まれる。
　　d.？ 英語ができるだけに、よく翻訳を頼まれる。
「ばかりに」において主体の受ける心的負担は「だけに」よりも大きい。「だけに」は心理面よりはむしろ事態の趨勢をあらわす点に重点がおかれる。「だけに」「だけあって」と「ばかりに」との比較については中里(1996)、前田(1997)、三浦(2008)などを参照。

8　「うえは」については田中(2004)などを参照。

第2部

接続表現

副詞節の諸相(2)

第2部では引き続き、接続表現にみられるいくつかの特徴を考察する。

第1章では副詞節の主要な領域をしめる条件表現のうち、レバ条件文をとりあげ、内在する発話意図を検討する。従来の意味規定を再検討しつつ、前件、後件に具体的にどのような表現があらわれるかに注目し、意志・情意表出の諸相を考察する。

第2章では連体修飾構造を受ける名詞が接続成分となった、いわゆる「擬似的な連体節」をとりあげ、これにつきそうデ格、ニ格のふるまい、さらに文末成分との相関、交渉についても考察する。

第3章では時間節のうち、短い時間幅に内在する「瞬間」と「同時」を表す表現のマトリックスについて検証する。意志の介在・非介在、偶発性などの視点を検証しつつ、実際の発話場面におけるふるまいを考察する。

第1章　レバ条件文における文脈的意味
―論理関係と節末・文末叙述の構造

1　はじめに

　条件文のト、レバ、タラ、ナラのいわゆる基本四形式については、前件、後件の文の意味的な関係性をどう把握するかが、研究・教育上の大きな課題となっている。とくに主文にどのような文形式があらわれ、どのようなレベルの伝達的意図が表されるかが注目される。ちなみに、「京都へ行く」という前件に対して、後件主文のあらわれ方はほぼ次の傾向のようである(著者作例による)。

　　a.　京都へ行くト、違う世界に来たような気持になります。
　　b.　京都へ行けバ、日本の古い文化に触れることができます。
　　c.　京都へ行っタラ、何かお土産を買ってきてください。
　　d.　京都へ行く(の)ナラ、秋のシーズンが一番きれいです。

　それぞれの表現意図としては、a.(結果の表出)、b.(一般的了解)、c.(伝達的指示)、d.(積極的提案)が含意されているが、外国人日本語学習者にとっては往々にして後件主文の特徴が弁別されず、正確な理解が得られにくい傾向がある。学習者に共通して認識されているのはタラが会話的で後件に感情表現があらわれやすく、トには要求などの話し手の意図を表しにくいという点ぐらいであろう。もちろん、ここには学習者の文の認識、場面的な想像力など、さまざまな個人差があらわれるが、それ以上に条件表現の内包する複雑な事態の背景があげられる。

　このようにト、レバ、タラ、ナラという条件形式の意味的、機能的な弁別をめぐってはこれまでに多くの議論がなされてきたものの、なお、明確な説明を得ていない。このことは逆に、条件文の理解が当該条件文内部の構造にとどまらず、文を越えた談話レベルの研究、前後の文脈的構造、背景を考慮する必要が大なることを示唆している。また、上記に示した傾向は日本人の一般認識、経験から帰納されるところのもので、その傾向を一般言語の事象として綿密にかつ明確に敷衍する作業は容易なことではない。それぞれの語感(文感)は当該文の内在的な意味のほかに、前後の外在的な意味(文の環境)にも支えられているからである。

条件・帰結の成立には偶然的な背景と必然的な背景とがあることは、これまでにもよく議論され、おおかたの認識とされているところである。前者ではト条件文にその傾向を認め、後者ではレバ条件文に特徴をみいだしうる[1]。

レバについていえば、上例の「京都へ行けば」に続く文の性格をみても、話し手と聞き手の一定の共通認識に支えられた一般通念、さらに場の常態的な共有といったものが想起されるであろう。

本章ではこうしたレバのもつ構造的意味と普遍的な意味関係とが、どのように構成されているのかを検証するものである。一般にレバ条件文には、

　ア．PQ の関係において論理性が高く、書き言葉的である。
　イ．前件と後件の内容が偶然的ではなく、必然的な結びつきがある。
　ウ．対比的な言い方をはじめ、フォーマルな表現がみられる。

といった特徴が列記される。一方、観察者の態度、視点によっては、これらの説明がすべて妥当で、科学的な立証に支えられているかといえばそうではなく、なお本質の解明に至っていない部分も少なくない。書き言葉的、フォーマルといっても話し言葉にもあらわれることもあり、この定義自体もあいまいである。言語データとしては書き言葉のみならず、話し言葉をも視野におくことが必要である。

条件文のなかでもレバの特徴はこれまで必然性を表す点を中心に考察されてきた。本章ではこの必然性の意味的な特徴を多角的に検討することにより、レバの用法の統一的な説明を試みる。まず、レバの主張が道理的、論理的であり、主張そのものが普遍性を含意する〈モノ〉的な性格をもつことを種々の特徴的な構造から明らかにし、さらに主文における述語形式の形態を検証しながら、レバ条件文の全体的な意味構造を述べる。そして、これまで議論されてきたレバ条件文の意味構造を、文脈構造に拠って説明することの必要性を確認したいと思う。

2　レバ条件文にみられる事態の普遍性

複文を考察するにあたり、とくに従属節と主節が結合する条件として、前件の契機が後件の帰結に対して何らかの有契的な条件を付帯していることが観察される。一方、その結合のあり方には緩急、強弱があり、現象の偶然性、必然性を言語化する背景ともなっている。日本語の条件表現の研究ではこうした観点からの考察が主流を占めてきた。

レバ条件文が次のような諺、教訓（訓戒）、慣例的な言い伝えなどに比較的頻出することは従来から指摘されている[2]。これらは内在する経験的知見、知識を援用しつつ、話し手の評価、主張を伝達的な背景のもとに表出するものであった。

第1章　レバ条件文における文脈的意味　165

（1）　住めば都、急がば回れ、三人寄れば文殊の智恵、犬も歩けば棒に当たる、勝てば官軍、塵も積もれば山となる、朱に交われば赤くなる、待てば海路の日よりあり、喉元過ぎれば熱さを忘れる、風が吹けば桶屋が儲かる、来年のことを言えば鬼が笑う、備えあれば憂いなし、…

例えば「勝てば官軍」では「勝利者の主張が結局は正義とみなされてしまう」という結果的事実を具体的なイメージ（下敷き）として述べるものである。そこには外的な規定や見解、認識の蓄積があり、個人的な力ではいかようにもできない外部の強い関係（ここでは一種の既得権益）が働いている。言わば、世間、外部世界を強く意識した説明である。ト条件文が対象内側の事象の仕組みを〈コト〉的なものとして描いたのに対して、レバには事象を外側から意図的に統御する形で〈モノ〉的に述べる特徴が観察される。トが個々の現象の断面、局面であるとすれば、レバはそれらの諸現象を統括するような集合体であるといってもよい。あるいは、人間の認識世界でいえば、レバは「ハレ」、つまり建て前の世界、トやタラは、「ケ」、つまり本音・現実の世界、ともみてとれるだろう。日常レベルで言えば、レバには、話し手の叙述にあらわれる、ある種の定型的な感慨、心情などがあげられる。それらはその場かぎりの発見、観察、判断にとどまらず、そこにいたる様々な認識的知見や経験に支えられた、あるいは獲得された思考、習性の産物であるといってもよい。次の例はこうした意識の堆積を必然的な結実として表されたものである。

（2）　打てば響く、話せば分かる、ああ言えばこう言う、…
（3）　柿くへば　鐘が鳴るなり　法隆寺　　　　　　　（正岡子規）
（4）　田子の浦うち出て見ればしろたえの富士の高嶺に雪は降りける
（万葉集三一八）

(2)は共有的な真理、(3)では「柿を食う」という行為が「法隆寺の鐘が鳴る」事象の有機的な起因とは言えないものの、作者の心象風景としては、宇宙の営みを必然的に感受する契機となる。「柿食えば」という発句は季節感をも含めた壮大なる宇宙の啓示となっているのである[3]。(4)では、古来富士を望む景勝地である田子の浦に立った時、絵のような景色に出会った情景が心に描いたそれとして投影されている。これらは個人的な体験も通して波及効果をもたらし、格言、書名など人口に膾炙したものとなる。

（5）　黙って座ればぴたりと当たる、噂をすれば影とやら。犬も歩けば棒に当たる、郷に入れば郷に従う、空に夕焼けが見えれば明日は晴になる、…
（6）　今日からやめれば今日から減らせるCO2。　　　　（政府広報）
（7）　あなたが気づけばマナーはかわる。　　　　　　　　　　（JT）
（8）　『荒野も歩めば径になる』　　　（書名、峯島正行、実業之日本社）

（9） 海行か_ば_水漬く屍、山行か_ば_草むす屍。大君の辺にこそ死なめ顧みはせじ。　　　　　　（万葉集巻18 大伴家持長歌、信時潔『海行かば』1937）

(6)、(7)は、後件には「はずだ」という必然性があり、それが「やめよう」「気づくようにしよう」という、社会への間接的な働きかけにもなっている。つまり、必然、確信、気づき、といった連鎖が、レバの世界に裏打ちされている。

　このような表現世界は話し手のなかで醸成された、一種の確信的な経験に基づく内省的な判断であるといえよう。つまり、話し手の意識には〈P → Q〉という"回路"が予め内在し、その線上に言及する事象の推移が投影されていくのである。いわば原画に薄紙を重ねて輪郭をなぞっていくといったイメージに近い。契機と帰結の筋道に、綿密な計算と内省によるところの一貫性があり、理路整然としたところがあるので、それが書き言葉などフォーマルな文体としても用いられる傾向にもつながっていくのであろう。

　このようにレバの内側にある目論見が話し手主体の経験的な確信に基づくものであるとすれば、後文(主文)にはどのような文のレベルがあらわれるのだろうか。

(10) a. あの山を越え_れば_、目的地はもうすぐだ。
　　　b. もう一頑張りす_れば_、結果は目前だ。
　　　c. 彼女、誘え_ば_、すぐ来ると思うよ。
　　　d. ゆっくり養生す_れば_、よくなるはずだ。
　　　e. これから急げ_ば_、まだ十分に間に合う。
　　　f. 明日になれ_ば_、痛みもやわらぐことだろう。
　　　g. 病状が少しでも回復すれ_ば_、と祈っています。

ここにあげた典型的なレバの文には、話し手と外的世界の一体化した、ある種の経験の反芻によって裏づけされた結果、成果の獲得に対する期待(希望的観測)が込められているといえよう。何らかの見通し、可能性を前提とした発話である。(10g)のようなやや形式化した「レバと祈る」のレバは「回復するように」という目的、ないし祈願の気持ちを含意している。

　このように、レバにはトやタラにはない話し手の信憑性が認められ、

　　(11) そしてかれらには、「_これだけ読めば_戦は勝てる」と書かれたパンフレットが配布された。　　　　　（吉村昭『大本営が震えた日』）

のような絶大無比の指示ともなりうる。このように、レバは話し手の裡に絶対的、規範的なものを指向する確信があってはじめて表出されるものである。

　一方、レバには主題的、命題的というニュアンスが含意されることも少なくない。これもレバのもつ必然的な帰結を要求するところから生まれた本質である。ただ、常時的な発生が期待されはするものの、常に現実的な側面と必ずしも相容れるものではない。そこには一種の理想、願望的な趣旨設定も介在し、「レバと祈る／

思う」のような期待表現となってあらわれることもある。いずれにしても話し手の心的な姿勢がタラやトよりも確実な論拠に支えられていることは明らかであろう。

　以上、レバが喚起する感情として、経験の蓄積に基づく内省、感慨といった側面と、外的世界との交渉を指摘した。

3　レバ条件文の概観

　ここでは従来の研究に沿って、条件文全体からみたレバの特徴を確認しておこう。有田・蓮沼・前田（2001）によれば、レバ条件文は次のように整理されている[4]。条件P、帰結QをそれぞれX、Yで表す。

A)　XがYの成立する直接的条件や状況を表す場合、バが用いられる。タラと重なるが、トやナラはあまり使用されない。
　　(12)　課長に {なレバ／なっタラ／?なるト／?なったナラ}、給料が10万円上がる。

B)　XがYの直接的条件ではなく、単なる状況の設定を表す場合はバは不適切。
　　(13)　この道をまっすぐ {行くト／?行けバ／行ったラ／??行くナラ}、右手に白い建物があります。

C)　Yが依頼・命令・希望・勧め・許可・義務などを表す場合、Xが状態述語に限ってレバが用いられるが、そのほかの場合は許容度は落ちる。
　　(14) a.　時間が {あっタラ／あレバ／??あるト／あるナラ} 手伝ってください。
　　　　b.　明日 {??来るト／来タラ／?来レバ／?来たナラ}、先生の部屋に寄ろう。
　　　　c.　2、3分 {たっタラ／?たてバ／?たったナラ／??たつト}、水を足したほうがいい。

D)　XではなくYに疑問(語)表現があらわれる場合、レバは使いにくい。
　　(15) a.　どう {すレバ／しタラ／するト／??するナラ}、成績が上がりますか。
　　　　b.　こう {するト／しタラ／するナラ／??すレバ}、どうなりますか。

E)　Yが否定的な結果を表すときはレバは使いにくいが、Xが否定表現の場合はレバも使用される。
　　(16) a.　この薬を {??飲めバ／飲んダラ／飲むト／?飲むナラ} 気分が悪くなります。
　　　　b.　この薬を {飲まなけレバ／飲まないト／飲まなかっタラ／?飲まないナラ}、気分が悪くなります。

F) Xが今成立している事実を表すときは、レバはタラと同じように使用される。
    (17) ここまで｛来レバ／来タラ／来たナラ／?来るト｝、あとは一人で帰れます。
G) 事実に反する条件文(反実仮想文)にはレバがタラと同じように使用される。
    (18)a. 朝一番の電車に乗って｛いレバ／いタラ／いたナラ／?いるト｝会議に間に合った。
       b. 6時台に電車が｛あレバ／あっタラ／あったナラ／?あるト｝、会議に間に合った。
H) XとYが一般的な因果関係、法則的な関係、現在・過去の習慣的関係を表す際にはレバが用いられる。トとの重なりがみられ、タラはあまり使用されない。
    (19)a. 体温が｛上がレバ／上がるト／?上がっタラ／?上がるナラ｝汗が出る。
       b. 二十歳に｛なレバ／なるト／なっタラ／??なるナラ｝自由に結婚できる。
       c. 柔道の立ち技では組んで｛しまえバ／?しまうト／?しまっタラ／??しまうナラ｝、日本選手が有利だ。
       d. 私はお酒を｛飲めバ／飲むト／?飲んダラ／??飲むナラ｝、気分が悪くなる。
       e. 子どもの頃、休みに｛なレバ／なるト／?なっタラ／??なったナラ｝、父は私を海や山へ連れて行ってくれた。

A)からH)は一般的因果関係、法則的関係、傾向、現在の習慣、過去の習慣、およびそれらがもたらす確信、信憑性といった性質を、ときに複合的に表している。このほか、慣用的な形式として、次のような言い方が特徴的である。

I) 同時に成り立つ二つの状態、状況を対比・並列的に表すのに用いられる。
    (20)a. 庭には梅もあレバ、桜もあった。
       b. ああ｛言えバ／?言うト／?言っタラ／??言うナラ｝こう言うし、こう｛言えバ／?言うト／?言っタラ／??言うナラ｝ああ言う。

レバには一般的には以上のような規則がみられるが、語感によっては線引きが難しいこともある。たとえば、D)の主文のムード性についても制約の強弱は一定ではない。さらに、E)のXもYも否定表現の場合、

    (21) この薬を｛飲まなけレバ／飲まないト／飲まなかっタラ／飲まないナラ｝、病気は治りません。

(21)のように四形式はいずれも成立するものの、主文との結合でいえばレバがもっとも強くなる。複合辞「ナケレバナラナイ」が表すように、レバは原理・原則を強く意識した条件文であることが確認される。「そうしなければそうならない」とい

う一種の安定指向である。以下ではこれらの特徴をふまえつつ、レバ条件節の用法を前後の意味的な構造に注目して、さらに考察していくことにする。

4 主文文末述語の特徴的な形態

　前節でレバの意味的な特徴として経験的な内省が主張の背景にあることを述べたが、そうした判断的な叙述が主文文末にどのような傾向、特徴をもたらしているかをみておかねばならない。普遍的な命題を叙述するという性質から後件主文にもその性格は反映され、一定の特徴が観察される[5]。(22)から(23)の用例には文末の形式名詞「もの」との照応関係が顕著であるが、これはレバのモノ的な叙述の典型で、感慨、確認、習性の具体的な表出となっている。

　(22)a.　変われば変わる<u>もの</u>だね。(変化の早さ、程度を意外に受け止めて)
　　　b.　捜せばある<u>もの</u>です。(古本屋を歩いて稀少本を見つけたとき)
　　　c.　論文というものは長く書け<u>ばいいというものでもない</u>。

(22c)の「ばいいというものではない」は一定の定型化の進んだ形式である。

　(23)　子どもは穴があ<u>れば</u>、それがどんな穴でも物を詰めたり、指を入れたりする<u>もの</u>である。小児科医であ<u>れば</u>、おもちゃのピストルの弾を鼻の穴に入れた子どもを診察した経験が誰でもある<u>もの</u>だ。
　　　　　　　　　　　　　　　　　　　　　　　　　　(讀賣新聞 04.5.14)

文末の断定をめぐっては「しかない」「のは確実だ」などもよくあらわれる。

　(24)　少子高齢化が急激に進む日本の現状を考え<u>れば</u>、全世代で負担を分かち合う<u>しかない</u>。　　　　　　　　　　　　　　　　　　(讀賣新聞 04.6.11)
　(25)　出生率低下が加速す<u>れば</u>、それに伴って、日本の労働力人口が急減する<u>のは確実だ</u>。　　　　　　　　　　　　　　　　　　(讀賣新聞 04.6.11)

次に観察されるのは断定、主張の「のだ」である。確実な経験的内省を濾過したあとでは、結果はおのずと予見され、一定の信憑性を附与されて定位される。

　(26)　私は来る日も来る日も、薄氷を踏む思いで過した。もし、ここで汚職事件が起<u>れば</u>、署長として私は責任を問われ私の出世は一時停止する<u>のである</u>。　　　　　　　　　　　　　　　　　　(松本清張『歪んだ複写』)

「なる」「できる」もまた、ことの帰結の大勢を映し出す。次例では予想通り、予定通りの事態実現が、かなりの高い確率でもって提示されている。

　(27)　議定書が発効す<u>れば</u>日本が世界に公約した二酸化炭素などの削減が現実の課題<u>となる</u>。　　　　　　　　　　　　　　　　(讀賣新聞 04.10.1)

(28) 指導者の誤謬と核が結びつけばどうなるか。我々はとてつもなく危険な時代に直面している。北朝鮮が本格的に核兵器の生産体制に入れば、日本もこれに続くだろうし、それはアジアの平和を脅かすことになる。
(讀賣新聞 04.10.1)

(29) 今回の手術が広まれば、辛い糖尿病に苦しむ患者を根本的に治すことができる。
(讀賣新聞 04.4.25)

「ばかりだ」(「一方だ」)なども断定の類型を成し、事態発生の恒常性を示唆する。

(30) 人々の不満に占領軍は銃でしか対応しないという印象が強まれば、誇り高いイラク人の怒りは広がるばかりだろう。　　(朝日新聞 04.4.6)

(31)のような「きりがない」などの慣用的な述語も明確な断定を表している。

(31) 年金保険料の無駄遣い、ずさんな徴収体制、年金個人情報の流出と、年金不信を増幅させた社会保険庁の問題点を挙げれば、切りがない。
(讀賣新聞 04.6.18)

なお、限定表現では次のような「まで」を用いた言い方が顕著である。「それまで」は一種の省略表現でそれ以上の遂行不可能の限界値を述べる。

(32) どんなに準備万全で臨んでも、直前に怪我をしてしまえば、それまでだ。(「それで万事休すだ」)

(33) 断わられれば、自分でやるまでのことだ。(「やるしかない」)

次の述部「なければならない」「ありえない」も断定表現の類型とみなされる。

(34) サイクルが中断されるようなことになれば、地元と日本原燃との覚書きによって使用済み核燃料を運び出さなければならない。
(讀賣新聞 04.6.18)

(35) 今後いかなる原子力路線をとるにしても、燃料の行く末を考えておかなければ、原子力の長期利用はありえない。　　(朝日新聞 04.5.20)

レバに続く「話は別だが」「ウソになる」は例外的な事象の出現を注釈的に述べながら、ある一定の趨勢をあきらかにする、一種の定型的な言い方である。

(36)a. 雪でも降れば話は別だが、これほど遅れてくるとは非常識だ。
 b. 今回の選挙では不安が全くないかと言えば、ウソになる。

このほか、可能性の示唆として「だろう」「かねない」「恐れがある」「かもしれない」「にちがいない」も一定の経験の蓄積によって獲得された結論をみちびく。

(37) 今後北朝鮮が核廃絶に応ぜず、緊張を高めるようなことがあれば、制裁措置を取る場合でも、G8は足並みをそろえやすくなるだろう。
(讀賣新聞 04.6.11)

(38) 「もしそうだったらその横井という人を使おうじゃないか。そんな貧乏暮らしで酒好き<u>なら</u>、御馳走してやれ<u>ば</u>、案外働いてくれる<u>かも分らないよ</u>」　　　　　　　　　　　　　　　（松本清張『歪んだ複写』）

(39) 存在が結論づけられ<u>れば</u>、外務省首脳を含む責任問題に発展する<u>ことは避けられない</u>。　　　　　　　　　　　　（朝日新聞 09.9.17）

(38)はナラという制約条件の中でのレバの確実性をさらに際立たせている。さらに確実性を保証する「ことは避けられない、必至だ」、(41)の「カネナイ」およびこれに準ずる態度表明もまた、レバを受ける必然的な内実を提示する[6]。

(40) 米長さんの発言に対して天皇陛下があいまいな応答をすれ<u>ば</u>、そのこと自体が政治的に利用され<u>かねない</u>。　　　　（朝日新聞 04.10.30）

(41) 平野大佐に対しては、「決して手出しをするな」と厳重な命令をあたえはしたが、攻撃をしかけられ<u>れば</u>、機雷敷設艦もそれに対して応戦する事態が発生し<u>ないとは言い切れない</u>。　　（吉村昭『大本営が震えた日』）

(42) 日本が領土問題に固執し、経済協力を後回しにすれ<u>ば</u>、ロシアは他国との関係を重視するようになり、問題解決が逆に遠のく<u>恐れがある</u>。
　　　　　　　　　　　　　　　　　　　　　　　　（讀賣新聞 04.9.1）

(43) 前米財務副長官のダム・シカゴ大教授は（中略）「米経常赤字の大きさを考えれ<u>ば</u>ドルが下落する<u>のは自然だ</u>」と述べた。　（讀賣新聞 04.4.11）

(44) 並行して走っている車と少しでも接触すれ<u>ば</u>、大事故になる<u>にちがいなく</u>、かれはドアの把手をつかみ、体をかたくしていた。
　　　　　　　　　　　　　　　　　　　　　　　　（吉村昭『仮釈放』）

主文は総じて一種の内省に基づく結論を表している。新聞の論説に多用されるのもこれまでの事態の推移をふまえての見解を確認したいという意図がうかがわれる。

また、主文文末に一定の形式があらわれなくても、事態発生の必然性は常に話し手の念頭に置かれる。次の「揺らぐ」のあとには「のは当然である」「のは確実だ」「のは決まっている」「のは目に見えている」「のは明らかだ」「ものだ」といった感情の姿勢を読み取ることができる。

(45) 「やれやれ。女も出来合っ<u>てしまえば</u>男に弱い」
　　　　　　　　　　　　　　　　　　　　　　　（松本清張『歪んだ複写』）

(46) 天皇が政治に巻き込まれ<u>れば</u>象徴天皇制の根幹が揺らぐ。
　　　　　　　　　　　　　　　　　　　　　　　（朝日新聞 04.10.30）

(47) もし、超高速の列車が事故を起こせ<u>ば</u>、人命の犠牲は計り知れない<u>ばかりか</u>、安全性に問題が出てきて、<u>それこそ</u>取り返しがつかなくなる。
　　　　　　　　　　　　　　　　　　　　　　（前間隆則『亜細亜新幹線』）

(45)では結論的な情意が「てしまえば」の完了形にも映し出されている。(46)で

は「揺らぐことは間違いない」という確信、(47)ではレバ以下では「ばかりか」の内実に加え、副詞「それこそ」によって一層、重大な結果を招くのは必至である見込みが述べられている。さらに、(48)のように、結果を強調する「それこそ」はレバの論理性を支えるうえでしばしばあらわれる成分である。

(48) 相当前から、(予算が)超過することはわかり切っていた。しかし、完成しなければそれこそ何の役にも立たないものであり、最後は大幅な超過も覚悟のゴリ押しで進めた。　　　　　(前間隆則『亜細亜新幹線』)

レバの主張には事態成立の裏付けが重大な関心事であり、しばしば「したがって」という誘導的な接続語をともなって、結論を導くことがある。

(49) 米人スチュワード機長はアメリカのエアライン・パイロットの有効な資格をもっており、また東京羽田・福岡板付間の航空路線にも「かなり馴れて」(日航発表)いた。したがって館山から大島のラジオ・ビーコンに乗る前に標高約二千五百フィート(七百五十メートル)の三原山が存在していることは機長は十分に知っており、したがって墜落現場の上空を二千フィートという低空で計器飛行すれば当然に山腹に衝突するのも分っているはずだった。(松本清張『一九五二年日航機「墜落」事件』)

主文において断定度の強さを表す「はずだ」も比較的多く観察される。

(50) デモには老人や子供も加わっていた。占領軍の側にはデモ隊の一部から発砲があったからといって反撃すれば、多くの犠牲者が出るのは分っていたはずだ。　　　　　　　　　　　　　　　(朝日新聞 04.4.6)

(51) 捜査への協力者などが特定されないように工夫すれば、ほとんどの会計文書は会計検査院などに見せることができるはずだ。
(朝日新聞 04.5.20)

(52) 《乗客は座席バンドを締めていない。旅客機では操縦者が危険を感ずれ
ばまず乗客にバンドを締めるよう指示するはずであるから、操縦者は接
地直前まで危険を感じていなかったものと思われる》
(松本清張『一九五二年日航機「墜落」事件』)

(53) 「さあ。墜落の音響を聞けば当然に登山したはずだがね。墜落音を聞いてないのかね」　　　(松本清張『一九五二年日航機「墜落」事件』)

(54)にも「てしまう」には当為の「はずだ」の含みが感じられる。

(54) 「君たちは、どうしてここに用事があって来たのかね?」これはふたりにとって痛い質問だった。正直に言えば、自分たちでやってる内容が警察に判ってしまう。　　　　　　　　　(松本清張『歪んだ複写』)

次は複合的な文構造で、「だけに」という従属節にレバ(ナケレバ)が包摂された構造を呈しており、主文の主張における限定条件をより明確に表している。

第1章 レバ条件文における文脈的意味　173

(55) 脳死と診断されなければ、家族は医師の提案に同意しなかったかもしれないだけに、この医師はどこまで理解して、一連の措置をとったのか疑問が残る。　　　　　　　　　　　　　　　　　　（讀賣新聞 04.5.14）

こうした後文にみられるとりたての「だけ」は「ほかのことはともかく」といった確実性を含意して、次のような情報、知見の提示にも高い頻度であらわれる。

(56) 久野は、二ヵ月足らずしか広東にいたことがなく、くわしい地理はわからない。しかし、西北に向えば珠江にぶつかることだけは理解できた。
　　　　　　　　　　　　　　　　　　　　　　　（吉村昭『大本営が震えた日』）

(57) 「これだって氷山の一角だよ。彼らに言わせれば、ばれたのは運が悪かっただけなのさ」田原典太は、頭の毛をごしごしと掻きながら言った。　　　　　　　　　　　　　　　　　　　　（松本清張『歪んだ複写』）

「れば〜ところだった」も事態の発生時点で予定の確実性を示す言い方である。

(58) 堀越みや子が横からあんなことをしなければ、今に崎山のしっぽを掴むところだった。　　　　　　　　　　　　　　（松本清張『歪んだ複写』）

以上、レバの特徴を主文文末にみられる表現形式に着目しながら考察し、レバに内在する話し手の確信、必然性といった経緯を文脈のなかで明らかにした。こうしたレバの特徴は、次節の主題、命題への関心につながっていく。

5　レバ条件節による主題、命題の展開

本節ではレバ条件節の提示する命題、主題的なふるまいについて考察する。

5.1　「レバ」と「ハ」

レバが間接的にハの一般的な叙述特徴に引きずられていることは、これまで必ずしも精確に考察されてきたわけではない。本節ではこの点について再検討する。次にあげるように題目、主題のハはしばしばレバ節として表すことが可能である。

(59) 出る杭は打たれる。
　　　cf. 杭が出れば、（ソレハ）打たれる（コトニナル）。

(60) 二度あることは三度ある。
　　　cf. 二度あれば、（ソレハ）三度ある（トイウコトダ）。

(61) 立てばシャクヤク、座ればボタン、歩く姿はユリの花。
　　　cf. 立っている姿は…、座っている姿は…

(62) 少子化の進展は、日本経済の活力を奪いかねない。（讀賣新聞 04.6.11）
　　　cf. 少子化が進展すれば、（ソレハ）日本経済の活力を奪いかねない。

(63) ウラン価格の高騰は電力の四割近くを原子力発電に依存している我が国のエネルギー事情に大きな影響を与えかねない。　　（讀賣新聞 04.10.1）
　　　　cf. ウラン価格が高騰すればエネルギー事情に大きな影響を与えかねない。
(64) 話せば長いことながら、……

(64)も、「話すこと」という話し手にも聞き手にも共有される事柄の達成が時間の相応な経過を要するという判断を述べている[7]。

5.2　複合条件文

　レバは比較的大きな文、連文単位を包摂することがある。次の例では「卒業すれば」が「卒業した時には」のように文全体にかかっている。

(65) 授業料が高かろうと、その大学を卒業すれば学生自身が「世界のどこに出ても一人で食べていける」という自信を持てるならばよい。
　　　　　　　　　　　　　　　　　　　　　　　　　（讀賣新聞 04.6.18）

(66)も「実行に移した場合は」、(67)も「視察できた場合は」のように主題化され、「と同時に」「ても」が挿入されるかたちで主文にかかっている。

(66) 条約が実行に移されれば、核保有国の軍拡に歯止めをかけると同時に、新たな核保有を防ぐ手段ともなる。　　　　　（朝日新聞 04.9.26）
(67) 追加議定書に基づいて IAEA が次々に視察できれば、闇市場を通じてウラン濃縮施設などをつくっても、早期に秘密実験を発見できる公算が大きい。　　　　　　　　　　　　　　　　　　（朝日新聞 04.9.26）

一方、前述の(38)でナラがレバを包括したように、(68)(69)においては、タラ、ナラがレバの外側に位置することもある。

(68) もし貴社に採用が決まりましたら、全力をあげて仕事に取り組めれば、大変光栄に存じます。
(69) 直木賞はともかく芥川賞なら、高名な選考委員がわざわざ出迎えてくれれば感激も一入だろう。　　　　　　　　　　（『一冊の本』2010.1）

これらの現象は複合的、あるいは連鎖的条件文として、さらなる分析が必要であるが、ここでは用例をあげるにとどめる。

5.3　「ナケレバ」

　ここで前件に否定があらわれるナケレバ節について特徴をみてみたい。ナケレバはナイト、ナカッタラと等しい機能を担うほかに、ナケレバナラナイという義務を内包しながら、結果事態を誘導するものである。多くが前件否定成分が後件否定成分と呼応する。

(70) 大人は子どもをしかることを避けていないか。しかられなければ子どもはほめられたときの喜びを味わえない。　　　　　（朝日新聞 04.5.5）

一方、前件「ナイ」が必ずしも後件の「ナイ」を誘導しないこともある。

(71)a. あと 10 分待っても来なければ帰りましょう。
　　b. 行く気がなければここにいてもいいのですよ。

(71a) の「来なければ」は「来る場合は」と対比的に、(71b) の「行く気がなければ」は「行っても仕方がない」「行かなくてもいい」という選択の含みがある。

(72) 後任の新代表が三党合意をきちんと継承しなければ、責任政党としての成熟度が問われる。　　　　　　　　　　　（讀賣新聞 04.5.11）

(73) 今の段階で適切かつ強力な手当てをしなければ今後も常に社会とのトラブルを起こす人格特性を強め、自他に重大な危害を及ぼす行動を起こすおそれが極めて高い。　　　　　　　　　　　（讀賣新聞 04.10.1）

(72) では「続投できなくなる」、(73) では「社会で生きていけない」といった含みがある。次は注釈、前置き表現としての用法である。

(74) 記憶に間違いなければ、里見さんは一度、ご自分で車を運転して家に来たことがあります。　　　　　（佐野眞一『阿片王　満州の夜と霧』）

ナケレバは次のように並列用法として用いられる場合もある。

(75) 俺は結婚以来、志摩子と一度も箱根などに一緒に遠出したこともなければ、肩をならべて街に出たこともなかった。

　　　　　　　　　　　　　　　　　（松本清張『偏狂者の系譜』）

6　レバ条件節の限定条件と意味的な機能

　本節ではレバの意味的な構造に注目し、普遍的な主張がどのように意図され、伝達されるのかを考察していく。

6.1　「レバコソ」

　レバコソは限定条件の典型である。コソは後述のサエと同様に、後件の出来に絶対的な条件を保証するものである。

(76)a. 君のことを心配していればこそ、いろいろ忠告しているんだ。
　　b. 一人で努力すればこそ、達成感も大きいというものだ。

つまり、「いろいろ忠告し」ているのは、「君のことを心配している」からにほかならない、という確かな論拠の提示である。(76) は次のようにカラコソに言い替えても内容に大きな変化は生じない。

(76)'a.　君のことを心配しているからこそ、いろいろ忠告しているんだ。
　　　b.　一人で努力したからこそ、達成感も大きいというものだ。
ただし、主文のあり方に限っていえば、同じ順接構造を示しながらも、カラコソは既然的事態についての言及、レバコソはこれまでの既然的事態に加え、これからの未然的な事態についても主張する姿勢を表している。レバコソは一般に主文に「のだ」「ものだ」「にちがいない」などの主張をともなう傾向がある。
(77)　質問を発する記者の側に、手続き上の不備を指摘してこなかったという自己の責任の感覚が働いていればこそ、質問も鋭くなったにちがいない。　　　　　　　　　　　　　　　　　　　　　　（朝日新聞 00.4.21）
また、レバコソ、カラコソは文末成分としても用いられる。
(78)a.　いろいろ忠告するのは、君のことを心配していればこそ（なの）だ。
　　　b.　いろいろ忠告するのは、君のことを心配していからこそ（なの）だ。

6.2　「XレバXホド」

　同一用言を反復させる「XレバXホド」は動詞テ形後置詞「につれて」「にしたがって」「にともなって」「とともに」などの言い方にほぼ言い替えが可能である[8]。
(79)　南に行けば行くほど暖かくなる。
　　　cf. 南に行く｛につれて／にしたがって／とともに｝暖かくなる。
一方、次のような比例関係ではないケースは置き替えができない。
(80)a.　野菜は新鮮であればあるほどいいです。
　　　　cf. *野菜が新鮮であるにつれ、
　　　b.　友だちは多ければ多いほどいいです。cf. *友だちが多いにつれ、
(80)のような表現は事態を描写しながら、場合によっては「新鮮なものを求めなさい、友だちを多く作りなさい」といった間接的な働きかけを意図している。実際の用例では状況説明と同時に、変化の結果を表すことが多い。
(81)　隠された意味が分って以来、その推理小説の序章が浮かび上がってくると、不快なそして不安な心持に捉えられた。彼が避ければ避けるほどそれは頻繁に彼を独占し、執拗に纏わりついた。
　　　　　　　　　　　　　　　　　　　　　　（吉行淳之介『砂の上の植物群』）
(82)　悪質な納税者があればあるほど、否認事例を多く作ることになる。
　　　　　　　　　　　　　　　　　　　　　　（松本清張『歪んだ複写』）
(83)　私が出世すればするほど、彼の脅迫は酷烈になるに違いない。
　　　　　　　　　　　　　　　　　　　　　　（松本清張『歪んだ複写』）

(84) 長い時日がかかればかかるほど家史は壮麗雄大だと思い込まれた。
(松本清張『偏狂者の系譜』)

ホドの代わりにダケが用いられることもある。(86)のように連体修飾構造ではダケ(ノ)が用いられる。ダケは「練習した分(だけ)」というように、そのときの条件下での対応努力に見合った成果、効果がみちびかれる。

(85) a. 練習すれば練習するほど、上手になる。
　　 b. 練習すれば練習する(分)だけ、上手になる。
(86) 努力すれば努力した(分)だけの結果が待っている。
　　 cf. ?? 努力すれば努力するほどの結果が待っている。

6.3 「X サエ Y レバ」

サエは名詞に接続する場合と動詞連用形につく場合とがある。後者の場合はサエスレバの形になる。この表現はしばしば最低(最小)条件と称される。

(87) a. お金さえあれば、何でもできる。
　　 b. お金がありさえすれば、何でもできる。
(88) a. 彼が手伝ってくれさえすれば、うまくいったのに。
　　 b. 彼さえ手伝ってくれれば、うまくいったのに。
　　 c. 彼が手伝ってさえくれれば、うまくいったのに。

後件には事態の達成、可能な状況の出現が意図される。

(89) 今のままでいて、それこそ「大過なく」過ごしさえすれば、定年までは安全に勤められる。
(柴田翔『鳥の影』)
(90) 採銅教授は、いつでも学校から帰ってよかった。ともかく、学校に顔を出しさえすれば義務は済む。
(松本清張『偏狂者の系譜』)
(91) 米空軍側の管制官が「もく星」号に適正な無電指示を与えたかどうかは、そのテープを聞きさえすればいっぺんに分るはずである。管制室と機長との交信記録が入っているからである。
(松本清張『一九五二年日航機「墜落」事件』)

6.4 対比と並列

レバの対比・並列については次のような典型があげられる。

(92) 海行かば水漬く屍、山行かば草むす屍、…(再掲(7))

「海へ行けば亡骸があり、山へ行けば亡骸がある」という両面の対等な対比を表す。これを対比のハを用いて、「海には～山には～」と言い替えても差し支えない。このようにレバには「～かと思えば、一方では～」という含意が濃厚である。こうしたレバの重奏は修辞的でもあり、次のように文学的な表現にもあらわれる。

(93)　海雀、海雀、銀の点点、海雀、
　　　　波ゆりければゆりあげて
　　　　波ひきゆけばかげ失する、　　　　　　　　　（北原白秋「海雀」）
異種主体の場合、レバは複数の同時発生の状況を提示する。(94b)のトが「今度は」という、事態の連続継起を表すことが多いのと対照的である
(94)a.　中日がヤクルトに勝てば、（一方の）巨人は阪神に今季五連勝。
　　b.　5回を無失点におさえると、その裏タイムリーで3点をたたき出し、
対比は類似的な事態の並列、例示的列挙でなければならない。次の例では「探し回る」行為を基調としながら、複数の行為の特徴を意義づけている。
(95)　財布がないと探し回れば車庫に置いた自転車の前かごにあったり、玄関の隅にあったり。眼鏡がないと探し回れば、洗面所に忘れてあったり、バッグの中にあったり。　　　　　　　　　　（讀賣新聞 04.10.6）
後件主文では「XシYシ」のほか「XタリYタリ」なども援用される。
　もう一つの対比はむしろ並列に傾斜したもので、「Xモ～バ、Yモ～」のように副助詞モをともなうものである。一般に述語は従属節、主節に共通したものがあらわれる。次の「いる」も「ある」も存在動詞である。対比の対象はヒト、モノ、コトであったり、トキであったりする。この用例は比較的多く観察される。
(96)　髭をかすかにふるわせて眼をしばたたいているマウスもいれば、肢を宙にうかせて仰向けになり動かなくなっているものもあった。
　　　　　　　　　　　　　　　　　　　　　　　　（吉村昭『秋の街』）
(97)　父の下山日は一定していなかった。五日目におりてくるときもあれば、ときには半月もおりてこないこともあった。
　　　　　　　　　　　　　　　　　　　　　　　（立原正秋『冬のかたみに』）
(98)　これはひどく単純なゲームの感覚だった。重苦しく手間もかかれば足手まといにもなる。　　　　　　　　　　　　　（吉岡忍『死よりも遠くへ』）
(99)　米国だって日本だって戦争遂行では必ず間違いを犯してきた。戦争には必ず不確定な要素がついてまわる。同士討ちが起こることもあれば、情報判断の誤りもある。　　　　　　　　　　　　　　（讀賣新聞 04.10.1）
(100)　六畳の間にはタンスもなければ本箱もなく、古新聞紙を張った壁がそのまま顕われ、荒涼としたものであった。　　（松本清張『歪んだ複写』）
(101)　襖をへだてた隣室には、さまざまな客が入り、一夜だけのこともあれば数日から十日以上も逗留していることもあった。　（吉村昭『死顔』）
(102)　彼には気兼ねするような先輩もいなければ、足を引っ張るような仲間もいない。　　　　　　　　　　　　　　（松本清張『偏執者の系譜』）
これらは「～シ～モ」との言い替え可能のケースが多くみられる。例えば(97)は

(103) ……五日目におりてくるときもあるし、ときには半月もおりてこないこともあった。(97)'

のようにも表わされる。なお、同じ対比の構図でも、次の2例は同一場面ではなく異なる場面での類似的事態の掲示で、しばしば「あるいは」が挿入される。「Aの場合はBし、(あるいは)Cの場合はDする」といった場面を呈する。

(104) 症状が出ている生徒がいれば、すぐに教室から保健室などへ離し、帰宅させる。手洗いを励行し、欠席者が増えてくれば、机を離すなど工夫をして、できるだけ生徒同士の感染を防ぐ。　　(朝日新聞09.8.25)

(105) 後進の結婚の媒酌をすすんでするように、学界での世話をよくすることが先生の本領であった。確執があればそれを調停し、勢力争いが表面に出ようとすればそれをまるくおさめた。

(松本清張『偏狂者の系譜』)

6.5　その他の諸形式

「ヨウナコトニデモナレバ」、「トモナレバ」などの前件はレバの内省的な特徴を比較的明確に表している。次の例ではレバはテハの用法に隣接している。「見越しの条件」とでもいうべき用法である。

(106) a. 鍵を落とすようなことに(でも)なれば、大変なことになる。
　　　b. 鍵を落とすようなことになっては、大変なことになる。

もう一つは意志形を用いた「ようと思えば」の形で同一の動詞が反復されるもので、主文文末には「ないことはない」のような否定連鎖の形式があらわれる[9]。

(107) a. 食おうと思えば食えないことはないが、やはり抵抗がある。
　　　b. 予想以上の値だったが、買おうと思えば買えない金額ではない。

さらにその類型として、願望表現を含む繰り返しもしばしば観察される。

(108) a. 見たければ見てもいいですよ。
　　　b. 泣きたければ泣きなさい。

これも当然の事態の推移を察しながら、放任すべき事態と判断して述べたものである。次の「ことを考えれば」は「考えた場合は(当然)」のように言い替えられる。

(109) 射殺され、捕獲されるクマは猛暑と台風の被害者だが、登下校の児童などにも危険が及ぶことを考えれば、そう同情してもいられない。

(讀賣新聞04.10.6)

「～レバ～デ」のように同一動詞を介しての用法は、「たとえそのような場合でも」という一種の譲歩的な環境、もしくは限定状況を表す。

(110) あれば便利なのだろうが、なければないでそう困ることはない。

(荻原浩『明日の記憶』)

(111) 「そっとしておいてやった方がいい。行けば行くで、おれの応対に気をつかう」　　　　　　　　　　　　　　　　　　　　（吉村昭『死顔』）
(112) 馬がいればいたで世話が焼けて面倒だけど、いないとなればこれは大変だ。　　　　　　　　　　（奥泉光『浪漫的な行軍の記録』）

(112)は「〜レバ〜デ」形式が次節で述べる条件形後置詞「となれば」と連動する形で用いられている。

7 レバ条件節の独立形式—条件形後置詞と副詞句表現

本節ではレバの条件形後置詞の機能、および独立的、完結的な副詞（接続詞相当を含む）フレーズの機能について述べる。

7.1 レバ条件形の後置詞

高橋 (1983) の命名による条件形後置詞は、動詞本来の実質的、具体的な意味が軽減ないし消滅し、一種の複合辞的な構成をなすもので、レバ条件形の後置詞はト形式とともに広く分布している。以下、代表的な形式に沿って記述する。

7.1.1 「ニヨレバ」

一般に「伝聞」を表すとされ、「話」「噂」などの名詞につくことが多い。「ニヨルト」の同様の意味を表すが、「ニヨレバ」のほうが確証的で、確信的な意味をともなう。「ニヨルト」が偶然の伝聞とすれば、「ニヨレバ」は確かな筋からの正式なコメントという印象を与える。これは「ニヨッテ」などとともに「ニヨル」の活用形であり、「に基づく」という意味を表す。前接名詞は後文の情報源、根拠とされるものである。後文述語は「ということだ」「そうだ」などで表わされる。

(113) a. 複数の目撃者の証言によれば、容疑者は黒いワゴン車で現場から逃走したとのことだ。
　　　b. 警察白書によれば、外国人犯罪は近年急増の一途をたどっているという。
　　　c. 聞くところによれば、前回の試験の成績は最悪だったらしい。

一方、「ニヨレバ」が根拠を表す場合は、「ことになっている」「ようになっている」という含みがあり、事態確認のような場合にも用いられる。

(114) a. 規約によれば、有効票は出席者の三分の二以上となっている。
　　　b. 設計書によれば、この設備の導入で約10％のコストダウンができるようになっている。

「ニヨレバ」は文全体にかかる導入句であることから、後文にはさらに別の条件文

が生起することもある。
   (115) 農水省によれば、作況指数がこのままの水準で推移すれば、今年度産米は加工用に 20 万トンを回しても 15 万トンの過剰米が生じる。
   (朝日新聞 04.9.23)

7.1.2 「トスレバ」「ニシテミレバ」

「トスレバ」も「トスルト」に比べて主文文末の主張に確信的な強さがみられる。予測、想定と同時に、可能性の結果が述べられる。より仮定的な「トスルナラバ」の言い方もある。「トシテ」との言い替えがしばしば可能である。
   (116)a. 朝の 5 時に家を出たとすれば、成田には 8 時前には着くだろう。
      b. 選挙が行われるとすれば、結果は T 氏の当選に決まっている。
      c. 留学するとするならば、英語の成績はどのくらい必要だろうか。
   (117) 子どもが子どもとして当たり前の行動をとって、その結果が重傷あるいは死につながるような結果を招くとすれば、製品自体あるいはその運用に欠陥があると考えなければならない。   (讀賣新聞 04.5.14)

「ニシテミレバ」は「カラスレバ」「ニトッテハ」とほぼ同じ意味で、対比的な環境、立場において用いられる。文脈によっては非難、ないし不安が述べられる。
   (118)a. あなたはそれでいいのだろうが、相手にしてみれば不満だろう。
      b. 教授にとっては楽しい講義でも、学生にしてみれば、退屈極まる授業にちがいない。
      c. 政府は内需拡大とたやすく言うけれども、このやりかたは消費者にしてみれば、たまったものではない。

7.1.3 「トイエバ」

条件形後置詞の中では「トイウト」とともにもっとも多義的な意味を表す。まず、連想、想起という用法があげられる。
   (119)a. 温泉といえば草津、草津といえば温泉。
      b. 屋久島といえば、誰もが連想するのが縄文杉だ。(讀賣新聞 04.9.20)
   (120) 三枝といえば、坂本龍馬と新撰組の近藤勇がゴルフを楽しむ「ゴルフ夜明け前」といった創作落語で知られる。   (朝日新聞 09.12.28)
次のように後文には評価的な言い方もあらわれる。
   (121) 宙ぶらりんといえば、私と弟ほど宙ぶらりんな男はいなかった。
   (立原正秋『剣ヶ崎』)
「ナゼ〜カトイエバ」は、事態の成立を自己確認、自己弁護する言い方である。「なぜかといえば」は接続詞的に用いられ、「カラダ」で受ける定型表現である。

(122) なぜ日本語学科を受験したかといえば、きまって正しい日本語を身につけたいからだという答えが受験生から返ってくる。

(123) 何度でも何度でも、まるで夜明け前に死神と踊る不吉なダンスみたいに、それが繰り返される。なぜかといえば、その嵐はどこか遠くからやってきた無関係な何かじゃないからだ。（村上春樹『海辺のカフカ』）

この場合、「といえば」は「というと」も頻用され、「と訊けば」「と訊くと」の意味にも解釈される。「といえば」と「というと」はほとんど有意差はないが、「というと」は「ということは」という提題的な用法で、「といえば」は不自然である。

(124) 輸送船の上で銃撃されたというと、飛行機から撃たれて死んだのね」
（井上光晴『死者の時』）

「トイウト」は相手の言質に対して、一種の問い返し的な機能を担うことが可能だが、「トイエバ」はもっぱら話し手自身の内部に存在する想起に制約される。

(125) 住まいをさがすといいますと、この近くなのでしょうか。
（吉村昭『仮釈放』）
cf. ?? 住まいを探すといえば、この近くなのでしょうか。

(126) 先週、新宿で山田さんに会いましたよ。若い女の子と一緒でした。
——そうですか。山田さんといえば、最近飲み会に顔を出しませんね。
cf. ? そうですか。山田さんというと、最近飲み会に顔を出しませんね。

この場合、「山田さんというと」は次のような文脈において妥当なものとなる。複数の候補の中からの検索、想起を意味する。

(127) 山田さんというと、あのK商事の山田さんですか。
cf. ? 山田さんといえば、あのK商事の山田さんですか。

逆に(127b)のように「山田さんといえば」では、落ち着きがよくなる。

(128) 人目につかない場所といえば、まだほかに便利な所がいろいろある筈である。選りによって交通の不便なそのような田舎を選ぶ理由が分らなかった。
（松本清張『歪んだ複写』）

「トイエバ」には経験的な内省から次のような固有な用法も散見される。

(129) a. 調子はまったくいいが、不安がないと言えば嘘になる。
b. 満足しているといえば言い過ぎですが、まあ結果に納得はしています。
c. 会は楽しいといえば言えないことはなかったが、やはり物足りなかった。
d. 当時の文化住宅といえば（確かに）聞こえはいいが、普通のアパートに毛のはえたようなものだった。

次のような同語反復も「トイウト」にはない「トイエバ」固有の用法である。間

第1章　レバ条件文における文脈的意味　183

投詞「まあ」と接続助詞「が」との共起に特徴がみられる。相手の意見なり忠告なりをあいまいに受け流すといったニュアンスがある。
　　(130)　「まあ、崎山のようなやつは殺されても仕方がないといえば仕方がないが、もう少し、こちらで彼と沼田殺しとの因果関係を洗ってやりたかったな」　　　　　　　　　　　　　　　（松本清張『歪んだ複写』）
　　(131)　「それは、少し、細君もひどいですね」
　　　　　「まあ、ひどいといえばひどいが、酒は飲むし、飲んだら暴れるし、収入は無いし、だれかて辛抱はでけへん」　（松本清張『歪んだ複写』）
次の例では接続詞としての「トイウト」との対比にも注意したい。「トイエバ」にはこうした接続詞的用法はない。
　　(132)　「しかし、おばさんはその人を見たんでしょう？」
　　　　　「ええ、あたしは見たといえば見たですがね」
　　　　　「というと？」
　　　　　「その御亭主の方は、しょっちゅう部屋にいたわけではないんです」
　　　　　　　　　　　　　　　　　　　　　　　　（松本清張『歪んだ複写』）
「カライエバ」は「カラスレバ」と同様に、判断の有力な視角、視点を示す。
　　(133)　なるほど、このアパートの構造からいえば、死体のあった押入れは、隣室のすぐ壁際になっていて、安普請だから、壁の隙間から隣室に臭って来たに違いない。　　　　　　　　　　（松本清張『歪んだ複写』）

7.1.4　「(カ)ト思エバ」
「ト見レバ」なども同様で、瞬時の変化や変わり身の早さを表す[11]。
　　(134) a.　さっきまで勉強していたかと思えば、もうゲームに夢中になっている。
　　　　 b.　娘は留学したいと言っていたかと思えば、突然結婚したいと言い出した。
　　(135)　見るからにいかつい若い衆をいつも強面で従え、昨日陸軍の格好をしていたかと思えば、今日海軍の帽子をかぶる変わり身の早さと軍の威光をカサに強奪同然の物資調達をする手口の悪辣さで、
　　　　　　　　　　　　　　　　　　　　　（佐野眞一『阿片王　満州の夜と霧』）

7.1.5　「トアレバ」「トアラバ」「ト(モ)ナレバ」
やや文語的な表現の「トアレバ」「トアラバ」は「のであれば」の意味で、しばしば「トナレバ」とも置き換えられる、事態設定の言い方である。主文には決意を表したり、必然性の高い文があらわれやすい。

(136) a. 嫌な仕事でも上司の依頼とあれば、断れない社員も多いはずだ。
　　　b. あなたが必要とあれば、私はいつでもお金をお貸ししますよ。
　　　c. 大切な家族を守るためとあれば、私は命がけで敵と戦うつもりだ。

(137)のように主文では「ますます」「なおさら」といった漸増的な事態が述べられる。

(137) 監査機能の強化は官民を問わず、日本社会が直面する課題である。(中略)まして、超高齢社会の到来で、租税や社会保険料などの負担が増えていくとあれば、その使途への関心がますます高まるのも当然だ。
　　　　　　　　　　　　　　　　　　　　　　　　　　(朝日新聞 99.11.30)

「トナレバ」「トモナレバ」は想起や対比をあらわす。

(138) 馬がいればいたで世話が焼けて面倒だけど、いないとなればこれは大変だ。(112)再掲　　　　　　　　(奥泉光『浪漫的な行軍の記録』)

(139) まあ、そんな泣き言は別として、昭和二十七年ともなれば、いよいよ日米単独講話条約が発効します。たとえ日米行政協定で米軍はまだ駐留していても、とにかく日本の空は再び日本人のパイロットのものになる。　　　　　　(松本清張『一九五二年日航機「墜落」事件』)

このほかレバの慣用的な言い方として、「を除けば」、「と比べれば」などがある。いずれも後件には「当然」という当為の含みが表される。

(140) 柔道になぞらえれば、いじめにも「受け身」があるのではないか。

7.2　副詞句の用法

　一種の文頭副詞句として慣用的に用いられるレバがある。「できれば」は主観的な判断の基準、立場を表す。

(141) できれば、今週中に手に入れたいのですが。(可能であれば)

「言う」自体にも発話思考に関する慣用的な文頭語が少なくない。これらも一種の誘導的な前置き表現で、一種の文副詞的な機能を呈している。

(142) 「堂々としていて、しゃべりもうまいが、文系出身で車の技術的な細かい所までは目が行き届かない。悪く言えば、おおざっぱなタイプ」
　　　　　　　　　　　　　　　　　　　　　　　　　　(讀賣新聞 04.6.11)

(143) 朝鮮人はみな悪くいえば事大主義者でな、法律と政治を学べば出世すると考えている連中ばかりだ。　　　　(立原正秋『冬のかたみに』)

(143)では「法律と政治を学べば出世すると考える」といった例示を前触れ的に文頭で述べている。「言う」が付随するフレーズには次のようなものがある[11]。

(144) 一口で言えば、結論を先に言えば、要約すれば、簡単に言えば、平たく言えば、大雑把に言えば、誤解を恐れずに言えば、ザックリ言ってしまえば、元はといえば、欲をいえば、どちらかといえば、…

このなかには「正直に言って」のようにテ形で用いられることもある。「思い起こせば」「振り返れば」「考えてみれば」「話せば長いことながら」「元を正せば」「裏を返せば」「うまくいけば」「あわよくば」「なんとなれば」「そうと決まれば」「ふたを開けてみれば」などもレバの固有の副詞句で、レバの内省的な特徴を表す。

(145) さらに、いざとなれば、崎山は私の殺人罪までぺらぺらとしゃべりかねない。　　　　　　　　　　　　　（松本清張『歪んだ複写』）

(146) だが、これは裏を返せば、強い危機感の証拠でもある。
　　　　　　　　　　　　　　　　　　　　（讀賣新聞 04.7.2）

「早ければ(〜にも)」は「できれば」という期待が濃厚で、「早い場合は」という近似未来の事態が意図的に想定される。

(147) ロシア政府筋が十七日、語ったところによると、北朝鮮の金正日総書記は早ければ今月末にもロシア極東を訪れ、プーチン大統領との露朝首脳会談を行う見通しだ。　　　　　　（讀賣新聞 04.6.18）

この対極には次のような「早くても」という「ても」の意識が内在する。後文の「来週にも」と「来週には」の「にも」と「には」の規定にも差異を生じる。

(148)a. 早ければ、来週にも法案は可決される見通し。
　　　b. 早くても、来週には法案は可決される見通し。

レバが接続詞的に用いられるものがある。「いわば」は「つまり」「言ってみれば」のような言い替え、要約の用法である。

(149) いわば、幹部候補生になる人が一応実地の見習として、出先の機関を実習に廻ることになっている。　（松本清張『歪んだ複写』）

「聞けば」のように条件の意味を残しているものもある。「そういえば」は相手の発話を受けて類似的事態を連想する言い方で、ほとんど接続詞化したものである。

(150)a. 聞けば、道に迷ったという。
　　　b. そういえば、最近、野原で寝転んだことってないなあ。
　　　c. 終わってみれば案外短い一生だったなあと思う。

(150c) は「案に相違して」という感慨を表す。(151)の接続詞的に文頭に用いられる「思えば」も、「やはり」に近い成分で語り手の主観を代弁するような意味が観察される。

(151) 思えば、崎山は何から何まで私を破滅に導くよう計算した男だ。
　　　　　　　　　　　　　　　　　　　（松本清張『歪んだ複写』）

7.3 言いさしのレバ

　前件を受ける帰結部分の出来が必然的なものであるがゆえに、レバによる言いさしの効果はタラと比べても語勢から言っても際立っている。場面によっては投げやり的、あるいは無責任とも思えるニュアンスをもつ。

　（152）　（進路で困っている友人に）
　　　　　a.　先生のところにでも相談に行った<u>ら</u>。（「行ったらいいでしょう」）
　　　　　b.　先生のところにでも相談に行け<u>ば</u>。（「行けばいいでしょう」）

(152a)のタラは多くの解決法の中の任意の一つを提示し、そうしてみることによってあるいは好機が見出せるかもしれないという期待感があるのに対し、(152b)のレバはそうした感情を排除して、突き放したように一方的に差し向けることによって、他に思量のない疎遠な物言いになっている。

　（153）　言わせておけば…（いい気になりやがって）

当為を示唆する「レバイイ」は一種の複合辞である。会話では「行け<u>ば</u>いい」は「行キャいい」、「食べれ<u>ば</u>」は「食べリャいい」のように変化する。

　（154）　どちらへ行けば国道に出られますか。
　　　　　；国道に出るにはどちらへ行け<u>ばいい</u>ですか。
　（155）　発明なんて考えないで昼寝して<u>りゃいい</u>んだよ。

(156)の「レバイイ」は一種の慣用的な警告、助言表現で、結果は明白であることを表明している。「ばいいのに」は非難を言い含めた表現である[12]。

　（156）a.　よせばいいのに…（余計なことをするから馬鹿をみる）
　　　　b.　あなたも行けば｛いい／よかった｝のに…。
　　　　c.　あなたなんか、死んでしまえ<u>ばいい</u>んだわ。

8　おわりに

　レバの形が条件形と称されるようにレバ条件文はもっとも条件らしさを表す表現形式である。その内包する普遍的な意味主張の傾向から、簡潔な表現として話し手の主張を断定的に主張する場合が少なくない。

　（157）　小泉首相は十八日夕、政府・与党が合意した三位一体改革に関する基本的枠組みで、儀身教育費国庫負担金の削減が明記されていないなど合意を優先したとの見方が出ていることについて、「それは節穴だ。<u>よく眼光紙背に徹すれば</u>、地方案を真摯に受け止める<u>というのがわかる</u>」と語った。　　　　　（讀賣新聞 04.11.19、破線傍線は引用者）

レバの普遍性、必然性は同一文脈のなかに置いてみた場合、個別的、現象的なトと

きわめて対照的な構図を描いていることに気づく。有名な『草枕』の冒頭には、レバとトの共演がみられる(▽は改行を表す)。

(158) 山路を登りながら、こう考えた。智に働け<u>ば</u>角が立つ。情に棹させ<u>ば</u>流される。意地を通せ<u>ば</u>窮屈だ。▽智に働け<u>ば</u>角が立つ。情に棹させ<u>ば</u>流される。意地を通せ<u>ば</u>窮屈だ。兎角に人の世は住みにくい。▽住みにくさが高じる<u>と</u>、安い所へ引き越したくなる。どこへ越しても住みにくいと悟った時、詩が生れて、画が出来る。　　（夏目漱石『草枕』）

　レバの保守性、恒常性に対して、トは個々の対処、抜け道としての知恵である。レバの表す一般論の受容に対してトは現実的対応である。レバでは一定の心理、定理、教訓を述べるが、トでは臨機応変、自由自在の個別的な対応を成す[13]。
　条件節が帰結節によってどのように展開されるのか、という個々の意味的な関係を一様に規定することは困難だとしても、条件文、条件表現という全体からみれば主体の表現意図、心的姿勢にかかわる点も小さくない。
　以上、本章ではレバ条件文の機能を文脈的な特徴の中で考察し、その独自の用法を記述してみた。このほか、レバとノデアレバ、ノデナケレバなど「ノ」の介入がみられるもの、レバの丁寧化、待遇的な特徴も当然、議論の対象としなければならない。レバとテハの重なりについても

(159) a.　郷に入っ<u>ては</u>郷にしたがう覚悟だ。
　　　b.　郷に入れ<u>ば</u>郷にしたがう覚悟だ。

のようにしばしば観察され、レバとテハが漸増的に用いられる場合がある。

(160)　そうした場合、<u>もしも</u>進入をためらっておれば、タイ国軍の戦備は一層ととのえられる<u>だろうし</u>夜が明けはなたれてから作戦行動をおこし<u>ては</u>タイ国軍の抵抗もはげしさを増すに<u>ちがいない</u>。

（吉村昭『大本営が震えた日』）

このようにレバには前件と後件の等位的な結合という意識が通底している。
　このほか、レバとテモが同列の意味で用いられるケースもみられる。

(161) a.　上を見<u>れば</u>切りがないし、下を見<u>れば</u>切りがない。
　　　b.　上を見<u>ても</u>切りがないし、下を見<u>ても</u>切りがない。

これは並列化することでレバが本来の条件の意味を希薄なものとし、もっぱら機能的にテモと同じような並列の意味を表している。こうした現象についても、レバにみられる特徴として注目していく必要がある。

注

1 「行けバ」「食べレバ」「暑けレバ」などの形態的特徴からバと称することもあるが、本章ではレバ(条件文)と称することにする。
2 「虎穴に入らずんば虎児を得ず」(「虎穴に入らなければ虎児を得ることはできない」)のような文語的な表記についても同様にみなす。諺、格言のほかにも、
  ・黙って座ればピタリと当たる。
  ・心頭を滅却すれば火もまた涼し。
  などの慣用・慣例的な言い回しもレバによる表出の顕著な特徴である。
3 二宮正之(2000)は「プルーストと生きる」の中で、この俳句に凝縮された「時の重層性」について、肉体的な個人の現実的感覚は純粋な現在に位置しながら、その外部には永劫不変の客観的な時が介入し、さらにその外側には一文明の過去・現在・未来をふくんだ「歴史」の時に組み込まれる、とし、次のように述べている。「柿・鐘・寺という空間の急速な広がりが、時の深まりとあいまって、作者と読者の心の中で、深い過去に結びついた経験を呼び起こし、実存の振動をひきおこさないと、誰にいえよう」(『私の中のシャルトル』)。筆者はこの「時の重層性」を架橋する特徴をレバの接続の本質によるものと考える。
4 蓮沼他(2001)。p.19–21、p.40–41の要約を多少改編し、参考までにその他の条件形式の適否を注記した。用例番号は本章の通し番号にしたがう。
5 こうした経験的特徴をふまえながら、田中(2004a)ではレバの特徴を「内省判断」型と規定した。これはタラの主観的な伝達機能と性質を異にしている。
6 可能性、蓋然性を表す「カネナイ」「カモシレナイ」との共起性については第3部第2章を参照。
7 これらの主題転換の現象は一部、タラやトにも共通したもので、連体修飾構造と条件節、時間節の関係をみるうえで興味深い。
  ・答案を書いてしまった人はこちらに出してください。
    cf. (誰か)答案を書いてしまったら、…
  ・両側の建物に眼をむけながら歩いて行ったかれは、　　　　(吉村昭『仮釈放』)
    cf. かれは両側の建物に眼をむけながら歩いて行くと、…
8 言い替えは可能であるが、発話意図については異なる。なお、「につれて」「にしたがって」などの動詞テ形後置詞については第1部第2章を参照。
9 「否定連鎖」の構文については第4部第4章の7.3を参照。
10 「かと思えば」の多義的な用法については第2部第3章の7.1を参照。
11 亀田(2000)は特にレバの「えらびだし性」(高橋太郎1983)を取り上げ、「言エバ」の

条件形式の注釈句について詳しく考察したものである。なお、文副詞的な評価判断成分としてのレバの用法は、しばしば述語成分への移行を生ずることがある。「正直にいう」を例に示す。

・<u>正直に</u><u>いえば</u>、この際、潔く身を引いてほしいですね。
　；この際、潔く身を引いてほしい<u>というの</u>が<u>正直な気持ち</u>です。

12　レバ、タラの終助詞的な用法については、発話行為と対人関係の側面から考察した元春英(2010)が比較的詳しい。

13　こうした発想様式については田中(2008)「みだりに車外に出ると危険です─〈ト〉の事象性と公共観念、結果指向」におけるト条件文の考察を参照。

第2章　擬似的な連体節と従属接続成分
―「理由で」「代わりに」「反面」などをめぐって

1　はじめに

　本章では連体修飾構造が文法的形式に拡張したものとして、従属的な接続成分に参与し、複文の趣を呈したものを瞥見する。これらは主節にかかっていわば様態的な修飾節を形成し、主文の達成を支持、ないし補助するものである。連体修飾構造を受ける名詞の性格については実質的意味を残して単独で使用されるものや、形式名詞を主としてほぼ抽象的な意味に定位したものがあり、後者はもはや連体修飾を受けずには存在困難な品詞といってもよい。つまり文中の接続成分、文末の叙述成分という機能を本務とするものである。複文研究において、こうした個々の接続態様の体系的記述は空白部分でもあったが、従属節の従属のタイプ、意味構造、発話意図をさぐる意味からも、十分に考察の余地があるといえよう[1]。
　こうした現象に着目した田中(2004a)では名詞のモーダルな成分として、文中にあらわれる名詞接続成分について大まかな形態的分類を試みたが、個々の現象の詳細な記述、また連携する体系的な記述についてはふれることができなかった。またこれらの成分につきそうデ格、ニ格、無格という格表示の深層的な意味機能についても、説明は不十分なままであった。その後、村木(2007、2009)では「一方」「かたわら」などをとりあげ、これらが文末成分へ移行したり、連体修飾成分として機能したりする特徴をもつことから、従来の従属節に対して比較的結合がゆるやかな《擬似連体節を受ける従属接続詞》と意義づけて考察を行った。また、前田(2009: 24–25)では《接続辞》という名称で、状況文にかかわる成分として、次のような分類を行っている。

・同時進行　　かたわら　がてら　…
・様態　　　　通りに　わりには　…
・時　　　　　瞬間　途中　…
・順接　　　　あげく　うえ　…
・並列　　　　一方　半面(反面)　…

毛 (2009) ではさらに文の接続機能として広くとらえ、《機能辞》という概念のもとに膨大なコーパスを用いて緻密な検証を進めた。これは中国語文法における「関連語」という形態的カテゴリーに着眼したものと思われるが、副詞などの文成分との共起的な機能を重視した点が特徴的である。

本章では以上のような観点をさらに拡張、発展させ、被修飾名詞につきそう格の態様（デ格、ニ格、無格など）に注意しながら、前文と後文の意味的な関係について詳しくみていくことにしたい。さらに前掲村木で考察された構文の周辺的な要素として文法化をになう複数の接続成分をも観察しつつ、これらの用法に共通した意味記述を試みる。

2 「Nデ」節の意味と機能

格助詞をめぐっては夥しい研究成果があるが、ここでは表層格と深層格の対応、交渉を考えるため、寺村・白川 (1988) であげられたデの 8 つの用法を検討してみよう。この中で本節の対象となるのは、(1c)「道具・手段」、(1e)「原因」、(1h)「事柄の起こる状態」が接続成分に発展しうるものと考える[2]。

（1）a. 動的事象を包む場所；公園で、学校で、…
　　　b. 判断のあてはまる領域；日本で一番、幕内で、演劇界で、…
　　　c. 道具・手段；電車で、大砲で、針金で、住み込みで、徹夜で、…
　　　d. 材料；紙で、ペンキで、心配ごとで、…
　　　e. 原因；無免許で、寝たばこで、遊び過ぎで、地球温暖化で、…
　　　f. 基準；5 枚で、五人で、全体で、一部で、…
　　　g. 動作主；消防署で、当方で、病院側で、国内で、…
　　　h. 事柄の起こる状態；笑顔で、時速 350 キロで、大声で、ミディアムで、ブラックで、生で、無断で、長い目で、二日酔いで、マジで、…

とりわけ (1h)「事柄の起こる状態」は「冗談で、いい気分で、仇で、付けで、アポ抜きで、したり顔で、恋人気取りで、今日限りで、結果如何で、割り勘で、グルで、夢中で、義理で、裸一貫で、…」のように多様な副詞語彙を生産する。こうした日本語の格助詞については従来の認知モデルをもとにこうした意味構造を分析しつつ、補語成分から接続成分への拡張をも視野に入れる必要がある[3]。

連体修飾構造を受ける名詞にデ格がつきそって接続成分となったものには、いわゆる形式名詞、形式副詞を用いたものと、内容を指示する個別の名詞を中核としてあらわれるものとがある。前者については「ことで」「もので」「ところで」「わけで」「つもりで」「おかげで」「せいで」「うえで」「だけで」「ぐらいで」などが顕著で、これらの意味用法についてはこれまでに詳しい個別的な記述研究がある。最初

にこれらの様相を概観し、加えてその周辺に分布する接続成分を検討してみたい。

2.1 形式名詞・形式副詞とデ格成分

　本章であつかう接続成分では総じて原因理由、条件を表すものが多くみられるが、ここでは手段、方法と原因理由がテンスによって分化するものとしていくつかの類型を瞥見する。

　（2）a.　マスクをする<u>ことで</u>、新型インフルエンザの感染を防ぐ。
　　　　b.　マスクをした<u>ことで</u>、新型インフルエンザの感染を防いだ。
　　　　　　cf. マスクをする<u>ことによって</u>、新型インフルエンザの感染が防げる。

「ことで」の前のル形を用いた（2a）は手段・対処を、タ形を用いた（2b）は、原因・理由を表している。「ことで」は複合辞「ことによって」などとともに、「て」や「から」「ので」とくらべて意志的、意図的な様相を帯びる。

　また、基本的な接続構造である「だけ」にも意味の分化が観察される。「だけで」の場合、通常はル形だが、タ形でも大筋は変わらない。

　（3）「あんな退屈なことを嬉々としてやっている人がいると思う<u>だけで</u>、なんだか明るい気持ちになってくるものね」（奥泉光『モーダルな事象』）

なお、この「だけで」には大きくは二種類が存在する。

　（4）a.　黙って聞いている<u>だけで</u>、何も質問しない学生がほとんどだ。
　　　　b.　少しお酒を飲んだ<u>だけで</u>、私はすぐ眠くなってしまいます。

（4a）の中止用法に対し、（4b）は条件用法で、（4b）はさらに、「だけでは」「だけでも」のようにハ、モのとりたて詞をともない、制止や助言など、機能的な展開をみせる。

　（5）a.　黙って聞いている<u>だけでは</u>、何も理解したことにはならない。
　　　　b.　人間はやさしい<u>だけでは</u>、世間の荒波を乗り越えてはいけない。
　（6）a.　行くと決めたわけではないが、説明会に参加する<u>だけでも</u>（参加）してみよう。
　　　　b.　英語をものにする<u>だけでも</u>大変なのに、彼は中国語もものにした。

（6a）は「～だけでも～する」というパターン、（6b）は「～だけでも～のに」のパターンがみられる。デ格がつきそいながら接続成分となるものには、上記の「ことで」「だけ」のほかにも、多義的な「ところで」、「もので」「せいで」「おかげで」などの原因理由節がある。これらの個別用法についてはすでに詳細な記述が進んでいるので、数例の用例をあげるにとどめる。

　（7）a.　先生に訊いてみた<u>ところで</u>、何も答えてはくれないだろう。
　　　　b.　五時になった<u>ところで</u>、一休みしませんか。
　　　　c.　トップ集団は函嶺洞門を過ぎた<u>ところで</u>、後続集団に追い付かれた。

(7a)は「のに」「ても」に準ずる逆接、(7b)、(7c)はそれぞれ到達時点、地点を表す。「もので」にも中止用法(8a)と、原因理由の用法(8b)(「ものだから」)がある。
(8)a. 昔はよく山に登ったもので、山菜をよく採って来ては家庭で食した。
　　b. 電車がなかなか来なかったもので、約束の時間に間に合わなかった。
「くらいで(ぐらいで)」も「だけ」と同じような意味の分化がみられる。
(9)a. 韓国語は日常会話ができるぐらいで、難しい会話はできない。
　　b. 男の子が級友にちょっといじめられたぐらいで、泣くやつがあるか。
(9a)は中止用法で、(9b)は条件用法で次のようなとりたてもみられる。
(10)a. 彼は一言二言注意したぐらいでは、なかなか誤りを直そうとはしない。
　　b. ちょっと買物に行くぐらいでも、息子は文句を言って腰をあげない。
こうした接続成分には、主文の生起をうながす主観性の介入が多分に観察される。「うえで」にも「うえで」にかかる動詞のテンスによって多義性が認められる。タ形を用いた(11a)は時間の前後関係を、ル形を用いた(11b)は目的、使途を表す。
(11)a. 両親に相談したうえで、留学するかどうかを決めたいと思う。
　　b. 日中文化交流を継続するうえでこのプロジェクトは貴重である。
なお、「うえ」の場合、デの有無によって後続文の展開が異なってくる。
(12)a. 会期を延長したうえ、質問にも応じない。
　　b. 会期を延長したうえで、さらに対応策を練る。
(12a)は「だけでなく」を含意して添加・並列を、(12b)は「のあとで」「に加えて」を含意して、前後関係、および累加を表す。(12b)の場合、デは必須である。
　上掲の用例の中で「おかげ」「せい」「うえ」などは、「Nのおかげで」「Nのせいで」のように名詞につきそうほか、動詞はタ形が多くあらわれる傾向がある。また「おかげ」「せい」はデを必須とし、原因理由節を構成する。後文では目標の達成、非達成の双方を招来する。「せいか」のように不確定要因を表す場合もあるが、一方の「おかげでか」はほとんどみられない。また、文脈上、「おかげで」は「あなたが遅れてきたおかげで」のように、本来の意味の「せいで」を代行しうるが、逆の場合「*努力したせいで合格した」は成立しない。
(13)a. 陽気のせいで、歳のせいで、天候のせいか、気のせいか、
　　b. 厳しい練習のおかげで、先生のご指導のおかげで、薬のおかげで、
(14)a. 長雨の {おかげで／せいで} 冷害が発生した。
　　b. 事故の {おかげで／せいで} 3時間も遅れてしまった。
　　c. {おかげで／おかげさまで} 楽しい一日でした。cf.*せいで
(15) 何十年もの間にこびりついたヤニのおかげで、喫煙室はそれ自体がキセルの中みたいに湿っているのだ。cf.せいで　　(宮本輝『星々の悲しみ』)

(16) アメリカ留学では、夜の目も寝ずに勉強したおかげで、目標の MBA を取得することができた。cf.*せいで

(17a)、(17b)のように、倒置文として「おかげ」も「せい」もともに文末成分として用いられる。

(17)a. 間に合ったのは道が空いていたおかげだ。cf.*おかげでだ。
　　b. 目がかすむのは歳をとったせいだ。cf.*せいでだ。

2.2　姿勢や状況を表す「調子で」「素振りで」などの意味と用法

　次に形態的特徴として注目されるのは主体に付随する属性の表象で、行為遂行にあたって注釈的な心情を表すものである。名詞成分は次のようなものである。

(18) 表情で、素振りで、口調で、調子で、様子で、ハラで、魂胆で、顔で、声で、眼差しで、頭で、趣旨で、足で、…

(19) 「そうね」禎子は、素直に返事したが、この家を出た足で立川に向かうことを考えていた。　　　　　　　　　　（松本清張『ゼロの焦点』）

　人の感情や感情的な態度、姿勢などをさし示す動詞がタ形をもって様態成分をなすもので、「呆れた顔をして」のようにデが「をして」のように表すものもある。

(20) 知らん顔して、怒った目をして、いい歳をして、(知らない)振り(を)して、不愉快な表情をして、…

多くが語彙的な様態副詞句であるが、「(寝た)振りをして」など生産性のあるものもみられる。このほか、人の体の部分、感覚の延長として、手段的、かつ様態修飾的成分をなすものがある。この中には「という」を前接する名詞も少なくない。

(21) (という)視点で、観点で、立場で、資格で、感じで、格好で、態度で、姿勢で、手つきで、しぐさで、足どりで、(という)感覚で、…

たとえば、「姿勢」は(22)のような様態修飾成分を構成する。「姿勢で」は「姿勢をとりながら」「姿勢を見せて」という意味で、主行為の様態を説明している。しばしば状態継続のママもつきそうことがある。

(22)a. 座った姿勢(のまま)で、記者の質問に答える。
　　b. まっすぐ立った(ままの)姿勢で、片足を前に上げて屈伸する。
　　c. 長時間にわたりますので、楽な姿勢で説明を聞いてください。
　　d. 飛行機内で長時間窮屈な姿勢で座っていたため、気分が悪くなった。
　　e. 幹事長は何者にも屈しないという強い姿勢で、記者会見に臨んだ。

「態度」は「立場」「覚悟」などと同様、擬似的な接続成分をかたちづくる。

(23)a. 投げやりな態度で、冷やかな態度で、不自然な態度で、横柄な態度で、曖昧な態度で、毅然とした態度で、落ち着いた態度で、厳しい態度で、…

b.　彼はういういしい新人選手らしい態度で、監督やコーチに挨拶した。
　　　c.　学生は行くか行かないか終始曖昧な態度で先生の説明を聞いていた。
以下、姿勢や表情といった様態修飾の個別的なふるまいについて、具体的な用例をあげながら説明を続ける。
　(24)a.　自分だけ知っているというハラでやっていると、思わぬ失敗をする。
　　　b.　上司に気に入られたいという頭で、何かを接近をはかっている。
この中には「ような」や「という」の介在を必要とするものも多い。以下の「様子で」「恰好で」も様態修飾の具体的な発現である。
　(25)　彼はポケットからよじれた煙草を出して、落ち着いた様子ですいはじめ、それとなく、じろじろ禎子の顔を見ていた。
　　　　　　　　　　　　　　　　　　　　　　　（松本清張『ゼロの焦点』）
「様子」は「様子(で)もなく」のような否定的な状況も表す。
　(26)a.　子どもはびっくりしたような様子で、私の顔をじっと見つめた。
　　　b.　急いで駆け付けると彼は何事もなかったかの様子で居間に坐っていた。
　　　c.　無邪気にはしゃいでいる様子からして、秘密は漏れていないらしい。
　　　d.　落ち着かない様子で、悪びれた様子もなく、動揺する様子でもなく、
「格好」(「恰好」)も体裁や物事の進展の状態を形容する。
　(27)　パジャマの格好で、普段着の格好で、よそいきの格好で、変な格好で、
　　　　うつ伏せの格好で、仰向けの格好で、おどけた格好をして、
(28b)のように視覚的な「格好」とは異なる意味用法もみられる。
　(28)a.　女性は頭部を玄関に向けた格好で血を流して倒れていた。
　　　b.　市が業者の不正の尻拭いをするという格好で、事態を隠蔽してきた。
　(29)　大きな声だったが、本多良雄は、少し首をふっただけで、返事をしなかった。それよりも、とりあわないという恰好で、禎子に言った。
　　　　　　　　　　　　　　　　　　　　　　　（松本清張『ゼロの焦点』）
　また、「格好」は、「姿勢」、「様子」などと同じく状態、様態を表しながら、文末成分にも用いられる。
　(30)a.　彼女はアルバイトが忙しく研究は当分手に着かないといった格好だ。
　　　b.　何度も注意をやぶった結果、医者にも見放された格好になった。
　　　c.　政府は六カ国協議ではより厳しい態度で臨む姿勢だ。
　　　d.　会議は最初から企画書をめぐって議論が続いている様子だ。
「表情」も「格好」「態度」と類似的な成分としてあらわれる。
　(31)a.　険しい表情で、沈鬱な表情で、うち沈んだ生気のない表情で、
　　　b.　どうも納得のいかないといった表情で、乗客は説明を求めてきた。
「姿」も様態修飾成分としての機能がみられる。

(32) スーツ姿で、ジャージ姿で、寝巻き姿で、ハッピ姿で、サンタクロースの姿で、みすぼらしい姿で、やつれた姿で、粋な姿で、むさくるしい姿で、哀れな姿で、よくもそんな姿で、…

(33) 変わり果てた姿で見つかる、昔のままの姿で佇んでいる、みじめな姿で帰還する、見違えるような姿で登場する、…

これらも節というよりもむしろ、様態副詞句といった様相を呈している。「調子」「口調」も同様に様態副詞句を構成する。(34)、(35)は短い副詞句で、(36)、(37)は比較的長い副詞句をなすものである。

(34) 高い調子で、きつい調子で、激しい調子で、ふざけた調子で、同じ調子で、自分に言い聞かせるような調子で、鬼の首でも獲ったかのような調子で、…

(35) 演説口調で、やさしい口調で、甘ったるい口調で、改まった口調で、丁寧な口調で、弁解するような口調で、相手を非難するような口調で、…

(36) 結論が一応ついたという調子で、前の言葉の冷たさを打ち消す調子で、まるで自分の行動を証明するような調子で、

(37) 曖昧な判断からだんだん立ち直っていくような口調で、そう困ってもいない口調で、ゆったりした口調で、ひどくシャバ気のある口調で、用意してあったせりふを棒読みする口調で、…

((34)〜(37)、井上光晴『死者の時』)

「感じ」も「様子」「調子」などと同じようなふるまいをみせる。(38)は文中、(39)は文末成分として機能している。

(38)a. 北欧を旅しているような感じで、その音楽を聴いていた。
　b. スーザンの伸び上がるような感じで歌うところが気に入っている。
　c. 私にとっては彼女は姉のような感じで接している。

(39)a. 彼女は私にとっては姉のような感じだ。
　b. その鳥は白鳥をひとまわり小さくしたような感じだった。

「気分」「気持ち」も副詞句として、様態修飾成分を構成する。

(40) 不愉快な気分で、憂鬱な気分で、お祭り気分で、遠足気分で、そのときの気分で、晴れ晴れとした気分で、泣きたい気分で、…

(41) 晴れやかな気持ちで、泣きたい気持ちで、颯爽とした気持ちで、新しい気持ちで、軽い気持ちで、祈るような気持ちで、大船に乗った気持ちで、…

(42)a. 最後にはもうどうなってもいいという捨て鉢の気持ちで戦った。
　b. どうでもいいようないい加減な気持ちで参加してもらっては困る。

これらも文末述語成分としてもあらわれる。

(43) a. ここにいると、まるで温泉にでも浸かっているような気分だ。
   b. 仕事が終わると、どこかで一杯やりたい気分だ。(気分になる)
(44) a. 諦めていた会社から内定をもらって天にものぼるような気持ちだ。
   b. 会長に選ばれた時は嬉しいような迷惑なような複雑な気持ちだった。

以下、後文を省略し、感覚的な様態を表す副詞節のみをあげておく。

(45) 言葉の先を重い槌で押しつぶしたような声で、手をのばしてくるような声で、早く仕事を終えてしまいたいような疲れ切った声で、…
(46) 待合室をのぞく医者のようなしぐさで、嫌味のないそぶりで、ひどくゆっくりした動作で、…
(47) 乾いた棒のような視線で、今すぐにでも開けたい眼つきで、眩しそうな眼差しで、いつもとはちがうやわらいだ表情で、…
(48) 有無をいわせぬ足どりで、ゆっくりした足取りで、調べは全部ついているぞといった手つきで、…
((45)〜(48)井上光晴『死者の時』)

2.3 「つもりで」「一心で」「思いで」の意味と用法

以上は、「姿勢」「格好」など一部をのぞいて、一般に人間の五感によって認知できる状況を表す接続成分であったが、ここではより抽象度の高い接続成分をみていくことにする。

様態のなかでも意志を誘うような接続成分がある。「つもり」は意志を表す典型で、「{死んだ／死ぬ}つもりで」「先生になったつもりで」のように、決意表明などの際に用いられる。

(49) a. この会社に骨を埋めるつもりで頑張ります。
   b. 力不足ですが、駑馬に鞭打つつもりで最善を尽します。
   c. 先生になったつもりで、前に出て来て練習をしてみなさい。
   d. {死ぬ／死んだ}つもりでやれば、どんな辛いことでもできます。

一般に(49a)(49b)ではル形、(49c)ではタ形しか使えないという制約があるが、(49d)のようにル形とタ形の双方をとることもできる。また、「つもり」の内容は後文の展開によっては、想定のみの状況にとどまる場合もある。

(50) 彼はやがて機関士になるつもりで仕事が終わったあとは、エンジンに関する本にしがみついて熱心に独学を続けていた。
(山本周五郎『青べか物語』)
(51) もう家には帰らんつもりで出て来たんではないだろうな。
(高橋和巳『憂鬱なる党派』)

「予定で」「計画で」も「予定だ」「計画だ」のように、同じく文末述語成分が接続成分へと移行したものである。

(52)a. 二泊三日の予定で、バンコクに出張する。
　　b. 2時に着く予定で、ここを12時に出発する。
　　c. 現地に店舗を増やす計画で、来月、現場の視察に出かける。
「気で」も、「つもりだ」「気だ」が文中の成分となったものと考えてよい。
(53)a. あいつは怒らせる気で、食ってかかった。
　　b. 世の中が分かった気でも、まだまだ世間知らずなところがある。
「一心で」も心中の特別な感情の高まりのもとに、何かをせざるを得ない状況が述べられる。希望願望を表すタイに後接することが多い。
(54) そしてこの男性が妻と別れたくない一心で今度はストーカーに変身して、現在、警察の世話になる始末です。　　　　　（朝日新聞09.11.9）
(55) それはきわめて危険な手術ではあったが、私は行きたい一心でその試みをおこなっている大学附属の病院に入院し、手術を受けた。
　　　　　　　　　　　　　　　　　　　　　　　　　（吉村昭『死顔』）
「思いで」にも慣用的なフレーズと同時に、接続成分としてあらわれる。「思いをしながら」のように実際の体験を表すこともある。
(56) 断腸の思いで、身を切る思いで、一日千秋の思いで、必死の思いで、申し訳ない思いで、やっとの思いで、頭の下がる思いで、煮え湯を飲まされる思いで、清水の舞台から飛び降りる思いで、…
(57)a. そのときは、騙されたような思いで苦笑するほかなかった。
　　b. 一行は嵐のなかを死ぬ（ような）思いで山を降りてきた。
(58) 国民の皆さんの期待する政治を、我々の考えで動かすことができるようになったなという思いで、感慨無量だ。　　　　　（朝日新聞09.8.31）
(59) 禎子は、夫人の活躍ぶりを見る思いで、その小さな記事を二度くり返して読んだ。　　　　　　　　　　　　　　　（松本清張『ゼロの焦点』）
(60) 警察のほうから身元不明の、似た変死人があると聞けば、胸がつぶれる思いで能登の田舎にとんで行ったりするのです。
　　　　　　　　　　　　　　　　　　　　　　　（松本清張『ゼロの焦点』）
「思い」は文末では「思いだ」「思いをする」「思いがある」の形になる。
(61)a. このままでは終わってほしくないという思いだ。（思いがある）
　　b. そうしてもらうとまるで天国にいるような思いだ。（思いがする）
「（との／という）意気込みで」も文末述語に「ていく」などをともないながら、決意などの心情的な意味を表す。
(62) 私たちは「今こそ日本の歴史を変える」との意気込みで、国政の変革に取り組んでまいります。　　　　　　　　　　（朝日新聞09.10.26）

2.4 「理由で」「目的で」の意味と用法

　事柄、事象を表す名詞を被修飾名詞としながら、接続成分となるものがある。これらの名詞には「騒ぎ、状態、事情、背景、原因、理由、目的」などがあげられるが、なかでも「理由」「目的」には一定の接続機能がみられる。一般に「という」「などの」のような連体詞をともなうことが多い。

(63)　飼主の中には「老いるペットを見るのが嫌だ」という理由で捨てていく人もいるという。　　　　　　　　　　　　　　　　　　　（朝日新聞 09.8.31）

(64)　「ラベルの印刷がずれた」「輸送中に段ボールの外箱がつぶれた」といった理由で引き取り手がつかず廃棄される食品ロスは、…
　　　　　　　　　　　　　　　　　　　　　　　　　　　　（朝日新聞 09.11.7）

(65)　その日の午後、整列中しゃべったという理由で真崎という配属将校から許成基はいきなり横倒しになぐりつけられたのである。
　　　　　　　　　　　　　　　　　　　　　　　　　　（井上光晴『死者の時』）

(66)　仕事が多忙だという理由で、実弟が消息不明になったこの金沢にすぐ来ることもなかった。　　　　　　　　　　　　　（松本清張『ゼロの焦点』）

なお、「だけ」「ぐらい」などのとり立て詞は次のような移動がみられる。

(67)a.　段ボール箱がつぶれたというだけの理由で、
　　 b.　段ボール箱がつぶれたという理由だけで、

「名目で」「口実で」も同様に、後からつくりだした事由を意味する。単なる「理由」というよりも意図的な「理由づけ」といった趣がある。

(68)　それでも、街頭にたむろしている彼女たちを、交通違反という名目で狩り込んだものですよ。　　　　　　　　　　　（松本清張『ゼロの焦点』）

(69)　土曜日の夜は永沢さんは親戚の家に泊るという名目で毎週外泊許可をとっているのだ。　　　　　　　　　　　　　（村上春樹『ノルウェイの森』）

(70)　八時ちかくなって、まだ試験勉強が残っているからという口実で、賢一郎は従兄と別れた。　　　　　　　　　　　　（石川達三『青春の蹉跌』）

なお、「理由」や「口実」は、一般に〈X理由で〉の形から〈Xを理由に〉の形への言い替えが可能である。

(71)a.　体調が悪いという理由で、会合を欠席した。
　　 b.　体調が悪いのを理由に、会合を欠席することにした。

「のが理由で」はむしろ、「のが原因で」のほうが坐りがよいようである。

(72)　学生時代、みようみまねで、霊媒書を冗談半分に下宿の近くにいた未亡人に試みて、予期せぬ効果をあげたのが原因で、それ以来霊媒はおれのセックスになったと告白してもいいのだ。　　　　　（井上光晴『死者の時』）

「を名目にして」のように〈XをYに(して)〉も同様の意味を表す。

(73) しかし、容易に東京から離れなかった義兄が、ついに、京都出張を名目にして、金沢に来たのは、義兄の考えていた以上に、憲一の所在不明が長びいたからではあるまいか。　　　　　（松本清張『ゼロの焦点』）

「目的で」の場合も同様に接続成分をなす。「ために」「ようと思って」「べく」などとの置き換えがほぼ可能である。また「理由」や「口実」と同じく、「広げるのを目的に」のように言い替えが可能である。

(74) 旧特定郵便局は、明治時代に郵便事業を一気に全国に広げる目的で、地方有力者から土地を借りて事業を始めた。　　　　　（朝日新聞09.9.8）
(75) …裁判長は「キャッシュカードを奪う目的で睡眠薬を飲ませて昏睡させ、罪証を隠滅するために殺害したと認められる」と述べ、…

希望願望のタイや意志形のヨウには「という」「との」「とする」「などの」といった成分をともなうことがある。

(76)a. 事態を有利に運びたいという目的でさまざまな偽装工作をめぐらす。
　　b. 事態を有利に運びたいとの目的で、…
　　c. 事態を有利に運びたいとする目的で、…
　　d. 事態を有利に運びたいなどの目的で、…

「前提で」は「(という)前提に立って、前提から」という意味で用いられる。

(77) 自民、公明両党は中期プログラムについて「税制改正大綱を踏襲する」（津島氏）として大綱の表現をそのまま盛り込む前提で作業を進めてきた。　　　　　　　　　　　　　　　　　　　（朝日新聞08.12.12）

「を前提に」「が前提で」の形もみられる。

(78)a. 大学生への奨学金は四年で卒業することを前提に支給される。
　　　cf.大学生への奨学金は四年で卒業するという前提で支給される。
　　b. 社員の慰安旅行は全員参加を前提に幹事らが計画を立てる。
　　　cf.社員の慰安旅行は全員参加が前提で幹事らが計画を立てる。

さらに、「前提」は附属成分とともに、ニ格がつきそうケースもみられる。

(79)a. 地球は丸いという前提のもとに、さまざまな科学的な研究が進んだ。
　　b. 詰め込み教育はよくないとの前提のもとに、ゆとり教育が始まった。

「趣向」「趣旨」「狙い」も迂言的な目的指向の意味を表す。

(80)a. 地域に活力を与えたいとの趣向で、外国人との交流をはじめた。
　　b. 近くの住民との交流をはかるという趣旨で、講演会を開いた。
(81) 監督は若手選手を補強する狙いで、J2のチームからも人材を発掘したいとの意向だ。（補強しようとの狙いから、補強することを狙って）

「状態で」「状況で」は「ままで」という状態の持続を表す接続成分である。

(82) 全力プレーができなくなった状況で現役を続けるのは困難との判断で、引退を決意しました。　　　　　　　（ニュースステーション 2009.12.9）

2.5 「疑いで」「かどで」「関係で」などの意味と用法

　引き続き、結果事態にいたる原因理由といった要因、または背景を表すものをみてみよう。ここでもデ格は「によって」という確定的な選択肢を示す。「疑いで」の場合は後文には「逮捕される」「追訴される」などの拘束的状況が提示される。

(83) 注意義務を怠ったとして、当時の工事責任者ら4人を業務上過失致死傷の疑いで、長崎地検に書類送検した。　　　　　（朝日新聞 01.3.15）
(84) 不二家の店から「ペコちゃん人形」を盗んだ疑いで、暴力団員（42）が和歌山県警に捕まった。　　　　　　　　　（朝日新聞 09.9.8）

　なお、興味深いのは、容疑が固まった時点でもなお「疑いで」が一般に用いられるが、これも日本語の曖昧表現、責任回避の表現の一つであろう。
　なお、やや古い言い方で「廉（かど）」も「廉で」という節によってしか機能しえない接続成分をなす。「罪で」「理由で」と同じ意味を表す。

(85) 明治四十二年、西本願寺法王大谷光瑞の須磨別邸を、離宮として高額で購入した廉で光顕は世間の指弾を浴びた。　（福田和也『昭和天皇』）

　このほか、迂言的ともいえる「関係で」「よしみで」「経緯（けいい、いきさつ）から」なども、この類に数えることができる。一部カラ格をつきそうものもある。

(86) 長年同じ釜の飯を食ってきたよしみで、彼の保証人を引き受ける羽目になった。
(87) 方々の取引先と関係をもってきた経緯から、警察は疑惑捜査を開始、…

「関係」「約束」「都合」も背景を迂言的に述べると同時に、「関係上」のように接尾辞「上」をともなうことがある。

(88) a. 記念行事を開催する関係で、今年前半は何かと忙しくなりそうだ。
　　 b. 紙面の関係上、今月号の連載エッセイは休載いたします。
　　 c. 六時に渋谷で会うという約束で、会社を5時ちょうどに出た。
　　 d. 仏蘭西料理を奢ると公言した約束上、断るわけにはいかない。
　　 e. 早朝に出発しなければならない都合上、ホテルに泊まるしかない。
(89) 岩竹さんのいた兵営は爆心地に近いところにあった関係で、たまたま茸雲を真下から見る位置をとりながら逃げていたのではなかったろうか。
　　　　　　　　　　　　　　　　　　　　　　　　　　（井伏鱒二『黒い雨』）
(90) 罐詰を製造する田代さんの会社では生の肉類や野菜などを製品材料にしている関係で、場合によっては一日でも操業を跡切らせては拙いのだ。
　　　　　　　　　　　　　　　　　　　　　　　　　　　　　　　　（同上）

このほか、原因理由や目的、背景などを示唆する接続成分として、「影響で」「事情で」「名目で」「口実で」「想定で」「意味で」「条件で」などがあげられる。
「影響で」も明確な原因理由をぼかしながら直接の言及をさける配慮が感じられる。後件には結果事態が述べられる。起因を表すカラ格の例もある[4]。

(91) a. 雪の影響で、兄の影響で、不況の影響で、人身事故の影響で、線路に人が入った影響で、両親の夫婦喧嘩の影響から、…
b. となりに高層マンションが建った影響で、陽が射さなくなった。
c. アジア経済破綻の影響から、世界市場が混乱をきたした。
(92) 埼京線は与野本町駅で車輌点検を行った影響で十分ほどダイヤが乱れています。　　　　　　　　　　（東武鉄道 2010.1.22 志木駅構内放送）

「あおり」も影響、余勢、勢いを表し、擬似的な接続成分をなす。「あおりを食って」「影響を受けて」「勢いにのって」など、動詞成分があらわれることもある。

(93) a. ストのあおりで、突風のあおりで、不況のあおりで、
b. 海外旅行ブームのあおりを受け、国内観光旅館は閑古鳥がないている。
c. バブル崩壊のあおりをくらって、倒産した会社は数えきれない。
d. その企業は上海での事業成功の余勢を駆って、内陸部にも進出した。

(94)のように「勢い」をはじめ「形相」「剣幕」なども一定の副詞句を構成する。

(94) a. 恐ろしい勢いで、すさまじい勢いで、日の出の勢いで、酒に酔った勢いで、飛ぶ鳥を撃ち落とす勢いで、猛烈な勢いで、筆の勢いで、決死の形相で、物凄い形相で、大変な剣幕で、つかみかからんばかりの剣幕で、…
b. 予戦で勝ち上がった勢いにのって決勝リーグでの活躍が期待される。
c. 新興国の半導体産業が急成長した勢いをうけ、国内産業は大苦戦だ。
d. 十年前に骨折したのが影響して、プレーの続行が困難になった。
e. バブル経済崩壊の影響から、アジア各国の市場も混乱をきたした。
cf. 崩壊したことが影響して、崩壊したことによる影響で

なお、「影響に」は連語的成分をなすもので、従属接続成分とはみなされない。

(95) 多くの中小企業は円高の及ぼす影響に対応できる態勢を検討した。

「事情」「いきさつ」もまた接続成分になりうる性質をもつ。「(事情)があって」「(事情)から」のように附属成分をともなうこともある。

(96) a. 家庭の事情で、やむを得ない事情で、個人的な事情から、…
b. 経済的な事情に迫られて、大学を中退することになった。
(97) 以前から金銭の貸借があったいきさつで、どうしても断れなかった。

「想定で」「設定で」は「という」をともないつつ、一種の事態実現の背景を表す。

(98) a.　M7の地震が発生したという想定で、避難訓練を実施する。
　　　b.　ドラマはホテルから男が飛び出してくるという設定で、運命の出会いが始まる。

「範囲で」は「できる範囲で」「手の届く範囲で」「支障のない範囲で」「広い範囲で」「限られた範囲で」「条件の許す範囲で」のように、一種の限定条件を表す。

(99)　これを見た先生は、「そうか、何もまったく同じことをさせる必要はない乙武ができる範囲で、みんなと同じことをすればよいのだ」ということに気付いた。　　　　　　　　　　　　（乙武洋匡『五体不満足』）

「要領で」は特別な手段、方法による行為執行を意味する。

(100)　まばらに行き交う避難者たちも、垂れた架線の下を匍匐前進の要領で潜りぬけていた。　　　　　　　　　　　　（井伏鱒二『黒い雨』）

「意味で」もまた接続成分への傾斜がみられ、しばしば迂言的な原因・理由の背景を表す。「ある意味で」「その意味で」のように副詞句としても用いられる。デは一般に「において」という範囲、評価の資格、基準や立場などを表す。

(101)　漠然とした意味で、別の意味で、広い意味で、狭い意味で、真の意味で、あらゆる意味で、ある意味（で）、悪い意味で、その意味で、いい意味で、厳密な意味において、どういう意味で、一般的な意味で、…

(102) a.　温暖化対策を進めるという意味で、本国際会議の意義は極めて大きい。
　　　b.　環境問題を考える意味でも禁煙教育は大学でも大いに取り組むべき課題だ。

(103)　母の亡くなった後、私は出来るだけ妻を親切に取り扱かって遣りました。ただ当人を愛していたからばかりではありません。私の親切には箇人を離れてもっと広い背景があったようです。丁度妻の母の看護をしたと同じ意味で、私の心は動いたらしいのです。
　　　　　　　　　　　　　　　　　　　　　　（夏目漱石『こころ』）

(104)　私は自分の即興の形而上学を、さして根拠あるものとは思わなかったが、とにかくこの発見は私に満足を与えた。それは私が今生きていることを肯定するという意味で、私に一種の誇りを感じさせたのである。　　　　　　　　　　　　　　　　　　　　　　（大岡昇平『野火』）

「条件で」は文字通り、交換条件を表し、「のが条件で」の形になることもある。

(105)　私が日本語の論文の書き方を教えるという条件で、彼から中国語を教えてもらった。（；代わりに）

(106)　庭に面して縁側まであった。来年もしかしたら孫が東京に出てくるかもしれないので、そのときは出ていくというのが条件で、そのせいで相場からすれば家賃はかなり安かった。（村上春樹『ノルウェイの森』）

2.6 「点で」「形で」「方向で」などの意味と用法

　当面の事態に対処すべく、範囲や手法、方法を提示して何らかの方策を講じる表現である。「方向で」は報道文などによくみられる用法である。

(107)　小沢氏は東京試験特捜部からの事情聴取の再要請に対し応じる方向で調整を始めたことが関係者の話でわかった。　　　（朝日新聞 10.1.19）

「方向」は「方針」を意味し、接続成分のほか名詞述語文としてもあらわれる。

(108)　日本、中国、韓国の３カ国は次の日中韓首脳会談を10月８日に中国・天津で開催する方向で最終調整に入った。　　　　（朝日新聞 09.9.8）

(109)　政府与党の政策調整機関は、地球温暖化対策も合意文書に盛り込まれる方向だ。(；「方向で対応する、検討する」)

「かたちで」は「方向で」と同じように、そのようなやり方で、という婉曲的な言い方として用いられる。計画、企画などを進める際に用いられる。

(110)　国民によくわかる形で、小説の形で、本の形で、論文のかたちで、いろんな形で、皆さんが納得する形で、何らかの形で、…

(111)a.　台風25号は紀伊半島沖をかすめるような形で北上していった。
　　　b.　その理論は極端にデフォルメされた形で、文学作品などにも影響を与えた。

(112)　「コンクリートから人へ」の理念に沿ったかたちで、硬直化した財政構造を転換してまいります。　　　　　　　　　　（朝日新聞 09.10.26）

(113)　私たちは、国民に見えるかたちで複数年度を視野に入れたトップダウン型の予算編成を行うとともに、…　　　　　　　（朝日新聞 09.10.26）

(114)　手探りで始めた会議へのよびかけは、既存の組織を頼らずに個人から個人へというかたちで進めたのだが、…　　　　　（『図書』2009.11）

「点で」は「点から」の形も「意味で」とほぼ同様に用いられる。

(115)　細かい点で、値段の点で、いろんな点で、その他の点で、この点において、

(116)a.　彼は敏捷で背が高いという点では、ゴールキーパーに適している。
　　　b.　文章が特に洗練されているという点で、今回の受賞作は他作品と比べて群を抜いている。
　　　c.　消費者の意見をふんだんに取り入れているという点において、この製品は従来の市販のものと異なっている。

「範囲」も(117)のように一定の手段における諸領域を指示する一方、(118)、(119)のような接続成分をなす。

(117)　あそこの入試問題は難問揃いで、中学生の知識・学力の範囲で解けるようなレベルではないそうだ。

(118)a. 法律に反しない範囲で、その男性は会社の機密事項を漏洩したのだった。
　　　b. 君ができると思う範囲内でこれまでの経緯をもとに計画を立てて下さい。
(119)　私の知る範囲ではこれが平城京最古の史料であることは間違いない。

(119)では「限りは、限りでは」のような意味を表している。なお、「範囲に」は動詞との連語的成分を構成し、接続成分とはみなされない。
(120)a. 勢力は半径三十キロの範囲に限られている。
　　　b. 原稿の枚数は三百枚の範囲内におさめてほしい。

類義的なものとして「程度」も接続成分としてあらわれる。
(121)a. この程度(の練習)で音をあげるとは、君も体力がないなあ。
　　　b. 男の子なら膝をすりむいた程度で大袈裟に泣くなよ。

この中のあるものは「ぐらいで」「くらいで」「だけで」との置き替えが可能である。さらにニ格やマデ格をとることもある。
(122)a. 表面がキツネ色になる程度に焼きあげてから、すばやく火を止めてください。
　　　b. 学業に支障をきたさない程度に、出来る限り時間を見つけて学費を稼ぐ。
　　　c. 水中で目が開けられる程度まで慣れてきたら、すぐに泳げるようになる。

以上、ある特定の名詞がデ格とともに擬似的な接続成分となって様態修飾的な性格を呈する特徴をみてきた。

2.7　その他のデ格をともなう接続成分

名詞に接続する「次第で」は文末述語成分の「次第だ」の中止形で、説明の「わけ」に近い意味的なふるまいをもつものである。
(123)　父が急に来られなくなったという次第で、代理で参ったものです。
　　　cf. 父が急に来られなくなったので、代理で参った次第です。

もう一つの用法は、「Xに応じて結果が異なる、方向が決まる」という選択を意味する、順接条件形式の一種である。名詞にのみ接続し、「によって(は)」「に応じて」などとの言い替えがしばしば可能である。
(124)a. 選手はコーチ次第でよくもなれば悪くもなる。
　　　b. ご注文次第でどのようにもアレンジさせていただきます。
(125)　新製品は宣伝次第で売れ行きが決まる。
　　　⇔宣伝がよければ売れるし、悪ければ売れない。

(126) 部下は扱い方次第で、良くも悪くもなる。(良いか悪いか決まる)
　　　⇔良くなるか悪くなるかは、ほめ方次第だ。
(127) この映画を信じるか信じないかは、あなた次第だ。
　　　⇔あなたの気持の持ち方次第(だ／で)、…

「周囲の受け止め方次第で、使い方次第で、相手次第で、状況次第で、結果次第で、練習次第で、仕方次第で」なども本来の文末述語の接続成分への移行と解釈される。「次第では」のように「は」でとりたてると、「によっては」と等しく、「ある場合は」という予測的なことを際立たせる。主文述語には可能性を示唆する「だろう」「かもしれない」などのモダリティがあらわれやすい。

(128) 「よし、まことによろしい。重大放送の結果次第では、明晩でも飲みに
　　　行くよ」と工場長が言った。　　　　　　　(井伏鱒二『黒い雨』)
(129)a. 道路の混み方次第では、目的地に着くのは夜半になるだろう。
　　 b. 上半期の営業の成績次第では、地方に転勤になるかもしれない。
(130) 今後の捜査の進展しだいで、またおうかがいして、お話を聞くことが
　　　あるかもしれませんから。　　　　　　　(松本清張『ゼロの焦点』)

「事と次第では」は「状況によっては」という慣用的な副詞フレーズである。「いかん」(「如何」)も「次第」と同じく、文中、文末の用法がある。

(131)a. 練習への取り組み方いかんで、上位入賞も夢ではない。
　　 b. 一人一人の心がけいかんによって、ゴミ問題は解決できる。
　　 c. 検査の結果いかんでは、手術するのもやむなしといわねばならぬ。
　　 d. 周囲の協力いかんで、この企画が成功するか否かが決まる。
　　 e. 商品化できるかどうかは、今後の研究の進展いかんによる。
　　 f. 日本経済が立ち直れるかどうかは、今の政府の努力いかんにかかっ
　　　 ている。

「ひとつで」も「女手ひとつで」「身ひとつで」などの言い方のほか、「次第で」「いかんで」と同じような用法がみられる。

(132)a. 計画は社長の判断ひとつで、どうにでもなると言われている。
　　 b. この試験の結果ひとつで、将来が決まるといってもよい。
　　 c. 彼女を救えるかどうかは君の決心一つなんだよ。

なお、連体修飾節を受けるものではないが、擬似的な従属接続のタイプとして〈XがYで〉の形式があげられる。これは〈XをYに〉の形式と対称的な形態をもつ。「がきっかけで」、「が原因で」、「が縁で」、「が運のつきで」、「がアダで」、「が罪で」などで、多くが原因や理由・端緒を表す。

(133) 同窓会で再会したのがきっかけで、彼と付き合うようになった。
　　　cf.同窓会で再会したのをきっかけに(して)、(意志的、積極的)

(134)a.　ここで遭ったが運のつきで、生かしておくわけにはいかない。
　　　b.　犯人は現場に戻ったが運のつきで、捜査員に逮捕された。
(135)　激しい侮蔑にじっと堪えている人間がしめす表情によく似ていた。自分の骨を眼にしたことが動機で、他人から嫌われる職業に身を沈ませた自分に、人間としての強い羞恥を感じつづけているのか。

(吉村昭『星への旅』)

　もともとは「がきっかけとなって」「が仇になって」のように動詞テ形後置詞の簡略形でもある。意志とは離れたところで、自然な結果移行が述べられる。
「がもとで」は「が原因で」と同じ意味で用いられ、結果事態を誘導する。

(136)a.　ささいな行き違いや冗談がもとで、喧嘩になることも多い。
　　　b.　若いころ風邪がもとで、肺炎になったことがある。
　　　c.　彼は若い時分に放蕩したのがもとで、四十代の若さで死んだ。
(137)　昨年11月27日に浮気を巡る夫婦げんかがもとで起こしたとされる車の自損事故以来、ウッズの動向が明らかになるのは初めて。

(朝日新聞10.1.22)

　一方、「もと」はそば」「近く」の意味で、「のもとで」の形で用いられる。

(138)a.　選手たちはすぐれたコーチの指導のもとで実力を伸ばしていった。
　　　b.　彼は厳しい両親のもとで、漢学の素養を身に付けていった。
　　　c.　その歌手は上京して、作曲家のもとで長い修業を積んだのである。
　　　d.　陳さんは指導教授のもとで論文を書いて、学位を取得した。
　　　e.　彼女は三十歳を過ぎてもまだ親のもとで暮らしている、

「に守られて」「その影響下で」という意味を表す。次の(139a)(139b)の「もとで」「もとに」には微妙な意味のニュアンスが観察される。

(139)a.　資本主義のもとで汗水たらして労働することが、…
　　　b.　ポスト産業資本主義の名のもとに新たな研究が勃興し、…

また、「もと」は「基礎、根拠」の意味で、「をもとに(して)」のように用いられたり、一方で「がもとで」の形で、「原因」を表したりする。

(140)a.　ボイスレコーダーの記録をもとに、墜落事故の究明に乗り出した。
　　　b.　調査資料をもとにして、新しい政策構想を発表した。
　　　c.　何をもとに(根拠に)、あなたはそんなことを言うのですか。

このように「がもとで」(もとになって)と「をもとに(して)」は、「がきっかけで」「をきっかけに」のようなケースと同様、自他の対称形をなしている。デとニの格表示の特徴の一つで、前者〈XがYで〉が結果重視で自動詞的、自然発生、非意志的(ナル的)、後者〈XをYに〉が発動重視で他動詞的、想定的、意志的(スル的)様相を呈しているといえよう。

「覚悟」という名詞も被修飾名詞となって接続成分「覚悟で」を構成する。
(141)a. 死ぬ覚悟でがんばれば、何でもできると父は教えてくれた。
　　 b. 彼は博士学位を取るまでは帰国しない覚悟で、国を出た。
　　 c. 日本軍は玉砕も辞さぬ決死の覚悟で敵陣に乗り込んだ。
　　 d. 彼には2、3時間は待たされる覚悟で取材を申し込んだ方がいい。
連体修飾節の代わりに補文節を用いる「(の)を覚悟(のうえ)で」もほぼ同じような決意を表す。この「覚悟で」は「覚悟して」という動詞的なふるまいをみせる。また、倒置文(YのはXだ)を構成して文末形式への移動もみられる。
(142)a. あの登山家は死ぬのを覚悟でひとり山に登ったようなものだ。
　　 b. 断られるのは覚悟のうえで、兄弟に借金を申し込んだ。
　　　　（兄弟に借金を申し込んだのは断られるのを覚悟のうえだった）
　　 c. 顰蹙を買うのを覚悟で、こういうことを言うのですが、…
　　　　（＝顰蹙を買うのを覚悟して、…）
　　 d. 非難されるのは覚悟のうえだが、言うべきことは言っておきたい。
「(の)を承知で」も補文節をとりながら、「は分かっているのに、を知っていながら、知っているにもかかわらず」という逆接表現で、言動の背景とともに正論を主張した言い方である。
(143)a. 損(をするの)を承知で、友人はあれこれ株を買いたがる。
　　 b. 落選するのを承知で、あえて立候補したのは政治家としての彼の一途な性格からだった。
　　 c. 相手が未成年であるのを承知のうえで、酒をふるまうのは違法だ。
　　　　（酒をふるまったのは相手が未成年であるのを承知の上(でのこと)だった。）
(144)　しかし、私は制作の若い連中に嫌な顔をされるのを承知で、クリエイターたちが牽制し合って泥沼化しつつある会議へ、あえて石を投げた。
　　　　　　　　　　　　　　　　　　　　　　（荻原浩『明日の記憶』）
「承知」の場合は「覚悟」とは異なり、連体修飾を受けることはできない。
(145)＊相手が未成年である承知で、酒をふるまうのは違法だ。
　こうした、連体修飾構造と補文構造の相互変換は日本語の複文構造の特徴でもあるが、ここでは例をあげるにとどめる。
　最後に、連体修飾節において事態が備えているものと被修飾名詞とが、ある事態とその事態により生じるものという関係をもちながら、接続成分をなす例をあげておく。(146)は古い言い方では「とが(咎／科)で」ともいう。
(146)　前方注意を怠ったという罪で、その運転手は現行犯逮捕された。
(147)　高校生から大学生になる過程で、自立心も多少は芽生えてくる。

事態により生じたもの、事柄を被修飾名詞とする場合もこれに含まれる。
    (148) 無理なダイエットを続けた反動で、姉は体調を壊してしまった。
    (149) トラックと接触した衝撃で、バスは中央分離帯に乗り上げた。
    (150) 娘は愛犬に死なれたショックで、部屋に引きこもったままだ。
次は(146)とは対照的に、事態に応じて与えられるものを表す名詞が接続成分となったものである。「罰で」は「罰として」に言い替えられる。
    (151) その生徒は何度も遅刻した罰で校庭を10周走らされた。
「分際で」は資格や立場をさすが、逆接の「にもかかわらず」「のに」「くせに」といった非難の意味に解釈される。
    (152)a. 子どもの分際で、なまいきなことを言う。
       b. 学生の分際でぜいたくなことを言うな。
以上、個別的なタイプも含めて「Nデ」接続成分の諸相を概観した。

3 「Nニ」節の意味と機能

次に連体修飾構造を受ける名詞にニ格がつきそって、一種の接続成分となったものをみてみよう。そのまえにニ格の深層的な意味を確認する。デ格と同様にまずニ格の態様をみてみると、寺村・白川(1988)ではニの用法について次の6種類をあげている。接続成分としての深層格へと発展するものは、以下の「原因」「目的・用途」に関わるものであろう。

    (153)a. 原因；あまりのばからしさに、予想以上の不作に、激痛に、
       b. 物理的な被害・変化；水に、雨に、日に、
       c. 目的・用途；風邪に(効く)、おみやげに、洗濯に、
       d. 時；6時に、幼児期に、
       e. 場所；世田谷に、机の上に、海の向こうに、
       f. 領域指定；友達に(誰かいい人が)、音楽が好きな人に、晩年の曲に、

このほかにも副詞語彙としてニ格を要求するものがあり、それらは状態性、様態性修飾の機能を呈する特徴が観察される。デ格が時空間を大きく切り取り、あるいは手段や理由づけにおいても、偶発的、一般的、全体的な様相を呈するのに比して、ニ格は必然的、限定的、個別的、さらに現象的である。また、デ格副詞句でもみたように、節よりも副詞句を構成するものが多くみられる。

(154) 遠慮がちに、伏し目がちに、うつむき加減に、面白半分に(で)、思い通りに、世間並みに、何か言いたげに、物欲しげに、苦し紛れに、どさくさ紛れに、溜息混じりに、会いたさに、言いたい放題に、子供なりに、努力することなしに、子ども用に、高齢者向けに、涙ながらに、立て続けに、頭越しに、見るからに、女だてらに、帰りに、…

このなかには「で」と「に」の双方を用いるものもある。

(155) 途中で／途中に。冗談抜きで／冗談抜きに、久しぶりで／久し振りに、ものはずみで／もののはずみに、…

(154)では点線部分をほどこした生産的な語構成のものもあれば、「仕返しに」、「お祝いに」、「帰りに」など、連体修飾構造を受けながら、接続成分をなすものがある。後者について個別に後述することにして、まず基本的な構造からみていく。

3.1 「形式名詞ニ」の接続成分

ニ格がつきそいながら接続成分となる形式名詞の中で、「ままに」をみてみよう。「ままに」のあるものは「ままにして」の「して」が脱落したものと解釈される。

(156) a. 船は波のうねりのままに、大きく上下に揺れ続けた。
b. 社員は命ぜられるまま(に)仕事をこなさなければならない。
c. 足の向くまま、気の向くまま(に)、人生を歩んできた。
d. 姉は本を買っても読まないまま(にして)、本棚に飾っている。
e. 遭難事故から丸一日、安否の確認もできないまま、まんじりともしない夜を明かした。
f. 訪問販売のセールスマンに勧められるままに健康食品を購入したら、とんでもない代物だった。

「ままに」のほか「まま」、「ままで」の用法が観察される。「まま」の用法は、デ格の省略ともみられるが、しばしば「きり」「なり」とも言い替えが可能である。

(157) a. 二人は向き合ったまま(で)、まんじりともしなかった。
b. 主人はちょっとと言って出かけたまま(で)、家には帰ってこない。
c. 血圧は140まで上がったまま、なかなか下がってこない。

「まま(の状態)で」は様態を表す。前述の「姿勢で」「格好で」などに準ずる。

(158) a. 疲れていたので服を着たままで寝てしまっていた。
b. 女性は全裸で浴槽につかったままで死んでいた。
c. 靴のまま(靴を履いたまま)(で)上がってはいけません。
d. 彼は寝巻のまま(寝巻を着たまま)(で)ドアから出てきた。

このほか、「ばかりに」「だけに」などがあるが、ここでは用例のみあげる。

(159) a. 検察側が何も謝罪しなかったことに、菅原さんは不満をあらわにした。
　　　b. 全員揃って食事を始めたところに、課長が遅れてやって来た。
　　　c. 待ってましたと言わんばかりに、彼の登場を観客は拍手で迎えた。
　　　d. 仕事を引き受けたばかりに、自分の時間がなくなってしまった。
　　　e. 期待が大きかっただけに、初戦敗退はショックだった。

以下では形式名詞以外の「Nニ」節における接続の特徴をみていくことにする。

3.2 「以上に」「以上は」の意味と用法

　比較構文の一つで、数量や程度、優劣などに関して上位の範囲にあることを示す。本来は名詞について「七十歳以上」「三時間以上の遅れ」「一級以上の実力」「期待以上の成果」などのように基準よりも上位にある結果を表すが、ニ格とともに節になることもある。また「以上の」のかたちで名詞修飾が可能である。

(160) a. 試合は想像していた以上に、挑戦者の健闘が目立った。
　　　　　⇒想像していた以上の白熱した戦い
　　　b. 写真で見て感じていた以上に現場の惨状は悲惨であった。
　　　　　⇒写真で見て感じていた以上の迫力
　　　c. 本企画は前回苦労した以上に、各方面からの支援を必要とする。
　　　　　⇒前回苦労した以上の支援
　　　d. 注文した以上に多くの料理が出てきたが、よく見たら隣の席の料理だった。(⇒注文した以上の多くの料理)

　一方、連体形を受けて接続助詞のように用いられる「以上」は「以上は」、「以上」のいずれの形にもなり、「からには」「上は」と同様の既定条件を表す。

(161) a. 決定した以上(は)、今さら変更できない。
　　　b. 生きている以上は、何か仕事をしないといけない。
　　　c. 卒業した以上、親の世話にはなる気はない。
　　　d. いったん決心した上は、あくまでもやり通せ。
　　　e. 参加する上はぜひとも、優勝したいと思います。
　　　f. 秘密を知られた上は、生かして帰すわけにはいかない。

3.3 「ついでに」の意味と用法

　ある行為を行うときに、一緒に他の用件の遂行にも利用できる機会、チャンスを表す。あること(X)「主行為」をする際にその機会を利用してほかの何か(Y)「従行為」を行うという意味である。単独の副詞「ついでに」のほかに、「ことのついでに」「何かのついでに」「話のついでに」「ついでがあれば」「ついでの折」などの

語彙的な用法もある。
- (162) a. 郵便局に行くついでに葉書を買ってきてください。
  - b. 外に出るついでに、デパートに寄って服を見て来よう。
  - c. 立っているついでにコーヒーでもいれてくれないか。
  - d. アメリカに出張に行ったついでに観光でカナダにも立ち寄った。
  - e. 話のついでに、来月の例会の件についても打ち合わせしておこう。
  - f. 今日は天気がいいのでシーツを洗濯するついでに、布団も干すことにした。
  - g. 娘を医者に連れて行ったついでに、自分も医者に診てもらった。

次のように名詞が直接「ついでに」に後接することもある。
- (163) 疲れついでに、八千代はそこへ行って、曾根に自分が来たことを知らせておこうと思った。　　　　　　　　　　　（井上靖『あした来る人』）

動詞句（ル形、タ形）に接続する場合、前件の目的遂行に後件の内容が付随するという構成で主体の意志が併存する。したがって、
- (164) a. ??台風が来たついでに、大雨が九州地方を襲った。
  - ⇒台風が来たのに加えて、大雨が九州地方を襲った。
  - b. ??風邪を引いたついでに、お腹までもくだした。
  - ⇒風邪を引いたところへ、お腹までもくだした。

などのような非意志的な事態においては不自然な用法となる。それぞれ「のに加えて」「のと合わせて」「ところへ」「うえに」などの付加的な意味をみちびく接続成分を必要とする。

動詞の場合は、実際にはル形もタ形も可能であるが、ル形の場合は当初の予定、計算に入れた行為として習慣的行為を表すのが普通である。
- (165) 僕はあきらめて家に戻り、夕食の買物をするついでにまた緑に電話をかけてみた。　　　　　　　　　　　　　　（村上春樹『ノルウェイの森』）
- (166) 餌をつけかえるついでに、仕掛けの具合も点検してみることにする。
　　　　　　　　　　　　　　　　　　　　　　　　　　（安部公房『砂の女』）

タ形の場合は過去の事態で、習慣、予定通りにというニュアンスが感じられる。ル形のもつ「いつものように」という含みに対して、タ形は「たまたま」といった偶然的な状況を表す傾向がある。
- (167) 夜、薬局に寄ったついでに数日前からアフターシェーブローションが切れていることを思い出して、買って帰ったら、洗面所の棚の中にちゃんと新品が置いてあった。　　　　　　　　（荻原浩『明日の記憶』）

(168) これまでにも出張した<u>ついでに</u>、地方のこけしや、一刀彫りなどの人形が眼につくと、口をきいては帰ってきている。
(水上勉『越前竹人形』)

(169) 「『兼徳』さんへ集金にいった<u>ついでに</u>、わがままなお願いどすけど、あてをいっぺん中書島へやらしてもらえしまへんやろか」。
(水上勉『越前竹人形』)

(170) シャツをはぎとった<u>ついでに</u>、バンドをゆるめて、ズボンの中にも空気を送りこんでやる。だが、それほど騒ぎ立てるほどのことはなかったようだ。
(安部公房『砂の女』)

「ついでに」には単独の副詞的用法がある。

(171) 屋敷神のまわりも除草して、<u>ついでに</u>庄吉さんのうちの池へも参観交代に行って来た。これで結構半日が終った。 (井伏鱒二『黒い雨』)

「散歩かたがた」「散歩がてら」のような接尾語的な成分もこれと類似的な言い方で、このほか動詞「兼ねる」を用いて表わされることもある。

(172) 散歩｛(の)ついでに／かたがた／がてら／を兼ねて｝ぶらっと外へ出かける。

「おまけに」は「さらに」、「そのうえに」、といった添加の意味を表すが、連体修飾節を受けずに、単独で接続的な副詞用法としてのみ用いられる。

(173) a. 今日は寒くて、<u>おまけに</u>雨も降っている。 cf. *寒いおまけに、
b. あそこは温泉もいいし、<u>おまけに</u>魚もうまいときている。
c. 彼の家は駅から遠く、<u>おまけに</u>バスも通っていない。
d. 今日は非常に暑く、<u>おまけに</u>風も吹かない。
e. *景色が素晴らしい<u>おまけに</u>、設備もいい。
　 cf. 景色の素晴らし<u>さに加えて</u>、
f. 彼女は身寄りがなく、<u>おまけに</u>病身だ。 cf. 身寄りがない<u>うえに</u>、

3.4 「代わり(に)」の意味と用法

何らかの事由により、別の主体、対象が入れ替わるという現象を表す。「代わり(に)」は名詞ノに後接する場合と動詞に直接後接する場合がある。名詞の場合は、動詞句が背後に省略されており、主文述語で復元される。

(174) a. 父<u>の代わりに</u>、私が代表で式に<u>参列した</u>。
　　 (＝父が［式に］参列する代わりに)
b. 植物油<u>の代わりに</u>、オリーブオイル<u>を使って</u>料理した。
　　 (＝植物油を使う代わりに)

このなかで、「N1 を N2 代わりに」は「本を枕代わりに＝本を枕の代わりに(使っ

て）」という構成となる。
- (175) 私の少年時代はリンゴ箱を机代わりに使って勉強したものだった。

注意すべきことは次のように動詞句を受ける場合、ル形もナイ形も結果的には同一の内容を表す点である。
- (176) ゼミを｛とる／とらない｝代わりに、語学の科目で単位を取ることも可能だ。
  ⇔ゼミを｛とらないで／とらずに｝

「Vスル代わりに」＝「Vシナイ代わりに」という意味的な特性をもつ。しかし、常に肯定否定の言い替えが可能なわけではない。共通的な比較対象と行為の場合に制約がみられる。(177)(178)では否定形は不自然な言い方になる。
- (177) 雑穀を｛植える／??植えない｝代わりに、綿花を植えるようにした方が収入がいい。（「雑穀」と「綿花」は類似的対象、「植える」が共通行為）
- (178) 全員に｛やらせる／??やらせない｝代わりに、遅刻者に掃除をさせる。（「全員」と「遅刻者」が比較対象、「掃除をさせる」が共通行為）

このほか、「代わりに」には次節で述べる「S1だが、（一方で、半面／反面）S2」という意味の対比的な用法がある。
- (179) 彼女は仕事が遅い代わりに、仕上げは非常に丁寧です。
  ⇔仕事は遅いが、（その）半面、仕上げは非常に丁寧です。
  ⇔彼女は仕事が遅い｛一方／半面｝、仕上げは非常に丁寧です。
- (180) a. 教えることは苦労する代わりに、また充実感もある。
  b. 彼は欠点が少なくない代わりに、他人にはない長所も多い。
  c. A村は交通が不便な代わりに自然環境がよく保護されている。
  d. 父は非常に厳しい代わりに、人情で涙もろいところもある。

このほか取引、交換条件的な趣旨の行為、現象を表す用法がある。
- (181) a. 前回ご馳走してもらった代わりに、今日は私が招待します。
  b. 鈴木さんは楊さんに中国語を教えてもらう代わりに彼女の論文の日本語を添削してあげた。
  c. 庭の草取りを手伝ってくれた代わりに、息子に小遣いを与えた。

以下、「代わり」に前接する動詞について、ル形(182)–(185)、ナイ形(186)、(187)、タ形(188)、(189)の順にあげておく[5]。
- (182) 公明党は今回、テレビCMを一切やめる代わりにネットで16種類の動画を流す。　　　　　　　　　　　　　　　　（朝日新聞09.8.26）

(183) もっとも、フランス人の間では最近、夏に長期のバカンスを取るかわりに、短期の旅行に数多く出かける傾向が広まるなど、ライフスタイルの変化を指摘する声もある。　　　　　　　　（朝日新聞 04.8.7）

(184) 白書が指摘した背景の一つが、正社員の数を絞り込む代わりに、派遣やパートなどの非正規社員を企業が大幅に増やしてきたことだ。
　　　　　　　　　　　　　　　　　　　　　　　　　（朝日新聞 08.7.23）

(185) ところが首相は、中期目標を示す代わりに「日本は20年までに05年より14％削減可能」との試算をあげた。　　　　　（朝日新聞 08.6.10）

(186) …とにかく、母のすすめもあり、年始に行かないかわり、禎子は、姉のところに挨拶に行くことにした。　　　（松本清張『ゼロの焦点』）

(187) 買い物での「こんにちは」がない代わりに、日本ではふつうの市民＝国民の頭上にたくさんのメッセージが降りかかる。
　　　　　　　　　　　　　　　　　　　　　　　　　（朝日新聞 09.10.15）

(188) 安永達が林和の前に姿を見せなかった代り、或る日、事務所で林和は一人の新聞記者の来訪を受けた。　　　（松本清張『北の詩人』）

(189) 父は外出しなくなったかわりに、一日に何十回も耳掃除をするようになっていた。　　　　　　　　　　　　　（荻原浩『明日の記憶』）

手元の用例ではタ形では「なかった」が多く見られた。なお、形態的な特徴として「（の）代わりに」は、若干のニュアンスはあるが、動詞テ形後置詞「（の）に代わって」とも言い替え可能な場合がある。

(190) a. 父の代わりに（＝父に代わって）
　　　b. 父が行く代わりに（＝父が行くのに代わって）

(191) 評判の悪かった年金からの天引きに代わって、本人や配偶者、子どもの銀行口座からの引き落としも認めるなどの手直しが並んだ。
　　　　　　　　　　　　　　　　　　　　　　　　　（朝日新聞 08.6.13）

「（の）に引きかえ」は「（の）とは対照的に」のように対比的な状況を表す。

(192) a. 姉が性格が派手なのに引きかえ、妹のほうは実におとなしい。
　　　b. 前年度受験者数が増えたのに引きかえ、今年度はどういうわけか急激に落ち込んだ。

「のと引きかえに」も「代わりに」とほぼ同じ交換条件を表す。

(193) 義父の影響力を引き出すのとひきかえに梅木教授が一種の家内奴隷として妻の暴圧に耐え続けている以上、梅木教授の御蔭と申してあながち誤りではなかった。　　　　　　　　（奥泉光『モーダルな事象』）

3.5 「通り(に)」の意味と用法

慣用句的に用いられるフレーズとして、「Nの通り(に)」、「N通りのN」の用法がある(後者のように直接に接続する場合、「通り」は「どおり」のように音便変化する)。動詞接続はル形もタ形もみられるが、タ形のみ「Vした通りのN」という連体修飾句を構成する。「ように」とほぼ同義である。

「通り」は接尾語的に次のような複合語(句)を生産する。

(194) a. 「―ドオリ」：規則通り、約束通り、今まで通り、注文通り、平常通り、お望み通り、忠告通り、定刻通り、母の言い付け通り、希望通り、遺言通り、従来通り、作戦通り、打ち合わせ通り、命令通り、計画通り、思い通り、…

b. 「―トオリ」：例の通り、おっしゃる通り、いつもの通り、ご承知の通り、周知の通り、想像した通り、お説の通り、推察した通り、元の通りに、…

(195) a. 予定通り、エンデバーの打ち上げは明日早朝となった。
b. ご承知の通り、当協会は今年設立50周年を迎え、…
c. ご覧の通り、あいも変わらず、平凡に暮らしております。
d. マニュアル通りに操作すれば、子どもでも難なく使えます。
e. 選手たちは声援に応えて、監督の期待通りの成果をおさめてくれた。
f. 今年の夏の高校野球の決勝戦は、予想した通りの接戦となった。
g. TVの料理番組でやっている通りに作ってみたが、旨くなかった。
h. 皆が予想していた通り、今回の試験はさほど難しくはなかった。

ニがつきそう場合はむしろ少ないが、その場合はより「に沿って」のように手順の正確さ、一致不一致の厳密さ、周到さのニュアンスが感じられる。

(196) そうして駄菓子屋の上さんに教わった通り、紹介も何もなしにその軍人の遺族の家を訪ねました。　　　　　　　　　（夏目漱石『こころ』）

(197) しかも妻が貴方に不審を起させた通り、殆ど同時といって可い位に、前後して死んだのです。　　　　　　（夏目漱石『こころ』）

(198) 僕は前々から家族と打ちあわせていた通り、空襲のとき避難する広島文理大学のグランドへ急いだ。　　　　　　（井伏鱒二『黒い雨』）

(199) 行く先は、心ではきまっていた。衛兵に告げた通り、病院へ行くのである。無駄な歎願を繰り返すためではない。　　（大岡昇平『野火』）

(200) そして僕の予想した通りに、教授の内部で何かが衝突し、うまく行かなかった。教授は硬い表情になっていった。　　（大江健三郎『飼育』）

「通りを」はやや古い文体で、「ままの状態を」という意味で用いる。

(201)　私はその時自分の考えている通りを直截に打ち明けてしまえば好かったかも知れません。　　　　　　　　　　　　　（夏目漱石『こころ』）

さらに、「通りだ」のように文末に移行して結果事態の確認を行う用法もある。

(202)　調査の結果につきましては、これまで説明してきた通りです。

3.6 「わりに(は)」の意味と用法

逆接・対比表現の一つで、「(A)の状態から常識的に予想される基準と比較して(B)はその基準に合わないで」という意味で用いられる。プラス評価でもマイナス評価でもよい。「割には」のようにハで強調されることが多い。副詞では「割と」「割りに」「割合」などがある。

(203) a.　斎藤さんは体が細いわりに、力がありますね。
　　　b.　あのレストランは値段のわりには、おいしくてボリュームも多い。
　　　c.　よく勉強したわりには、あまりいい成績を取れなかった。
　　　d.　彼は日頃勉強しないわりには、試験ではいつも好成績をとる。
　　　e.　彼女はたくさん食べる割には、なかなか太らない体質だ。
　　　f.　田代さんは慎重な性格のわりには、ケアレスミスが多すぎる。

(204)　語学学習とは名ばかりで、二年間イギリスにいたわりには英語がほとんど上達しないで日本に帰っていく若者が多い。
　　　　　　　　　　　　　　　　　（恒松郁生『こちらロンドン漱石記念館』）

(205)　農民が、手間のかかる割に儲けの少ない藺草を作らなくなった。
　　　　　　　　　　　　　　　　　　　　　　　　　　（辻原登『村の名前』）

(206)　診断結果のわりにはずいぶん間延びしているように見えたが、
　　　　　　　　　　　　　　　　　　　　　　　　　（荻原浩『明日の記憶』）

(207)　私はもともと内臓が丈夫なのか、胃潰瘍になったことはないし、酒量が多いわりには、ガンマも基準値の上限近くに踏みとどまっている。
　　　　　　　　　　　　　　　　　　　　　　　　　（荻原浩『明日の記憶』）

(208)　唾液のねばりが、前よりもひどくなった。しかし、その割には、喉のかわきは変らない。
　　　　　　　　　　　　　　　　　　　　　　　　　（安部公房『砂の女』）

(208)「その割に(は)」は接続詞的用法である。「わりには」はしばしば「にしては」との言い替えが可能であるが、否定的な状況の場合は適切さを欠く。

(209) a.　よく準備した割にはいい点数はとれなかった。
　　　　　⇒よく準備したにしてはいい点数はとれなかった。
　　　b.　よく準備しなかった割にはいい点数がとれた。
　　　　　⇒よく準備しなかったにしてはいい点数がとれた。

3.7 「くせに」の意味と用法

「にもかかわらず」という逆接を表す。会話的で非難や不満の気持ちを込めて、難詰する気持ちが強く表される。「Nのくせに」のほかに、動詞や形容詞にも接続する。

(210) 新米のくせに、知りもしないくせに、子供のくせに、女のくせして、
(211) a. 彼女は自分でもいい加減なくせに人の欠点ばかり悪口を言う。
　　　b. 何もしらないくせに、横からくちばしを入れたがる。
(212) 子供たちは、毎日のように遠慮なく騒いだくせに、今日はみんな申し合せたように無口だった。　　　　　　（井上靖『あした来る人』）
(213) 「頭が鈍くて要領を得ないのは構いませんが、ちゃんと解ってる癖に、はっきり云ってくれないのは困ります」　　　（夏目漱石『こころ』）
(214) もう遅いくらいですよ。僕が一人でやきもきしてるんですが、アルさんも克平も登山家のくせに、のんきです。（井上靖『あした来る人』）
(215) しかも、その灯の海は、一切の音響というものが死滅して、華やかなくせに、ひどくひそやかな感じのものだった。
　　　　　　　　　　　　　　　　　　　　　（井上靖『あした来る人』）
(216) 手紙の封をひらく。登美子の顔が眼にうかぶ。若いくせに、天性の媚態をもった女だ。　　　　　　　（石川達三『青春の蹉跌』）

「くせに」には文末詞、終助詞的な用法もみられる。

(217) 「何よ。へんな真似をして。吃りのくせに」（三島由紀夫『金閣寺』）
(218) こんなことをして……いい気になりやがって……鼠の脳味噌ほどもありはしないくせに……もしか、おれが死んだら、一体、どうするつもりなんだ！」　　　　　　　　　　　　（吉行淳之介『砂の女』）

会話的という特徴から、「なんか」「なんて」などと併用することもある。

(219) だからね、うちのお父さんなんか自分じゃ殆んどお酒飲まないくせにうちの中もうお酒だらけよ。　　　（村上春樹『ノルウェイの森』）
(220) 「やりたいこともないくせに、大学へ行くヤツなんて」と、世間に流されて大学へ行く風潮を批判などしていた。（乙武洋匡『五体不満足』）
(221) 何一つ本当は知らんくせに、彼には全部が見え透いてみえた。
　　　　　　　　　　　　　　　　　　　　　（高橋和巳『憂鬱なる党派』）

3.8 「証拠に」「しるしに」などの意味と用法

「Nに」のニ格が立場や資格を表し、複合辞の「として」の働きに類似して一種の慣用的な接続成分を形成するものがある。

(222) 飲酒運転をした証拠に、アルコールが呼気から検出された。
　　　⇒アルコールが呼気から検出されたのは、飲酒運転をした証拠だ。
(223) 生きてる証拠にはおめえ、絶えまなしに育ってるんだぜ。
（山本周五郎『青べか物語』）
(224) 息をしていない証拠に、口髭には一片のつららも附着していなかった。　　　　　　　　　　　　　　　　　　　（新田次郎『強力伝』）

「仕返しに」は、ある条件、理由、目的に対応する行動因子を招来する。

(225) a. 弟がいじめられた仕返しに、あいつの靴を隠してやった。
　　　　⇒あいつの靴を隠してやったのは、弟がいじめられた仕返しだ。
　　　　⇒いじめられたことに対する仕返しとして、あいつの靴を隠してやった。
(226) a. 眠い証拠に、あくびが出る。
　　　　⇒あくびが出るのは、眠い証拠だ。
　　b. 歳をとった証拠に、忘れっぽくなった。
　　　　⇒忘れっぽくなったのは、歳をとった証拠だ。
　　c. 農薬を使っていない証拠に、この野菜は虫が食っている。
　　　　⇒この野菜に虫が食っているのは農薬を使っていない証拠だ。
　　d. 身にやましいところがある証拠に、目をそらそうとする。
　　　　⇒目をそらそうとするのが身にやましいところのある証拠だ。身にやましいところがあるから、目をそらすのだ。

「証拠」もまた接続成分として機能し、結果事態の根拠を明らかにする。

(227) この傷口が犯人は左利きだったという証拠だ。
　　　⇒犯人が左利きだったという証拠に、この傷口が…
(228) 橋爪君は漸く我れに返った証拠に、そろそろと涙を流しはじめ、
（井伏鱒二『黒い雨』）

「その証拠に」のように、可展的な接続詞句になることもある。「に」は「その証拠（になるもの）として」という意味を表す。

(229) 祖母は病院通いが好きらしい。その証拠に通院予定のない日は元気がない。　　　　　　　　　　　　（『新和英大辞典』第五版、2003 研究社）
(230) 「手で食べる」という慣習は一つの文化である。その証拠に、彼らのしているように、うまい具合に手で食べられるかどうか、試してみるとよくわかる。　　　　　　　　　　　　　（中根千枝『適応の条件』）

事態に応じて与えられるものを表す名詞が擬似的な従属接続成分となったものは、個別的な「N に」節にもみられる。以下、その類例をあげておく。

(231) a. 折角京都を訪れた記念に、もう一泊して禅を体験することにした。

b.　全コース踏破したしるしにスタンプを押せば、記念品がもらえる。
　　　c.　仕事を手伝ってくれた報酬に、食事代と多少の手当を支給した。
　　　d.　息子が大学に合格したお祝いに、家族で旅行に出かけた。
　　　e.　北海道を旅行したお土産に「白い恋人たちへ」を買ってきた。
　　　f.　大事な花瓶を割ってしまったお詫びに、商品券を送った。
　　　g.　K容疑者は復縁を断られた腹いせに、女性に千通ものメールを送ったストーカー行為によって警察に逮捕された。
　　　h.　A容疑者は情報を提供してもらった見返りに覚せい剤を譲渡した疑いがある。
　　　i.　教えてくださったお礼に、一緒に食事でもいかがでしょうか。
　　　j.　春の学会に参加した機会に、正会員として入会することにした。
　　　k.　北海道へ行った思い出に、温泉の秘境巡りをした。
　　　l.　メダルを獲った{裏／陰}には、本人の並々ならぬ努力と苦労があった。
　　　m.　日本が戦争に突入していく背景には、当時の複雑な国際情勢も多分にあった。

(231l)、(231m)は存在文、所有文の特徴を呈している。次の例では「仕返し」に「とばかりに」が複合的な接続成分となったものである。

　(232)　本当に「食らいついて」しまった。今まで、さんざん蹴飛ばされた仕返しとばかりに、思い切り噛みついた。　　（乙武洋匡『五体不満足』）

このほか「ご褒美に」「報いに」などがあげられる。これらはしばしば、動詞テ形後置詞などとの言い替えもみられる。

　(233)a.　新作の発売を記念して／発売記念に
　　　b.　就職したのを祝って、就職したのを祝して／就職祝いに
　　　c.　いじめられたことに仕返しして／いじめられた(ことの)仕返しに

このほか、〈XをYに〉形式の主要なものとしては、次の複合辞があげられる。

　(234)　～を参考に、をヒントに、を支えに、をはずみに、をてこに、を転機に、をばねに、をよそに、をぬきに、を売り物に、を背景に、を中心に、を参考に、をもとに、を尻目に、を先頭に、を武器に、～を視野に(いれて／おいて)、…

これらの多くが動詞成分（「シテ」など）を省略したもので、本来は動詞テ形の後置詞とみなしてよい。

　以上、「Nニ」節の態様をみてきた、この形態である「すえに」「あげくに」「拍子に」「はずみに」などの用法については別章を参照されたい[6]。

3.9 その他のニ格をともなう接続成分

　連体修飾構造を受けるものではないが、ある種の名詞を介して接続成分をなすものをみておこう。二つの対象(事象)の比較において、著しく対照的、対立的な様相を述べるのに、「とは逆に」「とは正反対に」などがある。「と違って」「と異なって」「に引き替え」の対比的な用法などと類義的な形式である。

(235)　熱心な口調<u>とうらはらに</u>、だんだん冷めていく自分の気持ちをたぐりよせて戸部宗輔はいった。　　　　　　　　（井上光晴『死者の時』）

(236)　売買審査など管理体制も報告書<u>とは裏腹に</u>、ずさんなものだった。
　　　　　　　　　　　　　　　　　　　　　　　（朝日新聞 09.10.18）

(237)　弟のほうは社交的な兄<u>とは正反対に</u>内気で、引っ込み思案である。

「とは無関係に」も、「とは関係なく」の意味で、これらの接続形式に属する。

(238)　議長は報告<u>とは無関係に</u>、前回の議事録を再度取り上げようとした。

(239)a.　兄<u>とは対照的に</u>、私は数学がまったく苦手だ。
　　　b.　きゃしゃな体つき<u>とは対照的に</u>、彼女の忍耐力はずば抜けている。

「おき」「ごと」「たび」もニ格をともなう節構造をなす。

(240)　一日<u>おきに</u>入浴する、10分<u>おきに</u>運行する、8時間<u>おきに</u>飲む、一行<u>おきに</u>タイプする、5メートル<u>おきに</u>標識を建てる、…

(241)　十五分<u>おきに</u>救急車だかパトカーだかのサイレンが聴こえた。
　　　　　　　　　　　　　　　　　　　　　（村上春樹『ノルウェイの森』）

(242)　一か月<u>ごとに</u>支払う、一軒<u>ごとに</u>チラシを配る、ひと雨<u>ごとに</u>春めいてくる、試合<u>ごとに</u>強くなる、日を追う<u>ごとに</u>暖かくなる、…

(243)　俺も少し気の毒になって貞代が侯爵邸の前にくる<u>ごとに</u>相手になってやっていた。　　　　　　　　　　　（松本清張『偏狂者の系譜』）

(244)a.　あの二人は顔を合わせる<u>たびに</u>、けんかする。
　　　b.　彼が失敗する<u>たびに</u>、私が尻拭いをするはめになる。
　　　c.　あの時の失敗を思い出す<u>たびに</u>、顔が赤くなって来る。

(245)　あれは気味のわるい公案だよ。人生の曲り角で会う<u>たびに</u>、同じ公案の、姿も意味も変っているのさ。　　　　　（三島由紀夫『金閣寺』）

「具合に」は「うまい具合に」「妙な具合に」のような副詞句のほか、「ように」「ふうに」とほぼ等しく、例示と同時に、一種の様態、比況を表し、接続成分を構成する。

(246)　そしてこのきずな(いわゆる「タテ」の関係に結ばれている)が連続体をなしているために、今日の組合の代表者が、あすは管理者として、組合の要求をうけてたつという<u>具合に</u>、組合集団の人的持続性がつねに破れざるをえないことである。　（中根千枝『タテ社会の人間関係』）

(247) 髪がすったばかりの墨みたいに黒くて長くて、手足がすらっと細くて、目が輝いていて、唇は今つくったばかりっていった具合に小さくて柔かそうなの。　　　　　　　　　　（村上春樹『ノルウェイの森』）

4 「N(無格)」節の意味と機能

最後にある種の名詞が連体修飾構造を受けつつ、接続成分となったものをみていく。具体的には「一方」、「反面」（「半面」）、「かたわら」などである[7]。

4.1 「一方(で)」「他方(で)」の意味と用法

「と同時に」という並列の意味を表す。眼前または当面の状況描写、性質、特徴の説明で、働きかけ文にはなりにくい。デの有無はあたかもテ形中止形と連用中止形の違いのような趣があり、文体的効果もみられるが、一般に任意なものとして省略されることも多い。「一方で」と「一方」は動詞テ形と連用中止形の形式上の異同と考えてさしつかえないが、「で」をともなう方が対比的な状況は強調される傾向がある。

(248) a. 少子化が進む一方で、高齢者も増え続けている。
b. 生活が便利な一方で、人の判断力が失われていくのも事実だ。
c. 彼女は女優として活躍する一方で、すぐれた小説も書いています。
d. 高齢化が進む一方で、政府は新たな介護政策を求められている。
e. 彼女はお金に困っているという一方で、随分無駄遣いしています。
f. 教育や家庭の躾では叱る一方で、ほめることも大切だ。
g. A国は天然資源が豊富な一方で、それを活用できるだけの技術がない。cf. 豊富なわりには、…
h. 課長ともなれば自分の仕事をこなす一方、部下の面倒をみる必要もある。
i. 生活が便利になる一方、人の命が軽く思われるようになった。
j. 地球上には豊かな国がある一方、飢餓に苦しむ国もある。
k. 夏場は忙しい一方、冬場は客も少なく閑古鳥が啼いている。
l. 若者を対象にした商品開発に力を入れる一方、中高年向けの製品も視野に入れる。

「一方で」はしばしば「かと思えば」「も～れば」などの条件節でも表わされる。

(249) a. 彼女はお金に困っているかと思えば、随分無駄遣いしています。
b. 地球上には豊かな国もあれば、飢餓に苦しむ国もある。

形容動詞は「便利な一方で」、名詞は「作家である一方で」のように用いられる。

また、文末表現「一方だ」は、「ますます～ばかりだ」という意味で、ある種の顕著な傾向の持続を表し、中止用法としてあらわれることもある。

(250) a. 最近は不景気で中高年の自殺者が増える一方だ。
    ⇒中高年の自殺者が増える一方で、不景気は止みそうにない。
 b. ここ数年、庶民の生活はますます苦しくなる一方だ。
    ⇒庶民の生活はますます苦しくなる一方で、凶悪な事件も増えている。

なお、「一方だ」が中止形として文中で使われた場合、形態上、並列・対比用法と区別がつきにくいことがある。この場合、原則として「一方で」の形、「で」は省略されない。

(251) 紛争の傷跡は残り、人々の暮らしは困窮する一方で、長期的な復興支援を行う機関の到着が待たれる。　　　　　　（讀賣新聞 04.10.4）

次例は並列・対比用法で、「と同時に」「とともに」のような複数の事態発生状況を呈している。

(252) 作家として駆け出しの頃に出会った二人は結婚二十年。同じ道を目指す者同士の結婚は夫婦の結束を生んだ一方で、時に同業者ゆえの葛藤と夫婦の溝を生んできた。　　　　　　（讀賣新聞 04.9.1）
(253) 韓国フィギア界初の金メダルへの期待が高まる一方で、最近は「プレッシャー」という言葉を口にすることが多い。　（朝日新聞 09.12.19）
(254) 温暖化を食い止める一方で、温暖化によって引き起こされる様々な問題に備えなければならない。　　　　　　　（朝日新聞 08.7.21）
(255) インターネット社会が持つ匿名性は「両刃の剣」だ。多数の人々に個人が自由に発信できる世界を広げる一方で、無責任な書き込みによる中傷やいじめ、プライバシーの暴露が、逆に個人の自由と人権を抑圧する。　　　　　　　　　　　　　　　　　　　（朝日新聞 08.5.2）
(256) 年間八万点もの新刊が刊行される一方で、人文書の部数は激減し、すぐれた既刊書はいつのまにか姿を消していく。　　　（『図書』2009.11）

こうした「一方で」は状況を表す「なかで」に言い替えられることが多い。

(257) a. 夫婦の結束を生んだなかで、…
 b. 金メダルへの期待が高まるなか、…

無格の「一方」は次のような例であるが、「一方で」とほとんど変わらない。

(258) 当時は初めての英国生活で孤独を感じる一方、西洋と東洋の対決という未知なる世界への期待も大きかった。

(259) このままじっとしていると、自分だけが仲間から取り残されるような焦燥があった。平和に穏やかな孤独を楽しみたいと思う<u>一方</u>、置き去りにされそうな寂しさが突き上げてくる。　　（松本清張『北の詩人』）
(260) 飲酒運転撲滅の気運が市民の間に浸透したのを実感する<u>一方</u>、ここ最近、公務員の飲酒事案が度々明らかになるなど、一部で後退してきたと感じている。　　　　　　　　　　　　　　　　（朝日新聞 09.8.26）
(261) 加藤被告は、被害者が人生を満喫していたところをすべて壊してしまい、取り返しのつかないことをしたと反省する<u>一方</u>、事件の記憶はほとんどないと記している。　　　　　　　　　　　　　（朝日新聞 09.11.7）
(262) だれもが自由に発言できるネットは便利な道具である<u>一方</u>、危険な書き込みの場にもなる。　　　　　　　　　　　　　　（朝日新聞 08.5.1）

「その一方(で)」「一方(で)」のような接続詞的な用法としても用いられる。

(263) 阪神大震災では救援や発生した火災の消火の遅れが犠牲者を増やし、関係者には悔いが残った。<u>一方で</u>、初動体制の重要さが刻みつけられた。　　　　　　　　　　　　　　　　　　　　（讀賣新聞 04.9.2）
(264) 日露戦争後の長引く不況で日本には失業者があふれ、<u>一方</u>、ブラジルでは奴隷解放によって労働力が不足していた。　　（朝日新聞 08.5.2）
(265) コンビニもすごい。平均的な消費者への対応が徹底していて感心する。その<u>一方</u>、日本の買物には会話がないなと思う。
　　　　　　　　　　　　　　　　　　　　　　　　　　（朝日新聞 09.10.15）

なお、「一方(では)X、一方(では)Y」、「一面(では)X、一面(では)Y」といった、一種の並列表現としてもあらわれる。「Xかと思えばY」との置き替えが可能である。

(266) a. 彼は<u>一方では</u>業界で辣腕を発揮し、<u>一方では</u>作家業でも名をあげている。
　　 b. 彼女は子供に対して<u>一方では</u>優しいし、<u>一方では</u>厳しい面がある。

「他方」も「ほかの方面」「もう一方」という意味で、「一方」と同じように用いられるが、実例ではほとんどが連体修飾を受けずに、接続詞的用法としてのみあらわれる。

(267) 死刑をめぐって一方では犯罪抑止につながるという意見があるが、<u>他方では</u>死刑廃止論という厳しい反論がある。
(268) 中国経済は上り調子だが、<u>他方</u>、日本経済は景気低迷から抜け出せない。

(269) ……尺八を吹き終って、いつも私は思ったが、金閣はどうしてこのような私の化身を、咎めたり邪魔したりしないで、黙過してくれるのだろうか？　他方、人生の幸福や快楽に私が化身しようとするとき、金閣は一度でも見のがしてくれたことがあったか？

(三島由紀夫『金閣寺』)

(270) しかし、ときとともに人びとの気持ちは落ち着いてきた。一方で敗戦の打撃から立ち直り、他方では、改革への情熱からさめていた。どちらにしてもまじめに働いて、日本の経済を復興させることが必要であるという認識がしだいに強まってきたのである。

(吉田茂『激動の百年史』)

(271) 一方に、あまり一生懸命に努力して、自分の文化の限界を無意識にこえてしまう人があるかと思えば、他方、怠慢から「語学などできなくとも結構やっていけるのだ」などというまったく誤った主張さえみられる。

(中根千枝『適応の条件』)

4.2 「反面」「半面」「一面」「他面」の意味と用法

「(A)と反対に(B)」という意味で、同じ一つの物事のなかに反対の性格や特徴をもつという傾向を表す。「反面」は正反対の意味を、「半面」はもう一方の内容を表すことが多いが、混用もみられる。(B)の文中には一般に「も」が使われる。また、(B)の文末には「ことがある」「ところもある」などの特徴を記す表現も多くあらわれる。一般には「反面」の表記が多くみられる。

(272) a. この薬はよく効く反面、副作用も強い。
b. 自動車は便利な反面、交通事故や大気汚染というマイナスの側面も持つ。
c. 彼は目上に対しては腰が低い反面、目下に対してはいばっている。
d. 父は頑固者｛な／である｝反面、涙もろいところもある。
e. 彼は大人じみた反面、意外と子どもっぽいところもある。
f. 北野武監督の映画は娯楽が楽しめる反面、人生について考えさせるものがある。
g. 住環境が向上した反面、(逆に)隣人同士のトラブルが増えるようになった。
h. この会社では給料がいい反面、残業も多く人使いが荒い。
i. マンションは管理費が高い反面、安全面では安心していい。
j. 科学技術は文明を発展させた反面、常に戦争の危険と被害をもたらしたといえる。

k. 都会での一人暮らしは気楽な反面、また孤独でもある。
　　l. 孫はかわいいが、反面疲れるから預かるのは祖父にとっては大変だ。

接続の仕方は「一方」と同様であるが、「反面で」のようにデをともなうことはない。また、「その反面」「反面」のように接続詞としても使われる。

　(273) しかし、君は恐ろしく律儀な反面、妙に約束を忘れる素質がある。
　　　　　　　　　　　　　　　　　　　　　　（高橋和巳『憂鬱なる党派』）
　(274) しかし、秋山は経営に鋭い感覚を働かす反面、悠揚とした性格で、内密に清浦の耳に入れるようなことをするとは思えない。
　　　　　　　　　　　　　　　　　　　　　　　　　（吉村昭『仮釈放』）
　(275) 検案、解剖の対象になる変死者は、不慮の死にさらされた者たちで、利夫は、人体が精妙で堅牢なるものである反面、些細なことが原因で機能を停止するもろいものであることも感じた。　（吉村昭『秋の街』）
　(276) 「兄の母、チヨさんについては、一人娘であったこと、東京女子師範出身で小学校の先生をしていたこと、頭がいい反面、家庭的ではなかった様に聞いております」　　　　　　　　　（森田誠吾『中島敦』）
　(277) 若さと新しさはいつの時代にも貴重なものだが、反面、現代の若い人には彼らに共通した長所と欠点があるようだ。　（中日対訳コーパス）
　(278) 末っ子とひとりっ子は、性格に似た点がいくつかある反面、まるで似ていないところもあるからです。　　　　　（中日対訳コーパス）

一方、「半面」の例は次のようである。「半面」は長短併せもつという意味で、「(便利さ)半分、(不便さ)半分」のような言い方もある。相反する両方の特徴が併存しているという状況を表す。

　(279) うわさ話やデマの主な発信源は、いまインターネットや携帯電話のメールに代わった。誰もが情報を発信できるインターネット社会は便利な半面、無責任なうわさや誤った情報が広がる可能性を抱えている。　　　　　　　　　　　　　　　　　　　　　　（朝日新聞 04.9.23）
　(280) 杏子はどうしてこんなに明るい笑いができるのだろうと思った。八千代の明るさは、杏子をほっとさせる半面、ひどくまぶしいものを彼女に感じさせた。大貫夫人がもう少し暗い顔をしていたら、あるいはその方が、杏子にとっては気持がらくかも知れなかった。
　　　　　　　　　　　　　　　　　　　　　　　（井上靖『あした来る人』）
　(281) 巨大都市は過密のルツボで病み、あえぎ、いらだっている半面、農村は若者が減って高齢化し、成長のエネルギーを失おうとしている。
　　　　　　　　　　　　　　　　　　　　　　（田中角栄『日本列島改造論』）

(282) 所得の伸びにともなう需要の拡大率（需要の所得弾力性）が高く、生産性の向上もいちじるしい重化学工業は、これまでの経済成長時代をつうじ、中核産業として経済全体を引っぱる歴史的な役割を果してきた。しかし、その半面で過密の激化と環境汚染を深刻にし、輸出入の面で国際的な摩擦を増大させていることもまた事実である。　　　（同上）

「一面」、「他面」も「一方」、「他方」の意味で用いられる。

(283) a.　彼の行為は非難すべきであるが、一面また同情すべき点もある。
　　　b.　彼の行為は非難すべき一面（もあるが、）また同情すべき一面もある。
　　　c.　厳しい上司だったが、他面、気遣ってくれることも多かった。
(284) 　しつけには、束縛や禁止、干渉などといった一面は確かにあります。しかし、ひとりで自由に動きまわるための水先案内といった役割のほうがずっと比重が大きいのを知らなければなりません。

（中日対訳コーパス）

(285) 　東洋における精神科学の発育不良の原因をそのような倫理的に拘束された師弟関係に認める西洋人は多いが、他面その同じ西洋人も東洋流の弟子の師にたいする心づかいに打たれる場合もあったのである。

（同上）

ただし、「一面」、「他面」は「一方」、「反面」と比べて連体修飾節を受けることができない。「一面」は「一面があるのに対して」のような構成になることが多い。「一面」「他面」はやや実質性を残しているということであろう。なお、4.1および4.2の類義語を接続辞成分と接続詞用法において整理するとほぼ(286)のようになる。

(286)

	一方（で）	他方	反面	半面	一面	他面
接続辞成分	○	△	○	○	×	×
接続詞的用法	○	○	○	○	○	○

4.3　「かたわら」の意味と用法

　「をかねて」という意味で、兼務を表す。前件で述べた本業のほかに、後件では副業的な作業、趣味、活動を表す。双方の対象は関連的な内容で、並行持続が可能な状態を表す。前文で主な活動（仕事や勉強、研究）を、後の文でそれ以外の空いた時間、余暇に行う活動を述べる。後の文末には「ている」がよく使われる。「かたわら」には助詞はつかない。また、日常習慣的な内容で、政治経済の現象や大きな

情勢変化などには使えない。この場合は、「一方で」「裏で」などを用いる。
 (287)??X国は核の凍結を叫ぶ<u>かたわら</u>、核開発をひそかに行っている。
    ⇒X国は核の凍結を叫ぶ<u>一方で</u>、……

「かたわら(傍ら)」はもともとは「そば、近く」の意味で、具体的な位置をさし示す。格助詞デ、ニは必須成分である。
 (288)a. 仕事をしている母親の<u>かたわらで</u>、子どもたちは静かに本を読んでいる。
   (母親が仕事をしている<u>かたわらで</u>、)……
  b. 二人が腰をおろした<u>かたわらに</u>、可憐な花が咲いていた。
   (腰をおろした二人の<u>かたわらに</u>、)……
  c. 考えごとをしながら歩いていた私の<u>かたわらを</u>、中学生の自転車が通り過ぎていった。

類義表現は複数あり、「ながら」「一方で」、「と同時に」、「とともに」などとの言い替えが可能である。
 (289) 彼は昼は会社で働き<u>ながら</u>、夜は大学院で経営学を勉強している。
    cf.彼は昼は会社で働く<u>一方(で)</u>、働く<u>かたわら</u>、

なお、「一方」では対照的、対比的状況が表わされるが、「かたわら」には主従的な意味合いが強く出される。
 (290) Aさんは役所に勤める<u>かたわら</u>、ボランティア活動で週に二回外国人に日本語を教えている。

この場合、本職は「役所勤め」であり、空いた時間に行う付随的な行為がボランティア活動である。名詞では営む対象として、職種などが用いられる。
 (291) 森タバコ店は、タバコ屋<u>のかたわら</u>駄菓子などを売っていますが、近頃店の中を仕切って、総菜用のおでんを売り始めました。
               (梅崎春生『幻化』)
 (292) 昨年6月、上田市長は44年ぶりに民間から就任した。弁護士の<u>かたわら</u>、特定非営利活動法人(NPO法人)「北海道NPOサポートセンター」の理事長も務めてきた。 (朝日新聞04.9.23)
 (293) 建築や土木作業で主な収入を得ながら茶畑を営む「半農半大工」や、農業の<u>傍ら</u>ビデオ編集とIT関係の仕事をする例が出てきた。
               (朝日新聞08.10.1)

動詞ではこれも仕事や業務に付随する行為があげられる。
 (294) 山本さんは、同校で教べんを執る<u>傍ら</u>、亡くなった父親の後を継ぎ、島にある「善陽寺」の住職も務めている。 (讀賣新聞04.7.21)

(295) いつも帳場に坐っていて経理の仕事をする__かたわら__、宿泊客の部屋の割りふりや食料その他の調達などを取りしきっていた。

（吉村昭『死顔』）

(296) 山谷で暮らしながら、路上で生活する彼らに毛布を配る活動を続ける__傍ら__、彼らが自立するための「道具」づくりを考え続けた。

（朝日新聞 09.11.7）

(297) 私は土屋教授から依頼された仕事を進めて行く__かたわら__、すでに自分のものを書き始めていた。 （立原正秋『冬のかたみに』）

「?? 私は食事をする__傍ら__、テレビを見ている」のような例はナガラ節を用いるべきもので、むしろ異種主体による「私が食事をする__傍らで__、妻が煎餅をかじっている」のような場所的な位置関係の意味として解釈される。

4.4 「がてら」「かたがた」の意味と用法

動作性の意味を有する名詞につきそい、二つの動作を兼ねて行う意味を表す。「がてら」は何かのついでに付随的な行為を行うことを表す。名詞のほか、動詞の連用形に接続する。すでに述べた「ついでに」、「を兼ねて」に置き替えられるように、あとに副次的な動作行為を表す。挨拶文など定型文に用いられることも多い。

(298) a. 池袋に行くなら、買い物__がてら__ちょっとぶらぶらしませんか。
b. 遊び__がてら__、私どものところにお立ち寄りください。
c. 祖父は毎朝運動__がてら__近くの神社の境内を掃除している。
d. 桜が満開ですから、花見__がてら__遊びに来ませんか。
e. 私は年に二三回、商用__がてら__ソウルを訪ねることにしている。
f. 近況の報告__がてら__父の墓参りをして来ようと思っている。
g. 客を駅まで送り__がてら__、買物をして来よう。
h. 到着後、ビデオを撮り__がてら__市内をぶらぶらすることにした。
i. 地方出張し__がてら__、その土地の方言を蒐集するのが趣味。

一つのことをするとき、付け加えて関連的な行為をする。(A)を兼ねて(B)をするという意味である。(A)が本来の目的で、余裕があれば(B)を実行するという意味を表す。名詞の場合は「散歩」「挨拶」「買物」などの動作性名詞がくる。さらに上例のように(B)は「歩く」「行く」などの移動動詞の連用形が使われる。そのときの気分で、趣味なども含めて何かを気楽にやってみるというニュアンスがある。自分自身の行為を述べるときや誘いかけるときに使われ、依頼・要求文には使われない。その場合は「ついでに」が用いられる。

(299) a. 買物__がてら__、映画でも見ませんか。〈誘い〉

b. ＊買物がてら、手紙を出して来てください。〈依頼・要求〉
　　⇒買物のついでに、手紙を出して来てください。
(300)　賑かな町の方へ一丁程歩くと、私も散歩がてら雑司ケ谷へ行って見る気になった。先生に会えるか会えないかという好奇心も動いた。それですぐ踵を回らした。　　　　　　　　　　　（夏目漱石『こころ』）
(301)　さっそく能島さんのところへ様子を見がてら挨拶に行くと、立退きの支度を急いでいる能島さんの手にも黒い雨の跡がついていた。
　　　　　　　　　　　　　　　　　　　　　　　　（井伏鱒二『黒い雨』）
(302)　私には何度見ても、そこに金閣の存在することがふしぎでたまらず、さて眺めたあと本堂のほうへ帰りがてら、急に背を反してもう一度見ようとすれば、金閣はあのエウリュディケーさながら、姿は忽ち掻き消されているように思われた。　　　　　　（三島由紀夫『金閣寺』）

「かたがた」は「がてら」と似ているが、「気が向いたら」「時間があれば」といった気持ちの変化や個別の事情をともなう。

(303) a.　食後の運動かたがた、散歩する。cf. ?食後の運動がてら
　　　b.　両親の墓参かたがた、帰省する。cf. ?墓参がてら
　　　c.　右、お願いかたがた、ご報告まで。cf. お願いがてら
　　　d.　散歩かたがた、古本屋に寄ってくるのが父のいつもの習慣だ。

ここで「かたがた」「を兼ねて」「(の)ついでに」などの類義表現と比較しておこう。一般に「ついで」は「がてら」よりも広く使われる。「ついで」は名詞接続の場合は「のついでに」のように一般に「の」が入る。これに対して「がてら」「かたがた」は名詞に直接接続する。

(304) a.　買物のついでに、手紙を出して来てくれませんか。
　　　b.　電話をかけるついでに、旅行の都合も聞いてみよう。
(305) a.　調べ物がてら、図書館に行って来る、cf. ＊調べ物のがてら
　　　b.　涼みかたがた、夜店に出かけてみることにした。
　　　c.　久し振りに挨拶かたがた、先生の研究室を訪ねてみました。

「かたがた」は「がてら」とほとんど同じだが、「調査」「旅行」「買物」などの動作性名詞にしか接続しない。「お礼かたがた」など、用法は「がてら」よりもさらに用途は限られている。動詞テ形を用いた「を兼ねて」はより具体的な付随行為を表し、汎用性が高くなる。

(306) a.　食後の運動 {がてら／かたがた／＊のついでに／を兼ねて}、近所を散歩する。
　　　b.　両親の墓参 {がてら／かたがた／＊のついでに／を兼ねて}、盆には帰省する。

(307) 国から旅費を送らせる手数と時間を省くため、私は暇乞かたがた先生の所へ行って、要るだけの金を一時立て替えてもらう事にした。

(夏目漱石『こころ』)

(308) 母は港町で芸者を勤め上げた後も、踊の師匠としてそこにとどまっていたが、まだ五十前で中風をわずらい、療養かたがたこの温泉へ帰って来た。

(川端康成『雪国』)

4.5　その他の「N（無格）」節の意味と用法

「分」は物事の状態、様子、程度を表し、「この分なら計画は実行できるだろう」のように、また、条件節とともに用いて「それだけ」の意味で、「働いたら働いた分」（「働いたら働いただけ」）のように用いられる。

(309) 期待が大きい分、裏切られた時の怒りも大きい。　（朝日新聞 09.8.31）

(310) 「自国では英雄扱いされている分、オランダではスパイとされたことを自らの痛恨事と感じていたようだ」と教授は振り返る。

(朝日新聞 04.8.7)

(311) しかし何より怖いのは、たとえばサウジが大混乱するような事件の発生である。供給に乏しい分、価格は暴騰しかねない。

(朝日新聞 04.8.7)

「分」には「だけ」「反面」といった対比的な意味がある。このほか、「分には」で仮にそうであるとする状態を表す。

(312) 一人で旅行する分には、食事や泊まるところは特に気にしなくてもいいから気楽だ。

「最後」は「全員が出かけた最後に戸締りをする」のように被修飾名詞にもなるが、その変形として「が最後」の言い方がある。「いったん～したら、それっきり、それで終わりだ」という判断表現で、「最後」は「結局」という意味の副詞的働きをする。「が最後」の「が」は「我が故郷」のようなノに準ずる。

(313) a. ここで失敗したが最後、本戦に出場するチャンスは閉ざされる。
　　　b. 彼は飲み出したが最後、とことん、酔っぱらうまで呑み続ける。
　　　c. 彼女はくいついたが最後、スッポンみたいに離れない女だぜ。
　　　d. 理事長の悪い癖で、話し出したが最後、なかなか止まらない。

「が最後」はやや古い言い方で、口語ではしばしば「たら最後」のように条件形式にもなるが、意味は変わらない。

(314) a. 特攻隊員は一度飛び立ったら最後、生きては帰れなかった。
　　　b. 彼女は我が強くて一度言い出したら最後、決して後には引かない。
　　　c. あの男に金を貸したら最後、戻ってくることはまずないだろう。

           d. 地方に出向し<u>たら</u>最後、二度と本社には戻ってこれないだろう。
(315) 己があっての彼女であって、己の傍を離れ<u>たが</u>最後、再び社会のどん
      底へ落ちてこの世の下積になってしまう。それが彼女には余程恐ろし
      いに違いないのだ。　　　　　　　　　　　　（谷崎潤一郎『痴人の愛』）
(316) 日本の進出、あるいは好意であっても、手をさしのべようとすると
      き、アジア諸国が何か警戒心を抱くのは、過去の日本との経験から、
      いったん関係に入っ<u>たら</u>最後、こうした日本のとどまるところを知ら
      ない行動の可能性を感ずるからであろう。　（中根千枝『適応の条件』）
一種の結論に言及した表現で、話し手の主張が強く押し出されたものである。

5　おわりに

　本章では連体修飾構造をともなう接続成分が、いわば節構造としてあらわれる特徴を、形態的な分類を軸に記述してきた。これまでともすると見過ごされがちであった個別的な形式を格成分のもとに整理を試みた。
　格の深層と接続成分との関係については、複文研究の一対象でもあるが、文核的ないわば形式名詞に連なる抽象度の高い底名詞の接続成分化に格助詞がどのように関与しているかが、注目される。印象的にはデ格には、ある種の手段化、動的な、あるいは拡散的な影響の観察の姿勢が、ニ格の場合は状況に密着した動作行為・現象の継起、影響の直接波及といった限定的、収束的な観察の姿勢が認められた。
　デ格やニ格が内状や内実に沿うかたちで、あたかもそこにあてはめるように状況を剪定し、整合させての評価判断であるのに対し、一方格をともなわずに名詞で中止する接続成分はそうした手続きを踏んで評価判断を述べるというよりも現にそこに位置する存在を直截に映し出すといった、当該観察の現場や対象についての詠嘆的な心情がいくらか投影されるようである。
　注意すべき点は、一部の名詞は文末形式との兼務として立ちあらわれるという点である。名詞のなかで機能的な意味形式をもつものが、文末述語成分とともに接続成分となる現象には興味深いものがある。しかしながら、「一方で」と「一方だ」、「格好で」と「格好だ」、「勢いで」と「勢いだ」、「狙いで」と「狙いだ」などの双用の場合もあれば、「見通しだ」「模様だ」「算段だ」などのようにむしろ、文末にのみあらわれる要素もあるといった分布もみられ、〈接続成分―文末成分〉の移行の原理、条件については、今後とも考察を続けていく必要がある。
　これに付随して、もう一つの注意すべき点は、"因果・条件・手段"と"中止・停頓・対比"の関係である。これまでみてきた接続成分のなかには、中止の形で、前件と後件の因果関係や条件帰結、目的関係などを認めないものがある[8]。

(317)a. 昼間働く一方で、夜は夜間部に通っている。cf. 一方、
　　　b. 患者は増える一方で、ワクチンが間に合わない状態だ。cf.？一方、
(317a)は接続成分、(317b)は述語形式「一方だ」(「ばかりだ」)の中止成分とみなされ、「一方で」ではすわりが悪い。
　こうした"同形異種節"については、日本語教育の教学面でも留意しなければならない点の一つであるといえよう。

注

1　接続成分、文末成分は正確には接続辞成分、文末辞成分であるが、本章ではより一般性の高い成分として接続成分、文末述語成分の名称を用いる。
2　寺村秀夫・白川博之(1988)『日本語上級文法教本』pp89–105.「副次補語論」
3　格の深層的意味については『日本語における表層格と深層格の対応関係』(国立国語研究所報告 113、1997)、また森山新『認知言語学から見た日本語格助詞の意味構造と習得―日本語教育に生かすために』(ひつじ書房 2008)が日本語教育における習得の面から考察している。格の表す意味の漂白化、機能化については山梨正明『認知文法論』(ひつじ書房 1995)第3章を参照。
4　カラ格がつきそう接続成分としては、語彙的な副詞成分をはじめ、「ことから」、「ところから」がその主だったものである。
　　・トラブルから、事情から、結果から、という特徴から、必要から、経験から、経緯から、いきさつから、あせりから、思惑から、…
　　・ブレーキ痕があることから警察はひき逃げの疑いがあるとみて捜査を進めた。
　　・道路がぬれているところから、昨夜は雨が降ったようだ。
　これらは様態修飾ではなく原因理由節(句)に数えられる。同様に「理由から」「目的から」「立場から」「趣旨から」「考えから」「意向から」などがあげられる。
　　・社長としての地歩を占める目的から、役員の総入れ替えを断行した。
　　・長年海外で生活してきた立場から(いえば)幼児の早期英語教育には反対だ。
　なお、ヲ格については「ものを」「はずを」「ところを」などの形式名詞を核としたものがあるが、「Nヲ」の形式化した接続成分は今回、見出すことができなかった。
5　「代わりに」は次のように、四種の接続の形態をもつが、タ形接続のみが等価的な別事態の代行が成立しない。本来の目的行為の未遂行の事態が述べられる。
　　a. 旅行へ行く代わりに、映画を見に行く／映画を見に行った。
　　b. 旅行へ行かない代わりに、映画を見に行く／映画を見に行った。

c. 旅行へ**行った**代わりに、*映画を見に行った／映画を見損なった。
　　　d. 旅行へ**行かなかった**代わりに、映画を見に行った。
6　結果誘導節としての「すえに」「あげくに」は第1部第4章を参照。「拍子に」「はずみに」については瞬間や同時を表す複合辞として、次章で考察する。
7　なお、本節ではデヤハが任意につきそうものまで含めて考察する。
8　文末名詞述語文の諸相と接続成分との相関については終章で述べる。たとえば「ばかりで」は、述語形式「ばかりだ」の中止形でしかあらわれず、様態修飾をなさない。
　　・主人は休みで寝て<u>ばかりで</u>、横の物を縦にもしない横着者なのよ。
　　・日本に来た<u>ばかりで</u>、まだ何も分かりません。
一方、「ばかりに」(1)は文末成分の移動とみなされるが、「ばかりに」(2)は接続用法のみである。次例を比較参照。
　　・結果を見て、飛び上がらん<u>ばかりに</u>驚いた。「ばかりに」(1)
　　　⇔結果を見たときの驚きようは飛び上がらん<u>ばかりだった</u>。
　　・仕事を引き受けた<u>ばかりに</u>自分の時間がなくなった。「ばかりに」(2)
　　　⇔*自分の時間がなくなったのは仕事を引き受けた<u>ばかりだった</u>。
以下、類例をあげる。a. が原因理由、条件などの接続成分、b. が中止成分、「見せかけの接続成分」である。

　　「ので」　　a.　朝早く起きた<u>ので</u>、午後になると異常に眠くなった。
　　　　　　　b.　これは友達からもらった<u>ので</u>(あって)、買ったのではない。
　　「ことで」　a.　両者が歩み寄りを見せた<u>ことで</u>、和解への道が開けた。
　　　　　　　b.　これは子どものやった<u>ことで</u>、許してやってください。
　　「ところで」a.　先生に聞いた<u>ところで</u>、何も答えてくれないだろう。
　　　　　　　b.　まだ書いている<u>ところで</u>、完成にはあと三カ月ほどかかります。
　　「もので」　a.　朝遅れて出勤した<u>もので</u>、会議に遅れてしまいました。
　　　　　　　b.　あいつはいい加減な<u>もので</u>、しょっちゅう遅刻して来る。
　　「つもりで」a.　先生になった<u>つもりで</u>、一時間だけ教壇に立ってみました。
　　　　　　　b.　冗談で言った<u>つもりで</u>、とくにいじめようという気はなかった。
　　「だけで」　a.　ちょっと注意した<u>だけで</u>、非常に興奮して反抗する。
　　　　　　　b.　ちょっと注意した<u>だけで</u>あって、別に悪気はなかったんだ。
　　「くらいで」a.　友達にいじめられた<u>くらいで</u>、泣く奴があるか。
　　　　　　　b.　朝はコーヒーとパン<u>くらいで</u>、あまり食べないことにしている。

第 3 章 "瞬間" と "同時" を表す複合辞
― 事態生起の偶発性と恣意性の観点から

1 はじめに

　眼前に展開する事象を時間軸のなかにどのように定位させて描くかは、事象を空間的移動という概念のもとで考察する観点と、いわば両輪の関係にある。そこには時間的なもの以外の因子も縦横に輻輳している。時空間における事象の変容と展開は、どの局面で切り取るかという話し手の視点によって描かれる以上、話し手と主体の感情も何らかの形でそこに投影されずにはおかない。
　本章でとりあげる時間節のなかの、"瞬間" と "同時" を表す諸表現には意味的には瞬間性や同時性を表しながら、機能的には逆接、さらに結果的意味として、習慣、意外性などの心的様相を表すものがあり、その背景的意味においては、より詳細な観察と適切な記述が求められる。時間の流れのなかで事態発生をどの時点で表すかは、テンス・アスペクトの領域だけに限らない。さらに主体の意志性の介在、非介在、前後の事態が想定内か想定外かによっても、対応のしかたは異なってくる。瞬間や同時といえども、それ自体のみを表すわけではない。移動と、それにつれて生起する新事態の成立のあり方こそが眼目である。
　以下では意味的な類型として「とたん」類、「や否や」類、「そばから」類について記述を試み、事態生起の意味的な構造を明らかにしていく。同時にそれにかかわる主体の認識が説明責任とも重なる点にも注意しながら考察を進めていきたい。

2 時間軸の設定と事態生起の偶発性・恣意性

　時間は空間とともに事象の発生、経緯、終結を構成し、記述する大きな概念フレームであり、その言語化、分析手法についてこれまで夥しい研究がなされてきた。その一方で主体と時間認識との関係については未明な点が少なくない。
　加藤周一(2008)は日本語の時間表現について次のように述べている。
　　現代日本語のあきらかな特徴の一つは、少なくともヨーロッパ語とくらべて、

その文法が、時間線上の前後関係による時間の構造化よりも、時間的に継起する出来事に対しての話し手の反応の表現へ向う著しい傾向である。記憶は過去の出来事を、予測は未来の出来事を、話し手の現在の心理的状態へと引き寄せる。世界の過去は話し手の現在に流れ込み、世界の未来は話し手の現在から流れ出す。もしそうでなければ、係わりのない過去は消え去り、予測できない未来は誰の関心の対象でもなくなるだろう。この言語とその文法は、一種の現在中心主義へ人を誘うように思われる。

(『日本文化における時間と空間』p50-51、傍点引用者)

　言い替えれば英語などの言語では話し手が状況の外にあって、観察者の目から自己の行動、外界をとらえようとするのに対し、日本語では話し手は現在の状況の中に身を置き、そこからとらえたものを自己と一体化したものとして描写する傾向があることを示す。現在発話時点、当該場所と分かちがたい状況没入型の言語観においては、自ずと主観的本体把握の習性が育まれることになる。そうした影響を受けて、認知言語学の視点から日本語の主観性を議論する立場もしばしばみられる[1]。

　一般に時間表現というとき、概念的には〈マエ〉(以前)、〈トキ〉(同時)、〈アト〉(以後)といった時間の流れにおいて、それぞれ事象の〈入口〉(開始)、〈真中〉(最中)、〈出口〉(終結)の三段階に分類できるだろう(図1)。具体的な事象はこの概念的枠内で、さまざまな時間幅をもつ時間節によって表される。

〈マエ〉系	〈トキ〉系	〈アト〉系
まえ、以前、ないうちに、より先に、直前、寸前、	とき、時点で、際、折、頃、時分、最中、合間、間、ているうち、現在、今、	て、てから、て以来、て以降、あと、あとで、あとから、-後、のち、のちに、ところで、

図1　時間節の三分類

　時々刻々と変容する時間の流れに身を置き、定点観測を維持する姿勢は、ある意味では〈今＝ここ〉を離れまいとする時間認識でもあるのだが、それが日本語の言語観、文法観にどのような影響を与え、表現の本質をいかに生成しているかは多くの論証に俟つほかないが、本章であつかう瞬間的、同時的時間への固執、記述の多様性もまた、こうした言語発想的風土の一反映と考えられる。

　本章での考察の関心は、当該事態の終了直前および直後に発生する新事態において、以前に期待・予期したものとの心的関係(あるいはズレ)をどうとらえ、どう記述するか、という点にある。そこにはプラス評価にしろマイナス評価にしろ、何らかの期待値が刷り込まれている。以下では、直前と直後の時点をひとまず「瞬間」

性、またその中心時点を「同時」性と、それぞれ便宜的に呼ぶことにする。
　ちなみに「改札口を出る」という行為事象を例にとれば次のようである。

◎:「出る」行為　　駅構内 ──── 改札口 ──── 駅構外
　　　　　　　　ようとするとき→⌐ ◎ ⌐→出ようとしたとき
　　　　　　　　　　　　　　　　　↓
　　　　　　　　　　　　　出ようとしているとき
　　　　　　　　　　　　　出ようとしていたとき
　　　　　　　　　　　　　　　　　↓
　　　　　　　　　　　直前系　同時系　直後系

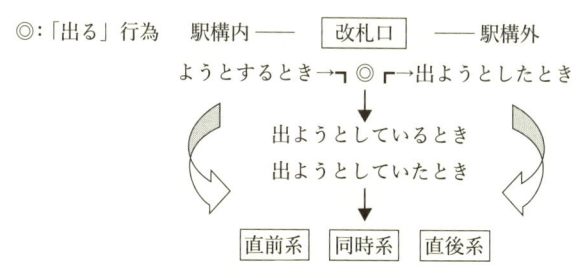

図2　瞬間性の場面的な構造

　なお、「ようとする」「ようとしている」「ようとした」といったアスペクト群は「とき」「と」「瞬間」といった接続成分と競合し、一方でやや幅の広い「同時」性は、「瞬間」性の中に内包される。ここでとりあげる構文はほぼ図3のような形式であるが、これらの〈系〉の中にも当然ながら大小さまざまな時間幅が規定される。

〈直前系〉	〈同時系〉	〈直後系〉
寸前、直前、目前、間際、ようとする、かける、etc.	と同時に、とともに、瞬間、ところに、etc.	直後、とたん、なりやいなや、そばから、etc.

図3　瞬間性を表す形式のマトリクス

　ある事態の次に別の新規事態が発生する様相は大きく上記の時間表現の枠組みでとらえられるが、瞬間、同時といった時間のフィルターにもさまざまな形式のマトリクスが介在し、その場面に応じた適切な表現が選択される[2]。
　こうした時間の文法的カテゴリーについてはこれまでにも個別的な文法項目としての研究が散見され、古くは水谷(1964)、また近年では森山(1984)、毛(2003)、奥村(2006)などがあるが、これを総括的、体系的に考察したものは見当たらない。同時にこれらの形式が話し言葉で用いられるのか、書き言葉中心なのか、といった運用上の問題点も関与する。広大な時間節のなかにどう位置づけるかは時間認識全体にかかわる大きなテーマであるといえよう。
　形態的な特徴に注目すると、前接部分にはおよそ次の三種のタイプがみられる。
　・ル形接続；「なり」「直前に」「や否や」「が早いか」
　・タ形接続；「はずみに」「とたんに」「瞬間に」「直後に」

- ル形／タ形接続；「かと思うと」「瞬間に」「と同時に」
- その他（ル形・ナイ形接続）；「かないうちに」「ないさきに」

このなかにはテンス・アスペクトの介在がみられ、「部屋に入るなり」と「部屋に入ったなり」とでは状態性とともに意味的な異同がみられること、さらに図2のような「改札口を出ようとするとき」「出ようとしたとき」などのように双方を許容するものなどがあり、注意が必要である。

以下ではこれらの現象を念頭におきながら、〈直前〉、〈直後〉を内包する「瞬間性」、ないし「同時性」を表す機能的な接続表現に注目し、これらの表現形式について類義表現分析の立場から適切な記述を試みる。さらに、そこに内在する事態の偶発性と主体の意志性とのかかわりについて考察する。

3 意志の非介在と瞬間性からの展開(1)

まず、本節では偶発的な事象、行為を新事態発生の事由を説明する表現として「とたん」、「なり」、「はずみに」、「拍子に」の用法を観察する。事態発生の背景においては過失的な要因を主体側でなく、外的な発生要因におきかえるといった配慮や目論見もしばしば垣間みえる。言い替えれば、「同時」的発生のなかの恣意的な解釈の一つとして瞬間性が意識され、形式はときには便宜的な弁明、説明として用いられることもある。こうした話し手の視点、主体の内実、及び外的な発生要因などが輻輳する状況に注目しながら、事態の"同時併発"の実相を検討していくことにしたい。

3.1 「とたん(に)」の意味と用法

動詞のタ形を受けて、前の動作や行為が発生した直後に、新たな事態が発生するという一種の継起表現で、後文の事態を話し手である当事者が、その場で偶然発見したような状況に身をおき、意外性をともなう場面を構成する。主体の行為においては意志的な内容がくることは少なく、前件と後件の間には論理的な関係もない。主語にも制約があり、主体の私（第一人称）が主語で、または「家に帰る」「部屋で休む」という前後の行為が日常的であり、とくに言及する性格のものではない場合は、トやほかの形式で表わされるのが普通である。

（1）??私は家に帰ったとたん、部屋で休んだ。
　　⇒私は家に帰る{と／やいなや／なり}、部屋で休んだ。

「とたん」によって主張される内容は習慣性ではなく、観察者側から認識された意外性である。したがって、後文には突発的な事態発生がみられる。

（2）a. 一くち口に含んだとたん、猛烈な腹痛に襲われた。（突発的事態）

　　　　b.　？ご飯を食べたとたん、眠くなった。(一般的事態)
　「とたん」は次項であつかう「はずみに」「拍子に」と同様に心的な背景も含まれており、もっとも事態発生の瞬間らしさを表すものだが、この「とたん」と「とたんに」の両者には似て非なるものがある。「に」がつきそうと確定的な事態として認識され、原因理由的な背景にまで意味拡張される。次のような例では「とたんに」において、習慣性が意図されている。「とたん」の場合は、一回性的な事象を意味する傾向がある。
　　(3)a.　息子は家に帰った｛とたんに／？とたん｝、パソコンに向かっている。
　　　　b.　急に立ち上がった｛？とたんに／とたん｝、眩暈がした。
　　　　c.　私が部屋に入った｛とたんに／とたん｝、彼は出て行った。
「とたんに」の場合は前後に何らかの必然性、確定的な事態を認める背景が介在する。「とたん」に比べて「とたんに」は時点的な発生が強調され、第三者からみて後にはむしろ通常ではない事態が述べられる。(3c)のような前件と後件の異主語間では、最初の行為者(「私」)からみれば想定外の事態で、後の行為者(「彼」)からみれば、想定内の事態(ある程度予期しうる行為)とみなしうる。後文には、しばしば「急に」「にわかに」「がぜん」等の瞬間副詞が共起する。後述する「はずみに」「拍子に」が付随的な事象であるのに対し、「間髪を入れず」という主体と対峙するような、異種の事態発生を表す。
　　(4)　まず、湯殿に足を踏み入れたとたん、みごとにこけた。
　　　　　　　　　　　　　　　　　　　　　　　　(浅田次郎『つばさよつばさ』)
　　(5)　一読したとたんに胸に突き刺さり、ノートに書き取っておいた一首がある。〈おそらくは今も宇宙を走りゆく二つの光　水ヲ下サイ〉。
　　　　　　　　　　　　　　　　　　　　　　　　　　　　(朝日新聞 09.10.10)
　接続詞的な副詞として、「そのとたんに」「とたんに」がある。とくに、前文では条件節のト、タラを受けることが多い。突然の様相をみせながら、主体にとっては実は予測していたような現況を表している。「そのとたんに」は文を受けるほか、文をいったん、切って用いる場合もある。一方、「とたん」「そのとたん」は接続詞としては不自然である。
　　(6)a.　夕方になると、とたんに肌寒くなって来る。
　　　　b.　急に空が曇って来たかと思ったら、途端に大粒の雨が降ってきた。
　　(7)a.　aa受話器を置いた、そのとたんに、また鳴りだした。
　　　　b.　受話器を置いた。そのとたんに、また鳴りだした。
　次項の「はずみ」「拍子」が眼前の事態にこだわるのに対して、「とたん」は外的事態の変化だけではなく、たとえば(8c)、(8d)のような主体の変化にも表わされる。
　　(8)a.　家を出たとたんに、雨が降り出した。

b.　主演女優が現れたとたん、会場から割れるような拍手が起こった。
　　　c.　教授になったとたん、偉そうな態度をとる人間もいる。
　　　d.　名前を変えたとたんに、その商品は売れだした。
「ようとする」のように動作の移行、起点にかかわる場合にも生起しやすい。
（9）a.　話そうとしたとたんに、上がり癖が出てしまった。
　　　b.　箱を開けようとしたとたん、大きな爆発音がした。
（10）　「おりろ」と彼らを振り落とそうとした途端、頼みの糸がプツリと切れて――。
　　　　　　　　　　　　　　　　　　　　　　　　（芥川龍之介『蜘蛛の糸』）

なお、主文文末には事態の想起、描写を旨とするところから、ほとんどが過去の事態が表わされる。さらに「始めた」「出した」「てしまった」「なった」などの補助動詞や変化を表すナル的な表現が多く分布する。通常はタ形に接続するが、ル形もまれに観察される[3]。実際の用例では、小説では語りの部分にあらわれやすい。

（11）　聞きなれたB29一機の爆音が聞えた。南から来て真上に来たなと、思わず空を見上げた途端、繋留気球のようなものが、ふわりと落ちて来るのを兵舎の屋根越しに認めた。　　　　　　　　　　　（井伏鱒二『黒い雨』）
（12）　しかし、すがすがしい群青の光が、穴のへりからすべり込んできたとたん、こんどは逆に、あの濡れた海綿のような眠りとの格闘だ。
　　　　　　　　　　　　　　　　　　　　　　　　　　　（安部公房『砂の女』）
（13）　マルクス主義という言葉がでたとたん、びくっと表情を硬ばらせた昌作を縛りつけるように彼の言葉はつづいた。　　　（井上光晴『死者の時』）
（14）　やがて深くて狭い、岩肌が剥きだしの切り通しを抜けたとたん、眼前が明るく開けた。　　　　　　　　　　　　　　　（辻原登『村の名前』）

事態生起を強く意識した場合、「とたんに」があらわれる傾向がある。

（15）　忠平は、どきりとした。こちらへ歩いてくる女をみたとたんに、思わず咽喉から驚愕の声が走った。　　　　　　　　　（水上勉『越前竹人形』）
（16）　全く徒労であると、島村はなぜかもう一度声を強めようとした途端に、雪の鳴るような静けさが身にしみて、　　　　　（川端康成『雪国』）
（17）　防空壕へ置き忘れたマッチと煙草を取りに行き、出た途端にぴかりと光を感じ、あたりを見ようとしたが真暗だったそうだ。
　　　　　　　　　　　　　　　　　　　　　　　　　　　（井伏鱒二『黒い雨』）
（18）　終わったとたんに椅子の背にくずれおれそうになった。
　　　　　　　　　　　　　　　　　　　　　　　　　　　（荻原浩『明日の記憶』）
（19）　新城を殺したのも君なんだろう？　いったとたんに言葉は確信となって固く結晶した。　　　　　　　　　　　　　（奥泉光『モーダルな事象』）

3.2 「なり」の意味と用法

　ある動作・作用が終わったと同時に、他の動作・作用が連続して行われる、またはあらわれるという意味を表す。動詞ル形に後続する。「春になるなり」「暖かくなるなり」などのように、自然界の現象については用いない。一般に人間の主体的な行為が対象であり、「PをしたあとにQをする」という一体的な事態で、前件Pは普通ではない、想定外の行為がもち出される。後件Qの文頭には「急に」「突然」などの副詞があらわれることが多い。なお、主体が複数(異種)になることはない。

(20) ?? 社長は私の顔を見るなり、私は部屋を出て行った。
　　⇒ 社長は私の顔を見るなり、(社長は)すぐ部屋に来るように言った。
後文はル形は使えず、完了の文になる。また、慣行的な行為には適さない。

(21) a. ?父は朝起きるなり、庭の掃除を始める。
　　a. ?彼は朝起きるなり、「おはよう」と言った。
後件はむしろ普通ではない事態、突発的な意外性に富む行為や現象の発生である。

(22) a.　玄関に入るなり、異様な気配に気づいた。
　　b.　床に就くなり、大きないびきをかきはじめた。
　　c.　迷子は母親の顔を見るなり、わあーと泣き出した。
　　d.　彼は手紙を見るなり、顔色を変えて立ち上がった。

(23)　そのやせた背中にいよいよ俺は憎しみが湧き、「卑怯者」と言うなり、ちゃぶ台に両手をかけると叩きつけた。　(松本清張『偏狂者の系譜』)

(24)　(大泉さんは体育研究室に入って来るなり私に、子供さんの家庭教師になってくれと言うんです、いくら断っても承知してくれませんので、私の代わりにCP女子大の学生を紹介することにして、二月十三日の晩七時にその人と三人で食事をすることになったんです、と語った)と牧山氏は手記に書いている。　(石川達三『七人の敵が居た』)

このように、「なり」にはある事が行われたすぐ後に、突然もう一つの事態が行われる、という意味を強調した言い方だが、その中にはいままで我慢してきたものが堰を切って表面に溢れ出すといった飽和的状態にある事態も観察される。(24)では事態発生に際して、主体が統御不可能な状況にあったことを強調している。「なり」のあとには「思わず」「感にたえず」「いきなり」などの副詞をともなうことも多い。通常は動詞のル形につくが、タ形につく場合は状態の維持に重点が置かれ、「まま」「きり」に置き替えが可能である。

(25) a.　彼はその場に座ったなり、しばらく動こうともしなかった。
　　b.　彼は私から本を借りていったなりで、まだ読んでもいない。
　　c.　18歳で故郷を出て行ったなり、彼女は(ずっと)帰ってこない。
　　d.　朝から寝たなり、(そのまま)ベッドから起き上がれない。

e. 絵を見つめた<u>なり</u>、（じっと）まばたき一つしない。
f. 父は床に腰を下ろした{なり／まま／きり}動かなくなってしまった。

ただし、ル形についたものでも、継続を表す場合がないわけではない。

(26)a. 夫は残業から帰ってくる<u>なり</u>、ソファーにもたれて寝てしまった。
b. 夫はカバンを置く<u>なり</u>、飯はまだかと妻に訊ねた。

前件と後件の多くは同一主体であることを述べたが、(27)のようにPとQにおいて同一主体の場合、Pの当事者にとっては未知の事態であっても、Qはそれまで心中に内在していた（たとえば注意や非難などの）感情を表面化することがある。

(27) （社員が）昼過ぎに社に戻る<u>なり</u>、部長は「何をしていたんだ」とどなった。

ここには異種主体間で感情の行き違いがあり、部長側からの視点によれば、

(27)' <u>部長は</u>社員が昼過ぎに社に戻る<u>なり</u>、「何をしていたんだ」とどなった。

のように主たる主体を文冒頭に置いて表わされる[4]。

3.3 「はずみに」の意味と用法

「はずみ」は瞬間、機会、勢い、といった衝動的な動きを内包する。ニ格やデ格を用いて、「人がXシタ瞬間に、それがきっかけや機会となって〈つい、誤って〉Yが起こった」という、一種の発生表現である。Xという行為が結果としてYという事態を誘発したという意味展開をなす。ときには事態発生の原因理由を主体側から外的事象に転嫁したような向きも感じられる。つまり、「立ち上がった弾みに」というとき、立ち上がった行為の責任を強く求めることはあえて意図しないことも起こりうる。3.1の「とたん」はニ格が任意であったが、「はずみ」や「拍子」は格表示が必須である。

(28) 滑った<u>はずみに</u>足首をひねった。

この例では、「滑った」ことと「足首をひねった」こととは別現象であるが、結果的にみてその有契性を認めざるをえないときに「はずみ」が用いられる。「とたん」は過失や事故の弁明は有効とは言えないが、「はずみに」はそれが往々にして可能である点は事態発生の検証や解決処理にあたって注意すべき関心事となる。

格の性格からみれば、一般に「はずみに」のほうが「はずみで」よりも原因理由への傾斜があり、「はずみで」の場合は限定的ではなく、偶然性を強調した言い方になる。これはニ格とデ格の深層的な意味特徴が背後にあるとみられる。次の例をみてみよう。

(29) 階段を降りる<u>はずみに</u>、足をすべらせて怪我をした。

後件は付随的な事態ながら、当該事態の思わぬ結果をきわだたせている。一方、

発話意図の背景には主体にとっては重大な関心事が内在し、ときには責任の回避ないし転嫁にも用いられることもある。たとえば(29)の状況においては、三つの局面が考えられる。

(29)' ① 階段を降りる——遂行行為——初動
② 足をすべらせる——偶発的事態——介入・中断
③ 怪我をする——想定外事態——結果

この発話背景、意図としては、①の未達成の要因が②の偶発的事態に遭遇し、その結果③の想定外事態が招来された、という一連の流れを表す。それぞれの局面の必然性は、むしろ結果から規定されたものといえよう。故意の弁明が生じるとすれば、②の介入のあり方を、③の結果にどう結び付けるか、つまり必然性の成立をどう解釈するか、に委ねられる。仮に怪我をした原因理由が他の要因(例えば、他所見をしていた等)にあったとしても、③の発生を支える要因として規定される。

もっとも、次のような物理的、生理的とも思える事態は回避不可能の表現として、現実的に客観的な事態として了解可能なもので主観の介入する可能性は低い。

(30) a. 自転車をよけたはずみで、ころんでしまった。
b. 立ち上がったはずみに、ガタンと椅子が倒れた。
c. 大声で怒鳴った弾みに、入れ歯がはずれてしまった。

文を一旦切ったあと、接続詞のように用いられることもある。

(31) 慌てて電車に飛び乗ったのはいいが、{そのはずみで／そのはずみに}ドアに鞄を挟まれてしまった。

「はずみ」は辞書的な説明によれば、「勢いがつくこと、調子づいて活気を帯びること。またその勢い、活気」、「そのときの思いがけない勢い、その場のなりゆき」、「何かをした拍子、その途端」といった循環的な意味記述が多くみられる。「はずむ」という元の動詞が喚起する意味的なイメージから、むしろ、勢いがつきすぎた結果、思わぬ不可避的事態が発生した状況を表す。

(32) a. 彼女は転んできたボールを自転車で避けようとした弾みに転んだ。
b. 重い古雑誌の束を持ち上げようとした弾みに、ギックリ腰になってしまった。
c. 車は停まっていたトラックに衝突した弾みに中央分離帯に乗り上げて大破した。

(32c)のように物理的な波及の強さ、衝撃を表す点は、「はずみに」の特徴である。

なお、瞬間性を意味しないが、「はずみ」にはその行為や現象を何らかのきっかけを意図し、「をはずみにして」「にはずみをつけて」「にはずみがついて」など主体の行為に外側からの影響と結びついた意味合いがあり、主として内側の影響を受ける「拍子」との違いがみられる。

(33) a. 知事選に勝ったはずみで、民主党は衆院選でも大勝した。
　　 b. 知事選に勝ってはずみをつけた民主党は衆院選でも大勝した。
　　 c. 知事選に勝ったのにはずみをつけて民主党は衆院選でも大勝した。

(33c)は「弾みをつける」のように「追い風に乗って」という意味で、心理的に何らかの力が相乗的に働くことを意味する。実際の例をみてみると、「はずみ」の前は(34)ル形、(35)タ形の双方があらわれる。

(34) 「ええ。」と、うなずくはずみに、葉子はあの刺すように美しい目で、島村をちらっと見た。島村はなにか狼狽した。　　　　　　　　（川端康成『雪国』）
(35) 「誰。ああ、これ？　馬鹿ねえ、あんた、そんなものいちいち持って歩けやしないじゃないの。幾日も置きっ放しにしとくことがあるのよ。」と笑ったはずみに、苦しい息を吐きながら目をつぶると、褄を放して島村によろけかかった。　　　　　　　　　　　　　　　　（川端康成『雪国』）

また、「はずみに」にはいくつかの副詞的用法もある。

(36) もののはずみで、ちょっとした弾みで、時のはずみで、妙な弾みで、言葉のはずみで、ふとした弾みに、どうしたはずみか、…
(37) 僕らは時どき廊下に出て、作業衣を外し、躰を拭った。しかし、どうかするはずみに、冷んやりした空気が首筋から入って来ると、悪寒で身震いするほどだった。　　　　　　　　　　　　　　　　（大江健三郎『飼育』）

これらもしばしばある種の原因理由の意図的な説明に転ずる性格を有する。

3.4 「拍子に」の意味と用法

　主体の意志や意識に関わりなく、当該動作行為に「つられて」、あるいは何らかの接触的な影響を直接間接に「被って」発生する事態を焦点化したもので、「はずみに」「はずみで」とくらべてその偶然性の介入はより強調されている。「はずみ」が外発的であったのに対して、「拍子」はその語の本質的特性からも、内部的な突発性と、そこからの新たな事象の継起をともなうという特徴がある。
　「拍子」の辞書的記述をみると、一般に「何かが行われたちょうどそのとき、とたん」「物事の進む勢い」といった説明があるだけで、前後の意味関係は不透明なところが多い。「拍子に」はタ形接続が一般的だが、ル形に後続する場合もある。収集した用例のなかでは「拍子で」の形はほとんど見当たらなかった。「はずみ」にはデにみられたように蓋然性が一部に観察されうるが、「拍子」はニ格のみがつきそい、それだけに必然的な意味合いが強いといえよう。
　(38)は、一般に想起される「拍子に」の具体例である。

(38) a. 石に躓いて転んだ拍子に足をくじいた。
　　 b. 溝を飛び越えようとした拍子に、財布を落とした。

  c. 車を降りた拍子に、滑って転んだ。
  d. 立ち上がった拍子に壁に頭をぶつけた。
  e. テーブルを急に持ち上げた拍子に、ぎっくり腰をやってしまった。
  f. くしゃみをした拍子に、コーヒーをこぼして服を汚してしまった。
  g. 対向車をよけようとした拍子に、ハンドルを切り損なって側溝に落ちてしまった。

このように、通常は「拍子に」が用いられ、「はずみに」「はずみで」は不自然な印象を受ける。「拍子に」において自己過失の擁護に傾くきらいがある。なお、

  (39)　このテレビはどうかした拍子に、画面が消えることがある。

のように、「どうかした拍子に」「何かの拍子に」のような副詞句もみられるが、これも、偶然性をもち出すことで、本体状況の不都合を表す。
 さらに、「拍子に」は、ある予測された行為が外部の障害によって、軌道を逸れるような感覚を生じた場合に用いられる。「はずみに」は異種現象の介入だが、「拍子に」はある行為や事象の内部から、不可抗力的に別の事態が生起していくようなニュアンスが感じられる。

  (40)　男が力をゆるめた拍子に、女は窓枠に近寄り、そこから飛び出しそうになった。　　　　　　　　　　　　　　　（高橋和巳『憂鬱なる党派』）
  (41)　日浦は顔をしかめたまま茫然と金縁の腕時計に視線を落としていた。ふと横を向く拍子に、日浦の顔に、隠微な感情が走ったようだった。
  　　　　　　　　　　　　　　　　　　　　　（高橋和巳『憂鬱なる党派』）
  (42)　私の前に坐ると、真紅になりながら手をぶるぶる顫わせるので茶碗が茶托から落ちかかり、落とすまいと畳に置く拍子に茶をこぼしてしまった。　　　　　　　　　　　　　　　　　　　　　　　　　（川端康成『伊豆の踊子』）

(42)では「畳に置く」という主動作に偶然附随した行為「茶をこぼす」という失態行為を表しているが、これは「置くと同時に」といった同時瞬間性でもある。自らの過失を擁護するために、主文文末には「てしまう」があらわれることが多い。「はずみに」には「はずみ」の語義によって、ある種の拡張的な展開が感じとられたが、「拍子に」のほうは、むしろ本体の持つ性質の延長で、そのなかでの附随する事象である。したがって、状況によっては、

  (43)　ドアの取っ手に少年の背中が触れた拍子に、車のドアが開いた。

のような過失的な事態(ドア本体の問題)がより鮮明に再現される。仮に(43)が「はずみに」「はずみで」で表された場合、主体(ここでは少年)の説明責任の度合いが強くなる可能性がある。このように、「はずみ」か「拍子」かによって、事故の現場検証において重要な状況証拠ともなりうる可能性が生じてくる。
 以上みてきたように「拍子に」に前接する動詞はル形、タ形の厳密な使い分けは

みられない。また、「そのひょうしに」「そのはずみに」と同様に可展的な接続詞としてもあらわれることがある。

(44) 「はあ」といって吉田れい子は立ち上がったが、そのひょうしに足をとられて体が大きく前にゆらいだ。　　　　　　　　(井上光晴『死者の時』)

以上、事態発生の現場において、主体からみて外発的因子(「はずみ」)か内発的因子(「拍子」)かのいずれかに重心を置くことによって事態を説明し、不可抗力の事態発生を説明する特徴を考察した。

ここで、「はずみに」と「拍子に」、「とたん(に)」の用法を比較しておく。

(45)a.　すべった {はずみに／拍子に／とたん} 足をくじいた。
　　 b.　顔をあげた {*はずみに／拍子に／とたん} 目が合った。
　　 c.　ぶつかった {はずみに／*拍子に／*とたん} 眼鏡をこわした。
　　 d.　外へ出た {*はずみに／*拍子に／とたん} 雨が降り出した。
　　　　　　　　　(『使い方のわかる類語辞典』p953　配列を一部修正)

「はずみ」「拍子」は、前に述べた事柄が後に述べた事柄の原因・理由である場合に用いられるが、「とたん」は両者には因果関係はなく、ちょうどそのとき、または直後に生じる場合に用いられる。時間関係に重点が置かれる。「はずみ」には、物事の勢いにのってという意味もある。その意味では中立的である。また、「はずみ」「拍子」は「とたんに」のような、単独の副詞的用法はない。(45d)のような外的現象との遭遇においては「とたん」しか成立しない。「はずみに」「拍子に」においては後件事態の発生は無意識、不可抗力の関係にある。「とたんに」と異なり、後の主文に生起するのは、おおかたは人間の行為と無関係の現象である[5]。

(46)a.　大声で怒鳴った {はずみに／拍子に／??とたんに}、入れ歯がはずれてしまった。(30c)

このように、後件内容においては主体との意味的な有契性の所在が判別の要素にもなる。「とたん」は最も強く、ついで「はずみに」「拍子に」の順にランク付けされる。ただ、この観察も主観的な要素が介在し、実際の事態の観察が重要である。

4　意志の非介在と瞬間性からの展開(2)

引き続き、瞬間性を表す事態のなかでも主体の意志が介在しないケース、すなわち、不可抗力的な事態を前面に出した表現のいくつかをみてみよう。

4.1　「瞬間」の意味と用法

動詞のタ形に接続し、文字通り、その瞬間における事態の急変を表す。「はずみに」「拍子に」「とたん」が何らかの心情的、背景がみられるのに対して、「瞬間」

のは事態そのものの描写、というニュアンスをともなう。
- (47) a. その書類を見た瞬間、彼女は真っ青になった。
    - b. 実行キーを押した瞬間、突然パソコンの画面が消えた。
    - c. その香りをかいだ瞬間、少年時代の懐かしい思い出が甦った。
    - d. 二人は出会った瞬間、運命的なものを感じて恋に落ちていった。

「瞬間」のほか、「瞬間から」「瞬間に」「瞬間を」の形も散見される。それぞれの例をあげて確認する。無助詞の場合は、偶発的な「瞬間性」が強調される。
- (48) 1997年、塩の製造が自由化された。それを新聞で知った瞬間、沖縄県うるま市の高安正勝(62)には新しい製塩法がひらめいた。 (朝日新聞09.9.9)
- (49) 全身に力をこめて起き上がろうとした瞬間、右足の爪先から付根を激痛が貫いた。 (目取真俊『水滴』)

「瞬間に」は、ある程度、予期した事態も想定される。
- (50) ただ、わずかに列車が鉄橋にかかる瞬間に、人の姿が西日を背に飛び上がった姿だけを眼にしたに過ぎなかった。 (吉村昭『星への旅』)
- (51) 西村が目に見えて苛立ちはじめた。古在の発言の途絶えた瞬間に、胸をふくらませてさえぎろうとし、不意にまた思いとどまっては顔を伏せた。 (高橋和巳『憂鬱なる党派』)

また、「瞬間から」はその時点からの行為・現象の継起を表す。
- (52) 呼吸が止まった瞬間から、急にあたりに立ちこめていた濃密な霧が一時に晴れ渡ったような清々しい空気に私は包まれていた。 (吉村昭『星への旅』)
- (53) 圭一たちは、結局、かれらの申し出を受けいれることになったわけだが、かれらを現実に眼にした瞬間から、かれらが自分たちとは別種の世界に住む男女であることを知らされた。 (吉村昭『星への旅』)

「瞬間を」では後述する「ところを」と同様に、捕獲的な意味合いも表される。
- (54) a. パンチを避けた瞬間を逃さず、右アッパーを繰り出してダウンを奪った。
    - b. 二人はホテルから出てきた瞬間を、カメラマンに写真を撮られた。

また、「瞬間」は前文の情景を総括するように、文末述語としても用いられる。
- (55) 飛行機が空港に降り立つ直前、上空から見たフランクフルト郊外の田園風景の美しさは、今も忘れがたいものです。フランクフルト・ブックフェアに初めて参加した十余年前、心躍った瞬間でした。 (『図書』2009.11)

「その瞬間」「瞬間」のように、前文を受けて接続詞的に用いることもある。

(56) 列車は鉄橋にさしかかった。(すると)その瞬間、鉄橋は大音響とともに爆発した。

「刹那」は「瞬間」と同じように用いられるが、やや古風な言い方である。タ形に接続すると同時に、指示詞「その」をともなうことも多い[6]。

(57) 両脇の足が止まるのにあわせて、玉井も歩みをやめる。両側から支えがはずれた<u>刹那</u>、首に絞縄を巻かれたのだった。　　（立松和平『光の雨』）
(58) ところが——自分の足が甲板を離れて、船と縁が切れた<u>その刹那</u>に、急に命が惜しくなった。　　　　　　　　　　（夏目漱石『夢十夜』第七夜）

4.2 「矢先(に)」の意味と用法

「矢先」は物事が始まろうとする直前、またはちょうどそのときを表す。一般に「ようとした」「ようと思っていた」に後続する。後件は予測不可能な事態、当事者にとっては不運な事態を意味するケースが多い。

(59) a.　警告しようと思った<u>矢先</u>、また同じような事件が起きてしまった。
　　　b.　帰ろうとした<u>矢先に</u>、課長に「話がある」と呼び止められた。
　　　c.　出かけようとしていた<u>矢先に</u>、電話がかかってきた。
　　　d.　そろそろ独立しようと思っていた<u>矢先に</u>、親父に先立たれてしまった。
(60)　最初に応対してくれた部長クラスの方は、やはり難色を示した。「責任が……」と言っている。ここもダメか、そう思っていた<u>矢先に</u>、若手職員の人たちが「前向きに検討してみましょうよ」と部長さんに反論。
　　　　　　　　　　　　　　　　　　　　　　（乙武洋匡『五体不満足』）

ただ、(60)の場合のように、不運ではなく、むしろ積極的な事態の生起も観察される。「矢先」は「まさに」「ようとしている、ようとする、ようとしていた、ようとした」という切迫感のある事態について、とりわけ、一般的波及を見込んでの不満や失態について言及するもので、倒置文「のは(ちょうど)P矢先だった」の形式をとることが少なくない。これは結果時点から事態の発生経緯をフラッシュバックするような場合で、過失や事故に対して、後悔する気持ちや遺憾に思う気持ちを表している。

(61)　事故はJR東日本が安全防止策に乗り出そうとした<u>矢先</u>の出来事だった。
(62)　スキャンダルが週刊誌にすっぱ抜かれた<u>の</u>は、Hがちょうど新党結成に動き始めた<u>矢先(の頃)</u>だった。
(63)　実は、合宿の約1週間前に感染性胃腸炎でダウン。調整のペースを上げようとした矢先のアクシデントだった。　　　（朝日新聞 09.11.14）

「矢先」には一般にタ形があらわれるが、古いところではル形もみえる。

(64) けれどこの間の私の無謀で郷里の父母の感情を破っている矢先、どうしてそんなことを申して遣わされましょう。　　　　（田山花袋『蒲団』）

「折」を強調した言い方も切迫した時間を表す。「矢先に」と同じように、比較的重大なときにあって、別の事態が介入する様子を表す。

(65) でかけようとした折も折、友達が訪ねてきて困った。

4.3 「直前」「直後」「寸前」「間際」の意味と用法

ここでは動作の行われる前後の僅かな時間、あるいは物事がまさに行われようとするときの言い方として、「直前」「直後」「寸前」「間際」などの用法を考察し、意味記述を試みる。「直前」は「車の直前」などのように空間性も意味するが、一般に動作性名詞や動詞のル形について、短い時間幅を表す。

(66) スタート直前、沸騰直前、死の直前、試験の直前、試験終了直前、…

「スタート直前」、「死の直前」などは一見複合名詞のように見えるが、節の単位でもある。第1部第4章で考察した「開票結果」（複合名詞）と「開票の結果」（複合名詞／副詞節）の関係と同じような現象がみられる。節の場合はニ格をともなうほか、「直前になって」のような言い方もある。

(67) a. 朝青龍は協会の勧告直前に電撃引退を表明した。
　　 b. 出発する直前になって装備に不具合が見つかった。

(68) 社会人として歩み始める直前に、世の中から裏切られたようなものだ。
　　　　　　　　　　　　　　　　　　　　　　　　（朝日新聞 08.11.29）

(69) このとき次郎は、四年前の三月、三高に合格した兄が京都に去る直前、ここで志津子と並んで座っていた昼下がりの一刻を想いかえした。
　　　　　　　　　　　　　　　　　　　　　　　　（立原正秋『剣ヶ崎』）

(70) 飛行機が空港に降り立つ直前、上空から見たフランクフルト郊外の田園風景の美しさは、今も忘れがたいものです。フランクフルト・ブックフェアに初めて参加した十余年前、心躍った瞬間でした。　　(55)再掲

この短い時間幅は主観的、心理的であり、視認測定は不可能である。たとえば、「留学直前」と「発車直前」とでは「直前」の緊迫性、接近性といった時間幅には当然ながら違いがみられる。これは「寸前」「間際」と異なる点である。

「直後」も「直後を横切る」のように空間性を意味するほか、行為や現象が発生して間もない時間帯をさし示す。同じく動作性名詞や動詞タ形に接続する。

(71) 終戦直後、入社直後、帰国直後、開店直後、出産直後、事件の直後、…

「直前」と同様、句にも節にもなる。たとえば、「事件(の)直後」は名詞句でもあり、副詞節「事件の起った直後(に)」をも意味する。

(72) たしか大東亜戦争が勃発した直後、赤根仁という「日本勤労運動の指導者」の講演が学校で行われた日の夜であった。（井上光晴『死者の時』）
(73) 2001年には、上田容疑者の近所に住んでいた女性が、上田容疑者から渡された飲食物を口にした直後、一次的に呼吸困難に陥ったこともあった。 （朝日新聞10.1.28）
(74) 田沼久子が投身した直後に、室田社長が東京に行ったのは妙な感じだった。 （松本清張『ゼロの焦点』）
(75) 小泉氏がやり玉にあげたのはまず、郵政民営化をめぐる首相の一連の発言である。反対だったと言ったかと思えば、賛成したと言い、分社化の見直しに触れた直後に、見直しの中身を言う立場にないと退き……。
 （朝日新聞09.2.14）

「寸前」「間際」「目前」なども事態発生までの非常に短い時間帯をさし示す。いずれもマイナス的な事態の発生が予測される。名詞とともに接尾辞として複合名詞的な構造をなす場合も多い。「寸前」はギリギリの時点で、という意味で切迫感が強くあらわされる。動詞ル形のほか名詞に接続することが多い。「ゴール寸前」のような類はむしろ空間性を表す。

(76) 衝突寸前、ゴール寸前、倒産寸前、試合終了寸前、離陸寸前、離婚寸前、餓死寸前、絶滅寸前、崩壊寸前、破綻寸前、…

節の場合は「寸前で」では偶発的事態、「寸前に」ではより限定的な状況を表す。

(77) a. 衝突寸前で急ブレーキをかけて停まったので、幸い大事故にならずに済んだ。
 b. 印刷に出す寸前に校正ミスに気づいたので危うく難を免れた。
 c. ロケットは発射寸前に故障が見つかって打ち上げが延期になった。
 d. 離婚寸前の夫婦には何を言っても無駄だよ。

「間際（真際）」もまた事態の切迫性を強調する際に用いられる。一般に名詞接続かル形接続のほか、「間際になって」の言い方もある。

(78) a. 卒業間際、閉店間際、離陸間際、試験間際、帰国間際、ゴール間際、
 b. 卒業間際になって単位の足りないことに気がついた。
 c. 発車間際の駆け込み乗車は危険ですから、おやめください。（東武鉄道）
(79) ご主人は死ぬ間際まであなたのことを心配しておられたのです。
 （井上光晴『死者の時』）
(80) 父親は電話を切る間際に「死ぬなよ」と伝えたという。
 （朝日新聞10.1.10）

動詞連用形に後接する「際（ぎわ）」も「物事がそうなろうとする、まさにそのとき」を意味する。同様に接尾辞として複合語的な構造をなす場合もある。

(81) 入り際、引き際、辞め際、別れ際、散り際、寄せ際、死に際、往生際、…

(82) 電車から降り際に、突然女性に手をつかまれ「痴漢！」と叫ばれた。

「目前」は「を目前に」の形で用いられることが多く、「勝利を目前にする」「死を目前に控える」「試合が目前に迫る」などのように迫っている状態を表す。「ゴールを目前に」のように空間的な接近をも表す[7]。

(83) 兄さんは、自分の死を目前にみながら志津子の手を握って歩いて行ったのです。　　　　　　　　　　　　　　　　（立原正秋『剣ヶ崎』）

(84) 日馬富士は悲願を目前に顔がこわ張っていた。　（朝日新聞 09.5.25）

(85) 4日午前5時25分。京華線の終着駅を目前にした特別列車が、南満洲鉄道（満鉄）の陸橋をくぐった瞬間、大音響とともに爆発が起きた。
　　　　　　　　　　　　　　　　　　　　　　　　　（朝日新聞 04.5.15）

「ぎりぎり」「間近」もまた、直前を表す語彙的な性格をあわせもつ。時間がすぐ近くに迫っていることを表す。

(86) a. 門限ぎりぎりに帰る。
　　　b. 開演にぎりぎりで間に合う。

(87c)「間近」は「真近」のように場所的な接近を表す。

(87) a. 結婚式を間近かにひかえる。
　　　b. 出発間近になって慌てて支度を始める。
　　　c. 大統領を間近に見た。（；「真近」）

5　事態生起に内在する主体の恣意性

　これまで直前、直後を含めて瞬間的な事態生起において、主体の意志が介在しない、あるいは表面化しにくいケースをみてきたが、これに対して主体にとってある種の目的意志が介在し、後件事態の発生のありようが前件事態の発生以前に思量されていたと思われる状況を、いくつかの用法を例にみてみよう。

5.1　「次第」の意味と用法

　「したらすぐに」というように、ある事がらが実現した後すぐに次の行為が続く様子を表す。ある種の伝達、報告を意図する表現で、それまで中断していた事態の再開が明示される。事態生起のしかたは突発的ではなく、前もって予定された、あるいは予期されたもので、一種の継起事象である。事態は発信側・受信側ともに了解事項的な要件である。動詞連用形のほか、動作性名詞に接続する。

(88) a. 入荷次第、ご連絡いたします。（＝入荷し次第）

  b. 東京湾岸署ですが、S 被告に動きがあり次第、お伝えします。
  c. 点検が終わり次第、運行を再開いたします。
  d. 情報が入り次第、お伝えします。
  e. 売り切れ次第、販売終了とさせていただきます。
  f. 落し物が見つかり次第、お知らせします。
  g. 資料が整い次第、公表に踏み切る用意がある。
  h. K 被告は保釈保証金が納付され次第、保釈される見込みです。
  i. 休暇に入り次第、すぐに娘のところへ渡米するつもりだ。

動作性名詞では、「復旧」「回復」「到着」「入荷」「判明」などがよく用いられる。「し」が脱落することもある。

 (89) a. 父が帰宅(し)次第、こちらから電話をかけさせます。
   b. 天候が回復(し)次第、出発します。

一種の伝達、報告を旨とすることから、主文述語には「伝える」「公表する」のほか、再開を明示する言い方があらわれる。したがって、次のような文は非文で、別の、たとえば、それに対処するような事態の表現が必要である。

 (90) ??地震が報道され次第、問い合わせが殺到するだろう。
   ⇒地震が報道され次第、緊急閣議を開くことになっている。

また、「次第」の主文には完了を表す文は使えないが、当初の目的、目論見とは異なる結果につながる場合は成立する。

 (91) ??天候が回復次第、出発した。
   ⇒天候が回復次第、出発することになっていたが、(実は)…

「次第」は条件形式の一つと見ることもできるが、事態の叙述文が一般で、働きかけ文などには適用されない。前文は自然の経過で発生する内容が一般的だが、後文には話し手の意志的な行為を表す文がくる[8]。

 (92) 北朝鮮の安否不明者については、「再調査をすでに進め、結果が出次第、日本側に伝える」と積極的に取り組んでいる姿勢をアピールした。
                (讀賣新聞 04.7.2)
 (93) 公表の遅れについて社会保険庁は「不適切な対応だった」と謝罪。今後はミスが判明次第、すみやかに公表する方針を示した。
                (朝日新聞 04.8.7)
 (94) こちらの警察の方との話がすみしだい、私もなるべく早く帰京しますわ。   (松本清張『ゼロの焦点』)

5.2 「が早いか」の意味と用法

 動詞のル形について、前件事態と後件事態の発生の間にはわずかな時間しかない

ことを強調した言い方で、話し言葉よりも一般に書き言葉にあらわれる。後件には「いっせいに」「猛然と」といった動きを表す副詞が共起しやすい。

(95) a. ドアが開くが早いか、乗客がいっせいにドアの前に集まった。
　　 b. 疲れていたせいか、ベッドにつくが早いか、すぐ眠ってしまった。
　　 c. 第二走者はバトンを受け取るが早いか、猛然と駆け出した。

前接の動詞は瞬間動詞的な性格をもつ動詞に限られる。事態の同時的発生を主張するところから主体の意志は明確で、一般には後件には意志動詞があらわれるが、(95b)のような例外的なケースもある。また(96)のような生理的な現象などにはそぐわない。この場合は意志の有無に関与しない「とたん」や「瞬間」が用いられる。

(96) ??部屋に入るが早いか、寒気を感じた。
　　 ⇒部屋に入った{とたん／瞬間}、…

「読む」のように一定量の動作量を必要とする場合、「読み始める」または「読み終わる」のようにいうのが自然である。

(97) a. ?本を読むが早いか、読後の印象を話したがる。
　　 b. 読み終わるが早いか、もう次の本を借りてくる。

実際には文学作品などにおいてやや古風な表現として用いられる傾向がある。

(98) そのうちに、僕は飛び立つが早いか、岩の上の河童へおどりかかりました。　　　　　　　　　　　　　　　　　　　　（芥川龍之介『河童』）
(99) 叔父は酷く疲れたという風、家の内へ入るが早いか、「先ず、よかった」を幾度と無く繰返した。何もかも今は無事に済んだ。葬式も。礼廻りも。　　　　　　　　　　　　　　　　　　　　（島崎藤村『破戒』）
(100) おれの来たのを見て起き直るが早いか、坊っちゃん何時家を御持ちなさいますと聞いた。卒業さえすれば金が自然とポケットの中に湧いて来ると思っている。　　　　　　　　　　（夏目漱石『坊っちゃん』）
(101) 車内でうとうと居眠りしていると、四、五十代らしい主婦数人が乗り込んでくるが早いか、大きな声でレストランの話を始めた。

実質的な意味では前件事態の直後を表すが、実際はほぼ同時的な発生を意味する。後件述語成分には「逃げ出した」「乗り込んできた」のように「出す」「て来る」などの補助動詞をともないやすい。「やいなや」と置き替えられるケースも多いが、以後の一定の時間の経過を含意する場合は、「やいなや」しか使えない。

(102) ??彼はキャンプインするが早いか、先頭を切って猛訓練に励んだ。
　　　 ⇒彼はキャンプインするやいなや、先頭を切って猛訓練に励んだ。

5.3　「か〜ない（かの）うちに」の意味と用法

　動詞の現在肯定形と否定形の並列形式によって、「するとすぐに」、あるいはほと

んど同時的な事態発生の意味を表す。
- (102) 彼女が坐るか坐らないうちに、彼は突然芸者を世話してくれと言った。　　　　　　　　　　　　　　　　　　　　（川端康成『雪国』）
- (103) 私が着物を改めて席に着くか着かないうちに、奥さんも下女も帰って来ました。　　　　　　　　　　　　　　　（夏目漱石『こころ』）
- (104) ところが彼の言葉が終るか終らないうちに、建一郎は顔をあげて「全県集会のときのことは僕にも言い分があるんだ。聞いてくれ」と言った。　　　　　　　　　　　　　　　　　　　　（伊藤整『人間の壁』）

つぎのように直前の意味を表す言い方もある。(105b)は「やっとぎりぎりに間に合った」という状況を表している。
- (105)a. 卒業試験を受けるか受けないうちに悪性の風邪に罹ってしまった。
    ⇒卒業試験を受ける直前に
   b. 劇場に入るか入らないうちに、幕が開いた。
    ⇒劇場に入る直前に／劇場に入った直後に

また、次のように「我慢できない」、「居ても立ってもいられない」様子を表すこともある。意図的(意志的、計画的)というよりは自然発生的な状況を表す。
- (106) 子どもは本が好きで読み終わるか終らないうちに、別の本を買ってくる。＝子どもはまだ読み終わらないうちに、別の本を買ってくる。

なお、沈(1996)の指摘のように可能動詞を並置し、所要の時間内に「～している間に」という時間幅を表す場合がある。
- (107) 新米の私が一つやれるかやれないかのうちに古参の労働者は三つ仕上げる。　　　　　　　　　　　　　　　　　　　　（沈1996の例）

「か～ないうちに」のなかの肯定否定選択成分については、一種のぼかし的な言い方として、(108)のように微妙な数値の認定(＝時分)が意図されている。
- (108) 小学生にあがるかあがらない(かの)時分に、両親が離婚しました。
   ；小学生にあがる{頃／前後}、両親が離婚しました。

なお、やや古い言い方に、次のような「～か～ないかに」がある。
- (109) 一四五間行くか行かないかに坑のなかは真暗になつた。
　　　　　　　　　　　　　　　　　　　　　（夏目漱石『満韓ところどころ』）

「が～ないうちに」の否定部分に注目すれば、そもそも否定形を単独で受ける「ないうちに」「ないうちから」には、事前にある事態に遭遇することを回避するための行動が目論まれている。
- (110)a. 雨が降り出さないうちに、急いで帰ろう。
   b. 拍手が鳴り終わらないうちから、また次の演奏が始まった。

この場合も「急いで」という副詞が共起するように、思いついた時点から短い時間

内に連続して行動が行為・現象が行われる様子を表している。
- (111) 煙草をたてつづけに吸い、一本をまだ吸い終わら<u>ないうちに</u>、またマッチを擦った。　　　　　　　　　　　（高橋和巳『憂鬱なる党派』）
- (112) 取引もはじまら<u>ないうちから</u>保険の人間が同行するのはおかしいし、…　　　　　　　　　　　　　　　　　　　　（辻原登『村の名前』）

次の「いくらもたたないうちに」は慣用的な副詞句である。
- (113) 私たちがラチョンを飛び出すと、いくらもたた<u>ないうちに</u>銃声はやんだ。　　　　　　　　　　　（古山高麗雄『二十三の戦争短編小説』）

「ないうちに」はしばしば「ない前に」という形であらわれることもある。「矢先に」という意味が含意されている。
- (114) なんでまた、と問わ<u>ぬ前に</u>蓑虫はいった。（奥泉光『モーダルな事象』）
- (115) とはいえ、一行も書いていな<u>い前に</u>、タイトルでつまづいているのだから世話はない。　　　　　　　　　　（荻原浩『明日の記憶』）
- (116) まだ用件の中心に話題が及ば<u>ない前から</u>、西村の手はじっとりと汗ばんだ。　　　　　　　　　　　　　　　（高橋和巳『憂鬱なる党派』）

「ない間に」も「間をおかないで」という時間が隣接して別の事態が発生するという、同時性、瞬間性に近い状況を表す用法である。
- (117) ノーベル物理学賞の興奮さめやら<u>ぬ間に</u>、こんどは米ウッズホール海洋生物学研究所の元上席研究員、下村脩さんがノーベル化学賞を受賞することになった。　　　　　　　　　　　　（朝日新聞 08.10.9）

「より先に」「ない先に」「ない先から」も同じく短い時間幅を表す。
- (118) しかし、西村がドアをあける<u>より先に</u>、がたごとと戸をきしませ、滝川菊が姿をあらわした。　　　　　　（高橋和巳『憂鬱なる党派』）
- (119) ちょうど、かちわりを給食用の碗に乗せて持ってきた小使いの手から、小使いが配ら<u>ない先に</u>、藤堂は一つ氷片をとって自分の額を冷やした。　　　　　　　　　　　　　　　　（高橋和巳『憂鬱なる党派』）
- (120) 日浦は何も聞か<u>ない先から</u>小刻みに震えた。
　　　　　　　　　　　　　　　　　　　　（高橋和巳『憂鬱なる党派』）

5.4 「や否や」の意味と用法

瞬間性の生起を意図する典型的な表現の一つで、直前、直後が一体化した、ほぼ同時的な状況が示される。一般に後述の「と同時に」と置き換えが可能である。
- (121) a. 車を降りる<u>やいなや</u>、首相は歓迎の拍手に迎えられた。
     b. 電車が止まる<u>やいなや</u>、待っていた乗客がドアに殺到した。

「やいなや」の前は動詞のル形に限られる。文末には「ていく」「はじめる」といっ

た、新事態の進行が目論まれることが多い。

(122) 鏡の前の椅子に伊木が坐るや否や、山田は髪の毛に勢いよく櫛を入れはじめた。　　　　　　　　　　　　　　（吉行淳之介『砂の上の植物群』）

(123) 私は工房に足を踏み入れるやいなや、空いていた電動ろくろにいそいそと近づいた。　　　　　　　　　　　　　　（荻原浩『明日の記憶』）

(124) 彼らはそのための計画を日本に進駐する前からつくっており、そして日本に進駐してくるやいなや、その計画どおりに日本の非軍事化と民主化をおしすすめていった。　　　　　　　　（吉田茂『激動の百年史』）

(125) 民間企業は一九五〇年に利潤があがり始めるやいなや、設備を新しくするために多額の資本を投下した。　　　　（吉田茂『激動の百年史』）

(126) 革命勢力の台頭期には同盟者面をして、周囲をもの欲しそうにうろつきまわり、いったん党が政策的に失敗して世間の非難を浴びだすや否や、巧みに身をかわし、さっさと逃げ出していく、あの〈心あたたかい〉社会民主主義者ども。　　　　　　　　（高橋和巳『憂鬱なる党派』）

なお、やや古い用法であるが、(127)のように瞬間性とは別に、間接疑問の「かどうか」「か否か」の意味で用いられることがある。

(127) a. 成功するや否か(は)、まだ半信半疑だ。（＝か否か）
　　　 b. 試合が行われるや否やは、天候の回復いかんだ。（＝か否か）

「や否や」の出自については関心がもたれるところであるが、ちなみに夏目漱石の紀行文『満韓ところどころ』では比較的多く、24回を数える。なかには講談的な語りとして使用されているふしがうかがわれる。以下に数例をあげておく[9]。

(128) 小蒸気を出て鉄嶺丸の舷側を上るや否や、商船会社の大河内さんが、どうか総裁と御一緒の様に伺いましたがと云われる。　　（第2話）

(129) 実を云うと、講演は馬車でホテルに着くや否や、此処の和木君からも頼まれている。　　　　　　　　　　　　　　　　　（第26話）

接続助詞「や」もまた、「やいなや」と同じ意味を表す。「や」は接続助詞で、動詞の終止形につき、ある動作・作用が行われると同時に、他の動作・作用が行われる意味を表す。「やいなや」の省略された形と見ることができる。同じく後件には「ただちに」「一目散に」などの副詞が共起する。

(130) a. 大学を卒業するや、ただちに日本語教師として教壇に立った。
　　　 b. 生徒は補導員を見かけるや、一目散に逃げ出した。
　　　 c. 授業のベルが鳴るや、学生たちは一斉に教室に入って席についた。

(131) 意識を失った斉藤を、ある中国人が第2夫人にしようと引き取ったが、斉藤は体力を回復するや逃げ出した。　　　　（朝日新聞 09.9.2）

(132) 金融危機まっただ中の大統領選挙で勝利するや、「今日から仕事が始ま

る。1分でも無駄にできない」と就任の2ヶ月前に経済チームを任命し、過去最大級の景気対策を準備した　　　　　　　　　　（朝日新聞 09.9.1）

なお、この「や」の典型である「と思いきや」については後に詳しく述べる。

5.5 「そばから」の意味と用法

　前後の当該動詞の表す動作・状態と時間の隔たりがないことを表す。この事態とは、ある動作が行われると間をおかずに意に反する動作が習慣的に繰り返される事態を意味する。「そばから」の「そば」は近接性と同時に情意、情動を意味する。前件事態がプラスの局面であっても、後件の事態によって多くは不満などを内包するマイナス的な意味を表す。主体にとって不可抗力、制御不能の事態のほか、意志的、意図的な行為も含まれる。

(133) a. 頭が悪いので覚えるそばから忘れてしまう。覚えたそばから、
　　　b. 息子は洗ったそばからシャツを汚して帰ってくる。
　　　c. 商品を並べるそばから、飛ぶように売れる
　　　d. 親が叱るそばから、すぐいたずらをする。
　　　e. 実験を行うそばから記録に残しておくようにする。
　　　f. 仕上げ加工をするそばから組み立て作業を行って、組立は順調に進んだ。
　　　g. 母親が部屋の掃除をするそばから、息子はまたよごしてしまう。
　　　h. 清掃員が煙草の吸殻を拾っているそばから堂々と落としていく人がいる。

「そばから」に前接する動詞はル形とタ形の双用がみられるが、習慣性、恒常性に重きを置く場合はル形、一旦、行為を終えるという一回性を重視する立場からはタ形を用いる傾向がある。(133a) では「覚える」も「覚えた」も可能であるが、(133d) では「叱ったそばから」は不自然である。多くが反復的な事態で、前件の前項動詞と後件の後項動詞は連続的な意味構造を有する。後件の後項動詞には「てしまう」の言い方が多く用いられる。

(134)　桑幸の知見及ぶところでは、天麩羅は揚げた傍から塩を付けて食わねば絶対に駄目という。　　　　　　　　　　（奥泉光『モーダルな事象』）

(135)　そもそもプラハ演説 (4月5日) においてオバマは「核なき世界を目指す」と言ったそばから「私はナイーブではない。核が存在するかぎり、アメリカはいかなる敵をも抑止し、同盟国を守る戦力を堅持する」と述べたのであった。

　　　　　　　　　　　(2009.11.13. 三河台公園全学連集会アジビラ)

「言ったそばから」は「言っていたのに」のような逆接の意味をも表す。「舌の根が

乾かないうちに」という裏切り的な行為に対する批判も込められる。「そばから」の連続性には、次のような反復を表すテハの用法と意味的な重なりがみられるが、テハが事象本位の観察にとどまるのに対し、「そばから」にはいくらかの不満などの感情の起伏をともなう。(136)では「現われるそばから」は不自然である。

(136) そして、その感情の変転につれて、十銭芸者の出発から、現在の簡易旅館の女主人の位置に到達するまでの四十余年が、その一瞬に、万華鏡のように現われては消えた。　　　　（高橋和巳『憂鬱なる党派』）

なお、「横から」も同時性を表すが、反復とは限らない。横合いから他者が介入するという意味で、「ところへ」と同様にそれまでの継続事態の中断を表す。

(137) a. 話している横からちょっかいを出してくるので、叱ってやった。
　　　 b. 話しているところへちょっかいを出してくるので、叱ってやった。

(138)の「そば」は時間関係の意味とは別に具体的な空間を表す。

(138) a. 子どもは母親のいるそばから離れようとはしなかった。
　　　 b. いきなりそばから口を挟むのは、やめたほうがいい。

6　"同時併発"を表す諸表現

"同時"という概念には、二つの行為、現象が連動的にほぼ同時に発生するという場面と、二つの異なる行為、現象が並行して発生、推移するという場面とが考えられる。大きな時間的な幅を切りとった後者は同一場面での同時性から別意味の累加的拡張へと転移する。いずれも同一主体でも異種主体でも成立は可能である。

6.1　「と同時に」「とともに」の意味と用法

「と同時に」は文字通り「ちょうどそのとき」という同時性を表す。事態の生起を大きくとらえれば同時性は瞬間の範囲内にあり、前後の事態は厳密にはいずれが先行事態かは明示されないが、前件が後件の起因となっている状況には変わりはない。まず、瞬間的な事態をみてみよう。

(139) a. 不況の折、ハローワークの窓口が開くと同時に求職者が押し掛ける。
　　　 b. 到着電車のドアが開くと同時に、ホームの乗客が雪崩込んだ。
　　　 c. 彼は受話器を置くと同時に、顔色を変えて部屋を出て行った。
(140)　午前8時。開門と同時に、登院する新議員は国会議事堂に深々と頭を下げた。

一般に前件と後件では異種主体があらわれるが、(140)のように同一主体もみられる。実際の用例では、後文には継起性の事象とともに新しい事態の開始、介入があらわされる。動作性名詞句に後接する例は次のようである。

(141)　地震発生と同時に、中国は兵士を大量に動員した。（朝日新聞 08.5.14）
(142)　政権発足と同時に、オバマ氏は全力疾走で経済の立て直しに取り組んできた。　　　　　　　　　　　　　　　　　　　　　　（朝日新聞 09.2.26）
(143)　梶川良源は、岡山の第六高等学校の理科から京都帝大へ進み、在学中に陸軍衛生部依託学生となり、卒業と同時に軍医見習士官として岡山の歩兵連隊に任官した。　　　　　　　　　（奥泉光『モーダルな事象』）
(144)　夕方、特別酒乾杯と同時に一緒に近在の村人たちからの志としてつけ加えて分配されたものであった。　　　　　　（井上光晴『死者の時』）
(145)　しばらくして家族をよびよせたが、陸大卒業と同時に再び大邱連隊に帰った。　　　　　　　　　　　　　　　　　　（立原正秋『剣ヶ崎』）

「卒業」「発足」「発生」「終了」といった開始や終結に関する名詞のほか、「退職」「結婚」「誕生」などがある。前接動詞は一般にル形だが、タ形もあらわれる。

(146)　ある朝、眼が覚めると同時に、幼い男の子の歌声が耳に届いて来た。
　　　　　　　　　　　　　　　　　　　　　　（堀田善衛『バルセローナにて』）
(147)　「よし」山形少尉はこたえてサイダー瓶に残っていた焼酎を全部、湯のみについで飲むと同時に立ち上がった。　　　（井上光晴『死者の時』）
(148)　その笑いはバスが動き出すと同時にみるみるうちに何かとり返しのつかぬような思いの中で凍った。　　　　　　　　（井上光晴『死者の時』）
(149)　つまり、鵜原のそんな秘密めいた臭いが、行方不明になったと同時に、変死体に結びついたのですね？　　　　　　（松本清張『ゼロの焦点』）

数は少ないが、「のと同時に」のように「の」が介在することもある。

(150)　「長崎？」戸部少尉がきき返すのと同時に「ついでに年も教えましょうか、きみちゃんは二十三、私は二十八、あんたたちの姉さんよ」と勝子はつづけた。　　　　　　　　　　　　　　　（井上光晴『死者の時』）

「ドアが閉まりかけた時のご乗車は危険ですから」という場合の「とき」もまたほぼ同時性、瞬間性を表しているが、「と同時に」は現場的な描写であり、「とき」は当該事態が完了した時点で、いわば確認するようなニュアンスをともなう。これらの事象、行為の連続性には火急の要件がある一方、背後には準備を整えた心的状況があり、一種の事態達成をになった表現といえる。

　もう一つの「と同時に」は「AだけでなくBもまた」「AのうえにBもまた」という異種の特徴（目的、原因理由など）を有する並列の言い方である。一種の属性例示のほか、所信表明演説などの意志表現によくあらわれる。とくに後者では形式で複数の目標を提示しながら、それに向かって進める努力の方向性を表す。類義的な言い方として「一方で」「とともに」がある。

(151) a.　父は非常に厳しいところがあると同時に、涙もろい一面もある。

b. 過去の政策の見直しと同時に、新しい施策を展開してまいります。
c. ?私は神経質なところがあると同時に、楽観的なところもある。

このように事態の客観的描写に用いられ、(151c)のように主体の描写には適さない。実際の用例では後件は添加的事態で、「ことになる」という結果を表すことが多い。

(152) 職業の分化は社会を進歩させると同時に確かに人間の能力を細分化し、人間を全的人間性から疎外した。　　（高橋和巳『憂鬱なる党派』）
(153) お辞儀は親しみの表現であると同時に「これ以上、近づかないで」という無言の合図でもある。　　　　　　　（朝日新聞 09.10.15）

「とともに」も「と同時に」と同様に事態の同時併発を表す。「とともに」は元来は付随的な同伴（「父とともに帰郷する」「死者とともに生きる」）を意味するが、「と同時に」と同じように瞬間性や事態の累加を表すケースとがある。なお、同時性のほか、(156)のように「につれて」などと同様に比例関係を表すこともあるが、この場合は「と同時に」は使いにくい。

(154)a. 到着電車のドアが開くとともに、乗客が雪崩込んだ。（同時関係）
　　 b. 到着電車のドアが開くと同時に、乗客が雪崩込んだ。
(155)a. 卒業して社会に出るのは嬉しいとともに不安でもある。（並列関係）
　　 b. 卒業して社会に出るのは嬉しいと同時に不安でもある。
(156)a. 生産が高まるとともに人々の生活も豊かになっていく。（比例関係）
　　 b. ?生産が高まると同時に、人々の生活も豊かになっていく。

実例をみると、「とともに」は「と同時に」と比べて、「AだけでなくBも」「AのほかにBも」という並列、添加の言い方、「につれて」という比例・相関関係など複数の用法が視察される。(157)、(159)、(160)が同時を表す用法である。

(157) 寮の一日は荘厳な国旗掲揚とともに始まる。もちろん国歌も流れる。
　　　　　　　　　　　　　　　　　　　　　　　（村上春樹『ノルウェイの森』）
(158) 空は秋の深まりとともにますます青く高くなり、ふと見あげると二本の飛行機雲が電車の線路みたいに平行にまっすぐ西に進んでいくのが見えた。　　　　　　　　　　　　　　　　　　　　　　　　（同上）
(159) 一年あまり経ってから、学内で起った一教授の弾劾事件に加わって活躍し、その運動が学生側の敗北に終るとともに、官学を嫌って私学に移った。　　　　　　　　　　　　　　　（石川達三『青春の蹉跌』）
(160) 年が明けるとともに、姉の友子から便りがあった。（渡辺淳一『花埋み』）
(161) 医師や看護婦ら十数人からなる医療チームは、パダンの市街地で負傷者の手当てをはじめた。打撲や骨折の治療とともに、突然の人生の暗転に打ちのめされた人々の心のケアも必要だ。　　（朝日新聞 09.10.3）

6.2 「ところを」「ところに」の意味と用法

補文節「ところを」、「ところへ」「ところに」も意味的には時間節を構成し、「ちょうどそのときに」という、瞬間性ないし同時性を表す。

(162) 2泊のうちの最初の深夜、エリツィン大統領は下着を身につけただけの姿で、通りでタクシーを呼び止めようと大声を上げている<u>ところを</u>警備員に発見された。(中略) 驚いたことに、エリツィン大統領は、2日目の夜もまた部屋を抜け出し、今度はゲストハウスの裏階段から地下に降りようとしている<u>ところを</u>、警備員につかまったというのである。　　　　　　　　　　　　　　　　　　　　　(週刊新潮 09.10.15)

多くの場合が「最中」「ちょうどそのとき」を表す。「ところ」の前はテイル形のほか「(動作性名詞)中の」があらわれやすい。

(163) 彼は五週間前の五月三十日夜八時ころに、これまで通り、七階B病棟で勤務中の<u>ところを</u>確認されているのを最後にふいに行方がわからなくなっていた。　　　　　　　　　　　　　(吉岡忍『死よりも遠くへ』)

(164) 覚醒剤を日本に密輸する「運び屋」の摘発が中国で急増したのは03年春からだ。女性1人を含む日本人16人が逮捕された。多くが金に困っている<u>ところを</u>誘われた。　　　　　　　　　(朝日新聞 04.9.29)

(165) 中二日おいて、三日目の午ごろ、私は寝ている<u>ところを</u>呼び起こされた。　　　　　　　　　　　　　　　(山本周五郎『青べか物語』)

(166) 現にゴミが運び込まれている<u>ところを</u>見たいと思ったのに、都庁で特別の見学許可を取ってこないと入れられない、と入口で固く断られた。　　　　　　　　　　　　　　　　　　　(日野啓二『夢を走る』)

瞬間性を明示する場合は、一般に「ところ」の前はタ形がくる傾向がある。

(167) 1-1 で迎えた引き分けの勝ち越し点は中村のヘディングシュートをGKがはじき出した<u>ところを</u>コルッチが決めた。　(讀賣新聞 04.9.24)

(168) 調べによると、植田容疑者は二十八日午前一時十分ごろ、調布市染地三の物置小屋に近づき、持っていた新聞紙にライターで火をつけ、投げ入れた<u>ところを</u>警戒中の同署員に取り押えられた。

(讀賣新聞 04.6.29)

(169) やや慌てたように押し返そうとした<u>ところを</u>、絶妙のタイミングで首を引っ張られると、土俵にはった。　　　　　(朝日新聞 09.9.19)

なお、次のような「ところを」は同時性というよりも、事態の未達成を表す。「するはずのところを」「する<u>べき</u>のところを」という当為予定を含意し、その変更がもたらされる、一種の逆接表現を構成する事態(「はずだったのに」)の展開となって

いる。
- (170) 明朝七時五十分の汽車で立つところを明後日の急行にのばす。

  （夏目漱石『漱石日記』）
- (171) ——あの大空襲の中を生きのび、予科錬で特攻隊になるところを生きのび、やっと戦争が終わった矢先に十六歳と何ヵ月かで死んだのである。　　　　　　　　　　　　　　　（小松左京『戦争はなかった』）
- (172) ドライブに誘うのにもうすこしで成功するところでしたが、いつもならもう一押しも二押しもするところを、単に住所と名前を聞くだけで、いったんは別れました。　　　　　　（飯干晃一『生贄』）

一方、「ところに」（「ところ」「ところへ」）は次のように用いられる。
- (173) 昨年のリーマン・ショックから一年あまり。すっかりあの危機など忘れてしまったかのように景気回復の期待が膨らんでいたところに、また少しずつ雲が覆ってきた。　　　　　　（産経新聞 09.12.13）

これらの「ところを」「ところに」は現場性を強調すると同時に、捕獲、介入、中断といった場面の展開を表す。瞬間性のみならず、時間の流れにおいて事態変化の結果に重きをおいた表現となっている[10]。

6.3 「ようとする」「かける」「そう」を含むトキ節とト節

事態の開始・始発相の標識「ようとする」「かける」「そう」などが時間節のトキ節、条件節のト節に前接するとき、「ちょうどそのとき」という同時性、もしくは瞬間性を表す。書き言葉では「まさに～せんとするとき」のような表現になる。
- (174)a. 改札口を出ようとすると、切符がないことに気づいた。
  - b. 駅の階段を降りようとしたとき、後の人に押されて転んでしまいました。

なお、「ようとする」はトキ節の場合は「ようとしているとき」「ようとしたとき」「ようとしていたとき」、ト節の場合は「ようとしていると」のようにアスペクトの分化がみられる。なお次のような意志（「ようと思う」も同様）の中断を表す用法があるが、逆接関係を明示するだけで、必ずしも同時性を表さない。
- (175) 気に入った辞書を買おうとしたが、お金が足りなかったのでやめた。
- (176) 彼が階段をおり、居間の前の廊下を通り抜けて書斎の扉を押そうとした時、「昌作、なんだ、まだ起きとるのか」という宗輔の声がかかった。　　　　　　　　　　　　　　　　（井上光晴『死者の時』）

(177)では前件の行為が実現するときには、すでに後件の事態が進行している状態を表している。

(177) 給仕が注文をききに来た。禎子が何か頼もうとしたとき、給仕の後から、室田夫人が近づいてくるところだった。（松本清張『ゼロの焦点』）

また、複合動詞をなす補助動詞「かける」「かかる」も「とき」「ようとしたとき」とともに用いられ、瞬間を表す。

(178) a. 仕事が終わって帰りかけたとき、部長から飲みに誘われた。
b. ちょうど現場を通りかかったとき、逃走する犯人の車らしい姿があった。
c. 一言言いかけようとしたとき、相手のほうが先に発言した。

(179) バスを待っていた客の一人が去りかけた彼の背中の方で小声ではあったが、「エタの歯医者か」と呟いた声をはっきりきいたのである。

（井上光晴『死者の時』）

「かかる」「だす」は「ばかりだ」「ばかりに」とともに、人の動きや表情などの変化しそうな一瞬、寸前の状態を表す[11]。

(180) a. 父親は激昂して、今にも息子に殴りかからんばかりだった。
b. 裁判の判決後、原告は涙があふれださんばかりに激情しての会見を行った。

「そう」は「そうになる」の形で短い時間内での事態出現、直前を表す。「なくしかける」も「なくしそうになる」とほぼ同じ意味を表す。

(181) a. 落ち込んでくじけそうになったとき、友人が手を貸してくれた。
b. もう少し手当が遅れればあやうく命をなくしかけるところだった。

7　多義性の諸問題──「と思うと」の文法化をめぐって

本節では瞬間性を表す形式として、動詞「思う」を成分とする複合辞の一群を検証する。「と思うと」「と思ったら」のように動詞「思う」が条件形後置詞となって機能し、後文生起の必須的な前提となるものである。以下、「と思うと」「と思ったら」「と思えば」の接続用法をみていく[12]。

7.1　「かと思うと」「かと思えば」「かと思ったら」の意味と用法

「かと思うと」については、『日本語表現文型辞典』（大阪YWCA 2008）が比較的適切な分類を試みている。以下、説明の表現を一部捕足しながら考察する。

一つ目の用法は瞬間性を表す事態の説明である。XとYのそれぞれの事態が、瞬間的な時間差で継起する様子を表す。話し手による主観的観察の投影で、描写表現とともに、恐怖や驚き安心などを意図する場合がある。一般に「とたん」が、「が早いか」「や否や」「なり」などとの言い換えが可能であるが、「や否や」が自然

現象に用いられないなどの制約もみられる。
    (182) a.　上空でピカッと光ったかと思うと、落雷が耳をつんざいた。
            （；光るが早いか／??光るや否や／*光るなり、…）
         b.　岡田さんは受話器を置いたかと思うと、慌てて部屋を出て行った。
            （；置くが早いか／置くや否や／置くなり、…）
         c.　父は横になったかと思ったら、ぐうぐう鼾をかいて寝てしまった。
            （；横になるが早いか／?横になるや否や／横になるなり、…）

「と思うと」「と思ったら」の有意差はほとんどみられないが、ト節では継起性が強く、タラ節では意外性が強調される。なお、引用の「と」の前のカは任意で一般に強調を表す。実際の用例では事態の「消滅」のほか、新事態の「出現」もみられる。

    (183)　虎は、既に白く光りを失った月を仰いで、二声三声咆哮したかと思うと、また、元の叢に踊り入って、再びその姿を見なかった。
                                                （中島敦『山月記』）
    (184)　花と葉が荒々しくそよいだと思うと、のっぽとちびの顔が朝顔の茂みからのぞいた。　　　　　　　　　　　　　（辻原登『村の名前』）

(183)は事態の「消滅」、(184)は「出現」を表している。

　二つ目の用法は、XとYの事態は対照的な内容で、その反復行為、現象の転換がめまぐるしいさまを表すものである。総じて、失意、不満やいらだちなどの様子を表す。後件には「もう」「また」などの副詞をともなう。

    (185) a.　さっき泣いていたと思ったら、もう笑っている。おかしな子だ。
         b.　ついこの間新学期が始まったかと思ったら、もう中間試験の準備をしなければならない。
         c.　廊下の電気は点いたかと思えば消え、消えたかと思えばまた点く。
            cf.廊下の電気は点いたり消えたりしている。

このなかでは、(185c)のように「たり」で表される反復現象が顕著である。
　三つ目の用法としては、Yには感情的な表現がきて、Xの事態につられて抱く感情が表わされる、といったものである。後文は情景描写にとどまらず、話し手の心的な内実、すなわち感情の期待、感嘆、失望などが表わされる。「思うにつけ」といった習慣性による感情の生起を表している。

    (186) a.　両親に叱られるのではないかと思うと、なかなか話を切り出せない。
         b.　こんな問題も解けないのかと思うと、我ながら嫌になる。
         c.　嵐のなかをよく生還できたものだと思うと、今だに信じられない。
         d.　明日、国に帰れるかと思うと、興奮してなかなか寝付けない。

    e. もう二度と会えないかと思うと、淋しさが込み上げて来ました。
    f. こんな新入社員が入ったのかと思うと、腹立たしくなる。
    g. 久し振りに級友に会えるかと思うと、今からドキドキする。
    h. こんなバカ娘を育ててきたのかと思うと、親として情けなくなる。
    i. あんな奴に馬鹿にされた(か)と思うと、実に悔しい。
次のように意外性の容認を表すトハ節に近い感慨が表わされることもある。
　(187)　こんな問題も解けないかと思うと、我ながら嫌になる。
　　　　⇒こんな問題も解けないとは、我ながら嫌になる。
「ことを思うと」「ことを思えば」が同じように用いられることがある。
　(188)a. 厳しい生活の中で、成功したことを思うと、感慨にたえない。
     b. 昔、大変苦労したことを思えば、これぐらいは我慢できるはずだ。
以上の三つの用法のほかにも、顕著な用法がいくつか観察される。
　一つは次に展開する予想以上の事態の急変を表す。前件から後件への移行は予想以上の短時間であることを表している。感情の介入が顕著であり、タラ節のほうが一般的で、「と思うと」「と思えば」はやや不自然になる。
　(189)　ポツポツ降り出したかと思ったら、バケツをひっくり返したような豪雨になった。
次の「と思ったら」は逆接の意味を含みつつ、前件で想定した事態とはまったく別の事態の生起を表す。この「と思ったら」は一般にノニに置き替えられる。「と思っていたら」のようにテイル形が、また後件には「実は」「結果は」などの副詞をともなうことがある。
　(190)a. 遊びにでも出かけたと思ったら、(実は)部屋で寝ていた。
     b. 試験はもっと難しいだろうと思っていたら、案外やさしかった。
このなかには思い違い、勘違いのようなケースもある。前件と後件が正反対、若しくは異質の性格のもので、発見的内容を表している。
　(191)a. 今日は日曜日かと思ったら、土曜日だった。
     b. 普通の会社員だろうと思ったら、(とんでもない)作家だった。
     c. この絵は普通の画家が描いたのかと思ったら、(意外にも)有名な画家のものだった。
反対に意外な事態でありながら、当然の事態を確認する気持ちで用いられるケースもある。後件には「案の定」「道理で」などの副詞があらわれやすい。
　(192)a. 気分が悪いと思ったら、どうりで熱が38度もあった。
     b. 今度の試験は聴解が難しいだろうと思っていたら、実際その通りだった。
     c. 彼の報告書は間に合わないだろうと思ったら、案の定、今回も一週

間過ぎてもまだ出されていない。
次も「かと思ったら」だけが使えて「かと思うと」「かと思えば」が適切さを欠くケースである。話し手が不思議に思って注目する様子や、驚き、発見を表す。
　(193)a.　何を話し出すやらと思ったら、いきなり金を貸してくれ、だとは。
　　　　b.　どこへいったかと思っていたら、そんなところにいたのか。
　一方、「かと思えば」「かと思うと」には対比、並列の用法があらわれやすい。「～し～し」に置き換えられる性質のものである。
　(194)a.　彼女は煙草を吸うかと思えば、酒も飲む。
　　　　　⇒彼女は煙草も吸うし、酒も飲む。
　　　　　⇒彼女は煙草も吸えば酒も飲む。
　　　　b.　円高で懐が潤っている人がいるかと思うと、円高のおかげで
　　　　　⇒円高で懐が潤っている人もいるし自殺に追い込まれる人もいる。
　　　　　⇒円高で懐が潤っている人もいれば自殺に追い込まれる人もいる。
(195)は「一方で」のように後件は並行的な事態を表し、必ずしも同一場所における同時性や瞬間性を表すものではない。
　(195)　万歳が何度もこだましたかと思うと、その合間に人事や政策についての噂が交わされ、猟官めいた囁きがくぐもっていた。
　　　　　　　　　　　　　　　　　　　　　　　　　(福田和也『昭和天皇』)
次は気持ちの移り変わりなど、変化、変転の著しいさまを表す用法である。
　(196)a.　尻の落ち着かない奴で、来たと思ったら、すぐ帰っていった。
　　　　b.　桃の花が咲いたかと思うと、もう散って今度は桜の花だよりだ。
　　　　b.　彼女は楽しそうにしゃべっていたかと思ったら、急に黙りこくって涙を流し始めた。
　　　　c.　彼はテレビで昨日はサスペンスドラマに出ていたかと思うと、今日は時代劇に出ているといった調子で、人気役者だ。
以上の用法の延長として、継起や展開のめまぐるしさを表すケースもある。後文では「今度は」という副詞をともなうことが多い。
　(197)a.　妻の病気が治ったかと思えば、今度は夫が新型インフルエンザときた。
　　　　b.　この患者を診終わったかと思うと、こんどはこちらの患者を診なければならない。体がいくつあっても足りない。
　　　　c.　切り立つ岩を抜けたかと思うと、こんどは今度は断崖絶壁の線路を走る。
実際の用例をみると、全体としては批判的な表現があらわれやすい。

(198) 天気が回復した<u>かと思うと</u>、エンジンの故障で<u>また</u>ぐずぐずする。
(辻原登『村の名前』)
(199) もちろん首相が嘆くように、法案の採決を急いだ<u>かと思えば</u>、拒否に転じたりと対応をくるくる変える民主党の態度は無責任のそしりを免れまい。　　　　　　　　　　　　　　　　　　　　（朝日新聞08.11.20）
(200) 小泉氏がやり玉にあげたのはまず、郵政民営化をめぐる首相の一連の発言である。反対だったと言った<u>かと思えば</u>、賛成したと言い、分社化の見直しに触れた直後に、見直しの中身を言う立場にないと退き……。　　　　　　　　　　　　　　　　　　　　　（朝日新聞09.2.14）

「かと思えば、反対に」のように、現状が話し手の予想に反している事態を表す。「かと思ったら」「かと思うと」も同じように用いられる。意味的に異なる事態の並列表現となっている。「一方(で)」「～たり～たり」で表すことが可能である。

(201) a. 1枚も書けない日がある<u>かと思えば</u>、10枚以上書ける日もある。
b. 1枚も書けない日がある<u>一方で</u>、10枚以上書ける日もある。
c. 1枚も書けない日があっ<u>たり</u>10枚以上書ける日もあっ<u>たり</u>する。

「そうかと思うと、かと思うと」「そうかと思えば、かと思えば」は、「一方で」という意味で、談話的な展開における意外な情報の追加提供といった状況を表す。

(202) a. 横綱は最近、怪我で調子が悪いみたいだね。
―<u>そうかと思うと</u>、この間はサッカーなんかやっていましたね。
b. 部長はいつも機嫌が悪そうだな。
―<u>かと思えば</u>、いやに優しいときもあってびっくりするんだけど。

「と思う間もなく」は「と思うと」に近い言い方で、前件事態の発生から後件事態の発生までの間隔が相応に短い状況を表す。

(203) a. 冷たい雨が降ってきた<u>と思う間もなく</u>、雪に変わった。
b. 帰って来たな<u>と思う間もなく</u>、息子は遊びに出かけた。

7.2 「かと思いきや」「と思いきや」の意味と用法

瞬間を表しながら、逆接を含意する用法で、意外性、想定外の結果事態を表す。後件には「実は」などの副詞をともなうことが多い。基本的には「かと思うと」と類義的で、やや古めかしい言い方である。

(204) a. あっさり断られる<u>かと思いきや</u>、快く承諾してくれた。
b. 犯人は逃走したものと思いきや、実はその部屋に潜んでいた。
c. 交渉は短時間で妥結する<u>かと思いきや</u>、結局一か月もかかってしまった。
d. レシートを受け取った<u>と思いきや</u>、実は別の請求書だった。

　　　　e.　とっくに外出したかと思いきや、息子は昼すぎまで自分の部屋でぐずぐずしていた。
　　　　f.　一件落着したかと思いきや、また一つ次から次へ難題が発生した。
「と思っていたところが」「と思っていたのが」のような逆転の状況を表す。
　「Xだと思ったのはいいが、実はYだった」というように、展開の逆転に対する話者の驚き、落胆、失望などを表す。既成概念や、予定・予想を覆すような事態発生がもたらされる。通常は動詞のル形、タ形につくが、形容詞にもつく。
　(205) a.　やっと間に合ったと思いきや、無情にも電車は出てしまった。
　　　　b.　今日は一日中雨かと思いきや、朝から雲一つないいい天気だ。
既成の事態を再現するような場合は、カはむしろ過剰である。
　(206) ?テストは難しくて歯が立たないかと思いきや、案外簡単だった。
次は、ある状況を脱してすぐに、別の困難な事態に遭遇するような場面である。
　(207) a.　風邪が治ったかと思いきや、こんどはお腹を壊してしまった。
　　　　b.　やっと洗濯物が片付いたと思いきや、また息子は服を汚して帰って来た。
　　　　c.　これで勝ったと思いきや、5分後にはまた点をリードされた。
　　　　d.　合格したと思いきや、何と違う受験番号を見ていた。
　　　　e.　試験は難しいと思いきや、案外、優しかった。
実例では瞬間性の強調よりは、意外な場面展開を表すケースが多くみられる。
　(208)　何といっても里見機関の親分ですからね。ところが、いかつい子分が大勢控えているかと思いきや、里見さんはたった一人、実に穏やかな表情でガラス製の机に向かっているんです。
　　　　　　　　　　　　　　　　　　　　(佐野眞一『阿片王　満州の夜と霧』)
　(209)　実は、この話には続きがある。家に帰って、このことを両親に報告した。驚くかと思いきや、母は平然として「あなた、それはあたりまえよ」と言ってのける。　　　　　　　　　(乙武洋匡『五体不満足』)
「と思いきや」のほかにも「見るや」も用いられるが、この場合はむしろプラス的かつ積極的な事態の展開が意図される。前述の「やいなや」で述べた用法の派生的な形式で、主文には「何と」「突然」、「実は」などの副詞が共起しやすい[13]。
　(210)　チャンスと見るや、我がチームは一気に相手陣営を攻め立てた。

8　その他の短い時間幅を表す時間節

　これまで述べてきた時間節以外に、瞬間性や同時性を表すいくつかの類義的な接続表現を用例とともにあげておく。

A:「合い間」は「合い間に」「合い間を縫って」のように、短い時間帯のなかに、予定した行為の達成が目論まれる様子を表す。
 (211)a.　新人賞を受賞した主婦は家事の合い間に小説を書いているという。
   b.　彼女は忙しいスケジュールの合間をぬって、ジムに通っている。
   c.　講演の合間合間に面白いジョークがあって、聴衆は飽きなかった。
   d.　一向に止む気配はないけど、雨の合間を見て出かけるしかない。
(212)のように別事態の介入によって、当初の予定行為の達成を表すことがある。
 (212)　鳴り物の音が途絶えるあいまに、牧師がわざとらしい英語なまりの声で、あぶれた日雇の群れに三位一体を説いている。
            （高橋和巳『憂鬱なる党派』）

B:「隙」は、同じく短い時間でありながら、思いがけない事態の発生のほかに「隙をみる」「隙をねらう」「隙をつく」「隙をうかがう」「隙に乗じる」のように、計算された目的行為を表す。
 (213)a.　母親がちょっと目を離した隙に、乳母車がホームの下に転落した。
   b.　その日本人は一瞬、席を外した隙に、荷物を誰かに持ち去られた。
   c.　母は姉が出かけたすきに机の引出しにあった日記をこっそり見た。
   d.　教師が黒板に板書しているすきをみて、学生はメールを打ちはじめた。

実際には(213c)のように比較的長い時間帯も含まれることがある。「隙に」の前の動詞は多くがタ形、テイル形だが、ル形もしばしばあらわれる。次の例ではル形のほうが「よろけた隙に」のタ形よりも瞬間性を際立たせている。
 (214)　少女とは思えない力で西村はひきずられ、西村がよろける隙に、少女は扉の前に立ちはだかった。　　　　　（高橋和巳『憂鬱なる党派』）
 (215)　「なにをする」怯んだ隙に、衿子はソファのうしろに逃げこんだ。
              （渡辺淳一『愛のごとく』）

C:「間もなく」「のもつかの間」なども瞬間性を際立たせる言い方である[14]。
 (216)　まことに信じがたい話ではあるが、「話にもなりませんわ」というセリフを私はたしかに聞いた。ぶち切れる間もなく、電話は勝手に切られた。　　　　　　　　　　　　　　　　　　（浅田次郎『つばさよつばさ』）

さらに瞬間性を表す副詞では「すぐ」のほかにも「息つく間もなく」「休む暇もなく」「ただちに」「なにはさておき」「即刻」「即座に」「瞬たく間に」「たちまち」なども時間節とともに用いられ、変化の早さと激しさを表す[15]。
 (217)　母は帰宅して一息つく暇もなく、夕飯の支度を始めた。
 (218)　出社してコーヒーを飲む一息つくのもつかの間、会議が始まった。

瞬間を表す副詞にもさまざまな用法がみられるが、「*帰国したのも瞬たく間」と

はいえない。また、副詞的に「料理が出てきたと思ったら瞬く間になくなった」とはいえるが、「*料理が出てきたと思ったらつかの間になくなった」は不自然である。

D：「のもそこそこに」は十分な行為を果たさずに早めに切り上げて次の行動に移るという意味を表す。ここでも「早めに済ます、終わらせる、切り上げる」という予定的な意志が働き、最初の動作と次の動作の間は短い時間幅が表される。

(219)a. せっかくの旅行だったが、観光もそこそこに買物に案内された。
　　　b. スキーヤーたちは朝食もそこそこに、白銀のゲレンデへと向かった。
　　　c. 寒かったので初日の出を拝むのもそこそこに下山した。

E：「早々」も直後の短い時間幅における事態の発生を意味する。「その状態になってすぐのとき」という名詞で、通常は「赴任早々」「帰国早々」など名詞につくことが多い。「早々から」という言い方もある。

(220)a. 事務所は移転早々火事に遭った。
　　　b. 帰国早々、出張を命じられた。
　　　c. 開店早々から客とのトラブルが続いている。
　　　d. 新婚早々、憲一は前任地の金沢に出張し、消息を絶つ。
　　　　　　　　　　　　　　　　　　　　　　（朝日新聞 09.11.13）

数は少ないが、動詞にも後接する場合がある。

(221)a. 彼はせっかちな人間らしく、会う早々から用件を切り出した。
　　　b. 帰る早々（＝帰宅早々）、女房に文句を言われた。
　　　c. 食卓につく早々、小用に立つというのは悪い習慣だ。

概して意外性があり、しかも不都合で煩雑な事態の発生という特徴がみられる。次の例のように働きかけの表現にはあらわれないことがある。

(222)a. ?帰国早々、海外出張してほしい。⇒帰国早々ですまないが、…
　　　b. 帰る早々から、些細なことで文句いうなよ。

時間名詞につく場合も、「になってすぐ」という直後を表す。

(223)a. 新年早々、風邪を引いてしまった。
　　　b. 来年早々に転居する予定だ。

意外性を表す一方、「早々に」「早々と」のように副詞としても用いられ、「急いで」「慌てて」「いちはやく」といった意味を表す。

(224)a. 期待して出かけた講演会だったが、つまらなくて早々にひきあげた。
　　　b. そろそろ食事時だったので、早々に辞去することにしました。

F：「ざま」は動詞連用形について、「ちょうど〜するとき」の意味を表す。

(225)a. 擦れ違いざま（に）、歩きタバコの煙をどっと吸ってしまった。

  b. 声をかけると男は振り向きざま(に)、私に殴りかかって来た。
  c. いらいらしていたのか、部長は立ち上がりざまに、書類を放り投げた。
  d. 腰掛けざまに、後を振り返った拍子に、椅子から落ちてしまった。
  e. 男性が車に乗り込もうとしたところ、自転車の男に追い抜きざまに刃物で右腕を切り付けられた。 （朝日新聞 09.10.16）

事件、事故の検証などで、被害の状況を説明する際などにもあらわれやすい。「ざま」は「拍子に」「ところ」などとともに用いられる場合がある。

G：「がけに」は動詞の連用形について、その動作の途中、動作のついで、の意味を表す。接尾辞的な成分で、「にのぞんで」「のときついでに」といった意味を表す。「帰りがけ」「寝がけ」「出がけ」など動詞は限られている。

(226) a. 寝がけにワインを飲みながら 15 分位、本を読むことにしている。
  b. 朝の出がけに庭の花に必ず水をやっていくのが母の習慣でした。
  c. 帰りがけに、老婆は愛想めいたことを言った。
            （松本清張『ゼロの焦点』）

このほか「出合い頭に衝突する」「寝入り端（ばな）を電話で起こされる」などがあるが、「頭」「端」は個別的なフレーズ、慣用句をなし、「がけに」と同様に生産的とはいえない。

H：「と(相)前後して」は事態が間をおかずに続く様子を表す。同時性、瞬間性を表すものではないが、短時間内における事態継起の一種である。

(227) 昭和十二年冬、彼の妻くら子が死亡するのと前後してはじまった彼の偏頭痛は、ちょうど戦争の進展と期を同じくするように、ひどくなり、   （井上光晴『死者の時』）

(228) あらあら威張らすと威張らすと、と濁った女の声がもれるようにきこえたのと前後して、徳利を四本盆にのせた女が入ってきた。
                （井上光晴『死者の時』）

(229) a. 山田が部屋を出て行ったのと相前後して、木下が入って来た。
   ⇒山田が出て行ったのとちょうど入れ替わりに、木下が入って来た。
  b. 山田と木下は相前後して部屋を出て行った。（それぞれ時間をずらして）

(229a) は両者が入れ替わった状況であるが、(229b) の副詞「相前後して」は両者がさほど間を置かずに同一行動の遂行を表している。

9 おわりに―時間節の体系的記述に向けて

　自然界の時間の流れは無限であり、人間の認知する時間は有限であることは言うまでもない。有限の最小値が同時性、瞬間性という時間幅とすれば、人間の恣意的な時間認識がどこに依拠しているかを考える必要がある。

　瞬間性、同時性の描写は、現場の状況と同時に、そこに関与する人物の心情を細やかに描き出す。また、それらの表現によって新たな事態の出現をもたらす。

(230)　「きみと明子と、そっくり同じ顔だ。さっきまで違う顔だったのに、同じ顔になってしまった」彼の声が耳に届いた<u>瞬間</u>、明子は大きく眼を見開いた。ガラス玉に似た眼に、しだいに光が戻ってきた<u>と思うと</u>、跳ね起きた明子は掌で顔を覆い、隣室へ走り去った。

（吉行淳之介『砂の上の植物群』）

その場の事態の急変にともなう人物の表情の変化がまるで映像を見るように描かれるのである。本章の冒頭に述べたような、瞬時を見逃すまいとする、日本語における時間認識の大きな特徴というべきであろう。

　当該事態、行為が行われる時間をどう切り取るかは、空間軸の設定と等しく、あるいはそれ以上に記述、伝達の大きな関心事である。テンス、アスペクトはなかでも文の基本的な構造を規定するが、同時に、本章でみてきた種々の記述形式の選択は、話者の伝達心理の状況をも如実に映し出す。

　本章は瞬間性、同時性を手掛かりに時間節の全体をも俯瞰するものであったが、ここで複文の時間節を見ると、はおよそ次のように大別されるだろう[16]。

まえ	……	前、以前、に先立って、に先んじて、に先駆けて
直前	……	直前、寸前、間際、か〜ないうちに、矢先
とき	……	頃、際、折、節、時分、合い間、隙に、とあって、なか、今、現在、今日(こんにち)、当時、当座、当初
時点	……	にあたって、に際して、にのぞんで、にあって
あいだ	……	間、ているうちに、最中(さなか・さいちゅう)、途中
直後	……	とたん、やいなや、そばから、と思いきや
あと	……	てから、て以来、て以降、て以後、後で、後から、結果、あげく、すえに、あかつきに、うえで、を境に、を最後に、をピークに、を潮に、を限りに

　さらに、このなかに、「につれて」「を受けて」「に続いて」などの継起・相関を表す後置詞を加えることもできるだろう。本章であつかった表現形式は、このうち、「直前」、「直後」、および「あいだ」に付随する項目のいくつかであった。これらの表現上のマトリクスには、現象そのものの内部観察に加えて、それを囲繞する話し

手の意図性、心情が堆積され、日本語の時間表現の重層性を表している。

　本章では短い時間幅、同時性にまつわる複合辞を概観した。限定された時空間における事態の変容は情報伝達の重要な関心事である。瞬間性及び同時性はさまざまな時間節のなかに分布し、それぞれの行為事象を特化させ、際立たせる以上、そこに内在する発話意図は単に現象のみを説明しているわけではない。不満、意外性といった情意的背景が含意されていることを再確認して本章をとじることにしたい。

注

1　瞬間性と事態描写の遠近手法については、多くの文化論的な背景があるが、ここでは熊倉(1990)の第二章「日本語の社会性」のうち、「話し手の共感、視点の集団性」から示唆を得たことを記しておく。

2　たとえば池上(2002)、田中(2007)などの日本語論を参照。海外でのテロや遭難事故などで、しばしば「日本人は含まれていない模様です」と報じられるのもこうした言語風土と恐らくは無関係ではない。

3　「とたん」に接続する動詞のル形、タ形の変遷については田島(2001)を参照。

4　「なり」には「たとえば」の意味で、ある有効な方法を提案したり例示したりする用法がある。多く「AなりBなり」の並列形式が使われる。

　　a. 図書館で調べる<u>なり</u>本を読む<u>なり</u>、何か自分でできる方法があるだろう。
　　b. 英語<u>なり</u>、何<u>なり</u>、知っている言葉で話せばいいのです。
　　c. 子どもは子ども<u>なり</u>に、将来のことを考えているものだ。
　　d. 先生に聞く<u>なり</u>(して)、レポートをまとめればいい。

瞬間を表す用法とは別の用法ながら、偶発的な因子を有する点では共通しているように思われる。

5　ここで主体意志について補足しておく。たとえば「ドアを開けるなり」は主体がドアを開ける意志をもっての行為であるが、その場に居合わせた者にとっては偶発的な事態である(なお「ドアが開くなり」は不自然である)。ここで扱うのは主体側にとってもその場に居合わせた者にとっても意志の発動が自明なものとして共有されているものである。

6　「瞬間」「刹那」のほかに「瞬時」「一瞬」もちょうどそのときの意味で用いられるが、その使い分けについては明確な線引きがあるわけではない。『使い方の分かる類語用例辞典』(小学館 1994: 815)では次のような比較例を示している。

　　a. {瞬間／一瞬／瞬時／＊刹那}の出来事。

b. 衝突した {瞬間／*一瞬／*瞬時／刹那}、気絶した。
　　　c. {*瞬間／一瞬／瞬時／*刹那} にして燃え上がる。
　　　d. {*瞬間／一瞬／*瞬時／*刹那} 肝をつぶした。
　b.では「一瞬」は「衝突の一瞬」など連体修飾を受けることもある。d.の副詞用法では「その瞬間」のように指示詞とともにあらわれることもある。

7 　なお、「直前」「寸前」「目前」「間際」の使い分けは前接の語彙的な性格によるところがあり、必ずしも明確な線引きがあるわけではない。次のように一般に「直前」が汎用性が高い。
　　　a. 完成 {直前／寸前／目前／間際} に病に倒れる。
　　　b. 発車 {直前／寸前／*目前／間際} に乗り込む。
　　　c. 入試の {直前／?寸前／*目前／間際} になって風邪を引く。
　　　d. 父の死の {直前／*寸前／*目前／間際} に駆けつける。
　「寸前」は「直前」「間際」に比べて、今まさに何かをしよう、何かが起ころうとしている状況を強調して言うことが多い。なお、「直前」「寸前」「目前」は、空間的にその対象や目的地点のすぐ手前であることをさして用いることもあるが、「間際」にはそのような意味はみられない。

8 　「次第」には、絶対条件を表す言い方がある。この場合は「～次第で」の形をとり、名詞句のみに接続する。動詞の場合は「連用形＋方」になる。「PかどうかはQ次第だ、Qによる」の形に移行が可能である。
　　　a. 努力次第で、成功することもあれば、失敗することもある。（×努力し次第で）
　　　b. 努力次第で、成功するか失敗するかが決まる。
　　　　　⇒成功するか失敗するかは努力次第だ。
　　　　　　成功するか失敗するかは努力するかしないかにかかっている。
　「によっては」のように後に続く事態発生の選択要件を意味する。
　　　c. やり方次第で、うまくいくこともあれば失敗することもある。
　　　　　⇒やり方によって(は)、うまくいったりも失敗したりもする。
　なお、この場合の「で」は限定条件を表し、「だけで」などと同質のものである。
　　　d. 参加するだけで、いろんな情報交換ができます。
　　　e. 心がけ一つで、気持ちが明るくなるときもあれば暗くなるときもある。
　この「次第で」の用法の詳細については前章（第2部第2章）を参照。

9 　田中（2009）「夏目漱石『満韓ところどころ』の憂鬱──言語表現にみる中国・朝鮮観を中心に──」『大東文化大学紀要人文科学』47(pp23-44)を参照。

10 　「ところを」「ところに」の比較的詳細な記述は田中（2004a）第4部第1章「トコロ節

における意味の連鎖性」を参照。

11 「かける」「かかる」は事象・行為の始発相を表し、それ自体には瞬間性や同時性を表す意味は必ずしも明確ではないが、トキ節やト節とともに非常に短い時間内での事態生起を表す。「かかる」「かける」については姫野（1999）、張（2008）を参照。

12 「と思うと」などの文法化については松木（1997、1998）を参照。

13 「見る」は「思う」に通じ、「と見れば」のかたちで「と思えば」と同じように表すことができる。

・右かと見れば左、左かと見れば右へと、ロナウドのボールテクニックは絶妙だ。

14 「息つく間もなく」の「間もなく」は複合辞であるが、単独の「まもなく」は「もうすぐ」の意味を表す副詞である。なお、「引越して間もなく」のようなテ形接続の表現にも複合辞性（「て間もなく」）が認められる。

15 直前、直後といった瞬間性を表す副詞（句）として、「じき」「じきに」「さっそく」「早急に」「すぐさま」のほか「時を移さず」「間髪をいれず」「立ちどころに」などがある。

16 『現代日本語文法6 複文』（2008: 166）に掲げられた時間節を「その他の時間節」も検討しつつ一部修正した。なお、時間節も広くとらえれば、結果を誘導する「あげく」「すえ」や「うえで」、〈XをYに〉型の後置詞「を境に」なども含まれる。

第3部

文末表現と

モダリティの構制(1)

日本語の文末表現において、他者(聞き手)目当ての曖昧なモダリティが、実際には間接的な働きかけへと転化するケースも少なくない。類義的な文型を比較検証することにより、日本語の"あいまい性"についての新たな分析視点を提起する。(なお、モダリティには一定の構制が働くことから「構制」という用語を用いた)

第3部では"表出"というモダリティ概念とその構制を再検討する。"表出"とは、外発的誘因によって内在する感情が文意に投影されたものと意義づけ、話し手の心情的側面の提示を意味する。これらの文末表現形式は自己感慨的な領域の裡にあり、諦念、傍観、悲観などの感情的な下位分類が考えられる。一方、意志の投影も一部にみられ、聞き手に対して何らかの行為出来を期待する心情が認められる。

第1章では、「しかたがない」をはじめ、これにまつわる諸表現を考察しながら、「諦念」の構造的な本質を記述する。
第2章では、ある条件下での可能性判断と信憑性の所在を、「かもしれない」「かねない」を中心に考察する。
第3章では、確信「にちがいない」と確実的判断「はまちがいない」の交渉を考察する。後者は一種の説明的モダリティをになうものと位置づける。
第4章では、言語行動、発話行為の視点から、〈禁止〉をめぐるいくつかの表現形式について待遇レベルを観察しながら多面的な記述の可能性をさぐる。

第1章 「しかたがない」「やむをえない」考―〈諦念〉をめぐる省察

1 はじめに

　文のなかには一語をもって詠嘆、述懐する表現が存在する。この、いわゆる一語文の考察の対象として形容詞文がしばしばとりあげられるが、なかでも感情に関する形容詞には独特の表出のありようが観察される。そこには対象世界に対する評価・判断と同時に、主体自身に対する内省・確認といった、内外二重の構造をあわせもつ。

　ここでいう"表出"とは、「つまらない」「情ない」「すごい」「ひどい」といった形容詞語彙、「うんざりする」「いやになる」「がっかりした」「あきれた」「間違いない」「問題ない」といった動詞語彙に代表されるように、ある事態に直面して、それが外的世界と主体との接触であれ、あるいは主体内部でのそれであれ、それまでの評価判断の経緯・経験にもとづきながら、心情の結果的様態を吐露するかたちで外部に訴えるものである。これには広く「ほう」「へえ」「ふうん」などの感動詞も含まれるが、ここではひとまず語彙的な意味を抽出しつつ、ある種の感情や意思を表示するレベルのものを考える。

　以下では形容詞語彙に相当する「しようがない」「しかたがない」をとりあげ、一種の諦念、問題本質の回避表現としてどのような文脈で発せられるのかを考察してみたい。また、これと隣接する表現、すなわち、「(せ)ざるをえない」「やむをえない」「余儀なくされる」などの構文的な機能をもつ述語文の諸相を考察する。

　考察の前に副題にあげた〈諦念〉という用語について説明しておく。これは、行き詰まってほかになす術がないという、諦めの感情であるが、そこには当該表出にいたる様々な経緯、屈折があると考えられる。それが言語的にどのように表現され、どのような制約を生むのか、といった観点からも考察を加えていく必要があろう。ここで主として社説(2007.4.1―同 9.30 朝日新聞)を分析の言語データとして用いたのは、広く読み手に対して客観性を保持していること、主張文として「仕方がない」があらわれる経緯が、小説やエッセイなどと異なり、時系列的な配慮から具

体的に記述される、などの理由による。

2　語彙と文脈―〈諦念〉の心的背景

　一語文が発せられる場合、そこにいたるまでの経緯が提示されるのが、とくに文字化されたものでは具体的、かつ客観的であろう。まず、二つの事例から検証をはじめたい。
　　（1）「仕方が無い」
　　　　　軍人は戦時において敵の手に帰する事もある。自己の落度の為では無く、負傷、病気、食糧欠乏の為、半死半生の状態に陥るのである。或いは戦友より遮断され、或いは敵の勝利に終わる事もある。▽斯様な場合、犬死をせず、生残って祖国の更生に努むるが当然の義務ではないであろうか。米軍門内にて失望のどん底より蘇生しないとも限らない。<u>如何にせよ、仕方がない</u>。▽米軍門に降れば好い待遇を与える。食物、煙草は勿論、働けば給料も貰える。そうして、戦後には国家の再建を援助する事が出来るのである。（波線、傍線、▽改行は引用者）

　これは太平洋戦争末期、沖縄で敗走する日本軍兵士が拾った「伝単」で、この投降を呼びかける文面の印刷された表には色鮮やかな寿司の写真が載っている[1]。
　この文面の最初には大きな文字で「仕方が無い」と書かれている。そして文面2段落目の最後にも「如何にせよ、仕方がない」とある。この「仕方がない」という文言は実に意味深い。どうしようもない、打つ手が無い、そうした戦意を喪失させる決定的な文言が選ばれている。「如何にせよ」、つまり「どちらにしてもこれは人間の一人でできることではない、無念ではあろうが、ここまできたら選択するしかほかに道がない」という、諦めを促すと同時に、「だから、～せよ」という最後的判断、行動を迫るのである。
　一方、「仕方がない」はそうした相手目当てのものか、主体である自分目当てのものか、判然としない場合もある。2007年に久間元防衛大臣（当時）が原爆投下を「しょうがない」と発言したケースはその典型であろう。長くなるが引用する。
　　（2）　①日本が戦後、ドイツのように東西が壁で仕切られずに済んだのは、ソ連の侵略がなかったからだ。米国は戦争に勝つと分かっていた。ところが日本がなかなかしぶとい。ソ連も出てくる可能性がある。ソ連とベルリンを分けたみたいになりかねない、ということから、日本が負けると分かっているのに、原爆を広島と長崎に落とした。8月9日に長崎に落とした。<u>長崎に落とせば日本も降参するだろう</u>、そうしたら<u>ソ連の参戦を止められる</u>ということだった。②幸いに（戦争が）8月15日に終わっ

たから、北海道は占領されずに済んだが、間違えば北海道までソ連に取られてしまう。その当時の日本は取られても何もする方法もないわけですから、私はその点は、原爆が落とされて長崎は本当に無数の人が悲惨な目にあったが、あれで戦争が終わったんだ、という頭の整理で今、しょうがないな、という風に思っている。③米国を恨むつもりはないが、勝ち戦ということが分かっていながら、原爆まで使う必要があったのか、という思いは今でもしている。国際情勢とか戦後の占領状態などからいくと、そういうことも選択肢としてはありうるのかな。そういうことも我々は十分、頭に入れながら考えなくてはいけないと思った。

(朝日新聞 07.7.1 番号、下線傍線は引用者)

感情的語彙はそれだけが偶発的に突出するわけではない。そこに至るまでの認識のプロセスがあり、自他を納得させる、あるいは結論づけるかたちで発せられる。かりにその過程が具体的にあらわれていない場合でも、潜在的な文脈をときには表情といった、非言語的コミュニケーションをも通じて読み手、聞き手であるところの我々は認めることができる。

(2)では自分に呟くように、また終助詞「な」をともないながら、自己感慨的に発せられている。しかし、(1)と同様に、「しょうがない」に至るプロセスは必ずしも理路整然としたものではない。段落①では「原爆投下」が「ソ連参戦」を食い止める、日本の分割統治を防いだという趣旨、段落②では「もしソ連が日本の領土を取ってしまえば日本は何もできないわけだから、原爆投下があってそれを阻止できたのは、仕方のないことだった」という流れになる。段落③では①、②の補正で、恨みはないとしながらも選択肢の一つとしてみれば、「原爆投下」もありえたことを国際情勢の認識理解の必要性とからめながら述べている。つまり、要約すれば、「ソ連の介入によって日本が二分されずに済んだ、あれで戦争が終わったのなら、原爆投下も仕方のないことだった」と結論づける。

歴史は往々にして結果論で語られる。現在の視点から現在に合わせるように過去が記述される。一つの選択肢も、後世からみれば必然的な条件にもみえる。実際、ソ連の対日参戦は1945年8月9日であったし、米国はいち早く来たるべき冷戦に優位に立つために原爆投下を決定したことはよく知られている。しかし、こうした文脈の延長には、東京裁判において、国際条約に違反して旧日本軍が中国大陸で行なった毒ガス戦、さらに「731部隊」による人体実験、細菌戦の罪行を米国との大量のデータと引き換えにこれを戦争犯罪として訴追しなかったことも、結果論から「仕方がない」という感情の論理で処理されてしまうことになる。

こうした原爆を投下された側の心の痛みをまったく無視した発言は、ある文脈の流れで洩らされた心情の吐露とはいえ、明らかな「失言」と受け止められ、被爆者

団体など、広島や長崎で抗議集会、抗議行動が起こったことは当然の成り行きであった。自己述懐として述べたつもりが、公の場では予期しない不信感にさらされる。こうした感情の堆積は次第に核分裂を起こし、さまざまな発想様式にまで影を落としていくことは想像に難くない。しばしば「失言」として片付けられる政治家の発言には、そこに至る「正論」も含まれている。かくして「失言」はやがて「正言」の重要な布石となっていく。絶えることのない不祥事に対する企業側の弁明・釈明にも他者にひたすら理解を求めながら、自己責任の転嫁、自己保身といった日本的な曖昧的決着、甘えの構造が顔をのぞかせる。社会にはびこる隠ぺい、粉飾といった現象の連鎖は、こうした姿勢の"表出"とおよそ無縁ではないだろう[2]。

　以上、発話主体の心的姿勢と並行して、その背景となる文脈において、ある種の感情語彙があらわれる態様を観察してみたわけだが、ここにはもう一つ、文化的フィルターという壁が存在する。日本人は「水に流す」という、淡白な発想様式を有しているとしばしば言われる。これは一方で責任の所在を明確にしない、他者本願、甘えの構造とも意義づけられることもある。そうした心情はどのような言語表現において観察されるのだろうか。以下、「しかたがない」をはじめとする〈諦念〉表現の生成の様相を検証していくことにしたい。

3　「しかたがない」にみる〈諦念〉の諸相

　「しかたがない」は「しょうがない」（「仕様が無い」）と同義で、つまり「施すべき手がない、始末に負えない」という意味である。もともと「かた」「よう」という接辞は「施すべき方法」という意味で動詞の連用形に後接して、さらに否定辞をともって「手の施しようがない」の意味で用いられるものである。その典型として一つの形容詞語彙になったのが「しかたがない」「しょうがない」である。ここでは、「仕方がない」が社説のどのような文脈であらわれるのか、を観察してみよう。（今回用いた言語データでは「しようがない」「しょうがない」は一件もみられなかった。これは「しょうがない」が口語的な表現であることによる）

　（3）　こんなことだから、せっかく安倍首相が党首討論で救済政策を示しても、額面通りには受け取ってもらえない。当面の選挙をしのぐための方便と言われても仕方があるまい。　　　　　　（2007.6.1「年金法案」）
　（4）　移転登記がされたのに、実際の支払いは済んでいなかった。外から見れば、売買を装ったと言われても仕方があるまい。

（2007.6.15「総連本部売却」）

第 1 章 「しかたがない」「やむをえない」考

(5) 扇氏は、土壇場の会期延長を「落ち着いて審議ができない」と批判しつつ、重要法案をばたばたと採決していった。衆院の判断を改めてチェックするという、「再考の府」としての参院の役割を投げ出したと言われても仕方あるまい。　　　　　　　　　　(2007.6.30「国会、閉幕へ」)
(6) いま進めている林道整備が必要かどうかを農水省は再点検すべきだ。そうでなければ、天下りと公共事業を維持するために、整備計画をつくっているといわれても仕方があるまい。　(2007.5.25「林道談合事件」)
(7) 部下を掌握できず、説得もできない。閣僚としての資質、力量に欠けると言われても仕方があるまい。　(2007.8.16「防衛省の内紛」)

(4)、(6)のように条件節を受けながら、さらに「と言われても」「と疑われても」といった、情報を引用・導入している形式にも注目したい。ここでは外部からの判断評価を受け入れざるを得ない状況が時系列的に述べられている。

(8) 総連が在日朝鮮人の権利を守る運動をし、本部が北朝鮮の大使館的な役割を果たしている面があるのは間違いない。しかし、だからといって、借りたものを帰さなくてもいいというわけにはいかない。結果として「象徴」を手放すことになるとしても、仕方があるまい。
　　　　　　　　　　　　　　　　　　　　　　(2007.6.19「朝鮮総連」)
(9) 市長は事件について「関与したという認識は持っていない」と話す。しかし、入札前には警部補の紹介で大林組顧問と会食しており、不透明な関係を批判されても仕方あるまい。　(2007.6.3「枚方市談合」)
(10) ルール違反の重大さを考えれば、高野連が「除名相当」を突きつけたのは仕方があるまい。　　　　　(2007.4.17「専大北上問題」)

多くが「ても」をとるケースのほか、「れば」のほかに「のは」を受けるケースもあった。(9)では「結果として～ことになる」という結論を導く判断表現を呈している。また、用例のなかでは「まい」をともなうケースも多く、「と言われても仕方があるまい」という形式が特徴的である。この推量表現の援用は聞き手、読者に対して判断を保留したり委ねたりする気持ちを表すためと思われる。

さらに、状況提示機能として、条件節「れば」のほかに「のなら」が観察された。

(11) その言は信じたいが、では再生会議への起用は選挙へのステップにすぎなかったのか。今度は「安倍政権再生」に使い回すのなら、使う方も使われる方も、ご都合主義と言われても仕方がない。
　　　　　　　　　　　　　　　　　　　　　　(2007.7.8「ヤンキー先生」)

これらの用例をみて気付くことは譲歩を表す「ても」との共起性の高さである。「てもしかたがない」は「てみたところでしかたがない」のように、行為の打ち止

め、後退を意味する。
　以上、新聞のデータを観察したが、小説の地の文や評論にはどのような語りであらわれているのか、次に瞥見しておく。ここでも「仕方がない」が「ても」につきそう形であらわれている。

(12) 禎子は、実際のことを言わなかった。余分なことを母に言っ<u>ても仕方がない</u>、というのが本音だった。　　　　　　　　（松本清張『ゼロの焦点』）
(13) 身体をすりよせてすわっても、しょせんは、この習杜目の何分の一かの悲哀も感じることはできない。それは、どう努力し<u>ても仕方のない</u>ことであった。　　　　　　　　　　　　　　　（松本清張『ゼロの焦点』）
(14) 彼の想念の秘密を問い質しておかなかったのは、友人としてのおれの怠慢だが、今それを悔やん<u>でも仕方がない</u>。（高橋和巳『憂鬱なる党派』）
(15) 各課の課長や主任は、家族のことを案じてみんな広島へ出かけ、工具や守衛などのほかには工場長と職長しか残っていないのだ。これでは当分操業が出来ないだろう<u>と云われても仕方がない</u>。（井伏鱒二『黒い雨』）
(16) いかにも、出版の話ができ上がってしまったので、急にいい気になって、ずばらを決め込んでしまった<u>と思われても仕方がない</u>。
　　　　　　　　　　　　　　　　　　　　　　　（井上靖『あした来る人』）

次は補足節「の」を受けたもので、「やむをえない（こと）」というコト的な心情を表す。多くが作者が主人公に本音を語らせる場面である。

(17) 根本的な治療が可能というワクチンが完成するまでの辛抱だ。あと五年。多少記憶が欠落する<u>のはしかたがない</u>。　　（荻原浩『明日の記憶』）
(18) 大部数を売らなければならない新聞が、ある程度読者に迎合する<u>のは仕方がない</u>。　　　　　　　　　　　　　　　　　（福田和也『昭和天皇』）

(19)の「より仕方がない」（「以外に仕方がない」）は他に選択肢がない現状を述べる言い方である。

(19) 劣敗者は劣敗者の人生を辿る<u>より仕方がない</u>。彼は今年も試験に失敗するかもしれない。失敗したら（都落ち）して田舎の高校の教師になるだろう。そして生涯それで終るだろう。　　　　　　（石川達三『青春の蹉跌』）

なお、「仕方がない」は口語的な派生形として「しょうがない」、「どうしようもない」などもある。いずれも、感情形容詞として「どうにもならない」、さらには「価値がない」「つまらない」といった諦念、消極的評価を表す。

(20) a. あいつは<u>しょうがない</u>人間だ。
　　 b. いくら注意しても聞かない。<u>どうしようもない</u>連中だ。

このほか、「しようがない」は動詞テ形に後接して、程度の大なるさまを述べる。この場合はむしろ「しかたがない」のほうが使用頻度が高い[3]。

(21) a. 面白くて｛しかたがない／しょうがない｝。
　　 b. 忙しくて｛しかたがない／？しょうがない｝。

4 「ようがない」の意味と用法

　「ようがない」は、動詞の連用形について、ほかにその動作行為をなす術がないことを表す。一つは「（もはや〜ことは）疑いようがない」という形であらわれる。「疑いようがない」は「疑われても仕方がない」といった諦念的な心境を表す。

(22) 赤城氏の疑惑が、参院選挙で自民党の歴史的な大敗を招いた原因のひとつであることは疑いようがない。　　（2007.8.2「赤城氏更迭」）
(23) この1年、私たちは安倍内閣の閣僚があきれるほどずさんに政治資金を取り扱ってきた実態を見せつけられてきた。それが参院選での自民党惨敗の要因だったことは疑いようがない。　　（2007.9.19「政治とカネ」）

「としか言いようがない」もまた使用頻度の高い言い方で最終判断を示している。

(24) 昨年は生徒や学生の自殺が増え、統計を取り始めた78年以降で最も多くなった。小学生も14人、中学生は81人もいる。将来ある若い命が失われていくのは残念としか言いようがない。（2007.6.13「自殺対策」）
(25) 消費税をめぐって揺れる発言は、負担増論議から逃げているとしか言いようがない。　　（2007.7.13「福祉の財源」）
(26) 悲惨な被爆体験は戦後日本の原点にかかわるものだ。それなのに、政治の感度は鈍かったとしかいいようがない。　　（2007.7.4「防衛相辞任」）
(27) なんとも驚くべきタイミングで、安倍首相が辞任を表明した。文字通り、政権を投げ出したとしかいいようがない。前代未聞のことである。
　　　　　　　　　　　　　　　　　　　　　　　（2007.9.13「安倍首相辞任」）

複文では「ことでは」「ようでは」などの条件節にみちびかれる場合がある。

(28) 日本の月探査機「かぐや」が、月をめざして旅立った。今さらなぜ月に？そう思う人も多いだろう。あまりにおなじみの天体だ。米国のアポロ宇宙船の飛行士が、「人類にとって大きな一歩」を月面にしるしてから38年もたっている。「月並み」なことでは、心も躍りようがない。
　　　　　　　　　　　　　　　　　　　　　　　（2007.9.16「かぐや、月へ」）
(29) 慰安婦にからむ首相の発言では、民主党内にも河野官房長官談話の見直しを求める議員グループが旗揚げした。多様な議論は結構だが、これでは安倍政権との対立軸を描きようがない。　　（2007.5.6「小沢民主党」）

一方、「XようにもXようがない」は「（み）ようと思っても（みる）術がない」のように、一種の無条件を表す同一動詞の連動的用法である。譲歩文（「いくら〜ても」

という無条件文)と共起することが多い。「探そうと思っても探す方法がない」、「連絡したくても連絡する方法がない」という、思考や行為の中断を示す。

(30) a. 著者名も出版社名も分からないのでは、文献を探そうにも探しようがない。
　　　b. 住所が分からないので、(連絡したくても)連絡のとりようがない。

さらに「ようがない」に類似した言い方として「というほかない」「というよりない」「というしかない」「ことは疑いようがない」などがある。これらはパターン化して、絶対的な基準にそぐわない状況を提示したものである[4]。

(31) 一連の事件は03年にすべて時効となった。犯人を捕らえて事件を解明することができず、無念というほかない。
　　　　　　　　　　　　　　　　　　　　(2007.5.1「阪神支局襲撃20年」)

(32) …そんな中で、日本は自衛隊の派遣延長がすんなりと国会を通っていく。これといった総括や反省もないままに大義に欠ける、誤った米国の政策に参画し続ける。なんとも異様と言うよりない。
　　　　　　　　　　　　　　　　　　　　(2007.5.16「イラク特措法」)

(33) …こうした難問に手をつけずに、「ふるさと納税」を持ち出す政府・自民党の姿勢は、やはり不誠実というしかない。
　　　　　　　　　　　　　　　　　　　　(2007.5.22「ふるさと納税」)

小説の語りという文脈での使用について、二三の例をあげておく。

(34) あれほど明るい性格だった舅が、うって変わって沈んだ女になり、ときどき訪ねて行く母も、慰めようがないと言っていた。
　　　　　　　　　　　　　　　　　　　　(松本清張『ゼロの焦点』)

(35) 信じられない。おそらく何かの誤解なのだ、誤解にきまっている。誤解とでもいうよりほかに、考えようがない。　(安部公房『砂の女』)

(36) ひとくちに言って、ばかだとしか思えなかった。馬鹿野郎としか言いようがない。嫌であるとかないとか、そんなことは二の次の問題だ。彼は怒りを押えるために、溜息をついた。そして、なぜこんな馬鹿な女と交渉をもつようになったのかという後悔を感じていた。
　　　　　　　　　　　　　　　　　　　　(石川達三『青春の蹉跌』)

(37) 寝つくまでのあいだ、彼女はからだをちぢめて、また頭の中で計算をしてみるのだった。しかし毎月物価が上がって行くので、計算のしようがない。何もかも、あきらめるより仕方がなかった。
　　　　　　　　　　　　　　　　　　　　(石川達三『青春の蹉跌』)

(38) いずれにせよ一九六八年の春から七〇年の春までの二年間を僕はこのうさん臭い寮で過した。どうしてそんなうさん臭いところに二年もいたのだと訊かれても答え_ようがない_。　　　　（村上春樹『ノルウェイの森』）

これらは厳然たる事実を受け容れざるをえない状況にあることを示している。

5　「やむをえない」の意味と用法

　「しかたがない」と似て非なる判断形容詞に「やむをえない」があるが、統語的には「しかたがない」といささか異なる。接続の仕方をめぐっては、「仕方がない」「しょうがない」は「ては」「のも」「のは」、「ても」、つまり順接も逆接も後続可能であるが、「やむをえない」は「のは」「のも」との接続が一般にみられる。

(39) 他国の領土にその国の基地をつくる資金を出すのは異例だ。それでも、沖縄の重荷を減らせるのなら、日本がある程度の財政負担をする_のはやむをえまい_。　　　　　　　　　　（2007.5.24「米軍再編法」）

(40) ここではまず、羽田の国際便を大幅に増やすしかない。国内便の割合を減らす_のもやむを得ない_。　　　　　　　　（2007.5.17「空の自由化」）

前文ではさらに「ためには」という目的節をとることが少なくない。

(41) いったん保護した子どもが親に連れ戻されて、また虐待を受けるという痛ましいケースも多い。悲惨な虐待の増加を食い止める_ためには_、親の権利を制限する_のもやむを得ない_。　　　（2007.4.22「児童虐待防止」）

複文ではこのほか、レバ、ナラなどの条件節をとるケースが多い。

(42) 日本生まれのスポーツとはいえ、これだけ世界に広まれば、性格が変わる_のもやむを得まい_。　　　　　　　　　（2007.9.14「理事落選」）

(43) 他国の領土にその国の基地をつくる資金を出すのは異例だ。それでも、沖縄の_重荷を減らせる_のなら、日本がある程度の財政負担をする_のはやむを得まい_。　　　　　　　　　　（2007.5.24「米軍再編法」）

「ればやむをえない」のように、直前に「れば」などの条件節を受けることもある。

(44) 同じような病院がいくつあっても、患者は病状の段階ごとに選ぶことができず、使い勝手が悪い。性格のはっきりしない中小病院は厳しい選択を迫られることになるが、患者の利益や全体の効率を考えれば、_やむを得まい_。　　　　　　　　　　　　　（2007.5.10「医療ビジョン」）

「現状では」という注釈つきで「やむを得ない」があらわれることがある。

(45) 公務員の給与などは人事院の勧告にもとづいて一律に決まる。現制度では社保庁だけ減税するわけにはいかない。「自主返納」という方法は中途半端だが、_現状ではやむを得まい_。　　　（2007.6.27「社保庁の賞与」）

これらはさまざまな状況分析を経た後、否定的状況は認めつつも「背に腹はかえられない」という、屈折した状況のなかでの判断である。一方、「やむをえない」が「やむをえず」という副詞となって用いられるケースがある。これは「仕方がない」「仕方なく」の関係と同様である。なお、「やむなく」は縮約した形で、いずれも「あげく」とともに用いられる。

(46)a. 誰も火中の栗を拾う者がなく、<u>やむを得ず</u>私がその任を引き受けた。
　　b. さんざん迷った<u>あげく</u>、<u>やむなく</u>、国に帰ることになった。

6 「無理もない」「おかしくない」「不思議ではない」などの意味と用法

「仕方がない」という諦念の感情が強く押し出されると、客観的事態にまで拡げられ、当然の事態である、といった強い判断に傾く。「無理もない」などがその具体例である。(49)はやや文語的な言い方である。

(47) 年金は参院選の最大の争点だ。首相にとっては初の国政選挙だけに、発言に力が入る<u>のも無理はない</u>。　　　　　　(2007.7.11「年金公約」)
(48) 「これは泥棒だ」「こういうことをした連中は牢屋に入るのが当たり前」。舛添厚生労働相が口を極めて怒ってみせる<u>のも無理はない</u>。
　　　　　　　　　　　　　　　　　　　　　　(2007.9.5「年金の横領」)
(49) 伊吹文部科学相は「私なら職を全うした」と、ちくりと批判した。突然置き去りにされた同僚の委員から、いぶかる声がもれる<u>のも無理からぬことだ</u>。　　　　　　　　　　　　　　　　(2007.7.8「ヤンキー先生」)

「ても不思議ではない」「てもおかしくない」は無条件の「ても」をともなうが、当然だと判断する裏には、そういう状況を受け容れざるをえない状況が存在する。

(50) プレートという巨大な岩盤の境界で起こる東海地震などと違って、活断層型は被害の範囲が狭い。だが、このような地震はどこでいつ起こっ<u>ても不思議ではない</u>。　　　　　　　　　　　(2007.7.17「中越沖地震」)
(51) 後継選びのため、自民党総裁選が行なわれている。他党のリーダー選びに口だしはできないかもしれないが、これは首相選びでもある。連立を続けるのなら、注文をつけ<u>てもおかしくない</u>。　　(2007.9.20「公明党」)
(52) 阪神の後、新潟県中越、福岡沖、能登半島などと、各地で大きな地震が相次いでいる。東海、東南海、南海地震は<u>いつ来てもおかしくない</u>。
　　　　　　　　　　　　　　　　　　　　(2007.6.9「学校の耐震化」)
(53) 「戦後」に問題がなかったわけではないし、憲法に改めるべき点があっ<u>てもおかしくない</u>。　　　　　　　　　　　(2007.5.2「憲法60年」)

疑問詞を用いた「(いつ、誰、何)〜てもおかしくない」は慣用的表現である。これらの当為表現は、後文において何らかの注意喚起を読み手、聞き手にうながすものである。

7 「ざるをえない」の意味と用法

　複合辞「ざるをえない」もまた、現状を受け容れる一種の諦念表出の姿であるが、その表現意図、談話的な特徴については〈消極的な義務〉とだけ定義されている場合が多く、必ずしも本質的な意味記述となりえていない。「えない」は「要領を得ない」などのように結果として予期した状況に達しないという意味であるが、前に「ざる」という否定形を配置することによって、当該否定的な状況を結果としてやむなく受け容れるという状況を表す。要するに「仕方なく」、「敢えて」という注釈的な弁明を帯びながら、事態を容認する現状を意味する。この「受け容れる」という心情は、一種の安定指向でもある。
　以下、「ざるをえない」の例文を社説からいくつか拾ってみよう。
　　(54)　ときの首相が、最重要と考える法案のために国会を延長してもらう。そのこと自体を批判するつもりはない。だが、今回の延長には異議を唱えざるを得ない。　　　　　　　　　　　　　　　(2007.6.21「国会延長」)
　　(55)　医学部の定員という蛇口を閉めたまま、あれこれやりくりしても、焼け石に水ではないか。与党が参院向けに打ち出した医師確保案を見て、そう思わざるをえない。　　　　　　　　　　　　　(2007.6.24「医師の確保」)
　　(56)　政府が出口戦略を語れないのは当然だろう。そもそも自衛隊の派遣を続けるという結論が先にありきなのだ。日米同盟への配慮を最優先してイラクに自衛隊を出した以上、いつ完全撤収するかも米国の政策次第で判断せざるをえない。それが本音ではないか。
　　　　　　　　　　　　　　　　　　　　　　(2007.6.22「イラク特措法」)
　　(57)　さらに、ミート社の元幹部が耳を疑うような発言をした。腐臭がするほど古い肉を仕入れ、殺菌処理をしたうえで、家畜の血液で赤く色をつけて牛肉に見せかけた、というのだ。事実とすれば肉の安全性も疑わざるをえない。　　　　　　　　　　　　　　　　　　(2007.6.25「ミンチ偽装」)
「と言わざるをえない」「と思わざるをえない」のように、「言う」「考える」「思う」「疑う」などの発話、思考にまつわる動詞などが多くあらわれる。複文構造を呈し、前件には「ようでは」の他、「以上」「手前」などがあらわれやすい。

(58) 同じ政治家が使った資金なのに、二つの法律で別々に収支報告書を作らせ、別々に提出させる。この制度が不正の温床となっているといわざるをえない。　　　　　　　　　　　　　　（2007.8.22「塩崎氏とカネ」）

(59) 過ちの全体像とその原因をはっきりさせてから、二度と再発させない組織と運営方法を考えるべきだと私たちは主張してきた。法律の成立を優先させたのは、見切り発車といわざるを得ない。

（2007.6.29「社保庁改革」）

(60) 再びこんな不心得の幹部官僚が出てくるようでは、同省の体質は少しも改まっていないと思わざるを得ない。　（2007.9.2「厚労省前局員」）

以上の「ざるをえない」は意志や状態性を意味する動詞につきそうものであったが、「なる」とともに用いられるケースも少なくない。

(61) 新人材バンクの法案は来週、衆院を通過する見込みだが、参院で十分に議論する時間はなさそうだ。年金特例法案や社保庁改革法案にしても、駆け足の審議にならざるを得ない。　　　　　（2007.6.2「安倍首相」）

(62) そもそも特待生制度を考えるには、学校教育の中でスポーツや芸術活動をどう評価し、位置づけるかまで論議する必要がある。「一芸」をどのように伸ばし、ほかの授業とのバランスをどう取っていくか。論議は広くならざるをえまい。　　　　　　　　（2007.6.27「野球部特待」）

(62)のように推量を表す助動詞「まい」をともなうこともある。これは明確な断言を控えるという特徴をもちながら判断を保留し、読み手とともに再考する機会を提供するものであろう。

一方、「ざるを得なくなる」のように、「なる」が文末につきそうケースがある。

(63) ブッシュ共和党政権は、議会の多数を民主党に握られ、通商政策では保護主義的なやり方を採り入れざるをえなくなっている。

（2007.4.30「日米経済」）

「結果」、「限り」が、前件にあらわれることもある。

(64) 焦点は、11月1日に期限が切れるテロ対策特措法の延長問題だ。政府・与党は延長が既定路線だったが、参院で過半数を失った結果、民主党の協力を仰がざるを得なくなった。　　　　（2007.8.10「民主党と外交」）

(65) しかも、今回の政府と与党の合意を見るかぎり、疑問はさらに深まったと言わざるを得ない。　　　　　　　　（2007.4.13「新人材バンク」）

「これでは」などの接続詞に続き、不可抗力的な結果を表すこともある。

(66) だが、新三役はいずれもこれまで内閣や党の要職にいた人を、いわば「席替え」したにすぎない。…（略）…これでは、民主党など野党側も態度を硬くせざるを得まい。　　　　　（2007.8.28「改造内閣発足」）

(67) …ところが、今回の女性は医師にかかっておらず、妊娠の状態もよくわからなかった。このため、駆けつけた救急隊員が限られた情報をもとに、直接受け入れ先を探さざるをえなかった。
(2007.8.31「奈良の死産」)

次は「場合」にかかる修飾用法で、後文の条件帰結というプロセスの起因をなす。

(68) 腎臓を摘出せざるをえない場合であっても、それを移植すれば、病気が移植患者に持ち込まれる恐れがある。　　(2007.4.4「病気腎移植」)

8　「よりほかない」「しかない」「まで（のこと）だ」の意味と用法

　他の可能性や条件を排斥し、現実の状況を容認する言い方として「よりほかない」などがあるが、これも一種の消極的な〈諦念〉の表明である。

(69) いったん喋り始めれば際限のない人物だったから、西村にはただ苦笑にまぎらして毒舌の終わるのを待つより方法はなかった。
(高橋和巳『憂鬱なる党派』)

(70) 禎子には、この夫人にそのことをたずねる勇気はなかった。夫は沈んでいた、という、きわめて抽象的な示唆で満足するよりほかなかった。
(松本清張『ゼロの焦点』)

「という」を介する場合が少なくない。「いう」の内容は断定的な結論である。

(71) ファミリーの財布と政治資金が「どんぶり勘定」のようになっているとすれば、あまりにいい加減な経理処理であり、首相になるほどの政治家としては、だらしがないというよりない。　　(朝日新聞09.10.6)

(72) 道と断崖の端とが約五メートルぐらいあり、その端まで行って身を投げたのですから、これは、覚悟の自殺というほかありません。
(松本清張『ゼロの焦点』)

「というしかない」もそれ以上の議論が成り立たないことを表す一種の諦念表現である。次の例では前文の「仕方がない」を再確認するかたちで、後文に「ほかはない」が用いられている。

(73) 一月は一日の誤写ではないかというのも、自分の理論に都合が悪いからあっさりと"誤写"にきめてしまっているといわれても仕方がありません。少なくとも『魏志』の誤記が科学的に立証されない限り、やはり学者の都合勝手な歪曲というほかはありませんな」
(松本清張『偏狂者の系譜』)

　一方、より断定的な表現として「までだ」「までのことだ」がある。一般に条件

文の主文にあらわれる。
- (74) これだけ誠意を示して先方断られたら、引き下がるまでだ。
- (75) 両親が私たちの結婚に反対するなら、この家を出るまでのことだ。
- (76) 「もし、急がなかったら終電に間に合いませんよ」
「その時はその時で、カプセルホテルにでも泊まるまでだよ」

「までだ」には「そのときはそのときで」「潔く、きっぱりと」、というように同じ諦念でもポジティブな心情がみられる。レバ条件節とともに使われる。「ればそれまでだ」「といえば、それまでだ」は、一種の定型表現である。
- (77) いくら金持ちでもどうせ死んでしまえば、それまで(のこと)だ。
- (78) お笑い番組が多い日本は平和といえばそれまでだが、何か虚しい。
- (79) 「蓼食う虫も好き好き」と言ってしまえばそれまでだが、彼女はたしかに車椅子に乗っているボクを見て好きになってくれたのだ。

(乙武洋匡『五体不満足』)

なお、「までだ」にはほかに「に過ぎない」とほぼ同じように、単なる事実、行為の認定を表す場合がある。
- (80) a. 私はただ事実をのべたまで(であって)、他意はありません。
  b. 当然のことをしたまでのことです。お礼を言われるには及びません。

会話では相手の質問に対して控え目に用いることもある。
- (81) 「どうしたんですか。珍しいですね」
「いやね、近くに来たついでに寄ったまでです」
- (82) 「別にすすめはせん。ただその方が気が変るなら、そうしたらいいと思ったまでだ。それに若い者は自由でないといけない」

(井上靖『あした来る人』)

9 「を余儀なくされる」の意味と用法

外からの状況や指示を「仕方なく」受け容れ「ざるを得ない」、あるいは「避けられない」という状況は「を余儀なくされる」の形式でもあらわれる。受身形「余儀なくされる」のほか、使役形「余儀なくさせる」、使役受身形「余儀なくさせられる」などもみられる。形容詞「余儀無い」の副詞的用法に動詞「する」がつきそったものである。使役形はやや翻訳調の文体で、一般的には受身、使役受身が用いられる。いずれも、やや書き言葉的表現である。
- (83) 敵の猛攻撃に遭って、我が軍は撤退を余儀なくされた。
- (84) 地震で家をなくした人達は不自由なテント生活を余儀なくされている。

何らかの事態発生・行為が原因となって、「追い込まれる」ような状況を呈し、そ

の結果、意に反した措置がとられることを意味する。ときには「を強いられる」という外からの強制執行的な意味も含まれる。

(85) その教員はセクハラ問題を起こしたため、停職を余儀なくされた。

これは「クビになった」というところを、当事者側の心情的な立場を配慮した物言いとなっている。「を余儀なくされる」の前の名詞には「徹夜」「運休」「足止め」「左遷」「退学」「車いす生活」「寝たきり生活」「長期入院」「高額負担」「避難生活」「自宅待機」「単身赴任」などが用いられ、明らかにマイナスの事態である。

(86) 台風の上陸が、試合の中止を余儀なくさせた。
　　　⇒試合は台風 21 号の上陸により、中止を余儀なくされた。
(87) 父親の病死が、彼に大学中途退学を余儀なくさせた。
　　　⇒彼は父親の病死によって、大学中途退学を余儀なくさせられた。

実際の用例では一般に被害的な状況を表すが、(88)、(89) のようにコト節を受けながら「しかたなく」「思わず」という事態を他者側の誘因に押しつけるような言い方もみられる。

(88) ここでも宗教と同様、主義・思想は、日本社会にあっては後退を余儀なくさせられている。　　　　　　　　　　（中根千枝『タテ社会の人間関係』）
(89) このインターネットという、家にいながらにして世界中を飛び回れるツールは、家のなかに閉じこもることを余儀なくされてきた人々にとって、画期的なものだろうと思う。　　　　　　（乙武洋匡『五体不満足』）
(90) 私はしばしば想像の世界で、彼女の全身の衣を剥ぎ取り、その曲線を飽かずに眺め入ることを余儀なくされました。　（谷崎潤一郎『痴人の愛』）
(91) かつて雪印食品は輸入牛肉を国産と偽るなどして解散に追い込まれた。消費期限切れの原料を使った不二家は一時、生産休止を余儀なくされた。　　　　　　　　　　　　　　　　　（2007.6.25「ミンチ偽装」）

このほか、ナル的な表現として、「はめになった」のほか、「に追い込まれる」「のやむなきにいたる」なども一種の諦念を表す表現といえよう。

(92) a. 試合は台風 21 号の上陸で、中止されるはめになった。
　　 b. 会社の倒産という事態を受け、転職のやむなきにいたった。

10　おわりに

以上、〈諦念〉にまつわる、いくつかの表現をみてきたが、実際の言語データとして朝日新聞の社説 6 ヶ月間（2007.4.1 から 2007.9.30 まで）によれば、「しかたがない」「やむを得ない」「ざるをえない」などの分布をみると以下のようであった。

表 「仕方がない」「やむを得ない」「ざるをえない」などの分布

〈諦念〉表現	4月	5月	6月	7月	8月	9月	計
仕方がない	1	1	5	3	1	1	12
ようがない	0	1	1	2	1	4	9
やむを得ない	1	3	1	0	0	1	6
無理もない	0	0	1	2	0	0	3
おかしくない	0	1	1	0	0	1	3
不思議ではない	0	0	0	1	1	0	2
はじまらない	0	0	0	0	0	1	1
—ざるをえない	5	3	7	5	5	6	31
余儀なくされる	0	1	1	0	0	0	2
—というほかない	1	3	2	2	1	3	12

　人間はこれまで獲得した経験を背景に状況に即した思考、感情を言語化していく。事態・行為を言語に投影させ焼き付けるものは、思考や感情母体であり、これらは表面上は一体化しているようにみえる。だが、その表出にいたるプロセスは必ずしも整然とした経緯ではなく、さまざまな心理的紆余曲折を経る場合がほとんどである。抽出される結果は前文の要約、言い替え、コピーである場合も少なくない。この事態観察から判断評価にいたるプロセスは、おおまかにみれば、次のように考えられる。

　　(A)　　⇒　(B)　　⇒　(C)　　⇒　(D)
事態観照・観察　　照応・検討　　矛盾・調整　　吐露（判断・評価）
（説明・分析）　　（内省）　　　（主張）　　　（諦念）

　すなわち、(A)では事態の状況提示、(B)でその比較検討に入り、その如何によっては(C)で一時的な矛盾が露呈することになる。そこで本来の主張と衝突し、その結果、結論としての閉塞的な感情が表出される、といった背景があると思われる。社説ではこれらのプロセス（論述の流れ）が読み手にも具体的に示され、ある種の共感、共鳴を引き出したり、促したりする場面が提示されることになる。
　ここで形態的特徴としては否定の介在があげられる。否定はある種の束縛からの解放を意味する。閉塞した状況からの自己認識の解放。——それがこれら「仕方がない」「仕様がない」「やむをえない」などの感情語彙の根源にあるものだろう。では、なぜ否定表現がこうした〈諦念〉の表出に関与するのか。そこには限定的なも

のに思考が収斂され、関連の薄い対象が排除されるという一種の無常観に近い発想様式が背景にあるように思われる。

　以上、本章では、「しかたがない」などの表現にひそむ心的姿勢とそのあらわれ方について、類義表現などにも注目しながら考察した。

注

1　吉田裕他（2007）『アジア・十五年戦争』（吉川弘文館）に紹介されている伝単より。伝単とは別名「紙の爆弾」とも称され、戦時下、米軍爆撃機によって多くが空から日本に撒布された。

2　「仕方がない」に潜む日本人の思想感情については、文学批評の立場から首藤基澄（2007）を参照。また、方言との関連では海治美香（1996）を参照。

3　「ていられない」および「てならない」の比較的詳細な考察は第4部第1章を参照。

4　「今頃になって消えた年金などというのは、行政の怠慢としか思えない」のような「としか思えない」もこの表現類型に含められる。

第2章 条件と可能性・蓋然性のモダリティ
―「かもしれない」「かねない」とその周辺

1 はじめに

　人はある事象に遭遇したとき、それに対して何らかの形でその後の事態の出現、展開の可否動向を推断することが日常的に行われる。いわゆる認識のモダリティと称される推量表現はその認識のスケールが客観的なものでない以上、他言語に置き替える難しさもさることながら、レベルの認定も容易ではない。近年、モダリティの研究がますます精緻になってきているが、それでもグレーゾーンは依然として残されているといってよい。「にちがいない」「はまちがいない」「にかたくない」「にきまっている」などが比較的強い確信(事態の強い出現度)を表すのに対して、事態の可能性、信憑性(事態の弱い実現・出現度)を表すにはさまざまな言語形式が用いられる[1]。(1)をみてみよう。

　　(1) たとえば、車の運転中、ラジオで速報を聞けば、思わずブレーキを踏む人がいる<u>かもしれない</u>。だが、うしろの車がラジオを聞いているとは限らず、追突され<u>かねない</u>。とりわけ高速道路では事故が多発する<u>恐れがある</u>。　　　　　　　　　　　　　　　　　　(朝日新聞 07.9.2 社説)

地震が発生した際、ただちにラジオでその震源地と対応の仕方が流されるというシステムが開発された。そのとき人間はどう対応するか。これまでの人間の体験的な初動行為が試されることになる。人間にはそれぞれの順応性があっても、咄嗟の判断には個人差がつきまとう。この「個人差」において我々はさまざまな可能性の事態を想起する。(1)の「かもしれない」、およびそれに準ずる「かねない」「恐れがある」はそれぞれの想起の仕方の具体例とみることができる。

　当該事態出現の想定に対して、その可能性の度合いをどのように意義づけるかは、とりまく情報、環境の信憑性と話者の認識のあり方にかかっている。これらの表現のマトリクスには可能性、蓋然性をめぐる厳密な規定、スケールがあるわけではなく、話し手主体の認識のレベルに基づいたものである以上、選択された形式がそのまま判断の確信性を表すとは限らず、現実世界との微妙なズレが介在する。そ

のズレの修正、修復にあたっては当該表現形式をとりまく前後の表現、非言語情報などから総合的に遂行されていくことになる。

　本章で考察する「かもしれない」「かねない」の出現、使用の背景には何らかの根拠、要因が介在する。同時に可能性というモダリティの特徴を有して、これらには、間接的な指示、働きかけといった語用論的用法も顕在する。確信を表す表現の諸形態と並行しながら、これらの表現の多様な心的姿勢をさぐることは、モダリティ全体の検証にもつながっていくと思われる[2]。以下、可能性とそれのもつ事態発生の確率性にかかわる諸表現の意味と機能に焦点をあて、「かもしれない」「かねない」およびその周辺の用法について検証していく。なお、言語データは主として新聞の社説によったが、適宜小説などからもとっている。

2　「かもしれない」の意味と用法

　一般に「かもしれない」は推量を表す助動詞相当表現とされるが、推量という用語は漠然としたもので、ともすると現場的、個別的な意味が明確に見出せないことがある。本章では「かもしれない」の重層的な意味を、むしろ可能性の選択という枠組みでとらえ、その出現する環境を観察、記述することを目的とする。

　「かもしれない」はひとまずXという対象があるとして、絶対確実ともいえない判断留保的な推量を表すが、「かも分らない」とも言えるように、「Xかどうかさえも分からない」というのが原義であろう。すなわち、背景には「Xかどうかさえも分からないし、Yかどうかさえも分からない」という選択決定の状況を含意しており、結論としては「XかもしれないしYかもしれない」という不確実性の認識や気持ちの逡巡を提示するものである。「も」の機能をもって認識のなかの不透明さをとりたてた表現、ともいえよう。

　（２）　いったいこの村にいつからそんな名前がついたのか。つい四、五年前のことかもしれないし、本当に千年以上も前のことかもしれない。

（辻原登『村の名前』）

こうした「かもしれない」は「だろう」に置き換えにくいものである。

　（２）′*つい四、五年前のことだろうし、本当に千年以上も前のことだろう。

(3)のように、たたみかけて用いる言い方もしばしばみられる。

　（３）　私は先ほど"みのり"を求めて歩いていた時のことを思った。こうした弔い事は私達が死者へ冒した罪を償うためにするのかもしれない。死者を弔えば弔う程、私達の気持は救われ、許されるのかもしれない。弔い事で死者への悔いが相殺されるかもしれない。　（渡辺淳一『死化粧』）

このような「かもしれない」の、いわば"詮索性向"は、「それとも」「あるいは」

という接続詞をともないやすい点でも特徴的である。

(4) 李さんは、少年など完全に無視しているから北京語に直してはくれない。それとも、彼もまるっきり分からないのかもしれない。

(辻原登『村の名前』)

当該待ち望みの心境は、状況によって流動的な本質を表している。

　ところで、実際の用例をみていくと、とくに新聞の社説の場合、後述するように、条件節を受けて主節にあらわれるケースが多いことが観察される。これは「かねない」にも共通する現象であるが、可能性という認識はある一定の状況、条件下で成立する、という事態を意味する。共起する副詞「たぶん」「おそらく」は、当該事態が実現可能な領域にありながらも、その実現がいまだ確定されない状態であることを示す。「かもしれない」は単文で出現することを基本としながらも、一般に何らかの情報が契機となって吐露されるのが道理的である。「何らかの情報」とは、多くが複数の条件づけによって提示されたものである。(5)のように「ことがある」という事態の選択は現時点におけるさまざまな認識のカオスから任意抽出される認識の一領域にすぎない。

(5) 被告が無罪になったり、冤罪が明らかになったりすれば、検察官だけでなく被害者も冤罪への加担を批判されることがあるかもしれない。

(朝日新聞07.6.4)

このような条件づけの背景と同時に、原因理由づけを受けるものもある。

(6) 公認会計士と聞いて、どういうイメージを持つだろうか。司法試験に次ぐ難関の試験をパスしただけに、頭がよくて忍耐強く、正義感あふれる企業会計のプロフェッショナル、と考える人も多いかもしれない。

(讀賣新聞07.11.11)

ノをともなうと、前文の事態成立の因果関係を一歩踏み込んで推量することになる。何らかの確信、証拠に基づき、事態の本質に遡行する意味合いが表される。

(7) 「よくあることですよ」若い看護婦は何でもないことのようにいった。同室の老婆たちが大騒ぎするほどのことではなかったのかもしれない。

(佐江衆一『黄落』)

「何でもなかった」ことの理由として、「大騒ぎするほどのことはなかった」と推量して結論をまとめたうえでの自己納得と同時に他者説得といってもよい。

　一方、会話文の冒頭で一方的に決めつけない言い方として一種の情報提供の機能を呈しながら用いられるのも、聞き手に配慮する「かもしれない」の特徴である。

(8)a.　すでにご存じかもしれませんが、…
　　b.　あるいは聞き落としていたかもしれませんが、…
　　c.　気を悪くされるかもしれませんが、…

「たしかにXかもしれないがY」のように、一方ではYのような別の現実がある、という仄めかしも、逆にいえばYの提示を支持する機能をになっている。(9)では逆接の「が」を用いて、後文における内容主張に重点が置かれている。

(9) 何をやるかは東京で考える。地方は言われた通りにすればいい。明治維新後の国づくりにも、戦後復興にも効率的だった<u>かもしれない</u>が、いまやそれが大きな足かせになっている。もう改める時だ。

(朝日新聞 07.11.6)

「かもしれない」の使用傾向をみるため、社説12ヶ月分における「かもしれない」の出現分布を調査したのが表1である。

表1 「かもしれない」の出現分布（2007.4 － 2008.3 朝日新聞社説）

	4月	5月	6月	7月	8月	9月	10月	11月	12月	1月	2月	3月	小計
単文	5	4	3	6	7	8	9	11	7	10	9	8	87
レバ	1	2	2	2	0	0	1	2	0	4	1	3	18
タラ	0	1	0	0	0	0	1	0	1	2	2	1	8
ト	0	0	0	1	0	0	1	2	2	1	0	0	7
ナラ	0	0	0	0	1	1	0	0	0	0	1	0	3

単文が圧倒的に多いが、条件節ではレバが最も多い。なお、「かもしれない」と「のかもしれない」の相違については(7)でも言及したことであるが、さらにつけ加えれば、前者が当該事態に対する直截的な推断であるのに対して、後者は前文を受け継ぎながら、潜在的事由の所在を示唆する働きがある。

(10) いつもは7時に帰るのにまだ帰らない。何か急用ができた<u>のかもしれない</u>。（まだ帰らない<u>ということは</u>急用ができた<u>から</u>かもしれない）

社説12ヶ月分では「のかもしれない」が41例、「かもしれない」が32例であった。文脈展開の連続性を意識した場面では「のかもしれない」が出現しやすく、また既成事実を認識共有の磁場として、読み手、聞き手が事実背景に没入しやすくする性格がうかがわれる。(11)では最初の「かもしれない」は現実に想起される根拠を示唆しつつも、最後の「のかもしれない」はさらに既成事実としての根拠に期待言及する。結果的にこれまでの推移に照らした総括的な判断提示となっている。

(11) 自民党の福田康夫首相と民主党の小沢一郎代表の間の「大連立」の話し合いには驚いた。自民党の側から見れば、法案の成立を図るといった政権の運営の視点において参議院で多数を占める民主党の協力を得たいというのは合理的な政策判断だったかもしれない。また民主党の代表もつとめていた小沢氏にも何らかの目論見があったのかもしれない。
（『読売ウィークリー』07.11.17）

「〈Xということ〉は〈Yということ〉かもしれない」はまた「〈Xということ〉は〈Yということ〉にちがいない」と同様にレベルの差こそあれ、認識の再確認ともいえるもので、前文情報を受けて、等価的な期待値をさぐりつつ、それはこういうことである、という一致（あるいはそれに近い）事態を提示するところに特徴がある。ノの機能はこのような前段情報に対する情報の整合性を提示する働きがある。
(12)の例では「かもしれない」が内在する原因の可能性を「なら」とともにさし出している。

(12) もし、症状が長引くなら、アレルギーが原因かもしれません。
（病院内掲示）

ノの代わりにタメを用いた例もみられる。

(13) 一流誌がどのような意図でそれを取り上げたかは不明だが、おそらく、編集者の誰かが皿倉の着想に幾分かの興味を覚えたためかもしれない。
（松本清張『偏狂者の系譜』）

(14) …貞代は俺の腕をとってお茶だけでも上っていってくださいと引止めた。上背のある大柄な女なので少し圧倒を覚えるくらいだった。あるいはそう感じるのはすでに俺の心が何かにおぼれようとしていたのかもしれなかった。
（同上）

(14)では「のは」を受けて「のかもしれない」という認識の一致を示唆している。「かもしれない」は「もしかしたら」「ひょっとすると」「あるいは」「おそらく」「ある意味では」などの副詞的成分との共起も顕著にみられる。連体修飾を受ける場合は「という」を挿入するのが一般的である。次は連体修飾構造を受けた例だが、「にちがいない」などと同様に多くはない。

(15) どうしたら、いじめの残酷さを実感させることができるのか。一つのヒントになるかもしれない取り組みがカナダの小学校で行われていた。
（朝日新聞07.11.16）

(16) 滝口はちらと俺の顔を睨むように見たが、その眼の光には臆病な色があった。それはここで事を起こせばスキャンダルが知れて「教頭」を遂われるかも知れないという怯みだった。　（松本清張『偏狭者の系譜』）

誘いや提案にも「かもしれない」は語用論的に用いられる。(17)は「うかつに手

入れしないほうがいい」という間接的な忠告、指示表現ともなっている。

(17)　いま、うかつに真理教を手入れすれば、かえって大騒擾が起こるかもしれない。　　　　　　　　　　　　　　　　（松本清張『偏狭者の系譜』）

(18)　浜辺や水際に嬉嬉として遊んでいた稚姿が眼に浮ぶ。思えば、自分の一生であのころがいちばんよかった時期かもしれぬ。　　　（同上）

(18)は偶然ともとれる感情の発露から過去への記憶の遡行である。また、(19)は懐かしさという記憶からの過去の想起である。

(19)　彼は、女房にも子供にも叛かれた。たとえ、彼に女が出来ても、彼女がもっと寛容で、子どもに父への愛情があったらこんな孤独なことにならなかったかもしれない。採銅が妻子を裏切ったというよりも、妻子が彼をのけ者にしたといっていい。　　　（松本清張『偏狭者の系譜』）

なお、(19)の反実仮想の特徴については「かもしれない」の周辺的用法として、タラ条件節との関係において後述する。

終助詞「よ」、「ね」が「かもしれない」につくと、ある種の提案を表す。

(20)　「君、帰りに湯河原に降りてみてはどうかね。あそこには心理学者の大村故郷という人がいる。（略）君が真理教の刊行物で困っていると云えば、あるいは、教理やその他の点でいい忠告が聞けるかもしれないよ」　　　　　　　　　　　　　　　　　　　　　　（松本清張『偏狭者の系譜』）

(21)　「皿倉君は、おそらく、それに対する再反論は書かないだろうが、しかし、将来、同じテーマをもっと精密に書いて、学会に再提出の請求をするかもしれないね」　　　　　　　　　　　（松本清張『偏狭者の系譜』）

次は結論の「当然発表は断られる」を導き出すために、「だろう」「かもしれない」「そうだった」が連続的、かつ相補的にあらわれている例である。「かもしれない」が過去の判断の途中経過、一部残存の姿であることを裏付けている。

(22)　H医大の伊吹は皿倉の論文発表を蹴るだろう。論文要旨を見ただけで失笑するかもしれない。同じ嘲笑は学界から一斉に湧きそうだった。当然発表は断られる。　　　　　　　　　　　（松本清張『偏狭者の系譜』）

「かもしれない」と似て非なるものに「か（も）分からない」「か知れない」がある。(23)のように「(少なくとも)〜か分からない」のように程度を表す言い方もある。

(23)　少なくとも、血痕を拭いたあとの畳などが見つかるかも分らない。
　　　　　　　　　　　　　　　　　　　　　　　　（松本清張『失踪の果て』）

(24)　ここまで兄弟五人を女手一人で育ててきた母はどれだけ苦労したか（周囲には）{分からない／しれない}。

「計り知れない」「想像できない」のように具体的、実質的な意味が裁量される。
一方、「かもしれない」は前接部分に「ありうる」としばしば共起する。

(25) 私たちは、大連立を頭から否定するつもりはない。たとえば2大政党が国政の基本的な課題で衝突し、にっちもさっちもいかないとき、打開策として<u>あり得るかもしれない</u>。　　　　（朝日新聞07.11.3）

(26)、(27)は「かもしれない」は話し手が主体に没入して、いわばナレーション的な語りとして事態を表現しているケースである。

(26) 彼のいくぶん汗ばんだ赤ら顔は、女性のある種の感覚を掻き立てるようだった。実際、彼はいつも顔に汗を滲ませ、始終、ハンカチで顔や頰を拭っている。どのように寒いときでも、その精力的な生理現象は止まなかった。女からみると、それが男の精汁とも<u>映ったかもしれない</u>。
　　　　　　　　　　　　　　　　　　（松本清張『失踪の果て』）

(27) 橘は、動くのも、手や足がどこにあるか感じるのも億劫なほどだ。このままなめくじみたいに溶けだしてしまう<u>かもしれなかった</u>。
　　　　　　　　　　　　　　　　　　（辻原登『村の名前』）

(27)では「かもしれない」は主体である「橘」の判断でもあり、また観察主体（話し手または書き手）の印象でもある。聞き手、読み手はその一体的な認知として、状況場面を双方から理解することになる。話し手（書き手）の観察は主に事態の終結部にあらわれる。話し手にとっては主体をとりまく事象に対する想像をもかねることになる。

　注意すべき点は会話と「地」の文にあらわれる「かもしれない」の性質である。会話では聞き手にある種の期待感ないし危機感を共有させたいという配慮がしばしば働く。(28)の発言では「かもしれない」を前提に、当為事態を述べる「べきだ」があらわれる。

(28) 「五輪の舞台に立つ扉が開けば、ビストリウスの記録はさらに伸びる<u>かもしれない</u>。国際陸連だけの判断だけではなく、より多くの意見を集めた上で結論を出す<u>べきだ</u>」　　　　（朝日新聞07.12.22）

これに対して、前掲(26)、(27)は話し手（書き手）と場面主体とが重層的に（あるいは代弁する形で）描かれている。

　なお、「かもしれない」のダブルテンスの現象についてふれておきたい。

(29) a. …女<u>からみると</u>、それが男の精汁とも映った<u>かもしれない</u>。
　　 b. ??…女<u>からみると</u>、それが男の精汁とも映る<u>かもしれなかった</u>。

(30) a. …このままなめくじみたいに溶けだしてしまう<u>かもしれなかった</u>。
　　 c. ??…このままなめくじみたいに溶けだしてしまった<u>かもしれない</u>。

それぞれ話し手の視点の定位によって、「諦める」行為が行為発生時点、発話発生時点、認識の発生時点のように認知され、主文文末の「た」は現時点からみた回想、想起を表している。

3 「かねる」と「かない」の本質

「かねる」には本動詞、補助動詞の用法がある。本動詞では3種の用法がある。

① : 一つで二つ以上の働きをする。
　㋐　一つの物が二つ以上の働きを合わせもつ。
　　「大は小をかねる」、「書斎と応接間とをかねる」
　㋑　一人が二つ以上の職を受けもつ。他の仕事を合わせ行う。兼任する。
　　「首相が外相をかねる」、「商用をかねて上京する」

② : 一方だけでなく他方まで考える。遠慮する。はばかる。
　「気をかねる」、「母親が兄の手前をかねて折々ひどく叱ることがあり」（独歩「春の鳥」）

③ : 将来のことまで考える。予想する。予定する。
　例：八百万千年をかねて定めけむ奈良の都は（万・一〇四七）

（小学館『大辞泉』）

補助動詞の用法は最後の③の意味が拡張したものと思われる。④として他の動詞の連用形について用いる肯定形と動詞の連用形について否定形で用いる用法がある。

　㋐：「しようとしてできない」「することが難しい」
　　例：納得しかねる、何とも言いかねる
　㋑：（「…かねない」などの形で）「かもしれない」「しそうだ」
　　例：悪口も言い出しかねない

注意すべきは肯定形の「かねる」が否定表現を、否定形の「かねない」が肯定表現を表す点である。不可能、不承諾を表す「かねる」に対して、「かねない」は可能性を提示するという特徴をもつ。「かねない」は自然発生的な現象や自動詞には使われにくい。

(31) a.　発言しかねない　　　　意志(第三者)
　　 b.　?地震が起こりかねない　非意志　cf.*雨が降りかねない
　　 c.　承服しかねる　　　　　意志表明(一人称)
　　 d.　?失敗しかねる　　　　 不可抗力　cf.*病気になりかねる

「かねる」は、ある事態が前提となっている以上、結果からさかのぼって言及することができないという事態を意味する。「かねる」は「兼ねる」に語源をたどることができるが、たとえば、「承服しかねる」というとき、目前に顕在する個別認識〈承服できない事態〉が、話し手主体の胸中、脳裡に潜在するところの普遍認識〈もともと承服できない事固定認識〉に重なる（「兼ねる」）とき、結論としての不可能な事態とする判断が下される。すなわち、次のような背景によって成立する。

(32) 「個別事態」と「普遍事態」の抱合関係
　　　x(個別事態) ⊆ X(普遍事態) ⇒ 「かねる」判断の成立
　　　　　∥　　　　　　　　∥
　　　眼前事態　　　　　潜在事態

「かねる」は次のように事態を婉曲的に回避するという場面でもあらわれる。また、〈丁重な断り〉という待遇レベルでのモダリティ的な機能をになう。

(33)a. 私ひとりでは責任を負いかねます。
　　 b. あなたの意見には、どうしても賛同いたしかねます。
　　 b. 当店といたしましては申し訳ございませんが、この種のご相談には応じかねます。

次も直接的に言うよりは、聞き手との距離感を保ち、感情的な接触をさ回避するという、一種の婉曲的な配慮表現である。

(34)a. その種のことは同僚の僕の口からはどうも説明しかねる。
　　 b. 彼は能力はあるが、協調性がなく、私にはどうにも扱いかねる。

「しかたなく」「やむを得ないが」という気持ちを表すために、副詞「どうも」「どうにも」が共起しやすいのも、対処しにくい対象のありようを示唆している。
　語彙的な用法として、副詞句「見るに見かねて」がある。

(35) 彼は通りすがりの老人を見るに見かねて家まで送って行った。

「たまりかねる」は「たまりかねて」の形でしかあらわれない。

(36) 社長は部下の不祥事にたまりかねて、左遷を命じた。

「待ちかねる」は一語的な成分で、「長くがまんして待っている」という意味で、

(37) 今か今かと子どもは父の帰りを待ちかねて、何度も玄関まで見に行った。

のように用いられる。一方、「待ちかねない」は次のように特定の条件下では、

(38) 辛抱強い彼ならば、1時間ぐらいは待ちかねない。

のように「待てるだろう」という意味で用いることも可能だが、一般的には少ない。

4 「かねない」の意味と用法

　本節では「かねない」がマイナス期待値の表現として、どのような文脈においてあらわれるのか、さらに「かねない」にはどのような背景、根拠が存在するのか、をめぐっていくつかの用法について検証する。

4.1 「かねないとして」「かねないとあって」「かねないだけに」

「かねない」が文中にあらわれる用法として、「として」「とあって」を付加した引用形式がある。

(39) 捜査当局はロシア—新潟—上九一色のサリン密輸ルート解明に全力を挙げたが、結局、外交問題に発展しかねないとして、断念している。
(一橋文哉『オウム帝国の正体』)

(40) こうした村井の発言を知った麻原が激怒し、特にサリンに関する発言がオウムの犯行を立証しかねないとあって、ヒットマンを雇い、村井の口封じをしたのではないか、と見る人が多い。 (同上)

この「として」「とあって」は一般に次のような判断形式として用いられる。

(41) テレビの料理番組に登場する人気店として知られる韓国料理店が不法滞在の韓国人らを従業員として働かせていたとして、警視庁は 12 日、同社と男性社長を入管法違反などの疑いで書類送検した。
(朝日新聞 07.11.12)

(42) 一晩厄介になった上、十一時間眠って主人が出勤したあとでのこのこ起き出したとあっては、さすがに曾根も多少気がひけざるを得なかった。
(井上靖『あした来る人』)

「かねない」はこうした有力な判断材料の一部提供を示唆している。

このほか、「かねないだけに」のように原因理由節を構成する例では「だけに」の限定表現をさらに補強したもので、類義表現である「だけあって」と峻別しながら、強い警告を意味している。

(43) また、前述したように ED は全身の血管の老化を最も反映している部分である。これを放置すれば将来、心筋梗塞などにもつながる疾患を見逃しかねないだけに、軽視は禁物だ。 (『読売ウィークリー』07.11.17)

4.2 「ことになりかねない」

「かねない」にはしばしば「つながる」という意識が共通してみられる。「なる」との共起が多く観察されるのもその特徴をしめしている。「かねる」「かねない」の内包するナル的な特徴でもあるが、予期される結果事態は好ましくないケースがほとんどである。

(44) このまま解決が延びると死活問題にもなりかねない。
(松本清張『失踪の果て』)

なかでも「ことになりかねない」は比較的使用頻度の高い形式の一つである。

(45) 学校の教職員定数を増やさなければ、授業を受け持つベテラン教師が減るだけになりかねない。　　　　　　　　　　　　　　（朝日新聞07.4.21）
(46) 環境報告書を民間にも義務づけたら、内容を審査する機関を認証したり、資格を与えたりする新たな仕組みを作る、などということになりかねない。　　　　　　　　　　　　　　　　　　　　　（讀賣新聞04.10.11）
(47) ブッシュ大統領は(世銀)総裁への支持を変えていないが、総裁を守ろうとすれば、国連など国際機関に対して倫理性や効率性を厳しく求めてきた米国の主張が、正当性を失うことになりかねない。
　　　　　　　　　　　　　　　　　　　　　　　　（朝日新聞07.4.22）
(48) 相手が言うことをきかないからといって、暴力で封殺するようなことがまかり通れば、言論の自由が封じ込められた結果、国の針路を誤った戦前の暗い時代に後戻りすることになりかねない。　（朝日新聞07.4.18）

多くが条件節の前件にあらわれ、(48)では「レバ」「結果」「(ことになり)かねない」という、結果、結論に傾斜していくさまが重視されている。
　一方、「かねないことになる」のように「ことになる」が「かねない」に後接する例もみられる。

(49) 公式の場で致命的な批判を受けると、かえって当人の医者としての評価まで喪失しかねないことになる。　　　　　　（松本清張『偏狭者の系譜』）

5　条件と「かねない」の文脈性

　「かねない」はそのほとんどが複文の主文にあらわれ、なかでもト節、レバ節を受けるケースが多い。以下、その様相を考察していく。

5.1　「P〈と／れば〉、Qかねない」

　トで表される事態はおよそ個別的なものであり、「恐れがある」としばしば共起するケースがある。(50)では「かねない」と同じ比重で用いられている。

(50) 暴力団関係者による株取引を規制する動きがあるが、金融ブローカーら"共生者"を介しているため、見つけにくいのが実情だ。効果的に網をかけようとすると、せっかく使い勝手が良くなった株取引を後退させる恐れが出てくる。しかし、手をこまねいていると、身近な会社が知らぬ間に黒い金で汚染され、食い物にされることにもなりかねない。
　　　　　　　　　　　　　　　　　　　　　　　　（讀賣新聞07.11.11）

このようにそれぞれの期待値を列挙して、「かねない」にも「かもしれない」と同じように警告、警鐘を表している。

(51) ただ、自民、民主両党による連立構想がくすぶる中、公明党が独自色を強め過ぎると、かえって自民党を民主党との連携に向かわせかねない難しさもある。　　　　　　　　　　　　　　　　（讀賣新聞 07.11.11）

「かねない」に含意される警告、警鐘は聞き手や読み手に対して、「だから～すべきだ」という対策、案件を暗に諭すことにもなる。(51)では「かえって」、(52)では「それどころか」という副詞によって、確率の高さを示唆している。

(52) 家に残してある娘たちも、決して計画通りには行かなかった。長女は良縁を得て、すでに嫁いでいた。その長女にならって、化粧して洋裁塾へさっそうと通い出すはずだった次女の夢はつぶれた。化粧品は手にはいらなくなり、洋裁塾は閉鎖されてしまったからである。いや、それどころか、女子挺身隊として魚網工場あたりへ狩り出されかねない状況になった。　　　　　　　　　　　　　　　　　（城山三郎『硫黄島に死す』）

このように、「かねない」は「かもしれない」が主観的な機能をもつのに対し、むしろ客観的な事態や状況に即してさしだされ、その後の対応を暗に迫るような働きかけがみられる。一方、会話文では「かねない」の使用には制限がある。

(53)a. ひょっとしたら時間に遅れるかもしれないから、先に行っていてください。

b. ?ひょっとしたら時間に遅れかねないから、先に行っていてください。

「ひょっとしたら」などの副詞成分も「かねない」とは原則として共起しにくい。なお、「かねない」には「はめになる」というマイナス予想値が多数をしめる。

(54) もっと勉強しないと、単位を落としかねない羽目になる。

「かもしれない」はプラス、マイナスの事態を示唆しうるが、「かねない」はマイナス事態のみをさし示している。いずれの場合も「かねる」「かねない」の可能性は「できない」「かもしれない」に対して弱く、むしろ独白的な表現の傾向がある。したがって、終助詞の「よ」なども共起しにくい。

(55)a. もっと勉強すれば、T大学に合格できるかもしれないよ。

b. *もっと勉強すれば、合格できかねないよ。

(56)a. もっと勉強しなければ、T大学に合格できないかもしれないよ。

b. *もっと勉強しなければ、合格できかねるよ。

5.2 「P〈れば／たら／とき〉Qかねない」

レバ節も「かねない」としばしば共起する。ここでもある種の憂慮、懸念といったマイナス予想値が提示される。

(57) 少なくとも制裁金は 10 億円、ドラフトに参加させない期間は 3 年間ぐらいにするべきだろう。不正をすれば球団がつぶれかねない。そんな緊張感を持たせることが抑止につながり、不正を許さないという球界の強いメッセージにもなる。　　　　　　　　　　　　　　　（朝日新聞 07.6.1）

(58) 大臣規範では、閣僚など政府の要職についた政治家は「大規模な政治資金パーティーは自粛する」と定められている。特定の業者に資金面で世話になれば、行政の公正さを疑われかねないからだ。
　　　　　　　　　　　　　　　　　　　　　　　（朝日新聞 07.11.21）

(59) 高い波が来れば途中の日本海で転覆しかねない古びた小舟。持ち物などから、北朝鮮の工作員でないことは、ほぼ間違いなさそうだ。
　　　　　　　　　　　　　　　　　　　　　　　　（朝日新聞 07.6.4）

つぎはトキ節をうけるものである。

(60) 民主党の鳩山幹事長は 11 月 8 日大連立政権構想について、「民主党が次の衆院選で政権を取ることがかなわなかった時、政策が全く動かないという話になりかねない。その時に復活する可能性は出てくる」と述べた。　　　　　　　　　　　　　　　　　（『読売ウィークリー』07.11.17）

「かねない」の前接部分に受身形が観察されることも少なくない。

(61) 検査対象の独立行政法人などに、検査院の職員が天下るケースがある。そうして天下り先には手心を加えるのではないか。そんな疑いの目で見られかねない。　　　　　　　　　　　　　　　　（朝日新聞 07.11.13）

(62) 特定の業者に資金面で世話になれば、行政の公正さを疑われかねないからだ。　　　　　　　　　　　　　　　　　　　　（朝日新聞 07.11.21）

レバとの共起性がかなりの頻度で観察されるのは、「かねない」が一種の判断辞としての職能を有しているからであろう。その判断の特徴は示唆的であり、ときに暗示的でもある。後続に「…だが、ただし、それは努力次第だ」といった、留保的な条件が附与されることも少なくない。ただし、「確かに」を用いた (63) は「かねない」には置き替えられない。

(63) 若者が困難に遭っても短気にならずに、神の教えである経典を読み、気持ちを鎮めて対処すれば、確かに多くの問題は解決するかもしれない。
　　　　　　　　　　　　　　　　　　　　　　　（朝日新聞 09.8.28）

次はナラ節を受ける例であるが、「かねない」は強い警告表現となっている。

(64) 五輪が終わるまでは、と門を閉ざして真相を覆い続けるなら、祭典はあやうい「パンドラの箱」になりかねない。　　　　　　（朝日新聞 08.3.26）

5.3 「かねない」と潜在的条件

「かねない」の前文に条件節が顕在しない場合も、文脈から「そういう事態が進めば」という見込み的な判断が内在する。

(65) 実際、援助米が知らぬ間に軍隊の倉庫に入っていたといった情報もあり、軍需物資の輸出になりかねない事態となった。
(一橋文哉『オウム帝国の正体』)

(66) 第二に、ハマスが支配するガザが封鎖されて孤立すれば飢餓などの人道的な危機が進む。イスラム社会全体に反米欧の気運を生みかねない。
(朝日新聞 07.6.20)

(65)は「(このまま)援助米が知らぬ間に軍隊の倉庫に入っていた(とすれば)」「(このまま)ハマスが支配するガザが封鎖されて孤立すれば」といった事態の展望が含意されている。(66)では前文のレバ節で示した前提にもとづく構成になっている。

一方、連体修飾の機能をみると、「かもしれない」よりも「かねない」のほうが比較的多くあらわれるようである。

(67) 観測史上初めて8月以降に9度も襲われた米フロリダ州では経済や社会の打撃が大きく、米大統領選挙にも影響を与えかねない雲行きだ。
(朝日新聞 04.10.11)

(68) 一企業が引き起こした不祥事に端を発したこととは言え、事故を引き起こしかねない危険な欠陥車両を一日も早く排除することは何よりも優先されるべきだ。
(讀賣朝刊 04.7.2)

(67)、(68)では「この状態がこのまま続けば」という予測の上に成り立っている。次は一種の存在文として差し出されているが、同様の解釈が可能である。

(69) 医師の起訴には、取材協力者やメディアを委縮させ、報道の自由、ひいては国民の知る権利を脅かしかねない危うさがある。
(朝日新聞 07.11.3)

「ことは」のように命題化した事態を受け、主文述語には「つながる」という動詞もあらわれやすい。

(70) 国交省はその一方で、トラック、バスの業界団体に、緊急点検を早急に受けるよう文書で指示、協力を求めた。だが、過当競争が進む運送業界などでは、緊急点検のためとはいえ仕事を休むことは死活問題につながりかねない。
(讀賣新聞 04.7.21)

(71)の「いまのままでは」は、ある一定の状況継続のもとでの可能性に言及したもので、事態の必然的な発生を警鐘している。

(71) 今のままでは、不測の事態に直面しても、「正当防衛」という個人の権限でしか自衛官は武器が使えず、部隊行動を基本とする組織にとって、致命傷となりかねない。　　　　　　　　　　　（讀賣新聞 04.6.4）

なお、「かもしれない」が「かもしれないが」のように逆接の「が」で受けることがあるのに対して、「かねない」は「かねないが」のようにあらわれる例は観察されなかった。このことは「かねない」が文末述語形式としての安定性（判断の信憑性の高さ）を示すものであろう。

5.4　社説にみる「かねない」の出現分布

社説 8 ヶ月分にみる「かねない」の出現分布を表したのが表 2 である。「かもしれない」が単文構造に多くみられたのに対して、「かねない」は単文よりも前提文を必要とする複文において分布していることがわかる。

表 2　「かねない」の出現分布（2007.4 — 2007.11 朝日新聞社説）

	4月	5月	6月	7月	8月	9月	10月	11月	計
単文	3	1	0	1	2	4	2	2	15
レバ節	6	1	5	1	2	5	9	1	30
ト節	0	0	1	1	0	1	1	0	4
タラ節	0	0	1	0	0	0	0	0	1
テハ節	0	0	0	1	0	0	0	0	1
テモ節	0	1	1	0	0	0	0	0	2
原因理由節	0	0	0	0	0	0	1	1	2

書き言葉的という使用上の制約はあるものの、「かもしれない」と同様にここでもレバ節の後件にあらわれる確率が非常に高いことが分かる。このほか、「このままでは」の後文には「かねない」が計 7 回あらわれている。社説には書き手の主張の緩急がみられ、意見、主張が「まちがいない」「にちがいない」「てもらいたい」「なければならない」「べきだ」「はずだ」などとともにあらわれる。「かもしれない」「かねない」は文脈のなかでも強い結論の提示というわけではない。むしろ、結論を引き出す際の契機を提供する、といった働きが顕著である。

なお、「かもしれない」がダブルテンスをもつのに対して、「かねない」は一般にある状況を現在の時点で受け止めることがほとんどである。さらに反実仮想の文脈では「かねなかった」はあらわれない。

(72) あのとき君がいてくれなかったら、やめていたかもしれない。
　　cf. *あのとき君がいてくれなかったら、やめていかねなかった。

「かもしれなかった」のように「かもしれない」が比較的自由なテンスをとるのに対して「かねない」は現在の発話時点での判断に基づき、「かねなかった」の形は稀少である。このことは「かもしれない」が「かねない」よりも文全体にかかる性格を有し、同時に「かねない」が現実事態、ないし未来の事態への対応、注視、予測を主務とし、過去の事態への言及には通常、用いられないことを示している。

6 「かもしれない」「かねない」の周辺(1)

　ここでは「かもしれない」「かねない」の周辺にあるいくつかの表現形式、すなわち「Xがある」をはじめとする類型を瞥見する。

6.1 「可能性がある」

　文字通り、「可能性」を用いた表現も出現頻度の比較的高いものである。「可能性」については「可能性が高い(大きい)」「可能性が高まる」「可能性が出てくる」「可能性も捨てきれない」などがある。

(73) 投資の損失を穴埋めしたとする不可解な金銭授受は、自衛隊員の品位などについて定めた自衛隊法や自衛隊員倫理規程に抵触する可能性がある。
　　　　　　　　　　　　　　　　　　　　　　　　　（讀賣新聞 07.11.11）

(74) 北朝鮮から周辺国への脱北者は90年代の後半から増え続けている。食糧難が伝えられるなかで、今後さらに広がる可能性もある。
　　　　　　　　　　　　　　　　　　　　　　　　　　（朝日新聞 07.6.4）

(75) 県警はK容疑者が事件の発覚を恐れて家具を隠そうとした可能性もあるとみている。
　　　　　　　　　　　　　　　　　　　　　　　　　（朝日新聞 08.10.25）

(76) 11月24日投票のオーストリア総選挙は、最大野党・労働党が、5選を目指すハワード首相率いる保守連合を支持率で上回り、11年ぶりの政権交代の可能性が出てきた。
　　　　　　　　　　　　　　　　　　　　　　　　　（讀賣新聞 07.11.11）

(77) 文書の形式やその詳細な内容から見て、自衛隊の内部文書である可能性は極めて高い。
　　　　　　　　　　　　　　　　　　　　　　　　　　（朝日新聞 07.6.7）

(78) 「ブルトレ(ブルートレイン)」の愛称で親しまれてきたJRの寝台列車が09年春にも東京から西へ向かう路線から姿を消す可能性が高まっている。
　　　　　　　　　　　　　　　　　　　　　　　　　（朝日新聞 07.11.18）

(79) 日本では、今も4人に1人が結核に感染している可能性があります。結核は、正しい治療をすれば治る可能性が高い病気です。
(財団法人結核予防会 09.11.13 東武東上線車内吊広告)

(79)のようにレバ条件節を受けるものもある。このほか、「可能性がないとあきらめたわけではない」「可能性がないといえないこともない」のような複合的な言い方もみられる。

(80) 夫人が、自分の名誉を防衛して殺人を犯したとしても、誰が彼女のその動機を憎みきることができるであろう。もし、その立場になっていたら、禎子自身にも、佐和子夫人となる可能性がないとはいえないのである。　　　　　　　　　　　　　　　　　　（松本清張『ゼロの焦点』）

「危険性がある」も客観的な事態発生として認識されたものである[3]。

(81) 男性更年期患者のほとんどに見られるEDも、放置しておけば深刻な事態に至る危険性がある。　　　　（『読売ウィークリー』07.11.17）
(82) 車輪の直径が大きいとスピードが出すぎて転ぶ危険がある。
（朝日新聞 07.11.19）

「公算が大きい」もまた、可能性の高さを示唆するものである。

(83) 関係者の話では（ビストリウスの）五輪出場を認めない公算が大きい。
（朝日新聞 07.12.22）

6.2 「恐れがある」

「恐れがある」（「怖れ」「虞れ」とも表記）は「心配がある」「懸念がある」「不安がある」と同様に、一定の可能性・実現性を予測する言い方である。主として自然現象、属性描写に用いられる。

(84) 今回の新型インフルエンザは肺炎を起こしやすい性質があり、妊婦や子ども、持病をかかえた人などは重症になるおそれがある。
（朝日新聞 09.10.3）
(85) 赤字線の撤去によって地域の産業が衰え、人口が都市に流出すれば過密、過疎は一段と激しくなり、その鉄道の赤字額をはるかに越える国家的な損失を招く恐れがある。　　　　　（田中角栄『日本列島改造論』）
(86) タンカー事故の危険を考えれば、過密の大阪湾に大型タンカーを入れるわけにはいかない。小型タンカーでこまぎれ輸送しても安全とはいえない。航行船数がふえて湾内のラッシュをひどくするし、小型船ではちょっとした事故でも船体の破損が大きく、油が流れだす心配がある。
（田中角栄『日本列島改造論』）

(87) しかし、それで、問題が無くなったわけではない。たとえば、例の、火の見櫓からの監視の目だ。さらに、彼の脱走に気づいた女が、さわぎ立てて、脱け出す前に、部落の口が閉鎖されてしまう懸念もある。
(安部公房『砂の女』)

なお、「心配はない」は一種の断定表現で、可能性の成否を意味しない。(85)では「万一、そういう事態があったとしても問題はない」という説明になっている。

(88) この地震で多少の潮位の変化があるかもしれませんが、被害の心配はありません。(気象庁)

表3は社説8ヶ月における「恐れがある」の出現分布である。

表3 「おそれがある」の出現分布(2007.4 — 2007.11 朝日新聞社説)

	4月	5月	6月	7月	8月	9月	10月	11月	計
単文	0	0	0	0	2	0	1	1	4
レバ節	2	1	1	0	0	0	1	0	5
ト節	0	1	0	1	1	2	0	1	6
テハ節	0	0	0	0	0	0	1	0	1

単文の場合は、当該対象が以下にのべる事態内容が発生する可能性を有する、という見解を示したものである。前文には条件節が同じくあらわれやすい。

(89) 腎臓を摘出せざるをえない場合であっても、それを移植すれば、病気が移植患者に持ち込まれる恐れがある。 (讀賣新聞07.4.4)
(90) 経済活動に抑制的な効果を与える手法は、経済と環境の両立という原則を損ない、不適切な結果を招くおそれがある。 (讀賣新聞04.6.18)
(91) 放っておくと、肝硬変から肝がんへ進む恐れがある。
(朝日新聞07.11.8)

これらの「可能性」は多くがマイナス的な事態の出現を示唆している。

6.3 「疑いがある」

「疑いがある」も所有・存在文の形式を有しながら、事態の実現・発生の確率を認める表現で、通常マイナス事態に限られる。

(92) 午後9時15分ごろ、次男を家の前で降ろし、待っていたところ、小川さんが出てきて車の前に立ったため、運転していた少年は、小川さんをはねて逃げた疑いがある。 (朝日新聞08.10.5)

(93) 同署によると、O容疑者は23日午後4時半から約1時間、都内の映画館で会社員女性(27)の左太ももを触った疑いがある。
(朝日新聞 08.9.25)
(94) 中央署によると、Y容疑者は12日午前8時40分ごろから、東京メトロ東西線の木場駅から2駅先の茅場町駅までの間、車内で約5分間にわたって女性(31)の尻を触るなどした疑いがある。（朝日新聞 08.9.13)
(95) 府警は小川容疑者が突発的に放火した疑いがあるとの見方を強めている。 (朝日新聞 08.10.2)
(96) (日清食品によると)藤沢市の商品は非常に臭気が強いため、何者かが混入させた犯罪の疑いもあるとみている。 (朝日新聞 08.10.25)

(93)、(94)のように情報の出所を「によると」「(で)は」などで表わすのが一般的であるが、(95)(96)のように文末に付加的な表現があらわれるものもある。「疑いが強い」、「疑いがもたれる」などの言い方も同様である。なお、接続成分の「疑いで」はこの文末形式の中止用法で、因果関係を表している[3]。

(97) N容疑者は自宅で覚せい剤を隠し持っていた疑いで逮捕された。
cf. N容疑者は自宅で覚せい剤を隠し持っていた疑いがあり、…

6.4 「ことがある」「場合がある」

「場合によっては、そういうことも起こりうる」という意味で用いられる。前後に何らかの事情説明があるのが普通である。

(98) 電車は急停車することがありますので、吊皮や手すりをお持ちください。 (車内放送)
(99) ドアに手をつかないでください。ドアに引き込まれ、怪我をすることがあります。 (車輌内ステッカー)
(100) 郵便禁制品以外はお引き受けできますが、航空輸送ができないため、配達が遅れる場合があります。 (日本郵便)

万が一の事態発生の可能性を提示しながら公的に警告を発する表現である。断定の場合は救済措置は期待できないが、「ことがある」はその可能性が残されていることを示している[4]。情報の重要性を事前に再確認するような場合にみられる。

(101) 解答科目欄を正しくマークしていない答案は0点となります。……この受験番号欄に正しくマークしていない答案は、採点できないことがあります。
(102) ……これらのことを守らない場合には、不正行為となることがあります。……これ以降、許可なく鉛筆を持っている場合は、不正行為となります。

「ことがある」を用いたほうが、制止の注意としては一般的、かつ全体的な傾向がある。

6.5 「うる／える」「こともありうる」

可能性の示唆として「ありうる」の「うる」または「える」は動詞の連用形に後接して、「当然考えられる」という、当該事態の発生が強く見込まれる様相を述べることがある。ただし、日常的な行為動詞「食べうる」「書き得る」などには通常用いられない。むしろ、「(食べる)こともありうる」のように埋め込み文としてとりたてるのが一般的である。なお、反対に「～ことはありえない(はずだ)」は絶対否定に近い拒絶の姿勢を表す。

(103) a. 事情により発表が遅れ得る。⇒提出が遅れることもありうる
　　　b. 起りえない事故が起こった。⇒起こるはずのない事故が起こった。
　　　c. 事と次第では交渉決裂もありうる。⇒交渉決裂も十分考えられる
　　　d. 場合によっては同じような事件は今後も十分起こりうる。
　　　　　⇒起こることもありうる。起こることも十分考えられる。

6.6 「予想される」「考えられる」

動詞「予想する」の自発形「予想される」は自ずと蓋然的な可能性を示唆する。このほか「思われる」「みられる」「考えられる」「想定される」などの文末述語形式がある。新聞の論説などに多くみられる。

(104) 摂取場所は、国が委託する病院などとなっている。寒くなって流行が本格化すれば、こうした医療機関に患者が殺到することも予想される。　　　　　　　　　　　　　　　　　　　　　　　　　　(朝日新聞 09.10.3)
(105) 今回の事件では日中友好を好まない極端分子が食品に毒を混入したことも考えられる。

これらは「現在、なお検分中ではあるが、今後の調査如何では新しい可能性もでてくる」という、一種の判断留保とともに期待を含んだ表現として機能している。

7 「かもしれない」「かねない」の周辺(2)

引き続き、確信性の低い推量、可能性表現についてみていく。多くが助動詞相当の複合辞として機能するもので、とくに否定形式が多くあらわれる。

7.1 「とは限らない」「とも限らない」「わけではない」

前段に述べられた内容全体を否定する文末形式で、部分否定によって事態の可能

性を示唆するものである。なお、「とは限らない」と「とも限らない」は似て非なるものである。次の例を比べてみよう。
　　(106)a.　お金持ちの人が必ずしも幸せだとは限らない。
　　　　　b.　そんなことをすれば、周囲から批判されないとも限らない。
「とは限らない」は「とはいえない」「というわけではない」のように部分否定を表すが、「とも限らない」は一般に二重否定を必要とし、一定の条件下において出現の可能性を表す。
　　(107)　そんな不規則な生活をしていたら、体を壊さないとも限らない。
　　　　　cf. ??そんな不規則な生活をしていたら、体を壊さないとは限らない）
「とは限らない」の場合、通常「ではないかもしれない」のような背景的な可能性を暗示する。次は「おそれがある」と併存する例である。
　　(108)　異常プリオンは感染が発見されてもヤコブ病の発症に直結するとは限らないが、輸血や臓器移植などで知らずに感染が拡大する恐れもあり、専門家たちは「深刻な結果だ」と分析している。
　　　　　　　　　　　　　　　　　　　　　　　　　（讀賣新聞 04.5.28）
「直結しないかもしれない」、あるいは「拡大するかもしれない」という「深刻な結果」を暗示している。二重否定を用いた「ないとも限らない」はさらに可能性を高めた言い方になる。前件には「レバ」「場合」「となると」などの条件節があらわれやすい。
　　(109)　あわてて無様につまづいたりすれば、いっせいに過去が蜂起し、過去の悲鳴が喉をついて飛び出さないとはかぎらない。
　　　　　　　　　　　　　　　　　　　　　　　（高橋和巳『憂鬱なる党派』）
(109)は以下の例のように、むしろ「とも限らない」が自然であろう。
　　(110)　影響とは、採銅教授のような老学者からそんな照会の手紙が行ったとなると、それが学会に以外な波紋を起さないとも限らないからだ。
　　　　　　　　　　　　　　　　　　　　　　　（松本清張『偏狂者の系譜』）
　　(111)　「…ぼくからそんなことをすると、ちょっと影響があると思ってね」影響とは、採銅教授のような老学者からそんな照会の手紙が行ったとなると、それが学会に意外な波紋を起こさないとも限らないからだ。
　　　　　　　　　　　　　　　　　　　　　　　（松本清張『偏狭者の系譜』）
二重否定の場合、「とも限らない」は「とは限らない」よりも出現度は高い。「も」のほうが「は」よりも事態出現の蓋然性が低いと考えられるが、このことは間接的に述べることによって、注意を一般的に喚起することにもなる。
　　後文では「いつ何時」などの不定語をともなうこともある。

(112) たしかに真理教は金を持っている。その金が右翼に資金として流れた場合、この前の帝都襲撃事件以上の騒動が<u>いつ起らぬとも限らない</u>。
(松本清張『偏狭者の系譜』)
(113) 自分は眼が悪い、それに足も見られるように左足は膝から下が義足だ。だから、近頃のように車が氾濫し出すと、<u>いつ何時事故に遭わぬとも限らぬ</u>。　(堀田善衛『バルセローナにて』)

「からといって」は「とは限らない」「とはいえない」「ことにはならない」「(という)わけではない」としばしば共起するが、「とも限らない」は不自然になる。

(114) たまたま衣服が汚れた<u>からといって</u>、その人の心までが汚れている<u>とはかぎらない</u>。　(高橋和巳『憂鬱なる党派』)

7.2 「とはいえない」「とは思えない」

「といえる」「と思える」の否定表現であるが、「とはいえない」「とは思えない」が否定文を受けるとき、別の可能性の出現を示唆することがある。この「いえない」「思えない」は「証明することはできない」「保証できない」という意味で、「いう」「思う」の文法化の一現象である。

(115) 墓参りをするだけというが、それですむかどうか。あんたの姿が町の人の眼にふれることが<u>ないとは言えない</u>。　(吉村昭『仮釈放』)
(116) 日本も国際軍事行動に加わるべき事態に直面<u>しないとはいえない</u>。
(朝日新聞04.4.6)
(117) (中曽根元首相は)今後のイラク情勢に関しては、「ベトナム戦争、レバノン内戦のように泥沼化する危険が<u>ないとは言えない</u>」との見通しを示し、　(讀賣新聞04.4.14)

いずれの場合も、「こともありうる」という可能性をさし出し、間接的にある種の行動を促す言い方になっている。「とは言い切れない」も「必ずしも～ない」という一部否定によって、別事態の可能性を暗に示唆するものである。

(118) 現職の圧勝をもって、<u>必ずしも有権者は現状維持志向だとは言い切れない</u>。　(朝日新聞07.4.10)

なお、「とも思えない」のように「も」が使えるのは「思えない」だけで「ともいえない」は不自然である。参考までに表4にこれらの出現分布を示す。

表4　「とはいえない」「とは思えない」の出現分布（2007.4 ― 2007.11 朝日新聞社説）

	4月	5月	6月	7月	8月	9月	10月	11月	計
「とはいえない」	2	2	3	0	0	2	2	0	11
「とは思えない」	6	4	9	2	4	2	7	1	35

7.3　「保証はない」「ことは否めない」

　否定表現の「保証はない」「保障はない」も可能性を示唆することがある。

　　(119)　「私らだって新しい会社で残れる保証はないんですよ」
　　　　　　　　　　　　　　　　　　　　　　　　　　　（吉岡忍『死よりも遠くへ』）

とくに否定文を受ける場合、可能性の具体的な提示がなされる。

　　(120)　一応の解釈がなされるにしても、もっと悲惨な揺り戻しがないという保障はありません。　　　　　　　　　　　　　　　（朝日新聞 04.4.13）
　　(121)　イラクをはじめ、世界で戦火が絶えない。米国やその支援国が五輪でテロリストの標的にならない保証はない。　　　　　（朝日新聞 04.8.2）

「ことは否めない」「ことも否定できない」も「ことも十分に考えられる」という、可能性の一部を聞き手(読み手)に広く周知させるものである。

　　(122)　不法残留は犯罪に結びつきやすく、治安状況に影響をおよぼしていることは否めない。　　　　　　　　　　　　　　　（朝日新聞 04.5.5）
　　(123)　カメラ付きケータイは使い方一つで危険な側面も持つ。（中略）電車内などで頻発する盗撮など、新たな犯罪に悪用されていることも否めない。　　　　　　　　　　　　　　　　　　　　　　　　　　　　　　（朝日新聞 04.3.26）

7.4　「(の)ではないだろうか」「(の)ではあるまいか」

　漠然とした不特定多数者への疑念的な働きかけ機能をもつ「ではないだろうか」「ではあるまいか」などの言い方も、一部判断の逡巡とともに実現の可能性を残した主張である。

　　(124)　出所してから一年半近くの間、体を人の眼にさらして動きまわってきたが、何人もの人間が自分に気づき、同時に過去を思い起こしたのではあるまいか。　　　　　　　　　　　　　　　　　　　　　　　（吉村昭『仮釈放』）
　　(125)　北尾の眼の故障が公になれば、変転きわまりないこの種の交渉に大きな支障とならぬともかぎらない。富岡には、打算があった。このままひそかに治療すれば比較的軽度であると診断された北尾の眼は、試合が実現するまでに旧に復するのではあるまいか。（吉村昭『星への旅』）

次の「のではないかと思われる」も話し手の認識的判断を表している。

　　(126)　ただ、右肩が異常に発達しているのと、鼻孔に石炭灰らしいものが残っていたので、石炭など運搬する仕事に従事していたのではないかと思われた。　　　　　　　　　　　　　　　　　　　　（松本清張『失踪の果て』）

また、「かもしれませんか」の質問文が成立しない代わりに、「かもしれない」が「ではないか」と共起するケースもある。

(127) なぜ救急車を呼ばなかったんですか。救急車呼んでたら父は助かった<u>かもしれないじゃないですか</u>。

次の例では、一つの話段に前後の「のではないだろうか」「のではあるまいか」にはさまれて「であろう」「にちがいない」が介在し、推理や考えをめぐらす逡巡の過程を細やかに表している。

(128) 夫の自殺の理由は、禎子にはほぼ想像がつきそうだった。つまり、禎子を妻として得たことに彼の自殺の原因があった<u>のではないだろうか</u>。夫は禎子を愛していた。しかし、もう一人の妻、田沼久子も愛していた。が、彼は新婚の禎子をもっと愛していた<u>のであろう</u>。そのため、田沼久子との一年半の生活を、彼は、努力して打ち切ろうとしていた<u>にちがいない</u>。しかし、それができず、悩みのはてに、ここの断崖から、身を投げた<u>のではあるまいか</u>。　　（松本清張『ゼロの焦点』）

7.5　全面否定と部分肯定

「（という）わけではない」「（という）のではない」もまた部分肯定の余地を残しながら、可能性を含意した言い方である。

(129) a.　彼にまったく欠点がない（という）のではない。
　　　 b.　彼にまったく欠点がなくはない／なくもない。

副詞「必ずしも」「あながち」などを用いた否定表現を一部の可能性の実現を肯定的に示唆する。

(130) a.　金持ちが<u>必ずしも</u>幸福では<u>ない</u>。（幸福ではないこともありうる）
　　　 b.　今の若者も<u>まんざら</u>捨てたもの<u>ではない</u>。（評価すべき点もある）
　　　 c.　<u>あながち</u>嘘とは<u>言い切れない</u>。（真実の可能性もある）
　　　 d.　<u>一概に</u>彼のほうばかりが悪い<u>とは言えない</u>。
　　　 e.　<u>一方的に</u>彼女に非がある<u>というのではない</u>。
　　　 f.　<u>ひとくちに</u>彼を責めることはできない。

「というものではない」「というものでもない」は別の事態の所在確証を認定するものである。「からといって」などとも共起し、間接的に可能性を示唆している。

(131) a.　報告書はただたくさん書けばいい<u>というものではない</u>。
　　　 b.　単純に消費者も過剰な便利さを求めればいい<u>というものでもない</u>。
　　　 c.　食事は量さえあれば味などどうでもいい<u>というものではない</u>。

結論を考えた場合、「（必ずしも）ということにはならない」という別の可能性を提示するものである。

7.6　二重否定による可能性の示唆と確定

「ないものでもない」は、7.1の「ないとは限らない」とほぼ同様の意味を表す。ある条件下での消極的な応対、対応を表す。状況によっては「てあげてもいい」という許容的な場面を提示する。「可能性」にも意志的な動作を行う可能性と出来事が起こる可能性の二種類がある。次のa. が前者で、b. が後者に相当する。

(132) a.　条件次第では手伝ってやら<u>ないものでもない</u>。
　　　　　⇒手伝ってやれ<u>ないとは限らない</u>／手伝ってやれ<u>ないわけではない</u>
　　　b.　近い将来、大地震が起き<u>ないものでもない</u>。
　　　　　⇒起き<u>ないとは限らない</u>／起き<u>ないわけではない</u>

「ないものでもない」は「ないものではない」と比較して蓋然性は一般に低い。

(133)　その少年の置かれた境遇や育った家庭環境<u>を考えれば</u>、非行に走ったのも理解でき<u>ないものでもない</u>。

(134)　相手に譲歩する気がある<u>のなら</u>、こちらとしても譲歩に応じ<u>ないものではない</u>。

例えば(134)は「応じないものでもない」は「応じる」可能性や余地をぼかした言い方で、相手の出方次第だ、という状況的な発言提示となる[5]。

一方、「ないことはない」も部分肯定を表しながら、可能性を示唆する。

(135)　週末など映画に行か<u>ないことはない</u>。(；たまには行くこともある)

なお、「ないことではない」には「言わないことではない」「できないことではない」などのように実質的な確定表現もある。

「ないわけではない」もまた可能性を示唆することがある。

(136)　和平を拒否するハマスを相手にしないという米欧の考えも、理解でき<u>ないわけではない</u>。　　　　　　　　　　　　　　(朝日新聞 07.11.28)

このほか、二重否定は一般に可能性(期待度)を含意することが多い。

(137) a.　彼にもできないこと {は／も} ない。
　　　b.　彼にもできない {では／でも} ない。
　　　c.　彼にもできなく {は／も} ない。

7.7　その他の可能性を含意する表現

以上述べたほかにも事態発生の可能性を示唆する表現が存在する。一つは仮想的な条件を受けて、主文にあらわれる事態からの類推である。

(138)　あのとき通行人が現場を通り過ぎなければ、子どもは溺れている<u>ところだった</u>。
　　　cf. …子どもは溺れていた<u>かもしれない</u>

(139) 機銃弾は、土煙りを上げて走り、ついで爆音が通り過ぎた。グラマンの射撃は正確であった。羽田野が逃げようとする先を、きれいに縫っていた。そのまま走り続けていた<u>ら</u>、羽田野は確実に撃ち殺されている<u>ところだった</u>。　　　　　　　　　　　　　（城山三郎『硫黄島に死す』）

　むしろ、この仮想的な表現は、可能性というよりも確実な事態発生を示唆したものといえよう。次に疑問節を補文とする否定表現「いつ～か分からない」「だれが～か知れない」のような構文によって、可能性を示唆することがある。

(140) どんな医療を受けられるかは、診療報酬の決め方で大きく変わる。だれもが<u>いつ</u>病気になる<u>か分からない</u>。本当は無関心ではいられないはずだ。　　　　　　　　　　　　　　　　　　　　　（朝日新聞07.11.18）

「誰もが病気になる可能性がある」「誰もがいつ病気にならないとも限らない」というような聞き手に対しての忠告、警告にもなりうる。
　ある種の事態を詮索するような文脈では「といっていい」が「といっていいのかもしれない」のように「かもしれない」を含意するような場合がある。

(141) たとえ、彼に女が出来ても、彼女がもっと寛容で、子供に父への愛情があっ<u>たら</u>こんな孤独なことにならなかった<u>かもしれない</u>。採銅が妻子を裏切った<u>というよりも</u>、妻子が彼をのけ者にした<u>といっていい</u>。
　　　　　　　　　　　　　　　　　　　　　（松本清張『偏狂者の系譜』）

　さらに語用論的用法として、「ますか」「ませんか」も確認を意図しながらしばしば〈条件的行為〉とともに期待される可能性を内包する。(142)では「軽く考えてはいけない」「油断してはならない」という注意を間接的に喚起文として機能している。

(142) a. あなたは今の会社、満足してい<u>ますか</u>。　　　　　　　（車内広告）
　　　　⇒（もしよく考えてみれば）満足していない<u>かもしれません</u>。
　　 b. あなたはルール・マナー守って<u>ますか</u>？　　　　　　　（警視庁）
　　　　⇒（もしよく見てみれば）守っていない<u>かもしれません</u>。
　　 c. あなたの心、疲れてい<u>ませんか</u>。　　　　　　　　　　（車内広告）
　　　　⇒（もしよく観察してみれば）疲れている<u>かもしれません</u>。
　　 d. その郵便物・荷物、<u>ひょっとして</u>航空危険物<u>ではありませんか</u>。
　　　　　　　　　　　　　　　　　　　　　　　　　　　　（日本郵便）
　　　　⇒（よく調べてみたら）危険物の可能性がある<u>かもしれません</u>。

8　おわりに

　最後に伝達論的な側面から「かもしれない」の用法を確認しておきたい。

(143) はバス車内に貼り出された公共広告である。ある現象を根拠に、あるいは合図に、特殊な事態の発生を知らせる役目を果たしており、一種の警告、注意喚起の表現となっている。

　(143)　地域の皆様へのお願い　　　　　（国際興業株式会社 09.10. 車内掲示）
　　　　バスの行き先などに下記のような表示がある場合は、そのバスの車内では異常事態が発生している<u>かもしれません</u>。そのようなバスを見かけましたら、「110番への通報」をよろしくお願い申し上げます。
　　　　① バスの行き先に『緊急事態発生』が表示されている場合
　　　　② バス左後部に『SOS』が表示されている場合
　　　　③ ハザードランプが日頃より数多く点滅している場合

これは「バスジャック」などのテロ行為からの防衛策であるが、「かもしれない」はむしろ客観的には「可能性がある」のほうが適切であろう。
　一口に可能性、蓋然性といってもさまざまな出現のレベルが考えられる。われわれは現実の状況を観察しつつ、過去の経験との照合を通じて、当該表現の形式を選択使用することになる。またこれらの表現形式は可能性という含意をもって、ある状況下における聞き手に忠告、警告を与えるという語用論的な特徴も確認された。
　本章では従来、認識的なモダリティの一種と規定される「かもしれない」の用法を検証すると同時に、これまであまり言及されることのなかった「かねない」、またそれらの周辺に分布する可能性をめぐる表現形式をみてきた。その結果、多くの場合、複文とくに条件節を受けてあらわれるケースが観察された。このことは可能性という現象が一定の条件下において保証されるという特徴を明らかにするものである。一般に「かもしれない」がより主観的な判断、「かねない」が客観的事態に対する判断と意義づけられるだろう。
　本章ではモダリティの再検討を目指すべく、一つの文法事象を多面体とみて、また同時に言語活動を視野にいれながら記述を試みた。その過程で、複文の中でどのような従属文をうけながら、これらの形式が主文にどのようにあらわれるかに注目した。今後はこうした視点をより詳細に検討しながら、さらに他領域のモダリティの検証も続けていきたいと思う。

注
1　これらのモダリティ形式と対極にあって確信を表す「にちがいない」などの形式については、第3部第3章で考察する。
2　モダリティにおける「可能性」の内在については、森山(1986)、森山(2001)、須賀

(1995)、木下(1997)、田村(1998)など多くの考察がある。なお「かもしれない」には聞き手目当ての用法として、次のような牽制（フェイント）的な表現もみられるが、談話レベルの用法として本考察の対象からは外した。
　・私死んでしまう<u>かもしれません</u>。
　・あなたを好きになってしまう<u>かもしれません</u>よ。
3　こうした構文的特徴については、第2部第2章を参照。
4　こうした「ことがある」の潜在的な可能性の表現については益岡(2007)に指摘がある。pp.187–198。
5　「ないものではない」などの否定文末形式については第4章の第3章、第4章を参照。

第3章　確信と確実性判断の交渉
　—「にちがいない」と「はまちがいない」
　を中心に

1　はじめに

　ここ数年、モダリティ研究の個別的かつ精密な記述が進んできている。その総体は他の文法領域に比しても広大であり、またそれぞれの表現のもつ奥行き、重層性も詳細に観察されている。にもかかわらず、周辺的な形式、類型的な意味比較となると、なお未解明の部分も少なくない。個々の文法形式が言語環境、言語行動に縛られたものである以上、当然ながらその発生、使用の背景と実態は単純なものではありえない。前章で考察した可能性、蓋然性を含意した推量判断「かもしれない」などとともに、より必然的な推量判断、いわゆる確信を表す「にちがいない」は「はずだ」との比較をはじめ、これまでにもさまざまな場面で議論されてきた。一方、この言い方と似て非なるものに「のはまちがいない」「ことはまちがいない」「ことは疑いない」「に決まっている」などの確実性を表明する言い方がある[1]。
　これらの類型としてはさらに「のは確かだ」「のは明らかだ」などもみられるが、「にちがいない」との違いについてはこれまで適切な議論がなされているとはいいがたい。表出にいたる場面背景、および確信という認識から確実性という判断にいたる思考のプロセスといったものも明らかではない。「にちがいない」はいわゆる複合辞の構成であるが、多くの文型がいわば結果体としてあらわれる形式であることを考えると、単一の、それだけで閉じた表現としてではなく、複合的な、あるいは前の文や後の文との関係において、動態的にとらえなければ本質はみえてこない。ここでも文型を機能的に、かつ言語行動の過程としてとらえることによって、当該文型の発話意図や伝達意図も自ずと明らかになると思われる。
　本章ではまず「にちがいない」を再検証し、「のはまちがいない」との比較を、主として新聞の社説を用いながら考察していきたいと思う。また、その周辺にある「にきまっている」、「にかたくない」などの諸形式についても述べる。

2 「にちがいない」の意味と機能

　「にちがいない」は対象となる事態、存在や現象・行為に対して、それが話し手主体にとってほぼ実現的なもの、実存的なものと確信できる状況にあることを示す表現形式である。「ちがいない」は「ちがいがない」、つまり「正しい」ことの表明であるが、この意味の本質である「ちがう」という言語事実との対照、照合のうえでの判断である。つまり、ある事態に関して、「まちがいである」「正しくない」という評価判断が一方にあって、それを否定する形式が「にちがいない」という意味をなす。このニは「において」という当該対象の範囲をしめす。

　　（1）　几帳面な彼がまだ来ない<u>のは</u>何かあった<u>にちがいない</u>。

「何もない」ことに対する反対意見、否定意見として認知された結果が「にちがいない」である。「何かあった」現象に対しての強い認めであり、可能性を排除しようとする要件に対する反対意見である。(1)の例では

　　（2）　{几帳面な彼がまだ来ない<u>のは</u>何かあった<u>から</u>} にちがいない。

のように、「几帳面な彼がまだ来ない理由は」のように題目化したのちに、「それは何かあったからだ」のように背景的説明、事由を加える言い方が基本的用法である。この「から」に代行するものとして、「のにちがいない」のようにノが介入することもある。このノはおおかたは根拠の所在を表す。

　　（3）　几帳面な彼がまだ来ない<u>のは</u>何かあった {の／から} にちがいない。

以上を実例で検討してみよう。

　　（4）　禎子は声をのんだ。身元不明の変死者はなかった。——彼は、禎子に安
　　　　　心させるために言った<u>に違いない</u>が、禎子がはくんと、胸が一度に揺れ
　　　　　た。　　　　　　　　　　　　　　　　　　　（松本清張『ゼロの焦点』）

(4)では「にちがいない」は「身元不明の変死者はなかった」という発言が「禎子に安心させるために言った」という背景、根拠を表している。さらに、

　　（5）　なぜ、その受付の女が禎子の顔を凝視するように見ていたのか、禎子に
　　　　　は分からなかった。たぶん、夫人の客というので、女らしい興味を起こ
　　　　　した<u>に違いなかった</u>。　　　　　　　　　　（松本清張『ゼロの焦点』）

「その受付の女が禎子の顔を凝視するように見ていた」事態は「たぶん、夫人の客というので、女らしい興味を起こした」から、という推論、連想を表している。「から」を付加して「からにちがいなかった」のように言えるだろう。実際の用例では「のにちがいない」「からにちがいない」は多くは観察されないが、前文情報に呼応するように、一般に事態を既成事実化する必要が生じたことからあらわれる傾向がある。

（6）　いま、うかつに真道教を手入れすれば、かえって大騒擾が起るかもしれない。特定の右翼連中は、警察が腐敗政治家の手先となって皇道維新を妨害すると考えるだろう。悪くすれば前の事件以上の暴動が再び起るかも分らぬ。これが保安課長の云う「棘」である。秋島は、そういうふうに解釈した。その棘の無いところを発見するのが「研究」であろう。この棘に手を触れると指から血が出る。だから、棘のない安全なところを探せというのに違いない。　　　　　　（松本清張『偏狭者の系譜』）

(6)では前文において、「かもしれない」という情報を受け継ぎながら、接続詞「だから」によって、必然的な結果を示唆している。なお、「からのにちがいない」という形式は存在しない。このノはいわゆる倒置文において、〈YのはXのだ〉の枠内にあるものと考える。

　（7）　几帳面な彼がまだ来ないのは何かあったのだ。cf. 何かあったからだ
　（8）　どうして遅れたんですか。
　　　　―人身事故があったんです。（遅れたのは人身事故があったからです）

このように「にちがいない」は招来された事態に対して、ある種の裏付け、説明をほどこす言い方であるとみてよい。

　一方、原因理由にかかわる要素が介在しない場合もある。これは、

　（9）　幾ら探してもないのだから、きっと誰かが捨てた（の）にちがいない。
　　　　⇔いくら探してもないのは誰かが捨てた（から）にちがいない。

のような言い替えが可能になる。この種の文は前後の入れ替えも可能である。

　（10）　誰かが捨てたから、幾ら探してもないにちがいない。
　　　　⇔誰かが捨てたのだから、幾ら探してもないはずだ。

このように考えると、「にちがいない」は文脈や場面の情報とともに因果関係が強く影を落とした言い方であることが了解される。

　一方、「にちがいない」は観察や推察の結果、みちびかれる判断でもある。

　（11）　彼が学校に来ないところを見ると、国へ帰ったにちがいない。
　　　　⇔｛彼が学校に来ないということは国へ帰ったこと｝にほかならない。

つまり、前件と後件とが等価的な判断として結論づけられる。「にちがいない」は「にほかならない」と同様に、事象全体を外側から、あるいは結果からみて判断した言い方である。「にちがいない」は「ところをみると」のほかにも「からには」「以上」などの複合辞とも共起しやすい。

　（12）　十時に家を出るといっていたからには、もう到着するにちがいない。

また、副詞「いつかは」などとともに、「にちがいない」は「ことを信じている」という、強い期待感を表す。

(13) 今は分かってくれなくても、いつかは君も私の気持ちがわかる日が来るに違いない。

「かもしれない」が話し手自身が自信なげに可能性を述べることが可能なのに対して、「にちがいない」は話し手自身のことについては述べることができない。

(14)a. 明日(私は)病院に行ってから来るので少し遅れるかもしれません。
　　b. *明日(私は)病院に行ってから来るので少し遅れるにちがいありません。

このように「にちがいない」が出現するには、何らかの前提情報が必要である。実際の用例でもう少し詳しくみてみよう。(15)では「これは」を省略して前文を受け継ぎ、「せい」が理由説明のマーカーとなっている。

(15) それにしても、昨日、僕が千田町の焼跡で中尾さんを訪ねたとき、なぜ中尾さんは尋ね人が来たことを僕に云ってくれなかったろう。焼跡ぼけのせいに違いない。　　　　　　　　　　　　　（井伏鱒二『黒い雨』）

(16) 私は放心状態になっていたらしい。夕立が降り出したのはトラックに乗っていたときからではなかったかと思ったりした。私の知覚はずいぶん性能が下落していたに違いない。　　　　　　　　　　　　　　（同上）

(17) …そのような生活のなかから、彼女は私に心から仕えてくれた。私の好物なら、高い金を出してでも食膳に調えて待っていてくれた。彼女の今までの生活からすれば、それは多分、贅沢な出費に違いなかった。

　　　　　　　　　　　　　　　　　　　　　　　（松本清張『潜在光景』）

(16)、(17)では前文で原因理由の背景が述べられ、その結果、結論的判断として「にちがいない」が用いられている。

また「にちがいない」は主体の行為発生時点と話し手の発話時とによって、次のようなダブルテンスをもつ。

(18)a. 彼は国に帰る｛にちがいない／ちがいなかった｝。
　　b. 彼は国に帰った｛にちがいない／ちがいなかった｝。

(18a)の「にちがいない」は発話時における確信であり、(18b)の「にちがいなかった」は行為発生、もしくは当時の判断実行時点での確信(追認)ということになる。(18b)の「にちがいなかった」はこれまでの経験、体験的記憶に基づく確信的態度の表明である。

(19) 今、彼が殴りかかれば衆僧は我も我もと打ちかかるにちがいなかった。
(20) 加行僧の仲間たちは、私よりはるかに苦労を重ね、女の経験も豊富なのにちがいなかった。彼等のある者は、エネルギッシュな口調で自分たちの性行為を話題にした。　　　((19)、(20)とも、武田泰淳『ひかりごけ』)

なお、やや文語的な言い方に「に相違ない」があるが、「にちがいない」と同様の

用法とみなす。
- (21) 山野村から結婚の聞きあわせに来たからには、姪の矢須子のことを聞きに来た客に相違ない。狭い村のことだからすぐわかる。
（井伏鱒二『黒い雨』）

実際の例は少ないが、「ことにちがいない」はむしろ、「ことに間違いはない、狂いはない」といった意味に解釈される。
- (22) 能登の海岸に横たわっている死体は、そのまま、禎子の胸に先刻から絶えず横たわり、本多にもおそらくそれが心にかかっていることに違いなかった。
（松本清張『ゼロの焦点』）

一方に「にちがいない」と「にまちがいない」が混用される場合もある。
- (23) 鶴来で死んだ女が田沼久子に間違いない、と考えたのは、オーバーの裏のネームからだったというが。…
（松本清張『ゼロの焦点』）

この場合、後述するように「にちがいない」の場合は「鶴来で死んだ女は田沼久子にちがいない」のように「が」は「は」になる傾向がある。

以上の「にちがいない」がいわば途上の観察であるのに対して、「のはまちがいない」は、最終的な結果として「間違いない事実」と提示したもので、ほぼ定位した結論、判断である。「まちがいない」は「まちがい」が「ない」、つまり、正解という意味である。(24)は「Ｘは間違いない事実だ」のように名詞述語文的な形式を内包する。また、「ちがいない」は単独では使用できないが、(25)のように「まちがいない」は応答表現として頻用される。
- (24) しかし、本人が自殺したのは、本多さんを殺したことが原因になっているのは間違いないので、これは問題でないと思います。
（松本清張『ゼロの焦点』）
- (25) 警察のほうから知らせがあったのです。間違いはないと思います。
（同上）

また、「Ｘはまちがいだった」のように、話し手の判断が間違っていたことを述べる言い方もこの形式にみられる特徴である。
- (26) この葉山警部補に会えば、たちまち、田沼久子の過去が分かると思ったのは間違いだった。
（松本清張『ゼロの焦点』）

しばしば話者の判断が現実的結果に符合しなかったことを後悔する気持を表す。
- (27) 君にこの仕事を紹介したのは間違いだった。
（⇔紹介したことを反省している。紹介しなければよかった）

なお、「にちがいない」と「にまちがいない」の混用がみられたように、「のちがいない」と「のにまちがいない」との混用もみられる。(28)は「彼が写真を撮ったのは間違いない」のように言い替えても意味は変わらない。

(28) 夫はたびたびここを訪れているというから、彼が写真を撮った<u>のに間違いはない</u>。　　　　　　　　　　　　（松本清張『ゼロの焦点』）

「にちがいない」と「はまちがいない」の類型を比較すれば次のようである。
(29)a.　{の／こと}にちがいない、*{の／こと}はちがいない
　　 b.　{の／こと}はまちがいない、{の／こと}にまちがいない

なお、「のはまちがいない」の変形として次のような例がある。これまでの経緯を要約し、結論づける言い方である。

(30)　舎監に訊ねると、広島市内からの通勤者のうち、重傷の被爆者はともかくも軽傷者には休暇を与えて帰郷させるのだと云った。各課の課長や主任は、家族のことを案じてみんな広島へ出かけ、工具や守衛などのほかには工場長と職長しか残っていないのだ。これでは当分残業が出来ないだろうと云われても仕方がない。しかし実際は、みんなも僕と同じく次の空襲を怖がっている<u>ことに間違いない</u>。　　　（井伏鱒二『黒い雨』）

以上、「にちがいない」が主観的判断であるのに対し、「はまちがいない」は客観的、現実的な・対象判断であり、周囲の検証物件からの結論であることをみてきたが、この両者はときに混用されるケースを述べた。

3　社説にみる「にちがいない」「はまちがいない」の分布

ここで新聞の社説を調査分析の言語データとして、「にちがいない」「はまちがいない」の表す意味の本質について考えてみたい。一般に社説は不特定多数の読み手に対して、大多数の意見を代弁するために、主張を提示、展開するといった特徴が顕著である。ある事態、事象に対して、疑義が抱かれる状況を指定し、可能な根拠の所在について言及するという特徴がある。「にちがいない」は社説の主張のなかでも、もっとも主意判断を内包させた言い方の一つということになろう。

まず「にちがいない」についてみると7ヶ月間（2007.4.1～同10.31）の朝日新聞

表1　「にちがいない」の接続の態様

	4月	5月	6月	7月	8月	9月	10月	計
名詞接続	4	3	3	2	4	3	2	21
動詞接続	5	6	6	7	8	7	5	44
形容詞接続	2	1	3	3	2	2	2	15
計	11	10	12	12	14	12	9	80

の社説における実際の出現状況をみると表1のようであった。(数字は出現頻度)接続の品詞別では動詞接続が一番多く、「にちがいない」が対象の行為、現象の発生に関与しつつ、観察の重心がおかれていることを示している。なお、推量を附加した「にちがいあるまい」も全体で12例が観察されている。これは確信の外側に「だろう」「まい」が位置することを示しており、かつ、読み手、聞き手に対する語りかけ的な要素を含むものである。

次に動詞(形容詞を含む)接続の形態を観察すると、表2のようであった。分布は多岐にわたるが、結果事態に対する確信(動詞タ形接続・ル形文末)が多くみられた。

表2 「にちがいない」の動詞接続の態様

	4月	5月	6月	7月	8月	9月	10月	計
動詞ル接続・ル文末	0	2	2	1	2	1	1	9
動詞タ接続・ル文末	1	1	2	3	3	3	2	15
動詞ル接続・タ文末	4	2	1	2	1	2	1	13
動詞タ接続・タ文末	0	1	1	1	2	1	1	7
計	5	6	6	7	8	7	5	44

さらに、同上7ヶ月間の新聞の社説にあらわれた「のは間違いない」「のはまちがいない」「ことはまちがいない」の分布、出現状況は表3のようであった。「まちがいなかった」の用例はなかった。「のはまちがいだ」は一例観察された。表1と比べてかなり広範な分布を示していることが分かる。一般的にいえば「こと」は「の」の場合と比較してより情報としての共有値が高いという説明にとどめ、「こと」と「の」の使い分けについてはここでの分析の対象としない。

表3 「{こと／の}はまちがいない」の出現分布

	4月	5月	6月	7月	8月	9月	10月	計
動詞ル形接続	1	3	2	1	2	3	2	13
動詞タ形接続	1	1	3	3	1	2	1	12
形容詞ル形接続	4	3	2	2	3	3	2	19
形容詞タ形接続	2	2	2	1	2	1	1	11
計	7	9	9	7	8	8	6	55

以下、若干の実例を示しながら説明を加える。(用例の日付は朝日新聞社説)
「にちがいない」
- (31) これで送金できるようになったとしても、北朝鮮の資金に対する監視の目はこれまで以上に強まるに違いない。　　　　　　　　　(07.6.17)
- (32) …沖縄の怒りの大きさを思い知らされたのだろう。首相や文科相が代わったことも大きいに違いない。　　　　　　　　　　　　(07.10.17)
- (33) 大衆に人気のあるブット氏と手を組んで政権基盤を強化したい。ブット氏の帰国を容認したムシャラフ氏には、そんな計算があったに違いない。　　　　　　　　　　　　　　　　　　　　　　　　(07.10.22)
- (34) 占領時代とか、GHQの押しつけとか今の若者世代にはピンとこない表現だろう。(略)そもそも敗戦や米軍による占領への屈辱感が根底にあったに違いない。　　　　　　　　　　　　　　　　　　　(07.5.2)

(34)では過去の経緯においてかかる事態が介在していたことは十分に想像されるという、可能性についての言及でもある。

- (35) 同盟国・米国に引きずられすぎているとの批判は、政権末期の大きな痛手となった。米国との間合いの取り方はブレア後の政権にとっても難しい課題になるに違いない。　　　　　　　　　　　　　　　(07.5.11)

(35)は将来において想定される懸念の表明であるが、(36)は「このように考える」という含みをもって、事態出現に対する期待感を表している。

- (36) 好業績が続く今こそ、未来への備えに力を入れるべきだ。新しい雇用関係をつくっていくことが、景気を息長いものにするに違いない。
(07.5.27)

期待感を表す例は、社説の帰結部分においてもしばしば観察された。

- (37) 何でも見てやろうという好奇心、そして普通の人々の生活や生命への共感、それをないがしろにする戦争や権力に抵抗する姿勢。小田さんの精神と生き方はこれからの時代にも通用するひとつの指針であるに違いない。　　　　　　　　　　　　　　　　　　　　　　(07.7.31)

これらの「にちがいない」は「ことが期待される」「ことを信じている」といった言い方に近い。一方、次のような例では話し手の感情移入が観察される。

- (38) 最近、海外旅行をした人たちはどこへ行っても物価が高いと思ったに違いない。これは正確にいうと、円の価値が低くなりすぎているのだ。
(07.7.4)

(38)の「に違いない」は行為主体の「最近、海外旅行をした人たち」と同時に、書き手、発話者の確信をも表している。こうしたいわば共鳴的な確信は、第三者を主語に立てて表すときに多くみられる。(38)はレバ条件節を受けて主文にあらわ

れた例である。
　　（39）　自民党が勝て<u>ば</u>、首相は懇談会の報告に沿って、集団的自衛権の行使容
　　　　　　認に踏み込む<u>に違いない</u>。　　　　　　　　　　　　　　　　（07.7.25）
なお、「にはちがいない」の用例が一つ見られた。これは「には変わりがない」の
ような言い方に近い。なお、「のにちがいない」は「のかもしれない」と同様に、
事態を何らかの根拠に基づいて想定する用法だが、多くは「の」は「から」に置き
替えられ、事由を説明するケースが多い。
　　（40）　4年前の状態に戻っただけ、と言えなくもない。だが、これが一つの節
　　　　　　目である<u>ことには違いない</u>。　　　　　　　　　　　　　　　（07.7.16）
「{の／こと} はまちがいない」
　ノやコト節を受けたもので、実際の社説にみられる用例では「にちがいない」よ
りも多く観察された。これらは最終的な結論としての判断表明である。
　　（41）　与党が勝てば、いまの制度を後押しすることになり、逆に民主党が勝て
　　　　　　ば、見直しを迫ることになるだろう。勝敗の分かれ目が、制度論議に大
　　　　　　きな影響を与える<u>ことは間違いない</u>。　　　　　　　　　　　（07.7.26）
（41）では前文の「だろう」をさらに補強、強化する言い方となっている。事態の
裏付けを証明するといった意図がうかがわれる。（42）、（43）は「言うまでもない」
に近い、強い判断表現となっている。
　　（42）　自衛隊の国民監視活動をあばくなどの調査活動、政治腐敗や首相の靖国
　　　　　　参拝を批判する論理の鋭さ。いまの共産党が、独自の存在感をもってい
　　　　　　る<u>ことは間違いない</u>。　　　　　　　　　　　　　　　　　　（07.7.19）
　　（43）　…この記憶のずれが、友好をうたいつつも、ぎくしゃくとしてきた日中
　　　　　　関係の根底に影響している<u>のは間違いない</u>。　　　　　　　　　（07.7.7）
　　（44）　約8兆円。復帰後、政府が昨年度までに沖縄の「振興開発」につぎ込
　　　　　　んだ資金である。道路や空港、港といった社会基盤が整備された<u>のはま
　　　　　　ちがいない</u>。一方、…　　　　　　　　　　　　　　　　　　　（07.5.15）
（44）のように、「のはまちがいないが、一方では」のように別の局面を述べる言い
方もしばしばみられる。
　　（45）　参院選をにらんで、民主党にも思惑がある<u>のは間違いない</u>。
　　　　　　　　　　　　　　　　　　　　　　　　　　　　　　　　　　　（07.6.8）
　　（46）　ことを荒立てずに、早く事件の幕を引きたい。そうした日韓双方の政治
　　　　　　の思惑があった<u>のは間違いない</u>。　　　　　　　　　　　　　（07.10.25）
　いったん、「ことは間違いない」と断定しておきながら、「しかし、だからといっ
て」のように後に反論を加えることもしばしば起こりうる。

(47) 元長官は買い取りを引き受けた動機として、「総連本部は北朝鮮の大使館としての機能を持ち、在日朝鮮人の権利保護の機能も果たしている」と述べた。そうした面があることは間違いない。しかし、だからといって、競売逃れにどんな手を使ってもいいわけではない。　　　(07.6.15)

次の(48)は「Xかもしれないが、(少なくとも)Yことだけは間違いない」のように、「かもしれない」と対照させながら、「こと(だけ)は保証できる」のように、最小限の絶対的事態を表明する言い方になっている。

(48) イチローは、年間200安打を「ノルマ」と公言する。自分に課した課題を一つひとつクリアしてきた証しは、大リーグの記録の中では地味かもしれないが、光り輝いているのは間違いない。　　　(08.8.18)

次の「のはさけられない」「のは必至だ」「のは必定だ」「のは否めない」などの事態出来の可能性を強く意識した表現も類似表現としてあげておきたい[1]。

(49) 食事は利用者の希望を優先する。しかし、変化に富んだ献立を思いつく高齢者は多くない。いまの仕組みでは栄養の偏りは避けられない。
　　　　　　　　　　　　　　　　　　　　　　　　　　　　　(07.6.5)
(50) 教員らには「内心の自由を縛っている」と反撥が強く、今後、不服審査の申立てや訴訟が相次ぐのは必至だ。　　　(04.3.31)
(51) 不法残留は犯罪と結びつきやすく、治安状況に影響を及ぼしていることは否めない。　　　(04.5.5)

「のに変わりはない」「には変わりはない」なども、「にちがいない」の、いわばより煮詰まった判断表現と意義づけられる。

4 「にちがいない」と「はまちがいない」にみる主観性の相違

「にちがいない」は「はずだ」が論理や既存の知識に基づいて考えた結果、得られた確信を表すのが基本であるのに対して、直感的な確信も表すことが特徴的である。一方、次のような観察や思考の結果の確信と現実とが食い違っている場合や、以前からの既存の知識にもとづいて納得する場合は「はずだ」しか使えない。

(52) 日曜日だから休み{のはずな／*にちがいない}のに、先生の研究室には電気がついている。
(53) 彼はアメリカに10年も住んでいたんだから、英語ができる{はずだ／??にちがいない}ね。

直感を表す「にちがいない」の用法は次のような例である。

(54) 彼を一目見て、誠実な人{にちがいない／*のはずだ}と思った。

「にちがいない」は個別の推量に基づく判断で、周囲の形勢によって期待や確信が得られる状況を表している。

(55) ワクチンの安全性や有効性は、使っているうちに分かってくることも多いに違いない。　　　　　　　　　　　　　　　　　　　(09.10.3)

では、「にちがいない」と「のはまちがいない」の異同はどのように記述されるべきであろうか。直感的には「にちがいない」は主観的な思い込みが背景にあるのに対して、「のはまちがいない」は「誰がみても」「少なくとも」などの副詞的成分の共起でも明らかなように客観的な判断、社会通念的な情報に基づく判断であることが観察される。たとえば、裁判官や検事が被告人に対して、

(56) あなたが盗みを働いたことは間違いない(ん)ですね。
　　　cf.?? あなたが盗みを働いたに違いない(ん)ですね。
　　　――はい、(私が盗みを働いたことは)間違いありません。
　　　　　cf.?? はい、(私が盗みを働いたに)違いありません。

のように事態を情報としていわば引用するような形で、最終的な判断を下すことがある。「にちがいない」は確認(問い返し)に限って疑問文の成立を許すが、「のはまちがいない」は常に疑問文が可能であるし、応答文も当然ながらこれにしたがう。以上から、「にちがいない」が思考の途上にあるのに対し、「ことはまちがいない」はいったん表面にあらわれた結果事態、事象を判断の対象とする。

さらに、顕著な現象として、二つの言い方については助詞の違いが指摘される。

(57) {彼は／も国へ帰った} にちがいない。
　　　cf.?? 彼が国へ帰ったにちがいない。
(58) a.　{彼が国へ帰ったこと}は間違いない。
　　b.　*彼が国へ帰ったことが間違いない。
　　c.　*彼は国へ帰ったことが間違いない。
　　d.　彼{は／も／が}国へ帰ったことは間違いない。
　　e.　彼は国へ帰ったことも間違いない。

「のはまちがいない」は判断文で、「のはまちがいだ」の否定判断を表す。外界、眼前の事態を確認したうえで、最終的判断として意義づける言い方である[2]。つまり可視的、視認的状況から確実だと思われる判断が下されるのである。

(59) 「これをよく見てください」私の頭の中身を試すテストであることは間違いなかった。　　　　　　　　　　　　　　　(荻原浩『明日の記憶』)

「こと(だけ)は間違いない(事実だ)」のように付加語をともなうこともある。

(60) 猿渡がどういう人間か、私も実はよくは知らんのですが、古銭好き、骨董好きであることだけは間違いない。　　　(奥泉光『モーダルな事象』)

また、「まちがいない」の前には「とみて」「と推量して」のような判断材料として

の注釈成分がつきそうことがある。

(61) 島にいたのは岡山や姫路の連隊から来た病人だけだったから、そんなに酷いことはしてないだろうね。七三一部隊がやったような悪質なのはなかったと見て間違いない。　　　　　　　　（奥泉光『モーダルな事象』）

(62) 士官学校に通っていた自分、よく鎌倉に現れ、そこで二人のあいだにやさしい感情が芽生えた、と推測しても間違いではない。

（立原正秋『剣ヶ崎』）

(63) それは紛れもない廊下板の切れはしである。富士山と帆立舟と松原の模様が白い木地のまま残り、あとはすっかり黒こげになっている。これはお化けのような大きな火の玉が高空で閃く瞬間に、光の高熱が擦り硝子の模様だけ残して廊下板を黒こげにしたのだろう。その板ぎれを爆風が吹きあげて川か海に撒き散らしたものだと判断して間違いない。

（井伏鱒二『黒い雨』）

目の前にある客観的な材料をもとに裁断する「とみてさしつかえない」なども、判断の妥当性を明示するものである。これは「とみてよい」などの評価判断を表す表現とも類似する。

なお、会話にあらわれる「のと違うか」「のと違わないか」((64)では「のと違わんか」)という働きかけ文では「(の)だろう」「(の)ではないか」といった強い確認を聞き手に要求し、話し手の確信を表す。

(64) 「あのとき見舞に来てくれたのを忘れたかとは、そりゃあ誰に向って云う言種な。あたしが云う言葉じゃなかったのと違わんか」

（井伏鱒二『黒い雨』）

5　対照研究からの考察
　―「にちがいない」と「はまちがいない」

ここでは中国語の対訳をみながら、比較検証の参考にしたいと思う。『小学館日中辞典』(第二版 2004)では次のような例があげられている。まず「にちがいない」の例からあげる(原文は簡体字表記)。

(65) 彼は日本人にちがいない。
　　；他一定(／肯定／必定)是日本人。
(66) 彼はきっと成功するにちがいない。
　　；他一定能成功。
(67) それはいい方法にはちがいないが、実行は困難だ。
　　；那的確是個好辨法、不過実行起来困難。

(68) 彼女もきみの本心はわかっているにちがいない。
　　；他也一定了解你的真心。
(69) 彼が社長であるのはまちがいないが、専務のほうが真の実力者だ。
　　；他確実是総経理。不是真正有実力的是専務董事。

ほぼ「一定」「肯定」に相当するが、(69)のような例では「はまちがいない」との併用がみられる。一方「のはまちがいない」をみてみよう。

(70) 実験結果が正しいことは間違いない。
　　；実験結果無疑是正確的。
(71) やつが犯人であることはまちがいない。
　　；毫無疑問那家伙是犯人。
(72) この絵が本物であることは絶対にまちがいない。
　　；毫無疑問這幅画是絶対是真跡。

「のはまちがいない」は「是正確的」「是絶対是」などの述語成分によって表される。また、「毫無疑問」などの副詞成分によっても表される。注意すべき点は中国語の「一定(是)」「肯定(是)」が「きっと(である)」という副詞成分でもあるという点である。また、「まちがいなく」のように副詞成分にもなるが、中国語では「肯定」(にちがいない)に訳される傾向がある[3]。

(73) あの会社はまちがいなく倒産するだろう。（；きっと）
　　；那家公司肯定会倒閉。

「まちがいない」(問題ない)が一語で用いられるのは、次のような例である。

(74) そこへ行くなら、彼女について行けばまちがいない。
　　；去那儿、跟他走没錯儿。

参考までに(16)、(30)、(63)の該当部分を再掲し、中国語訳をあげておく。

(75) 私の知覚はずいぶん性能が下落していたに違いない。　　((16)再掲)
　　⇒我的感覚器官的性能無疑已経低到極点了。

ここでは「無疑」(「うたがいなく」)という副詞成分によって表現されている。

(76) しかし実際は、みんなも僕と同じく次の空襲を怖がっていることに間違いない。　　((30)再掲)
　　⇒実際上。大家都和我一様。肯定在胆心再来一次空襲。

ここでは「肯定」(「きっと」「にちがいない」)で表現されている。

(77) その板切れを爆風が吹きあげて川か海に撒き散らしたものだと判断して間違いない。　　((63)再掲)
　　⇒可以断定這些砕木片是被大風巻起之後。撒落在江里或大海里的。

ここでは「可以(断定)」(「(断定)できる／してよい」)という可能表現で表わされている。「のはまちがいない」は「のは確かだ」「のは否めない」などの線上にあっ

て、話者の選択的(程度的)説明モダリティの一部を構成している。

6 「に決まっている」の意味と用法

　「にちがいない」とほぼ同様の言い方に、「に決まっている」がある。これまでの経験材料をもとに、現在考えられる最も真実に近い、とする判断である。

　　　(78)　あの人のことだから、きっと今日も遅刻するに決まっている。

「あの人は毎回遅刻する」という知識・情報がすでにあり、それを「ことだから」で提示して、なおその確証を述べている。これまでの経験的な認識に基づき、今回もまたその範疇におさまるという確信を表す。「にたえない」、「に忍びない」などと同じように、一般に「こと」や「の」を介さない動詞述語文で、事態の確証を表す文である。

　なお、興味深い点は、「にちがいない」と「ことはまちがいない」の対立と同じように、「に決まっている」が「ことに決まっている」「ことが決まっている」と対立関係をもっていることである。「こと」と共起する場合、「コトダ」が文末表示が可能なように、明らかに判断的要素をもつ。「決まっている」は実質的、客観的な意味を附与され、予定されていることが確実な事態であることを表している。

　　　(79)a.　彼は(あんなに無理をしていたら)入院するに決まっている。
　　　　　b.　彼は(来週から××病院に)入院すること {に／が} 決まっている。

「決まっている」は「決定している」という確認済みの事態で、結果継続の範疇にある。(79a)が形容詞的表現(「ことは明らかだ」)であるとすれば(78b)は動詞的表現(「ことが予定されている」)といえよう。

　主体が一人称の場合、「にちがいない」「に決まっている」は不自然である。

　　　(80)　私が彼に頼んだことは間違いない(コトダ)
　　　　　cf. ?? 私は彼に頼んだに違いない(コトダ)
　　　(81)　私は××医大病院に入院すること {に／が} 決まっている(コトダ)
　　　　　cf. ?? 私は××医大病院に入院するに決まっている(コトダ)

「に決まっている」は誰がみても当該事態の実現、存在確率がきわめて高いことを表わす。

　　　(82)　狼狽したような声で、禎子が帰ったら、すぐ来てくれ、というのは、よくないほうに決まっている。　　　　　　　（松本清張『ゼロの焦点』）
　　　(83)　…誰だってあのときは仕方がなかった。肺を侵されているし、監獄に入れば死ぬに決まっていた。しかし、心から日本官憲に屈服したのではない。あれは見せかけなのだ。偽装「転向」だ。（松本清張『北の詩人』）

(83)では前文にあらわれる「(どうせ)しかたがない」という諦念をさらに補強し

たものである。
　次の(84)の「のは」は「というからには」のように命題化がみられ、当然、そうであることを主張している。
　　(84)　狼狽したような声で、禎子が帰ったら、すぐ来てくれ、というのは、よくないほうに決まっている。　　　　　　（松本清張『ゼロの焦点』）
　こうした主張文は、むしろ会話文において、より明確にあらわれる。
　　(85)　「でも失業のない社会は、それにおびえる社会よりもいいに決まってますわ。努力すればその努力がむくわれる。生まれながらの不平等の支配する世の中よりその方がいいにきまってますもの」（高橋和巳『堕落』）
(85)の例では比較表現をもって絶対視した言い方になっている。いずれも前件の条件節を受け、予期される当然の帰結を表明したものである。「いくら…ても」節や「どうせ」などの共起成分とともに悲観的な予想を表す。
　　(86)　いくらがんばったって、どうせ断られるにきまっている。
これはまた、悲観表現「のがオチだ」「のが関の山だ」などと同様の心情を表す。
　　(87)　今頃出かけて行っても、門前払いにされるのが｛オチだ／関の山だ｝。

7　「にかたくない」「のはかたい」「っこない」の意味と用法

　一種の判断表現となった確信的な表現をみていく。「かたくない」は「想像にかたくない」「察するにかたくない」のように、「にかたくない」の前に「想像」「推測」などの名詞、「推測する」「想像する」などの動詞しかあらわれない。
　「かたくない」は「困難ではない」、すなわち、当該事象に対して比較的判断が容易であることをさしだす言い方である。
　　(88)a.　車社会が凶悪な犯罪を誘発することは、予想にかたくない。
　　　　b.　捜査に従事した人々の心境も察するにかたくない。
　　　　c.　彼が出世したくて専務に近づいたことは、想像するにかたくない。
これらは「車社会」、「捜査に従事した人々」、「彼」の現状、経緯、性格をふまえたうえでの評価判断をくだす言い方になっている。不定疑問詞を用いた間接疑問文もとることができる。
　　(89)　……人々の心境がどれほどのものであるか、も察するにかたくない。
なお、「のにかたくない」のように補文にノを介して言うことはできない。
　　(90)　彼が専務になぜ近づいたか、は想像するにかたくない。
　　　　　cf.??彼が上司になぜうまく取り入ったか、は想像するのにかたくない。
一方、「にかたくない」の談話的な機能としては当該対象者に対して同情や共感、

共鳴を表すことがあり、「にやぶさかではない」という言い方に近い。
　(91)　豊かな国に憧れる貧しい国の人々の気持ちは理解するにかたくない。
「理解するにあまりある」「理解してあまりある」といった感情を表す。
　(92)　カルト教団に息子、娘を奪われた親たちの悲憤は察するにかたくない。
主として書き言葉にあらわれるが、次のように会話でも用いられる。
　(93)　過去を詮索してもはじまらない。彼だって、必死で打開策を模索していることだけは想像にかたくないね。

　一方、肯定形式である「のはかたい」は、「のは確実だ」「のは必至だ」のように、実現の確率、可能性が高いことを表す。「かたい職業」のような形容詞の意味用法からの派生とみられる。名詞に接続することもある。
　(94)a.　彼の実力ならば、予選を勝ち抜くのはかたい。
　　　b.　今季も、日本ハムファイターズのリーグ優勝はかたい。
プラスの事態に限って用いられ、次のような言い方は不自然である。
　(95)　このままだと、彼が {*遅れてくる} のはかたい。
口語表現で「っこない」は、不可能を表す表現である。「ことはあり得ない」「はずがない」という、事態実現のマイナス的側面を判断評価したものである。
　(96)a.　明日までに仕上げろだなんて、私には到底できっこない。
　　　b.　安全運転の兄に限って、事故なんか起こしっこない。
　最後に、以上あげたもの以外に「にちがいない」「はまちがいない」の周辺に位置する確信的意味を表す表現をみておこう。一つは確信というよりは"思い込み"に近い主観判断として、「ものと思う」がある。この「もの」とは「ものとばかり」のように話し手主体の内部における普遍的な感情母体にほかならない。
　(97)　鵜原君は上野に着いて、お宅にまっすぐに帰ったものと思っていました。
　　　　　　　　　　　　　　　　　　　　　　　　　（松本清張『ゼロの焦点』）
　(98)　僕は鵜原さんが翌日事務所に来るものと思って待っていたのです。
　　　　　　　　　　　　　　　　　　　　　　　　　（松本清張『ゼロの焦点』）
もう一つは義務を表す「なくてはならない」である。
　(99)　もっと深いもの、もっと殺人の動機となるような深いものがなくてはならない。
　　　　　　　　　　　　　　　　　　　　　　　　　（松本清張『ゼロの焦点』）
(99)は、「あってしかるべきだ、あるはずだ」という確信を表している。

8　おわりに

　本章では「にちがいない」の意味機能を再検証すると同時に、これまで詳しく比較検討されることのなかった「(の)はまちがいない」、さらに「にきまっている」

「にかたくない」などと、「ことはきまっている」「(の)はかたい」などの表現との比較もおこなった。ノ、コトが介在しない接続形式ではもっぱらモダリティ的な性格が押し出され、ノ、コトが介在する接続形式では判断的な表現が共通して観察されることが分かった。これはノ、コトが名詞化の機能をもち、観察記述の事柄を客体化し、属性的な性格として意義付ける働きが背景にあると思われる。これに対して、ノもコトも介在しにくい形式ではより複合辞化が進んだものである。

<φ>接続	<こと・の>接続
～にちがいない／のにちがいない	～ことは間違いない／確かだ／確実だ、…
～にきまっている／のにきまっている	～ことはきまっている／分かっている、…
～にかたくない／??のにかたくない	～のはかたい／疑いない／明らかだ、…
(「の」は一般に入りにくい)	～のは必至だ／必定だ／決定的だ、…

なお、「のはまちがいない」「にちがいない」、および「だろう」「はずだ」との包摂関係を考えれば、次のようになろう。

[[犯人は現場近くに潜んでいる] **ニチガイナイ**] [?ダロウ／?ハズダ]。
　　　　　　　　　　　　　　　〈推量的確信〉　　　〈推量／内省〉
[[犯人が現場近くに潜んでいる] **ノハ　マチガイナイ**] [ダロウ／ハズダ]。
　　　　　　　　　　　　　　　〈確実性判断〉　　　　〈推量／内省〉

判断の「ノハマチガイナイ」には「ダロウ／ハズダ」は後接しうるが、「ニチガイナイ」には同じ推量系の「ダロウ／ハズダ」の後接は無理があることが分かる[4]。こうした表現の比較分析はこれまでのモダリティの研究では空白であった印象が否めない。言語行動とともに思考行動の言語形式として眺めた場合、とくに確実性判断の特徴をどう位置づけるかは、前章で扱った「(行く)かもしれない」「(行き)かねない」と「(行く)可能性がある」「(行く)恐れがある」などの考察と連繋していくものである。

注

1　「ことは許されない」などを含め、語彙的な可能表現が事態の確信、信憑性を表すことがある。「のは避けられない」「のは欠かせない」「のは否めない」なども本考察では確信判断に近いものとみなす。

2　主題の評価判断を意義づける形容詞類の述語表現には次のようなものがある。
　　・〜のは当然だ、確かだ、明らかだ、正しい、間違いだ、
　　・〜ことが大切だ、必要だ、急務だ、肝要だ、
　　・〜のももっともだ、やむをえない、仕方がない、
　　・〜のが常だ、筋だ、関の山だ、常識だ、
「はまちがいない」はこうした評価判断の一類型とみなされる。

3　ここでは中国語を比較観察の対象としたが、「にちがいない」には「そのようになる」といったナル的な心情が内在しているように思われる。英語の must, タイ語の tɔ̂ŋ は「義務」の用法をもつと同時に、確信を表す用法でもあるが、日本語の場合、義務は「なければならない」で区別される。
　　・彼は今日の午後、家にいるにちがいない。(#家にいなければならない)
　　　　kháo　ca　tɔ̂ŋ　yùu　thîi　bâan　bàai-níi
　　　　彼　　will　must　いる　に　家　　午後―この
　　・あなたの成績なら合格するにちがいない。(?? 合格しなければならない)
　　　　phǒnkaan-rian　yàaŋ　khun　la-kɔ̂　ca tɔ̂ŋ　sɔ̀ɔp-dâi　nɛ̂ɛ-nɔɔn.
　　　　成績　勉強　　ような　あなた　なら　will-must　合格―できる　きっと
この場合、未来時制マーカーの ca を一般に必要とする。次のような日本語の「と言わなければならない」と「にちがいない」の交渉、意味の本質をめぐっては、文脈上の比較考察が必要であろう。
　　・成功の裏には技術者たちの並々ならぬ苦労があったと言わねばならない。
　　；成功の裏には技術者たちの並々ならぬ苦労があったに違いない。

4　今回の調査では「だろう」「まい」は「にちがいない」よりも「はまちがいない」に後接するケースが多くみられた。「はまちがいない」が素材目当ての判断であることを裏付けている。

第4章　言語行動論からみた発話行為と文法
── 〈禁止〉の構文をめぐって

1 はじめに

　発話行為はどのように構築され、伝播してゆくのか。言語行動を具現化する発話行為を文法事象としてどう記述するのか。さらにその方法論は個々の文法記述とともに文法の行動学的研究にどう貢献するのか。その新たな地平を模索してみたい。
　これまでの文法研究は文法事象、文法項目を結果態、すなわちあらかじめ与えられた既成のモデルとして認知し、その生産性、互換性を検証する、あるいは整合性を再確認するという意識のもとに行われてきた。言語教育(母語教育、外国語教育)もまずはその規範性を重視するところから出発する。しかし、言語の本質はつねに流動的で、人間主体の立場から個々の行動をつぶさに観察していくならば、そこにはさまざまな場面と視点が介在し、習得の過程も方法も多様である。文法現象をとりまく環境には人間関係や記憶、初動動作の個人差などが常に内在する。こうした点を考えると、文法研究もまた周辺の知識、情報をどう取り込み、人間性と環境を重視した体系の再構築をいかにはかるかが重要な関心事になってくる。言語行動、文型といった言い馴らされた用語をもう一度検証し、文法研究との連携を再考していくことは大きな意義があろう。
　なお、ここでいう言語行動とはある場面、たとえば交渉や謝罪といった場面、あるいは買物、旅行といった想定可能な場面をさし、発話行為とはその個々の場面での具体的形態としての構成因子を意味する。極端なことをいえば、無言や沈黙もまた発話行為の一環である。非言語コミュニケーションである、咳ばらい、息吸り、溜息、深呼吸、貧乏ゆすり、まばたき、首まわし、などの個人的な癖も言語の外在性を意味づける因子になりうる。さらに時計を見たり、携帯の着信を確認したりするといった所作も、場面によっては相手に働きかける行為に数えられるだろう[1]。
　近年の言語行動(本章では「言語行為」よりも具体的で広範な意味として用いる)の捉え方はコミュニケーション、伝達的要素を踏まえながら実存的な把握を要請している。言語行動と発話解釈は多言語・複言語社会にあっては、慣習か規約かとい

う命題を常にはらみ、有標、無標の形式を問わず発話内、発話外双方の意味の確証が欠かせない。そこには行為を拘束する規定、あるいは主張や心情表現といったレベル(重層的な意図)が内包され、コミュニケーションの構造と事象に即した具体的な記述が現実的な意義をもつ。

しばしば日本語は高コンテクスト文化とされ、場の認識が重要な意味をもつ。主観と社会通念は常に競合し、伝達フレームの流動性とあいまって、発話形成と表現機能の双方には相応のズレが生じかねない。日常社会にみられるさまざまな情報供与は、報告、希求、疑念、確認など多様な言語行動をグループ分けする。指示概念は文化・社会背景の交差のなかで、「意味の複合系」として直接的明示にもなれば擬似的な明示にもなりうる。現代の多言語・複言語社会のパラダイム構築にあっては、〈禁止〉という言語行動の内実一つをとってみても、さまざまな制約と意図を有していることは言うまでもない。本章は今後要請されるであろう言語行動の対照分析をも視野に、〈禁止〉という指示的な伝達行為を待遇レベルを意識しながら、これを文法研究の中に取り込もうという姿勢から出発する。

2 直接発話行為と間接発話行為

序章において、文型を多面体、多義的構造としてみるという立場を述べたが、今日の言語研究は語用論を視野においた認知言語学の潮流に移っており、その一方で文化的、行動的な発話行為に裏付けされた文法研究が模索されねばならない。

本章では〈禁止〉という、非常に多様な表現様式が、言語生活において具体的、かつ行動学的に出現する個々の発話行為を手掛かりに、これをいくつかの文法現象としてとらえ、聞き手と共有する場面性を意識しながら記述を試みたいと思う。

働きかけを表すモダリティのうち、禁止は通常は聞き手に直接向けられるものであるが、その伝達・説明の仕方にはいくつかのレベルがみられる。たとえば、公園などの公の場所に表示されているものにも違いがみられるし、直接個人に向けられるもの(対面行為)か不特定多数に向けられるもの(非対面行為)かによっても種々の表現形式が選択される。たとえば、「ゴミを捨てる」という行為に対する禁止、注意・忠告はさまざまなレベルで表される。

(1) a. ここにゴミを捨てないでください。
　　b. ここにゴミを捨ててはいけません。
　　c. ここにゴミを捨てることは禁止されています。
　　d. ここにゴミを捨てることを禁ずる。
　　e. ゴミを捨てるな。

f. ゴミ捨て禁止。
……

「ないでください」「てはいけません」のように場面を具体的な行為の制止としてとらえたものや、「駐車厳禁」「部外者立入禁止」「禁煙」などのように漢字で表現することもあれば、車内での携帯電話の使用を自粛させるためのデザインマークなどもある。われわれはこうした表現や標示から適切な行動を選択し、意志決定するわけであるが、その受け止め方は必ずしも一様ではない。また異文化背景をもつ学習者にとっても理解度は一様ではないだろう。言語による伝達、コミュニケーションは一見、理解可能なようにみえても、そこにはいくつかのバリアー(障壁)がある。発話者の目論見がそのまま均質的に伝達、受容されるわけではなく、状況によっては柔軟な選択の余地も残される。それはまた円滑なコミュニケーションを支える"遊び"ともなる。

われわれは行動を発動、展開していくにあたっては、最小限の共有理解をめざし、あるいは最小公倍数、最大公約数的な判断(いわゆる社会的な通念、常識という尺度がそれであろう)をもとに行動を発動、展開する。とはいえ、基本的な意味概念がすでに共有理解されているというわけではない。言語研究はこうした人間の思考、行動の襞に潜むもろもろの表面化しにくい諸問題を再検証するものであり、とくに近年の伝達手段の多様化にともなう意思齟齬の現況にあってはその明晰な見きわめと共有の探究は重要課題であるといえよう。現代における言語研究の使命の一つは、政治家の失言をはじめとして人間の言語行動をできるだけ精査し、誤認・誤解回避を含めた危機管理の処策を考えることにある。以上は同時にモダリティ研究の、また本考察の基本的な出発点でもあることを確認しておきたい。

3 〈禁止〉の標示(表示)・標識の実態

われわれの身辺はさまざまなルールによって規律が守られている。その内実はたとえば自宅から勤務先にいたるまでの空間(路上、駅構内、電車、バスなど、さらにはパッケージや処方箋に書かれた注意書きなど)に様々な禁止にまつわる標示(標識)、表示によって占められていることが了解される。以下に、その中から無作為的に抽出してみると、次のようなものである。(濃字部分)

(2) 無断持ち去り**厳禁**。幼児の一人乗り**禁止**。駐輪**ご遠慮ください**。路上喫煙**禁止区域**。〇人身事故多発のため自転車からおりて通行しましょう。社員出入り口での喫煙**を禁止します**。出退勤時、駅と店のあいだの"くわえたばこ"**はやめましょう**。エスカレーターのかけあがり**はおやめください**。ベビーカー・カーシート禁止。子どものひとり乗り**禁止**。駅構

内でのおタバコ**はご遠慮ください**。かけこみ乗車**はおやめください**。〇開くドアにご注意ください。〇電車は事故防止のため急停止することがありますので、つり皮や手すりにおつかまりください。係員以外は手を触れ**ないでください**。未成年者の喫煙は法律で**禁じられています**。〇優先席付近では携帯電話の電源をお切りください。マナーモードに設定の上、通話**はご遠慮ください**。ここは通路ですから、立ち止まら**ないでください**。危険物持込禁止。バスが止まるまで立た**ないでください**。〇あぶない！走行中の席の移動は危険です。このせきには小さなお子さまは**おかけ**に**ならないでください**。危険ですからステップに立た**ないでください**。法令により次の行為**は禁止されております**ので、ご協力ください。走行中、みだりに運転手に話しかけ**ないこと**。…〇偽造カードを使用すると刑法により罰せられます。〇直進**できません**。アルコール類は薬の作用を強めることがありますので**避けてください**。あぶないので幼児の近くには置か**ないようにしてください**。……

　これらは観察の一端にすぎないが、それにしても何と夥しいほどの指示注意であろうか。なかには（〇）印のように禁止の表現で明示することなく、指示行為によって事態を回避させようとするものもある。図柄に施された×や斜線の印は「やってはいけない」行為を表している。リュックなどの荷物の持ち方、携帯電話の使用制限など、一般の外国人にとって異国から日本に立ち入った瞬間からこの国の過保護とも思われる情報の氾濫に驚かされることがあるという[2]。標記・標識の過剰さだけではない。駅構内のアナウンス、放送もしかり、日本の集団主義的なルール、甘えの構造が見え隠れする。翻って、こうした過剰なまでの注意、禁止の標識の一方で、逃げ道もまた思量される。昨今の社会にはびこる偽造、改ざん、隠ぺいなどの不祥事は、こうした過剰な情報とは対照的に自己管理の甘さも指摘されている現状がある。こうした事情を考えると、〈禁止〉の表現には伝達する側とされる（受容する）側の双方の最小値の拮抗のうえに成り立っているといえよう。そして、ここには日本固有の言語習慣の風土、土壌が垣間見える。

　いうまでもないが、〈禁止〉の領域は話し手と聞き手に常に平等均質に共有されているわけではない。ところが、情報の発信側と受信側にとっては、事態の深刻さの受け止め方には自ずと温度差がみられ、齟齬を生じることも珍しいことではない。表面的な文法記述にだけ頼っている限り、ややもすると一方だけからの解釈に膠着してしまう可能性が高いこともまた事実である。まして文化的背景が異なれば、日常生活の中の「ゴミ出し」一つとっても一様にはいかない。

　たとえば、次の標示を例に考えてみよう。

　（3）a.　ハトにエサをあげないでください。

b.　公園に犬を連れ込むことを禁じます。
情報の発信側は「ハトにエサをあげる」こと、「公園に犬を連れ込む」ことをルールに違反した事態として解釈し、当該認識を前提とした表示がなされている。(3a)の例はエサをあげることによって生じるさまざまな被害を念頭におきながら、行為の自粛を呼びかけている。(3b)の例もみんなが気持よく遊べるように、という前提があって、それの障害となる行為を排除する、といった意味で述べられている。〈禁止〉はこのように安全や平穏を脅かす行為を排除する、といった共通した利益的意味を有している。一方、情報の受信側である当事者においては初めてそういう情報を知った、あるいは今まで知らなかったという事態も考えられる。その意味では〈禁止〉表現には時間的な認識のずれを回避できない側面がある。
　なお、少し注意すれば了解されることであるが、〈禁止〉には事前の警告と、行為最中の制止とが考えられる。また、事前の警告においても
　　（4）a.　危ないですから手を触れないでください。
　　　　b.　まだ帰らないでください。
の二つのケースが考えられる。(4a)は「手を触れる」行為の前に予め禁止を呼びかけるもの、(4b)は「帰ろう」とする行為に向けて制止する発話行為である。前者には
　　（5）a.　この先道路幅員が狭いため、通過車両はご遠慮ください。
　　　　b.　駐車する場合は必ず前向きでお願いします。
　　　　c.　（コピー使用中は）ランプの光をみつめないでください。
　　　　d.　火災や地震時などの避難にはエレベーターを使わないでください。
　　　　e.　防火戸の前には、閉鎖の障害となる物品を置かないこと。
といった身辺の情報が多くみられるが、実際に行動に移していない状況では、操作方法などの具体的な意味がつかめないという事態も十分考えられる。
　以上の観察から考えれば、身辺の行為がどの基準で〈禁止〉の領域を満たし、適切な表現を選択しうるかとなると、相互に均等な理解は保証されにくい。まして、文化習慣が異なれば、ご遠慮ください、といった行為ははたしてどこまで許されるのか、外国人にとっては悩ましい問題でもある。〈禁止〉表現を観察する際には、絶対値と相対値が厳然として存在することを確認しておく必要があるだろう。
　一方、語用論の立場から、間接行為としての発話が聞き手、読み手に働きかけるという現象がある。よく引き合いに出される例に、
　　（6）a.　寒いね。
　　　　b.　おなか空いたね。
　　　　c.　ビールは一本しかないの？
といった問いかけ文がある。これらの内実はただ事実だけを言う場合もあるが、共

有的状況が認知されていれば、「窓を閉めよう」「ストーブをつけよう」といった促しや、「どこかで腹ごしらえしようか」といった誘いをかける前触れ、「一本だけでは足りない」といった不満や催促に解釈されることもごく自然である。同様にしていえば、パッケージに記されたコピーにも多くが間接行為的意味を内包する。

　（A）　未成年者の飲酒は**お断わり**。飲酒は 20 歳を過ぎ**てから**。飲酒運転は法律**で禁止されています**。妊娠中や授乳期間の飲酒は胎児・乳児の発育に悪影響を与える**おそれがあります**。お酒は**なによりも**適量です。のんだ**あとは**リサイクル。…

某酒造会社の広告にはこうした説明文が記されているが、それぞれ言い替えれば

　（B）　20 歳にならないとお酒を飲ん**ではいけません**。飲酒運転をし**てはいけません**。妊娠中や授乳期間は飲酒を**しないほうがいいです**。お酒は飲み過ぎ**てはいけません**。のんだあとは空き缶は捨て**ないようにしましょう**。…

といった表現になる。前者（A）を間接行為とすれば、後者（B）は直接行為にもとづく発話であるが、語学教育においては双方向の意志疎通を考慮しておよそ後者の直接行為に基づく発話の習得に力点が置かれる。前者には含意やぼかしといった文化的、習慣的要素が介入するために、言語構造そのものの理解習得にはとりわけ初学者にとっては障害が大きすぎるからである。ここでは「てから」「あとは」という時間の前後表現、「おそれがあります」という推量や可能性を表す表現、さらには「禁止されています」「なによりも」といった語彙的成分までも働きかけの重要な要素になっている。こうした現象はわれわれの言語生活を見回しても枚挙にいとまがない。従来の文法教育では言語の内在性を重視して、（A）のようなケースは（B）のいわば周辺表現として扱われることが多かったが、さまざまな文化接触や対人関係の多様化がすすむにつれ、（A）のような運用解釈が重要な意味を帯びてきたことは否定できない。

　（7）a.　背中の荷物**に注意**。リュックは手に持つか網棚へ。
　　　 b.　一人でタクシーに乗る**のは危ない**。
　　　 c.　むやみに体を乗り出す**と思わぬ怪我をすることがあります**。
　　　 d.　黄色い線の内側まで**お下がりください**。

などの文も警告や注意が、「満員電車の中ではリュックを背負わ**ないようにしよう**」「一人でタクシーに乗る**のはやめよう**」「むやみに体を乗り出し**てはいけない**」「黄色い線の外側に出**てはいけません**」といった禁止行為の呼びかけにほかならないが、母語話者では何の疑いもなく受容可能なこれらの表現が異言語背景の聞き手によっては言語事実のみを表していると認識される場面もまた十分に考えられる。

　このような間接表現の多様さは、日本社会がいわば均質的なものとして認知されており、直接言わなくても本意を察する習慣があることを示しているが、一方では

状況や場面によっては効力を発しなくなることも考えられる。すなわち、ストレートに言われなければ行動しないといった猶予(甘え)を産み出すことにもなる。

表現の簡潔性(指示行為)よりも曖昧性(配慮行為)を重んじる背景には、日本社会の集団主義的な表現風土、感性的土壌があり、最終的な行為判断は個々の言語使用者(話し手と聞き手)の選択決済にゆだねられる。日本的な発話スタイルにおいては「ちょっと」や「どうも」といった間接発話行為に象徴されるように、直接発話行為は対話を構成していくうえで、必ずしも有効打とはなりえない。

以上のような言語表現の含意する行動習慣を考えた場合、例えば(7c).「ことがある」を額面通りに傾向や頻度を表す、と理解していても、実際の運用からは程遠い情報になってしまう。

さらに、初級後半で埋め込み文(「の」の用法)を導入する際に、

(8)a.　みんなで食事する**のは**楽しいです。
　　b.　私は料理を作る**のが**上手です。
　　c.　あの人はパソコンを打つ**のが**速いです。

といった表現は構造と意味だけを理解しても、それが話し手の提案(「だから**一緒に食事しよう**」)なり、申し出(「今度作ってあげ**たいです**」)なり、勧め(「だからあの人に頼ん**でみたら**」)といった場面の展開や事態の解決に円滑につながっていく保証は、必ずしもない。言語習慣が言語行為を囲繞している以上、文法研究もまたその表現が話し手だけの文法から聞き手の文法と共有する、つまり自立したコミュニケーション能力をささえる知識として再検討していく必要がある。

こうした点も考慮にいれながら、以下、「てはならない」を中心に禁止表現のいくつかを検証する。なお、「てはならない」は基本的には「てはいけない」とほぼ同様の形式とみなす。

4　不特定多数者を対象とした〈禁止〉表現

禁止情報が差し向けられる対象には、対面的な直接指示と不特定多数者を対象とした間接指示とがある。ここでは主に後者について考察する。

4.1　〈禁止〉表現のレベル

われわれの身辺にみられる禁止の表現はほとんどが、不特定多数者に向けられたものである。禁止が緩やかなものもあれば、強いものもある。駅前の駐輪禁止も最後の強行手段を実行するまでにはいくつかの表現のレベルがみられる。

(9)a.　駐車はご遠慮ください。
　　b.　駐車を禁じます。

　　　　c.　お客様以外の駐車は固くお断りします。
　　　　d.　無断駐車された方に不利益なことが生じる場合がございます。
　　　　e.　駐車した場合は強制撤去します。
この場合、「駐車するな」「駐車禁止」という表現よりも、上記のような」表現が選択されるのは、感情的な表出を極力抑えたいためであろうし、自発的な行為を尊重・期待してのことであろう。表現の"閾値"は事態の対応とともに比例していく。ここにも直接発話、間接発話といった言語文化習慣の相違があらわれているが、表現のレベルはその社会に生活してみなければ分からないという実態もある。直接共有されやすい表現形式としては「Xという行為を禁止する」という意味で、公共的な表示がもっとも明瞭なものである。
　　（10）　立入禁止、持ち込み禁止、歩きタバコ禁止火気厳禁、駐車禁止、
また、以下の禁止表現も直接発話行為の典型である。
　　（11）a.　ここに停めるな
　　　　b.　犬のフンを放置するな
　　　　c.　振り込め詐欺を許すな
一方、これらの表現の選択にあたっては、状況をみながら、段階的に表示のレベルを強めていくという方法がとられる。例えば一般的には(11)よりは、
　　（12）a.　ここに停めないでください。
　　　　b.　犬のフンを放置しないでください。
　　　　c. ??振り込め詐欺を許さないでください。
といった丁寧体の「ないでください」が用いられる。ただし、(12c)は非用に近い。本章で主としてあつかう「てはいけない」「てはならない」は(12)の次のレベルに位置するものと考えられるが、さらに丁寧度を配慮したものでは、
　　（13）a.　出入り口につき、駐車はご遠慮ください。
　　　　b.　車内での携帯電話のご使用はご遠慮願います。
のような婉曲的な禁止表現が選択される。次のような注意も参考に付した英訳では全面否定の受動表現が用いられ、日本語よりも禁止が強調される傾向がある。
　　（14）　コンピューター室内での飲食は禁止です。
　　　　　：No food or drink is allowed anywhere in the computer clusters.

4.2　対照研究からのアプローチ―タイ語の場合

　日本語の禁止表現を考察するに当たって、外国語との対照比較はそれぞれの特徴を知るばかりでなく、普遍的な基準値をさぐるうえでも有益である。ここではその例として、タイ語の禁止表現を観察してみたい。禁止表現は、タイ語でも直接、間接の使い分けが明確にあらわれることがある。[3]

(15) a. hâam　　cɔ̀ɔt　　rót.
　　　　禁ずる　停める　車：駐車禁止
　　b. hâam　　sùup　　burìi.
　　　　禁ずる　吸う　煙草：禁煙
　　c. hâam　　khâo　　bùtkhon-phaai-nɔ̂ɔk.
　　　　禁ずる　入る　人–外部：部外者立入り禁止

タイ語の動詞 hâam は日本語の「禁ずる」に相当するが、聞き手全般に対して常識的な情報を提供する。上記例は駐車場や病院、工事現場などで見かけるものである。一方、タイ語には次のように文頭に yàa を用いた禁止表現がある。

(16) a. yàa　　cɔ̀ɔt　　rót　　thîi-nîi　ná.
　　　　～な　停める　車　　ここ　　終助詞：ここに車を停めないでね。
　　b. yàa　　sùup　　burìi　ná.
　　　　～な　吸う　　煙草　　終助詞：ここで煙草を吸わないでね。
　　c. yàa　　khâo　　hɔ̂ŋ　　ná.
　　　　～な　入る　　部屋　　終助詞：部屋に入らないでね。

文末に終助詞相当の語気詞で日本語の「ね」に相当する ná を併用する点でも会話的である。これは(15)の hâam に比べて直接的、対人的行為であり、たとえば、よく嘘をつく人に対しては牽制気味に、yàa を文頭に用いた表現が選択される。

(17) yàa　　koo-hòk　ná.
　　　～な　嘘をつく　終助詞　：嘘をつかないでね。

こうした対面的な場面では動詞の hâam はほとんど用いられない。さらに、「てはいけない」「てはならない」はタイ語では不可能表現で表されるのが普通である。

(18) a. cɔ̀ɔt　　rót　thîi-nîi　mâi-dâi　　(ná).
　　　　停める　車　ここ　　できない　　(終助詞)
　　　　：ここに車を停めてはいけません。
　　b. sùup　burìi　thîi-nîi　mâi-dâi　(ná).
　　　　吸う　煙草　ここ　　できない　(終助詞)
　　　　：ここで喫煙してはいけません。
　　c. khâo　hɔ̂ŋ　mâi-dâi　(ná).
　　　　入る　部屋　できない　(終助詞)
　　　　：部屋に入ってはいけません。

したがって、タイ人にとっては「ここに車を停められない」と「ここに車を停めてはいけない」が同一表現レベルで表されることになり、次のような誤用が生じることもある。

(19) khun koo-hòk mâi-dâi (ná).
　　　あなた　嘘をつく　できない　(終助詞)
　　　：??あなたは嘘をつくことができませんよ。

個々の禁止表現を扱う際には、こうした他言語との比較対照も理解の大きな助けになると思われる。以下では禁止表現の代表的な形式の一つである「てはならない」とその周辺にある諸表現について言語行動論、発話行為の面から再検証する。

5 「てはならない」「てはいけない」の意味と用法

　日本語教育では「てはならない」よりも「てはいけない」が不許可「てはよくない」という複合辞として、許可を表す「てもいい」の対立表現として導入される。(20)のように許可求めの言い方「てもいいですか」の否定的な応答文として用いられる。

(20)　ここに車を停めてもいいですか。
　　　——はい、停めてもいいです。[許可]
　　　　いいえ、停めてはいけません。[不許可]

「てもいいです」「てはいけません」は結果としては可能、不可能な事態を表す。これらの「ても」および「ては」は複文に拡張され、譲歩構文、条件構文として用いられる[4]。なお、「ては」については、

(21)　ここに車を停めるのはよくない。

のように「ここに車を停めること」のように命題化し、それについて説明判断する「よくない」が発話者の意思表示となった言い方がある。「は」は一般に話題になっていることを再提示するもので、事態の共有認識を担う。なお、「も」や「は」を省いた用法もみられるが、結果を招来する用法には変わりはない。

(22)　言って(?も)いいことと言って(?は)いけないことがある。

　ひとくちに禁止といっても射程圏内が異なれば表現形式も異なってくる。直接対面している場合には「ないでください」が一般だが、不特定、たとえば貼紙や掲示でも「ないでください」は使用される。
　では、「てはいけない」の本質とは何であろうか。一般に公共の掲示などにみられないということは少なくとも恒常的な事態ではなく、その場での指示、注意が基本にある。その場にいる当該者が「てもいい」(許可)のか「てはいけない」(不許可)のか、選択の渦中にある場合の、正しい対応のさしだしである。あるいは当該者はそれでも自己習慣に沿った行為を敢行するかもしれない。そういうことが起きないようにあらかじめ言い伝えておくのが、「てはいけない」である。
　したがって、まだ残業していく社員(A)がいるのに電気を消して出て行こうとす

る社員(B)がいるとして(A)は(B)に対して、
(23)a. まだ電気を消さないで(ください)。
b. まだ電気を消さなくてもいいです。
と言うことはあっても、
(24) #まだ電気を消してはいけません。
のように言うのはコミュニケーション上、適切とは言えない。一方、教師が教室で生徒全員に向かって注意を与えるときは両方可能であるが、「てはいけない」がより適切である。
(25)a. 遅刻してはいけません。(全員対象)
b. 遅刻するな。遅刻しないで。(個人対象)
(26)a. きけん!! このなかにはいってはいけません!! (吉見町)
b. 注意 人が入ってはいけません リフトはきちんと閉めましょう。
(病院内注意書き)

このように「てはいけない」は危険度が比較的高い状況において用いられる。一方、「ないでください」は原因理由節を前件におくことができるが、「てはいけない」を用いた場合は不自然になる。
(27) 可燃物ですので、火のそばに置かないで下さい。
cf. ?? 可燃物ですので、火のそばに置いてはいけません。
「てはいけない」はだれもが認めうる状況下での行為確認である。その意味からも次のように用いられる「忘れてはならない」は「釘をさす」という教訓を念頭に、「てはならない」の本質を表している。
(28) ただ、こうした教団再建築が上祐の出所以前から練られていたことを忘れてはならない。 (一橋文哉『オウム帝国の正体』)
「てはならない」は「てはならないだろう」「てはなるまい」などの意志をも内包する。また、過去のいきさつから、事態に直面した場合に「てはいけない」が用いられる。注意喚起の用法である。
(29) だが、ここで驚いてはいけない。 (一橋文哉『オウム帝国の正体』)
これらに類する表現には、「はやまってはいけない」「くじけてはならない」などがあげられる。次は主人公に代わって話し手が当該状況に没入した言い方として用いられている。「罠にひっかかるのは危険」という警告である。
(30) 危ない危ない、と思った。こんな罠的な誘い出しにひっかかってはならない。 (松本清張『偏狭者の系譜』)

(31) あくまでも秘密は保持しなければならぬ。内部の者でも関係者以外には絶対に知らしてはならなかった。特に新聞社の眼は警戒を要した。
(同上)

相手(聞き手)に釘をさす場合は、「てはならない」が自戒的な意味をもつ。

(32) 「真理教がこの府下に本部を持っているんでね、それで少し興味があって読んでいる。ただそれだけのことだが、誤解をうけるといけないから、決してだれにも云ってはならない」　（松本清張『偏狭者の系譜』）

一方、社説などにあらわれる訓戒、教訓としての「てはいけない」は「べきではない」とほぼ同等の意味で用いられていると考えてよい。

(33) 東京電力によると、壊れたのはクレーンを移動させる部分に限られ、この破損によって300トンを超えるクレーンそのものが下に落ちることはないという。だが、たとえそうであっても、軽く見てはいけない。
(朝日新聞07.7.26)

(34) 二度と戦争をしてはいけない。その原点は少年時代、大阪の街が米軍機に焼かれ、腐った死体のにおいを忘れられなくなった空襲体験にあった。
(朝日新聞07.7.31)

この「てはならない」は内省的な表出として、(35)(36)のように自らに向けて発せられることがある。自戒あるいは自重と意義づけられる内省的な確認である。

(35) かれは、北尾をどんなことがあっても自分の手もとに引き止めて置きたいと思った。決して離れてはいけない、捨てられてはならない、と自分に言い聞かせた。　（吉村昭『星への旅』）

(36) いつの間にか、かれは自分の体がその星の群れの中にゆっくりと昇っていくのを意識しはじめた。眠ってはいけない、圭一は、徐々に光の輪をひろげる星々を頭上に仰ぎながら繰り返しつぶやきつづける。
（吉村昭『星への旅』）

これらはもはや〈禁止〉という伝達行為を離れ、「言い聞かせる」という行為に象徴されるように、自らに義務的行為を意識させる〈暗示〉として位置づけられる。

6　社説にみる「てはいけない」「てはならない」

新聞の社説には論説者の主張の形態として「てはならない」をはじめとする禁止、制止の構文が比較的多く観察される。9ヶ月分の社説(朝日新聞)に「てはならない」「てはいけない」をはじめとする禁止表現がどのようにあらわれたかを示したのが表1である。公共的性格から「てはならない」が「てはいけない」よりも多いことに気づく。この分布は社会的な事件の生起などとも関係がありそうである。

表1 禁止表現の出現分布（2007.4 — 2007.12 朝日新聞社説）

	4月	5月	6月	7月	8月	9月	10月	11月	12月	計
てはいけない	9	1	7	2	1	2	4	7	8	41
てはならない	7	5	4	7	8	7	8	9	10	65
ては困る	1	2	1	1	2	0	0	2	3	12
べきではない	0	3	5	0	0	0	1	4	2	15
わけにはいかない	5	2	4	5	0	2	5	5	6	34

こうした表現指向の背景には新聞の果たすべき社会的役割があり、それを国民に代わって改善要求を主張するところに本義がある。以下、実例をあげながら、文脈的な特徴を瞥見することにしたい。

(37) 金融庁は早急に検査に入り、この銀行の健全性を調べる必要がある。その際、設立者が自治体だということで妙な配慮があってはならない。
(07.6.3)

「あってはならない」「起きてはならない」はゆゆしき問題の発生を憂慮した言い方で、「てはならない」のなかでも比較的多い表現パターンである。

(38) 口座凍結問題で相互の信頼感が再び傷ついたことは否めない。だが、それを理由に6者会議を反故にすることがあってはならない。 (07.4.15)
(39) 低コストの運営に走るあまり、万が一にも安全運航に欠かせない投資を切り詰めることがあってはならない。 (07.8.21)
(40) 参院選で安倍カラーを打ち出すためにといった与党の思惑で、強引に成立を急ぐようなことがあってはならない。 (07.4.19)

「あってはならない」こととは、あるべきではない、あってほしくないことで、「ならない」が成立しないこと、という結果からみた表現となっている。ちなみに「あってはいけない」は今回の収集例の中にはみられなかった。

(41) 都心部ではバブル的な不動産投機も見られる。これが広がるようなことがあってはいけない。 (07.4.28)

「忘れてはならない」「忘れてはいけない」も比較的多くみられる表現パターンである。制止というよりはむしろ訓戒的な表現として用いられている。

(42) うまい話には落とし穴があることを忘れてはいけない。 (07.6.10)
(43) 今回返済を求められたのも、公的資金の回収の一環であることを忘れてはいけない。 (07.6.19)
(44) だが、彼らが民主的な選挙で勝利したことを忘れてはならない。
(07.6.20)

(45) 両国の間にはなお、重要な問題をめぐっての懸念や見解の相違があることを忘れてはならないだろう。　　　　　　　　　　　　　　(07.4.12)
(46) 日本は安倍首相の価値観外交といい、近く行われる米印豪などとの軍事演習への参加といい、中国牽制を意図したかのような動きが目立つ。だが、本筋の外交はあくまで中国との相互信頼づくりであることを忘れてはならない。　　　　　　　　　　　　　　　　　　　　　(07.8.31)

「てはならない」「てはいけない」の主たる職務は、今後二度と起こって欲しくない事態の要望表明である。これには現況の事態の中断要請をも意味する。

(47) 国民が政治に求めているのは「宙に浮いた」ものも含めて、年金をきちんと受け取れるようにすることだ。そのために社保庁をしっかり機能する組織に改める。この問題を、選挙目当ての「政争の具」にしてはならない。　　　　　　　　　　　　　　　　　　　　　　　(07.6.5)
(48) 厚労省は、こんな見え見えの処分逃れを許してはいけない。事業譲渡を凍結するよう指導したのは当然のことだ。　　　　　　　　(07.6.8)
(49) この制度を使うことを教育委員会や学校に無理強いしてはいけない。
　　　　　　　　　　　　　　　　　　　　　　　　　　　　(07.6.22)
(50) 「国の境目が生死の境目であってはならない」　　（「国境なき医師団」）

このほか、「ては困る」では受身形や「てもらう」があらわれやすい。

(51) 目先の選挙への思惑から拙速で基本的な制度をいじられては困る。
　　　　　　　　　　　　　　　　　　　　　　　　　　　　(07.6.2)
(52) ある特定の時点での多数派の思惑や、単なる選挙目当てで進めてもらっては困る。　　　　　　　　　　　　　　　　　　　　　　(07.4.14)

7　「てはならない」「てはいけない」の使用分布

　一般に話し言葉では「てはいけない」、書き言葉では「てはならない」が使用される傾向がみられる。後者の「ならない」は「なければならない」の「ならない」に通ずるもので、〈Pという事態が起こる〉という予期事態を受けて〈Qが生じるのを避ける〉ということにはならない、という状況を示唆したものである。日本語のこうした「なる」は規範的、集団行動の枠に自然に収まることを希求するものであり、それ以外の事態はいわば集団的な秩序、公的な通念に抵触するものとして排除される。なお、ここで比較すれば、「てはならない」のほうが「てはいけない」よりも全体的、社会的制約についての言及が普通である。一般的に「てはいけない」がウチ的（；本音的）関係、「てはならない」がソト的（；建て前的）関係の現象に対して用いられる傾向がある。

(53) 支援策は、終戦時に 13 歳以上だった残留婦人にも適用される。残留孤児や婦人らを二度と失望させてはならない。　　　　　　　(07.7.10)
(54) 政教分離の原則から疑問があるのはもちろんのこと、忘れてならないのは靖国神社の性格だ。　　　　　　　　　　　　　　　(07.5.9)

「ようでは」は「いけない」しか用いない。「いけない」は「よくない」という後件の文単位で、全体としては複文を構成し、「てはいけない」という複合辞とは異にしている。

(55) しかし、隣国の不運を喜んでいるようではいけない。(*ならない)
　　　　　　　　　　　　　　　　　　　　　　　　　　　(07.7.6)

「からといって」と共起するパターンもいくつか観察された。

(56) テロがなくならないからといって、絶望したり怯んだりしてはいけない。　　　　　　　　　　　　　　　　　　　　　　　(07.4.19)

「てはならない」には「てはなるまい」のように「まい」をともなう。

(57) 国家の介入を招く前に放送界の自浄力を示す。その目的を達成するためには、放送局に甘いと視聴者から見られてはなるまい。　(07.8.12)

なお、「てはならない」が「てならない」になると、「てしかたがない」のような評価の恒常性をあらわす。この用法については第 4 部第 1 章でも検討する。

(58) この 1 年の小沢氏を見ていると、この基本がおろそかになっているように見えてならない。　　　　　　　　　　　　　　　　(07.5.6)

なお、否定形接続「(行か)なくては」に後続する「いけない」「ならない」は二重否定表現となり、結果的に義務を表す表現(「(行か)なければならない」「(行か)なくてはならない」)になる。

8 「てはならない」「てはいけない」の周辺

ここでは「てはならない」「てはいけない」の周辺にある禁止表現をさまざまな表現レベルの面から瞥見する。

8.1 「ないでください」「ないようにしてください」の意味と用法

対面、不特定多数者を対象とした「ないでください」には時間的な段差が大きくは三つみられる。一つは、その多くは時間が不特定であるという点である。

(59) a. 公園で犬を遊ばせないでください。
　　b. ここに車を停めないでください。
　　c. 川で泳がないでください。
　　d. ここにゴミを捨てないでください。

次に、ある行為のあとに差し向ける、という特徴である。ぞんざいな言い方では「ないでくれ」を用いる。ただし、「てくれ」には男性語という制約がある。

(60)a. 冗談言わないでください。からかわないでください。
　　 b. 驚かさないでくれ。茶化さないでくれ。

〈動詞基本形＋な〉は禁止の程度の最も強いものである。「触るな」、「走るな」などの掲示表現もこれに含まれる。

(61)　馬鹿なことを言うな。よけいなことを言うな。

三つ目として「まだ」と「もう」を含意する、制止、警告の表現がある。

(62)a. （まだ）問題は開けないでください。（開けろという合図があるまで）
　　 b. （まだ）席を立たないでください。（席を立ってもいいと言うまで）
　　 c. （もう）これ以上、親に心配をかけないでください。
　　 d. （もう）私に近づかないでください。
　　 e. （もう）ここにいないでください。（出て行ってください）

注意書きのように書面に書かれたものでも、実際の場面では命令というよりも警告、注意を表す場合が多いようである。

(63)　こどもの手に触れるところに置かないようにしてください。

行為指示表現には同一の知的事実を伝達するにあたり、対称的な形式を用いることがある。命令と禁止はその代表的なもので、しばしば対の表現形態を示す。

(64)a. バス停に着いてから席をお立ちください。
　　 b. バス停に着くまでは席をお立ちにならないでください。

いずれを選択するかは状況判断によるが、前者が通常の肯定指示であるのに対して、後者は前者を前提としつつも、なお当該行為を支持する意志が残存している。数度にわたる教訓を認識しつつ、裏側（否定指示）からの確認の有効性を主張したものである。一方、「てください」も「ないでください」もともに「ようにしてください」のように「ようにする」を付加することが可能である。

(65)a. 研究例会には参加してください／参加するようにしてください。
　　 b. 授業には遅刻しないでください／遅刻しないようにしてください。

これも後者は一定の経験的内省を通した目的行為を念頭に支持されたものである。例えば後者が複文的な環境（「機会を逃さないように（するために）」）を想起させるに十分である。「ないでください」と「ないようにしてください」については

(66)a. 幌の中に空き缶や紙屑などを捨てないでください。
　　 b. ここは通路ですから、立ち止まらないようにしてください。

の双方を比較すると、いずれも電車の車内掲示の文言であるが、前者よりも後者の直接的な被害度が大きい様子が感じられる。つまり迷惑度が高いということが発話者、聞き手にも経験的に共有されている。「ようにしてください」はより大きな注

意の喚起を意味している。「ようにする」は「といけないから」という事態回避の意味が、ときに安全面をも示唆しながら発信されていることが了解される。言語行動にはこうした経験的な前提が常にともなう。

(67) ここは通路なので、(通路の邪魔になるといけないから)立ち止まらないようにしてください。cf.?「立ち止まらないでください」

また、次のように複数の禁止行為をまとめる働きもある。

(68) 転倒を防ぐために、上に乗らない、揺さぶらない、傾けないようにしてください。　　　　　　　　　　　　　　　（自動販売機の注意書き）

8.2 「すべきで(は)ない」の意味と用法

「すべきで(は)ない」は道義的な判断から、やってはいけないことを戒め、諭す言い方である。なお、「ないべきだ」は一般的ではない。

(69) 「年金は国民の信頼があって初めて成り立つ。お互いに政党同士の政争の具にすべきでない」　　　　　　　　　　　　　　　　　　　(07.6.5)

(70) 判決は「検査を放棄した」と批判し、「更新登録は許容される限度を逸脱して、著しく合理性を欠いて違法」と結論づけた。当然の判断だ。国は控訴すべきではない。　　　　　　　　　　　　　　　　　　(07.6.10)

(71) 医療のムダは今後ともなくしていかねばならない。しかし、医療費の抑制のため発想された古い閣議決定にいつまでもこだわるべきではない。
　　　　　　　　　　　　　　　　　　　　　　　　　　　　(07.6.24)

(72) 温暖化が地球に復元可能の被害をもたらすことを考えれば、コストをいとうべきではない。　　　　　　　　　　　　　　　　　　(07.5.5)

(72)のように「を考えれば」という基準に基づく場合も少なくない。「考えるのは賢明ではない」という戒めで、むしろ間接的な忠告表現として機能する。

8.3 「ないほうがいい」の意味と用法

自重を勧めたり、目下の行為を牽制する際に用いる。「たほうがいい」と対立的で、もとは「XよりはYほうがいい」という、構造的には一種の比較表現である。

(73) 彼の前ではあまり自己主張しないほうがいい。(身のためだ)

(74) これ以上、傷口を大きくしないほうが賢明だ。

断定を避け、婉曲的な申し出には「と思いますが」「かもしれませんが」「のではないでしょうか」などをともなうことがある。

(75) 油の多い食事は摂らないほうがいいのではないでしょうか。

なお、「電気は消さなくてもいい」のような「なくてもいい」は「消してはいけない」の婉曲的な申し出表現であるが、ここでは詳しく言及しない。

8.4 「わけにはいかない」の意味と用法

不可能表現を用いて制止を求める提言で、間接発話行為の一つとみなされる。

(76) いずれにしても、首相と厚労省の食い違いをそのままにしておく<u>わけにはいかない</u>。 (07.6.1)

(77) しかし、<u>だからといって</u>、借りたものを返さなくてもいい<u>というわけにはいかない</u>。 (07.6.19)

(78) イラクの場合のように、結果に対して真摯に向き合おうとしない政治を、国民は信用する<u>わけにはいかないだろう</u>。 (07.5.16)

(77)のように「(だ)からといって」などと呼応するケースも少なくない。意味的には一部否定で、再考の余地や可能性を残した言い方である。

8.5 「はずがない」「場合ではない」の意味と用法

文末にあらわれる「はずがない」「場合ではない」「わけがない」もほぼ同様に意味的には間接行為を意図した禁止表現として機能する。

(79) 特定の考え方のメンバーだけを集め、わずか数カ月の議論で解釈変更をめざす。そんな強引で一方的なやり方がまかり通<u>っていいはずがない</u>。 (07.4.27)

(79)は直接的な発話行為では「まかり通ってはならない」という意味である。

「場合ではない」もまた、緊急の解決を求める言い方である。

(80) 現在の窮地から脱して出直し政権を軌道に乗せるには、プライドや安倍カラーなどにこだわっている<u>場合ではない</u>。 (07.8.28)

(80)も直接発話行為として、「こだわっていては手遅れだ」という自戒の意味で用いられている。「ものではない」も「そうあるべきではない」という意味で間接的な禁止を表しているといえよう[5]。

(81) 彼のとった言動はスポーツマンとして<u>決して許されるものではない</u>。

8.6 「お／ご〜なく」の意味と用法

聞き手に向かって当該行為を丁寧に勧めたり、婉曲に制止したりする言い方で、定型的な言い回しが多い。

(82)a. どうぞご遠慮なく。(接待表現)
b. 次回、お見逃しなく。(番組の予告文句)
c. どうぞおかまいなく。どうかお気づかいなく。(感謝表現)

8.7 「まじ／まじき N」「べからず／べからざる N」の意味と用法

「まじ」は古い言い方で、「べし」の否定形と考えられるが、「べからず」と比べ

ると、不適当、禁止を表しながら、働きかけ性は倫理的、同義的、人道的である。
　　(83)　地球上に三たび、原爆許すまじ。
「まじき」は名詞修飾の用法で、現代語では「あるまじき」の形で用いられるのがほとんどである。「ある」のほかに「言う」「許す」「する」などに限定される傾向がある。「としてあるまじき」は定型表現である。「としてあるべきではない」「として許されない」という意味である。
　　(84) a.　政治家としてあるまじき発言だとして、糾弾された。
　　　　 b.　個性を否定する発言は、指導者として口にするまじき発言である。
　　　　 c.　教員の女子学生に対するセクハラは許すまじき行為である。
　動詞のル形に「べからず」をつけて用いると、禁止の意味を表す。「べし」の打ち消しで「べきではない」という意味で用いられる。
　　(85)　酒は飲むべし、飲まれるべからず。
　　　　　　（；酒は飲んでもよいが、逆に酒に飲まれてはよくない）
「べからず」は注意書きなどの標示に用いられる禁止表現である。
　　(86) a.　関係者以外、入るべからず。
　　　　 b.　危険！泳ぐべからず。
　　　　 c.　ペンキ塗り立て。手を触れるべからず。
また、教訓、訓戒などにも用いられる。
　　(87) a.　働かざる者食うべからず。
　　　　 b.　男子、厨房に入るべからず。
　　　　 c.　初心忘るべからず。
連体修飾用法では「べからざる N」の形になる。これもやや定型的な表現である。
　　(88)　漱石は日本の近代文学史上、欠くべからざる国民作家の一人である。
　　(89)　明治憲法では天皇は国家の主権者であり、神聖にして侵すべからざる存在であった。
いずれも文語的で、現代語においては慣用的なフレーズ以外は使用頻度は低い。

8.8　その他の禁止関連表現

　間接的、婉曲的な表現として「のは避けたい」などがある。不可能表現を用いて禁止を伝達する言い方も散見されるが、これらは語彙的な表現として禁止説明表現の一角をになっている。
　　(90)　温暖化のリスクを回避するため、別のリスクを過度に背負うのは望ましくない。　　　　　　　　　　　　　　　　　　　　　　　　　(07.5.5)

(91) 投票法ができたといっても、自民党草案や自衛軍についての国民の論議は進んでいない。参院選ではそこをあいまいにすることは許されない。
(07.5.15)
(92) 慰安婦問題を中学校の教科書に載せたことに対し、教科書会社幹部や執筆者に脅迫状が届いたことも忘れられない。　　　　　　　(07.5.1)

「禁じられています」は文字通り、「禁止します」を和らげた言い方である。

(93) a. 18歳の飲酒は法律で禁止されています。
　　 b. 停車中のアイドリングは禁じられています。
　　 c. 契約者以外の駐車を禁じます。

懇願表現「ないでほしい」(「ないでもらいたい」)、「てほしくない」(「てもらいたくない」)も間接的、迂言的な禁止を意味する。

(94) a. 政治家にはもうこれ以上、庶民を苦しめないでほしい。
　　 b. あなたにはこれ以上、私に指図をしてほしくない。

このほか、禁止に関わる表現をあげておく。(95)、(96)は不特定多数者を対象とした公共的な表示にみられるものである。

(95) a. 産廃不法投棄厳禁
　　 b. 産廃(工場建設)反対
　　 c. 産廃進出を許すな

(96) a. 駐車場内でのアイドリングは近所迷惑です。
　　 b. ゴミの不法投棄は法律で罰せられます。
　　 c. 空き缶やゴミの投げ捨てはやめよう。
　　 d. 許可なく停めてあるものは撤去します。

最後に言語行動の観点からのいくつかの注意点を述べておきたい。一つは禁止のなかに内包される配慮表現である。たとえば、

(97) お子様のためにも、このコーナーに限り禁煙にご協力ください。

という店内の表示(「ためにも」の「も」、「ご協力ください」の意味)も、直接注意を発することのできない、日本人の言語行動の範を示している。こうした付加情報を提供することによって、禁止のメッセージを円滑に届けようとする配慮が垣間見える。もう一つは様々な言語表現による言い替えである。

(98) a. フンの放置はみんなの迷惑です。
　　 b. フンは持ち帰りましょう。
　　 c. フンは飼い主が後始末をしましょう。

こうした表示は「フン(「糞」)を放置するな」という禁止表現も含めて、ただちに共有されるとは限らない。状況を検分しながらこうした婉曲表現が、「ないでください」「てはいけません」の直接的な禁止に比べて多く見られるのは、日本人の言語

発想の特徴でもあるが、外国人にとってはしばしば曖昧な禁止表現と受けとられかねないケースもあるので、種々の注意を要することになる。

9 おわりに

　本章では言語行動の側面からモダリティを再検証する研究の試みとして、禁止を表す表現を考察した。様々な人間関係の交錯するなかで集団生活を営む我々は、様々な規程やルールを設けることで集団秩序を維持している。しかし、環境の急激な変化によって、その仕組みはますます多様化、複雑系を帯びている。携帯電話が普及する以前は、「携帯電話の使用禁止」や「携帯電話をかけながら運転してはいけません」などの標示はなかった。生活が便利になればそれだけ規制も複雑化するのは当然である。福祉団体、あるいは医療関係に携わる者の倫理綱領というものがある。それには「べし・べからず集」として「やってよいこと」「やってはならないこと」のガイドラインが細かく記されている。プライバシーの侵害に係るような秘密情報の保持、名称の変更、性的差別、信頼失墜などにまつわる様々な行動への規制は、我々の社会秩序を形成する意味で自己防御の策でもあり、社会を構成する個人の権利であり義務でもある。

　一方、社会の変化に対応しきれない状況や、また集団倫理よりは個人の論理を優先しようとする自己主張の伸長は、ルールのハードルを常に低く要求し続ける。そもそも人間の心理には規制にあらがう欲求がしばしばみられる。禁煙表示があっても平然と喫煙し、悪いと知りつつも法を犯す事件が絶えない。かつて食品の安全性を疑う「買ってはいけない」という本が出たとき、すぐさまそれに対する反論の本が出たことも記憶に新しいように、禁止、不許可の背後には人はどうしたら、あるいは、どの程度許容されるのか、といった抜け道を思索する知恵も生みだされる。法の網の目をくぐる偽装、隠蔽、改竄などの実態はその具体的な例であろう[6]。

　現実的には市民の側には与えられる情報がすべて真実であるという保障は必ずしも平等に提供されているわけではない。であればこそ、われわれは何らかの行動基準を必要とする。またそのための共有知識として言語表現の正確な伝達と理解が求められる。言語は事態をくまなく説明し、伝達することはできないが、人間の行動を管理し、記述する手段としてはこれに代わるものがない以上、その言語表現を精査する術を考えていく必要がある。本章で議論してきたように、「てはならない」「てはいけない」には公的(客観的)、私的(主観的)な用法があり、自己コントロールする役目がある。さらに当該表現の周辺にある類義表現形式、含意表現によってコミュニケーションが円滑に行われるよう配慮されている。しかし、その共有度は必ずしも平均的ではないこともまた、考慮しなければならない。

多文化、多言語の時代を迎えた現代社会にあって、我々は常に言語行動、行動様式を観察し、それに言語の表現形式がどのように係わっていくか、その緊張関係を常に意識することが求められる[7]。文型研究から得られた知識情報と実際の言語行動との懸隔、また規範的なものからの逸脱は、日常生活のなかに少なからず観察される。本章ではその多様な表現の一端を禁止表現を例に考察してきた。

今後の課題としては、日本語の禁止表現の待遇的な側面からの研究とともに、各国語における禁止表現の位相をさぐり、日本語のモデルと対照させることによって、つまり対照行動言語学の方法論的開拓によって、言語行動の特色を文法形式を通して検証していくことである。

注

1 言語行動、言語行為、発話意図、語用論に関しては次のものを参考にした。
・飯野勝己(2007)『言語行為と発話解釈　コミュニケーションの哲学に向けて』勁草書房
・JR. サール著、坂本百大・土屋健一訳(1987)『言語行為　言語哲学への試論』勁草書房
・JR. サール著、山田友幸監訳(2006)『表現と意味　言語行為論研究』誠心書房
・JN. リーチ著、池上嘉彦・河上誓作訳(1987)『語用論』紀伊國屋書店
・井出祥子(2006)『わきまえの語用論』大修館書店
・張勤(1999)『比較言語行為論　日本語と中国語を中心に』好文出版

2 同様の指摘は池澤夏樹「終わりと始まり――上から降る言葉」(朝日新聞2009年10月4日夕刊)にもみられる。

3 タイ語の表記については田中(2004b)『統語構造を中心とした日本語とタイ語の対照研究』(ひつじ書房)にほぼしたがう。

4 「てもいい」「ていい」に対して、「てはいけない」は「ていけない」というペアを一般にはもたない。「てはいけない」は「てもいけない」(並列、累加)ともいうが、「てもいい」は「てはいい」の形をとらず、対比の構造をとる。「ては」は「のは」、「ても」は「のも」にほぼ相当するとみてよい。
・辞書を見てもいけないし、ノートを持ち込んでもいけない。
　；(辞書を見るのもよくないし、ノートを持ち込むのもよくない)
・辞書を見てはいいが、ノートを持ち込んではいけない。
　；(辞書を見るのはいいが、ノートを持ち込むのはいけない)

5 文末形式の「ことではない」なども禁止警告を表す。
　・混雑する路上での喫煙は許されていい<u>ことではない</u>。
　このほか、「男は泣かない」の「ない」も禁止を表す。なお、「泣くのではない」などの否定文末形式については第4部の第3章で考察する。
6 禁止表現には時代のその時の規制のあり方がさまざまな形で投影される。その顕著なものは喫煙のマナーに関する表示であろう。
7 禁止表現を発話意図の側面からみると、さまざまな表現効果をになっていることが了解される。たとえば2009年8月の衆議院選挙を控えての自民党の全面広告には禁止表現「てはいけない」がたたみかけるようにして表れ、その総括としては「日本を壊すな。」であった(朝日新聞09.8.30朝刊)。

　　景気を後退させ、日本経済を壊してはいけない。
　　バラマキ政策で、子供たちにツケを残してはいけない。
　　信念なき安保政策で、国民の生命を危機にさらしてはいけない。
　　(略)日本を壊すな。

第4部

文末表現と

モダリティの構制(2)

第4部では引き続き、話し手の心情の"表出"という観点から、文末述語成分にあらわれるさまざまな表現モデルについて考察をおこなう。

第1章では外的影響を受けながら表わされる話し手の心的な姿勢を、制御・非制御の観点から考察する。また、これらの類義表現の異同についても検討する。

第2章では、同じく話し手の表出の姿勢を、主として「引用」という視点から、文の接続成分、文末叙述成分にあらわれる「という」の使用分布について、使用頻度の高い形式を中心に考察する。

第3章では、文末表現のなかで大きなウエイトを占める否定形式について、基層的文型とその周縁的文型に注目して記述を行う。

第4章では、引き続き、否定文末形式の態様をめぐって、その意味構造と発話意図を明らかにする。また語彙的な否定文末形式の中に投影される話し手の様々な主観性を考察する。

第1章　心的表出と評価判断のモダリティ(1)
―命題の評価性をめぐって

1　はじめに

　文末にあらわれるモダリティ表現にはさまざまな形式と意味が観察されるが、本章ではこれまで考察されることの少なかった心情の強調を表す表現をとりあげる。

　具体的には述語表現に託される感情表出の一形態で、テ形(形容詞のクテ、形容動詞のデ形)を用いる「てならない」、動詞の「ずに」に接続する「ずにいられない」などの代表的な形式である。これらは一般に「強調」と称されるものの、そのふるまいにはいくつかの制約があり、一般的な特徴の規定と並行して、個々の用法の記述的な考察が必要とされる。また結果的には評価判断をくだすものの、命題の評価性(プラス、マイナス)をめぐっては曖昧な点が指摘される。さらに類義的な表現をどう意味づけるのか、発生(使用)の要件などもふくめて語用論的にも関心がもたれるところである[1]。日本語学習者の中にはこれらの用法を正しく使い分けることが困難であることから、これらの使用域を考察することは日本語の叙述構造の特徴を知るうえでも意味のあることと思われる。

　述部にあらわれる否定表現には結果的に一種の肯定表現として主張される点に共通した特徴がみられるが、どのような状況のもとで発話されるのか、といった文脈的背景も考慮に入れる必要がある。述語形式をみちびく前件、接続のあり方に関心をはらうことはもちろん、さらに形式化した意味機能として、主体の心情の表出と同時に、聞き手目当ての間接的なモダリティに転じていることにも注目したい。

　また、心情の表出という共通した意味特徴をもつこれらの複合辞の使用背景には、一定の命題に対する評価性という縛りがあり、またその表出も主観的なもので使用上の制限も小さくはない。本章では「てならない」「ずにいられない」などをはじめとして、眼前事態に触発された表出表現をモダリティの一類型として、その意味と機能を検証する。また、これらの表現が人称の制限とともに、命題の評価づけにどう関わるかについても、考察を加えることにしたい。

2 テ形接続の構文(1)

いわゆる不可抗力的な事態として表わされる多様な心情のあり方とはどのようなものか、そしてそれらはいかなる背景、起因によってもたらされるのだろうか。

本章であつかう文法現象は、文末叙述形式のタイプの一つで、感情や心情の発露をそのままの形で、ある種の判断と評価の間に位置づけるものである。
以下では大きく二つの類型について考察する。一つは、テ形接続構文、もう一つはナイデ(ハ)、ズニ(ハ)接続構文である。本節では前者を中心に述べる。

2.1 「てならない」の意味と用法

「なる」の原義として、ある安定した状況への指向、ないし到達を表す特徴が潜在的に認められ、「なければならない」「なくてはならない」「ことになる」などの複合辞にはそうした性格があらわれている。「ならない」は、

(1) a. 無断で庭に入ってはならない。
　　 b. 医療ミスはあってはならない事故である。
　　 c. 許可無しに使うことはならん。

のように「いけない」と同様、禁止や制止を表す。(1c)のようなやや古風な言い方もある。ここであつかうのは、「は」をともなわず、形容詞相当語のテ形(クテ形)と「ならない」が一体化し、そのような状況から解放されない心的状態にあることを表す用法である。「て」は一種の感情の持続とみなされる。

(2) a. 最後の演技で失敗してしまって、悔しくてならない。
　　 b. 両親に死なれて、悲しくてならない。
　　 c. 大事にしていた仔猫が死んでしまい、寂しくてならなかった。
　　 d. 部屋に入ると、蒸し暑く、息苦しくてならなかった。

心情の高まりが結果として「非常に」という程度の強調となってあらわれたもので、多くが(2a)、(2b)のように眼前の事象に向かうものであるが、過去の事態(2c)、(2d)についても用いられる。「ならない」は「どうにもならない」「どうすることもできない」という、気持ちがおさまらない様子を表す。一般に感覚主体についての説明のほか、(2d)のように外界の状況についても用いられる。形容詞のクテ形に接続するが、「心配」、「残念」などの形容動詞相当語ではデ形に接続する。

(3) a. 娘の帰りが遅くて、心配でならない。
　　 b. 一点差で負けたことが残念でならない。
　　 c. 信頼していた彼に裏切られたことが無念でならない。

「てならない」は原因理由節によってみちびかれるほか、「ことが」「のが」にみ

ちびかれて対象に向かうケースがある。
　（4）　変なはなしだが、俺は志津ちゃんのことを考えると、従兄妹同士というのが不思議でならない。　　　　　　　　　　（立原正秋『剣ヶ崎』）
「(今か今かと)気が気でならない」のように慣用的な言い方もみられる。いずれも「非常に／無性に…だ」という心情の高まりを表している。こうした内面の表出、伝達には周囲に対して共鳴を得たいという間接的な働きかけのモダリティが認められる。独白的に用いながら、聞こえよがしな物言いになることもある。
　なお、動詞テ形には接続せず、「＊心配してならない」は非用であるが、形容詞の語性に近い、「腹が立つ」のような感情動詞であれば成立する。
　（5）　彼の言動には腹がたってならない。（；無性に腹が立つ）
また、希望願望表現や自発表現にも「てならない」がともなう。
　（6）a.　長く離れていると、会いたくてならない。
　　　b.　海外生活が長くなると、日本食が食べたくてならない。
　（7）　この音楽を聞くたびに、故郷が思い出されてならなくなる。
「てならなくなる」のようにさらに「なる」を付加して、自然とそういう状況に陥ることを表す。前件が、原因理由を表し、後件主文で生起する心理状況を表すという構造が一般的であるが、(5)のように単文レベルで用いられるケースもあれば、前掲(6)、(7)のように、「と」「たびに」といった常態性や習慣性を表す条件節などを受けながら、「てならない」があらわれるケースがある。
　（8）　禎子は妙な気持ちがした。書類と人間の関係がちぐはぐに思えてならなかった。　　　　　　　　　　　　　　　　（松本清張『ゼロの焦点』）
　（9）　禎子には、そのかくれた生活の一方に夫が消えて行ったように思えてならなかった。　　　　　　　　　　　　　　　　　　　　　　　　　（同上）
　（10）　何か、一つの筋を引いているような気がしてなりません。これは、私の、ぼんやりした予感ですけど…　　　　　　　　　　　　　　　（同上）
「思えてならない」「ような気がしてならない」は使用頻度の高い形式である。
　述語の意味的な特徴、性格としては、感覚的なもの、属性・形状を表すものは用いることができない。(11c)のようにほとんど非文になるものもある。この場合は後述の「てたまらない」「てしかたがない」を用いる。
　（11）a.　?決算期ともなると忙しくてならない。
　　　　b.　??今年の夏は暑くてならない。
　　　　c.　＊この一帯は夜になると静かでならない。
　また人称制限については、これらは観察主体の評価で、一般に主語が一人称であることが条件となる。第三者や対人的関係においては非文となる。
　（12）　＊彼は息子のことが心配でならない。

この場合は文末にモダリティを表す助動詞を附加するか、あるいは「のだ」、過去時制などによって成立が可能となる。また、(13d)のように複文になると、制約はうすめられる。過去時制はとくに台本のト書きなどにもあらわれる。

(13) a. 彼は息子のことが心配でならないらしい。
b. 彼は息子のことが心配でならないのだ。
c. 彼は息子のことが心配でならなかった。
d. 彼は息子のことが心配でならず、急きょ帰国することにした。

なお、やや固い表現として「てなる(もの)か」という反語表現があるが、これは「逃がしてはならない」「逃がしてはいけない」という強い禁止や制止の意味を表すもので、心情を表す用法とは異なる。

(14) 「追え！ 逃がしてなるものか。逃がすな！」

2.2 「てたまらない」「てしかたがない」「てしようがない」の意味と用法

「ならない」に類似した述語成分として「たまらない」「しかたがない」「しようがない」がある。いずれも「てならない」で見たように程度の強調を表すが、「ならない」が自発的事態を受けてあらわれたのに対して、その他のものには一定の使用の制限がみられる。

(15) a. ??この音楽を聞くたびに、故郷が思い出されてたまらない。
b. ?道路で遊んでいる子供を見ていると、心配でたまらない。

「たまらない」は文字通り、我慢ができない様子、また「しかたがない」「しようがない」は、外に方法がない、なす術がないという状況をあらわす。「たまらない」「しかたがない」は感覚的な事態、対象も使用できる。(以下、「>」は発話の自然さの度合いを表す)

(16) a. 来日当初は寂しくて {しかたがなかった>たまらなかった>ならなかった}。
b. このところ農繁期で忙しくて {たまらない>しかたがない>??ならない}。
c. 学会で発表することが決まって嬉しくて {たまらない>しかたがない>??ならない}。

一方、「うるさい」「暑い」なども「たまらない」「しかたがない」が一般で、「ならない」はやや不自然である。

(17) a. 隣の音がうるさくて {たまらない>?しかたがない>??ならない}。
b. 彼の指導は厳しくて {たまらない>?しかたがない>??ならない}。

また、「うれしい」などのプラス評価に関しても「ならない」は「たまらない」

よりも使用度は低いようである。

(18) 上場企業に入社が決まって嬉しくて{たまらない＞しかたがない＞？ならない}。

「たまらない」「しかたがない」は感覚形容詞にも用いられるが、「ならない」は不自然である。

(19)a. 今年の冬は寒くて{たまらない＞しかたがない＞？ならない}。
　　 b. 東京の物価は高くて{たまらない＞？しかたがない＞??ならない}。

形状に関しては次のようにいずれも不自然になる。「小さくてどうしようもない」のように複文の構成になる。

(20) この鞄は小さくて{＊たまらない／？しかたがない／＊ならない}。

一方、次のような客観的にみて使用に耐えうるかどうかという観点からはとくに支障がないケースもある。

(21) この部屋は狭くて{しかたがない＞？たまらない＞??ならない}。

「物価が高い」なども「ならない」は不自然である。「たまらない」なども何らかの注釈成分をおくことによってより落ち着いた文になる。「たまったものではない」「どうにもしかたがない」はそれぞれ独立した成分と見なされる。

(22)a. 東京の物価は高くて、たまったものではない。
　　 b. 東京の物価は高くて、どうにもしかたがない。

「たまらない」は「たまらなく」のように副詞としても用いられることもある。

(23) 辛くてたまらない。⇔　たまらなく辛い。

「たまらない」の派生形として「たまるか」という表出系としての反語表現がある。これは「絶対に～したくない」という意志表明に用いられる。

(24) 私の広告マンとしての最後の仕事になるかもしれないのだ。降りてたまるか。　　　　　　　　　　　　　　　　　　　　（荻原浩『明日の記憶』）

「絶対に降りたくない」、「降りることはできない」という主張を表し、自問自答の評価判断として、「てはたまらない」の用法と等価である。

(24)' …降ろされてはたまらない。

一般に「てたまらない」「てしようがない」は感情や感覚を表す状況が自分の意志で押さえられない様子を表す。「てたまらない」は「ならない」に比べると変化、発生を表すケースも比較的多いようである。

(25) 家族からの手紙を読んでいたら、声が聞きたくてたまらなくなった。
　　 cf. a.?? 声が聞きたくてしかたがなくなった。
　　　　 b.?? 声が聞きたくてならなくなった。

「たまらない」「しかたがない」の主語は多くは一人称に限られるが、前件にあらわれる場合は人称制限が緩やかになるようである。この場合も過去の事態に限定され

る。(26)のように程度を含意する原因理由節を構成する。
  (26) 彼は頭痛がしてたまらなかったので、近くの病院へ行った。

次のような自発動詞の場合は、「てたまらない」「てしようがない」に置き換えにくい。生理的な状況の表出を主務とする「てならない」が自然である。

  (27)　交通事故で両親をなくした子どもが可哀相に思えて｛ならなかった＞しかたがなかった＞??たまらなかった｝。
  (28)　一人でいると、家族のことが自然と思い出されて｛ならない＞しかたがない＞??たまらない｝。

実際の用例では、前件で「てたまらない」という結果事態をもたらす背景、原因理由(29)や条件(30)が述べられることが多い。

  (29)　手紙には、夫がいなくなってぽっかり空洞が開いたみたいで、淋しくてたまらない、と書いてあったという。　　　（吉村昭『わたしの普段着』）
  (30)　煙に包まれて立ちどまると煙と熱気が身にこたえ、風向きが変らないと息苦しくてたまらない。　　　　　　　　　（井伏鱒二『黒い雨』）

(31)も「苦しい」様子だが、「気が狂いそうに」（「気がくるわんばかりに」）のように言い替えられる。「たまらない」の評価的な程度表現の特徴を示している。

  (31)　午前の静かな時間に、杏子は二階の仕事場で、裁断台の上に便箋を拡げて、ペンをとった。一十日経ちました。苦しくてたまらないのです。気が狂いそうに苦しいのです。　　　　　　　（井上靖『あした来る人』）

(32)は動詞「思い出す」に接続したやや例外的な用法であるが、「思い出されてならない」のような自発的な心情を、複文的な構成によって、むしろ自意識を強調するために、より実質的な意味の「たまらない」を用いたものと思われる。

  (32)　僕は田舎の百姓の息子でね、こんな小川の傍をとおると必ず、子供のころ、故郷の小川で鮒を釣った事や、めだかを掬った事を思い出してたまらない気持になる。」　　　　　　　　　　　　　　　　（太宰治『斜陽』）

3　テ形接続の構文(2)

本節では否定される状況を強くさしだす言い方について、大きく二種の形態に分けて考察する。前節でみた類型が心情にもっぱら傾斜していたのに対して、ここであつかうものは意志の介在、客観的な情勢判断に基づくものである。

3.1　「ていられない」の意味と用法

テ形に接続する形式的な述語として「いられない」がある。これはもともと基本的には「いることができない」という不可能の意味を表す。「ていられる」は同時

に可能の状態を表す。否定形式では「は」、「も」、「なんか」は任意である。
　(33)a.　明日は日曜日だし、ゆっくり寝ていられる。
　　　b.　時間がないから待っていられない。すぐ始めよう。
　　　　　cf. 待って{は／も／なんか}いられない。
　こうしたアスペクト「ている」の打ち消しが次のようにモダリティの意味を附与されると、一種の感情の飽和した状態の表現となる。
　(34)a.　もうこれ以上、黙って見ていられない。
　　　b.　父が入院したので、今までのように遊んでばかりもいられない。
　「見ていられない」は口語では「見ちゃいられない」「見てられない」「見てらんない」のようなくだけた形になることもある。(34b)のように「ばかり」「ばかりは」「ばかりも」が挿入されることもある。一般にその場に臨んで感情の制御が不可能になるケースや、生来の性癖などを表すことが多い。
　(35)a.　彼は車内の騒然とした状況に(対して)、黙っていられなかった。
　　　b.　あの人は片ときもじっとしていられない性格だ。
　共通して一途な性格を表す。また、「なんか」「など」が挿入されることもあり、文字通り「〜していることができない」という状況を表す。「時間がない」「余裕がない」という意味も含意する。内発的な感情の高まりを表すほか、次のように余裕がないという意味で用いられるケースも少なくない。
　(36)a.　あなたとなんか、付き合っていられない。
　　　b.　子育てを考えると悲しんでなどいられなかった。
　　　　　cf. 悲しんでいる暇・余裕(など)はなかった。
　肯定形の「いられる」「いられよう」が反語的に用いられることがある。状況を指示する「これ」などの指示語をともなうことが多い。拒絶、反発などを表す。
　(37)a.　こんなときに落ち着いていられますか。
　　　b.　こんなときに、黙っていられようか。
　また、「よく〜していられるね」という反語的な言い方もみられる。
　(38)a.　あんなに馬鹿にされて、あなたもよく平然としていられますね。
　　　b.　あなたも亭主に浮気されて、よく我慢していられるわねえ。
　これは通常の価値判断では「黙っている」状況が珍しいという通念に基づくものである。なお、接続の態様は前節でみた「てならない」などと同じく、複文構造を呈するものが多い。また、「てならない」に比べて聞き手目当ての意識が高いことが特徴的である。なお、「いてもたってもいられない」は複合語化した成分となっている。以下の例のように限界値には「見ていられない」「じっとしていられない」「かまっていられない」「目をあけていられない」など、物理的な起因が介在するが、同時にこれらはまた生理的な起因でもある。

(39) 彼は下痢患者らしく怖ろしいほど痩せて、私の返事を待つ間も、じっと立っていられないらしく、体をふらふら振っていた。

(大岡昇平『野火』)

(40) 一列車何百人もの集団でやって来た患者の処置だから、丁寧だとか雑駁だとかの贅沢は云っていられない。　(井伏鱒二『黒い雨』)

(41)「て(ばかりは)いられなくなる」は変化・結果の常態を表す。

(41)「子建さまが継嗣になるだろう」このうわさをきいた曹丕は——あり得ない。と、哂ってばかりはいられなくなった。　(宮城谷昌光『三国志』)

なお、「てはいられない」は、「している場合ではない」「しているどころではない」のように、事態が切迫している状況下で、そうする余裕などない、という認識を表す。「てなんかいられない」のように強調されることもある。

(42) 息子が大学卒業して一人前になるまでは、ぼけてなんかいられない。

3.2 「ておけない」「てやまない」の意味と用法

「ておかない」は「ておく」の否定形でもあるが、「ておくわけに{は／も}いかない」という不可能の意味をおびて「ておけない」の形で用いるものである。「ハ」の付加もしばしば認められるが、「*てもおけない」のように「モ」は通常用いない。また口語では「とけない」の縮約形になることがある。

(43) 彼女を見ると可哀相で、とても見捨てて(は)おけない。
　　　cf.…見捨てておくわけに{は／も}いかない。

(44) 正体を見られた以上は、生かして(は)おけない。
　　　cf.…生かしておくわけに{は／も}いかない。

(45) こんな日本、ほっとけない！(放っておけない)

もっとも「おかない」の形もないわけではない。その場合は「てはおかない」のように「ハ」が介入する傾向がある。

(46) 大事な花瓶を壊されてしまっては、父は黙って(は)おかなかった。

「おけない」は「隅におけない」のような慣用句としてのフレーズもある。また文末反語表現「ておくものか」の形で、否定的な意志の強さを表す。

(47) 奴をこのままにしておくものか。(；決してこのままにしておかない)

(48) ほっておけないんですものと言いそうなのを、八千代は危く押えた。

(井上靖『あした来る人』)

(49) そのため、ボクのような障害者を見ると放っておけないのかもしれない

(乙武洋匡『五体不満足』)

「ほっておけない」は一語的な成分である。次のような「ておけない」は「飼っておくことができない」のようにアスペクトの意味範疇にあって、不可抗力を表す

ものではない。
　(50)　「ずっと村で飼っておけないかなあ」と僕はいった。
　　　　「危いかな、あいつ」　　　　　　　　　　　（大江健三郎『飼育』）
　一方、「てやまない」は文字通り、「ずっとそういう気持ちで居続ける」という気持ちを表し、スピーチなどで用いられる。「ハ」の介入は認められない。
　(51)a.　貴社のますますの発展を願ってやみません。
　　　b.　みなさまのご協力を切望してやみません。
　過去から一貫してそうであったという事実の経緯を表す際にも用いられる。
　(52)a.　先生は青年時代の事件を死ぬまで後悔してやまなかった。
　　　b.　母は生前、酒飲みの父を憎んでやまなかった。
　命題をめぐっては感情動詞「憎む」「後悔する」などマイナス評価もみられるが、「＊失望してならない」のような受動的な心理状況には適さない。何らかの働きかけ的な意図が背景になければならない。一般にプラス評価の特徴があり、「願う」「祈る」「信じる」「訴える」「尊敬する」「愛する」など主体の対象に働きかける動詞のほか、対象そのものが主体にせまってくる特徴を表す。
　(53)a.　彼の作品は時代を超えて私たちを魅了してやまない。
　　　b.　あの人は私の父が生前尊敬してやまなかった人です。
　(54)　現実世界をありのままに見るのではなく、現実世界を越えた世界を求めてやまない心性。それが、耽美派である。
　　　　　　　　　　　　　　　　　　　　　（島内景三『「山月記伝説」の真実』）
　(55)　鶴川の急死このかた、生そのものに触れずにいた私は久々で、別個の、もっと薄命でない暗い生、その代り生きつつある限り他人を傷つけてやまない生の動きに触れて鼓舞された。　　　（三島由紀夫『金閣寺』）

4　「ては」「ても」に接続する心情の強調

　「ては」で導かれる前件を受けて、結果として逃れようのない閉塞的な状況を表す言い方として、「てはたまらない」「てはしかたがない」をとりあげる。「てはならない」が禁止をストレートに表すのと違って、この両者は話し手の評価的な姿勢をさしだす。「ては」で表される既定条件文の慣用的な述語形式をなす。

4.1　「てはしかたがない」「てはたまらない」「てはかなわない」の意味と用法

　次の用例を比較してみよう。

(56) a. そこまで言われ<u>てはしかたがない</u>。
　　 b. 正体を見られてしまっ<u>てはしかたがない</u>。
　　 c. 選挙資金が集まら<u>なくてはどうしようもない</u>。

　これらは前件の既定の事態を受けて、立場をなくした様子、応じる術がないという気持ちを表す。テハ形式の定型的な叙述形式である。「てはたまらない」も同じようにマイナス評価を表すが、我慢の限界については、感覚的な事態についても用いられる。「しかたがない」が方法がないという具体的な対処を前提に述べているのに対して、「たまらない」は「たまったものではない」の形も含めて、感情の表出そのものである。

(57) a. いくら丈夫な体でも無理が続い<u>てはたまらない</u>。
　　 b. こんなに寒く<u>てはたまらない</u>。cf. 寒く<u>てたまらない</u>。
　　 c. 毎日こんなに早く起こされ<u>てはたまらない</u>だろう。
　　 d. 毎晩、遅くまで騒がれ<u>てはたまらない</u>。（；身がもたない）
　　 e. 一流選手ばかりそろえられ<u>てはたまらない</u>。
　　 f. こんな恥ずかしいことを人に話され<u>てはたまったものではない</u>。

　(57b)のように「てたまらない」と比較すると、「ては」の場合は複文構造を呈しており、因果関係、条件・帰結の関係が認められる。「てたまらない」のほうがむしろ対象の程度を表しているのに対し、主体の感覚、感情の程度を表している。
　(57e)では「困る」という状況から、「到底太刀打ちできない」という状況を表す。(57f)のように「たまったものではない」のように不満を強調した言い方もみられる。「ては」と同様に、「とは」との接続も可能である。「ては」と比べて「とは」には一般的、客観的な評価をともなう。

(58)　こう毎回、都合よくことが運ぶ<u>とはたまらん</u>ね。

　この場合は(57)でみたマイナス評価に対して、プラス評価である。「こたえられない」という好都合の状況にあることを表している。

(59)　こないだ僕は往来を歩いてこんなことを考えたよ。自分で人を殺したなら自分で責任をもつ、しかし他人が殺した責任をもたされ<u>てはたまらない</u>。結婚でもそうだ。自分で結婚したなら責任をもつ、いくら親でも他人の意志で結婚させられ<u>てはたまらない</u>って」（武者小路実篤『友情』）

　同じように「かなわない」も「思いやられる」「大変だ」「やっかいだ」「立つ瀬がない」という状況を、自他ともに願望を共有する気持ちでさしだす言い方である。不満や不平を表す文脈が一般的である。

(60) a. クーラーもなくて<u>こう</u>暑く<u>てはかなわない</u>。
　　 b. 物価が<u>こんなに</u>高く<u>てはかなわない</u>。
　　 c. 毎日、<u>こう</u>雨が降ってばかりではかなわない。

「こう」「こんなに」などの指示語をともなうことも多い。「どうしようもない」といった一種の言葉にならない、呆れた心情を表す。

(61) 本当は、屋根に上るにも、ロープを使って、具合を験してみたいところだったが、屋根に鋏が当る音で、女に目を覚まされたりしてはかなわない。　　　　　　　　　　　　　　　　　　　　　　　　（安部公房『砂の女』）

(59)とともに「結婚させられ」「目を覚まされたりし」などの(使役)受身形に後接しているが、「都合が悪い」「不利だ」という被害意識を強調している。

4.2 「てもしかたがない」「てもしょうがない」「てもはじまらない」の意味と用法

これまでの経緯から、大方の事態の結末が判明している時に、「どうにもならない」「どうしようもない」といった当然な諦念を表す。

(62) a. 雨が降れば、行ってもしかたがない。
　　 b. 時間通りに着けなくてもしかたがない。
　　 c. いまさら悔やんでみたところでしかたがない。
　　 d. あなたに言ってもはじまらないけど。

「ても」の代わりに「てみたところで」も同様に用いられる。「しかたがない／しようがない」は「ては」も「ても」にも使えるが、「たまらない」「かなわない」は一般に「ては」の形にあらわれ、「ても」には使われない。「いまさら」「いまごろ（になって）」などの副詞が多用される。

(63) a. *いまさら謝ってもたまらない。
　　　　⇒いまさら謝っても仕方がない。
　　 b. *いまさらやめろと言われてもかなわない。
　　　　⇒いまさらやめろと言われても仕方がない。

「てもはじまらない」は「にっちもさっちもいかない」「どうすることもできない」「手遅れだ」という後悔をにじませた評価判断である。

(64) むだなことだとは思うが、第三者が口を出してお節介しても始まらない。ね、そうではないですか　　　　　　　　（井上靖『あした来る人』）
(65) 工場長もトラックが出て行くとき、「撃ちてし止まん。元気で行こう」と手を振った。今さら空疎な言葉だと云っても始まらない。
　　　　　　　　　　　　　　　　　　　　　　　　　　　　　（井伏鱒二『黒い雨』）
(66) それは女の身勝手な誤解だと言って、争ってみても始まらない。必要なことは、何とかして上手に別れてしまうことだった。
　　　　　　　　　　　　　　　　　　　　　　　　　　　　（石川達三『青春の蹉跌』）

5 「ないでは」「ずには」に接続する心情の強調

「ないでは」も「ずには」も基本的には同じ意味を表す。このハは限定を表し、省略も可能だが、一般にハをともなうことが多い。いわゆる二重否定表現で、肯定的な強い姿勢を表す。これまで述べてきたタイプが感情形容詞(相当)語彙が主体であったが、「ないでは」「ずには」のタイプでは動詞に限られる。

5.1 「ないではいられない」「ずにはいられない」の意味と用法

前掲「て(は)いられない」と対極にあるもので、ある事態に遭遇して、どうしても我慢がおさえられず、自然と「そう」なってしまうと言いたいときの表現である。「思わず」「無性に」などの副詞をともなうことも多い。過去形の場合は「思わず〜てしまった」の形に言い替えられる。「てはいられない」が、いわば状況を受容するような立場での不可抗力であったのに対し、これは肯定的、積極的な立場での不可抗力というべきで、当然ながら意志性も強く表される。

(67) a. 私は林さんの困った様子を見て、声をかけ<u>ないではいられなかった</u>。
cf. ……思わず声をかけてしまった。
b. 悲しい訃報を聞いて、泣か<u>ないではいられなかった</u>。
cf. ……思わず泣いてしまった。

(68) a. 読み始めたら終わりまで読ま<u>ないではいられない</u>。
b. 職場でいやなことがあると、酒でも飲ま<u>ないではいられない</u>。

「ずにはいられない」も同様の意味を表す。(69)のように条件節や時間節をともなうことが多い。

(69) a. 無事だった子どもを見る<u>やいなや</u>、抱きしめ<u>ずにはいられなかった</u>。
b. その話を聞け<u>ば</u>、どんな人でも笑わ<u>ずにはいられない</u>だろう。
c. 悲しい知らせを聞い<u>て</u>、涙を流さ<u>ずにはいられなかった</u>。
d. タバコがそばにある<u>と</u>、つい吸わ<u>ずにはいられない</u>。
e. 車の通行量多い道路で遊んでいる子供を見る<u>と</u>、注意せ<u>ずにはいられなくなる</u>。

(70) 読み進むのが苦しくなって何度も本を放り捨てようとするのだが、読ま<u>ずにはいられない</u>。 　　　　　　　　　　　(荻原浩『明日の記憶』)

(71) 鵜原が開放された外では落ち着いた様子でいるだけに、密閉された世界での所業は禎子をうろたえさせた。彼女は、夫がやはり三十六歳という男の年齢であることを考え<u>ずにはいられなかった</u>。

(松本清張『ゼロの焦点』)

第1章　心的表出と評価判断のモダリティ(1)　383

(72)　人間を愛し得る人、愛せずにはいられない人、それでいて自分の懐に入ろうとするものを、手をひろげて抱き締める事の出来ない人、——これが先生であった。　　　　　　　　　　　　（夏目漱石『こころ』）
(73)　もし僕らの火傷が湯とか火焔などで受けた火傷なら、少くとも二日や三日は痛さで唸らずにはいられないほどだろう。　（井伏鱒二『黒い雨』）
(74)　入学式の写真を見ると、苦笑せずにはいられない。
　　　　　　　　　　　　　　　　　　　　　　（乙武洋匡『五体不満足』）
　対象を指示詞で受けながら、反語的に述べる言い方がある。「ずにはいられない」を強調した表現で、「ずにいられようか」などの形もある。
(75)　これが怒らずにいられるか。（；怒らずにはいられない）
　「ずにおれない」は「ずにいられない」よりもやや強い表出を表し、受動的な不可抗力、もしくは自発的な意味を表す。
(76)　ヨシヒロは大きなエネルギーの塊のような人で、目を引かずにはおれません。　　　　　　　　　　　　　　　　　　（吉本ばなな『白河夜船』）

5.2　「ないではおかない」「ずにはおかない」の意味と用法
　文字通り、そのままにしておくことができない状況、状態を表す。
(77)a.　この作品は読者の胸を打たないではおかないだろう。
　　b.　野党は与党の政策転換を攻撃しないではおかないだろう。
　　c.　彼の言動はみんなを怒らせないではおかなかった。
　　d.　科学の進歩はいつか生命の謎を解かずにはおかないだろう。
　　e.　今のような政治情勢では国民に不信感を与えずにはおかないだろう。
(78)　明るさとニヒリズムが交錯した混沌状態の中にあふれる清冽な詩精神が、読む者の胸を打たずにはおかない。
　　　　　　　　　　　　　　　　　　（高野悦子『二十歳の原点』解説文）
　ここで注意しなければならないのは述語の形は「おかない」であって「おけない」の形ではない点である。さらに主語が一人称や過去の出来事には用いられない。この場合は、「ていられない」「ないではすまない」が用いられる。
(79)??車内がうるさかったので、私は黙っていないではおかなかった。
　　cf.車内がうるさかったので、私は黙っていられなかった。
(80)??私は今日中にこの仕事をやりとげずにはおかない。
　　cf.私は今日中にこの仕事をやりとげないではすまない。
　通常、「私」などの主体が主語に立つことはないが、「こちら」「こちらとしては」や、「警察」などの集合名詞では問題はない。

(81) a. 先に手を出されては、こちらも反撃せずにはおかない。
    b. 警察はどんな小さな手掛かりでも調べないではおかないだろう。
    c. 彼の言動は周囲を苛立たせないではおかない。
    d. その事件は一般市民を恐怖に陥れずにはおかなかった。

5.1の「ないではいられない」「ずにはいられない」が主体の内側から自然とそうなる気持ちになる様子を述べたのに対して、「ないではおかない」「ずにはおかない」はむしろ外部の現象、例えば絵画や音楽、風景や雰囲気などからの影響を受けた結果であることを言い含めている。「ないではおかない」と比べると、「ずにはおかない」のほうが一般に表出度は強い。

(82) けれども今にして思えば、悪尉氏の方からもしきりに私を見ていたのは、自分で言うのも気が引けるが、要するに私が悪尉氏とは正反対に、男女を問わず人目を引かずにはおかないほどの容貌に恵まれていたからだったに違いない。　　　　　　　　（倉橋由美子『倉橋由美子の怪奇掌篇』）

(83) 私はあらためて里見という男の、周囲の磁場を狂わさずにはおかない底知れぬ魔力に立ちすくむ思いだった。
　　　　　　　　　　　　　　　　　　　　（佐野眞一『阿片王　満州の夜と霧』）

(84) 同じ学校の後輩というだけで女と一緒に北京の下宿に転がり込む神経も、一度知り合いになったら絶対に自分の影響圏内に引きずり込まずにはおかない強烈な磁力の放射を感じさせる。　　　　　　　　　（同上）

(85) 啄木の解放への熱い思いは、無数の青年の胸を今なお揺り動かさずにはおかないものがあるのである。　　　　　　　　　　　（『近代作家入門』）

このほか、ある種の評価判断の表現として「注意を引かずにはおかない」「教化せずにはおかない」「連想させずにはおかない」「目をそむけさせずにはおかない」などの例がみられる。

5.3 「ないではすまない」「ずにはすまない」の意味と用法

「すまない」は「申し訳ない」の意味で、結果事態に対する気持ちを表す。

(86) a. 君には心配かけてすまない。
    b. 待たせてすまなかった。

動詞の否定形に接続する「ないではすまない」「ずにはすまない」の「すまない」は「気がすまない」「納得しない」、という事態が中断して前に進まないことを意味する。「すまない」は「終わらない」という不安定な心理状況を表している。「ないではおかない」「ずにはおかない」はむしろ外的な制約から強い影響を受けて心情が表出されたものであったが、同じく不可抗力の事態でありながら、こちらは主体側に立った観察、心情の表出である。

(87)a. 大切な額を壊してしまったのだから買って返さないではすまないだろう。
　　b. 検査の結果によっては、手術しないではすまないだろう。
　　c. 社長命令の会議だから、出席しないではすまないだろう。
「ないではすまされない」、「なくてはすまない」の形もみられる。
(88)a. こんな悪戯をしたのでは、親に叱られないではすまされない。
　　b. あれだけ世話になったのだから、一言お礼に行かなくてはすむまい。
「ないではすまない」「ずにはすまない」は「ないですむ」「ずにすむ」と表裏の関係にある。ほぼ「ざるをえない」の意味に近いが、それよりも積極的である[2]。
(89)a. 今日やっておけば、明日やらないですむ。
　　　⇒今日やっておかなかったら、明日やらないではすまないだろう。
　　b. 軽い症状なら、病院にいかなくてもすむだろう。
　　　⇒重い症状なら、病院に行かなくてはすまないだろう。
(90)a. 検査の結果によっては手術せずにはすまないだろう。
　　b. 親戚みんなが出席するのなら、うちも行かずにはすまないだろう。
　　c. あいつは生意気だから、ひとつドカンと言ってやらずにはすまない。
　　d. 彼があんなに怒っているんだから、こちらから誠意を見せずにはすまないだろうね。

「ないではおかない」「ずにはおかない」が能動的、積極的な言い方であったのに対し、「ないではすまない」「ずにはすまない」は受身的、消極的な言い方であるといえる。したがって「だろう」や「まい」があらわれやすい。なお、「ずに」と「ないでは」は基本的にはともに不可抗力という事態を表すが、どちらかといえば、「ずに」のほうが表出度が強いように思われる。このことは「ずに」が「すまない」と一体化していることでも明らかである。
　なお、複文構造からみれば、「では」は条件節の変種とみなされる[3]。
(91) 問題はそれだけではすまない。（「終わらない」）
(92) 車内痴漢は［酔っていたから覚えていない］ではすまない。
　　　cf.*車内痴漢は［酔っていたから覚えていずにはすまない。

(92)は「酔っていたから覚えていない」を受けて「では」でとりたてた言い方である。このように「では」は「ずに」と異なり引用節を受けることが少なくない。「すまない」は「解決しない」「世間が納得しない」という意味で、実質的な意味が強く、「すまされない」のほか「すませられない」なども続くことができる。これらは一語としてのふるまいをみせ、前接は文の構造的な制約を受けない。
(93) 大事な書類なのに、忘れていた、知らなかった、ではすまないだろう。
「ないではすまない」が「では」と「すまない」に区切りがあり、(93)のように

必ずしも否定形を受ける必要はない。否定形と一体化した「ずにはすまない」のほうが複合辞化がより進んだものといえよう。

6 「限りだ」「ったら(ない)」などの評価性について

　感情にも表出の時点で止まったままの状態を表す一方、これから何らかの行動がとられることを示唆する言い方がみられる。ここでとりあげる「限りだ」は前者の静的な状況を、「わけにはいかない」は後者の動的な姿勢を表すものと位置づける。さらに「ざるをえない」にあってはしばしば「なければならない」に対して、事態への取り組みにおいて消極的姿勢を表すとされるが、「わけにはいかない」との異同についてもより本質的な特徴をさぐってみたい。

6.1 「限りだ」の意味と用法

　最高の状態にあって「～てしかたがない」「非常に～で、気持ちを抑えられない」という意味を表す。普通は話し手、書き手の気持ちについて用いられる。しばしば「なんて」「とは」「て」などで接続されるほか、一度文を切って用いることもある。「なんとも」「まったく」などの副詞も併用される。原則として形容詞に後接し、慨嘆的、詠嘆的に用いられる。

(94)a.　みんな僕のことを信用してくれない。寂しい限りだ。
　　b.　大事な計画を途中でやめざるをえなくなるなんて、残念な限りだ。
　　c.　大学生が平和公園の折り鶴を焼いてしまうとは、恥ずかしい限りだ。
　　d.　隣に高層マンションを建てられて、何とも腹立たしい限りだ。
　　e.　明日、お別れしなければならないと思うと、名残惜しい限りです。
　　f.　子供がどんどん減ってきているという現実は、全く心細いかぎりだ。

原因理由の「て」のほか、「と思うと」などの接続成分にみちびかれる前件がその根拠となる。また、「ときたら」「のは」などで前件がみちびかれることもある。多くがマイナス事態の評価であるが、プラス評価もないわけではない。

(95)a.　第一希望の大学に合格できて、うれしい限りだ。
　　b.　彼のような有能な人が我が社にいてくれるのは、たのもしい限りだ。
　　c.　最近の若い人の考え方の自由さときたら、うらやましい限りだ。
　　d.　高級マンションに独身暮らしとは、ぜいたくなかぎりだね。

　(95d)の例では「ぜいたくの限りをつくした」という意味である。「かぎり」は形式名詞的な成分で、限定の意味のみを残して実質的な意味をうしなっている。「かぎりだ」の前は感情的な意味を表す形容詞に限られ、次のような形容詞や動詞のナイ形、希望願望のタイには用いられない。

(96)a. *毎日、客が少なくて、暇な限りだ。
　　b. *この店は客が列をつくるだけあって、おいしい限りだ。
　　c. *連日の熱帯夜で、寝付けない限りだ。
　　d. *遠く故郷を離れていると、両親に会いたい限りだ。

一方、人称制限が働き、主語は「私」か、あるいは私を含めた世間一般の代弁者として無主語が置かれるのが普通である。無念さを表す「何とも」などの副詞をともなうことが多い。「の限りだ」のかたちもしばしばみられる。

(97)　不正をし、のさばって生きているように見られることは、不本意の限りであった。
　　　　　　　　　　　　　　　　　　　　　　（佐江衆一『黄落』）
(98)　少年との面会後インタヴューに応じる弁護士が、日替り定食よろしく入れ替わり立ち代わり登場したのは浅ましい限りであった。
　　　　　　　　　　　　　　　　　　　　　　（柳美里『仮面の国』）
(99)　そんなKさんが、もし「自分の墓碑に刻む言葉」を尋ねられれば、迷うことなく答えられるのではないだろうか。うらやましいかぎりである。
　　　　　　　　　　　　　　　　　　　　　　（『心の危機管理術』）

「限りだ」は「反対する限りではない」のように注釈的な言い方もある。なお、「に限る」はプラス事態の評価選択で「が一番いい」「に越したことはない」という意味を表す。

(100)a.　寒い日には暖かくして寝るに限る。
　　 b.　ビールは冷たいのに限る。（cf. ?? 冷たいに限る）

6.2 「にもほどがある」「ったらない」の意味と用法

通常の程度を越えているという事実を明示し、「あきれる」といった非難する姿勢を表す。命題はマイナス性の事態が多い。程度を表すことから、動詞、形容詞にも用いられる。「からといって」などとの共起もみられる。

(101)a.　人をばかにするにもほどがある。
　　　　　cf. 人をばかにし過ぎて、あきれる。
　　 b.　忙しいからといって、部屋が汚いにもほどがある。
　　　　　cf. 忙しいからといって、部屋が汚すぎて、あきれる。

「限りだ」は「限りだった」の過去形が可能だが、「ほどがあった」は非文となる。

(102)?? 人前で叱られて、恥ずかしいにもほどがあった。
　　　　　cf. 人前で叱られて、恥ずかしい限りだった。

「ったらない」は「といったら（表す言葉も）ない」という連語の縮約形で、「それ以上」の程度にある事態を評価・判断したものである。

(103)a. あんなやつに負けて、悔しいったらなかった。
　　　b. 昼ご飯を食べた後は、もう眠いったら何の。

「ったらありゃしない」は「にもほどがある」同様、過去形は用いられない。「限りだ」に比べて眼前表示的な傾向が強く、口語的な言い方である。

(103)'a. あんなやつに負けて、悔しいったらありゃしなかった。
　　　 b. 昼ご飯を食べた後は、もう眠いったらありゃしない。

「ったら」はもとは「といえば」の口語縮約形で、「ときたら」という話題、主題を表す用法と類義的である。

(104)a. そのタイ料理の辛さったら、並みではない。
　　　b. この子ったら、ほんとに遊んでばかりいるんだから。
　　　c. あなたったら、人の話ちゃんと聞いてるの？

「ったら」はまた、反復形式としても、文末の強い確認の形式としても用いられる。動詞文のほか、形容詞文、名詞文にも広く接続が可能である。「何度言ったら分かる」という反語的な意味も併せもつ。

(105)a. 行かないったら行かない。（；行かないといったら行かない）
　　　b. 嫌い(だ)ったら嫌い(だ)。
　　　c. 日本人(だ)ったら日本人だ。

(105)は次のように「ったら」だけで詠嘆的な主張として用いられる。

(106)a. 行かないったら！
　　　b. 嫌い(だ)ったら！
　　　c. あいつが犯人だったら！

いずれも「絶対に」という最後通達的な心情の表出(ここでは「拒否」「主張」)を表す。この「ったら」はこれまでみてきた主体の単なる心情の強調とは趣きを異にし、強い命令、禁止、指示表現として用いられる。

(107)a. 今日はだめだったら！
　　　b. 早く行けったら！
　　　c. いい加減にしろったら！

また、これらはしばしば「って(ば)」の形に言い替えが可能である。これも反語的な意味を潜在的に有し、「行かないって言っているのに、それがあなたには分からないのか」といった強い反駁表現となっている。

(108)a. 今日はだめだって！
　　　b. 早く行けって！
　　　c. いい加減にしろって！
(109)a. 行かないって(ば)！
　　　b. 嫌いだって(ば)！

c.　あいつが犯人だって（ば）！

6.3　「きわまりない」「きわまる」の意味と用法
　ある直面した状況に対して切羽詰まった心情を表す言い方に「きわまりない」がある。動詞「きわまる」から派生した程度形容詞で述語用法と修飾用法がある。
　(110) a.　あの店員の応対ときたら、非常識きわまりない。
　　　b.　巧妙きわまりない手口で「振り込め詐欺」が横行している。
　「こと」「ぶり」が「きわまりない」の前に置かれることもある。
　(111) a.　あの中華料理店は不衛生なこときわまりない。
　　　b.　近頃の学生の態度は、無気力ぶりきわまりない。
　(112)　大学は退屈きわまりないが、自己訓練のつもりできちんと出席して勉強している。　　　　　　　　　　　　　（村上春樹『ノルウェイの森』）
　(113)　それに一九三〇年代の国際政治は、変転きわまりない複雑な様相を示していた。それは世界的な視野からみて初めて理解されうるものであった。　　　　　　　　　　　　　　　　　（吉田茂『激動の百年史』）
前置される名詞には次のような語彙がみられる。
　(114)　破廉恥、無節操、危険、失礼、卑劣、貪欲、痛快、
一般にマイナス事態の評価を表すが、「痛快」「嬉しさ」などのプラス事態の評価を表すケースもみられる。
　形容動詞の語幹に付く「きわまる」は「限界に達する」の意味で、「きわまりない」と同様の効果を表す。一種の批判表現としての効力をもつ。
　(115) a.　不公平きわまる商談、退屈きわまる話(??退屈きわまりない話)
　　　b.　無礼きわまる奴らだ。(??無礼きわまりない奴らだ)
　(116)　内飜足、内飜足、ただそれだけを思い、それだけを脳裡に見ていた。その奇怪な形。その置かれた醜悪きわまる状況。
　　　　　　　　　　　　　　　　　　　　　（三島由紀夫『金閣寺』）
　(117)　支店長の厚意で、炊きたての御飯でつくった握飯と沢庵漬と佃煮を三人ぶん頂いた。贅沢きわまる食糧だと思った。　（井伏鱒二『黒い雨』）
　(118)　これから東京で生活して行くにはだね、コンチワァ、という軽薄きわまる挨拶が平気で出来るようでなければ、とても駄目だね。
　　　　　　　　　　　　　　　　　　　　　　　　（太宰治『斜陽』）
「感極まって」は副詞フレーズとして用いられる。
　(119)　20年ぶりに再会した親子は、抱きつくや感極まって泣き出した。
「きわみ」は「きわまる」「きわまりない」の名詞形で、とくに構文的な用法はみられず、語彙的なフレーズや「のきわみにある」の言い方で用いられる。物事の行

きつくところ、極限の意味を表す。
- (120) 痛恨のきわみ、無念のきわみ、破廉恥のきわみ、栄華のきわみ、美のきわみ、無責任のきわみ、無礼のきわみ、遺憾のきわみ、贅沢のきわみを尽す、悲哀のきわみにある、…

「(こと)このうえない」「(こと)はなはだしい」なども程度の過剰さを表す。これらの表現は程度副詞「はなはだ」をはじめ、語彙的な表現に入るものであろう。
- (121)a. 新コーチの練習メニューときたら、厳しい<u>ことこのうえない</u>。
- b. 非常識な<u>ことはなはだしい</u>、誤解<u>もはなはだしい</u>、
- c. 人を愚弄するの<u>もはなはだしい</u>。
- d. はなはだ迷惑だ、はなはだ遺憾だ、はなはだ頼りない、

6.4 「にたえない」「にしのびない」「を禁じえない」の意味と用法

あらたまった言い方として、ル形接続の「にたえない」がある。否定的な評価を表し、わざわざそのようにする価値がない、あるいは生理的にみて我慢の限界から遂行困難な事由があることを示す。
- (122)a. 応募作品のなかには審査<u>にたえない</u>ものも数点あった。
- b. 彼の講演は予想に反して、聴く<u>にたえない</u>ものであった。
- c. あまりの悲惨な事故の現場は、正視する<u>にたえなかった</u>。
- (123) 顔の皺がまるで蠢く無数の条虫のようである。とても<u>正視に堪えない</u>。　　　　　　　　　　　　　　　　（奥泉光『モーダルな事象』）
- (124) 塀にはいたるところに蝋石やチョークで、見る<u>に耐えない</u>猥雑な落書きがされている。　　　　　　　　　　（高橋和巳『憂鬱なる党派』）
- (125) そう言えば『山月記』には、虎になった詩人が、現在の自分の姿を<u>直視するに堪えない</u>と告白する部分がある。
　　　　　　　　　　　　　　　　　　　（島内景二『「山月記」伝説の真実』）

「見る」「読む」「聞く」などの動詞に用いられ、「見ていられない」「見るにあたいしない」といった拒否的な判断をともなうほか心情的な不可能表現にもなる[4]。
- (126)a. 単なる運搬手段で、座る<u>に耐えない</u>車椅子が問題だ。
- b. 部下の兵をもって部下の兵を討つ<u>に耐えぬ</u>、と言っている。

一方、「にたえない」は次のような名詞に接続し、極限の意味を表す。
- (127) 慙愧にたえない、喜びにたえない、寒心にたえない、憂慮にたえない、遺憾にたえない、感にたえない、…
- (128) また、右論文に提出した「タテ」・「ヨコ」の概念、考察方法は、すでに常識のごとく多くの人々に使われるようになり、著者としては喜び<u>にたえない</u>。　　　　　　　　　　　（中根千枝『タテ社会の人間関係』）

「にしのびない」は通常の我慢の域を超えている状態を表す。
(129) a. 戦争で両親を失った悲劇は聞くにしのびなかった。
　　　b. 事故で残されたご子息の無邪気な顔は見るにしのびなかった。
(130) それ以来今までにどんな所行をし続けて来たか、それはとうてい語るに忍びない。　　　　　　　　　　　　　　　（中島敦『山月記』）
この場合も動詞は「見る」「聞く」「語る」などに限られる傾向がみられるが、「（立ち去り）難い」という意味で用いる場合もある。
(131) 女の白く滑らかな二の腕と、高く盛り上がった胸を一瞥した桑幸は、このまま去るに忍びないような、ある種未練に似た感情を抱いた。
　　　　　　　　　　　　　　　　　　　　　　（奥泉光『モーダルな事象』）
「に足る」はそれで十分満足な様子、「にたりない」は反対にそうすることが不満で、評価するに値しない状況にあることを表す。
(132) ナオミの手にはその滑かな皮膚より外に、何一つとして誇るに足るものは輝いていなかったのです。　　　　　（谷崎潤一郎『痴人の愛』）
(133) 普通のものが金を見て急に悪人になる例として、世の中に信用するに足るものが存在し得ない例として、憎悪と共に私はこの叔父を考えていたのです。　　　　　　　　　　　　　　　　　　（夏目漱石『こころ』）
(134) 然しそれは殆んど問題とするに足りない些細な事柄です。ことに関係のない貴方に云わせたら、さぞ馬鹿気た意地に見えるでしょう。
　　　　　　　　　　　　　　　　　　　　　　　　　　　　　　　　（同上）
(135) しかし、その意外さも、返事の内容にくらべれば、ほとんど取るに足りないものだったのだ。　　　　　　　（安部公房『砂の女』）
「を禁じえない」は思わずそのような気持ちになってしまう心情を表す。
(136) a. 被害者の遺族には同情の念を禁じえません。
　　　b. 太宰の作品を読んで人間の愚かしさに怒りと哀しさが込み上げてくるのを禁じえなかった。
「失望」「失笑」「憤り」「怒り」「落胆」「驚き」「こみ上げてくる涙」などのマイナス評価のほか、「同情」「羨望の念」「驚嘆の念」などのプラス評価もみられる。
　なお、語彙的な表現として「のは居たたまれない」も「のは憚られる」の意味で、「ていられない」とほぼ同義を表すとみてよい。
(137) 「どうもね、女の居る家で先生に会うのは居たたまれないよ」
　　　　　　　　　　　　　　　　　　　　　　（松本清張『偏狂者の系譜』）

7　おわりに―命題の評価性をめぐって

　本章で考察した構文の多くが前件に条件節や原因理由節をとり、感情の昂揚を発生せしめる起因的な状況の提示が必要とされた。これらの前件はまた、述語の表すモダリティの評価の対象にもなっている。例えば、原因理由節は次のように命題化が可能である。命題の内実は、マイナス的な評価が大部分を占めることから、予想外の事態、反期待性の事態が多くみられる。

　　（138）　両親に死なれて、悲しくてならない。
　　　　　　⇒両親に死なれたことが悲しくてならない。
　　（139）　選手一丸となって戦えなかった｛こと（自体）／自分｝が悔しくてならない。

(139)はインタビューなどの発話例であるが、「悔しさ」の対象がたとえば外在的な「一丸となって戦えなかった」ことと、事態を引き起こした主体である「自分自身」に対する不甲斐なさとが一体的に述べられる。内在する感情と外在するものへの感情が混在する、一種のあいまいな表出の形態ともいえるものである。

　また、ここでみた類型は主文述語において顕在し、前件にあらわれる確率は少ない。前件が感情の表出をうながすと同時に、対象命題として位置づけられている点が共通した特徴となっている。いわば、従属節にひきずられた主文述語表現のタイプともいえるだろう。

　さらに、「何とも」「まったく」のような評価副詞をともなう点にも注目したい。これらは言語化しにくい事態を結論づけるのに有効な働きを有しており、接続の規定のあいまいさを補う意味でも重要な成分として位置づけられる。

　本章の前半で検討した「てならない」「てたまらない」などの選択をめぐっては、杉村（2002）などの調査分析があるが、文法性の判断は特定の語彙以外にも、発話主体の主観にもゆだねられることが多い。評価性については、なお前後の文脈も考慮に入れる必要があるだろう。本章では心情表現として一定の類型をなすと思われる、「て」「ない」「ず」に後接する後続句表現、複合辞を考察した。これらは疑問文になることもなければ、相手に働きかけるという特徴ももたない。また、「て」「ないで」（「ずに」）に接続する補助動詞「いる」「おく」「すむ」などがアスペクトからモダリティ用法の生成に関わっている。しかも、一種の自己主張によって、感情伝達のストラテジーとなっている。

　最後に命題の評価性について、これまで観察した特徴を比較しておく。肯定形と否定形の対立をもつもの(A)タイプと、そうでない(B)タイプに分類する。
　　（「／」「―」は空白を示す。また、＊は非文法的構文であることを示す）

(A)タイプ(±などは命題の評価性を示す)

複合辞	評価性	例文
てならない	±	嬉しくてならない、悲しくてならない
てしかたがない	−	暇でしかたがない、忙しくてしかたがない
てたまらない	±	嬉しくてたまらない、いやでたまらない
ていられない	±	見ていられない、じっとしていられない
ておけない	−	黙って見ておけない、見捨てておけない
*てすまない	／	——
てやまない	±	期待してやまない、後悔してやまない
*{ないで／ずに}ならない	／	——
{ないで／ずに}(は)いられない	±	褒めずにはいられない／落ち込まずにはいられない
{ないで／ずに}(は)おかない	±	胸を打たずにはおかない、怒らせないではおかない
{ないで／ずに}(は)すまない	−	注意せずにはすまない、謝らないではすまない
*{ないで／ずに}やまない	／	——

(B)タイプ(±などは命題の評価性を示す)

複合辞	評価性	例文
限りだ	±	嬉しい限りだ、寂しい限りだ
ったら(ない)	±	嬉しいったらない、悲しいったらない
にたえない	±	喜びにたえない、聞くにたえない
にしのびない	−	聞くにしのびない
を禁じえない	±	喜びを禁じえない、失笑を禁じえない

　上記の命題の評価性は一般的な傾向であり、個々の事例についてはなお観察が必要である。また、自己表出、内側からの告白とともに、相手、対象に対する糾弾、批判、といった意味の重層性もみられる。
　本章では"言葉にならない"、ある種の閉塞的な心情が、どのような言語表現の形式によって表出されるかをみてきた。語彙的なものでは、次の「やりきれない」などもこれらの周辺にあるとみてよい。種々の詠嘆を含みながら、主体の心情を表し、それがまた聞き手の心情への間接的な働きかけともなっている[5]。

　　(140)　「覚えていますわよ。女は夫に自分より大切なものを持たれたら、やりきれないわ」
　　　　　　　　　　　　　　　　　　　　　　　　(井上靖『あした来る人』)

(141) その鬱陶しさが、母の言葉のうるささと一緒になって、一層やりきれない気持になった。　　　　　　　　　　（石川達三『青春の蹉跌』）
(142) そうだな、厭な話だ、と僕は思った。こう執拗に絡みつかれては、やりきれないな。　　　　　　　　　　（大江健三郎『死者の奢り』）

　こうしたモダリティ形式の使用条件、背景については類義表現という視点からも興味深いが、一方、学習者の立場からは、どのような状況で用いるのか、判断に迷うところであろう。本章で扱った表現は使用度の高いものでありながら、その使用状況については感情的な側面が干渉するだけに注意すべき点も少なくない。中上級日本語教育におけるモダリティ指導の重要な項目の一つといえよう。

注

1　益岡他（1991）の分類には「心情の強調」といったモダリティは含まれていない。本考察では「当為」と「説明」にかかわるものとして意義づける。
2　「ずにいられない」「ずにすまない」の意味の近い「ざるをえない」の用法については〈諦念〉を表す表現形式として第3部第1章で考察した。
3　こうしたデハの用法については、田中（2004a）のテハの構文でもふれている。
4　「耐えない」が「耐えられない」のようになると、「耐え切れない」の意味で用いられる。「座るに耐えない」も「重さに耐え切れない」など物理的な意味のほか、「誘惑に耐え切れない」などの心理的な忍耐不可能の意味に傾く。
5　「やりきれない気持ち」の名詞修飾用法と口頭での「やりきれない」の述語単独使用（一語文）を比較すれば、他者への働きかけ性は後者においてより強く観察される。

第2章　心的表出と評価判断の モダリティ(2)
― "引用" という観点からの考察

1　はじめに

　文末において伝達表現を担う要素には、判断・評価、表出などさまざまなラベルが考えられる。このなかには直接的(働きかけ)か間接的(独白)か、あるいは言外の発話意図を有する語用論的なふるまいがみられるものもあるだろう。その一部に形式・形態としては〈否定〉を示しながら、表す実質的な意味はむしろ肯定的なものがある点は、これまでにも指摘してきた通りである。従来の研究において助動詞相当表現の考察はモダリティの研究の中心として精力的に進められてきたが、文末形式の体系的な分類と意味機能が完全に整理されたわけではない。表出のベクトルをめぐっても外向き(伝達系)か内向き(確認系)か、意志的か非意志的かどうか、という分析も必要なように思われる。周縁的な分布を示す表現形式の記述は従来のモダリティ研究のすきまを埋める作業でもある。

　現代日本語の文末叙述は単文構造において固有の表現形式をもつものがあり、同時に複文構造においても、前文と呼応するような形式であらわれるなど、多様な形態と意味機能を有している。発話場面においては、話し言葉、書き言葉での出現分布、また学術的な文章や報道文などの文体においても一定の特徴が見出される。

　本章では、これらの文末形態が文を構成する主張の重要な形式として、社説等の文脈においてどのように生起するのか、といった傾向分析を通して、表現母体の本質に迫ってみたいと思う。とくに接続成分、文末成分において、とりわけ「という」の引用的観点を通して、当該命題に対する評価判断、確認などの機能をもつ、いくつかの慣用的な表現形式を考察する[1]。

2　「とは」と「なんて」―意外性と詠嘆を表す表現

　文末において強い詠嘆、ないし意外性を表す表現形式をいくつか瞥見する。詠嘆や意外性はその発話現場での話し手主体の感情的な評価判断であるが、間接的に何

らかの対処を暗示するような働きかけも観察される。このなかには複文の構造を呈するものと、前文中止の形で、余情的に終わるものとがある。

2.1 「とは」の意味と用法

「Xとは」の基本的な意味構造はXについての普遍的な定義を試みるもので、すなわちXを絶対命題とみなし、「XというものはYにほかならない」といった意義づけ、結論づけを意図する、名詞述語文の一類型である。(1a)、(1b)のように一般的行為については「こと」、抽象名詞については「もの」で受ける傾向がある。

(1) a. 生きる(こと)とは悩むこと。
　　 b. 人生とは長い旅のようなものだ。

これに対し、Xが文単位の内容を提示し、後件にそれをうけて何らかの評価判断を下す言い方がある。「とは」は主題化を意味し、「ということは」「などということは」のような、引用的な観点が注入される。後続文ではそれに対する主観的な評価判断、感慨を述べる。それまでに抱いていた感情とは異なる事態出現に遭遇して、強い述懐の気分をさしだすものである。「とはね」「とはな」のように終助詞をともなうこともある。また、「とは」は「とはいえない」「とは思えない」のような文末辞の一部として、想像や予想に反した事態を述べる際にも用いられる。(2)では(2a)から(2d)が言いさし、中止の用法、(2e)から(2h)までが接続成分の用法である。［ ］内は省略可能な余韻的、余情的な表現である。

(2) a. あの人が独身だったとは。[人は見かけによらないものだ。]
　　 b. 一晩で十万も使うとは。[豪游もいいところだ。]
　　 c. あんな高いものを平気で買うとは。[余程お金持ちなんだろうね。]
　　 d. あの人が子持ちだったとはねえ。
　　 e. そんなに喜んでもらえるとは思ってもみませんでした。
　　 f. 大学生にもなって、こんなこともわからないとは、実に情けない。
　　 g. 絶対優勝すると思っていたのに、まさか予選落ちするとは。
　　 h. お世話になったうえに、こんな素晴らしい記念品までいただけるとは、感謝の言葉もありません。

程度を明示するために「これほど」などの指示詞をともなうことも少なくない。

(3) 　こんなことを記者がやっていたとは、何とも悲しむべきことだ。
　　　　　　　　　　　　　　　　　　　　　　　　　　（朝日新聞08.1.19）
(4) 　なんとなくあこがれていた北国に、こういう気持ちでこようとは、禎子は想像もしていなかった。　　　　　　　（松本清張『ゼロの焦点』）
(5) 　上着だけをクリーニング屋に出すとは、珍しいやり方である。　（同上）

（6） 日本防衛の重責を担っていた官僚トップクラスに、あれほどモラルが欠如していようとは。暮らしの安心を保証する年金が、あんなにずさんに扱われていたとは。日々のニュースがこれほど「偽」の字に覆われようとは……。　　　　　　　　　　　　　　　　　　　　　　（朝日新聞 08.1.1）
（7） 「しかし、山田さん、可怪しいな。自分の戸籍に入っている人間が死んで、それを知らないとは……」「念のために戸籍を調べてみたよ。京子の欄に斜めに線が引かれてあった。間違いない。気になるなら、一郎さん、区役所へ行って彼の謄本を取ってみるといい」
　　　　　　　　　　　　　　　　　　　（吉行淳之介『砂の上の植物群』）
（8） 殺しても死なないような猪熊部長が風邪で休むとは、まさに鬼の霍乱だ。（；聞いて驚く、信じられない）

このように文末では一種の文末辞として、予想外のことが起こったことを表し、接続表現の「とは」では後文でそのときの驚き、感嘆を表す。命題に関しては、その突発性から生まれる状況が後文に提示され、評価判断がくだされる。
（9）a. 関西に大地震があったとは、誰も知るよしもなかった。
　　 b. 給料を十日で使ってしまうとは金遣いの荒さにもほどがある。
　　 c. 彼に三人も子どもがいたとは、何も知らない私が馬鹿だった。

「とは」に続く慣用的な述語としては「考えもしなかった」「驚いた」のようにタ形であらわれるのが普通である。また、次のように反語表現も続く場合がある。後文には「いったい」などが共起することが多い。
（10） あのソ連邦があれほど簡単に崩壊するとは、いったい誰が予想できただろうか。（；誰も予想できなかっただろう）
（11） こちらが本気で怒っているのに、馬鹿といわんばかりに笑っているとは、どういう女だ。　　　　　　　　　　　　（渡辺淳一『愛のごとく』）

2.2 「なんて」の意味と用法

「(だ)なんて」もまた「とは」と同じような意味機能をもつが、「なんて」のほうが引用の度合いがより強く、また「とは」に比べて口語的である。
（12）a. 君から言い出したくせに、知らないだなんて、言わせないよ。
　　 b. あのアイドルが自殺しただなんて、うそにきまってる。
　　 c. 夜中に突然やってきて泊まらせてくれだなんて、無茶なはなしだ。
　　 d. 何度も同じ注意を受けるなんて、本当にどうかしている。
　　 e. 知っていたくせに、「本当？」だなんて、白々しいにもほどがある。

「Xなんて」は、主題Xを軽視したり意外な気持ちをもって述べるもので、「なんて」は「など」や「なんか」などと置き替えが可能である。いずれも口語的な言

いかたであるが、「なんて」は「など」と比べて強い語調をともなう。
(13)a. 嘘をつく人 {なんて／なんか／??など／*とか} 大嫌いだ。
　　 b. 嘘をつく人 {なんて／なんか／など／*とか} どこにでもいる。
「なんて」は「とかいう」の会話的な言い方でもある。
(14)　#鈴木次郎なんて人⇒鈴木次郎とかいう人
「など」には主体や対象を謙遜したり控え目に述べたりする用法がある。
(15)a. 未熟者の私 {など／?なんか} に、そんな大役が務まるでしょうか。
　　 b. お客様、この手のもの {など／?なんか}、いかがでしょうか。
「なんか」は「など」にくらべて、ややぞんざいな用法である。なお、「なんか」「など」はともに文末用法は成立しない。
(16)a. あの人が自宅に蛇を飼っていた(だ)なんて。cf.*なんか、*など
　　 b. あの人が自宅に蛇を飼っていた(*だ)とは。cf.*なんか、*など
「だ」は「だなんて」のように判断確認をともなう評価である。
(17)　いきなり訪ねて来て金を貸してくれだなんて、非常識にもほどがある。
　　　　cf.*いきなり訪ねて来て金を貸してくれなんか…
　　　　　?いきなり訪ねて来て金を貸してくれとは…
(18)　「この歳になって、あんなに感動するとは思いませんでした。市井にあれほどの人が埋もれているなんて、驚きました」
　　　　　　　　　　　　　　　　　　　　　　　　　　（讀賣新聞04.9.20）
(19)　ホームの野村隆施設長は「昨晩目撃情報があって警戒していたが、まさか本当に入ってくるなんて信じられない。けが人がなくて良かった」と話している。　　　　　　　　　　　　　　　　　　　（朝日新聞04.9.29）
(20)　「いくら何でも、生まれたばかりの赤ちゃんを置き去りにするなんて……」。カウンセラーの説明に背筋が寒くなっていくのを感じた。
　　　　　　　　　　　　　　　　　　　　　　　　　　（讀賣新聞04.10.6）
(19)「信じられない」（「考えられない」）は使用頻度の高い述語表現である。
　次の例は、前文でいったん切って、「だから」で展開させた文である。
(21)　こんな簡単な伝票処理も満足にできないなんて、だからお前はうだつが上がらねえんだ！
「非常識にもほどがある」「断じて許せない」など、後件には強い感情が表される。あきれた気持ちや、落胆、失望などのマイナス的な事態のほかに、（夢にも思わなかった）意外な成果などにも用いられる。次は「とは」と「なんて」が併存したケースである。「とは」と同様に終助詞も用いられる。
(22)　予選を勝ち上がるとは思わなかったが、まさかここまで好成績を残せるなんて(ねえ)。（予想だにしなかった）

なお、「とは」も「なんて」も後続文には、当該事態を引き起こした背景への推論、詮索が展開される。後続の文末形式では「のだろう(か)」「にちがいない」「のかもしれない」などが顕著である。

(23) a. 一杯のそばを食べる金もないなんて何と可哀そうな人なんだろう。
b. 大学生にもなってこんなことが分からないとは今まで何を勉強してきたんだろう。
c. こんな雨の中を出かけていくなんて余程大事な用があるんだろう。
d. 二週間も無断欠勤しているとは、きっと何かの事故に巻き込まれたに違いない。
e. 少し注意しただけで激怒するとは、余程虫の居所が悪かったのかもしれない。

3　引用的な観点からみた心的表出の諸相(1)

ある内容を受けて、それに対する一定の判断・評価を呈する言い方で、主観領域において絶対的な判断としてさしだされるものである。

3.1　「Xといっても過言ではない」の意味と用法

「それほどの評価を与えられてもおかしくない、不自然ではない」といった意味を表し、「あながち」などの副詞をともなうことも多い。「といってもいい」という当為・当然のなりゆきが下地にあり、「言い過ぎではない」「差支えない」なども用いられる。

(24) a. 彼がその実験に成功したのは、全くの偶然であったといってもよい(くらい)だ。
b. 今回の優勝は皆さんの応援の賜物といっても過言ではない。
c. 漱石の影響を受けなかった作家はほとんどいないと言っても言い過ぎではない。
d. イチロー選手のような逸材は二十年に一人、いや五十年に一人出るかどうか、と言っても過言ではない。
e. 言葉の暴力は人を自殺に追い込む犯罪だと言っても決して言い過ぎではない。
f. 逆境の中でこそ、その人の真価が問われるといっても言い過ぎではない。
g. 勝敗のゆくえは君達の双肩にかかっているといっても過言ではない。

称賛や励まし、糾弾、批評の場面などにあらわれる。

(25) 米軍当局は毎回、「綱紀粛正」や「二度と事件を起こさぬ」と約束するが、事件は後を絶たない。効果のあがらない米軍の対応に、県民の怒りと不信感は頂点といっても過言ではない。　　　　（朝日新聞 08.2.13）
(26) 私が人生で最初にぶつかった難問は、美ということだったと言っても過言ではない。　　　　　　　　　　　　　　　　（三島由紀夫『金閣寺』）
(27) 期待どおりに育たないように、毎日、子どもに接しています、といっても言い過ぎではないと思われるお母さんが少なくありません。

「{の／こと}は言うまでもない」「{の／こと}は言を俟たない」も同じような意味を表す。「いうまでもない」は並列表現にもあらわれる。

(28) a. 語学の習得には多くの単語を覚えなければならないことは言うまでもない。
  b. 彼は英語はいうまでもなく、ドイツ語もフランス語もできる。

3.2 「Xに越したことはない」の意味と用法

「に限る」のように最上級の表現で「のが一番だ」という意味を表す。しばしば目的表現と呼応し、「どうせ…なら」、「ればいい」などを受けることが多い。

(29) a. 学会で発表する前には何度も練習しておくに越したことはない。
  b. 値段は安いに越したことはないが、品質がよくないのは困る。
  c. 就職する際は、英語のひとつぐらい話せるに越したことはない。
  d. 女性の夜の一人歩きは危険ですよ。用心しすぎることはない。
(30) 外国生活者にとって、事が政治に、あるいは政治思想にかかわっている場合には、慎重であるに越したことはないからである。
　　　　　　　　　　　　　　　　　　　　（堀田善衛『バルセローナにて』）

「ないに越したことはない」は実質的には「ないほうがいい」という意味で、同じく警告、忠告を表す。

(31) a. こんな役職は回ってこなければいいに越したことはない。
  b. 引っ越しは大変な重労働で、できればしないに越したことはない。
  c. 保険は使わないに越したことはないが、万が一のために入っておいた方がいい。

次は迂言的な提案の用法である。

(32) a. 品質に違いがないのだったら、安いに越したことはない。
  b. 直接会って話すに越したことはないが、電話でもかまわんだろう。
  c. いつ盗難に遭わないとも限らないし用心するに越したことはない。
  d. 苦労はしないに越したことはないが、若いうちは買ってでもしろと言いますね。

         e. 英語を学ぶならネイティブの先生に越したことはないが、問題は本人のやる気だ。
  (33) 家内の云う通り、黒い雨に打たれた記述の部分は省略するに越したことはない。　　　　　　　　　　　　　　　（井伏鱒二『黒い雨』）
  (34) 理想を言えば、部落の中は通らずに、迂回して逃げるに越したことはないわけだが、　　　　　　　　　　　　（安部公房『砂の女』）

(33)「家内の云う通り」、(34)「理想を言えば」のように前提句にみちびかれた当為的な表現となっている。

3.3 「Xくらいなら、Yほうがましだ」の意味と用法

　前文との連鎖的、共起的な形式で、やや消極的な比喩表現である。「くらいなら」という条件節を援用する。「XよりYだ」のような一種の比較選択表現で、XもYも両方よくないが、XよりもまだしもYのほうがいいことを表す。Xは聞き手も知っている事態があげられ、話し手も聞き手もその実現を望んでいない。Xを強く拒絶する気持ちを表す。Yの文頭に「いっそ」「さっさと」「むしろ」「よほど」などの副詞がくることもある。一種の迷惑的な事態の回避を意図し、他者への働きかけのほか自戒の念で用いられることもある。

  (35) a. あいつと一緒に仕事をするくらいなら、別の会社に移ったほうがまだましだ。
      b. あの人にお金を貸すくらいなら、ドブに捨てた方がましだ。
      c. あんな人と結婚することを考えたら、一生独身でいた方がどんなに得だろうか。
      e. 家に帰って家内に小言を言われるくらいなら、会社にいたほうがよっぽど気楽だ。
      f. あの店で食事するくらいなら、自炊して食べたほうが何倍かいい。
      g. 高額を払って修理するくらいなら、新しく買い替えたほうが得だよ。
      h. 二駅ぐらいなら、タクシーに乗るより電車で行ったほうが早い。

「くらい」も「ぐらい」も同じように使われる。Xを受けるYの文末には「ほうがましだ」、「ほうがいい」などの決まった言い方が使われる。次のように命令文が続くこともある。また「くらい」が省略されることもある。

  (36) a. テレビを見ている時間がある（くらい）なら、さっさと宿題をしなさい。
      b. 負けて悔しがるぐらいなら、どうして頑張らなかったんだ！
      c. 今頃後悔するぐらいなら、あの時どうして話を素直に聞かなかった{のだ／のだろう}？

d. 寝ている時間があるくらいなら、部屋の掃除ぐらいしたらどうだ。
e. 敵に降参するくらいなら、首をつって死んだほうがましだ。
f. 途中でやめるくらいなら、最初からやらないほうがよかったんだ。
g. 延々と討論するくらいなら、さっさと実行したほうが早いと思う。
h. 歳をとって寝たきりになるくらいなら、死んでしまったほうがましだ。
i. この提案さえも受け入れられないくらいなら、話し合いなどやめたほうがいい。
j. 練習が厳しくて泣きたいくらいなら、いっそのこと辞めたらどうだ。

(37) 思いがけぬ考えが頭の中をかすめ過ぎ、苦笑した。遠い地に住まねばならぬなら、むしろ刑務所の房にもどった方が気持ちは安らぐ。
(吉村昭『仮釈放』)

(38) 彼はこの年まで生きてくると大抵のことが面倒くさく、手間ひまかけて自分の考えを通すくらいなら、かなり困惑すべきことでも、相手の言うなりに通そうという欲求の方が強いのであった。
(曽野綾子『切り取られた時間』)

(39) 私自身については、巨人的生命の無限の発展などというものを信じるくらいなら、或る超自然的な存在、例えば神による支配を信じる方が合理的だと思っている。
(大岡昇平『野火』)

以上の例では、「くらいなら」の後文には「方」があらわれているように、何らかの比較される対象や行為がさしだされているが、次の例では実際の結果的な行為が述べられている。なかには(40)、(41)のように「どうして」「なぜ」を用いて強い疑念を表すもの、(42)、(43)のように強い願望や意志を表すものもある。

(40) 「…へんに甘ったるい匂いがしてね、吐きたくなるような気持ちがしたし、ウジが湧きそうだったから、スコップで穴を掘って埋めてしまった。しかしそんなものを持って来るくらいなら、どうしてあの時道に這入ってくれなかったんだろう？」
(梅崎春生『幻化』)

(41) 今日抗議するくらいなら、なぜ昨日抗議しなかったのか。何か特別に今日抗議する理由があるのか。
(同上)

(42) 殺されるなら殺されるべき理由を神父は持ちたかったのだ。そして只標的の物質の一つとして消されるくらいなら、彼は死の決断を自分の掌中のものとして、自由意志を持って選びとりたかったのである。
(曽野綾子『切り取られた時間』)

(43) そんな侮辱を我慢するくらいなら、わたし死ぬわ。
(石川達三『青春の蹉跌』)

4 引用的な観点からみた心的表出の諸相(2)

ここでは「という」成分が多機能的にあらわれる表現を概観する。いわば抽象化、形式化した「という」を分母にもつ表現で、心的表出のなかでは主として判断の職能を担うものである。接続成分、文末成分のそれぞれにあらわれるものを例文とともに示すことにする。

4.1 接続成分にあらわれる「という」の諸相(1)

「という」の多くが文中にあらわれるものを具体例とともにみてみよう。

A：「XというかYというか」、「XといおうかYといおうか」

並列表現をなし、判断に躊躇しつつ、ある一定のイメージ的な判断がなされる。「何というか」は「何といったらいいのか」という釈然としない気持ちを表す。(45)のように単発で用いることもある。

(44) a. 人がいい<u>というか</u>、馬鹿<u>というか</u>、何<u>というか</u>、…。
b. 口が悪い<u>というのか</u>、自己主張が強い<u>というのか</u>、あいつはどうも付き合いにくい奴だ。
(45) 奥さんにおうかがいしますが、自殺なさるような動機<u>というか</u>、そんな懸念はなかったでしょうね。　　　　　　　　（松本清張『ゼロの焦点』）

B：「XといいYといい」、「XといわずYといわず」

同じく並列表現として、複数の対象を例示、列挙する。

(46) 味<u>といい</u>サービス<u>といい</u>、さすが老舗旅館ならではの風格だ。
(47) わざわざこんな時期に駅まで迎えに来てくれた態度<u>といい</u>、瞬間に見せる彼の目の表情<u>といい</u>、禎子は本多の気持ちが、何なのか感じてきた。
　　　　　　　　　　　　　　　　　　　　　　　　（松本清張『ゼロの焦点』）
(48) 子供<u>といわず</u>大人<u>といわず</u>、こぞってゲームに夢中になる時代だ。

C：「Xといわんばかりに」（「Xといわんばかりだ」）

一種の比喩的な状況描写で、その動作・現象を臨場的に述べる言い方である。「Xとばかりに」も同じ言い方である。

(49) 黙れ、<u>といわんばかり</u>にその教師は学生をにらんだ。
　　（その教師は学生をにらみつけ、黙れ、<u>といわんばかり</u>だった）
(50) 待ってました<u>と(言わん)ばかり</u>に、彼はマイクを持つや歌いはじめた。

D：「Xといったところで」、「Xと(は)いうものの」

逆接表現「ところで」「ものの」「のに」に「という」をともなったもので、不満や意外性といったものを強調した言い方である。

(51)a.　会話ができるといったところで、簡単な日常会話ぐらいなものです。
　　　b.　お金がないないといいながら、彼女は旅行ばかり行っている。
　　　c.　3月になったとはいうものの、まだ朝夕は冷え込みがきついです。

E：「Xというのに」、「Xといって(も)」、「Xからといって(も)」、「Xとはいえ」、「Xといえども」

同じく伝聞的な要素を取り込み、「世間では〜と言っているのに」という通念を引き合いにしながら、現実の不確かさを述べる。逆接を表す言い方で、後文には意外性の強い文が置かれる。

　(52)　禎子は元日というのに、暗い用事で駆けつける自分が哀れになった。
　　　　　　　　　　　　　　　　　　　　　　　　　　(松本清張『ゼロの焦点』)
　(53)a.　宿題がないからといって、何も勉強しないのはどういうことだ。
　　　b.　よく準備したとはいえ、いざ発表当日になるとうまく話せなかった。

F：「Xというわけで」、「Xということで」、「Xというもので」

順接表現「わけで」「もので」などに「という」をともなったもので、ことさらに結論、結果に至った根拠や経緯を強調した言い方である。「そういうことで」「そういうわけで」は終結を意味する。

　(54)a.　宿泊費込みで3万円というんだから、安いほうでしょう。
　　　b.　これは首相自ら起草したというもので、
　　　c.　そういうわけでして、どうかご遠慮させていただきたいのですが。
　　　d.　今回はこの問題に踏み込まないということで、次の議題に進みたいと思います。
　　　e.　じゃ、そういうことで(失礼いたします)。

「ということから」は出自、出身などに言及する場合に用いられる。

　(55)　東北出身ということから、寒さには慣れているでしょうねと言われる。

G：「Xてからというもの」

それまでとはまったく違う状況、場面を明示する。意外性、驚き、感動、発見などの気持ちを表す。「ようになった」などの結果構文をともないやすい。「それからというもの」はその可展的な接続詞用法である。

　(56)　脱出に失敗してからというもの、男はひどく慎重になっていた。
　　　　　　　　　　　　　　　　　　　　　　　　　　(安部公房『砂の女』)
　(57)　通訳にはなれないまでも、せめてもう少し楽な事務所の仕事に就きたかった。そのためには、言葉を覚えなければならない。それからというもの、必死でロシア語の単語を覚える努力をした。(『心の危機管理術』)

H：「XからいってもYからいっても」

ある判断の基準、見地からみて事態を評価判断する言い方で、単独使用のほか、

並列形式になることも多い。「からみても」「からしても」もほぼ同義である。
　　(58)　私は長く兄に会わなかったので、又懸け隔った遠くに居たので、時から云っても距離からいっても、兄はいつでも私には近くなかったのである。　　　　　　　　　　　　　　　　　　　　　　（夏目漱石『こころ』）
　　(59)　質、内容からいっても、現地駐在員といつでも交替できるようなシステムになっていることが望ましい。　　　　　　　（中根千枝『適応の条件』）

I：「Xというと」
　「というと」が「となると」「とすると」などのように、想起を意味しながらの広義の主題形式として用いられることが多い。「といえば」などと合わせて、この形式は多義的な意味をもつ（第2部第1章を参照）。
　　(60)　親しくしていたという室田さん夫妻も知らないというと、鵜原さんは一体全体、どこにいたんでしょうね。　　　　　（松本清張『ゼロの焦点』）

4.2　文末成分にあらわれる「という」の諸相（1）
　ここで観察する類型は肯定形をとるものと否定形をとるものとがある。総じて発話的な用法で、機能としては解説、あるいは説明的な文脈であらわれる。それぞれ例文とともに記述を試みることにする。

A：「Xというが」「Xというけれども」
　いわゆる伝聞形式を借りて、一般的な慣例をなぞるような場合に用いられる。格言、世間での言い回しなどがその対象となる。
　　(61)　馬鹿は死ななきゃなおらないというけど、まったくその通りだね。
　　(62)　人間はふしぎに、一度罪を犯した所に戻ってくるというが、田沼久子の場合も、この心理に当てはまりそうだった。（松本清張『ゼロの焦点』）
　「それというのも」は前段の成立する背景、根拠をさしだす際に用いる。

B：「Xということだ」、「Xという話だ」、「Xという噂だ」
　伝聞を表し、評判を含めた事態説明に用いられる。
　　(63) a.　ここは有名なロケ地で、年中、観光客がひきもきらないということだ。
　　　　 b.　息子は昨夜からずっと高熱を出しているということだった。
　　　　 c.　この都市にも5年以内には地下鉄が走るという話だ。
　　　　 d.　先生は甘いものが好きだというもっぱらの噂です。
　　　　 e.　デモの参加者は軽く10万人を越えたということだ。

C：「Xという有様だ」、「Xといった状況だ」、「Xといった次第だ」etc.
　対象事態についての状態、いきさつを定位したものとして了解した言い方である。「有様」のほかにも「状況だ」「具合だ」「調子だ」「感じだ」「寸法だ」「魂胆だ」「算段だ」「始末だ」といった名詞述語成分が観察される。

(64) a. 最近の彼ときたら忙しそうで、食事は勿論、休息もろくにとれない<u>といった有様だ</u>。
b. 父が突然病に倒れまして、急きょ代理で参った<u>という次第です</u>。

D:「X ということになる」、「X ということにはならない」

結果の招来表現で、一定の評価、意義づけが述べられる。〈X は Y だ〉、〈X は Y ではない〉のように名詞文で表される情報を新規に提供するという意図を有している。「こと」は特別な事態を表す。「なる」は最終的にそうした結論に落ち着く、といった気持ちも表す。「れば」節や「から」節との併用が観察される。否定表現はただちに恒常的な等価関係が成立しえないことを暗示する言い方となる。

(65) a. 完成すればアジアで最初の 15 万人スタジアム<u>ということになる</u>。
b. 入った連絡<u>によると</u>、父は来週、手術をする<u>ということになった</u>。
c. 社命で海外に赴任しなければならない<u>ということになった</u>。
d. 留学する<u>ということにでもなれば</u>、相当の学費がかかるのは当然だ。
e. 毎回出席した<u>から（といって）</u>合格する<u>ということにはならない</u>。

E:「X ということにする」

総括的な判断表現で、周囲の一般的な状況を見定めたのちの提案ともなっている。会議での進行などに観察されやすい。

(66) a. 皆さんのご意見をうかがってから採決する<u>ということにします</u>。
b. では、3000 万円で和解した<u>ということにいたしましょう</u>。
c. ここらで、例の剽窃問題はなかった、<u>ということにしませんか</u>。

F:「X ということはない」

状況否定表現で、断定的に述べる。ある種の普遍的な状況が述べられる。人の性格に関しては、「こと」の代わりに「ところ」も用いられる。「という {こと／ところ} を知らない」という言い方もみられる。

(67) a. 彼はいくら批判されてもひるむ<u>ということがない</u>。
cf *……ところがない、ところを知らない。
b. 予防の大切さは<u>いくら</u>強調してもしすぎる<u>ということはない</u>。

G:「X というところだ」、「X といったところだ」

「ところ」は状況を意味する。正確には言えないものの、ほぼ「といえる」という結果判断を表す。解説的な言い方で、動詞の意志形に後接する。

(68) a. まもなく第二集団は先頭集団に追い付こ<u>うというところです</u>。
b. この勢いでいけば、大関でも狙お<u>うかといったところです</u>。

「という」よりも蓋然性をぼかした「といった」のほうが好まれる。「ところ」は「とこ」あるいは「感じ」にもなる。(69b) のように謙遜して言う場合もある。

(69) a. この調子では大幅な赤字は避けられない<u>というところじゃないかな</u>。

b.　英会話は苦手でして、日常会話ぐらいがやっと<u>といったところ</u>です。
　　c.　うちの犬は15歳だから、人間だと立派な老人<u>といったとこ</u>かな。
　　d.　いろんな困難もあったが、やるべきはやった<u>といったところ</u>です。
文末尾に「かね」「でしょうか」などの不確定要素をともなうことも多い。

H：「Xというほどのこともない／ことでもない」、「Xというほどのものではない／ものでもない」

「といっても」と共起しながら、世間一般で言われているほどの程度ではないという評価・判断を表す。「こと」には「こともない」「ことでもない」があるのに対して「もの」には「ものではない」の否定形しかない。

(70)a.　碁が上手だといっても、名人<u>というほどのことでもない</u>。
　　b.　具合が悪いといってもすぐに入院<u>というほどのこともない</u>。
　　c.　当然のことをしたまでで、特別なことをした<u>というほどでもない</u>。
　　d.　使えない<u>というほどのものでもない</u>が、（あえて言えば）決して使いやすいとはいえない。

I：「Xというものだ」、「Xというものではない」、「Xというものでもない」

ある事態の達成時に、それまでの経緯を振り返って感慨深げに述べたり、一方、必ずしも料簡通りにはならないこと、諦念的な気分を述べたりする言い方である。

(71)a.　40歳で店が持てたのだから、苦労した甲斐もあった<u>というものだ</u>。
　　b.　30代で教授になったというのだから、大いに期待が持てる<u>というものだ</u>。
　　c.　五年勤めてやっとどうにか一人前になった<u>というものです</u>。
　　e.　良いこともあれば悪いこともある。それが人生<u>というものだ</u>。
　　f.　外国人だからといって部屋を貸さないのは、偏見<u>というものだ</u>。
　　g.　惨禍から75年の後。めざすのが名にたがわぬ「平和の祭典」なら、挫折しても値打ちはあろう<u>というものだ</u>。　　（朝日新聞09.10.14）

「まさしく」「それこそ」などの副詞で強調されることもある。一方、否定表現は「ものではない」よりも「ものでもない」のように婉曲的な表現になる傾向がある。

(72)a.　論文はただたくさん書けばいい<u>というものではない</u>。
　　b.　食事は腹さえ満たせれば味はどうでもよい<u>というものでもあるまい</u>。
　　c.　たくさんお金があるからと言って、幸せになれる<u>というものでもない</u>。

J：「Xというわけだ」、「Xというわけではない」、「Xというわけでもない」

「というわけだ」は事態・事情発生の背景を説明するもので、否定形はそうした説明の信憑性に関して必ずしも依拠しない姿勢で、例外をも認める言い方である。

(73) a. それで、彼女は離婚を決意したというわけですか。
　　 b. 行かないということは行きたくないというわけだろうか。
「わけ」が実質的な内容を表すこともあるが、多くは抽象化して機能的に用いられる。「というわけではない」が後文の「というほどではない」、前文の「からといって」などと共起するケースもある。
(74) a. 刺身は嫌いというわけではないが、進んで食べるというほどでもない。
　　 b. 長く英国に住んでいたからと言って、必ずしも英国の文化を知っているというわけではない。（≒とは限らない、とはいえない）

K：「**X というわけにはいかない**」、「**X というわけにもいかない**」
　予想した通りには簡単にことは進まない。それにその背景にはなおいくつかの課題、問題が存在することを示唆する言い方である。
(75) a. 今まで何とかやってきたが、この先、順風漫帆というわけにもいかないだろう。
　　 b. 後続が追ってきているので、これで安心というわけにはいかない。
　　 c. 博士論文を書いたからといってすぐ学位がもらえるというわけにはいかない。厳しい審査が待っている。

L：「**X といえたものではない**」、「**X といえないこともない**」
　実際の状況に照らしてみて、あるいは平均的な水準と比較してみて、従来の評価を覆すに十分な論拠を述べる言い方で、強い断定の語調をともなう。「もの」のほかに「義理」「柄」といった名詞も用いられる。
(76) a. 写真や図面で見ればよく見えるが、実際にはとても博物館といえたものではない。
　　 b. 先進国の工場と比べたら、ゆめゆめ近代工場といえた義理ではない。
「X といえないこともない」は、一部、論拠の信憑性が所在することを控えめに述べたり、「ある面からいえば」という譲歩的、前提条件を内包したりする言い方である。
(77) a. 少年犯罪の多くは家庭環境に問題があるといえないこともない。
　　 b. 地味ではあるが、見方によってはかなりの傑作といえないこともない。

M：「**X と（も）いえる**」、「**X といって（も）いい（くらいだ）**」
「ともいえる」は「というにふさわしい」という肯定的な容認を表す。「といえよう」「といえるだろう」「といえなくもない」などの言い方がある。
(78) a. チョムスキーこそが、学識の高い真の言語学者だといえよう。
　　 b. あのような態度で、外務大臣がつとまるといえる(の)だろうか。
「X といって（も）いい（くらいだ）」は、そのように言ったとしても決して大げさ

ではないという現実の一端を述べる、一種の評価判断の言い方である。
- (79)a. 毎日、犯罪事件のない日はないといっていい(くらいだ)。
- b. 日本人は鮪がなければ生きていけないといってもいいくらいだ。

N:「Xとばかりもいえない」、「Xとまではいえない」、「XともYとも(どちらとも)いえない」、「Xとはいいきれない」、「Xとはいいがたい」

「{とは／とも}かぎらない」と同義で、簡単には結論が下せない、という気持ちを表す。「とまではいかない」のような到達表現にもなる。「かならずしも」「あながち」などの否定誘導の副詞をともなうことも多い。

- (80)a. この事件では非行に走ったこどもだけが悪いとばかりはいえない。
- b. さすがに辞めていただきますとまでは言えないが、彼にははっきり言って辞めてほしい。
- c. 娘の成績はいいとも(言えないが)悪いとも言えない。中間ぐらいか。
- d. 危険とまではいわないが、用心するに越したことはない。
- e. プロ並みとまではいかないが、ほぼそれに匹敵する出来栄えだ。
- f. 値段の高いものが必ずしもいい物とは言えない。
- g. この仕事は楽そうに見えるけど、そうとばかりはいえないよ。
- h. 難しいことは難しいが、あながち不可能とはいえない。

「とは言い切れない」、「とは言い難い」も同様に、一概に結論を下すことを憚った言い方で、同時に一種の留保的、例外を示唆した言い方である。しばしば「とても」「あながち」などの副詞をともなう。

- (81)a. 遭難者はまだ発見されてはいないが、状況からみて、あながち絶望とは言い切れない。
- b. 医療技術は日進月歩だが、それでも十分だとは言い切れない。

O:「Xというのだろう」、「Xというのだろうか」

不特定多数の聞き手に向けて問題を提起する言い方で、疑念を強く押し出す。疑問詞とともに「いったい」「本当に」などの副詞をともなう。

- (82)a. こんな状態になろうとはいったい誰が想像したというのだろう。
- b. いつ今の失業問題、自殺問題が解決されるというのだろうか。

なお、肯定形式と否定形式がペアになったものでは「といえる」「とはいえない」「というものだ」「というものではない」「というわけだ」「というわけではない」などがある。さらに、「という」の介在した形式としては、「という保証はない」「というつもりはない」「というおぼえはない」「といったためしがない」「という手はない」「という術はない」などがある[2]。

以上、限られた事例の観察ではあったが、「という」の節末・文末叙述形式を概観した。文末にあらわれる場合、結論や主張の提示という点では共通した意味機能

がみられる。論理的な文章や、論説・報道文にどのようにあらわれるか、という制約条件については、今後はより大きな言語データをベースに計量的手法によって分析していく必要がある。

5　新聞の社説にみられる「という」の複合辞

　ここでは朝日新聞の社説(2008.1 ～ 2008.4 の4ヶ月間)にあらわれる、「という」を内包する節末成分、文末成分の諸相をみてみよう。

5.1　接続成分にあらわれる「という」の諸相(2)
　代表的とも思えるいくつかの言い方の諸例を簡単な注記とともに記述する。
A：「X といえば」、「X という(の)なら」
　広義命題形式のひとつで、言及すべき事態の想起、話題の持ち出しといった場面にあらわれる。通常「といえば」の形のほか、「というと」も用いられる。

(83)　海上自衛隊の艦船による事故といえば、20年前の潜水艦「なだしお」の事故を思い出す。　　　　　　　　　　　　　　　　　　　　(08.2.20)
(84)　イージス艦といえば、高性能のレーダーを持ち、複数の敵の攻撃に同時に立ち向かうことができる最新鋭艦だ。　　　　　　　　　　(08.2.20)

(84)は「X は Y」という述語文の形式である。Yは「ということを意味する」という説明文になっている。条件節「なら」につきそう「という」も一般化を下地にした言い方で、前提的な条件を強調したものである。「たとえば」「それほど」「そこまで」などの指示的な副詞をともなう。

(85)　たとえばガソリンの暫定税率をやめるというなら、財源の穴をどう埋めるのか、歳出入の見取り図を示すべきだ。　　　　　　　　　(08.1.18)
(86)　たとえば、首相は道路特定財源の一般財源化で勝負をかけるというなら、それを確実に実行することだろう。　　　　　　　　　　　(08.4.10)
(87)　日本が捕鯨を続けようというのなら、まず、このもつれを解く必要がある。　　　　　　　　　　　　　　　　　　　　　　　　　　(08.3.11)
(88)　衆院での審議が不十分だったというなら、多数を握る参院でこそ、徹底的に審議する作戦で臨めばいいではないか。　　　　　　　　(08.3.6)
(89)　弁護士をあまり増やすな、というのなら、こうした問題を解決してからにしてもらいたい。　　　　　　　　　　　　　　　　　　　(08.2.17)
(90)　東京への五輪招致に真剣に取り組むというのなら、言うべきことは言ったうえで、アーマド氏を取り込むぐらいの指導力を発揮したらどうか。
　　　　　　　　　　　　　　　　　　　　　　　　　　　　　　　(08.2.10)

B：「Xという（のだ）から」
　引用的観点から一般的な評価判断を前面に押し出して主張する言い方。これを受ける述語には一種の感慨、詠嘆的な心情を表す「驚く」のほか、「あきれる」「言葉も出ない」「非常に奇妙だ」などの意に反した形容表現があらわれる。

(91) そもそも河添被告は、社長に就任した当初から長年にわたるリコール隠しを知っていたのに、発覚するまで何も手を打たなかったというのだから、なんとも理解しがたい。　　　　　　　　　　　　　　(08.1.17)

(92) 何が何でも生活保護の支給を抑えようというのだから、この街に住む人たちはたまったものではない。　　　　　　　　　(08.1.20)

(93) 戦後63年にして62代目の首相だというから驚く。　(08.4.16)

(94) こんな北の湖理事長が今月初めの役員改選で、すんなり4選が決まった。相撲協会内では、正面切って異論や疑義が唱えられることもなかったというのだから、驚いてしまう。　　　　　　　　(08.2.8)

C：「Xとはいえ」、「X。とはいえ」
　逆接、譲歩表現で、「といえども」「とはいっても」と同列で、一旦、眼前の事態を認めつつも、現実の事態を肯定せざるを得ない状況を提示する言い方。後文には「やはり」「あいかわらず」などの副詞があらわれやすい。接続詞と接続助詞的な用法がある。

(95) 政府が提出した新年度予算案のなかで歳出入の張尻は合わせてあるとはいえ、野放図な財政拡大に歯止めをかけるといった決意が薄れてきた印象は否定できまい。　　　　　　　　　　　　　(08.1.19)

(96) ただし、昨年10～12月の経済成長は高めだったし、鉱工業生産も一進一退とはいえ、前回の踊り場よりは高い水準を維持している。
　　　　　　　　　　　　　　　　　　　　　　　　　(08.4.2)

(97) 依然として世界第2の経済大国であるとはいえ、巨大な財政赤字をかかえ、景気の足取りもおぼつかない。　　　　　　　(08.4.4)

(98) 山口2区に全国の視線が集まっている。補選とはいえ、それにふさわしい論戦を見せなければいけない。　　　　　　　(08.4.19)

(99) 繰り返し違反する業者に対象を限るとはいえ、運用を誤ると健全な価格競争まで制限しかねない面がある。　　　　　　(08.3.11)

(100) 大手製造業の賃上げは、多くが前年並みにとどまった。3年連続の賃上げとはいえ、渋い結果である。　　　　　　　　(08.3.14)

(101) 国会に予算承認権を握られているNHKは、政治との距離が絶えず問題になってきた。国際放送とは言え、国の宣伝機関になるような言い方をすれば、公共放送としての役割はどうなるのか。　(08.3.26)

(102) この日の海は穏やかだった。夜明け前で暗かったとはいえ、自衛艦のレーダー画面に漁船が映っていなかったのか。　　　　　　(08.2.20)

(103) 親方を先頭にした部屋ぐるみの犯行と断定されたわけだ。時津風部屋は親方が交代したとはいえ、その責任は重い。　　　(08.2.8)

(104) いま、冷凍ギョウザ事件で食卓には中国離れの動きがある。とはいえ、中国などからの輸入抜きに日本の食は成り立たなくなっている。
　　　　　　　　　　　　　　　　　　　　　　　　　　　　　　(08.3.17)

D:「Xというのでは」

「という状況を考えると」という「ては」既定条件節の類型で、「とあっては」「ということでは」なども同列的な表現である。後文にはマイナス的な印象、結果事態に言及される。「というようでは」の形でもあらわれる。

(105) 予算はできたのに執行できないというのでは、日本の政治は機能マヒになってしまう。　　　　　　　　　　　　　　　　　　　　(08.4.1)

(106) 補選はあくまで補選、永田町では既定方針通りというのでは、総選挙に期待する民意が広がるばかりだろう。　　　　　　　(08.4.28)

(107) 「あのカーブで運転士が速度超過をするとは想像もしなかった」というのでは、何の説明にもなっていない。　　　　　　　　(08.4.28)

(108) 当時は正確な情報を把握していなかったと釈明しているが、選挙後になって巨額の累積赤字を公表し、追加出資がなければ破綻するというのでは、都民への背信ではないのか。　　　　　　　　　(08.3.25)

(109) 不当な要求をする暴力団はきっぱりと排除する。その先頭に立つべき市長が暴力団組長とこっそり会っていたというのでは、暴力団追放も絵に描いた餅になってしまう。　　　　　　　　　　　(08.3.27)

E:「Xかといって」、「かといって」

一旦、結論を言ってみたものの、一方の事態も無視できない事情を説明する。一種の自重的な注釈表現である。「一方」「と同時に」なども同列的な表現とみなされる。接続詞と接続助詞的な用法がある。「そうかといって」のように指示詞をともなう場合もある。

(110) 与党が衆院での再可決に踏み切れば首相の求心力は失われかねない。かといって、税率を元に戻すことに有権者の理解が得られるかどうか。　　　　　　　　　　　　　　　　　　　　　　　　　　(08.4.1)

(111) MSは基本ソフトのウインドウズで世界のパソコンを制したが、その市場が成熟して大きな伸びは見込みにくくなってきた。かといって、ネットの主戦場である検索エンジンでは米国で10%足らずのシェアしか得ていない。　　　　　　　　　　　　　　　　　　　　(08.2.6)

F:「Xからといって」、「(そう)だからといって」

　複文として連動する前句に「からといって」があり、これを「わけにはいかない」「はずがない」などで受ける言い方は定型的で、例外の認めにくさを正したものである。「からといって」は接続助詞的成分、「(そう)だからといって」は接続詞的成分である。「XからといってYではZ」といった複合的な文型もみられる。

(112)　日米協力の重要性を軽視すべきではないが、米国が求めているからといって突き進むのでは国民の理解は得られまい。　　　　　　(08.1.8)

(113)　政府はいつまでに決着させるかのメドも示せないでいる。問題の解決が難しいからと言って、いつまでも長引かせるわけにはいかない。
　　　　　　　　　　　　　　　　　　　　　　　　　　　(08.3.16)

(114)　水害について裁判所の壁はやはり厚かった。だが、予想しにくい災害だからといって、行政に責任はないのだろうか。　　　　(08.3.28)

(115)　暫定税率の意見がぶつかるからといって、その一点で、一般財源化という大きな魚をみすみす逃していいはずがない。　　　(08.3.29)

(116)　批判されるべきは、大音量をまきちらし、我が物顔で走り回る街宣車の無法ぶりだ。その影響があるからといって会場を貸さないのは本末転倒だ。　　　　　　　　　　　　　　　　　　　　　　(08.2.2)

(117)　卒業式の君が代斉唱で起立しなかったからといって、定年退職した都立高校の教職員らの再雇用を拒むのは、裁量を逸脱、乱用したもので違法だ。　　　　　　　　　　　　　　　　　　　　　　　(08.2.9)

(118)　確かに報告書にも難点はあった。たとえば人事の一元化といっても、実務から遠い人事庁がどこまで目配りできるのか。詰めの甘さは否めなかった。だからといって、こんな法案でお茶をにごされてはたまらない。　　　　　　　　　　　　　　　　　　　　　　(08.4.5)

(119)　ビラを配る側も、1階の集合ポストに入れたり、宿舎前で配ったりする気配りをすべきだったろう。しかし、だからといって、いきなり逮捕し、2か月あまりも勾留したあげくに刑事罰を科さなければならないほど悪質なことなのだろうか。　　　　　　　　　(08.4.12)

G:「Xといっても」、「そうはいっても」

　前掲の「とはいえ」「とはいいながらも」などと同列の逆接の文脈を担う接続詞。「一口にいってもAもいればBもいる」などの慣用的な対比形式もある。

(120)　タリバーンといっても一色ではない。国際テロを企てる過激派もいれば、穏健派もいる。　　　　　　　　　　　　　　　(08.2.6)

(121) 3分の1の人が1日待って翌日帰ることにすれば、混雑は半減する。時差帰宅の効果はきわめて大きい。そうはいっても、家族と連絡がつかなければ、じっとしておれないだろう。　　　　　　　　　　(08.4.16)

H：「Xといわんばかりの」(「Xといわんばかりだ」)

　眼前の事態に対して、程度の極端なさまを述べると同時に、評価判断をくだす言い方である。

(122) 画期的な決断だが、政府・自民党では幹部たちが形ばかりの支持を表明するだけで、本当に実現できるはずがないと言わんばかりの冷やかな空気が広がっている。　　　　　　　　　　　　　　　(08.4.1)
(123) 米国では、サブプライム問題が深刻化して景気の冷え込みが懸念されている。だが、そんなことは「どこ吹く風」と言わんばかり。5兆円近い買収劇という資本と資本のぶつかりあいである。　(08.2.6)

5.2　文末成分にあらわれる「という」の諸相(2)

　同様に、「という」をともなう説明的表出の叙述が実際にどのように文末に表れているかを、実例をあげながら簡単な説明を試みる。

A：「X(こと)はいうまでもない」

　文中では「～はいうまでもなく」で「～だけではなく～も」という並列表現で、文末成分として用いる時は「当然」の意味を表す。

(124) 政権奪取をめざす民主党では、クリントン上院議員が「本命」とみられている。いうまでもない、前大統領の妻だ。　　　　　　　(08.1.4)
(125) いまの中国が持つ存在感の大きさは当時とは比較にならない。経済力はいうまでもなく、五輪を開催できるほどに国際的な信頼を得るに至った。　　　　　　　　　　　　　　　　　　　　　(08.4.3)
(126) この問題が、国民の暮らしと安心に直接かかわる重要テーマであることはいうまでもない。　　　　　　　　　　　　　　　(08.1.10)
(127) データを破壊するウイルスを作ることが許されないのは言うまでもない。　　　　　　　　　　　　　　　　　　　　　　　(08.1.26)
(128) 横行している「名ばかり管理職」を一掃することは、経営者の責任であることはいうまでもない。　　　　　　　　　　　　　(08.1.30)
(129) 今回のような報道や表現の自由にかかわる問題では、捜査当局が介入すべきでないことは言うまでもない。　　　　　　　　　(08.4.11)
(130) 捜査協力者の名前を公開しないなら、まず県警が裏金の実態をすべて語り、謝罪することだ。裏金を返済し、責任者を処分することは言うまでもない。　　　　　　　　　　　　　　　　　　　(08.4.5)

(131) 提言そのものに力があれば、旗振り役の安倍氏が去っても、その提言は世論の支持を得たのではないか。結局、提言には見るべきものがなかった<u>ということだろう</u>。<u>とはいえ</u>、いまの教育に改革が必要な<u>ことは言うまでもない</u>。　　　　　　　　　　　　　　　（08.2.1）

B：「X というよりない」、「X というほかない」、「X というよりほかない」

　当面の評価はそこまでで、「ほかに議論の余地がない、術がない」と結論づける断定表現である。「というしかない」なども同列的な表現である。

(132) このやり方は邪道<u>というよりない</u>。　　　　　　　（08.1.29）
(133) 小泉改革とは一線を画したいという気持ちは、分からないわけではない。だが、財政再建や行政改革などの取り組みが緩むとすれば、後退<u>と言うよりほかない</u>。　　　　　　　　　　　　　　（08.1.19）
(134) 「ねじれ国会」の行き着いたところが、こんな２大政党の機能不全であり、国民の不信だったというのは残念<u>というよりない</u>。　　（08.4.1）
(135) こうした事情が給油問題に対する小沢氏の弁舌を鈍らせたとすれば、民主党の政権担当能力を疑わせる深刻な事態だ<u>というほかない</u>。
　　　　　　　　　　　　　　　　　　　　　　　　　　（08.1.10）
(136) その点では、冷凍ギョーザ事件をめぐる中国の対応は残念<u>というよりない</u>。　　　　　　　　　　　　　　　　　　　　（08.3.7）
(137) 暴力団対策が社会の大きな課題となっている時に、上場企業がなぜ、こうした組織につながる会社と組んでしまったのか。あまりに罪深い<u>と言うほかない</u>。　　　　　　　　　　　　　　　　（08.3.9）
(138) きのう武藤氏らが国会で所信を述べてから時を置かず、不同意を決めたのは残念<u>というよりない</u>。　　　　　　　　　　　（08.3.12）
(139) その結果、食糧輸出国は売り惜しみをし、輸入国は買い占めに走る。世界の食糧生産は増えているという現実があるのに、貧しい国、貧しい人々には手が届かなくなってしまうのだ。市場の暴走<u>というほかない</u>。　　　　　　　　　　　　　　　　　　　　　（08.4.13）
(140) 一連の動きで、アジア連盟のかたくなな態度は異常<u>というほかない</u>。
　　　　　　　　　　　　　　　　　　　　　　　　　　（08.2.10）
(141) いずれにしても、法務行政を預かるトップの発言としては、なんとも浅はかで、軽すぎる<u>というほかない</u>。　　　　　　　（08.2.15）

C：「X とはいえない」、「X ともいえない」

　結論付けが不可能な状況を述べるもので、「といえる」の否定表現である。「～とは思えない」のように「言う」（「言える」）と「思う」（「思える」）との重層性がみられる。「とても」などの副詞をともなうことも多い。「たしかにＡだが、しかしＢ」

という言い直しのニュアンスを有している。

(142) 給油が最も効果的な協力なのか。(略) そんな現状で給油がどのような意味をもつのか。議論が尽くされたとはとてもいえない。　　(08.1.8)
(143) 審判は機械ではない。ミスはありうるし、私情が入り込むことがないともいえない。　　(08.1.16)
(144) 蛇行運転をしていないからといって、正常な運転とはいえないだろう。　　(08.1.9)
(145) たしかに電力は公益事業であり、長期的な経営が必要だ。だが、それを外資規制で守れるとは言えない。　　(08.4.17)
(146) したがって、個々の紙製品の古紙配合率を高めるほど環境によい、と単純には言えない。　　(08.1.20)
(147) だが、専門部署といっても、あくまでも警察内部でのチェックだ。「かばい合い」になる心配がないとは言えない。　　(08.1.25)
(148) 「均衡」どころか社会の格差は開き、国民「和合」が進んだとは言えない。　　(08.2.22)
(149) わがもの顔で走り回る街宣車こそ、批判されるべきものだ。右翼の横暴に屈すれば、集会を開けるところがますます少なくなってしまう。それは健全な社会とはいえない。　　(08.2.28)
(150) なかでも悪質だったのがグッドウィルだ。05年にも違法派遣を指摘され、事業改善命令を受けていた。それをまったく改めていなかったのだから、法律を守る気がなかったとしか思えない。　　(08.1.14)
(151) こうした過労死寸前の勤務は原告だけとは思えない。　　(08.1.30)
(152) 市場重視の考え方の持ち主で、各国の通貨当局に信頼されている。副総裁に不適格とは思えない。　　(08.4.6)

D：「Xといわれる」、「Xといわれている」、「Xといっているに等しい」

いわゆる伝聞を表す一般的な状況で、「〜とされる」などと同じ言い方である。「という」に比べて、より客観的な状況を示唆した言い方である。

(153) 医療事故で家族をなくした人は、まず真相の解明を求め、次いで医師の反省と謝罪、損害の賠償、再発の防止策を求めるといわれる。
　　(08.1.11)

「と言っているのと同じだ」のように事態の普遍性、正統性を規定し、主張する言い方である。

(154) 与党は本来の法案の審議はすると言うが、野党を交えた国会審議などいらないと言っているに等しい。　　(08.1.29)

E：「Xといわねばならない」、「Xとはいいがたい」

　前者は「というにふさわしい」、「といってはばからない」、さらに「といっていい」などと同類の一種の当為表現である。後者はその打ち消し表現である。

(155) 福田首相は「これで国際責任が果たされる」とひと安心だろう。だが。日本の外交や自衛隊の将来を考えると、禍根を残す決着だったと言わねばならない。　　　　　　　　　　　　　　　　(08.1.12)

(156) だが、国の科学政策はこのダイナミズムを反映しているとは言い難い。　　　　　　　　　　　　　　　　　　　　　　(08.1.15)

(157) 与党側は審議を尽くしたとしているが、疑問点に対して説得力のある答弁があったとはとても言い難い。　　　　　　　　　　(08.3.6)

(158) 追加の400億円を投入すれば、本当に再建できるのか。この点でも具体的な根拠が示されたとは言い難い。　　　　　　　　　(08.3.25)

(159) 米軍も犯罪防止に努力するようになった。また、その後に基地の再編案が日米間でつくられたのも、この事件が原点だった。とはいえ、事態が改善したとは言い難い。　　　　　　　　　　　(08.2.13)

(160) アフガニスタンでの「テロとの戦い」や国家再建、復興が順調に運んでいるとはとてもいいがたい。　　　　　　　　　　　(08.2.6)

F：「Xというわけだ」、「Xというわけではない」

　事態をより一般的、客観的に説明する言い方で、肯定・否定形式がある。

(161) 金利の上げ下げを判断する金融政策が、財政当局や与党の意向に振り回されてゆがんではならない。つまり、日銀は政治の思惑から「分離」され、独立していなければならないというわけだ。(08.3.8)

(162) とはいえ、井原氏も何が何でも艦載機を受け入れないというわけではない。　　　　　　　　　　　　　　　　　　　　(08.1.22)

(163) もちろん、すべての取り調べ内容をそのまま法廷の場に出せといっているわけではない。　　　　　　　　　　　　　　(08.1.25)

G：「Xというものだ」、「Xというものではない」

　前段、前文の内容を受けて言い替えたり、説明を補足する言い方である。「もの」は一般的に、という原則論を提示する。「ものではない」は当該対象が規則、範疇の枠外にある状況を示唆している。

(164) その具体策の一つとして考えられたのが、病院よりも高い開業医の再診料を引き下げ、その財源を勤務医に回そうというものだ。厚労省はそれを中央社会保険医療協議会に提案していた。腰砕けは残念というほかない。　　　　　　　　　　　　　　　　　　　(08.2.2)

(165) 財政危機だからこそ、政策の優先順位を厳密に詰めて考えなければならない。国民の暮らしに直結しないから減らせばいい<u>というものではないのだ</u>。　　　　　　　　　　　　　　　　　　　　　　　(08.4.4)

(166) 取り調べの改善は一筋縄では行かないだろう。マニュアル通りにやらせれば、うまくいく<u>というものではない</u>。　　　　　　　(08.3.21)

H：「X ということだ」、「X ということだろう」、「X ということではない」

同じように、前段、前文の内容を受けて言い替えたり、説明を補足する言い方であるが、「もの」に対して、個別的な対応を意味する。

(167) 日本在住の中国人監督が撮影したドキュメント映画「靖国 YASUKUNI」に上映中止の動きが出ている。（略）映画館からすれば、大勢で抗議に押し掛けられたり、嫌がらせをされたりするのはたまらない<u>ということだろう</u>。　　　　　　　　　　　　　　　　　　　　　　(08.3.30)

(168) つまり、足元の経済の実態以上に景況感が悪化している<u>ということだ</u>。悲観先行の展開である。　　　　　　　　　　　　(08.4.2)

(169) 今回の調査から読み取るべき教訓は、地震をめぐる科学や技術は日々進んでおり、活断層の様子も昔の見立てが通じなくなる<u>ということだ</u>。　　　　　　　　　　　　　　　　　　　　　　(08.4.3)

(170) 李大統領の前向きな対日発言は、日韓間に歴史認識がなくなった<u>ということではない</u>。　　　　　　　　　　　　　　　(08.4.22)

I：「X といわざるをえない」

一種の諦念表現である「ざるをえない」を意見文として提示した言い方。「れば」「のは」「という点では」などで受けるケースが多い。なお、「と思わざるをえない」も同様の文脈で用いられる。当該状況に対しての批判や批評がなされる。

(171) ここまでこじれれば、組織を運営する能力も資格もまったくない<u>といわざるをえない</u>。　　　　　　　　　　　　　　　(08.4.8)

(172) 予算委員長こそ自民党が握っているが、多数派は民主、共産、社民などの野党側である。それなのに少数派の戦術にしがみつくのは、発想が古すぎる<u>と言わざるを得ない</u>。　　　　　　　　　　　(08.3.6)

(173) だが少なくとも、見張り員たちに注意をうながす指示を出したような形跡はない。当直士官の責任は重い<u>といわざるをえない</u>。　(08.3.22)

(174) 犯人の逮捕を優先し、捜査の動きをできるだけ悟らせないようにしたのだろうが、新たな犯罪の抑止<u>という点では</u>結果として失敗だった<u>と言わざるをえない</u>。　　　　　　　　　　　　　　　(08.3.25)

(175) 政府の見解を放送すれば国益にかなうと古森氏が考えているとしたら、あまりに短絡的だ<u>といわざるをえない</u>。　　　　　　(08.3.26)

(176) 石原知事は2期目の選挙公約で新銀行設立を打ちだし、懸念の声をよそに独自の経営方針を主導してきた。新銀行の中心人物なのだ。その責任から逃れるための言葉だと言わざるを得ない。　　　　　(08.3.27)

(177) いまの研修生・技能実習生制度にはきわめて問題が多い。雇用主による給与ピンハネや残業代未払いなどの不正が横行し、研修生には最低賃金も適用されていない。人権侵害の制度と言わざるを得ない。
(08.3.10)

(178) 日本の景気について、政府は「踊り場」に入ったと下方修正した。経済のかじ取りは難しさを増している。そんな中で、世界第二位の経済のかじ取り役である日銀総裁の空席は、異常といわざるをえない。
(08.3.21)

(179) 事態の深刻さに比べ、この7ヶ月間の北の湖理事長の動きはにぶかったといわざるをえない。　　　　　　　　　　　　　(08.2.8)

(180) 自衛艦は漁船に気づいて衝突を避ける行動をとったというが、どのくらいの距離で見つけたのか。気づくのも回避行動も遅すぎたと思わざるをえない。　　　　　　　　　　　　　　　　　(08.2.20)

J：「Xというのだ」、「Xというのである」、「Xというのだろうが」、「Xといっているのではない」

　肯定・否定の説明・断定表現であるが、この「の」は「のだ」文の類型で、しばしば「わけ」でも表される。

(181) 北京五輪の開催を盛り上げる聖火リレーに対する妨害が、激しさを増している。中国のチベット政策に抗議し、世界に訴えようというのである。　　　　　　　　　　　　　　　　　　(08.4.9)

(182) 時津風部屋の前親方と兄弟子3人がついに逮捕された。長い大相撲の歴史でも前代未聞のことである。昨年6月、17歳の新弟子によってたかって暴行を加え、死に至らしめたというのである。　　(08.2.8)

(183) 弁護士が増えれば、割のいい仕事にあぶれる人が出る。だから、競争相手を増やしたくないというのだろうが、それは身勝手というほかない。　　　　　　　　　　　　　　　　　　　　　　(08.2.17)

(184) もちろん、やみくもに開業医の報酬を削れと言っているのではない。
(08.2.2)

K：「Xといいたくもなる」、「Xといいたい（ところ）だろう」

(185) 教育現場にどんな環境整備が必要なのか、その設計図を描くことこそが中教審の使命ではないのか。それができないのなら、さっさと解散したらと言いたくもなる。　　　　　　　　　　　(08.4.19)

(186) 中国はスポーツの祭典は政治と切り離すべきだといいたいだろうが、現実はそうはいかない。　　　　　　　　　　　　　　　　(08.4.9)

L：「Xというほうが無理だ」（無茶だ、おかしい、間違っている、…）
　矛盾している、無茶な話だ、という聞き手に意見の修正を求める言い方である。
(187) だが、首相の約束と矛盾する内容の改正案をそのまま押し通すというのでは、信じてくれというほうが無理ではないか。　(08.4.11)

M：「Xというだけでは済まされない」
　「だけ（では）」の表す条件の内容を説明する言い方で、全体としては話し手の不満や批判がこめられる。
(188) このまま捜査が事実上、終結してしまっていいはずがない。犯罪が未解決で終わるというだけでは済まされない影響がある。　(08.4.15)

N：「Xと(も)いえる」、「Xといえる(の)だろうか」、「Xといえよう」
(189) 理念が先行した盧武鉉前大統領の時代にぎすぎすした日米との関係の仕切り直しでもある。首脳会談を通じ、その目的はほぼ達成したといえる。　　　　　　　　　　　　　　　　　　　(08.4.22)
(190) 確かに、司法試験に通っても司法研修所の卒業試験に合格できない人は増えている。しかし、これは司法試験の合格者が増えた分、研修所で不適格な人を改めてふるい落としているともいえる。　(08.2.17)
(191) 今回の事件は、長い間の停滞から再出発したばかりの日中両国にとって、大きな試金石といえる。　　　　　　　　　　(08.2.5)
(192) 過去の権力犯罪を解明し、日本による植民地支配の下での徴用被害に、歴代政権で初めて本格的な救済対策を講じた。盧氏ならではの新路線といえた。　　　　　　　　　　　　　　　　　　(08.2.22)
(193) 福井氏が任命された5年前には、そうした機会はなく、人事案をいきなり本会議で採決した。国会の意思は確かに反映しているが、その人物を本当に吟味したといえるのだろうか。　　　　　　　(08.2.21)
(194) ベアー・スターンズの救済では、FRBが異例の特別融資に踏み切った。すでに連銀賃金という公的な資金が、危機回避に使われはじめたといえよう。　　　　　　　　　　　　　　　　　　　(08.3.21)
(195) メールという通信手段を使いやすいものにするためには、迷惑メールの排除が避けられなくなったといえよう。　　　　　(08.3.5)

O：「Xといって(も)いい(だろう)」、「Xといったほうがいい」
　一種の判断評価の婉曲的な主張表現である。そういう状況、段階にあるにある、という警告、忠告にもなっている。

(196) 破産寸前の財政を抱える大阪府は、沈没間際の船といってもいい。
(08.3.2)
(197) 実際には、決算の数字以上に融資が焦げ付いているのではないか。存続といっても新たな収益源が見当たらない。そう疑っているからだ。この銀行は生き残れそうにない、と民間から判断を下されたと言っていいだろう。
(08.2.16)
(198) 故ブット氏への同情が人民党への支持を押し上げたとしても、9年に及ぶムシャラク政権は、国民から「ノー」を突きつけられたといっていい。
(08.2.21)
(199) 出場停止処分から戻った朝青龍と白鵬の横綱対決で初場所は久しぶりに盛り上がったが、その裏側で協会の自壊は進んでいるといっていい。
(08.2.8)

P：「Xというのが(理由だ)」

「理由だ」のほかに「筋だ」「常識だ」「運のつきだ」などがある。一種の当事者の主張を説明する言い方である。

(200) 政府からの依頼で検討していた日本学術会議の委員会は、法律で禁止すべきだとする報告書をまとめた。医学的、倫理的に問題が大きいというのが理由だ。
(08.3.8)
(201) 「会場周辺に右翼団体が集まって抗議活動をすることを、日教組側は契約時に説明していなかった」というのがホテル側の言い分だ。
(08.2.2)

Q：「Xといわれても仕方がない」、「Xといわれても仕方あるまい」

「と言わざるを得ない」と同じように、ある種の諦念をにじませた言い方。「仕方無いだろう」という否定推量を表す「仕方あるまい」の形が多くみられる。

(202) どれも野党が独自の資料に基づいて発掘し、追求したものだ。これでは、道路財源を国交省ぐるみで食い物にしてきたと言われても仕方がない。
(08.3.1)
(203) 横浜事件の再審裁判が注目されたのは、戦争を遂行するための言論弾圧に加担した過去の司法の責任に対し、現在の裁判所がどう語るかだった。最高裁がそれを避けたことは、過去の過ちに目をつぶったと言われても仕方があるまい。
(08.3.15)
(204) 参院選で当時の安倍首相は「最後の1人になるまで年金記録をチェックし、正しくお支払いする」と訴えた。それなのに2千万件の特定がむずかしいとあっては、公約違反といわれても仕方あるまい。
(08.3.16)

(205) 暴力団がなかなかつぶれないのは、暴力団を利用する人たちや企業が絶えないことも大きな原因だ。地上げを早く進めて大きく儲けるために、スルガ社も暴力団とのかかわりに目をつぶってきたと言われても仕方あるまい。　　　　　　　　　　　　　　　　　　　　(08.3.9)

(206) それどころか、時間がたつにつれて自衛隊の説明が変わり、都合の悪いことがでてくる。これでは自分たちに不利な情報を隠し、責任を逃れようとしていると思われても仕方があるまい。　　　　　(08.2.22)

R：「X といっても過言ではない」

「X といっても言い過ぎではない」と同じく、明確な判断表現で、批判や不満といった心情が表される。

(207) 米軍当局は毎回、「綱紀粛正」や「二度と事件を起こさぬ」と約束するが、事件は後を絶たない。効果のあがらない米軍の対応に、県民の怒りと不信感は頂点に達しているといっても過言ではない。　(08.2.13)

S：「X といわずして何というのか」

「X といわずして」は「X ではなくて」という否定の前提句で、「X でなくして何だろう」という自問自答的な言い方をもって、婉曲的に断定する気持ちを表す。

(208) …一審判決もそのことを示唆し、検察は控訴を断念した。これを冤罪といわずして何というのか。　　　　　　　　　　　　(08.2.15)

以上、若干の新聞データを用いて、実際に「という」の節末・文末にあらわれる叙述形式の形態的な特徴を概観した。文末にあらわれる場合、結論や主張の提示という点では共通した意味機能が観察される。

6 おわりに

本章では従来のモダリティ研究の隙間とでもいうべき、「という」を用いた個々の引用形式の記述を行ってきた。これらはそれぞれの言語行動、発話行為に支えられたもので、話し手の対象に対するプラス、マイナスの評価判断、伝達の強弱についてもそれぞれ固有の特徴を呈している。実際の適切な運用を考えた場合、文脈上の制約、場面的な配慮など、文を越えた理解が不可欠となる。また、さまざまな文体にも注意する必要がある。「という」の指し示す事態の敷衍化、一般化については、なお考察の余地を残している。とくに引用という観点からそれが一般的、個別的な事象のいずれをさしているのか、といったことについても理解が必要である。

当該事象の生起について、主体の予知能力とともに言語化されたものを手掛かりに、ある類型から内容の展開を予測することは可能であろう。言語使用者にとってこれらの表現の出現を分析することが文脈の展開をみるうえでも重要な作業とな

る。従来、「と思う」に比べて「という」の叙述的性格について十分な検討が行われてこなかったが[3]、本章での考察によって大きな論述の領域を占めていることが明らかになった。「という」が〈デアル〉事象への規定であるとすれば、「と思う」はその延長にある〈トスル〉事象への対処、という意義づけも可能であろう。そしてこれらの諸形式のさらなる研究の先に、日本語の発想様式、論述的な特徴といったものも明らかにされていくにちがいない。

注

1 「という」のさまざまな用法については、巻末の複合辞文献目録を参照。本章では「という」の体系的な研究の一部となるものだが、連体修飾構造にみられる「という N」については対象外とした。

2 「という」を用いた否定文末形式については、次章の第3章、および第4章を参照。「といえる」をはじめとして、これらの表現形式は評価判断の敷衍化をになう成分といえよう。なお、「という」にはこのほか、「一般的にいって」「結論をいえば」などのように、文副詞句成分となって文末と呼応するものがある。

　・<u>残酷なことを言えば</u>、彼らの死が間接的にでも日本の戦局を優位に導いたかどうかはわからない。だから、<u>誤解を恐れずに言えば</u>、彼らの死はほとんど「犬死」であった<u>とすら言える</u>。(中島義道「人生に生きる価値はない」)

3 二宮正之(1986)「「いう」と「おもう」——日本語における主体表現の二方向」は発話動詞「いう」の語の実質性と機能性を思考動詞「おもう」と対置させて、日本語の主観性、主体表現を考察したすぐれた日本語論である。「いう」はまた対象を類似性・近接性において規定するうえで、自己同一性の検証とも深いかかわりをもつ。

第3章　否定文末形式の意味と機能(1)
―判断・評価の表現の諸相

1　はじめに

　日本語の文末表現の態様を観察してみると、形態的にみていくつかの形式、類型があることに気づく。否定成分を含むさまざまな文型はその大きな領域である。文末形式のなかでこれらの多様な表現的機能についての詳細な分析・記述は十分には進んでいないのが現状である。
　第4部第1章では否定形式をとる「てならない」「ていられない」「ずにはおかない」などの心情の強調を表すモダリティ的な特徴を考察したが、これらは現実的、実質的な判断、評価というよりはむしろ意意的、心情的な主張を表すものであった。本章では「Xないではない」「Xないものではない」など、より大きな表現単位としての否定文末形式を対象に、文末における否定の意味構造と機能を検討してみたい。なお、否定文末形式の形態的な範疇としては、「行きたい」に対して「行きたくない」「行ったことがある」に対して、「行ったことがない」のように肯定文末形式と対等に並立するものもあれば、(1)のように否定形を後続句成分として積極的に支持するものもある。

（1）a.　会議中ですから部屋に入ってはいけません。
　　　　（会議が終わったら入ってもいい）
　　b.　熱があるなら、仕事に行かないほうがいいです。
　　　　（熱がないなら、行ったほうがいい）
　　c.　こちらからわざわざ電話をかけなくてもいいです。
　　　　（こちらから電話をかけてもいい）

これらに対して、否定形のみであらわれるものもある。

（2）a.　今すぐ病院へ行かなければなりません。
　　b.　国会の審議に疑問を抱かざるをえません。
　　c.　携帯電話をしながらの運転は重大事故につながりかねません。

(2)は肯定形との対立をもたない[1]。否定表現にはこうした対立、非対立の形式が

認められる。前者はいわば相対的否定であり、後者は絶対的否定といってもよいが、実際には(2)のように否定そのものを表すわけではなく、否定形式を借りて、積極的、あるいは消極的な肯定表現を構成することも多い。

　以下では否定文末形式を大きく〈Xではない〉と〈Xがない〉の二つの形式に分けて考察するが、その他関連する否定表現についてもふれることにする。これまで否定構文の研究に関しては、夥しいほどの詳細な研究があるが、本章では二つの形式を相補的に観察することによって、主として複文の主文に生起する否定の性質、および表現意図を教育文法の観点から明らかにするものである。また、これらの形式にみられる否定のスコープに注意しながら、それらが表す婉曲的な否定、あるいは判断留保の諸相を確認する。さらにこうした文末形式が、複文の主文においてどのように生起するのか、についても検討を加える。

2　「Xではない」否定文末形式(1)

　ここでは肯定判断の「Xだ」(Xは文単位)に対して否定判断を表す「Xではない」の形式を概観する。そもそも肯定に対立する否定表現では、

　（3）a.　日曜日なので、店は開いていない。(中止)⇔開いている
　　　 b.　起きたばかりなので、ご飯を食べていない。(未然)⇔食べている
　　　 c.　疲れていて、どこへも出かけたくない。(拒否)⇔出かけたい

など、全面否定も含めて恒常的に存在するが、ここで扱うのはこうした肯定を意識した、あるいは認識・概念の対極としての否定ではなく、むしろ否定そのものがある主張、ないし判断(拒否、拒絶を含む)を表すものと考える。また、個々の用法の検討を通じて、言い替え、修正といった機能に着目してみたい。なお、「Xではない」の判断において「Xでもない」のように「も」を用いて柔らげやぼかし、曖昧な言い方になる場合も少なくないが、この婉曲用法には詳しく立ち入らない[2]。

2.1　「Xのではない」の意味と用法

　文末成分の「のだ」については否定形式もふくめこれまでにも多くの研究があるが、ここでは否定形式の一部として再検討する。「のではない」は「のだ」の否定であるが、「の」に注目すれば、およそ二種類の性格が認められる。

　（4）a.　私がミールアン(黄麺)を注文したのではない。山田が注文したのだ。
　　　 b.　ミールアン(黄麺)は私が注文したのではない。ミーキオ(緑麺)が注文したのだ。

(4a)「のではない」は「私が注文した」事実の否定であるが、(4b)「のではない」の「の」は対象の代行で、実質的な対象「(私が注文した)モノ」に充当する。「の

だ」「のではない」にはこうしたスコープの問題が潜在し、
 （5）a. ［新聞］を読むのではない。［雑誌］を読むのだ。
   b. ［人に言われてやる］のではなく、［自分からやる］のだ。
のように、(5a)は「新聞」、「雑誌」という事物の選択であり、(5b)は「人に言われてやる」か「自分からやる」のかといった行為の選択を表す。
 一方、「のではない」は本質的な「のだ」の対立から解放されて、むしろ次のように聞き手に対して禁止、制止を求める言い方として用いられる³。
 （6）a. 男のくせに、泣くんじゃない。
   b. 社会に出ても、くじけるんじゃないぞ。
 また、「のではなかった」は「のだった」が過去時にそうすべきであったという後悔の気持ちを表すのと同様に、過去時における行為が現在発話時からみて妥当なものではなかったという心境を回想して述べる言い方として用いられる。
 （7） あんなサービスの悪いホテル、泊るんじゃなかった。
    cf. そんなにサービスのいいホテルだったら泊るんだった。
一般に「Vるんだった」は「Vるべきだった」、「Vるんじゃなかった」は「Vるべきではなかった」のようにパラフレーズされる。なお、
 （8）?あんなサービスの悪いホテル、泊らないんだった。(7)'
(8)のように「の(だ)」の前接に否定があらわれ得るが、許容度が低くなると同時に、意味的なずれも生じる。また、「Vたのだ／Vたのだった」と「Vなかったのだ／Vなかったのだった」などのバリエーションも観察され、当為と主張、詠嘆との弁別的な意味も重層的に生起するが、ここでは、こうした「のだ」の本質には立ち入らない。
 本章の考察対象となる「のではない」の修正、言い替えの用法は、主として言い切りの文末形式としてあらわれる。当然ながら、テンスも介在し、たとえば否定表現「新聞を読まなかった」を「のだ」で表すと、
 （9）a. 新聞を読んだのではない。雑誌を読んだのだ。
   b. 新聞を読まなかったのだ。雑誌を読んだのだ。
のような二種類の言い方が可能である。(9a)では「新聞」という対象、あるいは「新聞を読んだ」という行為事実を全面的に否定し、(9b)はそもそも「新聞を読まなかった」という事実を主張する立場を表している。また、言い替えの方略としては、前文に「のではない」を用いたほうが許容度は高い。以下、実例で検討する。
 （10） 釣師ははらりと手をかけて桟橋の上に飛び上がり、一瞬顔をしかめた。
    向う脛を打ったのではない。或る想念が彼を捕えたのだが、それは言葉に表して他人に説明しにくいものだった。
            （曽野綾子『切りとられた時間』）

(11) スラッガーは本塁打によって強さを増すのではない。おそらく三振の数を抱えた思いが、自らを磨くのだろう。　　　　　　　（朝日新聞 04.4.6.）
(12) 讀賣も産経も国旗・国歌に対する一般国民の意思表示を問題にしているのではない。あくまでも公立学校の卒業式における教師の態度として処分に値すると主張しているのだ。　　　　　　（朝日新聞 04.4.13.）

「Xのではない。（というより／むしろ）Yのだ」のように後には（より妥当性の高い）言い替えの文が続くのが普通である。「あくまで」「むしろ」といった副詞が後続文の文頭に置かれることもある。次は過去の出来事、事態に対する判断の修正としてあらわれたものである。

(13) 自殺の原因となると残された家族たちは口をつぐんだ。妻や両親や子供たちが何かを隠している、というのではなかった。そうではなくて彼らは自殺した夫や息子や父親が国鉄という職場の中で何をしていたのか、何に悩んでいたのかをほとんど知らないのだった。
　　　　　　　　　　　　　　　　　　　　（吉岡忍『死よりも遠くへ』）

後文は「必要である」などの適否選択の言い方によっても結論づけがなされる。

(14) 政治再生の責任は首相や与野党だけにあるのではない。有権者一人ひとりが各党の主張を吟味し、投票日に備える必要がある。
　　　　　　　　　　　　　　　　　　　　　　　　　（讀賣新聞 04.6.25）

「Xのではなく、（というより／むしろ）Yのだ」のように、前文が中止の形になっても、言い替えや主張の選択を表すことには変わりはない。

(15) 今思えば、父は虫の報せで家族のことが気にかかったのではなく、どこかで吉蔵と知り合い、ちよがちょうど女郎に売るのにいい年頃になっていることに気付いて帰って来たのだろう。（津村節子『娼婦たちの暦』）
(16) 原因は単に看護婦等が誤って破棄したなどの事情によるのではなく、何者かが少なくとも正規の医療目的ではない何らかの不法な目的であえて持ち出したことによるものと確認するのが相当である。
　　　　　　　　　　　　　　　　　　　　　　　　　（朝日新聞 04.3.31）

「Xのではなく」はしばしば後文に「べきだ」、「必要だ」、「たい」といった当為や希望・願望を表す文を要求する。認識の対比・比較が同時に話者による事態の限定、選択を要求する言い方である。

(17) 高裁では理念や形式だけにとらわれるのではなく、行政の実態も踏まえて審理を尽くすべきだろう。　　　　　　　　　（讀賣新聞 04.4.28）
(18) 医師は報道の制限を望むのではなく、患者にしっかり向き合い、不安を取り除いていくべきだ。　　　　　　　　　　（朝日新聞 04.4.27）

(19) 性について教えることを避けるのではなく、一部の教師の価値観を押し付ける突出した性教育でもなく、生き方や性の倫理についても子供に考えさせる性教育でありたい。　　　　　　　　　　（讀賣新聞 04.4.14）

明確な根拠を受けながら、「Xのではない」全体が主張内容となる場合もある。

(20) 頭蓋や喉元の甲状軟骨の損傷はなかった。頭を殴られたり喉を締められて殺されたのではないらしかった。　　（吉岡忍『死よりも遠くへ』）

「Xないのではないが」の形で、前触れ的にあらわれる場合がある。次は「わけではない」に近い用法である[4]。

(21) ただし、江和自身は恐ろしく不潔だった。着換えを持たないのではないが、神父が注意しない限り、着物を着換えるということを思いつかないらしい。　　　　　　　　　　　　　（曽野綾子『切りとられた時間』）

このほか、やや定型化したものでは「Xというのでもなく」、「XのでもYのでもない」などの並列用法が観察される。ともに曖昧な意志表示、行為の様態を表す。

(22) 誰を送るというのでもなく、人々は船の出る日にはこうして桟橋へやって来るのかもしれない。　　　　　　（曽野綾子『切りとられた時間』）

(23) 無理やりに死んだんでも、喜んで死んだんでもない。それは皆、後から説明してる言葉よ。　　　　　　　　（曽野綾子『切りとられた時間』）

2.2 「Xわけではない」の意味と用法

　肯定表現の「Xわけだ」は「Xのだ」文とも隣接し、前述内容に関してその成立を説明するもので、否定表現の「Xないわけだ」も同様に機能する。多くが前文に原因理由節をともなう。

(24)a. アメリカに二十年住んでいたというから、英語がうまいわけだ。
　　b. いま出かけたそうだから、電話してもいないわけだ。

こうした「X（ない）わけだ」は話し手の自己納得を表し、「X（ない）はずだ」の当為、確認の用法とも類似している。一方、「Xわけではない」は部分否定として機能し、「Xないわけだ」との言い替えができない。また「Xわけではない」は前掲「Xのではない」と重層的であるが[5]、次のような「からといって」との共起する用法は特徴的な機能の一つである。通念・常識の覆しや修正を意図する。

(25) 故郷にこだわったからといって、ジョイスが「望郷」の作家というわけではない。　　　　　　　　　　　　　　　　　（讀賣新聞 04.4.28）

(26) 風呂を後にしたからと言って、食事を待ちかねていた訳でもなかった。
　　　　　　　　　　　　　　　　　　（曽野綾子『切りとられた時間』）

(27) 建物が壊れたからといってその借金が帳消しになるというわけではない。ローンは支払い続けなければならない。　　（讀賣新聞 04.6.18）

「Xからといって、Y(という)わけではない」には複数の類義的な文型がある。
- (28) a. お金があるからといって、何でもできるとはいえない。
  - b. お金があるからといって、何でもできるとは限らない。
  - c. お金があるからといって、何でもできることにはならない。

「からといって」のほかに前文に「といっても」などもともなうことがある。
- (29) お酒は飲まないといっても、全然飲めないというわけではない。

一種の判断留保が基本の「Xわけではない」の用法は、非常に広く分布する。以下、実例にそってみていくことにする。まず、「YのであってXわけではない」の後文は、前掲「Yので、Xのではない」とほぼ同義である。
- (30) 選挙結果を正確に言えば、有権者は弾劾に反対したのであって、大統領を支持したわけではない。　　　　　　　　　　（朝日新聞 04.4.17）

「Yのだから、Xわけではない」のように、原因理由節が前に置かれることもある。
- (31) 「と言っても、やっぱりおまえのところへ来るんだから、女嫌いというわけでもなかろう」　　　　　　　　　（津村節子『娼婦たちの暦』）
- (32) 東大を出て、最大手の教科書会社からナンバーワンの進学校に勤めたのだから、裏道を歩いたわけではない。
　　　　　　　　　　　　　　　　　　（古山高麗雄『二十三の戦争短編小説』）

また、条件節を含む前件を受けて否定形式があらわれることもある。
- (33) ゴミ袋を下げて降りてゆけば、必ず会えるというわけではない。
　　　　　　　　　　　　　　　　　　　　　　　（日野啓三『夢を走る』）
- (34) フランスや米国のエリート大学院を卒業すれば、倒産しかけた大企業を立て直せる能力が身につくわけではない。　　　　（讀賣新聞 04.6.18）

(34)では「からといって」を用いて「卒業したからといって」のようにも言い替えられる。いずれにしても全面否定を回避した表現である。「Xわけではないが」、「Xではなく」が前文に置かれて、観察、認識が不十分なさまを表す。一種の弁解、言い訳の表現として機能することも多い。
- (35) はっきり約束した訳じゃないけど、仕事の様子を見て、一旦は戻ってくるんだろうと私は思ってたの。　　　　（曽野綾子『切りとられた時間』）
- (36) 女に異性としての関心を持ったわけではないが、自分の過去を承知の上で結婚してもよいという女の気持ちに感謝の念を抱いた。
　　　　　　　　　　　　　　　　　　　　　　　　　（吉村昭『仮釈放』）
- (37) 他人の不幸を喜ぶわけではないが、大手の倒産は需給のバランスを回復させ、それによって相場が上昇する。　　　　（吉村昭『仮釈放』）

(38) 犯罪件数は増え、未解決の凶悪事件も多い。少年事件も多発している。すべてが小泉内閣のせいだというわけではないが、経済も明らかに悪くなっている。　　　　　　　　　　　　　　　　　（讀賣新聞 04.4.25）

(37)、(38)などのように留保を示しながらも、それとなく本心を述べたり迂言的に内実を主張したりする言い方も少なくない。「Xつもりはないが」という一種の譲歩、判断留保の表現でありながら、後文では比較的強い主張がなされる。「Xわけでもないのに」の形では後文の主張はより強くなる。

(39) 外国人たちを喜ばせ、自分たちの生活も潤い、誰にも迷惑をかけているわけでもないのに、なぜ泥棒のように逃げ隠れせねばならないのか、お七はそれが不服でならなかった。　　　（津村節子『娼婦たちの暦』）

また、「Xわけでもない」の前文に「が」、「ても」などの逆接を表す接続助詞があらわれるケースも少なくない。

(40) 男は雇用主から秋山の伝言をきかされ、一応安堵はしただろうが、それで不安がすべて拭い去られるわけではなかった。　（吉村昭『仮釈放』）

(41)では「ことにはならない」という主張を含意している。

(41) イラク全土に戦闘が拡大し、自衛隊派遣の前提が崩れた。だから、撤退させてもテロに屈するわけではない。　　　　（讀賣新聞 04.4.24）

「Xわけではない」が前述内容を補うように強調的に用いるケースがある。結果論として一種の弁明に解釈されることも多いようである。

(42) 当時は審議会の委員も学校週五日制と総合学習の導入に燃えていた。省が勝手にやったわけではない。　　　　　　　（朝日新聞 04.4.6）

(43) 一方、小泉首相は同日夜、今回の山崎氏らの訪中について、「政府から依頼したわけではない。(政府とは)全く関係ない」と改めて強調した。
　　　　　　　　　　　　　　　　　　　　　　（朝日新聞 04.4.6）

「とくに」「そもそも」「ただ」「実は」「そのもの」などの副詞、修飾語彙は「わけではない」を柔らげたり、強めたりする。心情を吐露したあとに説明が続くのが普通である。「ということではない」にほぼ言い替えが可能である。

(44) 彼は特に衛生観念が発達している訳ではなかったが、その風呂に入ることははばかられた。　　　　　（曽野綾子『切りとられた時間』）

(45) システムそのものは突然変異と自然選択で作られたわけではない。新しいシステムが立ち上がる時は突然変異と自然選択以外のメカニズムが必要なのだと思う。　　　　　　　　　　（日本経済新聞 04.4.11）

(46) そもそも回転ドアそのものが悪いわけではない。建物の内部と外部の環境を隔てるのに優れている。(中略)ある意味では合理的で機能的な建築の道具立ての一つだ。　　　　　　　　　（朝日新聞 04.4.13）

(47) じつをいへば、われわれはまだ、「消費社会」といふものの内容を十分に知ってゐる<u>わけではなく</u>、消費といふ概念そのものについてすら、満足にあたひする定義を手にいれてゐる<u>わけではない</u>。
(山崎正和『柔らかな個人主義の誕生』)

(47)のように「わけではない」を繰り返すケースもみられる。この場合は「わけでもない」のように「も」があらわれることも少なくない。

弁解や自己抑制を表すのも「Xわけではない」の主要な機能である。

(48) 元社員は「疑問を持たなかった<u>わけではない</u>が、会社幹部も承知していると考え、拒めなかった。今思えば馬鹿なことをしたと後悔している」と…
(朝日新聞04.8.7)

(49) 実のところ、ぼくも秘密の面をそう詳しく知ってる<u>わけではありません</u>。
(松本清張『北の詩人』)

限定副詞「ただ」「もっとも」などをともない、一旦出された印象、見解についての判断留保、ないし補足説明を表すことがある。

(50) 大企業だけでなく、中堅・中小企業でも新卒採用枠をこれまでより増やそうという意欲が見られる。<u>ただ</u>、これがそのまま実際の採用増にはつながる<u>わけではない</u>。
(讀賣新聞04.3.26)

(51) 痛い歯ははやく歯科医院で引き抜いてもらった方がよい。<u>もっとも</u>、彼の場合、歯を抜くことによって安静が得られる<u>わけではない</u>。
(吉行淳之介『砂の上の植物群』)

前文に事由背景を述べ、主文で現状説明する言い方も多くみられる。

(52) 業界屈指とは言えない広告代理店のサラリーマンだ。潤沢な貯蓄がある<u>わけじゃない</u>。
(荻原浩『明日の記憶』)

二重否定「Xないわけではない」も婉曲的な判断留保の典型である。読み手、聞き手に対して何らかの事情背景を想起させる点において、「わけ」の特徴がみられる。また(54)のように柔らげの「も」が頻用される。

(53) 小藤は男の耳に熱い息を吐きかけながら、その手を取って自分の体に導いた。男は女に馴れているとは言えなかったが、女を知らぬ<u>わけではない</u>ようだった。
(津村節子『娼婦たちの暦』)

(54) 「…個人的には少しやりすぎたという反省<u>もないわけでもない</u>」と、神妙な態度を示さざるを得なかった。
(讀賣新聞04.5.7)

(55) 三党合意については、「非常に短い時間の中で決断を迫られた。もっと時間をかければ、という思い<u>もしないわけではない</u>。手続き上問題はあるが、ぜひご理解をいただきたい」
(讀賣新聞04.5.11)

(56)では「ないわけではない」という根拠を後文の「と言うよりは」以下で説明を加えたものである。

(56) 予感が<u>ないわけではなかった</u>。<u>と言うよりは</u>そのことが頭にこびりつき、二年ほど前から待ちこがれるような気持ちになっていた。

(吉村昭『仮釈放』)

2.3 「Xものではない」の意味と用法

　肯定表現の「Xものだ」(「もんだ」や終助詞をともなうものも含む)は多義的な文末形式で、形式名詞「もの」の原理原則的な意味から、普遍的な傾向、忠告、諦念など詠嘆を含んだ気持ちを表す。

(57)a.　学生は勉強する<u>ものだ</u>。
　　 b.　人生にはいろんなことがある<u>ものだ</u>。

また、次のように過去の回想や、眼前対象に対する感慨を表す。

(58)a.　子どもの頃はしょっちゅう母を困らせた<u>ものだ</u>。
　　 b.　少し見ないうちに、大きくなった<u>もんだなあ</u>。

「Xものだ」の前接部分が否定された「Xないものだ」は、

(59)a.　会社に入りたてのころは何をやっても<u>うまくいかないものだ</u>。
　　 b.　タイ人は人前で直接相手を<u>非難しないものだ</u>。

のように傾向を表すこともあれば、

(60)　私が若い頃はめったに<u>風邪</u>など<u>引かなかったものだ</u>。

のような回想、感慨の用法も同じく観察される。一方「Xものだ」に対立する否定形式には「Xものではない」があり、「Xないものだ」と言い替えが可能である。

(61)a.　男の子が人前では<u>泣くものではない</u>。
　　 b.　男の子<u>というのは</u>人前では<u>泣かないものだ</u>。

(61a)は「が」の指示によって、対象に向かって直接言い諭すニュアンスがあるのに対して、(61b)は「(というの)は」によって、聞き手に対して一般的な道理として諭すニュアンスがある。

　以下では「Xものではない」が「Xないものだ」と言い替えが困難な独自の用法について観察する。まず、「Xものではない」には可能形に接続してその可能性を否定し、同時に資格外の評価を提示する言い方がある。「もの」は具体的な対象(料理や講演会など)をも表している。

(62)a.　こんな、まずくて<u>食えたものではない</u>。
　　 b.　講演会はいい加減な内容で、<u>聞けたものではなかった</u>。

次も補助動詞「切れる」をともなった、不可能の事態を強調したものである。

(63) 雪に足をとられて逃げ切れるものではないし、逃げられたとしても港町から県庁のある市に通じる単線の電車は雪解けまで不通になって町は孤立するのだ。　　　　　　　　　　　　　　　（津村節子『娼婦たちの暦』）

当為の否定「べきではない」を含意する場合もある。

(64) 弥生鮨を出ると、「まだいいんだね」と男が念を押した。遊び馴れていないんだな、と鬱陶しい気分になった。私は商売だから帰ったりしないけれど、女に考えさせたり同意を求めたりするものではないのに。
　　　　　　　　　　　　　　　　　　　　　　（津村節子『娼婦たちの暦』）

「決して」という副詞により話者の主張を強調することも少なくない。次は「て」（または「ては」）の条件節をともなうケースで、可能性の小なることを提言する。

(65) 自力の限界を見失って虎の威を当てにする外交は長続きするものではない。　　　　　　　　　　　　　　　　　　　　　　（朝日新聞04.4.6）

(66) ギリシャのカラマンリス首相は「これは単独の事件であり、五輪準備の安全性を脅かすものでは決してない」と火消しに懸命だ。
　　　　　　　　　　　　　　　　　　　　　　　　　　（讀賣新聞04.5.7）

(67) 構造改革は単に技術的な経済活性化策に留まるものではない。
　　　　　　　　　　　　　　　　　　　　　　　　　（日本経済新聞04.4.11）

可能表現があらわれる場合は、不可抗力的な状況を強くさし出す。

(68) 一度暴力団と関係が出来てしまえば、腐れ縁はそう簡単に断ち切れるものではない。　　　　　　　　　　　　　（奥泉光『モーダルな事象』）

個々の立場や一般的な道理を主張する際にも、「ものではない」が使用される。

(69) われわれは決して朝鮮の自主的独立を邪魔するものではない」
　　　　　　　　　　　　　　　　　　　　　　　（松本清張『北の詩人』）

(70) もっとも、人の生き方の根本にかかわるこういう問いは、言葉によって答えようとしてもなかなかうまくいくものではない。
　　　　　　　　　　　　　　　　　　　　　（二宮正之『私の中のシャルトル』）

条件節を受けた「Xればいいというものではない」はやや定型化した言い方で、話者自身による一種の訓戒、批判を表す。「Xものでもない」は婉曲的な言い方であるが、「誰がみても」という主張の含みがある。

(71) 長期政権は政治の安定のためには望ましいが、長ければよいというものではない。　　　　　　　　　　　　　　　　　　　（朝日新聞04.4.6）

(72) 廃棄ロスは、天文学的な資源の浪費で、深刻な問題だ。消費者も、過剰な便利さを追い求めればいいというものでもない。（毎日新聞99.8.14）

条件節を受けるケースは次のような「ても」とも共起がみられる。

(73) 多数決が民主主義のルールであったとしても、数さえそろえば、何でもできるというものではない。

「Yというものは」を受けて、「Xものではない」が通念的な判断、結論を表す場合がある[6]。

(74) それに旅館の浴衣などというものは誰が着ても見よいものではないが、特に若い女の子には似合う筈はなくて、　　(津村節子『娼婦たちの暦』)

部分否定「Yからといって、X(という)ものではない」も「ものではない」の一貫性を主張する典型で、「Xわけではない」への接近がみられる。

(75) …しかし、ローンの契約をしたからといって、勤勉になどなれるものではない。むしろ、私は、いっそう怠惰になった。
(古山高麗雄『二十三の戦争短編小説』)

語彙的な否定表現「たまったものではない」は「ては」を受けることが多い。

(76) 一流大学を出て司法試験に合格し、さて弁護士になってはみたものの、依頼人は金の亡者か離婚調停を求める男女ではたまったものではない。
(柳美里『仮面の国』)

(77) …しかし、社会と遮断されている塀の中で何が行なわれているかわかったものではないという不信感を国民に与えたことは否定できない。
(讀賣新聞 04.7.21)

(78) 図々しいぶん、裏表がない男だと思っていたが、わかったもんじゃない。
(荻原浩『明日の記憶』)

副詞「あながち」「まんざら」などと共起し、「必ずしも、一概に…とは言えない」のような全面否定を留保する言い方がみられる。

(79) 夏の高校野球を見ていると、今の若者もまんざら捨てたものではないという気がしてくる。

二重否定表現「(何も)Xないものではない」は実現の可能性が全くないというわけではない、といった意味を表し、消極的な肯定を示す。主体の意志的な行為の可能性と事態の発生・出現の可能性を表す。前者は「(忠告し)ないではいられない」が積極的な姿勢に比べて、消極的、受動的な姿勢を表す。

(80) 条件次第では、(ひょっとして)相談に乗ってやらないものでもない。

ある条件のもとで、可能性を期待するという意図も観察される。否定辞「ない」の前には可能表現があらわれやすい。

(81) 必死で努力すれば、難関校も合格しないものでもないだろう。

2.4 「Xことではない」の意味と用法

「Xものではない」の「もの」が多く抽象的な概念を意識したのに対し、「Xこと

だ」「Xことではない」の「こと」は個別の事態、事柄を具体的にさすことが多い。肯定形の「ことだ」は「必要だ」「大切だ」という意味を表す。
  (82) a.　困ったときは先生に相談してみることだ。
　　 b.　授業を聴くときはメモをとっておくことだ。
　　 c.　牛のようにただ黙々と生きることだ。
「Xないことだ」も前掲「Xないものだ」と同じように「Xことだ」の否定形として広く用いられる。警告、忠告のほか、決意を表す場合が多い。
  (83) a.　人混みの多いところへは行かないことだ。
　　 b.　今回の失敗はこれから絶対に忘れないことだ。
もう一つの否定形「Xことではない」はこうした「ことだ」の単純否定ではない。たとえば(83)の「ないことだ」を「ことではない」に言い替えると、非文に近いものになる。
  (84) a.　*人込みの多いところには行くことではない。
　　 b.　*今回の失敗はこれから絶対に忘れることではない。
「Xことではない」は前述「Xのではない」と同様、修正、選択を表す。以下、実例で検証すると、まず「Xことではない」の語彙的な否定表現として、慣用的な言い回しが見られる。「Y{こと／の}はXことではない」の形をとることが多い。
  (85)　年頃の娘のいる家には吉蔵のような男がどこからともなく現われて、娘を連れて行くのはこの村で珍しいことではない。
　　　　　　　　　　　　　　　　　　　　　（津村節子『娼婦たちの暦』）
  (86)　ましてや選挙後の政局と世論が「二極化」し、中間勢力が「真空化」している状況のもとではそうした亀裂を収斂することは容易なことではない。　　　　　　　　　　　　　　　　　　　　　　　　　（讀賣新聞 04.4.14）
  (87)　痛みに鈍感であることは許されることではない。　（讀賣新聞 04.4.25）
  (88)　「私個人でどうこうするということではない。責任回避ではなく、閣僚とはそういうものだ」　　　　　　　　　　　　　　（讀賣新聞 04.5.11）
  (89)　捜査当局の心配は理由のないことではない。　　（朝日新聞 04.5.20）
  (90)　…日本語の最近の変容については、人間が使う道具である言葉の変化は、今に始まったことではない、と述べた。　　（朝日新聞 04.5.20）
「並大抵のことではない」「大したことではない」「心配するほどのことではない」「人間のすることではない」「言わないことではない」なども、むしろ語彙的レベルの否定表現といえよう。なお、(91)のように「といっても」と呼応するケースもみられる。
  (91)　面接と言っても、なにも固苦しいことではない。顔を見せにゆけばそれでいいのだ。　　　　　　　　　　　　　　　　　（吉村昭『仮釈放』）

3 「Xではない」否定文末形式(2)

引き続き、「ではない」によって表される否定文末形式の諸相を概観する。

3.1 「Xべきではない」の意味と用法

「Xべきだ」という当為の否定で、「Xないほうが懸命だ、筋だ」とする主張、警告を表す。「Xことがあってはならない」のように、ありうべき事態を先取りし、敢えて否定するといった姿勢を表す。

(92) 企業に順法経営を徹底させるとともに、不祥事を起こした会員企業への重い処分をためらう<u>べきではない</u>。　　　　　(讀賣新聞 04.5.28)

(93) この混乱した事態を冷静に踏まえれば、無理をして年金改革、国連法案を国会で成立させる<u>べきではない</u>だろう。　　(朝日新聞 04.5.20)

(94) 日本としては拉致、核、ミサイルの問題が解決しない<u>限り</u>、国交正常化はありえないのだ、という原則と信念をもち、姿勢を揺るがせる<u>べきではない</u>。　　　　　　　　　　　　　　　　　　　　(讀賣新聞 04.5.25)

(93)、(94)のように、ある前提条件のうえに立って、主張を述べることも多い。

「Xべきではなく」のように文中にあらわれることもある。

(95) 故郷へ行こう、と彼はつぶやいた。完全に自立するためにも自分の過去に眼をそむける<u>べきではなく</u>、いつまでもおびえて生きてゆくことはたえられない。　　　　　　　　　　　　　　　　(吉村昭『仮釈放』)

「Xべきではない」は前文に逆接の「ても」をともなうことがある[7]。

(96) 彼らはどんなことがあっ<u>ても</u>、銃を捨てる<u>べきでない</u>と考えていたから、銃を担うことにのみ懸命であった。　　　(新田次郎『強力伝・孤島』)

(97) 殺人者を指して世間のひとが「あいつは狂っている」「人格障害だ」と騒ぐのはいたしかたない<u>としても</u>、いやしくも心理学者ともあろう者がマスコミ情報だけで診断す<u>べきではない</u>。　　(柳美里『仮面の国』)

(98) 恩赦が稀有であることも率直に口に出してもらい、夢をもつのはいい<u>としても</u>、それを実現させようとして性急な態度をとる<u>べきではない</u>、とも言ってもらおうと思った。　　　　　　　　　(吉村昭『仮釈放』)

なお、もう一つの否定形式「Xないべきだ」は一般に不自然である。

(99) ??あなたはここにい<u>ないべきだ</u>。
　　　cf. あなたはここにいる<u>べきではない</u>。

これに関連して「Xはずではない」は非文になるケースがほとんどだが、「Xはずではなかった」の形では話し手の発話時点からみて過去時の行為の妥当性を否定

する文として成立する。同時に、いわゆるダブルテンスとして「はずだ」の用法も並行してみられるが[8]、この場合は「Xなかったはずだ」のほうが自然である。
　　(100)??そんな重大な機密事項なら軽々しく話したはずではなかった。
　　　　　⇒そんな重大な機密事項なら軽々しく話さなかったはずだ。
「Xはずではなかった」の特徴は後悔の念を表す言い方である。「こんなはずではなかった」は一種の定型表現である。
　　(101)　こんなことになるぐらいなら、手伝ってあげるはずではなかった。
なお、否定形式「X(ない)はずがない」については後述する。

3.2 「Xどころではない」の意味と用法
　事態の急迫する状況下で、現実の行為の非妥当性を述べる言い方である。間接的な制止、禁止の表現である。「によっては」、「のに」節をともなうことが多い。
　　(102)a.　調査結果いかんによっては、6者協議どころではない。
　　　　b.　大事なときなのに、酒なんか飲んで落ち着いているどころではない。
　現在の事態についての言及であることから、前接は「ている」形がほとんどであるが、基本形もみられる。次の「どころ」は「ほど」といった程度を表す。
　　(103)　　何でも、聞いて驚くどころの騒ぎではなかった。
「どころではない」と類似的な表現として「場合ではない」などがある。
　　(104)　　試験の前なのに、映画など見ている場合ではないだろう。
　　(105)　　「ラストサムライ」なんか観てるときじゃないぞ！　　（朝日新聞04.4.6）
　　(106)　　デスクに戻ったものの、私の頭は混乱していて、仕事どころじゃなかった。　　　　　　　　　　　　　　　（荻原浩『明日の記憶』）
「協議している段階ではない」、「のんびりしているような状態ではない」なども同類で、間接的な警告、注意喚起を表す。
　なお、アスペクトを表す「ところ」はほぼ同じく機能する「ばかり」と同様に、否定文末文型を構成しない。
　　(107)a.??今から出かけるところではない／??出かけないところだ。
　　　　　　（⇒今から出かけるところだ）
　　　　b.??テレビを見ているところではない／??見ていないところだ。
　　　　　　（⇒テレビを見ているところだ）
　　　　c.*先週ロンドンに着いたところではない／*ロンドンに着かなかったところだ。（⇒先週ロンドンに着いたところだ）

3.3 その他の「Xではない」の意味と用法

まずXの語彙的なレベルを見てみると、次のようなフレーズがみられる。

(108) 見せ物じゃない、他人事ではない、冗談じゃない、人間じゃない、嘘じゃない、不思議ではない、例外ではない、目じゃない、気が気ではない、何でもない、縁起でもない、屁でもない、…

文末の語彙的な否定表現として、「Xにやぶさかではない」も当該判断の遂行にあたって、ある種の逡巡、消極性を言い含めたものである。

(109) わかった。君達の友情の厚さは認める<u>にやぶさかでない</u>。

　　　　　　　　　　　　　　　　　　　（高橋和巳『憂鬱なる党派』）

(110) この事件の遥か以前から〈少年法〉を改正すべきだと発言し、人権派と対決してこられた小田氏に敬意を表する<u>にやぶさかではない</u>が、…

　　　　　　　　　　　　　　　　　　　（柳美里『仮面の国』）

また、前提用法としての言い方では、「Xではないが」の形で、

(111) a. <u>自慢じゃないが</u>、僕は徹夜なら三日ぐらいは平気なんだ。
　　　b. <u>ほかでもないんだが</u>、金を貸してくれないか。

などの言い方や、故意に周知の例を持ち出した言い方がある。

(112) 小泉<u>ではないが</u>、「痛みなくして改革なし」だろう。

ある種の関連事項を提示する際の前触れ的表現ともなる。

(113) 酒井順子のベストセラーエッセー「負け犬の遠吠え」<u>ではないが</u>、男をめぐる独身女性の複雑な心理がテーマになっている。

　　　　　　　　　　　　　　　　　　　（讀賣新聞 04.4.28）

「Xではあるまいし」「Xじゃあるまいし」はこれと対極的な言い方である。

(114) <u>ガキの使いじゃあるまいし</u>、何度も呼び出されてはたまらない。

(115) 「何も泣かなくたっていいじゃないか。<u>子供じゃあるまいし</u>。それにしても綺麗な睫だな」　　　　　　（吉行淳之介『砂の上の植物群』）

(116) 下っ端の若い者<u>ではあるまいし</u>、体面だってある。名誉は保持したい。　　　　　　　　　　　　　　　　　（松本清張『北の詩人』）

「Xではない」は名詞述語文としてあらわれるのが基本だが、次のように言い替えの用法として節の中にもあらわれる。

(117) 酒瓶は台所に<u>ではなく</u>、書斎の棚の奥にあった。

　　　　　　　　　　　　　　　　　　　（曽野綾子『切り取られた時間』）

(118) 一時の気運に従って<u>ではなく</u>、長い歴史の経験に照らし、また国際常識の中で検討しておくべきではなかろうか。　　（朝日新聞 04.4.6）

次は「AからであってBからではない」という理由の言い替えである。

(119) 成田には現在、約三十カ国の航空会社が乗り入れ待機中だが、それは日本に旺盛な航空需要があるからであって、成田が使いやすい空港だからではない。　　　　　　　　　　　　　　（日本経済新聞 04.4.11）

選択、言い替えに関連して自問自答型の「Xかといえば、そうではない」のような言い方もある。呈示された前言Xを結果的に否定する言い方である。

(120) …観客の心をつかむのは、人間のもつ可能性がこれほどあることへの「人間讃歌」、また、そういう人間を生み出した「神への讃歌」が自然に浮上するからだろう。仕事や経営にしても、そこまでを目標にしているかといえば、そうではない」　　　　　　（朝日新聞 04.4.6）

文中において、しばしば「Xではなく」が「X(という)のではなく」、また「X(という)わけではなく」の簡潔な代用として機能することがある。

(121) 女は、こちらへ、と言った。別の入口から中庭を通って奥の離れへ連れて行った。しかし、上にあげるではなく、そこで待っていてくれ、と言った。　　　　　　　　　　　　　　　（松本清張『北の詩人』）

二重否定「XないではないのXないでもない」は一部肯定、一部否定の曖昧な判断留保を表す表現である。後者の用法が一般的である。

(122) 白馬に登ると昨夜は言っていたのに、急に帰る気になった石田の気持が小宮には分からないでもない。　　　　（新田次郎『強力伝』）

(123) 女は光を避けているように見える。自分がここ迄連れられて来たことの意味もよくわからないらしい。後れ毛が頬に散って、そう言えば気狂いらしく見えないでもなかった。　（曽野綾子『切りとられた時間』）

「Xようでもない」は「ようには見えない」の意味で用いられる。

(124) 武林は息子の経営するスーパーマーケットでも卵を安く売っているが、それで売上げが増しているようでもない、と答えた。
　　　　　　　　　　　　　　　　　　　　　　　（吉村昭『仮釈放』）

「Xではない」のなかで累加の意味を表す「Xだけではない」のほかに、「Xだけではなく」の形も使用頻度が比較的高いものである。

(125) 米軍にとってファルージャ作戦はメンツのためだけではない。
　　　　　　　　　　　　　　　　　　　　　　　（讀賣新聞 04.4.21）

(126) その次に神父が聞いたのは叫びだった。いや、叫びだけではない。大波の如きものが人々を薙ぎ倒したように思えた。
　　　　　　　　　　　　　　　　　　　（曽野綾子『切りとられた時間』）

(127) 自衛隊の役割に関しては、「日本の防衛だけでなく国際的な平和協力の枠組を考える必要がある」との指摘もあった。　　（讀賣新聞 04.4.28）

(128) 八六年の噴火と同じ規模の噴火は一九一二年と五〇年に起きている。前回は三原山火口だけでなく予期せぬ山腹の噴火が起きた。
(讀賣新聞 04.5.11)

「Xではない」が述語表現の形式をとるものとして、「ほうではない」がある。「ないほうだ」も可能ではあるが、一般的ではない。
(129)a. 彼は数字に強いほうではない。
　　　cf. ?? 彼は数字に強くないほうだ。
　　b. 彼は酒は飲めるほうではない。
　　　cf. ? 彼は酒は飲めないほうだ。

「幕ではない」は「関知すべきではない」という意味で用いられる。この「幕」とは場面、場合の意味である。
(130) 運転手さんの体は大切だし、過労で居眠りされても困るが、理由のある安さなら役所の出る幕ではない。 (朝日新聞 09.11.26)
(131) 子どもの喧嘩に親の出る幕ではない。子どもたちで解決すべきだ。

一方、「幕はない」は「必要とされていない」という意味で、
(132)a. この人形づくりはまさに伝統的な手仕事の世界で、この作業には機械の出る幕はない。
　　b. 宴会時の調理場ときたら戦場さながらで、手伝おうにも素人の出る幕はなかった。

のように用いられる。なお、この「Xはない」否定形式については次節で述べる。
このほかにも、Xの項に形式的な名詞が介在するケースがみられる。
(133) たしかに危い地点に立っているとはいえるが、絶対にのがれられないという状態ではなかった。 (松本清張『北の詩人』)
(134) もはや成立、不成立のメンツといった問題ではない。半年急いで成立させるべき問題でもない。 (朝日新聞 04.5.20)

当該名詞成分は前例のように「という」などをともなうことが多いようである。「段階ではない」「立場ではない」「時機ではない」などもこの類型である。
なお、名詞述語文の体裁をとりながら「Nか」という反語形式で「Nではない」という事情を強調する言い方がある。身分や立場を強く否定するものである。
(135)a. この忙しい時期にテレビを見ている場合か。
　　　cf. この忙しい時期にテレビを見ている場合ではない。
　　b. おまえなんかあの美人令嬢と付き合う柄か。
　　　cf. おまえはあの美人令嬢と付き合う柄ではない。

談話的な特徴として「で(は)ない」の形で擬古調の禁止を表す用法がある。
(136) 「これこれ、そこへ入るで(は)ない！」

「Xでもない」は「の」「というの」などを介することなく、直接基本形、過去形に用いる。「XでもないYでもない」のように並列的に用いることも多い。
(137)a. 行くでもない、行かないでもない。
b. 高いでもない、安いでもない。
(高くもないし安くもない)(高くもなければ安くもない)
c. 嬉しいというのでもないし、かといってつまらないというのでもない。
(138) その山田も林和君ではないか、と言ったきり、彼に話しかけるでもなく、そこに佇むでもなかった。　　　　　　（松本清張『北の詩人』）

4 「Xがない」否定文末形式

次に命題を連体修飾によって形式名詞の表す概念所在をめぐる形式をとりあげる。「ない」という述語を共通とする所有否定構文であるが、「ある」構文が原則として存在する場合と存在しない場合とがある。なお、2.「Xではない」において「は」のほかに「も」が分布したように、この形式も「が」のかわりに「は」、「も」が分布している。一般に「が」は個別的事態の判断、「は」は普遍的な背景、道理的な主張、「も」は断定の柔らげを表す。

4.1 「Xことがない」の意味と用法

「ことがある」の否定で、頻度を表す場合と過去の未経験を表す場合がある。
(139)a. 京都へ行ったことがない。
b. 彼はいままで時間に遅刻したことがない。
(140)a. 遅刻することは(まず)ない(頻度の否定)
b. いつ電話をしても在宅していたことがない。(「こと」;「ためし」)
二重否定表現「ないことはない」では一部否定を表す。
(141)a. 行かないことはない。(行くこともありうる)
b. 行かないこともない(行くかもしれない)
「は」のかわりに「も」を用いた場合は迂言的な可能性の判断留保となる。また、
(142)a. 以後、彼は彼女に会うことはなかった。
b. 彼は一度として声を荒げることもなかった。
のように「語り」的な説明として表されることがある。「も」は他の事態生起を含意する。「こと」は「機会」といった意味である。一方、最上級の言い方がある。
(143) 私はずっと抱きしめていた。この子が生まれてから、こんなにしっかり抱いてやったことはなかった。　　（曽野綾子『切りとられた時間』）

第3章　否定文末形式の意味と機能(1)　443

「(わざわざ)Xことはない」が主体行為の自制、自戒を表すことがある。
　(144)　いま、風呂に入って醜い体をさらすことはない。
　　　　　　　　　　　　　　　　　　　　　（渡辺淳一『愛のごとく』）
一方、聞き手目当てとして咎め、反撥などを表す言い方がある。自らに向かって言う場合は自制的な表現になる。「が」は非用で、「は」、「も」しか使われない。
　(145)　「一人で待たされたからといって、なにも男と寝てくることはないだろう。」
　　　　　　　　　　　　　　　　　　　　　（渡辺淳一『愛のごとく』）
　(146)　出所などせず、独房と印刷工場の間を行き来する日々を送っていれば、このように涙を流しながら歩くこともないのだ。
　　　　　　　　　　　　　　　　　　　　　（吉村昭『仮釈放』）
(146)は「必要がない」という意味で用いられている。
　ここで注意したいことは、「ないことだ」は「ことはない」には言い替えられるが、「ことではない」が成立しない点である。たとえば、
　(147)　ここに引きずり込まれてはならない。足を踏み外さないことだ。
　　　　　　　　　　　　　　　　　　　　　（松本清張『北の詩人』）
の後文の「足を踏み外すことはない」は許容されるが、「足を踏み外すことではない」は本来の意味から逸脱する。本章最終節でも確認することになるが、こうした「Xないことだ」と「Xないことではない」が必ずしも対になっていない現象は「Xつもりだ」の否定が「Xつもりはない」のように異なる構造のタイプをとることと合わせて興味深い。
　なお、語彙的な否定表現である「大したことはない」、「思い残すことはない」などの「こと」はある種の規定事項を指しており、実質的な性格をおびている。(148)は慣用的なフレーズである。
　(148)　短い末吉の生涯を思うと不憫だが、生きていてもどうせろくなことはない。
　　　　　　　　　　　　　　　　　　　　　（津村節子『娼婦たちの暦』）
「二度と〜ことはない」などの形で今後、起こり得る可能性が非常に低いことを示唆する。「決して」「一生」「今後」などのほか、「実際に」「当分」などの副詞も多用される。過去形によってある種の余情、余韻を残す言い方としても用いられる。
　(149)　ジョイスは二十二歳で「自発的亡命者」として欧州大陸に渡り、五十八歳で死ぬまで再び故国に住むことはなかった。
　　　　　　　　　　　　　　　　　　　　　（讀賣新聞 04.4.28）
　(150)　当時の常務は強度不足以外の結論を出すよう文書で指示。その結果、「危険情報」は約二年後のリコールまで外部に発信されることはなかった。
　　　　　　　　　　　　　　　　　　　　　（讀賣新聞 04.4.24）

(151) さすがにテレビなどで騒がれた直後の異常な状態は落ち着いたが、カルテを改竄した美貌の女医がいる病院、というイメージは消える<u>ことはない</u>。　　　　　　　　　　　　　　　　　　（讀賣新聞 04.4.14）

「Xことはない」が状況の推移に対して、「絶対に」「決して」という判断を含意し、確信を表すことがある。

(152) 菊谷は養鶏場の経営が破綻をきたす<u>ことはない</u>という肥沼の言葉に安堵を感じていた。　　　　　　　　　　　　　　（吉村昭『仮釈放』）

反対に「ことはあるまい」など推量のモダリティをともないながら、将来の信憑性についてやや留保の気持ちを認めるケースもある。

(153) 今後、そのことについては問いかける相手は死を迎えるまで現れる<u>ことはなさそう</u>だし、菊谷は唯一の機会を失ったのを感じた。
　　　　　　　　　　　　　　　　　　　　　　　　（吉村昭『仮釈放』）

(154) 路上からみた通夜の様子から察して告別式の会葬者は多いにちがいなく、自分が紛れ込ん<u>でも</u>人の注意をひく<u>ことはあるまい</u>、とも思った。　　　　　　　　　　　　　　　　　　　　（吉村昭『仮釈放』）

(155) 石炭産業特有の背景事情を踏まえた慎重な判決で、他の公害や薬害訴訟へただちに波及する<u>ことはないだろう</u>。　　（讀賣新聞 04.4.28）

二重否定表現「Xないこともない」は一旦認めたことへの判断保留の言い方である。(156)は「Xないわけではない」とほぼ同義である。

(156) いずれも高価なものにはちがいなかった<u>けれど</u>、ギラギラと輝く装身具をじっと眺めていると、祭の夜店に並んでいる安手の玩具に見え<u>ないこともなかった</u>。　　　　　　　　　（津村節子『娼婦たちの暦』）

(157) 「しかしね」と桑幸は戸惑ってみせたものの、なるほどこの提案は筋が通っていない<u>こともない</u>と評価した。　（奥泉光『モーダルな事象』）

(158) …そうした歴史を紡いできた人の世のつくりだす五輪もまた美しいだけのものではありえない。政治や金にももまれてきた。もう、戻れないかとも思うが、全くでき<u>ないこともない</u>だろう。（朝日新聞 04.4.6）

(158)では「ないこともない」の前件には「<u>戻ろう</u>と思えば(戻れないこともない)」のような同語反復の一部が省略されている。

逆接の「ても」を用いた対比表現「X(ことはあっ)てもYことはない」もやや定型化した言い方である。

(159) だが、同社は他のデータをもとに「亀裂があっ<u>ても</u>すぐに破断して脱輪に至る<u>ことはない</u>」としてリコール不要と結論づけていた。
　　　　　　　　　　　　　　　　　　　　　　　　　（朝日新聞 04.4.6）

(160) 雪も滅多には降らず、降っても家の中まで吹き込んで来ることはない。　　　　　　　　　　　　　　　（津村節子『娼婦たちの暦』）

「Xことはない」は単なる否定とは異なり、「いつも」「とくに」「あえて」などのとりたて的な行為を印象づける。

(161) Nさんは真面目で几帳面だったし、仕事でうまくいかない、ということもなかったはずだ。　　　　　　（吉岡忍『死よりも遠く』）
(162) 刑務所の作業場から夕方、房にもどった時と同じような寛ぎを感じ、畳の上に座ったまま、階下の食堂にあるテレビを観にゆくこともなかった。　　　　　　　　　　　　　　　　（吉村昭『仮釈放』）

「Xこともなく」の形で文中にあらわれることがある。

(163) 園田は何があっても驚かない男である。船がおくれても別にくさることもなく、田倉が病気してもそれに較べて自分の健康を秤にかけようとすることもしない。　　　　　　（新田次郎『強力伝・孤島』）

なお、「Xことなく」は「ずに」の意味で附帯修飾節を構成する。

(164) 政府は脅しに屈することなく、人質の救出に全力を傾注すべきである。　　　　　　　　　　　　　　　　　　（讀賣新聞04.4.24）

「Xことなくして」「Xことなしには」なども限定条件を表す否定接続形式である。

(165) a.　努力なくして栄光なし。
　　　 b.　努力なしには／努力することなしには、栄光は得られない。
　　　 c.　努力せずして、栄光なし。

4.2　「Xものがない」の意味と用法

「〜ほど〜ものはない」の形で次のように評価強調を表す用法がある。

(166) まことに、性の繋がりほど強固なものはない。
　　　　　　　　　　　　　　　　　　（渡辺淳一「愛のごとく」）
(167) もっともらしい口調と冷ややかな拒絶ほど子どもを苛立たせるものはない。　　　　　　　　　　　　　　（柳美里『仮面の国』）

また「何ひとつ」などの不定詞をともなって全面否定を表す場合がある。

(168) 嵐の去った島には、何ら、心を惹くものはなかった。
　　　　　　　　　　　　　　　　　　（曽野綾子『切り取られた時間』）

二重否定表現「Xないものはない」で全面肯定を表す。「Xないことはない」が一部否定であったのと対照的である。「もの」は実質的な対象の本体を示す。

(169) a.　食べられない物はない：何でも食べる
　　　 b.　旅行に行かない者はない(いない)：誰でも行く

4.3 「Xはずがない」「Xわけがない」の意味と用法

　話し手の事態の実現、成否にかかわる確信を表す。主体の確信を代行することも文脈によってはありうるが、ほぼ一般的な命題、共有通念としての提言である。肯定形の「Xはずがある」、「Xわけがある」は非文である。

(170)a.　あの人がこんな立派な計画書が書けるはずがない。
　　　b.　こんなに高ければ、(誰だって)買うはずもないだろう。

二重否定表現「ないはずがない」で「絶対に〜はずだ」の強調表現になる。「はず」で注目すべき点はいわゆるダブルテンスを有する点である。「たはずがない」は「はずがなかった」を派生させ、発話者の視点によって次の4種の形態をもつ。

(171)a.　[行く／行かない] はずがない。
　　　　：発話時点から行為者の将来時を予想
　　　b.　[行った／行かなかった] はずがない。
　　　　：発話時点から行為者の過去時を予想
　　　c.　[行く／行かない] はずがなかった。
　　　　：発話完了時点から行為者の過去時の意志を予想
　　　d.　[行った／行かなかった] はずがなかった。
　　　　：発話完了時点から行為者の過去時の完了を予想

一般に前提条件として証拠立てを必要とすることから、前件では「のだから」「れば」節などをともなうことが多い。「ことなど考えられない」という意外な局面の否定を表す。

(172)a.　確かにここに置いたんだから、見つからないはずがない。
　　　b.　努力すればできないはずはない。
(173)　心にも沿わず、割にも合わず、駈けずり回る自分への代償が、僅かな日々の糧のみであっていいはずがない。　　　(朝日新聞04.3.31)
(174)　妻帯といっても恩赦を受けぬかぎり死ぬまで保護観察を受けなければならぬ身であり、しかも過去に二人の女の命をうばった男のもとに嫁いでくるような女がいるはずがない。　　　(吉村昭『仮釈放』)

「からこそ」「ので」「れば」「て」などの従属節を受けるケースもある。

(175)　「人命は地球より重い」というからこそ、本来、政策変更などと天秤にかけられるはずがないのである。　　　(讀賣新聞04.4.24)
(176)　消費税率を正面から議論しないでこれからの社会保障の姿を描けるはずがない。　　　(讀賣新聞04.4.25)
(177)　いかに強力なぐんたいがあろうと、占領した国の人々の心を踏みにじり、逆なでしては自由も民主化もまともに根づくはずがないのだ。
　　　　　　　　　　　　　　　　　　　　　　　　　　(朝日新聞04.5.5)

(178) 服役したことのある者たちの中には、過去を秘して妻をめとる者もいるにちがいない。しかし、自分は終生、保護観察下におかれる身であるので、かくし通すことなどできるはずはない。　（吉村昭『仮釈放』）
(179) やって良いことと悪いことの区別がついていないのではないかと生徒たちを疑わなければ生活指導など出来るはずがないのである。
　　　　　　　　　　　　　　　　　　　　（柳美里『仮面の国』）

前件に「からといって」を用いて話者の主張を表すことがある。
(180) 日本が常任理事国になったからといって、核保有国になる義務などあるはずがない。　　　　　　　　　　（讀賣新聞 04.9.2）

「など」は「などXはずがない」にようにも「Xはずなどない」のようにも付随する。二重否定表現「Xないはずはない」はより確信的な気持ちをこめて主張する言い方である[9]。
(181) たとえ一部の兵士の犯行であろうと、それが名誉と誇りをことのほか重んじるイスラム教徒の反米感情を刺激しないはずはない。
　　　　　　　　　　　　　　　　　　　　（朝日新聞 04.5.5）

「極端な事例」と意義づけられる場合、「など」をともなうことがある。
(182) 家庭生活は安定し、性生活も満ち足りていて染め物の仕事に日々を過ごしている恵美子が彼の釣り仲間である望月とひそかに情交をむすんでいることなどあり得るはずはなかった。　（吉村昭『仮釈放』）

類似的な言い方として「Xわけがない」がある。「わけ」は「道理」を意味して、その意味が見出せないことを意味する。前件に条件節をともなうことが多い。
(183) 社会の安全が保証されずに経済が発展するわけがない。
　　　　　　　　　　　　　　　　　　　　（朝日新聞 04.3.31）
(184) もしこの世が人間が創ったものなら、どんな戦争の最中といえどもあれほどの非人間的な要素が出現する訳はなかった。
　　　　　　　　　　　　　　　　　　（曽野綾子『切りとられた時間』）
(185) もし、あの経歴が彼に洩らされていれば、彼はこのようなことを教えるわけがなかった。　　　　　　（松本清張『北の詩人』）

4.4 「Xつもりがない」の意味と用法

意志の否定で、「ないつもりだ」も同じように用いられるが、「つもりがない」のほうが強い感じがある。通常、「が」よりも「は」が多用される。
(186)a.　わたしは彼と結婚するつもりはありません。
　　　　cf. わたしは彼と結婚しないつもりだ。

b. あなたにこれ以上話すつもりはない。
　　cf. あなたにはこれ以上話さないつもりだ。

「動詞ルつもりはなかった」は、過去時の実行行為を真意に背く過失的なものとして認めたいときに用いる。回想的な気分がある。「つもり」は「意志」に即した実質的な意味合いが強い。「ナイつもりだった」は当時の時点で「そういうつもりでいた」という特殊な文脈の支持が必要で、一般性からは逸脱する。

(187)　殺すつもりはなかった。
　　cf. ?? 殺さないつもりだった。

5　否定の形式と疑問文の用法

本章で考察した否定表現を、次の二つの形式に分類・整理する。

「Xではない」形式は文全体の命題を否定するという指向性から〈文枠〉的な否定であり、「である」に対置する相対否定表現である。一方、「Xがない」形式は底名詞を否定するという否定的特徴から、絶対否定表現として〈文核〉的な否定と意義づけることができるだろう。否定成分はほぼ前方、後方に表れ得るが、後者の〈文核〉的な否定の形式では、前方否定形式において非用のもの(*)がみられる。

<文枠>的な否定形式

肯定形式	前方否定形式	後方否定形式	二重否定形式
Xのだ	Xないのだ	Xのではない	Xないのではない
Xことだ	Xないことだ	Xことではない	?Xないことではない
Xものだ	Xないものだ	Xものではない	Xないものではない
Xわけだ	Xないわけだ	Xわけではない	Xないわけではない
Xはずだ	Xないはずだ	Xはずではない	?Xないはずではない
Xべきだ	?Xないべきだ	Xべきではない	??Xないべきではない
Xつもりだ	Xないつもりだ	?Xつもりではない	?Xないつもりではない

＜文核＞的な否定形式

肯定形式	前方否定形式	後方否定形式	二重否定形式
Xことがある	Xないことがある	Xことがない	Xないことがない
Xものがある	Xないものがある	Xものがない	?Xないものがない
*Xはずがある	*Xないはずがある	Xはずがない	Xないはずがない
Xつもりがある	*Xないつもりがある	Xつもりがない	*Xないつもりがない
*Xわけがある	*Xないわけがある	Xわけがない	Xないわけがない

　否定形式の場合、多くが二重否定形式をもち、柔らげの「モ」をともなうことも少なくない。なお、表中において「が」は「は」、「も」をしばしば代行する。
　次にこの二つの形式における疑問文の成否について確認しておきたい。
　一般に「Xだ」形式は、ほぼ次のような否定疑問文の可否が観察される。

＜文枠＞的な否定疑問形式

肯定形式	ル形・否定疑問形式	タ形・否定疑問形式
Xだ	Xではない(の)(だろう)か	Xではなかった(の)(だろう)か
Xのだ	Xのではない(の)(だろう)か	Xのではなかった(の)(だろう)か
Xことだ	Xことではない(の)(だろう)か	Xことではなかった(の)(だろう)か
Xものだ	Xものではない(の)(だろう)か	*Xものではなかった(の)(だろう)か
Xはずだ	Xはずではない(の)(だろう)か	Xはずではなかった(の)(だろう)か
Xべきだ	Xべきではない(の)(だろう)か	Xべきではなかった(の)(だろう)か
Xわけだ	*Xわけではない(の)(だろう)か	??Xわけではなかった(の)(だろう)か

　これらの疑問文にはそれぞれに「Xではなかったのだろうか」などのように「の」や推量の「だろう」がともなうことも少なくない。ただし、「Xものではない」、「Xわけではない」については一般に上記のような否定疑問文は成立しない。
　これに対して「Xがある」形式では「Xことがある」「Xつもりがある」を除いては、ほとんどの場合、否定疑問文が成立しない。これは「Xがある／Xがない」形式と「Xだ／Xではない」形式の構造的な相違点の一つと考えられる。

＜文核＞的な否定疑問形式

肯定形式	ル形・否定疑問形式	タ形・否定疑問形式
Xことがある	Xことがない(の)(だろう)か	Xことがなかった(の)(だろう)か
Xものがある	??Xものがない(の)(だろう)か	??Xものがなかった(の)(だろう)か
Xはずがある	??Xはずがない(の)(だろう)か	??Xはずがなかった(の)(だろう)か
Xつもりがある	Xつもりがない(の)(だろう)か	?Xつもりがなかった(の)(だろう)か
Xわけがある	??Xわけがない(の)(だろう)か	??Xわけがなかった(の)(だろう)か

　これらの検証については膨大な計量的分析を必要とするため、ここでは一般的な傾向を記すことしかできないが、外国人日本語学習者のなかには使用上の混乱をきたす要因となるかもしれず、今後、こうした形式の分布調査が望まれるところである。

　否定の性格をめぐっては、一般に「Xではない」形式は事実事態の成否関係をめぐる、むしろ客観性を含意する相対的な特徴が観察され、これに対して「Xがない」の形式では、むしろ話し手の意志的、推量的なモダリティの性格があらわれ、絶対的で主観性の高い特徴が観察される。

6　おわりに

　本章の考察で、二つの否定形式には形式名詞を核にしてある種の平行性が観察された。たとえば、「ことではない」・「ことがない」、「ものではない」・「ものはない」のような関係であるが、一方「つもりはない」「までもない」などには対になる形式が存在しない。こうした形態的な特徴にも関心がもたれるところである。文型教育にあたっては、次のような「わけではない」と「わけがない」などの混用にも注意を払う必要がある。

　　(188)　お金があるからといって何でもできる{わけ／はず}ではない。
　　　　　cf. ?{わけ／はず}がない。
　　(189)　習ってもいないのに答えられる{わけ／はず}がない。
　　　　　cf. *{わけ／はず}ではない

　文型研究では当該項目だけを対象に考察しても不十分で、指導に際しても常に接続と文末叙述の関係を観察する必要がある。本章では形式名詞「の」「こと」「もの」「わけ」などを〈文核〉成分として、否定の生起する文型的な構造を検討した。そこでは前後に生起する接続成分、副詞成分なども特徴的に観察された。

　なお、否定文末形式にはこのほか、

(190) （行く）までもない、（行く）しかない、（行く）以外にない、（行き）よう
　　　 がない、…

のような限定表現や、

(191) （行き）もしない、（行き）はしない、（行か）なくはない、…

といった絶対、相対(婉曲)否定形式などもみられる。また、

(192)a. （行く）とは言えないこともない、…
　　　b. （行く）とは限らない、（行く）ことにはならない、…

なども固有の否定表現を構成する。また、「Xがない」の類型として、

(193) 法はない、術がない、ためしがない、兆しがない、必要はない、いわ
　　　 れはない、資格はない、保証はない、筋はない、…

さらに、"否定連鎖"表現として、

(194) （泣く）に（泣け）ない、（鳴ら）そうにも（鳴らせ）ない、…

のような不可能表現もみられるが、これらについては次章で論じることにしたい。

　日本語の否定については曖昧性などが従来から指摘されている。とくに外部世界との交渉において、主張をどのように展開し、価値判断を下すのか、日本語の否定にみられる意志の所在についての詳細な検討が必要とされる。

　日本語の文末表現は形態的にも意味的にも複雑な様相を呈し、日本語の曖昧さにおいてもしばしば言及されるところである。文法化の進み具合によって、またその条件づけによって、文型の範囲や枠をどのように判定するのかは、文法分析と深く関わる重要なテーマである。主要な形式をまず明確に位置づけ、さらに周辺にある個別的な形式の記述を丹念にすすめなければならない。同時に、複文との共起性が多く観察されることから、文脈のなかでどのように分布するのか、にも注意を向ける必要がある。

注

1　語彙的側面からは「院内感染が<u>後を絶たない</u>」「日焼けクリームを<u>欠かさない</u>」「状況は<u>予断を許さない</u>」「避けて通れない」「いなめない、否定できない」「許されない」といった慣用的な否定表現も多く観察されるが、本章の対象からは除外される。なお、否定の諸相については太田(1980)、山田(1997)、王(2003)などを参照。

2　主張を柔らげるという「婉曲」の姿勢には対人待遇的な配慮が認められる。当然ながら対話資料なども視野に入れるべきであるが、今回は書き言葉を対象にデータを限定した。

3　「立つんだ」（励まし）「言うんだ」（詰問要求）のような「のだ」の詠嘆的用法をふく

め、「のだ」の詳細については野田春美(1997)などを参照。
4　次のような「のではない」も「わけではない」に近いが、一方「だけではない」にも言い替えが可能である。
　・しかし、この作品に力があると感じられるのは、それが現実に起こった出来事であるからというのではないように思われる。なにより、監督であるポン・ジュノのドラマ作りが巧みなのだ。
　　　　　　　　　　　　　　　　　　　　　　　　　　　　　　(朝日新聞04.4.6)
5　「のではない」、「わけではない」は同様に説明注釈を意味するが、「わけ」がしばしば「訳」と記されるように後者において具体的な対象(行為、事象)の意識が強くみられる。この双方の用法、異同については従来からもっとも議論の集中するところだが、談話構造や待遇的配慮の視点からもさらに研究を進める必要がある。
6　このほか「ものではない」の文体的特徴としては例えば裁判の判決文などにもみられ、一種のフォーマルな結論、言明を表す。
　・本件各犯行が未必的な殺意に基づくとの前提をとる限り、(略)…などの事情があるとしても、ただちに被害者が犯人であることと矛盾するものではない。
　　　　　　　　　　　　　　　　　　　　　　　　　　　　　　(讀賣新聞04.3.31)
7　制止表現「てはならない」が「べきではない」「はずがない」のような意味で用いられることがある。
　・無差別テロは人類への脅威であり、どのような言い分があるにせよ、許されてはならない。
　　　　　　　　　　　　　　　　　　　　　　　　　　　　　　(朝日新聞04.4.6)
8　ダブルテンスについては高橋(1994)などを参照。松木(1994)も話者の視点から「はず」の用法を考察している。
9　「届いているはずだ」と「届いていないはずがない」を比較すると、後者の二重否定には話し手の聞き手に対する詰問の調子が感じられる。

第4章　否定文末形式の意味と機能(2)
―否定の論理構造と倫理的な意味

1　はじめに

　文型研究をすすめるうえで、接続成分と文末成分に大別して考えるのは大方の了解事項と思われるが、その下位分類となると、それぞれの研究の観点の違いから、対象とされる項目はさまざまな様相を呈する。また、接続や叙述の形式が何を中核として構成されているかによって、その分析方法も多岐にわたる。
　否定文末表現もその領域としては相応に広い領域をもちながらも系統的に、体系的に整理を行うとすると、多くの困難をともなう。そもそも否定という概念を文末においてどうとらえるのか、という問題がある。単なる肯定、否定の認めかたにとどまらず、話し手、書き手の主体の評価的判断、主張を前面に押し出しすところから、本来の否定の意味が拡張され、抽象化されると同時に、文脈的な背景によってはどの部分を否定し得るのか、という見きわめが必要になってくる。文末形式の機能は単に文末述語の解釈によってのみ委ねられるものではなく、内在する意味と同時に、それをとりまく外在的、文脈的な意味背景まで吟味されねばならない。
　文末形式のなかで否定のはたす表現的機能は、その多様性にもかかわらず詳細な分析・記述は十分にはすすんでいない。本章では前章に引き続き、否定の本質を解明するうえで重要と思われるいくつかの類型をとりあげる。その場合、文末にあらわれる否定の意味とともに、否定をもたらす接続的な意味成分、さらに前後の文脈的な意味、伝達意図についても総括的にとらえていくことにしたい。

2　否定文末形式の概観

　ここで否定文末形式を第4部第1章、第3章での考察を含め、以下のように整理しておく。形態的には否定形式を呈しつつも、肯定的な意味を主張するものが多くをしめていることがわかる。

A)「心的な表出」にかかわるもの

　て(は)いられない、て(は)おれない、てならない、てしかたがない、てたまらない、ないで(は)いられない／ずに(は)いられない、ないではおかない／ずにはおかない、ないではすまない／ずにはすまない、にたえない、にしのびない／のはしのびない、こときわまりない、ったら(ありゃし)ない、……

B)「真偽性判断」にかかわるもの

　ことがない、はずがない、つもりはない、ものはない、ところがない、……
　ことではない、ものではない、べきではない、のではない、ではない、わけではない、はずではない、つもりではない、どころではない、場合ではない、義理ではない、限りではない、……

C)形式名詞を被修飾語成分とするもの

　きざしがない、ためしがない、手はない、すべがない、おぼえはない、気配もない、勇気もない、必要がない、当てもない、余地がない、保証はない、記憶がない、見込みがない、身分ではない、状態ではない、状況にない、……

D)その他個別的な形式によるもの

　のも無理もない、のは止むを得ない、に越したことはない、わけにはいかない、までもない、とはいえない、とは思えない、とは限らない、ようがない、かねない、にはおよばない、にはあたらない、にはいたらない、気になれない、……

　こうした文型の記述研究は従来の複合辞の研究でも個別的に考察されてきたものの、それぞれの表現のモーダルな意義づけについては必ずしも厳密には行われてはいない[1]。本章では上記のC)およびD)のタイプに分類される否定文末形式をとりあげ、その表現意図について記述する。

3　「Nはない」の派生的なタイプ

　本節では「ものはない」「ことはない」「わけがない」などの形式名詞(「もの」「こと」「わけ」)の位置にやや実存性の高い名詞をともなった表現をあつかう。これには、「必要がある／ない」「見込みがある／ない」「余地がある／ない」のように肯定形と否定形をもつものと、「ためしがない」「保証がない」のように否定形を優先する言い方とがある。反対に「傾向がある」「可能性がある」「兆しがある」などは肯定形が一般である。

A タイプ：肯定形、否定形の双用

　必要がある／ない、時間がある／ない、自信がある／ない、余地がある／ない、…

Bタイプ：否定形のみ
 ためしがない、おぼえがない、保証がない、手はない、法はない、いわれはない、暇はない、幕がない、…
Cタイプ：肯定形のみ
 傾向がある、うらみがある、感がある、きらいがある、ふしがある、きざしがある、向きがある、用意がある、…

こうした表現は話し手の対象に対する内省的な主張を特徴とし、内容的には一種の結論を表す。また、「必要はない」「必要もない」「必要がない」のように「は」「も」「が」をとるもの、「ためしがない」のように「が」を優先とするもの、「手はない」のように「は」を優先とするもの、「余地もない」のように「も」を優先とするものなど、さまざまである。とりわけ「も」を用いた場合の情意性については、婉曲的な意味を含めて話し手の心的姿勢の起伏が感じられる。以下、主要な形式について例をあげながらみていこう。
「ところがない」は「座るところがない」のような具体的な場所を表すのではなく、「（とどまる）ところを知らない」のように否定的な状況の継続性を強調する。
　（１）　「そう、ここはあくまで隠れ家なのよね」
　　　　　　興奮しだすと裕子はとどまるところがない。（渡辺淳一『愛のごとく』）
「必要がない」は肯定形もあるが、「こともない」のように不必要を表す。
　（２）　「頼まない」ことは小泉氏の人生哲学のようなものである。頼まなければ借りを返す必要もない。　　　　　　　　　　（讀賣新聞 04.4.25）
「当てがない」は当座の目的、目標がないことを表す。
　（３）　渋谷へ行くのは久し振りだったが、とくにどこへ行くという当てもない。　　　　　　　　　　　　　　　　　　　　　（讀賣新聞 04.3.26）
「保証がない」は「可能性がない」に近く、一種のマイナスの信憑性を表す。
　（４）　「私らだって、新しい会社で残れる保証はないんですよ」
　　　　　　　　　　　　　　　　　　　　　　　　　（吉岡忍『死よりも遠くへ』）
二重否定は「ないとも限らない」「ないとは言えない」という意味を表す。
　（５）　イラクをはじめ世界で戦火が絶えない米国やその支援国が五輪でテロリストの標的にならない保証はない。　　　　　　　　（朝日新聞 04.8.2）
　（６）　モーテルでは他の客にも従業員にも顔を見られない便利さがあった。もっとも従業員から絶対に顔を見られないという保証はなかったが。
　　　　　　　　　　　　　　　　　　　　　　　　　（松本清張『渡された時間』）
（6）では前文を受けながら、「もっとも」という注釈の副詞にささえられながら、補足説明の機能を果たしている。

次の「術がない」、「法がない」は可能性の否定を表す。
 (7) 高崎はすでに自分の手でとどかぬ所に去っていて、それを問うすべはない。 (吉村昭『仮釈放』)
 (8) 思い切って血みどろの中に飛び込んで行こう。これまで文学運動の指導者としてきた自分が引っ込んでいる法はなかった。
 (松本清張『北の詩人』)

「手がない」は「打つ手がない」などのほか、二重否定で用いることが多い。(9)ではそれぞれ「使うべきだ」「生かすべきだ」という提言を意図する。
 (9) a. 情報社会ではコンピューターを使わない手はない。
   b. 別府再開発にあたっては地の利を生かさない手はない。

「余地がない」はそのような可能性が残されていない不利な状況を表す。
 (10) しかし、菊谷は、自分の性に対する潔癖さが妻を殺すという行為にむすびついたという鈴木の言葉には、反論する余地がないのを感じていた。
 (吉村昭『仮釈放』)
 (11) 沢本医師は水野の三期生上で、血液については医局で最も詳しい男だから疑う余地はない。 (渡辺淳一『長く暑い夏の一日』)

これらの文末形式の成立には前件を必要とするが、(11)ではとくに原因理由節を受けた例である。これと類似的なものに「余裕がない」があるが、「余地」が「まだ何かをすることのできる可能性」を表すのに対して、「余裕」は精神的、空間的、経済的なゆとりを表す。
 (12) a. ここにはベッドを置く余裕はない。 (?? 余地)
   b. 我家には車を買うなどの余裕はない。 (?? 余地)
   c. この計画案はもはや検討する余地もない。 (?? 余裕)
   d. 会場は満席で立錐の余地もなかった。(慣用句) (* 余裕)

「勇気がない」は何らかの障害のために、決定的な行為に移せない状況を表す。
 (13) 菊谷はガラス窓に物件を記した紙の貼られている不動産屋の店が駅の近くにあることに気づいていたが、一人でそこに足を踏み入れる勇気はない。 (吉村昭『仮釈放』)

「資格がない」も主体の行為に対する反問、反対を表す。「てほしくない」という一種の間接的な希求文を意味する。
 (14) 年金を納めていなかった政治家に年金改革を議論する資格はない。
 (朝日新聞 04.5.20)

「兆しがない」は「そういう兆候が見えない」といった意味である。「兆しは見られない」「兆しを見せない」という言い方もある。

(15) しかし、参院選まで二ヶ月余。自民、民主を軸とした政党対決の図式が弱まる兆しはない。　　　　　　　　　　（朝日新聞04.5.5）

「気配がない」もこれに類した用法で、一種の様態を表す。程度を表す副詞「いっこうに」などもしばしば用いられる。

(16) 自国の安全を守り、国際的な責任を果たすうえで不可欠な集団的自衛権についても、就任当初から見直しを唱えながら、いっこうに踏み出す気配がない。　　　　　　　　　　　　　　　　　（讀賣新聞04.4.25）

「いわれがない」は道理的にみてそのようなことは納得がいかない、あえて受け容れる理由はない、という意思表明である。この場合も原因理由節を受けやすい。

(17) 現在では金銭的に国の庇護など一切うけてなく、働くことによって収入を得、自活しているのだから、些細なことまで干渉されるいわれはない。　　　　　　　　　　　　　　　　　　　（吉村昭『仮釈放』）

類義的なものに「所以はない」などの言い方もある。「のだから」による誘導のほか次の例では対比を表す副詞「まして」による漸増的な言い方で、(18)では「なければならぬ」を受けた言い方である。

(18) 私にはこの昔の同級生を前にして、尻ごみしなければならぬ理由はなく、まして後ろめたさを感ぜねばならぬいわれはなかった。
　　　　　　　　　　　　　　　　　　　　（柴田翔『鳥の影』）

このほか「筋合いはない」「筋合いのものではない」などの言い方がある。

(19) 良人の昔の部下じゃないか、誰からも何も言われる筋合いはない。
　　　　　　　　　　　　　　　　　　　（井上光晴『死者の時』）

一方、タ形接続を主務とするものがいくつかある。「(これまで)ためしがない」は過去の実質的な行為の不在を表す。

(20) 国際協力の場面で組織的に武器を使わざるを得ない状況に陥ったとして、それが憲法が禁じる「武力の公使」に当たるのか、まともに議論されたためしがない。　　　　　　　　　　　（讀賣新聞04.10.6）

(21) 貸してくれというだけで、下坂がこれまで金を返してくれたためしはなかった。　　　　　　　　　　　　　（松本清張『渡された時間』）

「記憶がない」、「おぼえがない」も「ことがない」の類型で、これも過去の行為の否定を意図とし、ある種の弁明表現として用いられる。

(22) 自分も生まれてから腹いっぱいになるほど食べた記憶がない。
　　　　　　　　　　　　　　　　　　（津村節子『娼婦の部屋』）

(23) 便箋には菊谷が自分の方をちらちらと見ていたとあるが、特定の男に視線をむけるようなことをしたおぼえがない。　　（吉村昭『仮釈放』）

「節がない」も、そういう形跡、経緯、記憶がない、といった状況をさし示す。

(24) 自分には思いあたる節はないし、疲れてもいない。

(荻原浩『明日の記憶』)

「保障がない」は、「とも限らない」のマイナス的な可能性を表す。二重否定もしばしばあらわれる。

(25) 日本企業がシーメンスの二の舞いとならない保証はない。

(讀賣新聞 05.1.10)

「道理がない」は、「わけがない」「はずがない」という当面の根拠の否定である。

(26) 「いよいよ出られないというならば、おれにも相当な考えがあるんだ。」
しかし彼に何一つとしてうまい考えがある道理はなかったのである。

(井伏鱒二『山椒魚』)

4 状況の否定と意志の否定

意志的判断の多様性を表徴する形式群として、本節では否定のスコープにかかわる用法のいくつかを記述する。

4.1 「Xことはしない」と「Xはしない」

単なる「ない」と比べて、行為、事象の全体的な否定を表す言い方に「Xことはしない」がある。話し手による確認的な叙述の意図が認められる。

(27) 保護司は罪状を知っていても、たとえ妻であるとはいえ、その内容を具体的につたえることはしない。 (吉村昭『仮釈放』)
(28) 男は菊谷と同じ刑務所に収容されていて、無期刑である菊谷に近づくことはしなかったが、顔はよく知っていたという。 (同上)
(29) 手術後の数年間、私は、肋骨を除去されてくぼんだ左の背と胸を、他人はもとより自分でもふれることはしなかった。皮膚の下にすぐに肺臓があるのが薄気味悪かったからで、入浴時にも洗うことをしなかったため、その部分に垢が大きな痣のようにひろがり、…

(吉村昭『冷い夏、熱い夏』)

(27)では「たとえ～ても」という譲歩節を受けたものである。(29)では「ふれなかった」「洗わなかった」と比べて、「あえて」「進んで」といった積極性を否定する意図、ある種の逡巡、躊躇といった主体の内面的な抵抗が感じられる。「ようなことはしなかった」のように例示的な意味も含意する。

「Xはしない」は動詞の中止形に後節して、同じく否定推量、否定意志を表す。前文に「ても」節をともない、否定を強調することも少なくない。

(30) いずれにせよ、僕だけは断じて辞めない。病院がどんなに苦しくなり、閉院寸前になっても辞めはしない。　　　　　　（讀賣新聞 04.4.14）
(31) たとえあのとき死ななくても、虚弱な末吉が今日まで生きのびられはしなかったろう。　　　　　　　　　（津村節子『娼婦の部屋』）

譲歩の傘下においても最小限度の規則は遂行するという意味、決意を表す。とくに後者の例では、前文で「(辞め)ない」としておいて、さらに漸増的に主文で「(辞め)はしない」のように確証する言い方である。(30)は断定的な判断であったが、次の(32)は推量を含む働きかけを示す。

(32) 百日草、矢車草、鶏頭…こんなに密生していては結局枯れてしまいはしないだろうか。　　　　　　　　（吉行淳之介『砂の上の植物群』）

「Xはしない」と並行して「Xもしない」についても述べておく必要がある。次は「のに」節のなかに組み込まれたもので、「死ぬ前から」という状況を強調した言い方である。

(33) 江美子は夫が死にもしないのに、二十代の末から急激な変貌を示し出した。　　　　　　　　　　　　　（吉行淳之介『砂の上の植物群』）

なお、次のようにレバ条件節とともに並列用法として用いられることもある。

(34) 犬は吠えたてもしなければ、かみつきもしなかった。
　　　　　　　　　　　　　　　　　　　　　　　　　（菊地到『硫黄島』）

4.2 「Vようと(は)しない」と「Vようなことはしない」

「ようと(は)しない」は期待や予測を打ち消すようなニュアンスが認められる。

(35) かれはぼくを抜こうとはしないでぴったりぼくのうしろ横にくっつきながら走った。　　　　　　　　　　　　　（菊地到『硫黄島』）
(36) どこへ行ったのか、みな帰って来なくなり、村人も彼女らの消息をたずねようとはしないのだった。　　　　（津村節子『娼婦の部屋』）
(37) 女は吉蔵に手をつかまれて舟に乗り込んで来たちよを、上目づかいに一瞬見たが、再び眼を伏せてもうこちらへは顔を向けようともしなかった。　　　　　　　　　　　　　　　　　　　　　　　　　　（同上）
(38) 三年間、変わることなく「構造改革なくして成長なし」と言い続けてきた。スローガンはやがて信仰と化し、いくら不況が長引こうが、政策を変更しようとはしなかった。　　　　　　　　（讀賣新聞 04.4.25）

これらの例を「ようなことはしない」に言い替えると、意志が一種の例示的、比況といった(婉曲的な)状態性の表現に移行するが、意味的な変化はみられない。

(36)' …たずねるようなことはしないのだった。
(37)' …顔を向けるようなことはしなかった。

(38)' …変更するようなことはしなかった。
なお、意志の否定では前項動詞を否定にした「まいとする」の形になる。
(39) 伊崎は神父の表情のうごきを見のがすまいとした。 (菊地到『硫黄島』)

4.3 否定の動詞述語形式

ここでは「の」「こと」を受けた否定形式を瞥見する[2]。
「のも無理はない」は「のも当然である」「のももっともだ」などと同義である。
(40) 突然こんなことを持ち出し、あんたが途惑うのも無理はない。
(吉村昭『仮釈放』)
(41) 米民間人四人と惨殺した犯人の拘束が目的とされるが、犠牲者の数があまりに多い、非人道的な報復だと民衆が憤るのも無理はない。
(朝日新聞 04.4.13)

不可能を含意した述語表現のうち、「ことは否めない」は現前の事態が否定できない事実であることを主張する。「のも否定できない」などの用法もある。「十分にうなずける事実だ」という判断を意味する。
(42) カメラ付きケータイは使い方一つで危険な側面も持つ。(中略)電車内などで頻発する盗撮など新たな犯罪に悪用されていることも否めない。
(讀賣新聞 04.3.26)
(43) 不法残留は犯罪と結びつきやすく、治安状況に影響を及ぼしていることは否めない。
(朝日新聞 04.5.5)
(44) 老獪かつ不誠実な田中よりも、生真面目な浜口のほうが、彼の人には好ましかったことも否めない。 (福田和也『昭和天皇』)
(45) 師弟の礼を尽くしたといっても、採銅教授はやはり弟子の好意で今の学校に拾われたという印象が拭えない。 (松本清張『偏狂者の系譜』)

「という印象が拭えない」もこれの類型で、迂言的な否定表現となっている。
「ことは許されない」は「あってはならない」という意味で、「許されないことだ」「許されることではない」「許されていいはずがない」などのような形をとる。いずれも迂言的な禁止表現の一つである。
(46) 他国が脅威と感ずるような攻撃的兵器を保有することは許されない。
(讀賣新聞 04.9.24)
(47) 重要法案を政争の具や票集めの道具にすることは許されない。
(讀賣新聞 04.4.25)

これは単なる不許可ではなく、「許してはいけない」ことの主張、訴えである。したがって次のような用法は一般的な主張というよりも個別的な説明「禁止されていた」に留まり、上例とは異なっている。

(48) その日の法廷では普段着のままで入室する<u>ことは許されなかった</u>。

なお、「ことを許さない」は表現者が主体の意志を代弁するような用法である。

(49) 中継ぎ陣を休ませるために自ら完投を課していたエースのプライドがお立ち台に上がる<u>ことを許さなかった</u>。　　　　　　（讀賣新聞04.4.14）

これは「プライドが許さない」といった言い方に近い。「ことを見逃さなかった」「ことを忘れなかった」などもこの延長にあるものと考えられる。

(50) ぼくたちは、いずれにせよ、死という観念に多少のアイロニカルな笑いの要素を添える<u>ことを忘れはしなかった</u>。　　　（菊地到『硫黄島』）

(51) …しかも優越者が相手をみるときにしばしば示す侮蔑と憐憫とをもってその生徒をいたわり、同時に揶揄する<u>ことも忘れはしなかった</u>のである。　　　　　　　　　　　　　　　　　　　　　　　　　　　（同上）

「ことが欠かせない」は「ようと思うのであれば」という暗黙の条件を背景に、絶対条件を提示する言い方である。

(52) 人質の解放交渉にはイラクの人々に占領がどう映っているかという現実を持つ<u>ことが欠かせない</u>。　　　　　　　　　（朝日新聞04.4.13）

「のは避けられない」は「ことは必至だ」という情勢にあり、結果として「ざるをえない」という必然的な事態の招来を述べる。

「ことに変わりはない」は「ことは明らかだ」という判断表現の一つである。

(53) 泰然の死は、医学者故に許される一種の自殺と言えるが、賢明な自然死である<u>ことに変りはない</u>。　　　　　　　　　　（吉村昭『死顔』）

(54) もともと、経済的にも政治的にも大国となってきた中国との間で、利害や感情がぶつかる<u>のは避けられない</u>ことだ。　　（朝日新聞05.10.18）

4.4　否定の論理と倫理

4.3の周辺に位置するものとして、主体の行為を第三者的な視点、立場から否定する表現をみておこう。たとえば「私は花子とその日に会った」事実の否定には次のようないくつかのレベルがみられる。

(55) 私はその日に花子と会っていない。
　　cf. a.　私は花子とその日に会った<u>とは言っていない</u>。
　　　　b.　私はその日に花子と会った<u>のではない</u>。
　　　　c.　私はその日に花子と会った<u>わけではない</u>。
　　　　d.　私はその日に花子と会った<u>覚えはない</u>。

(55)では「会っていない」という事実を「会ったとは言っていない」ということによって聞き手への類推を中断させ、また「会った覚えはない」と言い直すことによって、「会わなかった」事実を表面化する効果をもたらす。「彼は花子と会ったの

ではない」という否定をさらに外側から述べ立てる意図が感じられる。さらに「会った覚えはない」という構文によって既成事実化へと強化される。こうした否定の姿勢は否定の論理関係と並行した、話し手の倫理観を反映する。

　こうした否定の外側からのかぶせかたの例として益岡(2004)の例を引用する[3]。

　　(56)　辻本容疑者は政策秘書の紹介を五島容疑者に依頼したことを否定している。(益岡2004：275)

　注意すべき点は引用節との相関である。(56)は次のように言い替えられる。

　　(56)'　辻本容疑者は政策秘書の紹介を五島容疑者に依頼しなかったと(容疑を)否定している。

　同様の内容否定の例として「否認する」もあげておきたい。

　　(57)　調べに対し、佐藤弁護士は「痴漢行為はしておりません」と否認しているという。　　　　　　　　　　　　　　　　　　　　　(朝日新聞 05.12.1)

「と否認する」もコト節では次のように前接は肯定形となる。

　　(57)'　調べに対し、佐藤弁護士は痴漢行為をしたことを否認しているという。

　次のような「ことを認めていない」「ことを忘れなかった」なども婉曲的なストラテジーの一つとして認められるだろう。

　　(58)　彼は電話をかけたことを認めていない。
　　　　cf. a.　彼は電話をかけたことを否定した。
　　　　　 b.　彼は電話をかけなかったと言っている。
　　(59)　彼は電話をかけることを忘れなかった。
　　　　cf. a.　彼は電話をかけることを覚えていた。
　　　　　 b.　彼は確かに電話をかけた。

5　不可能を含意する否定形式

　不可能を表す否定表現にも内向き(内発的なもの)、外向き(外発的なもの)の論理性、倫理性が認められる。本節では不可能にかかわる表現を観察する。

5.1　「ようがない」の意味と用法

　第3部第1章で考察した「ようがない」は動詞の連用形について、物理的、客観的な障害があって、順調な事態遂行が疎外されることを表すが、背景には「いくら手を打っても、方策を尽しても」という諦念めいた心情がみられる。

　「ようがない」が成立要件の一つは条件節、逆条件節に導かれるケースである。

　　(60)　ともかくこのままでは家で何か大事でもおきたら、向こうから連絡のしようがない。　　　　　　　　　　　　　　　　　　　(渡辺淳一『愛のごとく』)

(61) 心配になって事務庁にきくと、ときに一方的にかかってくることがあっても、こちらからは連絡のとりようがないという。　（讀賣新聞 04.4.14）
次は原因理由節のみちびきによる不可避の状況である。
(62) 生身の体なのだから病気の感染は防ぎようもないのだが、本人の不注意とされてしまう。　　　　　　　　　　　　（津村淳子『娼婦の部屋』）
(63) 私は文学は善悪や正邪の彼岸にあると考えているので、性善説など取りようがないのだ。　　　　　　　　　　　　（柳美里『仮面の国』）
(64) …そしてぼくに手いたくはねかえってきた。これはもうどうくつがえしようもない。　　　　　　　　　　　　　　　（菊池到『硫黄島』）
「手のほどこしようがない」など、連語的な成分になったものもある。「としか言いようがない」「疑いようもない」はやや慣用的な述語形式である。
(65) 殺すという行為に自分を駆り立てたのは、そのきらびやかな色によるものとしか言いようがなく、…　　　　　　　（吉村昭『仮釈放』）
(66) 志津子とのあいだがどうなっているのか次郎は知らなかったが、志津子が太郎を信じ切っている様子は疑いようがなかった。
　　　　　　　　　　　　　　　　　　　　　　　　　　　　（立原正秋『剣ヶ崎』）

5.2 「わけにはいかない」の意味と用法

「わけにはいかない」はこれは一種の内発的な表出を表し、宣言ないし、主張としての伝達を意図するものである。もっぱら主体的な側の計算に基づく決済である。(67)は「ので」とともに、そういう状況に追い込まれた一種の弁明を表す。
(67) 初対面の、名も知らぬ男の子にコーヒーを奢らせるわけにはいかないので、私はレジの前で少し争った。　　　　　（津村節子『娼婦の部屋』）
(68)は「Nなしに」という否定条件節を受けながら、それに基づく判断を絶対視する。「PればQてもいい」という譲歩の否定とも理解される。
(68) 安倍氏は「拉致問題の解決なしに国交正常化するわけにはいかない」と強調した。　　　　　　　　　　　　　　（讀賣新聞 04.9.1）
「わけにはいかない」の後の文で理由や背景が述べられる場合もある。
(69) しかし、失望のまま引きあげるわけにはゆかなかった。二人には、県警本部の香春捜査一課長からの電話指示が耳底に鳴っていた。
　　　　　　　　　　　　　　　　　　　　　　　　　（松本清張『渡された時間』）
(70)は否定文に接続するケースで、積極的な意志決定を表す。

(70) 「さっさと帰って、奥さんの機嫌をとればいいでしょう」
「よし、それなら帰る」
風野は決心した。こうまで言われては、帰らないわけにはいかない。
(渡辺淳一『愛のごとく』)

5.3 「かねない」の意味と用法（補遺）

「かねない」はすでに第3部第2章で述べたが、否定表現の観点から一部再掲する。語形は否定でありながら肯定の意味を表すが、内実は「かねる」の不可能の意味を打ち消した二重否定の構造である。「ないとはいえない」「そうだ」「ともかぎらない」のように可能性、蓋然性を示唆する言い方で、一種の警告表現、注意喚起として機能することが多い。

(71) 一企業が引き起こした不祥事に端を発したこととは言え、事故を引き起こしかねない危険な欠陥車輌を一日も早く排除することは何よりも優先されるべきだ。　　　　　　　　　　　　　　　　（讀賣新聞 04.7.2）
(72) 過当競争が進む運送業界などでは、緊急点検のためとはいえ仕事を休むことは死活問題につながりかねない。　　　　　　（讀賣新聞 04.7.2）
(73) 今のままでは不測の事態に直面しても、「正当防衛」という個人の権限でしか自衛官は武器が使えず、部隊行動を基本とする組織にとって、致命傷となりかねない。　　　　　　　　　　　　（讀賣新聞 04.10.6）

6　意志の限定と判断の諸相

意志の限定表現として「しか」「まで」といった取り立て助詞、「ほか」の形式名詞を用いた表現をいくつかみてみよう。

6.1　「しかない」と「(より)ほかない」

「しかない」「ほかない」はほぼ同義に用いられる。名詞接続の場合はそれぞれ、「Nでしかない」、「Nであるほかない」の形になる。

(74) この置きかえは、しかし瞬間的なものでしかない。（菊地到『硫黄島』）
(75) 大沢裁判長は「犯行は冷酷残忍で凶悪極まりない。極刑をもって臨むしかない」などとして、石井被告に求刑通り死刑を言い渡した。
(讀賣新聞 04.4.24)
(76) …今は、…鈴木被告の罪名のうち「殺人」の無罪を立証するしか途がない。　　　　　　　　　　　　　　　　　　（松本清張『渡された時間』）

第4章 否定文末形式の意味と機能(2) 465

(77) 特に酌量すべき事情がない限り、死刑を選択するほかない、と高裁判決を破棄し、審理を差し戻した。　　　　　　　　　　（讀賣新聞 04.4.24）

(76)のように「しか途がない」もこの用法の類である。(77)のように「かぎり」という限定条件を受けて、呼応するような言い方もしばしばみられる。ただし、「ほかない」は次のような「しかない」との混用も生じるので注意が必要である。
(78)?? 自習教室が混んでいるので、図書館で勉強するほかない。
　　⇒自習教室が混んでいるので、図書館で勉強するしかない。
(79)?? 論文の提出締め切りが来週なので、書くだけ書くほかない。
　　⇒論文の提出締め切りが来週なので、書くだけ書くしかない。
名詞接続の場合は「でしかない」のように用いられる。
(80) これは、畿内に邪馬台国をもってゆくためのご都合主義の想像でしかない。　　　　　　　　　　　　　　　　（松本清張『偏狂者の系譜』）

「ほかない」は「ほかに方法が無い」という意味で実現可能の選択肢について言及するのに対して、「しかない」は絶対的な選択意志を表す。なお、「ほかない」は第3部第1章で考察したように、「よりほかない」「ほかはない」「以外（に）ない」「よりない」などの言い方を生産する。
(81) そんなとき、ぼくは、じっと息をひそませて、はがされる苦痛にたえるよりほかない。　　　　　　　　　　　　　　　　（菊地到『硫黄島』）
(82) …自由になるためには、ただ逃亡というぼくに保留された最後の手段をえらぶよりほかないのである。　　　　　　　　　　　　（同上）
(83) 往年の面影は河岸に建ち並ぶ白壁の荷蔵群に偲ぶほかはなく、旗を立てた北前船で賑わった河口もいまは中洲に葦が茂り、葦切りが鳴くさびれようである。　　　　　　　　　　　　　　（津村節子『娼婦の部屋』）
(84) このような現象は過去には何度もあり、結局、経営にゆきづまった業者の倒産、廃業による淘汰で自然に生産量が減るのを待つ以外にない。　　　　　　　　　　　　　　　　　　　　　　　　　（吉村昭『仮釈放』）
(85) いまの尾津の立場としては、土屋医師の説得に期待するよりない。　　　　　　　　　　　　　　　　　（渡辺淳一『長く暑い夏の一日』）

6.2 「にほかならない」の意味と用法

「ほか」を用いた文型として、「にほかならない」がある。
(86) 日記を書くことは反省の時を持つことにほかならないが、　　　　　　　　　　　　　　　　　　　　　　　　（讀賣新聞 04.4.25）
(87) 彼女にとって愛するということは、そのもどかしさに耐えぬくことにほかならないのだろう。　　　　　　　　　　（菊地到『硫黄島』）

(88) ぼくがぼく自身からぬけ出ることこそ、ほんとうの意味で、ぼく自身の本質を、回復することにほかならないのだから。　　　　　（同上）

「のは」「ことは」という節を受けて、理由づけを限定する場合がある。

(89) しかし、子どもが保護を必要とし、学ぶことを保証されるのは、未熟だからにほかならない。　　　　　　　　　　　　　（朝日新聞04.5.5）

(90) ぼくが自殺ではなくて逃亡をえらんだ理由は、死ぬのがこわかったからにほかならない。　　　　　　　　　　　　　　（菊地到『硫黄島』）

6.3 「にすぎない」の意味と用法

「にすぎない」は「（結局）〜だけだ」「までだ」という言い方に近く、結論、徒労の結果の諦念、失望の気持ちなどを表す。一種の心情を表出した表現である。

(91) 金銭の代償として多くの男に身をゆだねる女にはまず嫌悪感が先に立ち、その間に情感などあるはずもなく、白けた気持ちになるだけにすぎないことが容易に想像できる。　　　　　　　　　　（吉村昭『仮釈放』）

これは「のが関の山だ」という言い方とも近い。こうした過小評価の表現は「のに」などと併用されることもある。

(92) かれはようやくそれらが目高の仔であるのを知った。小量の餌をやるにすぎないのに、目高がせまい水槽の中で生の営みを続け、仔をうんでいるのがいじらしく見えた。　　　　　　　　　　　　（吉村昭『仮釈放』）

「といっても」を受けて、それに見合わない最小値を述べる言い方もある。

(93) 社会復帰をしたなどと言っても、自分の過去を知られまいとおびえながら日を過ごし、貧しいながらも毎日の生活に事欠くことなく生きているにすぎない。　　　　　　　　　　　　　　　　　（吉村昭『仮釈放』）

(94) そこでは炭素粒によって濾過された空気がわずかに送りこまれてくるにすぎない。　　　　　　　　　　　　　　　　　（菊池到『硫黄島』）

(95) 教団では、一切の苦悩は幻影であり、病苦もまた、疾病や老衰を恐怖し、かえってそれに拘ってしまう心のしこりにすぎない。
　　　　　　　　　　　　　　　　　　　　　　　（高橋和巳『憂鬱なる党派』）

(96) 採銅教授が脳生理学で功績をあげたのも、複雑な脳のほんの一部に起る現象について証明したにすぎなかった。　（松本清張『偏狂者の系譜』）

(97) 憲一の安否など、まるで問題にもしていないような口吻では、ただ、出張の帰りに、遊びに寄ってみたというにすぎない。
　　　　　　　　　　　　　　　　　　　　　　　（松本清張『ゼロの焦点』）

なお、「一言注意したまでだ」にも「一言注意したにすぎない」と類義的な用法があるが、これについては第3部第1章で詳しく述べたので説明を省く。

6.4 「までもない」「にはあたらない」「にはおよばない」の意味と用法

「までもない」は「必要がない」といった、一種の制止、抑制の表現である。「言うまでもない」は「当然そうだ」という主張を表す。「今更」「あらためて」といった副詞をともなうことも多い。

(98) 日米安保条約が日本の平和と安全にいかに重要な役割を果たし続けてきたか、今更論じるまでもない。　　　　　　　　　　　　(讀賣新聞 04.4.28)

(99) 自民党内の意見に耳を貸さず、特に"抵抗勢力"の言い分を「聞かない」という姿勢が国民受けする大きな理由になっていることは指摘するまでもない。　　　　　　　　　　　　　　　　　　　(讀賣新聞 04.4.28)

(100) さて、そのような薬剤師を育て上げるにはどうしたらよいか。専門の学科をしっかり修得させることは言うまでもないが、もう一つ、非常に大切だと考えているのは薬剤師がどれだけ幅広い「語彙」を持てるかということだ。　　　　　　　　　　　　　(讀賣新聞 04.4.14)

「はいうまでもなく」は「だけでなく」のように添加の言い方がある。ただし、「言われるまでもなく」は「言われる以前に」という当為の強調である[4]。

(101) 親方に言われるまでもなく確かに暮しは楽なのだった。
　　　　　　　　　　　　　　　　　　　(津村節子『娼婦の部屋』)

「とはいわないまでも」は一種の譲歩文を呈し、ほぼそのような状況に近いことを示唆する言い方である。

(102) 妻は森川の友人たちを避けているとは言わないまでも、親しくしようという気持ちはなかったらしい。　　(吉岡忍『死よりも遠くへ』)

「にはあたらない」、「にはおよばない」も似たような意味で、

(103) 誰かと一時期、同棲したことがあると聞くと嫌だが、それでも現在がまったくそれから切り放されていれば咎めるにはあたらないと思う。
　　　　　　　　　　　　　　　　　　　(松本清張『ゼロの焦点』)

(104) 安静にしていればいいので、救急車を呼ぶには及ばない。

いずれも「そこまでする必要はない」という判断表現である。

6.5 「よしもない」「べくもない」の意味と用法

「よし(由、因)」は「そうするための手段、方法、またかこつけるための口実」の意味で、「疑うよしもない」「会うよしもない」のように否定形式を用いる。

(105) 夫は二年前にこの地方に赴任してきた。そこで田沼久子との関係ができたに違いない。その動機が何からはじまったか、もとより禎子は知るよしもない。　　　　　　　　　　　　　(松本清張『ゼロの焦点』)

「べくもない」は古語の「べくもあらず」の「あらず」を形容詞「ない(なし)」

に置き替えたもので、「できそうもない」「する余地もない」の意味。「べくあらず」は助動詞「べし」の打ち消しで、「も」を挿入して強調したものである。

(106) 警官と聞いて、禎子は息をのんだ。ただごとではないことが起こったのは疑うべくもなかった。　　　　　　　　　（松本清張『ゼロの焦点』）

7　婉曲的な否定と"否定連鎖"

本節では婉曲的な否定表現、および前接成分と何らかの連繋によって生ずる否定表現について考察する。

7.1　「(ない)ではない」と「なく(は/も)ない」の意味と用法

前章で述べた「ではない」との比較において、「(ない)ではない」は「なく(は/も)ない」と類似的な意味を表す。

(107) a.　あなたの意見も分からない(もの)ではない／(もの)でもない.
　　　b.　あなたの意見も分からなくはない／分からなくもない。

「(ない)ではない」は、対極にある可能性の残存を認めようとする、一種の推察表現である。

(108) ふと無人の原野に乗り込んでしまったような気分も無いではなかったが、実際は泰西の絵画に描かれたような、どこにも日本らしさの見えない景色が横たわっていた。　　　　　　　　　（辻村登『村の名前』）

(109) 小寺康司が果して愛欲小説を書く作家かどうかはわからないにしても、女の問題でここに逃避してきたことは考えられぬでもなかった。
　　　　　　　　　　　　　　　　　　　　　　　　（松本清張『渡された時間』）

(110) 兄弟三人揃っての絣の着物姿で写った少年時代の里見の顔は、幼いながらもどこかふてぶてしく、後生畏るべしの感を抱かせないでもない。　　　　　　　　　　　　　　　　　　（佐野眞一『阿片王　満州の夜と霧』）

文中においては「でもなく」のように用いて、何となく、無意識裡に事態が進行する様子を表す。

(111) 義兄は本多に憲一のことを詳しく問うでもなく、先に立ち上がった。
　　　　　　　　　　　　　　　　　　　　　　　　（松本清張『ゼロの焦点』）

(112) では「AでもなくBでもない」は、判断がつきかねる状況を表す。

(112) 急に目の前が暗くなるでも酔っているでもないのに、どうしらわけか爪先がひっかかって、前のめりによろける。　　　（佐江衆一『黄落』）

「なくはない」「なくもない」は「ないことはない」「こともある」という意味で、一種の婉曲否定表現と意義づける。一種の自問自答の結果である。

(113) 私は自分の幼時のことを考えて、健一の気持が分らなくはない。
　　　　　　　　　　　　　　　　　　　　　　　　（松本清張『潜在光景』）
次は応答文にあらわれたものである。
(114) 「村人は受け容れなかったんですか」
　　　「受け容れなくはなかったんです。親切でしたよ。…」
　　　　　　　　　　　　　　　　　　　　　　　　（松本清張『切り取られた時間』）
「(によっては)～といえなくもない」は一種の可能性を示唆する言い方である。
(115) こんなときに辞めるのは勝手すぎる、という意見もあるが、考えようによっては、辞めるほうが経営の苦しい病院のためになる、といえなくもない。　　　　　　　　　　　　　　　　　（讀賣新聞04.4.14）
(116) 一体何が原因であっただろう。いや別に原因などなくても、きっかけは到る処にころがっていたと言えなくもない。
　　　　　　　　　　　　　　　　　　　　　　　　（島尾敏雄『魚雷艇学生』）
(117) 私案を見る限り、期待に応えた内容とはいい難い。自分たちが犠牲を払わねばならない抜本改革を避けるため、とりあえず改革のポーズを示した、と見えなくもない。　　　　　　　　（讀賣新聞04.6.18）
「と見えなくもない」も「と(言おうと思えば)言えなくもない」も婉曲的に判断を主張する言い方である。「見えないこともない」「言えないこともない」に近い用法である。
　次のように一部の可能性の兆しや、ある種の判断留保を表すこともある。
(118) そう考えると、先方の心当たりというのにも、期待が持てなくはないのである。　　　　　　　　　　　　　　（松本清張『ゼロの焦点』）
(119) だが、ビザがおりたらすぐ帰宅することにすれば、仙台に行く時間を作ることはできなくはないのだった。
　　　　　　　　　　　　　　　　　　　　　　　　（古山高麗雄『二十三の戦争小説』）
「ないでもない」のように「も」をともなうと、「ないこともない」と同義で謙遜した、あるいは主張をやわらげた言い方になる。
(120) だが、われわれからみると、あまりに重箱の隅をつつき回したという感じがしないでもないのです」　　　　　（松本清張『偏狂者の系譜』）

7.2 「VするともなくVする」の意味と用法

同語反復的用法で、これも無意識裡に事態が進行するさまを表す。
(121) 車内で前の乗客の顔を見るともなく眺めていたら、睨みかえされた。
(122) 禎子は、遠くの景色を眺めるともなく見ながら歩いていた。
　　　　　　　　　　　　　　　　　　　　　　　　（松本清張『ゼロの焦点』）

次のように疑問語とともに用いて「Vでもなく」とほぼ同じような意味で用いることもある。漠然としたその場の様子を表す。
　(123) a.　会議は<u>いつ</u>終わる<u>ともなく</u>、延々と続いた。
　　　　b.　日曜日は<u>何</u>をする<u>ともなく</u>、過ごしていることが多い。
　　　　c.　父は<u>誰</u>に向かって<u>ともなく</u>、大きなため息をついた。
　　　　d.　二人は<u>どこ</u>へ行く<u>ともなく</u>、夜の街をさまよった。
次は慣用的なフレーズになったものである。
　(124) a.　<u>どこからともなく</u>、笛の音が聞こえてくる。
　　　　b.　<u>何時からともなく</u>、妙な習慣がはびこってしまっている。
「ともなしに」はあらたまった言い方で、同じように用いられる。
　(125) a.　母は何をする<u>ともなしに</u>、ぼんやりと坐っていた。
　　　　b.　彼は誰にいう<u>ともなしに</u>、「よし」と言って立ち上がった。

7.3　「とはかぎらない」「(ない)ともかぎらない」の意味と用法

　ここでは前文を受けて、一部否定を示唆する「とはかぎらない」「とはいえない」「とは思えない」などをみてみよう。「ことも十分考えられる」という可能性を示唆した表現である。
　(126)　異常プリオンは感染が発見され<u>ても</u>ヤコブ病の発症に直結する<u>とは限らない</u>が、　　　　　　　　　　　　　　　　　　　　　(讀賣新聞 04.5.28)
　(127)　ビジネスの世界では、売る側がいいと思ったものが<u>必ず</u>売れる<u>とは限らない</u>。　　　　　　　　　　　　　　　　　　　　　　(讀賣新聞 04.7.2)
「AからといってBとはいえない／Bわけではない」という形でもあらわれる。
　(128)　アメリカに長く住んでいる<u>からといって</u>、英語がよくできる{とはいえない／わけではない／とは限らない}。
二重否定では一般に条件節を受けて「ないともかぎらない」の形が用いられる。
　(129)　犬が吠え<u>れば</u>、とつぜんどこかから人間がとびださ<u>ないともかぎらなかった</u>。　　　　　　　　　　　　　　　　　　　　　(菊地到『硫黄島』)
　(130)　そんな同人仲間とつき合っていると、うかつに口がすべって向うに気づかれ<u>ないともかぎらない</u>からと注意したのだ。
　　　　　　　　　　　　　　　　　　　　　　　　　(松本清張『渡された時間』)

7.4　"否定連鎖"構文

　否定表現が前節にひきずられ、もしくは連動してあらわれることがある。同一動詞を反復させた、一種の譲歩、逆接の変形である。

(131)　不思議なことに、鐘の引き綱が途中でぷつんと切れている。鐘を鳴らそうにも鳴らせない。　　　　　　　　（松本清張『切り取られた時間』）
　(132)　「百年安心プラン」という触れ込みの制度が、成立から一週間足らずで不安の種になるのでは笑うに笑えない。　　　　　（讀賣新聞04.6.11）

いずれも後項動詞で不可能を表し、「Vそうにも Vない」は「Vようと思っても Vない」、「Vに Vない」は「Vない」の強調した言い方である。テモ節をともなう動詞の反復形式として、無条件を表す「(いくら)悔やんでも悔やみきれない」「話しても話し足りない」「見ても見飽きない」のような例も同類である。次は慣用的な言い方である[5]。

　(133)　似ても似つかない男を見て、なぜおれは自分自身をそこに感じたのか。　　　　　　　　　　　　　　　　　（菊地到『硫黄島』）

「Vにも Vきれない」も否定連鎖の典型的な用法である。

　(134)　憎んでも憎みきれない腫瘍が、難攻不落の堅塁のように敢然として脳の一角に立ちはだかっていた。　　　　　　（渡辺淳一『死化粧』）
　(135)　苦しんで死ぬにも死にきれなかったかもしれんとあなたに思われるのがたまらなかったんです。　　　　　　　（井上光晴『死者の時』）

「切れない」「足りない」「飽きない」は通常肯定形はなく、また単独であらわれることもあるが、その背後には無条件の提示がひそんでいる。

　(136)a.　抱えきれないほどの多くのリンゴ。
　　　b.　彼はまだ飲み足りないような顔をしている。
　　　c.　この本は何度も読みましたが、読み飽きません。

なお、前掲5.1の「ようがない」とも連繋する用法として、「Xようにも Yない」の言い方についてふれておきたい。これは「Xようにも Xない」がより複文らしさに拡張されたもので、「行こうにも行けない」のように同一動詞を繰返しての希望の打消しから不可能を意味する。「Xしたいのにもかかわらず、Xできない」という事態の背景には一般に内側よりは外部からの事情、影響が指摘される。

　(137)a.　確認しようにも電話が通じない(ので、連絡がとれない)。
　　　b.　時間をつぶそうにもお金がない(ので、店にも入れない)。
　　　c.　投票しようにも判断材料がない(ので、棄権する者も少なくない)。
　　　d.　道を尋ねようにも人影がまったくない(のでは、訊きようがない)。
　　　e.　ガーデニングをしようにも庭もないし、花を育てる自信もない。
　　　f.　床屋へ行こうにも夜の九時となっては、やっているわけがない。

(137a)から(137d)のように結果、結論を言い含めた言い方になる場合や、(137e)や(137f)のように事情説明が続く場合もある。いずれも従属文(逆条件節)の要素に引きずられた否定連鎖構文の典型を成しているといえよう。

このほか次のような「VするもVないもない」のような形式も、事態には無関係であるという主張を婉曲に表すもので、否定連鎖構文の範疇に入れておきたい。
　　（138）　「…どうも気が進まなくてね」ともっともらしく答えたが、実際、自分の手柄じゃないのだから気が進むも進まないもない。
　　　　　　　　　　　　　　　　　　　　　　　　　（奥泉光『モーダルな事象』）
「行く行かないの問題ではない」などのように肯定と否定を並列する言い方があるが、これらも広義の否定連鎖とみなされるだろう。
　　（139）　行く行かないにかかわらず、説明会には出席すること。
次のような例は慣用句的なフレーズを構成している。
　　（140）　太郎は冗談とも本当ともつかないことを言った。（立原正秋『剣ヶ崎』）
　　（141）　逃げも隠れもしない。堂々とかかってこい。
　　（142）　話し合いの緒に就いたばかりでケツをまくってしまったら、まとまる話もまとまらないじゃないか。

8　おわりに

　しばしば日本語の特徴として、曖昧性が指摘されるが、本章でとりあげた否定文末形式もまたその一端を象徴するものであろう。言語は行動様式を一定程度規定せざるをえない。その意味においては話し言葉においてもこうした展開が文脈的にみてどのような働き、意義をもつのかをさらに関心をもって究明する必要があろう。
　否定には単純否定と複合否定が観察されるが、後者においては単に命題を否定するのみならず、主体の判断によって論理的であると同時に、倫理的な意味が託されている場合が少なくない。本章では文末にあらわれる形式を概観しつつ、これらの特徴をもつ表現の特徴を検分する。前章とあわせて否定の概念が、事態判断にどのような主意的な意志に基づいて行われるのかを、さまざまな用例を検討しつつ、考察してきた。以上でとりあげた形式にあえて共通した表現意図を探ろうとすれば、それは当該対象となる事態に対して、それを社会通念なり自己の信念に照合させ、〈事態の論理〉関係を話し手自身の〈思考の倫理〉関係に置きかえて内省する、あるいは判断を下すといったところに特徴が見出される。したがって、これらの否定文末形式は原因理由節、条件節といった複文構造を背景に成立することも少なくない。否定の形式を借りて、主体の肯定的な判断を下すことから、叙述的というよりはむしろ表出的な特徴がみられる。
　筆者はここ数年、主として日本語の中上級文型の研究をすすめる中で、とりわけ、接続機能と文末機能、およびそれぞれが並存する呼応文型、さらには二種類以上の接続、文末成分を有する文型に注目してきた。単に文末の位置における働きだ

けをみるのではなく、複文機能の一環としてみる必要がある。否定文末形式の類型は日本語の文末表現の大きな領域をしめている。これらの表現意図を理解し的確な運用をはかることは、コミュニケーション活動にとっても重要なことであろう。本章で述べた否定の類型は話し手の否定のレベルだけではなく、談話、文のレベルにおいて、さらに掘り下げていく必要がある。それは副題にも掲げたように、否定の論理性の背後にあるストラテジーや倫理観を明らかにする作業でもある。

注

1　A)のタイプについては田中(2004a)で、またB)のタイプに分類される「Xがない」、「Xではない」の両タイプについては第4部第2章で比較的詳しく記述した。なお、B)のタイプでは「ものでもない」、「わけでもない」、「のでもない」といった和らげの「も」が使われることも多いが、ここでは一定の形式に統合させた。否定の表現性については、永田博(1991)、廣松渉(1980)を参照。また、否定のシンタクスについての概観は工藤真由美(2000)を参照。否定表現の様々な事象については、『月刊日本語学』特集：否定表現(1990.12 Vol. 9-12)、『月刊言語』特集：否定の意味論(2000.11 Vol. 29-11)を参照。

2　これらの述語は「こと」「の」の双方、あるいは一方を優先するものがある。事態の掌握に関する客観性が根拠にあると思われるが、その分布については考察を省く。

3　益岡(2004)では否定を「内部否定型」と「外部否定型」とに分類し、後者の例として(56)のような個別的な例とともに「のではない」「わけではない」を対命題態度のモダリティの階層に位置するものとしている。p279.

4　「まで」「だけ」などのとりたて詞を用いた文末表現については森山(2002)を参照。また「ないまでも」、「までもなく」の形式については田中(2004a)を参照。また、否定の二つの型については、益岡隆志(2004)を参照。

5　語彙的なフレーズとして「やむにやまれぬ(事情)」「押しも押されぬ／押されもしない(地位・実力)」などがある。なお、文末にあらわれる否定慣用表現については、丸山和雄・岩崎摂子(1968)を参照。

附章　名詞述語文と "説明" のモダリティ表現
―「ことだ」「ものだ」から「寸法だ」「毎日だ」まで

1　はじめに

　モダリティの定義はおそらく文の定義と同量なほど多様な解釈を呈するが、その共通部分を掬いあげれば、ひとまず「感覚の様相」とまとめることができよう。感覚は事物、事象との遭遇によってもたらされる。その分別は他の感覚との併存、競合によって比較認識され、よってそれに即した（善か悪か、正か負かなどといった）体験内容が複合的なかたちで具現化（具象化）される。
　脳科学者茂木健一郎は認識の現実との接触のあり方を次のように述べている。
　　単なる脳内現象から、いかに「現実」は立ち上がるか？　私たちが向き合っ
　　ている世界は、視覚、聴覚、嗅覚、味覚、触覚などの異なる感覚のモダリティ
　　から成り立っている。それぞれのモダリティを経由してやってくる情報は、基
　　本的には独立である。たとえば、「視覚」を通してウグイスのイメージが届い
　　ていたからといって、必ずウグイスの声が聞こえなければならない、というこ
　　とはない。　　　　　　　　　　　　　　　　　　（『思考の補助線』p.89）
ここでいう「感覚のモダリティ」は単一的なものではなく、複合的なものである。ある現象に向き合ったとき、われわれはこれまでの感覚的経験を動員しながら、より現実に符合した近似値的情報、方法論（期待値）を想定・選択する。当面の「現実」は言語という認識の媒体によって現実化され、情報化される。そこでは先ず中心的なフレームが設定され、次にその隙間を埋める周辺的な形式が選別されてゆく。こうした文の述べ方の仕組みはあらゆる言語において普遍といってよいであろう。
　従来、「のだ」、「ものだ」、「ことだ」などを述語とする構文は、説明のムードと意義づけられ、多く考察の対象とされてきた[1]。更にその延長に「はずだ」「わけだ」など、また、周辺として「つもりだ」「予定だ」などの述語文の用法についても検討が加えられてきた。本章の目的は「もの」「こと」「ところ」といった形式名詞を主成分とする述語文をはじめとして、日本語の名詞述語文の本質を再検討する

ことにある。"基層的"な名詞述語文の延長にあると思われる"周縁的"な名詞述語文(体言止め文)は、大きくみれば連体修飾構造を受けた名詞を核成分とする述語文の類型であるが、そもそも名詞で内容を受ける、あるいは統括するという本質的な機能が文の意味にどのような性格を与えているのかを詳しくみていく必要がある。また統語的特徴からみれば、文末成分の「Nだ」(「覚悟だ」)と接続成分の「Nで」(「覚悟で」)の意味的な関係、交渉をも検討しなければならないだろう。

　日本語には事態を観察したのちに、ある種の判断や評価付けを行うにあたって、形式化した名詞を付加して述べる傾向がある。これは事態を既成事実化し、知識・情報として共有するといった、認識や対話における、〈場の共有〉指向を意味する。本章ではこうした発想をも視野に、検討を加えていくことにしたい。

2　「ことだ」の諸相

　形式名詞「こと」は「もの」との対比において、部分的、臨時的、現象的といった概念による本体把握の特徴づけがなされてきた。実質性の希薄化とともに形象化する「こと」のレベルは文法構造、表現意識にまで広い関わりをみせるが、本節ではこうした「こと」の特徴の一端を文末の叙述性という観点から明らかにしたい。

2.1　名詞化の「こと」と事態説明の「こと」

　「こと」の本務として「の」と同様に名詞化の機能をあげることができる。本節では「こと」が述語成分として立ち現れる述語文を観察するが、その出現の一つは主部と述部とが等価的にむすばれ、前後の交替が可能な場合である。

　　（１）a.［私の趣味］は［切手を集めること］です。
　　　　　b.［切手を集める｛こと＞の｝］が［私の趣味］です。（＞は優位性）
(1a)にみるように主部と述部は等価的であり、その倒置文(1b)もまた等しい関係を構築する。(1b)の主部成分では「こと」と同じく「の」もあらわれる。さらに準体助詞の「の」に呼応してあらわれる(2)、(3)のような「こと」述語形式がある。主題を明示すると同時に前後の補文節が等位構造として認識づけられている。

　　（２）　心配なのは、スーダン政府の反発で、現地に派遣されている国連平和維持活動(PKO)や人道支援が妨害されることだ。　　（朝日新聞 08.7.18）
　　（３）　忘れてはならないのは、テロ指定解除でことが終わるのではないことだ。　　　　　　　　　　　　　　　　　　　　　（朝日新聞 08.6.25）
「ことだ」を省いた文では、口頭表現ではまれにみられるものの、通常は結束性を著しく欠いたものとなる。

　　（２）'?? 心配なのは、……国連平和維持活動(PKO)や人道支援が妨害される。

（3）'?? 忘れてはならない<u>のは</u>、テロ指定解除でことが終わるのではない。

「ことだ」の「こと」は自者と他者における認識の一致・不一致を確認する意味においても欠かせない要素である。「ということだ」はこの認識づけをさらに一般化したものである。

（4）　まず考えたい<u>のは</u>、人間関係が希薄になっている世の中で、孤立感を深める人が増えている<u>ということだ</u>。　　　　　　（朝日新聞08.7.28）

（5）　これに加えて指摘したい<u>のは</u>、そもそも公用車が多すぎるのではないか、<u>ということだ</u>。　　　　　　　　　　　　　（朝日新聞08.7.22）

なお、連体詞「という」は(4)では任意だが、(4)のように述部の補文が疑問文の場合などでは必須となる。一方、「ことだ」が事件やイベントの発生時点を明確化する場合がある。

（6）　犯人の76歳の男性は三月末に懲役10年の判決を受けた。軽い知的障害がある。20代の初めから放火をしては刑務所暮らしを繰り返して来た。今度の事件も、福岡刑務所を出所してからわずか8日後<u>のこと</u>だった。　　　　　　　　　　　　　　　　　　　　　（朝日新聞08.5.19）

これらの「のこと」も任意成分ではあるが、「8日後だった」よりも事態発生の意外性、事件性を際立たせた言い方となっている。「こと」は不特定の読者に対して事態の意識共有を意図する機能を有する。一方、次のように事態の生起の背景を明示する際にも「でのこと」、「てのこと」が用いられる。

（7）　私が申し上げているのは君が言っていることなど承知<u>の上でのことだ</u>。

（8）　それにしても、今回のような仮定に仮定を重ねた試算を政府が示すのは異例だ。税方式の導入論を冷ましたい役所の思惑もあっ<u>てのことだ</u>ろう。　　　　　　　　　　　　　　　　　　　　　　　　　（朝日新聞08.5.20）

これも前文で背景化した「のは」を受け継いでいることから「PのはQことだ」構文に準ずる、内容説明文の変種ということになる。(8)は(9)のように「PのはQてのことだ」が明示されたものとなる。「あったからだろう」と比較すると、蓋然性が多少強まる印象を与える。

（9）　今回のような仮定に仮定を重ねた試算を政府が示す<u>のは</u>税方式の導入論を冷ましたい役所の思惑もあっ<u>てのことだ</u>ろう。（；思惑があった<u>から</u>だろう）

次の例も事態をより明確化するために「こと」で締め括られている。

（10）　総選挙において、国民の皆さまは政権交代を選択されました。<u>これは</u>日本に民主主義が定着してから<u>初めてのことです</u>。　　（朝日新聞09.10.26）

こうした"締め括り"がより意識化されたものとして、「ということ」を必須とする述語構造をなし、前文で述べた内容の根拠、背景を述べる解説的な用法がある。

(11) 事件前から、北京では厳戒態勢がいちだんと強化されていた。(中略)少数民族や宗教、民主化などに関連したデモやテロを封じ込めようというととだろう。　　　　　　　　　　　　　　　　　(朝日新聞 08.7.23)

このように「こと」は前文を受け継ぎ、等価的に「(つまり、要するに、すなわち) A＝Bということにほかならない」という意味付けを行う。名詞化は世界認識(外部世界)のなかに主体認識(内部世界)を重ね合わせる、という営みでもある。さらに「こと」は個々の内実をも暗示する。たとえば(11)の「こと」は「狙い」あるいは「目的」に置き替えられる。以上の「こと」は一部実質性を残存しており、とくに説明的なムードを意図しているわけではないものの、結果的には聞き手目当てとする〈情報の提供〉といった話し手や書き手の意識が表されている。

2.2 「ことだ」の説明的モダリティ

ここでは「ことだ」が話し手の聞き手に対して何らかの感情を意図した表現を瞥見する。まず、「ことだ」が伝聞(言い伝え)を表す用法をみてみよう。

(12) 彼は先週、帰国した｛とのことだ／ということだ／そうだ｝。

「とのことだ」「ということだ」は伝聞の「そうだ」にしばしば置き替えが可能である。この「こと」は「話し」「噂」という、やや実質的な意味を残している。

形容詞を受ける「ことだ」が評価的な感情を表すことがある。こうした意識は「残念だ」が「残念な結果だ」というように付加的な成分をともない、当該事態がさまざまな因子から生じたものであることを主張する。(14)では副詞「何とも」により、さらに共有化(一般化)が配慮されている。

(13) 長銀の破綻は、バブルに踊って転落した日本の金融界を象徴する事件である。(中略)腹立たしいことだ。　　　　　　　　　(朝日新聞 08.7.19)

(14) それなのに、軍政はスー・チーさんの軟禁延長を通告した。世界が人道支援へ動こうとしているときに、何とも腹立たしいことだ。
　　　　　　　　　　　　　　　　　　　　　　　　　(朝日新聞 08.5.28)

「ことだ」の前に当為を表す「べき」などがあらわれることもある。「こと」は好ましい、あるいは好ましくない「事態」を積極的に支持する。「驚くべきこと」「慶賀すべきこと」「憂慮すべきこと」「ゆゆしきこと」のように形式化したものもある。これらはまた、「驚くべきことに」「腹立たしいことに」のように文副詞としても用いられることにも注意したい。

(15) これまでの宇宙行政にも、各省が縦割りつきものだった。宇宙開発が体系的、効率的に進められるようになるのなら、歓迎すべきことだ。
　　　　　　　　　　　　　　　　　　　　　　　　　(朝日新聞 08.5.23)

この「ことだ」は次のような「ことか」の詠嘆的な文にもみられる。

(16)　何て騒々しい｛こと／ことだろう｝か。(：実に騒々しいことだ)
　一方、「ことだ」は「こと」であたかも一語文のように用いられることもある。
　(17)　羨ましいこと！（＝羨ましい［こと］といったらない）
このような「こと」はもはや必須成分と化しており、「こと」を省いた言い方はむしろ不安定なものとなる。
　(18) a.　?…腹立たしい。(14)'
　　　b.　?…歓迎すべきだ。(15)'
　　　c.　*…何て騒々しいか。cf. 何て騒々しいのだろうか。(16)'
　　　d.　*…何というか。(17)'
「こと」の付加は、当該事態が何らかの社会性、情報としての共有賦与が刷り込まれた事態、とみなすことができるだろう。
　さらに、以上の言い方に類したものとして、過去の事態を想起して「ことだった」のように用いられるケースがあるが、これも話し手の余情的、感傷的気分を表す言い方である。
　(19)　遠ざかって行く船を手を振っていつまでも眺めていたことだった。
こうした「ことだ」「ことだった」は後述する「ものだった」と比べて、過去の反復行為を回想するというのではなく、一回性的なシーンを再現するという気持ちを表している。「こと」の部分的、臨時的な本質が表されている。
　次に事態を強調して述べる際の「ことだ」の用法がある。「までもない」や、「まで」に付随する言い方はその典型である。「こと」は言及する内容を指す。
　(20) a.　あなたを怒らせたいのではなく、親切心で言ったまでのことだ。
　　　b.　どんな立派な才能でも、社会に活かさなければそれまでのことさ。
　　　c.　本件は言うまでもないことだ。総会にはかるまでもないことだ。
(20)は「言うまでもない」「言ったまでだ」と意味上は変わらないが、「ことだ」を付加することによって事態を一般化、ないし積極的な評価づけを意図している。
　「ことだ」のさらにモダリティ的な用法として際立つのは、「必要がある」「なければならない」を一般的な注意伝達として述べる言い方である。
　(21)　試合の前は何も考えないことだ。ただ自分の勝利を信じることだ。
　(22)　日本の安全のために、何としても北朝鮮に核を放棄させる。その過程で、拉致というむごい犯罪に解決の道を開く。この原点を見失わずに、前に進むことだ。　　　　　　　　　　　　　　（朝日新聞08.6.27）
　(23)　政府がなすべきことは、はっきりしている。まずは本格的な修正協議に踏み切ることである。　　　　　　　　　　　　　（朝日新聞08.5.21）
(23)は「AことはBことだ」の意味的な等価構造を示すと同時に、「Bことだ」はモダリティ的な機能をも呈している。「こと」は「が必要だ」という意味を表す。

「こと」は次のように目的節に呼応する主文としてたちあらわれることもある。「ほうがいい」「に限る」にほぼ言い替えが可能である。
　　(24)a.　長く続けるには、まず無理をしないことだ。
　　　　b.　節約しようと思ったら、無駄遣いをしないことだ。
なお、掲示などの書面語ではこの「ことだ」では簡潔さを強調して「こと」で締めくくる傾向がある。必要・当為表現から禁止表現へ傾斜したものである。
　　(25)a.　館内では携帯電話の電源を切ること。(点けたままにしないこと)
　　　　b.　飲食物を持ち込まないこと。大きな声で私語をしないこと。…

2.3　「ことか」「ことだろうか」の詠嘆、疑念用法

　形容動詞、形容詞、動詞構文に接続し、それが「どの程度、どれほどの量であるかが言えないくらい、たくさんだ、大変だ」という意味を表す。話し手の感情のこもった表現で反語文の一種である。
　　(26)a.　これはまた、何という失態をやってくれたことか。
　　　　b.　こうなったのもあなたに責任があるので、私の知ったことですか。
　　　　c.　それ見たことか。言わないことか。(；言わないことではない)
ここでも「こと」は後述する「もの」と対置して現場的、即物的な事象であり、
　　(27)a.　どうしたことか。
　　　　b.　どうしたものか。
を比べた場合、「もの」は普遍的、一般的な対応事態を意味している。
「ことか」は意外性の事態に驚くような状況を示すことがあるが、「こと」は「失態」「悲劇」「徒労」などといった、事態の確認を意味している。文の冒頭に「どんなに」「どれほど」などの副詞をともなうことが多い。
　　(28)a.　教育委員会が賄賂を受け取っていたとは、何ということか！
　　　　b.　月日が経つのは何と早い{ことだろう(か)／ことか}。
　　　　c.　続けて二人とも子どもに死なれるなんて、どんなにつらいことか。
　　　　d.　退屈な講義を長時間聞くのがどれほど苦痛なことか、先生にも分かるでしょう。
感嘆文の類型として、「なんと～ことか」「なんと～ことだろう(か)」がある。しばしば副詞「さぞかし」「さぞ」を用いて文末の「だろう」とともに、前文を「なんて」「とは」で受けながら、かつ用いることが多い。
　　(29)a.　長い間、故郷に帰っていないが、さぞ変わったことだろう。
　　　　b.　あの教授の講義を受けなければならいとは、何という不運なことか。
　　　　c.　生後間もない子を亡くしてしまうとは、親としていかに辛いことか。
　　　　d.　この報せを待ちに待っていた両親は、どんなに安心されたことか。

　　　　　e.　K君がT大合格とのこと、両親もどんなにお喜びのことでしょうか。
　　　　　f.　こんなことにならないようにと、今まで何度注意してきたことか。
　　(30)　現代において死出の旅に出る人は、データの管理下で何という孤独な最
　　　　　期を迎えなければならないことか。　　　（柳田邦男『壊れる日本人』）
　　(31)　「なんたる失策であることか！」　　　　　　（井伏鱒二『山椒魚』）
次のように補文節構造をとり、述語が続く場合もある。
　　(32)　市内でもこれだけ雪が降っているんだから、山沿いではどれほどひどい
　　　　　降りになっていることか、想像がつく。
　以上、「ことだ」の表す説明のモダリティ的な特徴を瞥見した。

3　「ものだ」の諸相

　「こと」が一回性的、部分的、現象的な事態を表すのに対して、「もの」は普遍的、全体的、本質的な本体把握を表徴する。本節ではこうした「もの」の特徴を内包する用法について、「もの」が単体であらわれる「〈単独〉ものだ」と、付加的な成分をともなう「〈複合〉ものだ」に分けて検討する。

3.1　「〈単独〉ものだ」（1）

　まず「もの」が実質的な内容を代用するケースである。いわば代名詞的な役割で「Nは〜ものだ」においては「N」＝「もの」という指定（属性的規定）を表す。
　　(33)a.　技術は人間が開発したものだ。
　　　　b.　人間が開発したものが技術だ。
　　　　c.　人間が開発したのが技術（というもの）だ。
　　　　d.　技術は人間が開発した(φ)。
ここでは「もの」によって、存在する実態としての容認がなされる。この延長にある次の「もの」はそれぞれ「証拠」や「判断」を指示している。
　　(34)　検察側が再審請求の裁判で新たに出した証拠は、次のようなものだっ
　　　　　た。　　　　　　　　　　　　　　　　　　　　（朝日新聞 08.7.18）
　　(35)　米軍の停戦提案は、米国の影響下にある統治評議会内部で米軍への強い
　　　　　反発が出ていることに配慮したものだ。　　　（日本経済新聞 04.4.11）
「ものだ」はおおやけに情報を開示、提示する際に用いられる傾向がある。
　　(36)　未納・非加入問題は、年金制度の複雑さ、分かりにくさを浮き彫りにし
　　　　　たものだ。　　　　　　　　　　　　　　　　　（讀賣新聞 04.5.18）
「Nは（連体修飾節）ものだ」では、「N」は「N＝もの」として存在するという事実の表明である。その存在価値を認め、かつ一般的事態に拡張する機能を有する。

(37) 一方、今回は、気象庁が昨年秋に始めた緊急地震速報が本格的に試されることになった。これは、大きな地震に見舞われそうなときにテレビやラジオなどで広く知らせるものだ。　　　　　　　　（朝日新聞08.6.15）

(38) 今回の勧告は、住民に近い自治体の権限を強める方向をはっきり示した点で、分権を一歩前進させるものだ。　　　　　　　　（朝日新聞08.6.2）

(37)では「緊急地震速報」、(38)では「今回の勧告」をそれぞれ「もの」が指示しているのだが、「ものにほかならない」「ものといってよい」などのように普遍的なものとして強調したい、という意図がある。しばしば引用の「という」が挿入されるが、(39)の「最高裁の判断」は最終的にみちびかれた結論を表している。

(39) 最高裁の判断は「新査定基準は当時の金融界には定着しておらず、そのようなあいまいな基準から逸脱したからといって、ただちに違法とはいえない」というものだった。　　　　　　　　（朝日新聞08.7.19）

ただ、前項に対応する成分が不在で、推論的に隣接的なものとするケースも散見される。報道でしばしばみられるスタイルであるが、「PことからQものだ」は「PことからQことが分かった、判明した」という判明の過程を説明したものである。

(40) 若の鵬が大麻を所持していた疑いで逮捕されました。届けられた本人のものと思われる財布の中から大麻が発見されたことと、若の鵬が別の交番に財布を落としたと届けていたことから発覚したものです。

（NHK17時台のニュース 2008.8.18.）

(40)は「逮捕されたのは…発覚したものだ」という決定的な証拠を提示している。

　命題的にある種の強い疑念を投げかけたり、問いただしたりする場合にも「というものだ」があらわれるが、この「もの」は普遍的、理想的であるはずの対象を示す。(41)では「姿」、「存在」という意味を表す。

(41) 「これが医者というもんだろうか。これが医学というもんだろうか」

（遠藤周作『海と毒薬』）

「ものとする」「ものとみなす」は「ものだ」を制度上、さらに強く規定づけたものである。

(42) 論文等を掲載するに際して、編集委員会は、執筆者に対しては著作権侵害の疑いがないことを確認するものとする。

以上、「ものだ」「ものである」が結論的な言辞を強く意識する機能をみてきたが、前項との置き替えという観点にとどまっており、モダリティとしての機能にまでは煮詰まってはいない[2]。

3.2 「〈単独〉ものだ」(2)

　「もの」の指示性が形骸化して、モダリティをになうところの「ものだ」は、さ

まざまな意味を内包する。なお、「〈単独〉ものだ」(1)が「ものだ」の形でしかあらわれないのに対し、「〈単独〉ものだ」(2)では「ものだ」のほかに、口語形「もんだ」も用いられる。まず、忠告、訓戒を意味する用法からあげる。
 (43)a. 親の話はちゃんと聞くものだ。
   b. 男は人前では泣かないものだ。
(43a)は「聞くべきだ」、(43b)は「泣くべきではない」という義務、使命的な意味から聞き手に対して、かくあるべきだ、という声明、意見の主張を表したもので、「ことだ」が対面的に、つまり聞き手目当てに用いられるのに対して、一般的、常識的、通念的な規定を意味する。「もの」の前後に否定辞があらわれるが、伝達的な意味の有意差はほとんど認められない。
 (44)a. 男は人前では泣くものではない。
   b. 男は人前では泣かないものだ。
一般に回想を表す「ものだ」はしばしば反復を表す「ては」とともに用いられる。
 (45) 若い頃は見るもの聞くものすべてが気に入らず、仲間と飲んでは口角泡を飛ばして議論したものだった。
 (46) かつて、勤労感謝の休みの頃の富士山はにぎわった。冬山前の雪上訓練に山岳会がやってきて、山梨側の5合目にはテント村ができたものだ。
                    (朝日新聞 09.11.23)
次に「よく」などの程度副詞とともに、意外性や感心、感慨を表す用法がある。
 (47)a. 毎晩飲み歩いて、よく疲れないものだ。
   b. よくあれで大学に合格したものだね。
   c. 1時間も遅刻してよく平気で来られたものだ。
   d. 私のような者にでもやればできるもんですね。
詠嘆的なフレーズのなかには定型的な言いまわしも少なくない。
 (48)a. よくそんな嘘が言えたものだ。白々しいったらない。
   b. ロンドンから帰って5年が経つが、歳月の経つのは早いものだ。
   c. 人間とは(何をしでかすか)分からないものだ。
   d. 一人で武勇伝気取りでいい気なもんだ。全く呆れたものだね。
   e. 遭難したものとばかり思っていたのに、よく生還できたものだ。
ル形、タ形ともに接続を許し、呆れた様子や称賛など、プラス的にもマイナス的にも評価判断が含意される。評価を表す程度副詞「よく」が併用される。
 形容詞成分にも接続するが、その多くは「XとはYものだ」「XのはYものだ」の等価的構成をとり、呼応成分としての役目も認められる。
 (49)a. 人と人との出会いって、不思議なものですね。
   b. 一人で気ままに過ごすのもいいもんですね。

　　　　c.　1時間も遅刻して平気で来るとは、いい気なものだ。
　さらに、ある種の感慨をこめた断定的、結論付けの言い方がある。「というものだ」のように引用の連体詞「という」が介在することもある。
　　(50)a.　言うことやることの不一致、これこそ政治家の詭弁というものだ。
　　　　b.　途中で放り出すとは、仏像つくって魂入れずというものではないか。
　　　　c.　教え子が出世したということは指導のし甲斐もあったというものだ。
　　(51)　「兄貴は、ここ数日のうちに戦争は終ると言っていた。そうしたら、ま
　　　　　た、別の道もひらけてくるというものさ」　　　（立原正秋『剣ヶ崎』）
これらは「（そもそも）べきではない、ないほうがいい」に言い替えることができる。
　　(52)a.　慣れないことはするもんじゃないね。
　　　　b.　他人の陰口は言うものではない。
　　　　c.　部下というものはいつも自分の思い通りに動いてくれるものではない。（⇒部下がいつも動いてくれると思ったら大間違いだ）

3.3　「というものだ」の提示用法と感慨用法

　次に、3.1、3.2でみた「というものだ」とはやや傾きが異なる用法をみてみよう。単なる事態の提示ではなく書き手、話し手の主張を強く押し出した言い方である。この場合「もんだ」の使用はしばしば制限される。
　　(53)a.　この計画は従来の常識を覆そうというものだ。
　　　　b.　この研究はこれまでの糖質分を一気に半減させるというものだ。
　　　　c.　あなたのやり方は、敵をまわすやり方というものだ。
　　　　d.　女性だからといって差別するのは、あまりにも不公平というものだ。
　　(54)　優秀な生徒をかわいがるのもいいけど、ほかの生徒が反感を買うようでは、贔屓の引き倒しというものだ。
この「という」は一種の属性指示を表す。世間一般の通念からみて「といっても差支えない」「と言われても仕方がない」といった、ある種の当為意識や諦念を表す。「P(の)は／PとはQというものだ」のように述語部分で、誰が見てもそう思うしかないという、社会通念にそった普遍的な事態評価を提示する。
　　(55)　ここまで喋っておきながら、中途半端に話題を変えてしまうのは、かえって礼儀に反するというものであろう。（宮本輝『にぎやかな天地』）
希望・願望の「たい」や意志を表す「よう」にくっつく「というものだ」も積極的に施行・実施目的を提示し、そのあり方に期待をかける言い方で、読者、聞き手に対する働きかけ姿勢がうかがわれる。

(56) 首相は滞在中、もう一つ、注目すべきメッセージを発した。経済だけでなく、安全保障なども視野に入れた地域協力の枠組みをアジア太平洋につくりたい、というものだ。　　　　　　　　　　（朝日新聞08.6.16）
(57) ガソリン税の暫定税率を維持し、道路建設の財源を確保することは、政治家や業界の既得権益を守ることにつながる。一方で公務員制度改革は、こうした権益を長年分かち合ってきた官僚のあり方を改めようというものだ。　　　　　　　　　　　　　　　　　　　　（朝日新聞08.5.21）

(58)は前文をうけてさらに説明を加える用法である。

(58) 厚労省は4月から原爆症の認定基準を緩めている。がんや白血病など特定の五つの疾病にかかっている被爆者で、被爆の状況について一定の条件を満たせば、ほぼ自動的に原爆症と認定するというものだ。
　　　　　　　　　　　　　　　　　　　　　　　（朝日新聞08.6.2）

なお、「ものだ」の否定形式は、次のような「(さえ)ばいいというものではない」などの形が一つの典型で、逆の事態、本質を示唆する言い方である。

(59)a. レポートは長ければいいというものではない。
　　　；長くなくても中味、内容が大切だ。
　　b. おかずは多ければいいというものではない。
　　　；量よりも質が大切だ。
　　c. 書類は作ればそれで済むというものでもあるまい。
　　　；どう活用するかが大切だ。

それぞれ、「簡潔であるべきだ」「よく考えて作るべきだ」といった一種の警告文となって聞き手に注意を喚起するものだが、この用法については「ことだ」の否定形式とともに第4部第3章において考察したので、ここでは詳しく触れない。

3.4 「ものか」「ものだろうか」の拒否、疑念用法

ル形に接続する「ものか」は一種の反語表現で、強い拒絶、排除を表す。

(60)a. もう二度と彼となんか口をきくものですか。（⇒絶対に口をきかない）
　　b. 金輪際、彼に手伝ってなんかやるものか。（⇒絶対に手伝わない）
　　c. 他人のプライバシーなんぞ知りたいもんか。（⇒絶対に知りたくない）

「など」のぞんざいな言い方として「なんか」「なんぞ」をともなうことも多い。通常はル形だが、タ形や形容詞文にも後続する。「はずがない」とほぼ同義である。

(61)a. あんな所信表明演説、聞けたものか。（⇒心から聞けたものではない）
　　b. 苦労して作ったのに、まずいもんですか。（⇒まずいはずがない）

独語的な表現「ものだろうか」も「てもいい」「なければならない」などに後接して、疑念や不信感を表明する言い方になる。不特定多数者に対し、改善への同意を

求めようとする意図がみられる。これも論説的な文脈で用いられることが多い。
 (62)a. このまま沖縄の基地問題を放置しておいて<u>いいものだろうか</u>。
   b. 彼らはそれほどまでして自分を擁護し<u>なければならないものだろうか</u>。

「たらいい」「ればいい」に後続する場合がある。決心、決意がつきにくい様子を表す。文末だけでなく、疑問節として文中で用いるものがある。
 (63)a. 息子の成績のことだが、この先どうし<u>たらいいものか</u>(な／ね)。
   b. (これは)自分だけ生き残れ<u>ればいいというものだろうか</u>。
    (；⇒いや、自分だけ生き残れ<u>ればいいというものではあるまい</u>)
   c. 両親に何を土産に買って帰った<u>ものか</u>、迷うなあ。
   d. 本当のことを彼に話していい<u>ものか</u>(どうか)、まだ決心がつかない。

聞き手目当てのものでは結果的には不満や不信、反発的な主張を表す。
 (64)a. 学校の勉強なんか役にたつ<u>ものか</u>。
   b. あの人の話すことが当てになる<u>もんですか</u>。
   c. あの作品のどこが名作な<u>ものか</u>。
   d. さんざん悪口を言われて、黙っていられる<u>ものか</u>。

反語的表現として「てなるものか」「てたまるものか」のように強い決意、さらに「ものかどうか」という独話的で、逡巡を表す言い方もみられる。
 (65)a. この悔しさを忘れ<u>てなるものか</u>。
   b. このくらいで負け<u>てたまるものですか</u>。
   c. このまま帰ってしまっていい<u>ものかどうか</u>、……。

3.5　「もの」(「もん」)の終助詞的用法

終助詞的な成分「もの」(「もん」)は、「ものだから」の縮約形とも考えられる。幼児語的、女性語的な口語表現で、「のだ」接続が一般的である。これにも文中で、後続文が続くもの、「もの」で終わるものとがある。なお、「ものな」(「もんな」)は男性語として用いられる。
 (66)a. お兄ちゃんが意地悪する<u>んだもん</u>。
    (；意地悪するものだから／のだから［怒るんだ］)
   b. これだけ努力した<u>んだものな</u>、成功するに決まっている。
   c. 女です<u>もの</u>、自分から言い出すのは恥かしいわ。(女性語)
   d. どうして食べないの？——<u>だって</u>ピーマン嫌いなんだ<u>もん</u>。(幼児語)

(66d)のように応答文で「だって」(でも)とともにあらわれることも多い。また、「もので」「ものだから」は終助詞的に用いられ、次のような原因理由を婉曲的に表すことがある。

(67) a. だいぶ昔のことな<u>もんで</u>(思い出せません)。
　　 b. 何分まだ子供な<u>ので</u>(許してください)。
　　 c. あの人が頻りに勧める<u>ものだから</u>(つい買ってしまったんです)。

3.6 「〈複合〉ものだ」の諸相

「ものだ」が「そうだ」「ようだ」などのモダリティ要素と複合化されたものがある。以下、いくつかの類型をあげて考察する。

A：「そうなものだ」「ようなものだ」
(68) a. 暇なら手伝ってくれ<u>てもよさそうなものだ</u>。
　　 b. 知っているのなら、教えてくれ<u>てもよさそうなものなのに</u>。

「てくれても」とともに用いて期待が得られない状況に対する不満を表す。「ものなのに」に置き換えが可能な場合が多いことから、「もの」は話し手の期待値でもある。第三者が主体で、話し手側の自分に差し向けられる内容である。したがって、次のような働きかけの文では注意が必要である。

(68a)' ＊暇なら手伝ってくれ<u>てもよさそうなものだろうか</u>。
　　　　　⇒暇なら手伝ってくれてもよさそうなものではないか。

いわゆる「ものだ」文の一類型をなすもので、期待を込めながら一定の評価を下す言い方である。前件には原因理由節があらわれやすい。

(69) a. 一昨日手紙を出した<u>んだから</u>、もう着き<u>そうなものだ</u>。
　　 b. あれだけ練習した<u>んだから</u>、入賞し<u>てもよさそうなものだ</u>が。
　　 c. 薬を飲んでみたし、そろそろ効い<u>てきそうなものだ</u>。

「てみてもよさそうなものだ」はいくらか定型化されたものである。「そうなはずだ」のように「もの」は「はず」とも重なっている。さらに、「そうなものだが、しかし」のように逆接的な文が続くことが多い。これは「Ｘするのがもっとも自然、当然だが、事実はそうではない」という判断である。

(70) 主婦にとっては、家事に使う時間が減っただけ自分の好きなことができ<u>そうなものだ</u>が、実はそうではないらしい。

こうした「もの」は文中の「ものを」の派生的な用法とも考えられる。

(71) 困っていたら相談してみてもよさ<u>そうなものを</u>、どうして黙っていたのだろうか。

「ものを」は「ものなのに」という不満、失望を表している。なお、「そうな気がする」は「そうなものだ」とは対照的に主観的な観点からのべたものである。

(72) a. 彼の言い分も私には十分理解でき<u>そうな気がする</u>。
　　 b. この調子なら、十分勝て<u>そうな予感がする</u>。
　　 c. 今すぐ行けば、まだ駅で待っていそうな気がしてならない。

　　　　　d.　私のような若輩者にはこの仕事には耐えられそうにない気がする。
「そうなものだ」が内側から、「そうな気がする」「そうな気配だ」は外側から規定された心情を表す。
　比況の「よう」をともなう「ものだ」は実際には実現してほしくない譬えを表す。しばしば「なんて」「とは」によって前文を受けることがある。「あってはならない」「しないほうがいい」などといった戒め、警告を表す。
　　(73)a.　そんな危険な射撃場に遊びに行くとは、死にに行くようなものだ。
　　　　　b.　彼にお金を貸すとは、ドブに捨てるようなものじゃないか。
B：「たいものだ」「てほしいものだ」「てもらいたいものだ」
「ものだ」特有の用法で、希望・願望を表す「たい」につきそいながら、継続的な心情、期待を表す。前接には「てみる」が多くあらわれる。
　　(74)a.　一度でいいから、世界一周の旅行をしてみたいものだ。
　　　　　b.　あんな豪邸に住んでみたいものだ。
比較的重大な与件に対してのみ用いられ、次のような単なる習慣的な日常行為や希望願望には用いられない。
　　(75)a.　?今日は焼き肉を食べたいものだ。
　　　　　b.　?今日は疲れているので休みたいものだ。
ただし「たいものだ」は継続的な願望性があるので、次のような日頃、実現が望めない事態に対しては用いることができる。
　　(76)a.　本格的なフランス料理を本場で食べてみたいものだ。
　　　　　b.　日曜日ぐらいはせめてゆっくり家で休みたいものだ。
この「たいものだ」は、二人称、三人称や疑問文には用いられない。
　　(77)a.　*あなたはマチュピチュの遺跡を見てみたいものですか。
　　　　　b.　*先生は浦和レッズのチームを応援したいものです。
　　　　　c.　*先生は浦和レッズのチームを応援したがっているものです。
　希望願望の「たい」に形式名詞「もの」「ところ」がつきそう表現では、当該希望願望が祈願的なものとなり、より熟成、熟慮されたものであることを示す。
　　(78)a.　一度でいいから、イタリア全土を旅行してみたいものだ。
　　　　　b.　お互いに年はとりたくないものだね。
　　　　　c.　いくら落ちぶれてもホームレスなどにはなりたくないものだ。
　　　　　d.　*あの人と結婚したいものだ。
　　　　　　　cf：家庭を大切にするような人と結婚したいものだ。
(78d)のような平凡な一般的事態については適用されず、ある種の継続的な理想像、目的とするイメージの存在が前提にある。
　　(79)a.　交渉が決裂したといっても、戦争だけは避けたいものだ。

b.　一度でいいから、冬場の滝修行をしてみたいものだ。
　　　c.　たまには温泉にでもつかってゆっくり過ごしたいものだ。
　　　d.　戦争体験を若い世代につなげて行きたいもの(だ)と思っています。
「たい」にはそもそも聞き手目当てとして、一般説明、弁明的用法があり、次も「たいものだ」の気持ちを内包するものである。
　(80)　アジアの国々も、日本を追って急速に老いていく。介護の理念と仕組みと技術を磨き、アジアへも発信していきたい。　　　（朝日新聞08.2.4）
「*たかったものだ」、「たいものだった」の形はあらわれにくい。
　一方、「てもらいたいものだ」「てほしいものだ」は控え目な願望、期待を表す言い方で、社説の結論部分などに観察される。個人的な思いを一般的感情に代わって拡大し、社会や外部に対して表明したものである。
　(81)a.　政治家にはもっと国民の生活の苦しさを知ってもらいたいものだ。
　　　b.　民主党にはせいぜいマニュフェストを裏切らないようにしてほしいものです。
　　　c.　毎年ヨーロッパに家族旅行とは。少しは君にあやかりたいものだ。
　　　d.　歳はとっても気持ちの若さだけは持ち続けたいものだ。
　　　e.　もう一度、あの清らかな青春時代にもどりたいものだ。
　　　f.　あんな人間に絶対になりたくないものだ。
　　　g.　誰だって、悪い条件の仕事にはつきたくないものだろう。

C：「ものと思われる」「ものとされる」

　「と思われる」の前に「もの」がついた場合、一種の自発的な説明のモダリティを呈する。「と考えられる」「と見られる」も同様で、主張や推測をさし出す。
　(82)a.　犯人は車で逃走したものと思われます。
　　　　　cf. 犯人は車で逃走したと思われます。
　　　b.　犯人は車で逃走したものとみて、警察では捜査を進めています。
(82)はその現場時点での一般的な判断とみられる。(82b)のように「とみて」にも「もの」が前接しやすい。なお、(83)の「ものとする」と(84)「とする」には大きな意味の違いがある。「とする」は仮定を表す用法で「もの」との併用は不自然である。
　(83)　よって法案は可決されたものとします。
　　　　　cf.*よって法案は可決されたとします。
　(84)　もし百万円あったとします。何に使いますか。
　　　　　cf.*もし百万円あったものとします。何に使いますか。
　「ものと思われる」と比べて、「ことと思う」について補足的なことを述べる。「ことと思う」は婉曲的な言い方で書簡などの挨拶に用いられる。「ものと思う」

は、確定的な推量を表し、(86)のような文脈では不適格である。
 (85) 皆様におかれましてはお元気でお過ごしのことと思います。
   cf.* お元気でお過ごしのものと思います。
D：「(ない)ものだろうか」
 否定文に後接し、聞き手目当てにまちのぞみ的な願望、期待感を表す。
 (86)a. もっと急いでくれないものか。
  b. そろそろ景気も回復してくれないものだろうか。
とくに「ないものだろうか」は社説などでは国民の声を代表して提案するといった、間接的な期待や主張を表すことがしばしばある。
 (87) 一人暮らしの人や働く女性が多くなったため、外食に加え、調理済みのおかず「中食」が増えた。これは便利だが、やはり割高だ。時間をやりくりして自分で作る機会を増やせないものだろうか。
              (朝日新聞 08.5.18)

4　「ところだ」「ばかりだ」の諸相

 形式名詞「ところ」には「ばかり」と同様にアスペクトを表す用法がある。それぞれ直前、完了直後といった事態の局面については分布がみられる。
 (88)a. これから出かけるところだ。
  b. ?これから出かけるばかりだ。
ただし、(89b)の場合はやや座りが悪く、「ばかりになっている」「ばかりの状態になっている」のようにする必要がある。完了を表す場合は双方ともに成立する。
 (89)a. 今空港に着いたところだ。
  b. 今空港に着いたばかりだ。
「ばかり」には次のような連体修飾が可能だが、「ところ」では成立しない。
 (90)a. 日本に来たばかりのころは何も分からなかった。
  b. *日本に来たところのころは何も分からなかった。
最中の事態には現在時であれ過去の時点であれ、「ところ」しか使われない。
 (91)a. 電話を{待っている／待っていた}ところだ。
  b. *電話を{待っている／待っていた}ばかりだ。
ただし、次のような文脈では「ばかり」は特別な常態として成立する。
 (92) 何もすることがなくて、電話を待っている{ばかりだ／ばかりだった}。
さらに反実仮想的な事態では「ばかり」は非文である。
 (93)a. 急がなければ間に合わないだった。
  b. 急げば間に合う{ところ／*ばかり}だったのに。

以上、アスペクトにかかわる用法を概観したが、次にアスペクト以外の「ところだ」「ばかりだ」の用法をみてみたい。

4.1　確認を表す「ところだ」

既成事実となった事態について、あえて確認するような心的態度、姿勢を表す。やや古い、あるいはフォーマルな表現で、個人的見解を拡張したものである。

(94)　この新発見が博士の独創とたゆまぬ研究の成果であることは、衆目の一致する<u>ところだ</u>。

(95)　今回の不祥事は、社長である私の不徳の致す<u>ところです</u>。

さらに本来は二次的なアスペクト形式である「ところだ」が、(96)では確認的な主張として用いられている例である。

(96)　…中小企業への配慮、雇用創造への本格的な取り組みなど、細やかで機動的な緊急雇用対策を政府として決定した<u>ところです</u>。

(朝日新聞 09.10.26)

「決定しました」よりも「決定したところです」と述べることによって、臨場感を表すという効果がみられる。

4.2　所望を表す「たいところだ」

「ところだ」に希望・願望の「たい」が前接した場合、本来の主体に代わって話し手が事態実現にむけての期待、願望、潜在的な気持ちを表す。

(97)a.　ここは一気に点を取りに行き<u>たいところだ</u>。
　　b.　日本もそろそろ文化大国の仲間入りをし<u>たいところだ</u>。
　　c.　彼もできればプロジェクトに入り<u>たいところ</u>ではないだろうか。
　　d.　制度を上手に生かし、資格取得や転職につなげ<u>たいところだ</u>。

一般的、世間的な目線からの提言である。二人称の主語は立たない。また、「たがっているところだ」も非文である。

(98)a.　＊一度は富士山でご来光を拝んでみ<u>たいところですか</u>。
　　b.　＊彼も旅行に参加し<u>たがっているところ</u>だ。

ただし、話し手が独白的に言う分には不自然さはない。

(99)　一度は富士山でご来光を拝んでみ<u>たいところ</u>だろうか。

この場合は 4.3 で検討する「といったところ」がむしろ好んで用いられる。

(100)　一度は富士山でご来光を拝んでみたい<u>といったところ</u>だろうか。

こうした「ところ」は表面化しない、内在的な感情の一部を表している。前述の「たいものだ」が継続的、持続的な願望であったのに対して、「たいところだ」は眼前、あるいは当面の事態にむけての期待である。

(101) a. 一度でいいから世界一周旅行にでかけたい {ものだ／*ところだ}。
　　　 b. 日曜日ぐらいはゆっくり家で休みたい {ものだ／*ところだ}。
(102)のような場合は成立するが、これは次に述べる「といったところだ」に連続する。「たいところだ」はスポーツの実況解説などにしばしば観察される。
(102) a. ここはしっかり集中して失点をふせぎたいところです。
　　　 b. あせらず相手をよくみて攻めたいところですね。

4.3　到達評価を表す「という／といったところだ」

概算、およその見積もり、妥当性などを表す用法である。「というところ」は
(103) もう一息というところで、優勝を逃してしまった。
のように、ある達成の時点を指すが、少なく見積もった状況で用いられる。
(104) 自宅から弊社まで、歩いて十五分といったところでしょうか。
(105) いままでさんざん親には苦労をかけたが、これでやっと親孝行できたかなといったところだろうか。

「といってもよい」、そういう許容された心境にある、という意味で、ある一定の成果を得られたことに対する満足感を、謙遜の気持ちをもって自認する言い方である。次は「さしずめ～だ」のように、相応を表す言い方である。
(106) 30年ほど前にさかのぼってみよう。1980年の自給率は53％だった。そのころ食べるのはコメが中心で、肉や魚のおかずに野菜の煮付けに漬け物、それに具だくさんの汁物といったところだ。
(朝日新聞 08.5.18)

この「ところ」は「感じ」などとも代替しうるものである。
(107) テストの成績がふるわない生徒が、自分の努力不足を棚にあげて「テストの制度が悪い」と開き直る──。あえて例えてみれば、そんなところか。
(朝日新聞 08.5.18)

4.4　程度・傾向を表す「ばかりだ」

「ばかりだ」には変化の途上にあるという状況、ないし傾向を表す用法がある。
(108) 温暖化の脅威に対応の遅れという人災が重なると、混乱が増すばかりだ。
(朝日新聞 08.7.21)
「ばかりだ」は「一方だ」と同じく、一方的、恒常的な形勢を表す。
(109) それらをセットにして目標を明示し、政府・与党のかじ取りを定めないことには、迷走するばかりだ。
(朝日新聞 08.6.20)

(110) 当のイチローは平然としているが、1920年に257安打の大リーグ年間安打記録を作ったシスラーを5本上回る262安打というペースに、周囲は過熱するばかりだ。　　　　　　　　　　　　（讀賣新聞 04.9.2）

「一方だ」の場合は、「ばかり」よりはより深刻な事態を表す。

(111) オレオレ詐欺にひったくり、治安のよさを誇りにしてきた日本だが、犯罪は増える一方だ。　　　　　　　　　　　　（讀賣新聞 04.6.2）

「ばかりだ」には形容詞が前接することもあるが、この場合は「限りだ」に近い。

(112) しかし義務も愛情も、おれにとってそれが必要であった期間はとっくに過ぎている。いまとなっては母の愛情はわずらわしいばかりだ。
　　　　　　　　　　　　　　　　　　　　　　（石川達三『青春の蹉跌』）

(113) 六十九歳。計九回のグラミー賞に輝き、アカデミー賞の作曲部門も八九年に獲得した実績はまばゆいばかりだ。　　（讀賣新聞 04.6.18）

(113)は「まばゆい限りだ」のようにも表わされる。「（まるで、いかにも）といわんばかりだ」は文中にあらわれる「といわんばかりに」と同様に、比況を表す。

(114) ……きめられた巣に落着けないで、口だろうと、耳だろうと、尻の穴だろうと、もぐり込めそうなところなら、どこでもかまわないと言わんばかりだ。　　　　　　　　　　　　　　　　　　（安部公房『砂の女』）

(115) 風野は腰を浮かした。もう食事は終えていたし、これ以上、食卓にしがみついている理由もなかった。だが、いますぐ立つのでは、いかにも悪いことをしたといわんばかりである。　　（渡辺淳一『愛のごとく』）

「（まさに／いまにも）んばかり（の状態）だ」も同様の意味を表す。「んばかりに」のように様態節になることも多い。

(116) a.　彼は非常に疲れていて、まさに倒れんばかりだった。
　　 b.　父は帰宅するやいなや、倒れんばかりに横になった。

4.5　根拠・論点を表す「ためだ」「点だ」

「ためだ」は目的の内容を表すが、状況によっては原因理由とも読み取れる。

(117) 報道も統制される。五輪競技の模様は全世界に中継されるが、驚いたことに中国国内に限って、映像は10秒遅れて放映されるという。中国当局への批判や騒動など、国民に見せたくない場面が出てきたら、放映を止めたり、画面を切り替えたりするためだ。（朝日新聞 08.7.23）

(118) 政府はいま、現役世代への「年金特別便」を送っている。自分の年金記録を確認してもらい、間違いがあれば申し出てもらうためだ。
　　　　　　　　　　　　　　　　　　　　　　　　（朝日新聞 08.6.28）

次は原因理由の意図が顕著に表されたものである。

(119) なぜ米国が指定解除を検討しているかといえば、6者協議の合意に基づいて北朝鮮側に核施設の無能力化や核計画の申告を促すためだ。
(朝日新聞 08.6.14)
これは一種の倒置文の様相を呈しており、次のような言い替えが可能である。
(120) 米国が指定解除を検討しているのは6者協議の合意に基づいて北朝鮮側に核施設の無能力化や核計画の申告を促すためだ。(119)'

「せいだ」も「ためだ」「からだ」と同様の構造を呈する。
(121) 率直に質問できない躊躇は、この義兄の様子のどこかに、禎子をはばからせるものが感じられたせいである。　（松本清張『ゼロの焦点』）

(122)は「のは」の前文が省略されたものである。
(122)a. （優勝できたのは）皆さんのおかげです。
　　　（＝応援してくれたおかげです）
　　b. （出発が遅れたのは）あなたのせいです。
　　　（＝あなたが遅刻したせいです）

「点だ」は当面議論している話題の要点を差し出す。内容の特徴、側面を表し、基本的には「こと」に置き替えが可能である。
(123) さらに目を引くのは、個々の家計からみて保険料負担が減る分と増税分の損得を試算している点だ。

4.6 「思いだ」「感じだ」「限りだ」などの用法

ここでは形式名詞に接近した名詞を述語成分とする表現を概観する。
「思いだ」は「そのように感じざるをえない」という心境を表す。
(124)a. 彼の熱心さには、頭の下がる思いです。
　　b. 目から鱗が落ちる思いだ。
　　c. 迷惑をかけないというので保証人を引き受けたが、借金を全部押しつけられ、腸が煮えくり返る思いだ。
(125) 新聞の消息欄ででも知ったのであろうが、八千代はそんなことを知っている曾根に、ちょっと眼を見張りたい思いだった。
（井上靖『あした来る人』）
(126) 登山したことのないボクは、「心臓破り」とでも命名されていそうな急坂に、早くも度肝を抜かれ、不安で心が張り裂ける思いだった。
（乙武洋匡『五体不満足』）

「血が凍る思い」「断腸の思い」「後ろ髪を引かれる思い」「暗澹たる思い」「目のさめるような思い」など慣用的なフレーズも少なくない。など、「思いだ」は「思いがする」のように動詞的にも用いられる。

(127) 禎子は、憲一の二重生活を、今さらのようにまざまざと見る思いがした。　　　　　　　　　　　　　　　（松本清張『ゼロの焦点』）
「感じだ」「気持ち」「面持ちだ」「気だ」なども「思いだ」の同列に数えられる。
(128) 女子学生は非常に老けた、疲れきった表情をしてい、それは病気の鳥のような感じだった。　　　　　　　（大江健三郎『死者の奢り』）
(129) なぜこんなに多くの人が苦しみ続けなければならないのか、大河内さんはやり切れない気持ちだ。（＝気持ちになる）　（朝日新聞 08.6.20）
「気持ちだ」は「気持ちになる」のように動詞的にも用いられる。なお、「申し訳ありません」と「申し訳ない気持ちです」の発話意図を比較すれば、後者には事態を客体化、対象化し、しばしば責任回避によるあいまいさが印象付けられる。
　心情の表出を表す程度表現として第4部第1章でも述べたが、「限りだ」は「非常に、実にそのような状態にある」という意味を表す。
(130) それから私は、――此処に書くのも恥かしい事の限りですが、――二階へ行って、彼女の古着を引っ張り出してそれを何枚も背中に載せ、
　　　　　　　　　　　　　　　　　　　　　　　（谷崎潤一郎『痴人の愛』）
「の至りだ」も感情の極まった状態を表したものである。
(131)（君の考え方は若気の至りだな）と彼は三宅にむかって言った。
　　　　　　　　　　　　　　　　　　　　　　　　（石川達三『青春の蹉跌』）
「（光栄／感激／若気)の至り」のようにフレーズ化したものもある。
一方、「ぐらいだ」（「ほどだ」)も程度に基づく評価判断を表す。
(132) 今回の法改正で、診断の実施と公表が義務付けられたのも遅すぎるぐらいだ。　　　　　　　　　　　　　　　　　　　（朝日新聞 08.6.21）
「機会だ」「段階だ」のように、ある種の時期到来を表す名詞が述語成分となったものがある。
(133) これこそ時計を持って総督のもとへ行き、シナ本国内に居住する家を総督に頼み、私が引続きシナ文字を学び言葉を習うまたとない機会だ。　　　　　　　　　　　　　　　　　　（平川祐弘『マッテオ・リッチ伝』）
(134) しかし、なんとか先生の手を借りて、潜るところまではできるようになった。いよいよ、浮く段階だ。　（乙武洋匡『五体不満足』）
アスペクト接辞「中」も文末にあらわれうる。
(135) a.　いま、首都高はタンクローリーの横転事故で閉鎖中です。
　　　b.　漁業団体は燃料高に悲鳴をあげて大規模な休漁を検討中だ。
　　　　　　　　　　　　　　　　　　　　　　　　　（朝日新聞 08.6.17）
「最中だ」はアスペクトの「（ている）ところだ」とほとんど変わらない。「最中」は「ところへ」のように、接続成分としてもあらわれる。

(136) a. 彼は今論文を書いている最中だ。cf. 書いているところだ。
b. 会議の最中に突然、サリンが地下鉄で撒かれたとの警察の情報が伝えられた。

「時だ」「時期だ」は、今まさにそのような時にあることを強調したもので、一種の誘いかけ、働きかけの様相を呈する。
(137) a. 今こそ決戦の時だ。
b. 皆で知恵を出し合い再建に向けて取りくむべき時期だ。

「頃だ」「時分だ」は、およその見当、予想をつけて実況を述べたり、回想したりする時に用いる。
(138) a. 2時に社を出ましたから、そろそろ貴社に到着する頃です。
b. 金沢に越してきたのは、ちょうど桜が咲き始める時分だった。

5　文法化した名詞述語文の諸相

これまで代表的な形式名詞を述語成分とする形式の機能をみてきたが、最後に文法化した、あるいは文法化しつつある文末名詞述語文の諸相をみておこう。

5.1　「わけだ」「つもりだ」などの類義表現

「始末だ」はある物事の最終的な状況、とくによくない結果を表す。
(139) a. 娘はデパートに行けば、あれが欲しいこれが欲しいと言って、しまいには泣き出す始末だ。
b. その社員は不満を延々と述べたかと思いきや、親まで会社に押し掛けてくる始末だった。
c. 例によって「真意が伝わらなかった」といって反省はおろか、マスコミのせいにする始末だ。

「ついには」「あげくのはては」「あきれたことに」などの副詞もよく用いられる。「始末だ」はおそらくは「始末に負えない」という意味から派生したもので、世間一般の常識からは逸脱した、意外な事態の展開をにおわせる言い方である。

「次第だ」は物事の、そうなるに至った理由、事情を説明する。
(140) a. 父が病気になったので、私が代わりに参った次第です。
b. そういうわけで、ご辞退申し上げる次第です。

「寸法だ」は、もくろみ、計画を表す。
(141) 信用して近づくと、また飛んで逃げては、振り向いて待つ。さんざん、じらしておいて、最後に草むらの中に消えてしまうという寸法だ。
　　　　　　　　　　　　　　　　　　　　　　　　（安部公房『砂の女』）

事情を説明するという機能では「わけだ」のフォーマルな用法ともみなされる。
　次の「覚悟だ」「魂胆だ」「意向だ」「気だ」「思惑だ」は主体の意志を表す。
　　(142)a.　身を賭して闘う覚悟です。
　　　　b.　あいつは部長の席をねらおうという魂胆だ。
　　　　c.　そんなことをして、あなたは会社を辞める気ですか。
所信表明演説などにみられる「所存だ」も意思表明の常套句である。
　　(143)　単純な延長は行わず、アフガニスタン支援の大きな文脈の中で、対処
　　　　　していく所存です。　　　　　　　　　　　　　（朝日新聞 09.10.26）
「気配だ」「模様だ」「雲行きだ」も擬似的なモダリティを差し出し、断言や確言を避け、そのような状況にあることをほのめかして言う特徴がある。特別な兆候や様子、事情、形勢を意味する。
　　(144)a.　山沿いでは午後から崩れ、雪混じりになる模様です。
　　　　b.　国際緊張は今回の会議で緩和される兆しだ。
　　　　c.　株主側には今回の調整案には異存はない状況だ。
　　　　d.　今後も石油価格は上昇しそうな気配だ。
　　(145)　1週間先に迫った北海道洞爺湖サミットはついこの間まで、地球の脱
　　　　　温暖化が、最大でほとんど唯一の焦点と見られていた。ところが、原
　　　　　油と食糧の「双子の高騰」が深刻さを増し、焦点がかすみそうな雲行
　　　　　きだ。　　　　　　　　　　　　　　　　　　　（朝日新聞 08.6.30）
　　(146)　東京地検特捜部は17日、小沢幹事長に任意の事情聴取に応じるよう
　　　　　再び要請した模様だ。　　　　　　　　　　　　（朝日新聞 10.1.17）
文末にあらわれて話し手の姿勢を表すいくつかの定型的な述語形式がある。ここではその類型をいくつかみておくことにする。
「約束だ」は「約束をする」の意味で用いられる。(147c)のように「約束で」という擬似的な接続成分になることもある。
　　(147)a.　男の子は泣かない約束でしょう。
　　　　b.　二人のことは誰にも話さない約束じゃなかった？
　　　　c.　口外しないという約束で、話を聞いて下さい。
「所以だ」は「わけだ」に近いもので、前文、あるいは前段内容を再度追認して確証を求めるものである。
　　(148)　私はともかくも、鵜原君の上役であります。上役が皆さまの前でこう
　　　　　申す以上、鵜原君の月給があがるのを保障したようなものでございま
　　　　　す。私が型どおりの祝辞だけを述べていないゆえんであります。
　　　　　　　　　　　　　　　　　　　　　　　　　（松本清張『ゼロの焦点』）
「所存だ」は意志・意向を表す「つもりだ」のフォーマルな言い方である。

(149) すでに人からもらった喜捨の金があるからそれで生活し、誰にも迷惑をかけるようなことは決してしない所存です。

(平川祐弘『マッテオ・リッチ伝』)

「相談だ」「話だ」「注文だ」も前述内容を自己確認、他者説得するような働きがある。ほぼ不可能な内容事態を説明する言い方である。

(150)a. A社と取引しろというのは弊社にとって死活問題で、できない相談だ。
 b. いくらなんでも5時出勤など、どだい無理な注文だ。

「義理」も文末に位置して反語的に用いられる。

(151) 君は一度も出席したことがないのに、文句が言えた義理か。
 ;君は一度も出席したことがないのに、文句が言えた義理ではない。

5.2 「予定だ」「状態だ」「勢いだ」などの用法

形式名詞を述語成分として意志を表す「つもりだ」と類義的な言い方として「計画だ」「予定だ」などがあるが、主観性の強い「つもり」よりは客観的な事態としての提示である。

(152)a. 今後は3～4年で北京を中心に約30点に増やす計画だ。
 b. 夏休みには家族そろって北海道を旅行する計画だ。

「計画」には次のような述語の振る舞いがみられる。

(153)a. 夏休みには家族揃って北海道を旅行する計画だった。
 b. 夏休みには家族揃って北海道を旅行することを計画した。
 c. 夏休みには家族揃って北海道を旅行しようと計画した。
 d. 夏休みには家族揃って北海道を旅行する(という)と計画をたてた。

「予定だ」は「つもりだ」が主観的に主体意志を重視するのに対して、事態本位の説明に用いられる。

(154) 政府は分権推進計画を閣議決定するが、当面の対処方針は6月の「骨太の方針」に盛り込む予定だ。　　　　　　　(朝日新聞08.6.2)

客観的な事態としての実情を表すには「状況だ」「状態だ」などが用いられる。

(155) 日本の男性の喫煙率は40.2％と英米よりも突出して高い。女性は12.7％だが、若い世代で喫煙が増えている。赤ちゃんへの影響を考えれば見過ごせない状況だ。　　　　　　　(朝日新聞08.6.14)

(156) テント生活を余儀なくされた住民たちは、シャワーもなく、着替え用の衣類にも事欠く状況だった。

(157) 巨額の損失補填問題などで証券業界への信頼は地を掃ってしまった状態だ。

「現状だ」も同じような用法だが、判断(場面)文として、「現状にある」「のが現状だ」の形もみられる。

(158)a. 社会はいま不況に手をこまねいている現状だ。
　　 b. 社会はいま不況に手をこまねいている現状にある。
　　 c. 社会はいま不況に手をこまねいているのが現状だ。

こうした「状態だ」「現状だ」は「ままだ」で表わされる継続的な事態である。

(159) 両国ともに事態収拾に向けた姿勢を示すが、深刻な対立要因を抱えたままだ。　　　　　　　　　　　　　　　　　　　(朝日新聞10.2.20)

主体の内面の状態を語る際には「心境だ」などが用いられる。

(160) 紛争地帯の写真を撮り続けるカメラマンは、真実を伝えるためとはいえ、常に死地に赴く心境だ。(心境にある)

「格好だ」「形だ」では現時点での事態の推移、形勢の過程を表す。状況を切り取って読者、聞き手に提示しながら、結果をそのまま受け入れるのではなく、判断、評価を一旦、途絶した言い方となっている。

(161) わざと間を持たせるように、相手は番茶をすすり、煙草に火をつけた。その落ちつき払った仕草は、まるで猫が捕えた鼠を殺しもせずになぶっているような恰好だった。　　　　(石川達三『青春の蹉跌』)

(162) 小泉首相が「一元化が望ましい」と発言したことも、民主党の主張に追い風となった格好だ。　　　　　　　　　　(讀賣新聞04.4.30)

(163) キリスト教の影響力が強いフィリピンにあって、ミンダナオの独立闘争はイスラム教徒の運動でもある。それだけに国際停戦監視団にはイスラム諸国が要員を派遣している。その中核のマレーシアが手を引くそぶりを見せたことが、比政府に決断を促した形だ。
　　　　　　　　　　　　　　　　　　　　　　　　　(朝日新聞08.6.29)

「格好で」「形で」などは附帯、様態修飾節としても用いられる。

(164)a. 床下がせり上がる(ような)格好で家屋が立ち並んでいる。
　　 b. 皆でアイデアを持ち寄る(といった)形で計画を進めていきたい。

当面の形勢、状況を表すものに「様子だ」「調子だ」などがある。

(165) 電話の声は言った。どこか弾んでいるような調子だった。
　　　　　　　　　　　　　　　　　　　　　　　　(松本清張『ゼロの焦点』)

(166) また、杉野という女性は、九時すぎに外出したところを管理人が見て、かなり慌てている様子だったと証言しています。　　(同上)

「仕組みだ」も「仕組みになっている」という意味を表す。

(167) 新制度は、75歳以上の医療費の5割を税金で、4割を現役世代からの支援金で、残る1割をお年寄り本人の保険料でまかなう。今後、高齢者医療費が膨らめば、それに連動して保険料や支援金も増える仕組みだ。　　　　　　　　　　　　　　　　　　　　　　　（朝日新聞 08.6.13）

「といった具合だ／調子だ」は事態の発生を例示、例証する際に用いられる。
(168) こうした1次勧告の内容に、特命委では異論が噴き出した。「知事が企業誘致のために転用を認めたら、優良な農地が確保できない」「河川管理を移したら、災害の時に心配だ」「保育の質の低下につながりかねない」といった具合だ。　　　　　　　　　　　　　　　（朝日新聞 08.6.19）

「具合」は文中において、(169)のように例示を表す修飾節となることもある。
(169) 朝はパン、昼は麺類、夜はごはん、といった具合に食生活を工夫している。

形勢を表す「勢い」は「酒に酔った勢いで」のように副詞句となるほか、文末述語成分「勢いだ」としてあらわれ、そのときの状態の程度を表す。
(170) a. ハプスブルク絵画展の入場者は早くも30万人に上る勢いです。
　　　b. チームの進撃はまさに飛ぶ鳥を落とす勢いだ。
　　　c. 昨日の党首討論会では彼はえらい勢いだった。
　　　d. 浴びるほど飲んでも、彼らはもう一軒はしごする勢いだった。
　　　e. 振り込め詐欺による被害額は何十億にも迫る勢いである。

5.3　期待や事態実現の可能性をうらなう法

「つもりだ」が主体の感情を押しだしたのと比べて「計画だ」「予定だ」は事態を差し出したもので、その延長にある「見通しだ」「見込みだ」「運びだ」「狙いだ」「算段だ」などは事態実現への可能性、期待を表す。
(171) 出す、出すと言いながら、なかなか出さなかった福田首相に対する問責決議案を、民主党がついに出すことになった。国会会期末の来週、参院に提出し、共産、社民などの賛成で史上初めて可決される見通しだ。　　　　　　　　　　　　　　　　　　　　　　　（朝日新聞 08.6.6）
(172) 六か国協議では、北朝鮮の核開発の廃棄・凍結に伴う検証のあり方や、同国が否定するウラン濃縮計画などが焦点となる見通しだ。
　　　　　　　　　　　　　　　　　　　　　　　（讀賣新聞 04.6.15）

「見通しとなる」も同様である。
(173) 政府の年金改革関連法案は大型連休明けの五月六日にも衆院本会議で採択される見通しとなった。　　　　　　　　　　　（讀賣新聞 04.4.30）

このほか、「方針だ」「構えだ」「意向だ」「考えだ」「狙いだ」などがある。これら

は主部がほぼ省略されたものであるが、「明らかなのは…Nだ」という一種の提示的な機能を呈している。

(174) 財務省は予算総額を今年度並みに抑え、財政赤字を少しでも縮小させたい考えだ。　　　　　　　　　　　　　　　　（讀賣新聞04.9.1）
(175) 政府は時代の変化に応じた新たな防衛戦略としての新防衛計画大綱を策定する方針だ。　　　　　　　　　　　　　（讀賣新聞04.6.15）
(176) 政府は、国際サッカー連盟（FIFA）理事会による来年12月の開催国決定に向け、来年5月までに政府保証の内容などをまとめる方針だ。　　　　　　　　　　　　　　　　　　　　　　　　　　　（讀賣新聞04.6.15）
(177) 新条約は「EUの顔」となる大統領や外相を創設するほか、全会一致を原則としてきた政策決定で多数決を拡充する。機構を強化し、意思決定の速度を上げることで、多極化が進む世界での発言力を強めようという狙いだ。　　　　　　　　　　　　　　　（朝日新聞09.10.6）

「方針だ」は「方針を固める」という連語でも用いられる。

(178) 政府は外国人の歌手やダンサー向けの「興行ビザ」の発給基準を、早ければ来年から大幅に厳しくする方針を固めた。　（朝日新聞04.9.26）

「方向だ」は「方針だ」とはやや趣を異にする。「方針」は明確な指針をもってする対処の仕方を表しているが、「方向」は考え方の選択である。

(179) 十一日の本会議では、政府提出の法案と修正案は別々に採択される。民主党は修正案には賛成するが、政府提出法案には反対する方向だ。　　　　　　　　　　　　　　　　　　　　　　　　　　　（讀賣新聞04.5.7）
(180) 舛添厚生労働相は先ごろ、「日雇い派遣は厳しい形で見直し、やめる方向で行くべきだ」と発言した。野党で進む議論も「原則禁止」の方向だ。　　　　　　　　　　　　　　　　　　　　　　　　　　　（朝日新聞08.6.27）

このような構文ではしばしば「（強めよう）というのが狙いだ」のような別の名詞述語文のタイプに言い替えられることがある[3]。

「算段だ」は、そういう目論見を持っている、という意味である。

(181) 見据えるのは五輪のメダル。岡崎は過去3度の五輪で日本人トップの成績を残している。ベテラン師弟は12月のカルガリー、ソルトレイクシティーのW杯で「2強」との差を詰める算段だ。
　　　　　　　　　　　　　　　　　　　　　　　　　　　（朝日新聞09.11.14）

このほか「構えだ」とその連語的形態「構えを見せている」、さらに「立場だ」「立場を示す」、「姿勢だ」「姿勢をくずさない」、「意向だ」「意向をただした」などもこれに類似した言い方で、社説などの文体的な特徴として多く観察される。

6　名詞述語文の追認・余情的用法

　ここでは、個々の名詞をイメージとしてもち出し、再解釈することによって定位する言い方をとりあげてみよう。「N1 は～ N2 だ」というとき、「N2」は通念媒体によって濾過されたものという意識を意味する。

6.1　言い替えによる "等価追認"

　一度提示した題目なり命題なりを他の同概念を表す語句に言い替えることによって、追体験し、事態の意識化、定着化をはかる用法がある。これをここでは "等価追認" と称する。述語成分の名詞は、主題名詞を受けて集約的な意味を表す。

(182)　シャキッとした歯ごたえとほのかな苦みは、旬のものならではの味わいだ。

(183)　唯一の理解者を失ったことは、声を上げて泣き叫びたいほどの衝撃だった。

(184)　村田さんは落ち着いていて、いかにも有能なサラリーマンといったタイプだ。

(185)　友人の突然の事故死は、これまでの人生のなかで最も哀しい出来事だった。

(186)　このような中で、変革を断行することは、先人の苦労に勝るとも劣らない大きな挑戦であります。　　　　　　　　　　（朝日新聞 09.10.26）

　言い替えには前文で述べた内容を受けて、総括するような調子で語る傾向がある。次の「との自信だ」の例では「という自信をのぞかせている」という動詞述語文の省略でもある。

(187)　「我々は電話一本で世界の果てまで追いかけられる」。HSBC プレミアの堀晃一・住宅ローン商品担当部長は胸を張る。中華圏に 500 を超える拠点を生かし、融資先の身元や経済力を把握できるとの自信だ。
　　　　　　　　　　　　　　　　　　　　　　　　　（朝日新聞 09.11.22）

文末述語にあらわれる「結果だ」も連体節表現で示された内容を言い替えたものである。(188) では「ことによる」との言い替えが可能である。

(188)　生活必需品を上げると消費者に敬遠され値上げが浸透しない、とメーカーや流通企業が嘆いている。90 年代からずっと続くデフレに適応して、生活防衛が身についている結果だ。　　　　（朝日新聞 08.5.1）

ほかにも次のような述語表現がある。「通りに」「罰として」のように一部は従属節への移行が可能である[4]。

(189) a. （こんな結果になったのは）私が言った通りだろう。
     b. （廊下に立たされるのは）遅刻した罰だ。
     c. プレゼントをもらったらすぐに開けずにはいられない性格だ。
     d. 女房に逃げられたんだって？そりゃ、奥さんを大事にしなかった付けだよ。（；付けが回ってきたんだよ）

6.2 "詠嘆的、余情的語り"としての用法

最後に、しばしば現場のレポート的な文として、次のように「私です」「東京湾です」「この頃です」のように報告を締めくくる言い方を指摘しておこう。

(190) a. （私は）いつもあなたのことを思い続けている私です。
     b. （東京湾は）今日も一日、慌ただしく船舶が行き交う東京湾です。
     c. （この頃は）暑さもやわらぎ、秋の気配が感じられるこの頃です。

これらはカッコ内の情報が前提として、次のような文を客観的に言い表した言い方となっている。

(190)' a. いつも私はあなたのことを思い続けています。
      b. 今日も東京湾は一日、慌ただしく船舶が行き交っています。
      c. この頃は暑さもやわらぎ、秋の気配が感じられます。

こうした体言止めは台詞のト書きにもあらわれるもので、ほかでもない、主体を明確化する効果がある。

(191) いい意味で素人流を望まれながら、清新さより未熟さが目につく新政権である。　　　　　　　　　　　　　　　　　　（朝日新聞 09.11.17）

(192) 定年後、数年で他界する知人の悲報を聞くにつけても、動けることの幸せをかみしめている毎日である。　　　　　　（朝日新聞 00.7.7.7）

(193) 先月の寄稿によれば、衰弱して目方が半分に減ったそうだ。三谷さん宅では昨夏にも老猫が旅立った。そのときは死を伝える文とともに、猫が横たわる和田誠さんの挿絵が載った。早刷りの夕刊をめくり、まず猫の絵がないのを見てほっとする金曜の午後である。
　　　　　　　　　　　　　　　　　　　　　　　　（朝日新聞 09.11.15）

(194) 本紙の世論調査で鳩山内閣の支持率が62％になった。発足当時の71％から、二ヶ月間で首相の年齢まで下りてきた。このままどんどん「若返る」かどうかはさておき、新政権の滑り出しを振り返る頃合いだ。　　　　　　　　　　　　　　　　　　　　　（朝日新聞 09.11.17）

次のような用法は現場の臨場感を伝えるものであろう。

(195) 室田耐火煉瓦の本社に着いて、受付できくと、社長は、東京に出張したという返事だった。　　　　　　　　　（松本清張『ゼロの焦点』）

体言止めの文のほうが一般に周知された情報、落ち着いた印象をもたれるのは、状況の再提示、という機能によるものであろう。こうした用法は現代語に始まったものではなく、聞き手、読み手に臨場感をあたえるような気持ちで従来から用いられているもので、次のような用法も多分に「語り」を意識したものと思われる。

　　（196）　旅順から電話が掛つて此方へは何時来るか<u>といふ問い合はせである</u>。
　　　　　　　　　　　　　　　　　　　　　　（夏目漱石『満韓ところどころ』第21話）
　　（197）　朝食に鶉を食わすから来い<u>といふ案内である</u>。　　　　（同上、第30話）
いずれも「問い合わせがあった」「案内があった」という意味を表す。

7　おわりに

　そもそも名詞句、名詞述語文における名詞とは、一般に存在する名詞とどのように異なり、既述の概念や事象をどのように囲い込むものだろうか。
　たとえば「語りつぐ戦争」という標題、共通枠を掲げることで様々な個別事象を囲い込むものの、動詞表現の「戦争を語りつぐ」というポジティブな姿勢、意志がここには鮮明にみえてこない。「失われた十年」「消えた年金問題」といった名詞句の生産性はあたかもそれが既成事実であるかのように、出所を閉ざす印象を与える。一般に文の形よりもコンパクトな名詞句が好まれるという傾向のもとでは、既成事実としての情報がより集約化された印象を与える。このような名詞表現には場の共有を目論む「型」の文化、形式を重んじる日本人の発想様式が垣間見える[5]。
　ここでは連体修飾構造を受ける名詞述語文に限って考察を進めたが、名詞述語文の領域は広大で、「今がチャンスだ」「正念場だ」などのようなコンパクトな一文があり、また呼びかけ、確認などの表出の機能を担っているものもある。さらに「連勝をどこまで伸ばすかも<u>注目だ</u>」（「注目する」）、「鼻血を出しながら<u>フィニッシュです</u>」（「フィニッシュしました」）、「先頭集団を追いかける<u>展開です</u>」の体言止め用法などのように日常的に頻繁に観察されるのは、実況放送などで臨場感を出すという心理にも支えられている。総じて名詞述語文にはこれまでの事態発生・成立の経緯に立脚し、当該事象・事態を既成事実化することによって、話し手も聞き手もそこに存在させようとする、一体感を認めることができよう。
　本章では「もの」「こと」「ところ」など形式名詞を述語とする構文の意味的な構造について検証すると同時に、その延長にある名詞述語文の説明的な機能意味について検討を加えてきた。従来、こうした形式名詞を核とした述語構文については夥しいほどの研究の蓄積があるが、その体系的な整理となると茫漠とした印象がぬぐえない。また、これらの多岐な形態を要する名詞述語文が、日本語の文末形式のなかで、どのような特徴を有しているのか、背景にある言語発想の様式についても、

より明晰な説明が求められるところである。

　以上の考察から、名詞述語文にもさまざまな表現の構造的なレベルが存在することが確認された。また、「説明」というモダリティについても何を対象に述べたてを行っているのか、という検証が必要なことも新たに問題提起された。なお、本章後半での考察の一部には、第2部第2章で考察した「疑いで」などの擬似連体節による従属接続成分と相関関係に位置するものがある。

　さらなる研究の課題としては、どのような文体、スタイルにおいてこうした名詞述語文があらわれやすいか、さらに、体言止めの諸相[6]、名詞述語文そのものの機能的意義づけを探究することである。

注

1　「ものだ」と「ことだ」に関しては膨大な研究の蓄積があるが、本章ではこれに「ところ」なども加えながら、さらにその周辺への拡張を観察、記述する。

2　こうした説明を表す名詞述語文の一例として山口(2007)では「道理だ」の文をあげて「わけだ」「のだ」と比較しながら詳細に検討している。

3　名詞のなかには動詞述語として拡張されるものもある。たとえば、「狙い」は「狙いがある」のように動詞化する。
　　　・今回の訪中は小沢の影響力を増す狙いだ。(；という狙いがある)
　　また「約束」「約束する」という名詞は次のような述語的ふるまいを見せる。
　　　・公園で会う(という)約束だ。
　　　　cf. ?公園で会うと約束だ。?公園で会おうと約束だ。
　　「約束する」という動詞では次のような述語的ふるまいをみせる。
　　　・公園で会うことを約束する。
　　　・いつ、何時に公園で会うか(を)約束する。
　　また「決意」という名詞(動作性名詞)は次のような述語的ふるまいをみせる。
　　　・{出馬する(という)／出馬の} 決意だ。
　　　・{出馬する／出馬しよう} と決意する。
　　　・出馬することを決意する。

4　このなかには「性格だ」はよくても「癖だ」は非用になるなど、使用にも制限がある。その場合、「～のが僕の性格・癖だ」「～という性格・癖が(僕には)ある」のような構文を用いることになる。

5　なお、名詞述語文には「まさかの予選落ち」「彼と僕は師弟関係だ」などの動詞に肩

代わりするものがあるが、形容詞の述定、装定の用法とも関係する。後者は属性や成員を強調したり、事態を客観的に表す。

・桜はきれいです；桜はきれいな花(の一つ)です。
・彼はハンサムです；彼はハンサムな人(の一人)です。
・残念でしたね；残念な結果でしたね。

名詞述語文にはこのほか、「迷惑メールを徹底的に撃退」「会期を延長することで合意」などの、いわゆる体言止めによる述語文がある。またシナリオ等のト書きにも簡潔な文体を重視する特徴が観察される。

・風の中を、ひとり残って棺を見送っている勝呂。緊張している大場看護婦長。血圧計のゴム球を握る大場の手。爆煙のなかに散乱している数名の死体。窓から強烈な太陽の光芒。　　　　　　　　　　　（シナリオ『海と毒薬』より）

こうした体言止めの諸相については、角田(1996)を参照。

6　「のが実情だ」「のが現状だ」「のが狙いだ」などの「のがNだ」については別途考察が必要である。ここでは「のが筋だ」「のがコツだ」「のが関の山だ」「のが落ちだ」「のが運のつきだ」「のが人情だ」などの慣用的な名詞述語フレーズをあげるにとどめる。

・その金科玉条たる日本十進分類法が、完璧にして永久に不動なら兎も角、訂正のために次々と版を重ねているのが実情だから、　　　　（谷沢永一『百言百話』）
・障害を持つ学生が、快適なキャンパス・ライフを送れるという状況には程遠いというのが現状だ。　　　　　　　　　　　　　　（乙武洋匡『五体不満足』）
・そこで、「親と子どもの環境学習講座」というものを開いた。ボクらが取り組んでいる、ゴミ・リサイクル問題や、震災問題、バリアフリーといった問題を、子どもたちに分かりやすく教えていこうというのが狙いだ。

（乙武洋匡『五体不満足』）

巻末資料　複合辞研究文献目録

　近年における複合辞に関する研究を〈節末にあらわれる複合辞〉、〈文末にあらわれる複合辞〉、〈その他の複合辞に関連する研究文献・参考文献〉の三部に分類した(2010.2現在)。〈節末〉類、〈文末〉類においては、それぞれの個別的な研究を項目ごとに配列した。〈節末〉類には接続助詞を、また〈文末〉類には終助詞を、〈節末〉類、〈文末〉類には形式名詞を一部含んでいる。なお、論文記載については著者名、発表年度、紀要・雑誌名(当時)、巻数号数の順、著書記載については著者名、発表年度、書名、出版社名とし、それぞれ著者五十音順とした。紙面の関係から刊行機関を一部明示していないところがある。収録に当たって、次のデータを参照した。なお、膨大な範囲のため遺漏も少なくないと思われるが、今後、個々の文法ジャンル別の研究文献目録を整備していくための努力を続けていきたい。

・『国語年鑑』(独立行政法人国立国語研究所編纂、大日本図書発行)
・『日本語学論説資料』(独立行政法人国立国語研究所監修、論説資料保存会発行)
・「日本語文法研究文献」(神戸市外国語大学外国学研究所、益岡隆志編『日本語と諸言語の対照研究』2004に収録)
・『複合辞研究の現在』(和泉書院2006)に収録の「複合辞関係文献目録」など。

　本目録は主として日本国内で刊行された出版物に限っているが、海外文献として中国刊行物『日語学習與研究』(原文は簡体字表記による)をはじめ、数点を収録した。なお、モダリティについては宮崎和人・安達太郎・野田春美・高梨信乃(2002)『モダリティ』(くろしお出版)収録の参考文献一覧を参照。条件表現については、益岡隆志編(1995)『日本語の条件表現』(くろしお出版)の「条件表現研究史」(有田節子)、および有田節子(2007)『日本語条件文と時制節性』(同)収録の参考文献一覧を参照。取り立て詞については、澤田美恵子(2007)『現代日本語における「とりたて助詞」の研究』(同)、沼田善子(2009)『現代日本語とりたて詞の研究』(ひつじ書房)収録の参考文献一覧を参照。ノダについては野田春美(1997)『「の(だ)」の機能』(くろしお出版)、および名嶋義直(2007)『ノダの意味機能－関連性理論の視点から』(同)収録の参考文献一覧を参照。

【節末にあらわれる複合辞】pp.509–537

- あいだ／うちに／途中／なか
- うえで／うえに／うえは／結果
- おきに／ごとに
- かどうか
- から／からは
- かわりに
- くせに／けど／にもかかわらず／のに
- 後置詞(「において」など)
- だけに／だけあって／だけで
- ために／ように(原因理由・目的節)
- つもり
- てから／たあと／まえ／まで
- ては
- ても
- 取り立て詞／並列助詞
- という
- とか／なんて／なんか／ほどに
- とき／際／場合
- ところ
- どころか
- とは
- となると／とすると／と思うと／としたら／なら
- ない
- ながら／まま
- のだから／のではなく
- ばかりに／からこそ／せいで
- ものの／もので／ものなら
- やいなや
- ように(様態節・内容節など)
- XをYに

【文末にあらわれる複合辞】pp.537–563

- いい
- かもしれない
- ことがある／ことができる／ことになる／ことにする
- こと／の／もの
- じゃない／ではない
- 終助詞／文末詞
- だろう／でしょう／(の)ではないか
- つもりだ
- って／ときたら
- てしかたがない
- という
- と思う／と考える
- ところだ／どころではない
- なければならない／てほしい
- のだ／ことだ
- のである／のではない
- ばかりだ／ところだ
- はずだ
- べきだ
- ほかない／にすぎない／だけだ／ままだ／までだ
- ものだ／ことだ／ものか
- ようとする
- ようにする／ようになる
- わけだ

【節末にあらわれる複合辞】

・あいだ／うちに／途中／なか

浅野百合子(1975)「うちに」「あいだに」「まに」をめぐって 『日本語教育』27

大島弘子(1999)「～なか」と「～うち」について 『世界の日本語教育』第9号(国際交流基金日本語国際センター)

大野美穂(1994)「うちに」構文の形式と意味 『AKP紀要』8(同志社大学)

郭挙昆(1995)"うちに"的用法與漢訳 『日語学習與研究』95-4(北京・対外経済貿易大学)

喬国鈞(1984)"定語＋あいだに"與"定語＋うちに"『日語学習與研究』84-6(北京・対外経済貿易大学)

権奇洙(1992)「うちに」と「あいだに」について―時間的限度を表す用法を対象として― 『東北大学文学部日本語学科論集』2

沢田奈保子(1986)複合接続助詞「うちに」の時を特定する用法の分類 『ことば』7(現代日本語研究会)

鈴藤和子(1984)～あいだ／あいだに 『日本語学』3-10(明治書院)

田中美知子(2002)時間的接続表現「うちに」の意味特徴 『関西外国語大学研究論集』75

田村康男(2001)現代日本語における時間的範囲を示す「うち」について 『言語学論集(古浦敏生先生御退官記念)』渓水社

張興・施建軍(2002)「ナカヲ」構文の分析―中国語の"在……中"との対照を含めて―徐一平・曹大峰主編『中日対訳料庫的研制与応用研究論文集』中国・外語教学与研究出版社

堀歌子(1984)アイダとウチの表現について 『紀要』9(国際学友会)

山岡政紀・李奇楠(2008)「途中」の意味構造について 張威主編『日本言語文化研究・日本学框架與国際化視角』中国・清華大学出版社

山崎和夫(1994)「～ウチニ／～ウチハ」と「モウ／マダ」の視点―時間接続名詞と取り立てのハを巡って― 『北九州大学文学部紀要』50

劉徳慧(2005)論ナカヲ句節的格式化現象及其格標識ヲ的功能弱化問題 『日語学習與研究』05-1(北京・対外経済貿易大学)

・うえで／うえに／うえは／結果

池上素子(2010)因果関係を表す「結果」の用法 『日本語教育』144

何午(1997)"うえ"詞考 『日語学習與研究』『日語学習與研究』97-3(北京・対外経済貿易大学)

坂詰力治(2007)形式名詞から接続助詞的用法へ―「～うへ(上)は」を中心に―『東洋大学文学部紀要日本文学文化篇文学論藻』81

佐伯真代(2005)形式名詞「ウエ」の接続助詞化した用法について―「ウエデ」と「ウエニ」を中心に― 『東呉外語学報』21(東呉大学出版)

佐野裕子(2008)「上で」に関する考察 『日本語・日本文化研究』18号(大阪大学日本語・日本文化研究編集委員会)

田中寛(1999)接続助詞化した形式名詞「ウエ」の意味と機能 『語学教育研究論叢』第16号 大東文化大学 同(2004)『日本語複文表現の研究』白帝社に修訂収録

馬場俊臣(2005)接続助詞的用法の複合辞「うえで、うえは、うえに、うえ」―統語的特徴の整理と各用法の関係を中心として― 『北海道教育大学紀要人文科学・社会科学編』55-2

馬場俊臣(2006)複合辞「うえで」について―特に動詞の基本形に接続する「うえで」の特徴―藤田保幸・山崎誠編『複合辞研究の現在』(和泉書院)に収録

藤井涼子(2001)社説・コラムにおける「P以上Q」文の用法―行為の必然性を述べる文と必然的な状態、動きを述べる文― 『同志社国語国文』54(同志社大学)

藤井涼子(2005)「P以上(ハ)Q」文の意味用法―話し手の論理に基づく必然性を述べる文― 『同志社大学留学生別科紀要』5

方允炯(2004)接続助詞化した「～うえで」形式の意味・機能 『待兼山論叢日本学篇』38(大阪大学)

・おきに／ごとに

岡本牧子(1997)「～おきに」の解釈と日本語教育での取り扱い方 『日本語教育』92

仲玉貞(1995)接尾詞"ごと(に)"和"おき(に)"的区別 『日語学習與研究』95-2(北京・対外経済貿易大学)

藤田保幸(1999)「～するごとに」という言い方について 『表現研究』70(表現学会)

・かどうか

藤田保幸(1997)従属節「～カ(ドウカ)」再考 『滋賀大学教育学部紀要』47

森田冨美子(1997)「名詞相当」の「～かどうか」「～か」に関する問題点―書き言葉の場合― 『東海大学留学生センター』17

森田冨美子(2000)間接疑問節(名詞相当)に関する一考察―「～かどうか」と「～か～ないか」を中心に― 『東海大学留学生センター』20

・から／からは

遠藤織枝(1984)〜からは／〜からには 『日本語学』3-10(明治書院)

北沢尚(2001)条件表現形式「限り」の文法記述 『東京学芸大学紀要2 人文科学』52

久保るみ(1997)「以上」と「からには」について 『日本語・日本文化研究』7(大阪外国語大学)

中村亘(2003a)「〜から〜にかけて」の意味・用法 時間的・空間的範囲への位置づけ 『十文字学園女子短期大学研究紀要』34

仁田円(2001)カラニハとニヨッテハ 事実性をあらわす文から仮定性をあらわす文へ 『STUDIUM』28(大阪外国語大学)

山口佳也(1987)「からといって」について 『十文字学園女子短期大学研究紀要』19

毛文偉(2004)「〜カラニハ」と「〜イジョウ」に関する一考察 『日本学研究―記念中日邦交正常化三十周年』中国・上海外語教育出版社

吉川泰雄(1955)接続助詞「から」と慣用語「からは」 『国語研究』3(國學院大學)

・かわりに

佐藤比呂己(2003)「かわりに」「そのかわりに」について 『解釈』49-5/6(解釈学会)

本田久美子(2003)「Xかわりに Y」の解釈をめぐって―"Carbon Neutral"はいかに達成されるか― 『早稲田大学語学教育研究会所報』58

楊凱栄(1995)「かわりに」「そのかわりに」について 仁田義雄・宮島達夫編(1995)『複文の研究(下)』くろしお出版

・くせに／けど／にもかかわらず／のに

家田章子(2003)「コノ〜ノニ」と形容詞のコロケーション―コーパスによる共起表現の考察― 『言葉と文化』4(名古屋大学)

家田章子(2004)「ノニ」文における条件・結果の階層化と用法 『言葉と文化』5(名古屋大学)

家田章子(2005a)文末の「ノニ」に関する考察 『ことばの科学』18(名古屋大学言語文化研究会)

家田章子(2005b)共起表現から見る「ノニ」文の用法 『日本語教育』125

池上素子(2001)「のに」・「ながら」・「ものの」・「けれども」の使い分けについて 『北海道大学留学生センター紀要』1

池上素子(2002)「けれど」と「のに」 『北海道大学留学生センター紀要』3

伊藤亨介(2005)接続助詞ケドの諸用法の統一的説明　『名古屋大学国語国文学』95
衣畑智秀(2002)いわゆる「逆接」を表すノニについて―語用論的意味の語彙化―『待兼山論叢日本学篇』35(大阪大学)
衣畑智秀(2003)ノニ、クセニ、ニモカカワラズ　『日本語文法』3-1(日本語文法学会)
今尾ゆき子(1994a)「ケレド」と「ノニ」の談話機能　『日本語教育論集・世界の日本語教育』4(国際交流基金日本語国際センター)
今尾ゆき子(1994b)ガ／ケレド／ノニ／クセニ／テモ―談話語用論からの考察―『日本語学』13-9(明治書院)
岡野喜美子(1991)許可を求める表現　～タインデスケドをめぐって　『紀要』3(早稲田大学日本語研究教育センター)
尾谷昌則(2005c)接続詞ケドの手続き的意味　『語用論研究』7(日本語用論学会)
小出慶一(1984)接続助詞ガの機能について　『アメリカ・カナダ十一大学連合日本研究センター紀要』7
佐々木知行(1999)ケレドとノニをめぐって　『さわらび』8(文法研究会)
寺島啓子(1999)独話における「が」「けれども」『岐阜大学留学生センター』1
中里理子(1997)逆接確定条件の接続助詞ガ・ノニ・モノノ・テモ・ナガラについて　『言語文化と日本語教育』13(お茶の水女子大学)
永田良太(2004)接続助詞ケド／ケレド／ケレドモ／ケドモ／ガの使い分けに関する一考察『教育学研究紀要』49(中国四国教育学会)
中溝朋子(2002)ノニについて―接続助詞的用法と副詞的用法―　『日本語教育』114
前田直子(1995)ケレドモ・ガとノニとテモ―逆接を表す接続形式―　『日本語類義表現の文法(下)複文・連文編』くろしお出版
増倉洋子(2003)社説文にみられる「～にもかかわらず」「～のに」―接続助詞・接続詞の持つモダリティ要素に注目して―　『POLYGLOSSIA』7(立命館アジア太平洋大学)
山下明昭(1997)類義語表現―「のに」「にもかかわらず」「けれど(も)」「が」―『表現研究』65(表現学会)
山本卓司(1997)逆接を表わす条件節「クセニ」―「ノニ」との比較から―　日本語教育論文集小出詞子先生退職記念編集委員会編(1997)『日本語教育論文集小出詞子先生退職記念』凡人社
渡部学(2000)逆接表現の記述と体系　ケド、ワリニ、ノニ、クセニをめぐって『現代日本語研究』7(大阪大学)
渡部学(2001)接続助詞の語彙的な意味と文脈的な意味―クセニとノニの記述と分

析を巡って　『日本語科学』10(国立国語研究所)
李德泳・吉田章子(2002)会話における「んだ＋けど」についての一考察　『日本語教育論集　世界の日本語教育』1(国際交流基金日本語国際センター)

・後置詞(「において」など)

赤羽根義章(2004)夏目漱石―「において」の用法―　『日本語学』23-12(明治書院)
池上素子(2006)「格助詞＋動詞」構造を持つ助詞相当句をめぐって―テ形と連用中止形の差異―　『北海道留学生センター紀要』10
池上素子(2008)原因・結果を表す「ため」と「によって」『北海道留学生センター紀要』11
石原嘉人(1992)「にとって」に関する一考察―日本語教育の立場から―　『日本語・日本文化』18(大阪外国語大学留学生日本語教育センター)
伊丹千恵(2006)「に応じて」の意味・用法　『東京外国語大学留学生日本語教育センター論集』32
井上優(1986)目標の意味論―めがけて・めざして―　『日本語研究』8(東京都立大学)
井上優(1987)話し手の判断を表す「みえる」「みられる」『日本語研究』9(東京都立大学)
井上優(1988)目標を表す「～にむかって」「～にむけて」『日本語研究』10(東京都立大学)
大坪併治(1965)「にして」と「において」『島根大学論集人文科学』14
小高愛(1999)動詞派生の後置詞「とって」『千葉大学留学生センター紀要』5
小高愛(2000)「むかう」と「むかって」動詞から後置詞へ　『千葉大学留学生センター紀要』6
柏崎雅世(2005)「について」と「に関して」―「に対して」を視野に入れながら―『東京外国語大学留学生日本語教育センター論集』31
柏崎雅世(2007)テーマを示す複合助詞「について」と格助詞「を」『東京外国語大学留学生日本語教育センター論集』33
金子比呂子(1993)「AはXにとってB」に関する一考察　『東京外国語大学留学生日本語教育センター論集』19
金子比呂子(2007)にとって―価値付け・意味付けの判断の「当てはめ先」―グループ KANAME 編著『複合助詞がこれで分かる』ひつじ書房
鎌田倫子・笠原幸子・古本裕子(2005)薬学会要旨集にみる複合辞「により」の意味用法　『専門日本語教育研究』第7号(専門日本語教育学会)
金仙姫(1990)現代日本語における「について」「に関して」「に対して」の用法上

の差異について　アンケート調査を中心に　『国語学研究』30(東北大学文学部)
金仙姫(1992)現代日本語における「についての」「に関する」「に対する」の用法上の差異の考察　『東北大学文学部日本語学科論集』2
金仙姫(2002)格助詞と後置詞の使い分けについて—「を」・「〜について」と「に」・「〜に対して」を中心に—　『日本語文学』7(韓国日本語文学会)
金蘭美(2009)「XにとってAはB」構文の意味・用法—母語話者と学習者の使用例の比較を通して—　『日本語教育』142
蔦原伊都子(1984)〜に(へ)かけて　『日本語学』3-10(明治書院)
蔦原伊都子(1984)〜について　『日本語学』3-10(明治書院)
工藤嘉名子(2005)「にむけて」「にむかって」「をめざして」の意味・用法　『東京外国語大学留学生日本語教育センター論集』31
計鋼(1982)"にとって"與"に対して"　『日語学習與研究』82-3(北京・対外経済貿易大学)
権奇洙(1991)受身文の動作主マーカーについての一考察—主に「に・によって・から」を中心に—　『東北大学文学部日本語学科論集』1
江田すみれ(1987)「名詞＋のこと」の意味と用法について—「について」とのかかわり—　『日本語教育』62
三枝令子(2008)複合助詞につく「は」—「について」と「については」—『一橋大学留学生センター紀要』11号
坂井厚子(1992)「について」「に対して」の意味・用法をめぐって『信州大学教養部紀要』26
佐藤尚子(1989)現代日本語の後置詞の機能—「〜について」と「〜に対して」を例にして—　『横浜国立大学国語研究』7
佐藤尚子(2001)社会教科書における後置詞について　『千葉大学留学生センター紀要』7
佐野裕子(2004)ニカケテ・ニワタッテに関する一考察　『日本語・日本文化研究』14(大阪外国語大学)
佐野裕子(2005)複合辞ニツレテ・ニトモナッテ　『日本語・日本文化研究』15(大阪外国語大学)
佐野裕子(2006)接続助辞相当の複合辞をめぐって——ニツレテ・ニトモナッテ・ニアタッテ・ニサイシテの用法の記述と文法的性質の考察を中心に— 2005年度大阪外国語大学大学院修士論文(未刊行)
塩入すみ(1999)「変化の連動」を表す副詞節の分析—トトモニ・ニツレ・ニトモナイ・ニシタガイ　『東呉日語教育學報』22(東呉大學日本語文學系)
徐愛紅(2005)日本語の相関関係をあらわす複合接続助詞の異同—「につれて」「に

従って」「に伴って」を例に―（中国語）『日語研究』第3輯　商務印書館

謝新平（1999）中国語の"由字句"と日本語の"によって"受身文について　『福岡教育大学国語科研究紀要』40

菅長理恵（2006）用法と語法―「〜にしたがって・〜につれて」を中心に―　『東京外国語大学留学生日本語教育センター論集』32号

杉本武（2003）複合格助詞「にとって」について　『文芸言語研究』言語篇44（筑波大学）

杉本武（2006）複合格助詞「にとって」の意味と文法機能　藤田保幸・山崎誠編『複合辞研究の現在』（和泉書院）に収録

鈴木泰（1977）指定辞トシテ、ニシテの句格　『松村明教授還暦記念　国語学と国語史』明治書院

鈴木智美（2006）「〜として」再考　『東京外国語大学留学生日本語教育センター論集』32

砂川有里子（1984）〈に受身文〉と〈によって受身文〉　『日本語学』3-7（明治書院）

戴宝玉（1987）複合助辞「にしても・にしろ・にしたところで」―接続助詞と限定助詞との関連―　『日本語教育』62

戴宝玉（1987）従"にしろ"看命令形與接続形式　『日語学習與研究』87-4（北京・対外経済貿易大学）

戴宝玉（1987）試論日語複合助詞"として"　『日語学習與研究』87-5（北京・対外経済貿易大学）

戴宝玉（1992）複合助詞トシテをめぐって　『日本語教育論集　世界の日本語教育』2（国際交流基金日本語国際センター）

戴宝玉（1997a）浅析複合助詞トアッテ及トアッテハ　『日語学習與研究』97-1（北京・対外経済貿易大学）

戴宝玉（1997b）試論嵌入式複合助詞　『日語学習與研究』97-4（北京・対外経済貿易大学）

戴宝玉（2001）従カラシテ看複合助詞形成　『日語学習與研究』01-3（北京・対外経済貿易大学）

張我為（1986）"に"格所表示的"として""にとって""に対して""に関して""について"的含義　『日語学習與研究』86-3（北京・対外経済貿易大学）

張暁希（1998）日語複合助詞的認定與分類　『日語学習與研究』98-3（北京・対外経済貿易大学）

張済卿（1988）"…を通して"跟"…を通じて"的区別　『日語学習與研究』88-6（北京・対外経済貿易大学）

陳君慧（2005）文法化と借用―日本語における動詞の中止形を含んだ後置詞を例

に―『日本語の研究』1-3
陳君慧(2008)日本語における動詞ワタルの後置詞化 『東呉外語学報』28(東呉大学出版)
中畠孝幸・楊佳(2006)複合辞「として」について―中国語との対照― 藤田保幸・山崎誠編『複合辞研究の現在』和泉書院
中溝朋子(2004)「～にしたがって」と「～につれて」『大分大学留学生センター紀要』1
西本勝博(2001)現代日本語のニヨッテの意味機能 『岡大国文論稿』29(岡山大学)
丹羽哲也(2007)範列関係を表す複合副助詞 『人文研究』58(大阪市立大学大学院文学研究科)
野村剛史(1984)～にとって／～において／によって 『日本語学』3-10(明治書院)
朴江訓(2007)「しか…ない」の「多重NPI」現象について『日本語文法』7-2(日本語文法学会)
花井珠代(2003)現代日本語の後置詞「もって」『対照言語学研究』13(亜細亜技術協力会)
花井珠代(2004)後置詞句の構文的機能 『対照言語学研究』14(亜細亜技術協力会)
花薗悟(2003)〈研究ノート〉「Nにわたって」について 『東京外国語大学留学生日本語教育センター論集』29
花薗悟(2004)「Nを通して」「Nを通じて」『東京外国語大学留学生日本語教育センター論集』30
花薗悟(2005)「～にあたって」について 『東京外国語大学留学生日本語教育センター論集』31
花薗悟(2006)「～に際して」について 『TUFS言語教育学論集』創刊号(東京外国語大学大学院言語教育学講座)
馬場真知子・深尾百合子(2000)農学・工学系論文に出現した「に対して」の用法分析 『専門日本語教育研究』2
馬場眞知子・深尾百合子(2004)工学系論文に使用される「に対して」の用法分析―科学技術作文指導のために― 『JALT日本語教育論集』8
深尾百合子・馬場眞知子(2000)農学・工学系論文に出現した「に対して」の用法分析 『専門日本語教育研究』第2号(専門日本語教育学会)
福島泰正(2002)複合助詞の認定をめぐる問題点―日本語教育の立場から― 『言語学論叢』9(筑波大学)
藤城浩子(2005)「にとって」文の機能と成立条件 『東京大学留学生センター教育研究論集』14
藤田保幸(2003b)接続助詞的用法の「～トシテ」について―「複合辞」らしさの生

まれるところ―　『滋賀大国文』41

藤田保幸(2004)複合辞「～に限って」について　『滋賀大国文』42

藤田保幸(2005a)複合辞「～に限らず」について　『滋賀大国文』43

藤田保幸(2005b)複合辞「～にしても」について　『日本言語文化研究』8(日本言語文化研究会・龍谷大学)

藤田保幸(2009)複合辞「～とあって」について　『言語文化学研究』日本語日本文学編第2号(大阪府立大学人間社会学部言語文化学科)

藤巻一真(2006)三項動詞の「によって」受け身文における「が」格名詞句の位置　『東京国際大学論叢言語コミュニケーション学部編』2

前田直子(2006)原因・理由の暗示的累加を表す従属節―こともあって・ことだし―　藤田保幸・山崎誠編『複合辞研究の現在』和泉書院

松木正恵(1996b)「とみえる」の表現性「らしい」との比較を通して　『表現研究』64(表現学会)

松木正恵(1997b)「見る」の文法化―「てみると」「てみれば」「てみたら」を例として―　『早稲田日本語研究』5(早稲田大学)

松木正恵(1999a)「とみえ(て)」をめぐって―出現頻度対照表を検証する―　『学術研究』国語・国文学編47(早稲田大学教育学部)

松木正恵(1999b)視覚動詞を中心とした接続表現　森田良行教授古稀記念論文集刊行会編『日本語研究と日本語教育』明治書院

松田剛丈(1986)受身文の「によって」　『大谷女子大国文』16

真仁田栄治(1999)複合助詞「に対して」の分類―動詞の形式化の観点から　『龍谷大学国際センター研究年報』11

真仁田栄治(2005)調査報告：複合辞「～について」「～に関して」の使用の傾向―述定と装定との関係を中心に―　『同志社大学留学生別科紀要』5

馬小兵(1997a)「立場・資格」を表す「として」の用法について―「に・で」との比較を中心に―　『筑波日本語研究』2(筑波大学)

馬小兵(1997b)複合助詞「として」の諸用法　『日本語と日本文学』24(筑波大学)

馬小兵(2002)日本語の複合格助詞「について」と中国の介詞〈関于〉―その対応関係を中心に―　『日本語と日本文学』34(筑波大学)

馬小兵(2003a)複合助詞「にしては」の意味と用法―名詞句(名詞句+にしては)を中心として―　『当代日本語学研究――北原保雄博士業績記念論文集』北京・高等教育出版社

馬小兵(2003b)中国語の介詞"対"と日本語の複合格助詞「に対して」『文学部紀要』16-2(文教大学)

馬小兵(2008)複合助詞「としては」と「にしては」について　『村木新次郎教授還

暦記念論集　日本語と中国語と―その体系と運用―』学苑出版社
馬小兵(2008)いわゆる連用から連体への転換について―「Nに対して…」から「Nに対するN」へを中心に―　『日本学研究』第16期(北京日本学研究センター)
三井正孝(1993)ニツイテ格の意味　『静岡英和女学院短期大学紀要』25
三井正孝(1995)現代日本語におけるヲモッテ格の意味　『静岡英和女学院短期大学紀要』27
三井正孝(2001)ニトッテ格の共起条件　『新潟大学国語国文学会誌』43
三井正孝(2004)《場所》のニオイテ格―現代語の場合　『人文科学研究』114(新潟大学)
三井正孝(2006)格助詞らしからぬ〈複合格助詞〉―ニツイテ、ニトッテ、ヲモッテ、トシテの場合―　藤田保幸・山崎誠編『複合辞研究の現在』和泉書院
三井正孝(2005)複合辞としてのニワタッテ―その意味と共起条件―　『新潟大学国語国文学会誌』49
宮田公治(2009)「にとって」の意味と構文的制約　『日本語教育』141
村木新次郎(1983)日本語の後置詞をめぐって　『日語学習與研究』83-3(北京・対外経済貿易大学)
森川結花(2006)複合助辞「にとって」の注釈・含意機能と言語現象　『大阪樟蔭女子大学日本語研究センター報告』14
村田年(1993)中・上級表現文型研究「…を通して／…を通じて」『日本語と日本語教育』22(慶應義塾大学日本語・日本文化研究センター)
森田冨美子(1982)「〜として」「〜にとって」『紀要』6(国際学友会日本語学校)
山下明昭・他(1993)「に対して」の文法的機能　『国語と教育』18(大阪教育大学)
山崎誠(2005)新聞データに見る「につれて」「にしたがって」『論理的な日本語表現を支える複合辞形式に関する記述的総合研究』平成14〜16年度日本学術振興会科学研究費補助金基盤研究(B)(I)研究成果報告書　藤田保幸・山崎誠編『複合辞研究の現在』(和泉書院2006)に収録
山中正樹・山丹(2009)複合助詞「にしたがって」「につれて」「にともなって」「とともに」について―日本語と中国語の意味用法の比較をめぐって―　『桜花学園大学人文学部研究紀要』11号
横田淳子(2006)「に対して」の意味と用法　『東京外国語大学留学生日本語教育センター論集』32
吉田永弘(2007)接続助詞ニヨッテの源流　『國學院雜誌』108-11
李慶祥(1986)試談日語的複合格助詞　『日語学習與研究』86-6(39)(北京・対外経済貿易大学)
李所成(2006)関於"Nについて"補語的考察　『日語学習與研究』06-1(北京・対

外経済貿易大学）

劉笑明・吉田則夫（2004）「に対して」「にとって」「について」「に関して」の意味分析　日中対照の立場から　『岡山大学教育学部研究論集』125

劉怡伶（2009）複合助詞「にしたがって」と「につれて」『世界の日本語教育』第19号（国際交流基金日本語国際センター）

林美秀（1999）有情の受身文と非情の受身文における格助詞の違い―「に」、「によって」と「から」を中心に―　『岡大国文論稿』27（岡山大学）

・だけで／だけあって／だけに

安部朋世（1996）ダケデにおけるいわゆる〈他者不要〉の意味について　『日本語学』15-1（明治書院）

伊藤智博（1996）原因・理由の「だけに」に関する一考察　『日本語学・文学』7（三重大学）

佐野真樹（1997）ダケとデ、および場所格の具格化について　『日本語学』16-3（明治書院）

三枝令子（1991）「だけに」の分析　『言語文化』27（一橋大学）

戴宝玉（1988）試論複合助詞"ダケニ""ダケアッテ"『日語学習與研究』88-6（北京・対外経済貿易大学）

張志軍（2008）「など」在複句中的作用及訳法　『日語学習與研究』08-4（北京・対外経済貿易大学）

中里理子（1995）「だけに」「ばかりに」の接続助詞的用法について　『言語文化と日本語教育』第9号

中畠孝幸（1995）ダケニとダケアッテ―通念依存の形式―宮島達夫・仁田義雄編『日本語類義表現の文法』（複文・連文）くろしお出版

服部匡（2005a）「だけが・だけを」と「だけ」『同志社女子大学日本語日本文学』17

服部匡（2005b）ダケ・バカリについて―ガ、シカとの共起―『同志社女子大学学術研究年報』56

花井裕（1993）原因理由を表す「ばかりに」と「だけに」の表現機能　『平成5年度日本語教育学会秋季大会予稿集』

藤田保幸（2004）複合辞「～に限って」について　『滋賀大国文』42

藤田保幸（2005）複合辞「～に限らず」について　『滋賀大国文』43

前田直子（1998）原因・理由を表す「ばかりに」と「からこそ」」『東京大学留学生センター紀要』第7号

前田直子（2008）「こそ」でとりたてられた従属節について―「からこそ」「ばこ

そ」「てこそ」― 『日本語文法学会第9回大会発表予稿集』
三浦祐子(2009)評価を表す接続助詞―「だけあって」と「ばかりに」― 『言語科学論集』第13号(東北大学大学院文学研究科)

・ために／ように(原因理由・目的節)

石川守(1988)目的の「ために」と「ように」、及び既定条件の「たら」、と「て」における自己の意識の問題 『語学研究』54(拓殖大学)
稲垣俊史(2009)中国語を母語とする上級日本語学習者による目的を表す「ために」と「ように」の習得 『日本語教育』142
今尾ゆき子(1991)カラ、ノデ、タメ―その逆接条件をめぐって― 『日本語学』10-12(明治書院)
于日平(1997)動作目的表現と結果目的表現―［タメニ］と［ヨウニ］を中心に―『筑波日本語研究』2
梅岡巳香・庵功雄(2000)「ために」と「ように」に関する一考察 『一橋大学留学生センター紀要』3
大塚喜代子(1964)「のに」と「ために」―「ので」と「ために」森岡健二他編(1964)『口語文法講座3 ゆれている文法』明治書院
奥津敬一郎(1975a)形式副詞論序説―「タメ」を中心として― 『人文学報』104(東京都立大学)
奥村大志(1998)〈ためには〉を通して複文を考える 『上智大学国文学論集』31
影浦慎太郎(1996)後置詞「ために」 『日本文学研究』35(大東文化大学)
塩入すみ(1995)スルタメニとスルタメニハ―目的を表す従属節の主題化形式と非主題化形式―宮島達夫・仁田義雄編『日本語類義表現の文法(下)』くろしお出版
篠崎一郎(1983)「タメ」の意味 『Sophia Linguistica』11(立教大学)
薛芸如(2006)目的構文と「に」の機能 『東北大学文学会：文化』70-1/2
戦慶勝(2009)「ため」的語義考察 『日語学習與研究』09-3(北京・対外経済貿易大学)
孫艶華・宿久高(2009)低年級階段「ために」、「ように」、「には」的指導方法 『日語学習與研究』09-2(北京・対外経済貿易大学)
田中寛(2002)目的節〈タメニ〉、〈ヨウニ〉の意味分析 『別科論集』4(大東文化大学)同(2004)『日本語複文表現の研究』白帝社に修訂収録
田村早苗(2009)様相論理にもとづくタメニの分析試論―「目的」と「因果」の接点―『京都大学言語学研究』28
中畠孝幸(2000)目的を表す構文について―ヨウニとタメニ― 『甲南大学紀要文学篇』112

前田直子(1993a)「目的」を表す従属節「～するように」の意味・用法　様態用法から結果目的用法へ　『日本語教育』79

前田直子(2006)連用形派生の目的節について―「べく」「よう(に)」を中心に―　野田尚史・益岡隆志・森山卓郎編『日本語文法の新地平 3 複文・談話編』(くろしお出版)

前田直子(2007)『「ように」の意味・用法』笠間書院

水上由美(2006)原因・理由の「ため」の意味用法に関する一考察―予測文法的手法に基づく一人称主語文の分析―　『実践国文学』70(実践国文学会)

水上由美(2007)原因・理由を表す「ために」の予測文法的分析―人主語文の場合―　『実践国文学』71(実践国文学会)

吉野政治(1990)目標・目的を示す「故」：目的と理由との関係『同志社女子大学日本語日本文学』2

劉淑梅(1993)試談表示目的的"のに""ために"與"ように"『日語学習與研究』93-4(北京・対外経済貿易大学)

・つもり

糸川優(1990)「つもり」を含む文の叙述性―日本語教科書の例文　『緑岡詞林』14(青山学院大学)

小松紀子(1985)意向表現の現れ方―ツモリ・タイ・ウ／ヨウを中心にして―　『米加十一大学日本研究センター紀要』8(アメリカ・カナダ十一大学連合日本研究センター)

酒井順子(2000)「その(そんな・どういう)つもり」の談話機能『東京外国語大学留学生センター論集』26

佐田智明(1974)「はず」と「つもり」『北九州大学文学部紀要』(10)

土岐留美江(1994)意志表現としての「つもり」の発達―モダリティ化への歴史的変遷―　『都大論究』31(東京都立大学)

中道知子(1993)「つもり」の意義素　『大東文化大学創立七十周年記念論集(上)』大東文化大学創立七十周年記念論集出版推進委員会

八田ゆかり(2001)ダブルテンスの述語形式「～するつもりだ」の意味　『国文』96(お茶の水女子大学)

真仁田栄治(2003)「つもり」の用法「たつもりで」を中心に　『同大語彙研究』5(同志社大学大学院)

真仁田栄治(2004)「つもり」の用法〈仮想〉の二つの用法　『日本言語文化研究』6(日本言語文化研究会・龍谷大学)

森山卓郎 81990)意志のモダリティについて　『阪大日本語研究』2

山田あき子(1993)自然な言語運用ー「…つもりですか」を巡ってー 『日本語学』12-8(明治書院)

吉川武時(2000)〈研究ノート〉「つもり」について 『東京外国語大学留学生日本語教育センター論集』26

・てから／たあと／まえ／まで

浅田美満智子(2003)複数の機能を持つ形式「マデ」の意味分析ーマデニ、マデモとの関連から 『麗澤大学紀要』77

阿部宏(2002)「あと」の時間的用法再考 『東北大学文学部研究科研究年報』51

岩崎卓(1998)アト、アトデ、アトニのちがいについて 『光華女子大学研究紀要』36号

岩崎卓(1999a)マエ節・アト節のル形・タ形について 『光華日本文学』7(光華女子大学)

岩崎卓(1999b)マエとマエニのちがいについて 『日本語・日本文化』25(大阪外国語大学留学生日本語センター)

岩野靖則(1984)～てから／～たあと 『日本語学』3-10(明治書院)

岡野ひさの(2004)～テカラと～タアトー視点に起因する違いを中心に 『福岡大学人文論叢』35-4

奥津敬一郎(1966)「マデ」「マデニ」「カラ」ー順序助詞を中心としてー 『日本語教育』9

河上誓作(1986)「マエニ」の前の肯定と否定 『大阪大学文学部共同研究論集』3(日本語・日本文化研究論集編集委員会)

季林根(1983)「あとに」、「あとで」、「あと」及び「あとから」の特徴について 『日本語教育研究論纂』1(在中華人民共和国日本語研修センター)

川端芳子(1997)「～てから」と「～たあと」 『立教大学日本語研究』4

金勝漢(1992)アスペクトの複合接続助詞「～て以来」の構文をめぐって 『国文学論集』25(上智大学)

杉本和之(1996)「～たあとで～」と「～てから～」 『愛媛大学教育学部紀要2』人文・社会科学 29-1

田島優(2001)「〈ル形〉＋途端」から「〈タ形〉＋途端」へ 『説林』49(愛知県立大学)

立薗洋子(1984)～まで／～までに／～までは／～にかけて 『日本語学』3-10(明治書院)

寺村秀夫(1983)時間的限定の意味と文法的機能 渡辺実編『副用語の研究』明治書院

橋本修(1997)マエ・アト節のトキ解釈 『文藝言語研究言語篇』32(筑波大学)
馬場俊臣(1996)時間的後続性を表す従属節「～シタあと、あとで、あとに」を中心として 『北海道教育大学紀要』1A 人文科学編 47-1
水野マリ子(2001)「～てから」と「～たあとで」文の切れ続きに関する一考察 『神戸大学留学生センター紀要』7
村松由起子(1997)順序を表す「～てから」と「～まえに」『雲雀野』19(豊橋技術科学大学人文・社会工学系紀要)

・ては

有田節子(1999)テハ構文の二つの解釈について 『国語学』199(国語学会)
金子尚一(1994)―テハ／―デハとその用法をめぐって 『国文学　解釈と鑑賞』59-1(至文堂)
塩入すみ(1993)「テハ」条件文の制約について 『阪大日本語研究』5(大阪大学)
清水由貴子(2009)反復の意味を表す「V1 テハ V2」文の分析―形式的側面を中心に― 『日本語文法』9-1
鈴木義和(1993)テハ条件文について 『親和国文』28(親和女子大学)
田中寛(1985)条件表現における提題化機能 『日本語教育』57
田中寛(1997)テハ条件文の談話的機能 『紀要』9(早稲田大学日本語研究教育センター)同『日本語複文表現の研究』(白帝社 2004)に修訂収録
蓮沼昭子(1987)条件文における日常的推論―「テハ」と「バ」の選択要因をめぐって― 『国語学』150(国語学会)
浜田麻里(1991)「デハ」の機能―推論と接続語― 『阪大日本語研究』3

・ても

安善柱(1999)「～ノニ」と「～テモ」の相違点について 『筑波応用言語学研究』6
伊藤勲(1987)「ても」の用法 『国際学友会日本語学校紀要』12
川端芳子(2003)「ても」の用法　順接と逆接の関連性から 『立教大学日本語研究』10
衣畑智秀(2003)ノニ、クセニ、ニモカカワラズ 『日本語文法』3-1(日本語文法学会)
岡野ひさの(2006)テモの他者と条件文 『日本語日本文学』16 福岡大学
才田いずみ(1980)「ても」と「のに」『アメリカ・カナダ 11 大学研究連合日本研究センター紀要』3
清水由貴子(2010)「Ａテモ Ｂテモ」文の分析 『日本語文法』10-1(日本語文法学

田中寛(1989)逆接の条件文〈ても〉をめぐって　『日本語教育』67 同『日本語複文表現の研究』(白帝社 2004)に修訂収録
田中寛(1998)「テモ」の周辺—「テデモ」をはじめとして—　『紀要』10(早稲田大学日本語研究教育センター)同『日本語複文表現の研究』(白帝社 2004)に修訂収録
戸村佳代(1989)日本語における二つのタイプの譲歩文「ノニ」と「テモ」『文芸言語研究』言語編 15(筑波大学)
前田直子(1993)逆接条件文「～テモ」をめぐって　益岡隆志編(1993)『日本語の条件表現』くろしお出版
前田直子(1994)テモ／タッテ／トコロデ／トコロガ　『日本語学』13-9(明治書院)
野田尚史(1994)仮定表現のとりたて—「～ても」「～ては」「～だけで」などの体系—　『日本語学』13-9(明治書院)

・とりたて詞／並列助詞

伊藤智博(1996)限定のあり方—「だけ」と「しか」—『日本語・日本文化』22 号(大阪外国語大学留学生日本語センター)
伊藤智博(1997)「まで」の表現機能に関する一考察『日本語・日本文化』23 号(大阪外国語大学留学生日本語センター)
伊藤徳文(2006)総記の解釈と限定のとりたて「だけ」・「しか」『徳島文理大学文学論叢』23
易友人(1985)関於並列助詞"だの""やら""とか""なり""～か～か"『日語学習與研究』85-3(北京・対外経済貿易大学)
岩田美穂(2006)並列形式「ナリ」の変遷　『待兼山論叢文学篇』40(大阪大学)
小野米一・季志華(1998)係助詞「でも」と「だって」の用法について　『北海道教育大学紀要』1A39-1
小原佳奈子(2007)形容詞に後接するマデノについて　『国文鶴見』41(鶴見大学日本文学会)
菊地康人(1999)サエとデサエ　『日本語科学』6(国立国語研究所)
菊地康人(2003)現代語の極限のとりたて　『日本語のとりたて——現代語と歴史的変化・地理的差異』くろしお出版
小林可奈子(2003)動詞に後接する限定の「ばかり」『日本語・日本文化』29 号(大阪外国語大学留学生日本語センター)
定延利之(1995)心的プロセスからみた取り立て助詞モ・デモ　『日本語の主題ととりたて』くろしお出版

定延利之(2001)探索と現代日本語の「だけ」「しか」「ばかり」『日本語文法』1-1(日本語文法学会)

佐藤恭子(1986)「しか」と「だけ」の用法—名詞に接続する場合—『日本語・日本文化』13号(大阪外国語大学留学生日本語センター)

沈茅一(1990)並立助詞「か」の一考察 『北京外国語学院・大東文化大学交流協定十周年記念論集』(大東文化大学)

沈茅一(1996)「やら」についての考察 『ことばの科学7』(むぎ書房)

沈茅一(1997)並列の場合に使われる「とか」の用法 『語学教育研究論叢』14(大東文化大学語学教育研究所)

鈴木智美(2003)「NだのNだの」の意味 『東京外国語大学留学生日本語教育センター論集』29

鈴木智美(2004)「～だの～だの」の意味 『日本語教育』121

田川拓海(2005)テ形と共起するとりたて詞について 『言語学論叢』24(岡山大学)

谷光穎(1992)副助詞"とか"與"やら""なり""だの"的異同 『日語学習與研究』92-4(北京・対外経済貿易大学)

難波真奈美(2004)「～まで」の意味・機能—〈格〉と〈とりたて〉の連続性—『阪大日本語研究』16

丹羽哲也(1992)副助詞における程度と取り立て 『人文研究』44(大阪市立大学大学院文学研究科)

丹羽哲也(1995)「さえ」「でも」「だって」『人文研究』47-7

丹羽哲也(2007)範列関係を表す複合副助詞 『人文研究』58

沼田善子(1986)とりたて詞 奥津敬一郎・沼田善子・杉本武『いわゆる日本語助詞の研究』凡人社

沼田善子(1991)とりたて詞文の二義性『同志社女子大学日本語日本文学』3

沼田善子(2007)「でも」か「で」と「も」か—「だ+とりたて詞」の諸相— 『文芸言語研究・言語篇』52

野田尚史(1994)仮定条件のとりたて—「～ても」「～ては」「～だけで」などの体系—『日本語学』13-9(明治書院)

星野佳之(2003)「さえ」の観点について—誤用例の検討を通じて—『清心語文』5(ノートルダム清心女子大学日本語日本文学会)

茂木俊伸(2002)「ばかり」文の解釈をめぐって 『日本語文法』2-1(日本語文法学会)

茂木俊伸(2006)「しか」の語順現象をめぐって『鳴門教育大学研究紀要人文・社会科学編』21

森山卓郎(1995)並列述語構文考—たり・とか・か・なりの意味・用法をめぐっ

て─ 仁田義雄・益岡隆志編『複文の研究(下)』くろしお出版
森山卓郎(1998)例示の副助詞「でも」と文末制約 『日本語科学』3(国立国語研究所)
矢毛達之(1999)仮定条件句末形式出自の助詞について─デモ・ナリトモの意味機能変化─ 『語文研究』84(九州大学国語国文学会)
山田昌裕(2007)「コソガ」の発生とその用法 『恵泉女学園大学紀要』19
山中美惠子(1991)「も」「でも」「さえ」の含意について 日本語と中国語の対照研究会編『日本語と中国語の対照研究』14(大阪外国語大学)
陸沢軍(1998)関於提示助詞與副助詞的区別 『日語学習與研究』98-3(北京・対外経済貿易大学)
劉先飛(2006)論提示助詞"まで"的評価性意義 『日語学習與研究』06-2(北京・対外経済貿易大学)

・という

岩崎卓(1996)ノデの視点とノニの視点─トイウノデとトイウノニから 『現代日本語研究』3(大阪大学)
王詩栄・張昇(2004)連体修飾中"という"的意義 『日語学習與研究』04-2(北京・対外経済貿易大学)
大島資生(1991)連体修飾構造に現われる「という」の機能について 『人文学報』225(東京都立大学)
欧文東(2001)試論「という」介入的任意性與非任意性 『日語学習與研究』01-1(北京・対外経済貿易大学)
欧文東(2001)という的日漢対比研究 『日語学習與研究』01-3(北京・対外経済貿易大学)
太田陽子(2000)「トイウ」を用いた連体修飾表現について 『東京大学留学生センター紀要』10
金銀淑(1989)連体修飾構造における「トイウ」の意味機能 『国語学研究』29(東北大学)
小金丸春美(1990)相手の推論を否定する形式をめぐって「〜といっても」と「〜からといって」 『梅花短大国語国文』3(梅花短大国語国文学会)
川端芳子(2001)条件形式を用いた表現「といえば／というと」『立教大学日本語研究』8
小林功治(1994)談話におけるソウダとトイウの相違について、『日本語・日本文化』20(大阪外国語大学)
近藤純子(1998)複合辞としての「ということで」『日本語教育』99

近藤真宣(1999)「トイウコト」から考える「トイウ」の特性 『語学研究』8(拓殖大学)
砂川有里子(2006a)「言う」を用いた慣用表現―複合辞の意味記述を中心に― 倉島節尚編(2006)『日本語辞書学の構築』おうふう
砂川有里子(2006b)「言う」を用いた複合辞：文法化の重層性に着目して 藤田保幸・山崎誠編『複合辞研究の現在』(和泉書院 2006)に収録
城戸康成(2002)連体複合辞「という」に関する考察 『東呉日本語教育学報』25(東呉大学)
高橋志野(2005)いわゆる外の関係における「トイウ」の出現条件の一考察 『人文学論叢』7(愛媛大学)
高橋太郎(1997)「～というもの」「～ということ」「～というの」『立正大学人文科学研究所年報』34
高橋美奈子(1994)名詞修飾表現における「トイウ」の介在可能性について―「内の関係」の名詞修飾表現を中心に― 『待兼山論叢』28(大阪大学)
張昇(2008)「SというN」的成立条件―試論被修飾名詞N的分類― 『日語学習與研究』08-2(北京・対外経済貿易大学)
趙福堂(1989)形式動詞"いう"的種種用法 『日語学習與研究』89-4(北京・対外経済貿易大学)
趙福堂(1989)内含形式動詞"いう"意義的助詞 『日語学習與研究』89-5(北京・対外経済貿易大学)
張礼忠(1997)"という体言"和"といった体言""とかいう体言""とかいった体言"之意義和用法的区別 『日語学習與研究』97-4(北京・対外経済貿易大学)
鶴田洋子(1999)「～とばかりに」「～といわんばかりに」『立教大学日本語研究』6
寺井妃呂美(2000)談話における「トイウカ」の機能、佐治圭三教授古希記念論文集編集委員会編(2000)『日本と中国ことばの梯 佐治圭三教授古希記念論文集』くろしお出版
徳田裕美子(1989)「という」の使われ方の研究 『東京外国語大学日本語学科年報』11
中畠孝幸(1990)「という」の機能について 『阪大日本語研究』2
名嶋義直(1999)「発話動詞の条件節」に関する覚書 『姫路獨協大学日本語教育論集』14
丹羽哲也(1993)引用を表す連体複合辞「トイウ」『人文研究』45-1(大阪市立大学文学部)
野呂健一(2008)同語反復表現「XというX」について 『日本語文法』8-2(日本語

文法学会）
藤田保幸(1987)「～トイウト」「～トイエバ」と「トイッテ」「～トイッテモ」複合辞に関する覚書　『国語国文学報』44(愛知教育大学)
藤田保幸(1998)複合助辞「トイッテモ」「トイッテ」「トハイエ」について　『滋賀大国文』36
馬小兵(1997)「立場・資格」を表す「という」の用法について―「に・で」との比較を中心に　『筑波日本語研究』3(筑波大学)
守時なぎさ(2000)連体修飾節における複合辞　『日本語と日本文学』30(筑波大学国語国文学会)

・とか／なんて／なんか／など／ほどに

磯山麻衣(2000)「なんて」の意義と用法　『昭和女子大学大学院日本文学紀要』11
植田瑞子(1991)現代語における副助詞ナドの分布と特性『日本語学』10-5(明治書院)
大曾美恵子(1996)だって、なんか、なんて　『言語文化論集』xvii-2号(名古屋大学言語文化学部)
鈴木理子(2003)調査報告　自然談話資料にみられる日本語母語話者の「なんて」「なんか」「など」『小出記念日本語教育研究会論文集』11
砂川千穂(2000)日本語における「とか」の文法化について　並立助詞から引用マーカーへ　『日本女子大学大学院文学研究科紀要』6
篠崎一郎(1985)ホドの意味　『言語の世界』Vol.3(言語研究会)
竹内史郎(2006)ホドニの意味拡張をめぐって　『日本語文法』6-1(日本語文法学会)
中俣尚己(2004)日本語のとりたて助詞と並列助詞の接点―「も」と「とか」の用法を中心に―　『言語文化学研究』言語情報編　第3号(大阪府立大学)
丸山直子(1996)話しことばの助詞「とか」「なんか」「なんて」『日本文学』85(東京女子大学)
村田年(1991)「なんか」の用法(1)接続の形態から、『日本語と日本語教育』19(慶應義塾大学日本語・日本文化研究センター)

・とき／際／場合

王崗・趙嫦虹(2005)困擾日語学習者的"～ルとき"和"～タとき"―対中国的日語学習者和英語圏日語学習者的考察―　『日語学習與研究』05-1(北京・対外経済貿易大学)
王宏(1984)とき、ときに、ときには　『日語学習與研究』84-3(北京・対外経済貿易大学

小野純一(1997)「—トキ」の成立条件に関する一考察 『ことばの科学』10(名古屋大学)
加藤由紀子(2004)トキ節の時間的な特徴についての一考察 『岐阜大学留学生センター紀要』2004
川越菜穂子(1997)従属節における時間表現について—トキ節が設定する時点—『PACIFICA』8
工藤浩(1985)日本語の文の時間表現『言語生活』403号(筑摩書房)
近藤要司(1995)「ときは」の意味について 『日本語教育』85
江雯薫(2006)時間節従属節に関する一考察—「トドウジニ」の意味と用法を中心に—『政大日本研究』第三号(国立政治大学日本語文学系)
佐野裕子(2006)サイ(際)に関する一考察 『日本語・日本文化研究』16(大阪外国語大学)
佐野裕子(2007)複合辞「オリカラ(折から)」に関する小考 『STDIUM』34(大阪外国語大学)
佐野裕子(2008)「場合」に関する考察—接続助辞用法を中心に—『日本語文法』8-2(日本語文法学会)
塩入すみ(1995)トキとトキニとトキ(ニ)ハ—時を表す従属節の主題化形式と非主題化形式—仁田義雄・宮島達夫編『日本語類義表現の文法(下)複文・連文編』くろしお出版
仁田円(2001)仮定的な時の副詞節について—「とき(に)は」を中心に—『日本語・日本文化研究』11(大阪外国語大学)
松橋瑞貴(2006)トキ節の解釈に関する語用論的考察 『日本語文法』6-1(日本語文法学会)
馬蘭英(2005)トキ時間従句的意義及句式特徴 『日語学習與研究』05-1(北京・対外経済貿易大学)
村木新次郎(2005)〈とき〉をあらわす従属接続詞 『同志社女子大学学術研究年報』56
向井留美子(1997)トキ節の同時解釈と絶対的テンス 『広島大学日本語教育学科紀要』7
葉懿萱(2007)「トキニハ」に関する一考察—「トキニ」との置き換えを通して—『日本語文法』7-2(日本語文法学会)
兪曉明(2007)「(時間数詞)ぶりにV」構文に関する一考察—「初めて」との共起関係を中心に—『岡大国文論稿』35(岡山大学文学部言語国語国文学会)
吉田一彦(2001)埋め込み文をともなう形式「〜とき」の名詞句性と時間関係を標示する動詞述語形式-teiru／-teitaの交替 『横浜国立大学留学生センター紀要』

8

渡辺文生(1991)「〜した場合」構文の意味特徴 『計量国語学』18-1(計量国語学会)

・ところ

青木三郎(2000)〈ところ〉の文法化 青木三郎・竹沢幸一編(2000)『空間表現と文法』くろしお出版

秋月康夫(2003)「テいたところ」が表す局面としての「途切れ」相 『日本語教育』117

沖裕子(1998)接続詞と接続助詞の「ところで」「転換」と「逆接」の関係性 『日本語教育』98、同(2006)『日本語談話論』(和泉書院)に再録

加藤理恵(1999)「ところを」を含む文について―2つのタイプの構文とその解釈の可能性― 『名古屋大学人文科学研究』28

加藤理恵(1998)「〜ところを〜する」という構文の意味記述 『ことばの科学』11(名古屋大学言語文化研究会)

加藤理恵(2003)逆接を表す「ところで」の意味記述 『日本語教育論集　世界の日本語教育』13(国際交流基金・日本語国際センター)

川越奈穂子(1989)トコロダ文の意味と構造―情報のなわばりとの関連で 『日本学報』8(大阪大学)

川越奈穂子(1990)トコロヲの用法について 『帝塚山学院大学研究論集』25

川端芳子(1995)「ところが」について 『立教大学日本語研究』2

黒田成幸(1999)トコロ節 『ことばの核と周縁　日本語と英語の間』くろしお出版

小林幸江(2000)〈研究ノート〉「トコロ」の意味と用法―文献に見る「トコロ」の統語的機能― 『東京外国語大学留学生日本語教育センター論集』26

近藤純子(1999a)複合辞「ところを」についての論考 『日本語教育』103

周恵娟(1988) "ところへ" "ところを" "…しているところに"的区別 『日語学習與研究』88-4(北京・対外経済貿易大学)

田中寛(1996)〈トコロ〉節における意味の連続性 『紀要』8(早稲田大学日本語研究教育センター)同(2004) 『日本語複文表現の研究』白帝社に修訂収録

田山のり子(1982)現代日本語における「ところ」―その意味と用法― 『国文学研究と資料』第6号(早稲田大学国語国文学会)

寺村秀夫(1978)「トコロ」の意味と機能 『語文』34(大阪大学)

橋本徹也(2000)トコロの意味と機能に関する一考察 『東京外国語大学留学生日本語教育センター論集』26

宮崎茂子(1984)〜たところで／〜たところでは 『日本語学』3-10(明治書院)

籾山洋介(1989)現代日本語「トコロ」の意味的・統語的・文体的特徴 『Litteratura』10(名古屋工業大学外国語教室)
劉徳慧(1995)「ところを」について 『横浜国立国大国語研究』13

・どころか
斉藤学・三枝優子・佐藤直人(1999)ドコロカについて 『東アジア日本語教育・日本文化研究』1(東アジア日本語教育・日本文化研究学会)
初玉麟(1981)どころか その接続と意味の説明・分類をめぐって 『言語』10-10(大修館書店)
張素芳(1993)「どころか」の用法と機能「ばかりか」との比較を中心にして 『文芸研究』132(日本文芸研究会)
服部匡(1995)「〜どころか(どころではない)」等の意味用法について 『同志社女子大学日本語日本文学』7
服部匡(2006)「どころか」「どころで(は)ない」とその周辺の諸表現——あわせて「ばかりか」「はおろか」等との比較 藤田保幸・山崎誠編『複合辞研究の現在』(和泉書院2006)に収録
服部匡(2005)「どころか(どころではない)」再論 『同志社女子大学総合文化研究所紀要』22

・とは
阿部二郎(2007)複合辞の「トハ」と複合辞ではない「トハ」『札幌国語研究』12(北海道教育大学国語国文学会)
岩男考哲(2006)引用構文と「トハ文」『日本語・日本文化』32(大阪外国語大学)
此島正年(1973)複合助詞「とは」の解釈 『解釈』19-12(解釈学会)
塩入すみ(1994)「トハ」文の主節の述語について 『現代日本語研究』1(大阪大学)
藤田保幸(1995b)「〜トハ」構文小考「嘘をつくとはけしからん」などの表現について 『滋賀大国文』33
村田美穂子(1993)「ニ＋ハ」「デ＋ハ」「ト＋ハ」をめぐる考察—日本語教育の立場から(5)『千葉大学留学生センター雑誌』9
山内啓介(1987)トハ措定とトイウノハ—ことばと意味のとらえかた 『愛知大学国文学』27

・となると／とすると／と思うと／としたら／なら
岩男考哲(2008b)最近の若者ときたら…—話者の思考と属性叙述— 『言語』37-10 大修館書店

岩男考哲(2009)「ときたら」文をめぐって—有標の提題文が意味すること—『日本語文法』9-2(日本語文法学会)
江田すみれ(1991)複合辞による条件表現(2)「となると」の意味と機能 『日本語教育』75
江田すみれ(1992)複合辞による条件の表現(2)「と」「とすると」「となると」の意味と機能について 『日本語教育』78
江田すみれ(1994)複合辞による条件の表現「ば」「とすれば」「となると」『日本語教育』83
江田すみれ(1998)複合辞による条件表現「たら」と「としたら」『杏林大学外国語学部紀要』10
江田すみれ(2005)主題の「なら」の表現する内容について 『日本女子大学紀要文学部』54
鈴木美和(1992)提題のナラとその周辺 『園田学園女子大学論文集』26
田中寛(2001)「ナラ」節条件文における発話意図——前提情報と事態認識 『語学教育研究論叢』18号(大東文化大学語学教育研究所) 同『日本語複文表現の研究』(白帝社 2004)に修訂収録
多門靖容(1994)複文を形成する「〜と思うと」の用法について 『愛知学院大学文学部紀要』23
陳東生(1988)"ならでは"的結合分析 『日語学習與研究』88-3(北京・対外経済貿易大学)
陳東生(1989)動詞未然形＋ばこそ 『日語学習與研究』89-5(北京・対外経済貿易大学)
名嶋義直(2000)ノナラ・ナラに関する一考察 『言語と文化』創刊号(名古屋大学大学院国際言語文化研究所日本言語文化専攻)
中野友理(2005)ナラとノナラ 『北海道留学生センター紀要』9
馬場俊臣(1997)条件表現形式による継起・対比・反期待用法「(か)と思うと、思ったら、思えば」について 『北海道教育大学紀要』1A 人文科学編 47-2
蓮沼昭子(1985)「ナラ」と「トスレバ」『日本語教育』56
藤田保幸(1992)「〜ト来る」から「〜ト来タラ」へ『国語国文学報』50(愛知教育大学)
藤城浩子・宗意幸子(2000)(ノ)ナラの意味と特徴 『三重大学日本語文学』11-36
藤城浩子(2006)(ノ)ナラの意味と特徴 『日本語学・文学』11(三重大学)
松木正恵(1997)「と思うと」の連続性 『学術研究』国語・国文学編 45(早稲田大学教育学部)
松木正恵(1998)「思う」を中心とする接続形式について 『学術研究』(国語・国

文学編）46（早稲田大学教育学部）

油谷幸利（1995）仮想の「なら」と伝聞・様態の「なら」『愛知教育大学研究報告』44

李仁揆（1997）「すると」「すれば」「したら」による条件文の用法―既定の条件をさしだすものを中心に―『立正大学大学院紀要』12

李先瑞（1998）談"ば"與"とすれば"的区別 『日語学習與研究』98-1（北京・対外経済貿易大学）

劉麗華（1990）「というと」「といえば」「となると」「ときたら」的異同 『日語学習與研究』90-5（北京・対外経済貿易大学）

・ない

浅田満智子（2001）文法形式の意味を設定するもの 逆接の連言形式 ナイデ ナクテ ズニのばあい 『麗澤大学紀要』72

王華偉（2005）表示完全否定的表達式"一人も〜ない"和"誰も〜ない"『日語学習與研究』05-3（北京・対外経済貿易大学）

川端芳子（1999）ナイデとナクテ 『立教大学日本語研究』6

呉遠泉（2001）"〜ないで"與"〜ずに"的用法浅析 『日語学習與研究』01-1（北京・対外経済貿易大学）

小林典子（2003）「なく（て）」と「ないで」と「ずに」について 『筑波大学留学生センター日本語教育論集』18

戴金華（1999）"動詞＋テ＋動詞"否定句的形式和意義 『日語学習與研究』99-1（北京・対外経済貿易大学）

張威（2002）否定辞「ない」についてのミクロ的分析―その機能と意義を実現するメカニズムをめぐって―『日語学習與研究』02-1（北京・対外経済貿易大学）

張礼忠（1998）"ないで"和"なくて"文意和用法区別 『日語学習與研究』98-4（北京・対外経済貿易大学）

山崎和夫（1996）従属節おける誘導型否定疑問について―「〜ないかと（思って）」表現をめぐって―『北九州大学文学部紀要』53

・ながら／まま

江原由美子（2003）付帯状況と逆接 『岡大国文論稿』31（岡山大学）

川越菜穂子（2001）「ながら」節の用法の記述について―付帯状況・様態・逆接―『帝塚山学院大学人間文化学研究年報』4

酒井悠美（1999）「〜しておきながら」―タクシス（時間的順序）と話し手によるマイナス評価の表現―『日本語教育』102

佐治圭三(1989)勉強しがてらラジオを聞きます：誤用例の分析『同志社女子大学日本語日本文学』1

佐藤直人(1997)日本語のナガラ節の意味と位置の相関　『言語科学論集』1(東北大学)

春名万紀子・新村朋美(1999)逆接の「ながら」再考　『講座日本語教育』34(早稲田大学日本語研究教育センター)

広坂直子(2001)付帯状況を表すタママ節について　『語文』75/76(大阪大学)

藤城浩子(2006)－キリ、－ママ、－ッパナシ―その基本義と提示方法―『早稲田大学日本語教育研究』第8号(早稲田大学大学院日本語教育研究科)

堀口和吉(1987)動詞のあらわす〈継続〉〈持続〉―「ながら」をめぐって―　『天理大学学報』12

馬蘭英(2006)従動詞的分類看"ながら""て"的区別　『日語学習與研究』06-4(北京・対外経済貿易大学)

村木新次郎(2006)「－ながら」の諸用法　野田尚史・益岡隆志・森山卓郎編『日本語文法の新地平3 複文・談話編』くろしお出版

山口堯二(1980)「て」「つつ」「ながら」考　『国語国文』49-3(京都大学)

游象山(1989)談"たまま"的用法　『日語学習與研究』89-2(北京・対外経済貿易大学)

楊文江(2008)「PながらQ」的語義類型分析　『日語学習與研究』08-1(北京・対外経済貿易大学)

和田礼子(1998)逆接か同時進行かを決定するナガラ節のアスペクトについて　『日本語教育』97

劉子金(1983)関於ながら的幾種用法　『日語学習與研究』83-2(北京・対外経済貿易大学)

・のだから／のではなく

岩崎卓(1996)ノダカラの統語的特徴について　上田功・砂川有里子・高見健一・野田尚史・蓮沼昭子編『言語探究の領域　小泉保博士古稀記念論文集』大学書林

小金丸春美(1991)「のではなく」の機能　『阪大日本語研究』3

許夏玲(1998)談話における「んだから」の使用条件と機能　『ことばの科学』11(名古屋大学言語文化研究会)

桑原文代(2003)説得の「のだから」「から」と比較して　『日本語教育』117

張麟声(1983)「のだから」について　『日本語教育研究論集』第一集(在中華人民共和国日本語研究センター)

野田春美(1992a)複文における「の(だ)」の機能「のではなく(て)」「のでは」と

「のだから」「のだが」『阪大日本語研究』4
蓮沼昭子(2008)日本語話者の会話能力と「ノダカラ」使用の実態―KY コーパスをデータに―『外国語学部紀要』21(姫路独協大学)

・ばかりに／からこそ／せいで
小林賢次(1994)「(言わ)んばかり」考―国語辞典類の意味記述をめぐって―『日本語研究』14(東京都立大学)
小林賢次(1995)「(言わ)んばかり」考―慣用表現の用法と展開―『日本語研究』15(東京都立大学)
鈴木容子(2009)「～からこそ」の文法説明に関する一考察―「唯一の理由として強調する」とは何か？―『文化外国語専門学校紀要』第 23 号(文化外国語専門学校)
タナン・ポンサン(2007)現代日本語における形式名詞「せい」の意味用法『世界の日本語教育』17(国際交流基金日本語国際センター)
鶴田洋子(1999)「～とばかりに」「～といわんばかりに」『立教大学日本語研究』6
中里理子(1995)「だけ」「ばかりに」の接続助詞的用法について『言語文化と日本語教育(水谷信子先生退官記念号)』凡人社
前田直子(1997)原因・理由を表す「ばかりに」と「からこそ」『東京大学留学生センター紀要』7
三浦裕子(2007)複文における複合接続助詞の機能―「せいで」・「おかげで」について―『言語科学論集』11(東北大学大学院)
三浦裕子(2008)複合接続助詞「ばかりに」が表すマイナス評価の内実について『第 9 回日本語文法学会発表予稿集』
茂木俊伸(2007)「ばかり」文の解釈をめぐって『日本語文法』2-1

・ものの／もので／ものなら
伊丹千恵(2000)〈研究ノート〉「ものの」の意味と用法について『東京外国語大学留学生日本語教育センター論集』26
伊藤勲(1994)「ものの」の用法『国際学友会日本語学校紀要』16・17
王暁于(1985)「ものの」は形式名詞だとの説は正しくない『日本語教育研究論纂』4(在中華人民共和国日本語研修センター紀要)
尾形理恵(2001)「ものの」の意味と用法『東京外国語大学留学生日本語教育センター論集』27
佐竹久仁子(1984)～もので／～ものの／～ものを『日本語学』3-10(明治書院)

田辺和子(2001)接続助詞「ものの」の文法化に伴う譲歩的意味の創出について 『日本女子大学紀要文学部』50
玉村禎郎(1984)～ものなら 『日本語学』3-10(明治書院)
趙順文(1989)国語辞書に見る「もので」の記述 『吉沢典男教授追悼論文集』(吉沢典男教授追悼論文集編集委員会)
坪井由香里(1996)終助詞・接続助詞としての「もの」の意味—「もの」「ものなら」「ものの」「ものを」— 『日本語教育』91
中里理子(1996)「ものの」の意味・用法について 『東京大学留学生センター紀要』6
増倉洋子(1996)「ものなら」について考える 『長崎大学外国人留学生指導センター紀要』4
山口明穂(1967)接続助詞ものから・ものゆゑ・ものの〈古典語〉・ものを〈古典語・現代語〉 『国文学 解釈と教材の研究』12-2(學燈社)
山口康子(2004)「ものから」考 『国語と教育』28(長崎大学)

・やいなや

奥村大志(2006)時を表す機能語—「たとたん」「かと思うと」「やいなや」の意味・特徴の検討— 『実践女子短期大学紀要』27
田島優(2001)「〈ル形＋途端〉」から「〈タ形＋途端〉」へ 『説林』Vol. 49(愛知県立大学)
水谷修(1964)～やいなや・～が早いか・～とともに 森岡健二他編(1964)『口語文法講座3 ゆれている文法』明治書院
毛文偉(2003)試論表示瞬間継起複合接続助詞 『日語学習與研究』2003-1
村木新次郎(2005b)〈とき〉をあらわす従属接続詞—「途端(に)」「拍子に」「やさき(に)」などを例として— 『同志社女子大学学術研究年報』56
森山卓郎(1984a)～するやいなや／～するがはやいか 『日本語学』3-10(明治書院)

・ように(様態節・内容節など)

藤田保幸(1995a)思考・発話の内容節として働く「～ヨウニ」について 『詞林』17(大阪大学古代中世文学研究会)
本田晶治(2001)「ように」の統語的性質について 『Ars Linguistica、Linguistic Studies of Shizuoka』8(静岡大学)
前田直子(1994a)「比況」を表す従属節「～ように」の意味・用法 『東京大学留学生センター紀要』4
前田直子(1996)必須成分として機能する「～ように」節の意味・用法 発話・思

考の内容節の場合を中心に 『東京大学留学生センター紀要』6
安田芳子(1997)連体修飾形式「ような」における〈例示〉の意味の現れ 『日本語教育』92
山本幸枝(2001)様態の意味を表す「〜ように節」と「〜ようにして」について 『日本言語文化研究』3(日本言語文化研究会・龍谷大学)
渡邊ゆかり(2001)ヨウニ節を用いた直喩表現の類型 『広島女学院大学日本文学』11

・X を Y に

井筒勝信(2001)構文文法に基づく日本語の統語分析「〜を〜に」構文の場合 『北海道教育大学紀要人文科学・社会科学編』51-2
金子比呂子(1990)「して」からみた「N1 を N2 にして」の位置付けかた 『日本語学校論集』17(東京外国語大学外国語学部附属日本語学校)
寺村秀夫(1983)「附帯状況」表現の成立の条件―「X ヲ Y ニ…スル」という文型をめぐって―」『日本語学』2-10(明治書院)
村木新次郎(1983)「地図をたよりに人をたずねる」という言いかた 渡辺実編『副用語の研究』(明治書院 1983)所収

【文末にあらわれる複合辞】

・いい

阿曾村陽子(1999)「ほうがいい」についての一考察 『湘南文学』33(東海大学)
雨宮雄一(1999)現代日本語における義務論的表現「して(も)いい」「しなければならない」をめぐって 『日本学報』18(大阪大学)
井上和子(2007)日本語の主文のモーダリティと条件節 『Scientific Approaches to Language』6(神田外語大学言語科学研究センター)
今井新悟(1990)シタ方ガイイとスル方ガイイの意味・構文的な違い 『東京外国語大学日本語学科年報』12
奥田靖雄(1996)現実・可能・必然(中)―「していい」と「してもいい」―言語学研究会編(1996)『ことばの科学 7』むぎ書房
小矢野哲夫(2006)してもいい文のモダリティ―言語行動の観点から―野田尚史・益岡隆志・森山卓郎編『日本語文法の新地平 2 文論編』くろしお出版
高梨信乃(1995)条件接続形式による評価的複合表現 スルトイイ、スレバイイ、

シタライイ 『阪大日本語研究』7
高梨信乃(1996)条件接続形式を用いた〈勧め〉表現－シタライイ、シタラ、シタラドウ－ 『現代日本語研究』3(大阪大学)
李琚寧(2006)"してもいい"的基本意義與引申意義 『日語学習與研究』06-4(北京・対外経済貿易大学)
李琚寧(2007)「してもいい」與"可以"的対比研究 『日語学習與研究』07-6(北京・対外経済貿易大学)

・かもしれない
麻生夕美(2002)推量表現『かもしれない』が婉曲表現として使用される際の機能分類について 『北條淳子教授古稀記念論集』(早稲田大学日本語研究教育センター初級教科書研究会)
川口さち子(2003)カモシレナイの「可能性明示」「意味」「文脈」「機能」の記述 『聖学院大学論叢』15-2
木下りか(1997)「カモシレナイ・ニチガイナイ 真偽判断のモダリティの体系における 『可能性』」言語学研究会編『ことばの科学』10号 むぎ書房
須賀一好(1995)「かもしれない」の意味と蓋然性 『山形大学紀要』人文科学 13-2
杉村秦(2001)現代日本語における文末表現の主観性 ヨウダ、ソウダ、ベキダ、ツモリダ、カモシレナイ、ニチガイナイを対象に 『日本語教育論集 世界の日本語教育』11(国際交流基金日本語国際センター)
杉村秦(2003)続・カモシレナイとニチガイナイの異質性－コーパス調査の結果から－ 『言葉と文化』4(名古屋大学)
高瀬匡雄(2002)「かもしれない」と「にちがいない」『教育国語』4-4
田中俊子(1993)「～カモシレナイ」について 『東北大学留学生センター紀要』1
中畠孝幸(1993)確かさの度合い カモシレナイ・ニチガイナイ 『日本語学文学』4(三重大学)
仁田義雄(1981)可能性・蓋然性を表す疑似ムード 『国語と国文学』58-5(京都大学)
野田尚史(1984)～にちがいない・～かもしれない・～はずだ 『日本語学』3-10(明治書院)
平田真美(2001)「カモシレナイ」の意味－モダリティと語用論の接点を探る 『日本語教育』108
森山卓郎(2002)可能性とその周辺－「かねない」「あり得る」「可能性がある」等の迂言的表現と「かもしれない」－ 『日本語学』21-2(明治書院)
山岡政紀・小野正樹・牧原功(2009)「かもしれない」の談話機能について 沈力・

趙華敏主編『漢日理論語言学研究』中国・学苑出版社

・ことがある／ことができる／ことになる／ことにする
安達太郎(1997)「なる」による変化構文の意味と用法　『広島女子大学国際文化学部紀要』4
池田英喜(1996)経験をあらわす「シタコトガアル」について　『待兼山論叢』日本学篇30(大阪大学)
柏崎雅世(2001)「ことになる」「ことにする」の意味と用法(1)―「ことになる」―　『東京外国語大学留学生日本語教育センター論集』26
柏崎雅世(2002)「ことになる」「ことにする」の意味と用法(2)―「ことにする」―　『東京外国語大学留学生日本語教育センター論集』27
伍国春(1999)擬似表現「になる」と「となる」の研究　『無差』6(京都外国語大学)
小坂光一(2005)状態の成立と「存在」―「～になる」と「～である」―『ことばの科学』18(名古屋大学言語文化研究会)
申鉉竣(1999)近代語可能表現の推移「～コトガナル」から「コトガデキル」へ　『國學院雜誌』100-4(國學院大學)
菅井綾子(2000)「ことになる」の意味と用法について　『伊藤芳照先生古稀記念論集』(非売品)
高橋太郎(1994a)ダブルテンスの観点からみた〈スルコトガアル〉の種々相　『立正大学文学部論叢』100
藤森弘子(2001)談話における「コトガアル」の意味と用法　『東京外国語大学留学生日本語教育センター』26
光信仁美(2003)複合述語形式「スルコトニナル」の用法について　ダブルテンスの観点から　『日本語教育』116
李金蓮(1994)「見える」「見られる」「見ることができる」について　『日本語教育論集　世界の日本語教育』3(国際交流基金日本語国際センター)
呂雪寧(2010)無意志自動詞表現と「Ｖる＋ことがある／ない」との比較『言葉と文化』11(名古屋大学大学院・国際言語文化研究科)

・こと／の／もの
今井喜昭(1992)形式名詞"ノ"、"モノ"、"コト"の研究―その機能と使い分けの原理―　『日語学習與研究』92-3(北京・対外経済貿易大学)
大島資生(1996)補文構造にあらわれる「こと」と「の」について　『東京大学留学生センター紀要』6号
魏萍(2003)関於補句標志"の"和"こと"的相互置換―非動詞謂語句的主格位置―

『日語学習與研究』03-3（北京・対外経済貿易大学）
胡俊・邵菊雲(1998)論"もの"的功能與意義　『日語学習與研究』98-4（北京・対外経済貿易大学）
佐治圭三(1970)「こと」と「の」―形式名詞と準体助詞(1)　『日本語・日本文化』1（大阪外国語大学）
塩入すみ(2002)ノ・コト節と中止形・条件形との誤用について　『東呉外語学報』17（東呉大学出版）
篠崎一郎(1981)コトとノの意味論的研究　『Sophia Linguistica』7
篠崎一郎(1983)コトの意味　『Sophia Linguistica』13
篠崎一郎(1999)コトとノの意味論的分析　『言語の世界』Vol. 17, No. 1/2
朱林(2001)"有属文"的構成與形式名詞"こと""の"　『日語学習與研究』01-2（北京・対外経済貿易大学）
尚永清(1980a)分析と、の、こと　『日語学習與研究』80-3（北京・対外経済貿易大学）
尚永清(1980b)分析と、の、こと（続）　『日語学習與研究』80-4（北京・対外経済貿易大学）
沈国華(1988)"こと""もの""の"的用法及区別　『日語学習與研究』88-2（北京・対外経済貿易大学）
孫満緒(1983)"もの"的意義和用法　『日語学習與研究』83-1（北京・対外経済貿易大学）
高市和久(1989)文法的なてだてとしての形式名詞―「こと」の場合　『山梨英和短期大学紀要』23
姫野昌子(2000)形式主語「こと」の複合辞的用法　助詞的用法と助動詞的用法をめぐって　『東京外国語大学留学生日本語教育センター論集』26
余弦・劉薇(2002)形式名詞"こと、もの、の"的意義和用法　『日語学習與研究』02-3（北京・対外経済貿易大学）
凌大波(1984)論"〜スルノヲ"與"〜スルコトヲ"的異同　『日語学習與研究』84-3（北京・対外経済貿易大学）
劉徳慧(1990)関於のが句式的分析　『日語学習與研究』90-6（北京・対外経済貿易大学）

・じゃない／ではない
御園生保子(2000)文末に現れるジャナイの用法と韻律の分析をめぐる問題について　山田進也編(2000)『意味と文法の風景　国広哲弥教授古希記念論文集』ひつじ書房

木村麻里(2005)研究ノート:「〜ジャナイカ」の用法と機能について『言語と文明』3(麗澤大学大学院言語教育研究科)
張雅智(2004)「ではないか」の用法 『言語科学論集』8(東北大学)
三隅友子(2000)文末の「ンジャナイ(カ)」の語用論的機能 『言語科学研究』6(神田外語大学大学院)

・終助詞

青野順也(2007)終助詞「な・ね」と希望表現 『國學院雑誌』108–10
アサダーユット・チューシー(2008)独話における助詞「ネ」の伝達機能 『日本語文法』8-2(日本語文法学会)
アサダーユット・チューシー(2009)日本語談話における助詞「ネ」の「注視要求」の機能 『日本語教育紀要』第6号(国際交流基金バンコク日本文化センター)
石川禎紀(1972)近代女性語の語尾「てよ・だわ・のよ」『解釈』18(解釈学会)
犬飼隆(2001)低く短く付く終助詞「ね」音声文法研究会編『文法と音声』くろしお出版
井上拡子(2001)終助詞―「ね」と「よ」― 『教育国語』4-1(むぎ書房)
井上優(1997)もしもし、切符を落されましたよ『月刊言語』26-2(大修館書店)
上野田鶴子(1972)終助詞とその周辺『日本語教育』17
宇佐美まゆみ(1997)「ね」のコミュニケーション機能とディスコース・ポライトネス 現代日本語研究会編『女性のことば・職場編』ひつじ書房
元春英(2010)会話の文末における「―タラ」「―バ」の終助詞的用法―発話行為と対人関係から―『言葉と文化』11(名古屋大学大学院)
小山哲春(1997)文末詞と文末イントネーション『文法と音声』音声文法研究会編(くろしお出版)
白川博之(1992)終助詞「よ」の機能『日本語教育』77
三枝令子(2004)終助詞「じゃない」の意味と用法 『言語文化』41(一橋大学)
佐治圭三(1957)終助詞の機能 『国語国文』26(京都大学国語国文学会)
篠田裕(2007)終助詞「な」と「ね」の認識的意味 『比較文化研究所年報』22(徳島文理大学)
篠田裕(2007)終助詞「ね」の意味再考―話し手の「いま・ここ」における主観的判断の標識として― 『比較文化研究所年報』23(徳島文理大学)
杉藤美代子(2001)終助詞「ね」の意味機能とイントネーション 音声文法研究会編『文法と音声』くろしお出版
鈴木英夫(1976)現代日本語における終助詞のはたらきとその相互承接について『国語と国文学』53(東京大学国語国文学学会)

席衛国(2008)運用機能の視点から終助詞「ね」と「よ」に関する一考察 『日本学研究』18 北京・日本学中心(学苑出版社)

蘇徳昌(1992)日語的終助詞與漢語的語気詞 『日語学習與研究』92-4(北京・対外経済貿易大学)

田野村忠温(1994)終助詞の文法『日本語学』13-4(明治書院)

陳常好(1987)終助詞―話し手と聞き手の認識のギャップをうめるための文接辞― 『日本語学』6-6(明治書院)

中崎崇(2007)命令形式と終助詞「ヨ」(二) 『STDIUM』34(大阪外国語大学大学院)

中田一志(2009)発話行為論から見た終助詞ヨとネ 『日本語文法』9-2

中野伸彦(1993)終助詞の連接形「よね」について 松村明先生喜寿記念会編(1993)『国語研究』明治書院

西川寛之(2005)日本語終助詞の統語機能『応用言語学研究』7(明海大学大学院応用言語学研究科)

西川寛之(2009)『日本語文末詞の研究―文構成要素としての機能を中心に―』凡人社

仁田義雄(1994)〈疑い〉を表す形式の問いかけ的使用「カナ」を中心とした覚書 『現代日本語研究』1(大阪大学)

橋本修(1992)終助詞「ね」の意味の型とイントネーションの型『日本語学』11-12(明治書院)

服部匡(2001)終助詞ネに関する二三の考察:落語を音声資料として『同志社女子大学日本語日本文学』13

服部匡(2002)終助詞の音調について:落語資料を中心に『同志社女子大学日本語日本文学』14

林朝子(2000)終助詞「よ」がもつ「失礼さ」の度合い『三重大学留学生センター紀要』2

日髙吉隆(1995)終助詞「よ」の意味・用法とイントネーション『創価大学別科紀要』9

深尾まどか(2004)終助詞「ね」について 『東呉日本語教育学報』27(東呉大学日本語文学系)

福島和郎・岩崎庸男・渋谷昌三(2006)展望:終助詞「よ」と「ね」に関する研究の動向 『目白大学心理学研究』2

松木正恵(1993)「の」と終助詞の複合形をめぐって『日本語学』12-11(明治書院)

三宅知宏(2000)疑念表明の表現について カナ・カシラを中心に 『鶴見大学紀要 国語・国文学編』37

宮崎和人(2002)終助詞「ネ」と「ナ」『阪大日本語研究』14(大阪大学大学院文学研究科)
孟文驊(2001)終助詞「よ」に関する考察『外国語学研究』第2号(大東文化大学大学院外国語学研究科)
ラオハブラナキット・カノックワン(1996)「カナ」「カシラ」に関する考察 『日本語と日本文学』23(筑波大学)
森山卓郎(2008)相手発話のエコー的取り込み―「か」「ね」「ねえ」を中心に―　串田秀也・定延利之・伝康晴編『「単位」としての文と発話』シリーズ文と発話　第2巻　ひつじ書房
劉杰(2002)終助詞「ね」與「よ」的性格特色　『日語学習與研究』02-1(北京・対外経済貿易大学)
渡辺実(1968)終助詞の文法的位置―叙述と陳述再説―　『国語学』72

・だろう／でしょう／(の)ではないか

安達太郎(1997)「だろう」の伝達的な側面　『日本語教育』95
井上優(1990)「ダロウネ」否定疑問について『日本語学』9-12(明治書院)
庵功雄(2009)推量の「でしょう」に関する一考察―日本語教育文法の視点から―　『日本語教育』142
王宏(1980)"なんと～だろう"與"どんなに～だろう"『日語学習與研究』80-2(3)(北京・対外経済貿易大学)
王宏(1985)"だろう"就是表示推量嗎？　『日語学習與研究』85-3(北京・対外経済貿易大学)
瓜生佳代(2003)デショウカ文の用法について　『POLYGLOSSA』7(立命館大学アジア太平洋大学)
桂木忍(2002)確認要求のデショウの本来的な意味用法について　『STUDIUM』29(大阪外国語大学)
カノックワン・ラオハブラナキット(1997)「ダロウ」の用法と意味　『筑波応用言語学研究』4
木下りか(2001)ダロウの意味　『阪大日本語研究』13(大阪大学)
金成華(2004)「だろうか」と「のではないか」についての一考察　話し手の認識的判断との関わりから　『国語学研究』43(東北大学)
呉宏(1997)形式名詞(の、こと)＋だろう的結合和意義　『日語学習與研究』97-3(北京・対外経済貿易大学)
顧盤明(2000)試論"～だろう"和"～の(ん)だろう"的相異性　『日語学習與研究』00-3(北京・対外経済貿易大学)

三枝令子(2002)書き言葉における「だろうか」「のだろうか」の使い分け　『言語文化』39(一橋大学)
三枝令子(2003)「だろう」の意味と働き―助動詞から終助詞まで―　『一橋大学留学生センター紀要』6
重見一行(1999)「だろう」における談話管理的機能の成立について　『言語表現研究』15(兵庫教育大学)
田部井圭子(1990)談話における「だろう」構文　『亜細亜大学教養部紀要』41
張惠芳(2004)関於日語推測語気表達形式"のではないか"的考察　『日語学習與研究』04-2(北京・対外経済貿易大学)
張麟声(1982)"だろう""のだろう""ことだろう"浅析　『日語学習與研究』82-2(北京・対外経済貿易大学)
張興(1999)"(ノ)デハナイカ"句的用法　『日語学習與研究』99-3(北京・対外経済貿易大学)
張興(2006)疑問與判断的接点―以"だろうか""のではないか"為主―　『日語学習與研究』06-3(北京・対外経済貿易大学)
陳琰(2008)「デショウ」在交談中的作用及其在敬体語境中使用的可能性　『日語学習與研究』08-2(北京・対外経済貿易大学)
鄭夏俊(1999)確認要求表現の諸相と情報領域　森田良行教授古稀記念論文集刊行会編『日本語研究と日本語教育』明治書院
鄭相哲(1993)「ダロウカ」の意味　『日本語教育論集　世界の日本語教育』3(国際交流基金日本語国際センター)
鄭相哲(1994)所詮確認要求のジャナイカとダロウ　情報伝達・機能論的な観点から　『現代日本語研究』1(大阪大学)
中北美千子(2000)談話におけるダロウ・デショウの選択基準　『日本語教育』107
蓮沼昭子(1993)日本語の談話マーカー「だろう」と「じゃないか」の機能―共通認識喚起の用法を中心に―　『第1回小出記念日本語教育研究会論文集』小出記念日本語教育研究会
蓮沼昭子(1995)対話における確認行為「だろう」「じゃないか」「よね」の用法　仁田義雄・宮島達夫編(1995)『複文の研究(下)』くろしお出版
牧原功(1994b)間接的に質問文の意味と機能　ダロウカ、デショウカについて　『筑波応用言語学研究』1
宮崎和人(1996)確認要求表現と談話構造―「～ダロウ」と「ジャナイカ」の比較―　『岡山大学文学部紀要』25
宮崎和人(1998)推量と想像「ダロウ」と「コトダロウ」『岡山大学文学部紀要』30

宮崎和人(1999)確認要求表現としての「ダロウネ」『日本語科学』6(国立国語研究所)
宮崎和人(2001)認識的モダリティとしての〈疑い〉―「ダロウカ」「ノデハナイカ」―『国語学』52-3(国語学会)
籾山洋介(1995)文末の「〜コトダロウ」における「コト」の意味分析―「ダロウ」に「コト」が付くことによる意味の変容―名古屋・ことばのつどい編集委員会編『日本語論究4 言語の変容〈研究叢書171〉』和泉書院

・つもりだ

尾崎奈津(2003)「スルツモリダ」の否定形について「シナイツモリダ」「スルツモリハナイ」「スルツモリデハナイ」『岡山大学言語学論叢』10
小松紀子(1985)意向表現の現れ方　ツモリ・タイ・ウ・／ヨウを中心にして　『アメリカ・カナダ十一大学連合日本研究センター紀要』8
八田ゆかり(2001)ダブルテンスの述語形式「〜するつもりだ」の意味　『国文』96(お茶の水女子大学)
原田登美・小谷博泰(1995)言い訳と失意の表現構造―〜つもりだった、〜はずだった、〜べきだったの場合　『甲南大学紀要文学編』99
真仁田栄治(2004)「つもり」の用法―〈仮想〉の二つの用法―『日本言語文化研究』6(日本言語文化研究会・龍谷大学)
吉川武時(2001)「つもり」について　『東京外国語大学留学生日本語教育センター論集』26

・って／ときたら

安斉真生(2001)「って」の機能について―ある名詞句の属性を捉え直す用法に注目して―『ことばの科学』11(名古屋大学言語文化研究会)
岩男考哲(2003)引用文の性質から見た発話「〜ッテ。」について　『日本語文法』3-2(日本語文法学会)
岩男考哲(2008a)「って」提題文の表す属性と使用の広がり　益岡隆志編『叙述類型論』くろしお出版
岩男考哲(2008b)最近の若者ときたら…―話者の思考と属性叙述―『月刊言語』37-10(大修館書店)
岩男考哲(2009)「ときたら」文をめぐって―有標の提題文が意味すること―『日本語文法』9-2(日本語文法学会)
姜晩成(1979)談談"って"這個詞　『日語学習與研究』79-1(1)(北京・対外経済貿易大学)

北沢尚(2003)文末形式「て」「って」「ってば」の推移について 『東京学芸大学紀要』人文科学 2-54
許夏玲(1999)文末の「って」の意味と談話機能 『日本語教育』101
金善眞(2005)「ッテ」文の引用的性質と機能 『日本語文法』5-1(日本語文法学会)
三枝令子(1995)「だって」「たって」の本義とその用法 窪田富男教授退官記念論文集編集世話人編(1995)『日本語の研究と教育 窪田富男教授退官記念論文集』専門教育出版
三枝令子(1997)「って」の体系 『言語文化』34(一橋大学)
竹林一志(2002)主題提示「って」の用法と機能 『日本語教育論集』18(国立国語研究所)
趙宏(2008)試析「って」的引用用法 『日語学習與研究』08-6(北京・対外経済貿易大学)
手塚正昭(2001)「って」形式の主題 『宇大国語論究』12(宇都宮大学)
丹羽哲也(1994)主題提示の「って」と引用 『人文研究』46-2(大阪市立大学文学部)
野村真一(1999)「Sッテ」文の分析―引用標識「ッテ」を用いたストラテジー― 『金沢大学語学・文学研究』27
野村真一(2000)「Sッテ」文の伝聞用法の分析 『金沢大学語学・文学研究』28
朴序敬(2002)主題提示としての「ッテ」の談話機能―人称代名詞に後続する「ッテ」― 『ことばの科学』15(名古屋大学言語文化研究会)
藤村逸子(1993)わからないコトバ、わからないモノ―「って」の用法をめぐって― 『言語文化論集』xiv-2号(名古屋大学言語文化学部)
堀口純子(1995)会話における引用の「〜ッテ」による終結について 『日本語教育』85
牧典子(1997)「って」の分析と考察―近代・現代の小説中に見る「って」の使用の変化と現在の傾向― 『国語国文学研究』32(熊本大学)
丸山直子(2002)話しことばの助詞―「って」を中心に― 『日本文学』98(東京女子大学)
三浦昭(1974)「と」と「って」『日本語教育』24
森重敏(1954)「て、って」「てば、ってば」「たら、ったら」について 『国語国文』23-11(京都大学国語国文学会)同(1971)『日本語文法の諸問題』笠間書院に再録
守時なぎさ(1994)話し言葉における文末表現「ッテ」について 『筑波応用言語学研究』1(筑波大学)
山崎誠(1996)引用・伝聞の「って」の用法 『国立国語研究所研究報告集』17

渡辺誠治(1994)認識、知識と表現の形式主語表示形式《ハ／ガ／ッテ》に関する試論　『さわらび』3(文法研究会)

渡辺誠治(1995)題目表示に関わる「ッテ」をめぐって『さわらび』4(文法研究会)

・てしかたがない

海治美香(1996)「しかたがない」の意味―多義語の意味構造―　『日本語研究』16(東京都立大学)

杉村泰(2002)コーパス調査による文法性判断の有効性―「～てならない」を例にして―　『日本語教育』114

杉村泰(2007)「～てならない」「てたまらない」「てしかたがない」の使い分け―日本語母語話者と日本語学習者の比較―　『世界の日本語教育』17(国際交流基金・日本語国際センター)

杉村泰(2008)「教育文法の立場から見た複合助辞　『～てならない』、『～てたまらない』、『～てしかたがない』の誤用分析」『言語と文化』9号(名古屋大学大学院国際言語文化研究科)

張麗華(1984a)～て仕方(仕様)がない　『日本語学』3-10(明治書院)

毛文偉(2002)試析複合辞"～テナラナイ"、"～テショウガナイ"、"～テタマラナイ"的異同　『解放軍外国語学院学報』5(中国・洛陽解放軍外国語学院)

・という

加藤陽子(1999)話し言葉における「トイウコトダ」の諸相　『日本語と日本文学』28(筑波大学)

澤西稔子(2002)伝聞における判断性、及びその特性―「そうだ」「らしい」「とのことだ」「ということだ」「と聞く」の談話表現を中心に―　『日本語・日本文化』28(大阪外国語大学留学生日本語センター)

永井麻生子(1998)伝聞の文末表現の使用に関する一考察――報道文における「という」の使用不使用について　『神戸市外国語大学研究科論集』創刊号

森田富美子(2001)伝聞を表す「という」の役割　『東海大学紀要留学生教育センター』22

森山卓郎(2000)「と言える」をめぐって―テクストにおける客観的妥当性の承認―　『言語研究』118(日本言語学会)

・と思う／と考える

浅野裕子(1996)「と思われる」にみる日英の語用論的制約　『日本語教育』88

有田可奈子(2009)発話意図からみた「たい」と「たいと思う」との違い　『日本語

文法学会第 10 回大会発表予稿集』

小野正樹(1999)「ト思ウ」述語文の情報把握について 『筑波大学東西言語文化の類型的特別プロジェクト研究報告書 2』

小野正樹(2001)「ト思う」述語文のコミュニケーション機能について 『日本語教育』110

小野正樹(2003)「と思う」と「のだ」について 『筑波大学留学生センター日本語教育論集』18

加藤理恵(1997)類義語の分析「思う」「考える」―「と」節内に共起する要素を中心にして―『ことばと科学』10(名古屋大学)

佐藤勢紀子・仁科浩美(1997)工学系学術論文にみる「と考えられる」の機能 『日本語教育』93

信太俊宏(2001)疑問形式を伴う「ト思ウ」について『外国語学研究』第 2 号(大東文化大学大学院外国語学研究科)

志波彩子(2009)認識動詞の非情主語受身文―「見られる」「思われる」「言われる」「呼ばれる」を中心に― 『東京外国語大学日本研究教育年報』10

志波彩子(2009)ヴォイスからモダリティーへ―「と見られる」を例に― 『日本語文法学会第 10 回大会発表予稿集』

周宝如(1986)"思われる"用法浅析―兼談日語中的委婉表現― 『日語学習與研究』86-3(北京・対外経済貿易大学)

徐愛紅(1999)文末思考動詞「思う」の再考 『広島大学教育学部紀要第二部』48(広島大学教育学部)

杉田くに子(1997)〈研究ノート〉学術論文における思考判断を表す文末表現の用法「と思う」「と考える」を中心にして 『言語文化』34(一橋大学)

杉本和之(1996)「思う」の統語論的、語彙的特徴『中京国文学』15(中京大学)

高橋圭介(2003)引用語を伴う「思う」と「考える」の意味 『言葉と文化』4(名古屋大学)

蔦清行(2005)形容詞とオモウ 『国語国文』74-12(京都大学)

坪本篤朗(2001)認識動詞構文の形式と意味―文法と認知の接点―中右実教授還暦記念論文集編集委員会『意味と形のインターフェイス上巻』くろしお出版

鄭夏俊(1999)「~かと思う」の意味と用法 『日本学報』42(韓国日本学会)

橋本尚幸(2003)「と思っている」について―日本語母語話者と日本語学習者の使用傾向の違いから― 『日本語文法』3-1(日本語文法学会)

森山卓郎(1992)文末思考名詞「思う」をめぐって―文の意味としての主観性・客観性― 『日本語学』11-9(明治書院)

宮崎和人(1999)モダリティ論から見た「~と思う」『待兼山論叢』33(大阪大学)

宮崎和人(2001)動詞「思う」のモーダルな用法について 『現代日本語研究』8(大阪大学)
山岡政紀(2004)「条件表現の応用「～ばと思います」の機能」『月刊言語』33-11 大修館書店
陸丹(2007)「思う」認識動詞構文について―補文述語制約の観点からの一考察― 『筑波応用言語学研究』14(筑波大学)
劉笑明・吉田則夫(2005)「思う」述語文の機能について 『岡山大学教育学部研究集録』129
渡辺由貴(2007)「と思う」による文末表現の口語性―近代の論説文を中心に― 『早稲田大学大学院文学研究科紀要第3分冊』52

・ところだ／どころではない
小林幸江(2001)「ところだ」の意味と用法 『東京外国語大学留学生日本語教育センター論集』27
戴璨之(1995)浅析"～たばかり"與"～たところ"之異同 『日語学習與研究』95-2(北京・対外経済貿易大学)
服部匡(1995)「～どころか(どころではない)」等の意味用法について 『同志社女子大学日本語日本文学』7
服部 匡(2000)「どころか(どころではない)」再考 『同志社女子大学総合科学研究所紀要』22

・なければならない／てほしい
雨宮雄一(1999)現代日本語における義務論理的表現―「して(も)いい」「しなければならない」をめぐって― 『日本学報』18(大阪大学)
奥田靖雄(1999)現実・可能・必然(下)―「しなければならない」―言語学研究会(1999)『ことばの科学9』むぎ書房
小矢野哲夫(2005)ディオンティック・モダリティをめぐって―言語行動の観点からの「しなければならない」の事例分析―佐藤喜代治博士追悼論集刊行会編『日本語学の基礎と展望』明治書院
郷丸静香(1995)現代日本語の当為表現―「なければならない」と「べきだ」― 『日本語学・文学』6(三重大学)
須田義治(1991)「なければならない」の文 『東京外国語大学日本語学科年報』13
高梨信乃(2000)複合形式セザルヲエナイ類について 『神戸商船大学紀要第二類語学・文学』44
高梨信乃(2004)「必要がある」「必要がない」―評価のモダリティについて― 『神

戸大学留学生センター紀要』10
高梨信乃(2004)評価のモダリティ形式のタ形について―「べきだった」「なくてはいけなかった」「ざるを得なかった」― 『日本語文法』4-1(日本語文法学会)
田辺正美・湯本久美子(2002)「シナケレバナラナイ」「スベキダ」におけるDeontic Modality Epistemic Modalityへの意味の拡張 『青山国際政経論集』58(青山学院大学)
田村直子(1998)命題要素のモダリティ化について ナケレバナラナイやテモイイ等を例に 『筑波応用言語学研究』5(筑波大学)
田村直子(1999)ナケレバナラナイの用法と命題要素とのかかわり ザルヲエナイ、ベキダ、ハズダとの置換性を手がかりに 『日本語教育』103
田村直子(2001)複合文末形式の意味と用法、ナケレバナラナイやテハイケナイを例に、中右実教授還暦記念論文集編集委員会編(2001)『意味と形のインターフェース―中右実教授還暦記念論文集』くろしお出版
趙華敏(2000)関於「～てほしい」的話語分析―以「(Nに)V-てほしい」與「Nが(は)V-てほしい」」的区別為主 『日語学習與研究』00-3(北京・対外経済貿易大学)
中畠孝幸(2002)必要を表す構文について―「勝たなければならない」をめぐって 『甲南大学紀要 文学編』123
丹羽哲也(1991)「べきだ」と「なければならない」『大阪学院大学人文自然論叢』23・24(合併号)
野村靖彦(1996a)「ベキダ／ホウガイイ」「ナケレバナラナイ」が表し分ける評価的態度の差異と類似 『文藝研究』141(日本文芸研究会)
野村靖彦(1996b)「～ベキダ」「ナケレバナラナイ」「～ザルヲエナイ」3形式が表す当為判断の連関 『東北大学文学部日本語学科論集』6
劉笑明(1998)判断系のモダリティ「なければならない」と「べきだ」を中心に 『国語国文研究』109(北海道大学)

・のだ／ことだ

石黒圭(2003)「のだ」の中核的機能と派生的機能 『一橋大学留学生センター紀要』6
伊豆原英子(1997)独話文における「のだ」の現れとその機能―独話教育のための基礎的研究―(1)『名古屋大学日本語・日本文化論集』5
板垣昭一(2000)話しあいのなかでの「のだ」の奥田論文に出会って 『教育国語』3-5(むぎ書房)
板垣昭一(2000)会話文における「のだ」『教育国語』4-1(むぎ書房)

伊藤晃(1993)分裂文と「のだ」文　課題設定のあり方と構文の文脈依存　『さわらび』2(文法研究会)
岩崎朱美(2005)談話における「のだ」の結束性　『高知大国文』36
上田章子(2003)談話における「のだ」文の機能　『山形大学日本語教育論集』5
衛東(1992)日本語のムード表現の一形式「のだ」の機能を中心に―　『国文学論集』25(上智大学)
江後千香子(1997)「〜のだ/〜んです」の用法とその意味―日本語学習者の誤用から―　『日本語学研究の資料』19(日本語学研究と資料の会)
江後千香子(1999)小説文の構造「のだ」の機能を中心に　『早稲田大学大学院文学研究科紀要』第3分冊44
王亜新(1998)"のだ"的語気特徴以及陳述語気　『日語学習與研究』98-2(北京・対外経済貿易大学)
王宏(1987)「〜のだ」句與"是…的"句対応嗎？　『日語学習與研究』87-3(北京・対外経済貿易大学)
王志国(1986)応特別重視"のだ"的訳―和有関的同志商榷―　『日語学習與研究』86-4(北京・対外経済貿易大学)
大場理恵子(1995)「のだ」「のか」の習得上の困難について　『言語文化と日本語教育(水谷信子先生退官記念号)』凡人社
岡部寛(1994)説明のモダリティ「わけだ」と「のだ」の用法とその意味の違いの比較の観点から　『日本学報』13(大阪大学)
岡部嘉幸(1995)「のですか」質問文の表現性、築島裕博士古希記念会(1995)『築島裕博士古希記念国語国文学論集』汲古書院
奥田靖雄(1990)説明(その1)―のだ、のである、のです―　言語学研究会編(1990)『ことばの科学4』むぎ書房
オダ・イヴォネ(1997)文末のノダ―その情報構造をめぐって―　『日本語・日本文化研究』7(大阪外国語大学)
柏木成章(1999)「のだ」について　『語学教育フォーラム』3(大東文化大学語学教育研究所)
柏木成章(2003)「注目」と「語り」「ものだ」・「ことだ」・「のだ」・「わけだ」について　『大東文化大学紀要・人文科学』41
紙谷栄治(1981)「のだ」について　『京都府立大学学術報告』33
河原修一(1997)「だ」で終る日本語の表現〈ウナギ文〉と〈のだ〉文の統合　『表現研究』65(表現学会)
金栄一(1984)「新聞が読みたかったのです」のうちけし―「〜のだ」の文の一側面―　『日語学習与研究』1984-2(対外経済貿易大学)

楠本徹也(1999)ノダ文におけるノの認知作用に関する一考察　『東京外国語大学留学生日本語教育センター論集』25

国広哲弥(1992)「のだ」から「のに」・「ので」へ―「の」の共通性　カッケンブッシュ寛子・尾崎明人他編(1992)『日本語研究と日本語教育』名古屋大学出版会

元智恩(2003)断りとして用いられた「ノダ」ポライトネスの観点から　『計量国語学』24-1(計量国語学会)

小矢野哲夫(1981)「のだ」をめぐる諸問題　島田勇雄先生古希記念論文集刊行会編(1981)『島田勇雄先生古希記念ことばの論文集』明治書院

近藤安月子(2003)ノダを伴う発話―談話連結形式として　国松昭他編(2003)『松田徳一郎教授追悼論文集』研究社

近藤安月子(2002)会話に現れる「のだ」―「談話連結語」の視点から―　上田博人編『シリーズ言語科学5 日本語学と言語教育』東京大学出版会

酒井悠美(1997)会話文における「〜のだ」『横浜国立大学留学生センター紀要』3

佐治圭三(1972)「ことだ」と「のだ」―形式名詞と準体助詞(2)　『日本語・日本文化』3(大阪外国語大学)

佐治圭三(1981"〜のだ"の本質　『日語学習與研究』81-3(北京・対外経済貿易大学)

佐治圭三(1986a)「〜のだ」再説―山口佳也氏・金栄一氏にこたえて―　『日語学習與研究』86-1(北京・対外経済貿易大学)

佐治圭三(1986b)「〜のだ」再説(続)―山口佳也氏・金栄一氏にこたえて―　『日語学習與研究』86-2(北京・対外経済貿易大学)

佐治圭三(1989)「〜のだ」の本質を求めて―再び山口佳也氏に答えて　『阪大日本語研究』1

佐治圭三(1998)「〜のだ」の中心的性質　『京都外国語大学研究論叢』50

佐治圭三(1999)「〜のだ」補説　『無差』6(京都外国語大学日本語学科研究会)

佐治圭三(2002a)「〜のだ」＝〈感情の共有〉説について　椎名和男教授古希記念論文集刊行委員会編刊(2002)『国際文化交流と日本語教育　きのう・きょう・あす』凡人社

佐治圭三(2002b)「〜のだ」＝〈未共有情報の提示〉説について　玉村文郎編『日本語学と言語学』明治書院

清水佳子(1997)主題連鎖と「のだ」との関連　『現代日本語研究』4(大阪大学)

周玉潘(1982)"〜です"和"〜のです"以及"〜からです"『日語学習與研究』82-1(北京・対外経済貿易大学)

徐愛紅(1999)日本語の談話における「希望」の表明―「〜シタイ」と「〜シタイノダ」を中心に―　『広島大学教育学部紀要第二部』47

徐愛紅(2001)「非関係づけ」の「ノダ」の再考―「～(シ)タイ」に「ノダ」が付加される理由― 『広島大学日本語教育研究』11

杉村博文(1980)「の」「のだ」と「的」「是……的」『大阪外国語大学報』49

スワン彰子(1997)会話文における{の/んだ}構文 『講座日本語教育』(早稲田大学日本語研究教育センター)

戴宝玉(1999)ノダ與表示推斷的助動詞 『日語学習與研究』99-2(北京・対外経済貿易大学)

戴宝玉(2000)ノダとその否定をめぐって 『日本語教育論集 世界の日本語教育』10(国際交流基金・日本語国際センター)

高瀬匡雄(1996)使用のなかでの「スルコトダ」―ダブルテンスの述語形式を中心にして 『大学院年報』13(立正大学大学院文学研究科)

高瀬匡雄(2002)説明「のだ」のテンスをめぐって 『立正大学国語国文』40

高梨克也(1997)「のだ」の表す命題間の関係と課題設定 『DYNAMIS ことばと文化』1(京都大学)

立川和美(1997)説明的文章における「のだ」文の機能に関する試論 『言語情報科学研究』2(東京大学)

田中妙子(2009)発話者の認識を伝達する「ノダ」の会話における役割について 『日本語と日本語教育』第37号(慶応義塾大学国際センター)

田野村忠温(1986)命題指定の「の」の用法と機能―諸説の検討― 『言語学研究』5(京都大学) 田野村忠温(1990)『現代日本語の文法Ⅰ―「のだ」の意味と用法―』(和泉書院)に再録

田野村忠温(1993)「のだ」の機能 『日本語学』12-11(明治書院)

陳書玉(1981)"のだ"的意義 『日語学習與研究』81-2(北京・対外経済貿易大学)

妻木淳子(1999)文末形式「のだ」の情報論―命題と話し手の認識― 『日本学報』18(大阪大学)

坪根由香里(1996a)「ことだ」に関する一考察 そのモダリティ性を探る 『ICU日本語教育研究センター紀要』5(国際基督教大学日本語教育センター)

坪根由香里(1994b)「もの」「こと」「の」に関する考察―「のだ」を中心に 『南山第二言語教育』13

鶴尾能子(1975)「の(ん)です・の(ん)だ」に関する覚え書き 『研修』178(海外技術者研修協会)

永尾章曹(1978)主体の立場のある表現について―「のだ」終止の文を中心に 広島文教女子大国文学会編(1978)『国語学国文学論改 岩佐正教授古希記念』渓水社

中野友理(2004b)「情報のなわばり理論」における「のだ」の位置づけ 『北海道

大学留学生センター紀要』8

永谷直子(2002a)「わけだ」と「のだ」に関する考察―情報把握を示す場合 『早稲田大学大学院文学研究科紀要』第3分冊 47

名嶋義直(2000)「ノダ」の分析に向けて―諸説の検討とその問題点― 『ことばの科学』13(名古屋大学言語文化研究会)

名嶋義直(2001a)ノダ文の提示するもの―「解釈」という観点から― 『ことばの科学』14(名古屋大学言語文化研究会)

名嶋義直(2001b)「発見のノダ」再考 『語用論研究』3(日本語用論学会)

名嶋義直(2002)「説明のノダ」再考―因果関係を中心に― 『日本語文法』2-1(日本語文法学会)

名嶋義直(2003)命令・決意・忠告・願望のノダ文 『言葉と文化』4(名古屋大学大学院国際言語文化研究科)

名嶋義直(2003)いわゆる「論述文」におけるノダの使用条件―学習者の作文を中心に 『ことばの科学』16(名古屋大学言語文化研究会)

名嶋義直(2005)推意に関する一考察―ノダ研究の過程から― 『文化』69-1/2(東北大学)

野田春美(1993)「の」の言語学―「のだ」と終助詞「の」の境界線をめぐって 『日本語学』12-11(明治書院)

野田春美(1997)『「の(だ)」の機能』くろしお出版

橋本直幸(2004)「～んですね」についての覚え書き―形式的記述からその談話機能を探る 『日本語研究』24(東京都立大学)

姫野伴子(1989a)「のだ」の機能と用法 『東京外国語大学日本語学科年報』11

福田恵子(1997)話しことばにおける「の(だ)」『東京外国語大学日本語研究教育年報』1

備前徹(1989)「～ことだ」の名詞述語文に関する一考察 『滋賀大学教育学部紀要 人文科学・社会科学・教育科学』No. 39

福田一雄(1999)日英語間の翻訳に見る「ノダ」表現の意味と機能 『表現研究』70(表現学会)

藤城浩子(2007)ノダによる「強調」「やわらげ」の内実 『日本語文法』7-2(日本語文法学会)

堀口和吉(1985)「のだ」の表現性 『山辺道』29(天理大学国語国文学会)

堀川智也(1991)「のだ」を用いる文の焦点 『北海道大学言語文化部紀要』19

マクグロイン・H・直美(1984)シリーズ・日本語の談話分析(4)談話・文章における「のです」の機能 『言語』13-1(大修館書店)

益岡隆志(2003)特集:「のだ」の対照研究―名詞文としてのノダ文 『CLAVEL(対

照研究セミナー)』1

松岡弘(1987)「のだ」の文・「わけだ」の文に関する一考察 『言語文化』24(一橋大学)

松岡弘(1993)再説―「のだ」の文・「わけだ」の文 『言語文化』30(一橋大学)

山本忠行(1995)文章における「のだ」の機能［創価大学］創立25周年記念論文集編集委員会編(1995)『[創価大学]創立25周年記念論文集』創価大学出版会

山口佳也(1975)「のだ」の文について 『国文研究』(早稲田大学国文学会)56、梅原恭則編(1979)『論集日本語研究7 助動詞』有精堂に再録

山口佳也(1983)「～のだ」の文の本質をめぐって 『日語学習與研究』83-5(北京・対外経済貿易大学)

山口佳也(1987)再び「～のだ」の文の本質をめぐって―佐治圭三氏の論に寄せて― 『日語学習與研究』87-1(北京・対外経済貿易大学)

山口佳也(1989)「のだ」文のとらえ方 『早稲田大学紀要教育学部紀要』Ⅰ-37

山崎恵(2003)「のだ」文に関する覚書―日本人大学生の書いた意見文から 国松昭他編(2003)『松田徳一郎教授追悼論文集』研究社

森田美恵子(2002)談話の「のだ」に関する一考察 『日本言語文化研究』3(日本言語文化研究会・龍谷大学)

守屋三千代(1989)小説の対話文に見られる文末の「ノ」の用法 『吉沢典男教授追悼論文集』吉沢典男教授追悼論文集編集委員会

谷部弘子(2000)話しことばにおける男女差としてみた「～んだ」 佐治圭三教授古希記念論文集編集委員会編(2000)『日本と中国ことばの梯 佐治圭三教授古希記念論文集』くろしお出版

吉田茂晃(1988)ノダ形式の連文論的側面 『国文学研究ノート』21(神戸大学)

吉田茂晃(1994)疑問文の諸類型とその現実形式 ノデスカ／マスカ型疑問文の用法をめぐって 『島大国文』22(島根大学)

吉田茂晃(2000)〈ノダ〉の表現内容と語性について―〈ノダ〉は「説明の助動詞」か― 『山辺道』44(天理大学)

吉見孝夫・劉笑明(2005)「のだ」の意味・用法『北海道教育大学紀要人文科学・社会科学編』55-2

羅世華(1995)浅析のです(のだ)及其使用環境 『日語学習與研究』95-4(北京・対外経済貿易大学)

李南姫(1999)テキストにおける「のだ」文の考察―順行の「のだ」文と逆行の「のだ」文― 『対照言語学研究』9(亜細亜技術協力会)

凌大波(1985)准体助詞"の"＋"だ"的研究 『日語学習與研究』85-3(北京・対外経済貿易大学)

劉徳慧(1990)関於のが句式的分析 『日語学習與研究』1996-6(北京・対外経済貿易大学)
劉笑明(2008)語気形式「のだ」和「ものだ」的異同 『日語学習與研究』08-5(北京・対外経済貿易大学)

・のである／のではない

片村恒雄(1980)「のである」の用法―主として芥川龍之介の初期小説における―『解釈』26-1(解釈学会)

片村恒雄(1981)「のである」と「からである」―小説における理由における理由表現をめぐって―島田勇雄先生古希記念論文集刊行会編(1981)『島田勇雄先生古希記念ことばの論文集』明治書院

工藤真由美(1996)「～ノデハナイ」の意味と機能 『横浜国立大学人文紀要』語学・文学 43/2

工藤真由美(1997)否定文ディスコース―「～ノデハナイ」と「ワケデハナイ」―、言語学研究会編『ことばの科学 8』むぎ書房

野田春美(1992b)単純命題否定と推論命題否定「のではない」と「わけではない」『梅花短大国語国文』5

渡邊ゆかり(1996)「ヲ」格補文標識「の」「こと」の使い分け―仮設設定のプロセスとその意義― 『日本語学・文学』第 7 号(三重大学日本語学文学会)

渡邊ゆかり(1997)「期待する」が選択する「の」「こと」『名古屋大学人文科学研究』第 26 号 名古屋大学大学院文学研究科人文科学研究編集委員会

渡邊ゆかり(1997)「記憶」動詞と「の」、「こと」『言語文化論集』xix-1 号

・ばかりだ／ところだ

高瀬匡雄(1997)意味の"限定"と時間の"限定"―ダブルテンスの述語形式「スルバカリダ」の意味・用法 『立正大学国語国文』34

前田直子(2003)「ばかりだ」と「ところだ」についての一考察 『東京大学留学生センター紀要』14

森山卓郎(1984b)～ばかりだ／～ところだ 『日本語学』3-10(明治書院)

・はずだ

尹伯実(1995)日本語の判断モダリティ形式について(Ⅰ)ノダ・ワケダ・ハズダを中心に 『国語国文研究』101(北海道大学)

池尾スミ(1970)判断辞のように用いられる形式名詞―「はず」とその周辺―『日本語と日本語教育』(慶應義塾大学国際センター)

王彦花(1998)"…べきだ"、"…はずだ"、"…わけだ"不完全等同于漢語的"応該…"『日語学習與研究』98-1(北京・対外経済貿易大学)
岡部嘉幸(1998)ハズダの用法について　東京大学国語研究室創設百周年記念国語研究論集編集委員会編(1998)『東京大学国語研究室創設百周年記念国語研究論集』汲古書院
岡部嘉幸(2004)ハズガナイとハズデハナイについて　『中央学院大学人間・自然論叢』10
奥田靖雄(1993)説明(その3)—はずだ—言語学研究会編(1993)『ことばの科学6』むぎ書房
金子比呂子(2000)「ハズダ」の意味と用法　意見文における使い方　『東京外国語大学留学生日本語教育センター論集』26
川嶌信恵(2002)ハズダとハズガナイ　『STUDIUM』29(大阪外国語大学)
木下りか(1997a)ハズダの意味分析—他の真偽判断モダリティ形式と比較して—『日本語教育』92
小谷博泰(1994)「はず」の現代と近世　『甲南女子大学紀要文学編』31
佐田智明(1974)「はず」と「つもり」『北九州大学文学部紀要』10
重見一行(2004)「はずだ」文の構造と表現意義　『語文』83(大阪大学)
篠崎一郎(1981)「ハズ」の意味について　『日本語教育』44
田村直子(1995)ハズダの意味と用法　『日本語と日本文学』21(筑波大学)
中畠孝幸(1999)当然を表すモダリティ形式について—ハズダとベキダ—　『甲南大学紀要　文学編』111
中村亘(2003b)「はず」における推論〈予定〉〈記憶〉〈確認〉をめぐって　『日本語教育』117
原田登美・小谷博泰(1994)「はず」の現代と近世　『甲南大学紀要　文学編』91
原田登美・小谷博泰(1996)言い訳と失意の表現構造—〜つもりだった、〜はずだった、〜べきだったの場合—　『甲南大学紀要　文学編』99
松木正恵(1994)「〜はずだった」と「〜はずがない」—過去形・否定形と話者の視点—　『学術研究』〔国語・国文学編〕42(早稲田大学教育学部)
松木正恵(1995a)時制と視点—「〜はずだ」を中心に—　『学術研究国語・国文学編』43(早稲田大学教育学部)
松田礼子(1994)「はずだ」に関する一考察—推理による観念の世界とその外に実在する現実の世界をめぐって　『武蔵大学人学会雑誌』26-1
山田進(1892)チガイナイ・ハズダ　『ことばの意味3』平凡社

・べきだ

杉村秦(2000)ヨウダとベキダの主観性 『言語文化論集』22-2(名古屋大学)

高梨信乃(2004)評価のモダリティ形式のタ形について「べきだった」「なくてはいけなかった」「ざるを得なかった」『日本語文法』4(日本語文法学会)

高梨信乃(2005)評価のモダリティを表す助動詞「べきだ」『神戸大学留学生センター紀要』11

野林靖彦(1996)「〜ベキダ」「〜ナケレバナラナイ」「〜ザルヲエナイ」-3形式が表わす当為判断の連関—『東北大学文学部日本語学科論集』第6号

・ほかない／にすぎない／だけだ／ままだ／までだ

小原佳奈子(2006)助動詞相当のマデダの意味 『国文鶴見』40(鶴見大学)

張麗華(1984b)〜よりほかはない／〜より(ほかに)仕方がない 『日本語学』3-10(明治書院)

茂木俊伸(2001)「にしか過ぎない」考 『筑波応用言語学研究』8

張銘(2007)「までだ」構文の意味・用法 『岡大国文論稿』35(岡山大学文学部言語国語国文学会)

森山卓郎(2002a)取り立て助詞の文末用法をめぐって—「だけだ」を中心に—佐藤喜代治編(2002)『国語論究10』(明治書院)

林巨樹(1964)「行くしかない」と「行くよりほかない」森岡健二他編(1964)『口語文法講座3 ゆれている文法』明治書院

渡邊ゆかり(2000)「動詞の過去形＋ままだ」述語文と「動詞の連用形＋っぱなしだ」述語文の意味的相違 『広島女学院大学日本文学』10

・ものだ／ことだ／ものか

秋本瞳(2007)命題を名詞化する「の」「こと」の使用における文体的要因 『言語と文明』5(麗澤大学大学院言語教育研究科)

揚妻祐樹(1990)形式的用法の「もの」の構文と意味—〈解説〉の「ものだ」の場合—『国語学研究』30(東北大学)

揚妻祐樹(1991)実質名詞「もの」と形式的用法との意味的つながり 『東北大学文学部日本語学科論集』1

揚妻祐樹(1992)体言的素材性カテゴリーとしての「もの」『東北大学文学部日本語学科論集』2

揚妻祐樹(1999a)「ものだ」文の表現構造「形式」「実質」峻別への疑問 加藤正信編『日本語の歴史地理構造』明治書院

揚妻祐樹(1999b)「ような(みたいな)ものだ」の表現構造「形式」「実質」峻別へ

の疑問再論　佐藤武義編『語彙・語法の新研究』明治書院
案野香子(1996)「モノダ」の意味・用法「トイウモノダ」文を例として　『千葉大学留学生センター紀要』2
案野香子(1997)トイウモノダの主観性　『語文論叢』24(千葉大学)
案野香子(2002)疑問文におけるモノダの機能　『静岡大学留学生センター紀要』1
案野香子(2009)単文のモノカ文の構文的特徴　『言語文化学研究』言語情報編第4号(大阪府立大学人間社会学部言語文化学科)
尹相実(1996)日本語の判断モダリティ形式「モノダ」について　『日本学報』37(大阪大学)
王暁華(2008)渉及三種語気範疇的「ことだ」『日語学習與研究』08-2(北京・対外経済貿易大学)
尾方理恵(2000)「ものだ」の意味と用法　『東京外国語大学留学生日本語教育センター論集』26
奥村徹(2005)解説の「ものだ」と説明の「のだ」東京外国語大学留学生日本語教育センター論集 31
北村雅則(2001)モノダで終わる文──連体修飾部の時間的限定性からの考察　『名古屋大学国語国文学』88-7(名古屋大学国語国文会)
北村雅則(2001)モノダ文の用法の再検討──発話機能という視点の必要性　『名古屋大学日本語学研究室　過去・現在・未来』(名古屋大学大学院文学研究科)
北村雅則(2004)モノダ文の解釈を決める諸要因　『名古屋大学国語国文学』95
北村雅則(2005)本性・一般的傾向を表すモノダ文　『名古屋大学国語国文学』96
許慈恵(1998)探討形式体言「もの」的本質意義─剖析「ものだ」─　『日語学習與研究』98-1(北京・対外経済貿易大学)
金河守(1994)日本語の形式名詞「こと」の機能─目的節の名詞に出現する形式名詞「こと」を中心に─　『言語学論叢』13 筑波大学一般・応用言語学研究室
佐藤里美(2000)「ものだ」の機能　『日本東洋文化論集』6(琉球大学法文学部)
佐治圭三(2003)「～する」と「～するものだ」・「～だ」と「～なのだ」『無差』10(京都外国語大学)
塩塚香織・江口正(2006)文末表現「モノカ」についての考察『福岡大学日本語日本文学』16
重見一行(2003)「ものだ」文の構造と表現　『国語国文』72-11(京都大学)
篠崎一郎(1984)モノの意味　『Sophia Linguistinica』17
戴宝玉(1996)「トイウコトダ」與表示解説的複合助動詞　『日語学習與研究』96-3(北京・対外経済貿易大学)
田辺和子(1997)形式名詞「モノ」における文法化としての文脈化と主題化　『日本

女子大学紀要文学部』47
高市和久(1991)述語での「もの」の用法 『日本文藝論集』23・24(山梨英和短期大学日本文学会)
高橋太郎(1999)述語形式「するものだ」の用法 『立正大学文学部研究紀要』14
高橋雄一(2007)「ものだ」をめぐる諸論考について―連体修飾構造の観点から― 『東海大学紀要留学生教育センター』27
高橋雄一(2008)内容節の構造を持つ「ものだ」文について 『東海大学紀要留学生教育センター』28号
高梨信乃(2006)助動詞「ものだ」「ことだ」―評価のモダリティを表す用法― 『神戸大学留学生センター紀要』12
陳志文(2004)「モノ」の各用法における意味のつながり―本質的な意味とその展開― 『言語科学論集』8(東北大学)
坪根由香里(1994a)「ものだ」に関する一考察 『日本語教育』84
日高水穂(2006)「のこと」の機能 益岡隆志・野田尚史・森山卓郎編『日本語文法の新地平2 文論編』 くろしお出版
福田嘉一郎(1998)現代日本語におけるモノダの構文と意味 『熊本県立大学文学部紀要』4-1
藤井ゆき(1996)文末の「モノダ」の意味・用法 『広島大学留学生センター紀要』6
藤井ゆき(1999)一般的傾向性の「ものだ」から自他認識・評価の「ものだ」(いわゆる感慨の「ものだ」)への文法化 今田滋子先生退官記念論文集刊行委員会編(1997)『日本語教育の交差点で 今田滋子先生退官記念論文集』渓水社
藤井義久(1997)「ものだ」の意味論 『神戸大学留学生センター紀要』4
松原幸子(2008)「〜ないものではない」に関して 『日中言語研究と日本語教育』編集委員会 『日中言語研究と日本語教育』創刊号(好文出版)
守屋三千代(1989)「モノダ」に関する考察 『早稲田大学日本語研究センター紀要』1
山口佳也(2002)いわゆる解説的な用法の「ものだ」の文 『十文字国文』8
宮田耕治(2007)主題名詞と共起関係からみた「ことだ」「ものだ」の用法 『日本語論叢』特別号 2007-3(日本語論叢の会)
籾山洋介(1991)修飾語句を伴わない「モノ」の意味・用法 『言語文化論集』xiii-1
籾山洋介(1992)文末の「モノダ」の多義構造 『言語文化論集』xiv-1号
籾山洋介(1995)文末の「〜コトダロウ」における「コト」の意味分析―「ダロウ」に「コト」が付くことによる意味の変容― 名古屋・ことばのつどい編集委員会編『日本語論究4 言語の変容〈研究叢書171〉』和泉書院

山口明穂(1967)接続助詞ものから・ものゆゑ・ものの〈古典語〉・ものを〈古典語・現代語〉『国文学　解釈と教材の研究』12-2(學燈社)
山口佳也(2001)いわゆる解説的用法の「ものだ」の文　『十文字国文』8(十文字女子大学)
山口佳也(2004)「ものか」の反語文について　『十文字学園女子大学短期大学部研究紀要』35
米澤優(2008)「〜たいところだ」「〜たいものだ」に関する考察　『日本語文法学会第9回大会発表予稿集』(日本語文法学会)
劉笑明・吉田則夫(2004)「ものだ」と「ことだ」の意味・用法—感情表現を中心に—　『岡山大学教育学部研究集録』127

・ようとする

石川守(1985)「〜てみる」と「〜ようとする」に関する一考察　『語学研究』41(拓殖大学)
金子比呂子(1994)「〜としている」の機能について　『東京外国語大学留学生日本語教育センター論集』20
小坂光一(1999)意志の客観的描写としての「〜(よ)うとしている」『ことばの科学』12(名古屋大学言語文化研究会)
竹村和子(2004)「〜ヨウトスル」と「〜ヨウとオモウ」の機能の類似と相違　人称を中心に　『言語と文明』2(麗澤大学大学院言語教育研究科論集)
中道知子(1995)「〜(ヨ)ウトスル」について　『語学教育研究論叢』12(大東文化大学語学教育研究所)
永井鉄郎(1997)「〜ようとする」の意味と用法について　『日本語教育』92
山崎恵(1994)「〜ようとする」の意味と機能　『外国語学部紀要』11(姫路獨協大学)

・ようにする／ようになる

尹順徳(2004)自発表現としての「ようになる」文『言語科学論集』8(東北大学)
北村よう(1989)日本語におけるアスペクトとaspectual character-〜ヨウニナルという表現をめぐって—　吉沢典男教授追悼論文集編集委員会『吉沢典男教授追悼論文集』
金熹成(2003)使役を表す「ようにする」「ようにさせる」『日本語と日本文学』36(筑波大学)
小出慶一(1994)ヨウニスル形の使役性　『群馬県立女子大学紀要』15
田山のり子(2000)複合辞「ようになる」の意味と用法　『東京外国語大学留学生日

本語教育センター論集』26
原田登美(1999)「～ようにする」と「～ことにする」実際的行為と概念上の行為 吉田弥寿夫先生古希記念論集編集委員会編(1999)『日本語の地平線吉田弥寿夫先生古希記念記念論集』くろしお出版
前田直子(2003)現代日本語における動詞変化構文「スルようにする」の意味・用法—変化と様態の関係をめぐって 『学習院大学文学部研究年報』49

・わけだ

内田万里子(1998)「～ワケダ」の意味と用法 『京都外国語大学研究論叢』50
奥田靖雄(1992)説明(その2)—わけだ—言語学研究会編(1992)『ことばの科学5』(むぎ書房)
北川千里(1995)「わけ」というわけ 『日本語学』14-9(明治書院)
金炫秀(1999)「～わけだ」の意味分析 『ことばの科学』12(名古屋大学言語文化研究会)
幸田佳子(1994)「わけがない」、「わけではない」、「わけにはいかない」について 『語学教育研究論叢』11(大東文化大学)
重見一行(2004)「わけだ」文の基本的構造と多様性 『就実論叢—人文篇』33(就実大学・就実短期大学)
篠崎一郎(1981)「ワケ」の意味 『Sophia Linguistica』8-9
鈴木美加(2000)ワケダとトイウワケダの意味機能の違いについて 『東京外国語大学留学生日本語教育センター論集』26
田中章夫(1964)～するわけだ・～することだ 森岡健二他編(1964)『口語文法講座3 ゆれている文法』明治書院
谷村正博(1998)ムードの「わけだ」再考 『鳥取大学教育学部研究報告 人文・社会科学』49-2
土屋博嗣(1987)条件節と「～(という)わけでもない」について 『亜細亜大学教養学部紀要』36
永谷直子(2002a)「わけだ」と「というわけだ」 『北條淳子教授古稀記念論集』(早稲田大学日本語研究教育センター初級教科書研究会)
永谷直子(2002b)「わけだ」に関する一考察「わけ」の相対性に着目して 『早稲田日本語研究』10
永谷直子(2004)「関連づけ」を担う形式の分析「わけだ」の連文的機能を考察する 『早稲田日本語研究』12
永谷直子(2002a)「わけだ」と「のだ」に関する考察 情報の把握を示す場合 『早稲田大学大学院文学研究科紀要』第3分冊 47

永谷直子(2007)「わけだ」の推論過程と因果名詞「わけ」の連続性―いわゆる「納得の用法」を中心に 『日本語論叢』特別号 2007-3(日本語論叢の会)
藤村知子(2000)説明文における「ワケダ」の使用例とその機能 『東京外国語大学留学生日本語教育センター紀要論集』26
横田淳子(2001)文末表現「わけだ」の意味と用法 『東京外国語大学留学生日本語教育センター紀要論集』27
横田淳子(2002)文末表現「わけだ」の用法「はずだ」「ことになる」との比較 『東京外国語大学留学生日本語教育センター紀要論集』28
山口佳也(2005a)「わけだ」の文について 『十文字国文』11
山口佳也(2005b)「ものか」の反語文について 『十文字国文』11(十文字学園女子大学短期大学部国語国文学会)
山口佳也(2006)いわゆる納得用法の「わけだ」の文 『十文字国文』12(十文字学園女子大学短期大学部国語国文学会)
山口佳也(2007)「する道理だ」の文 『十文字国文』13 十(文字学園女子大学短期大学国語国文学会)
劉向東(1996)「わけだ」文に関する一考察 『日本語教育』88

【その他の複合辞に関連する研究文献・参考文献】

安達太郎(1999)『日本語疑問文における判断の諸相』くろしお出版
有賀千加子(1991)動詞「て形」の副詞用法について 『日本語教育・実践と考察 浅野百合子先生古稀記念論集』(非売品)
家田章子(2005)文末の「ノニ」に関する考察 『ことばの科学』18(名古屋大学言語文化研究会)
石川守(1997)否定形のモダリティ 『語学研究』86(拓殖大学)
井島正博(1998)組立モダリティ表現 東京大学国語研究室創設百周年記念国語研究論集編集委員会編『東京大学国語研究室創設百周年記念国語研究論集』汲古書院
市川保子(1999)複文の発話における接続語の選択基準―逆接表現を中心に― 『東京大学留学生センター紀要』9
市川保子(2000)外国人学習者のための「接続語」の使い分け分類表作成の試み―逆接節について― 『東京大学留学生センター紀要』10
伊藤勲(2006)『条件法研究―いわゆる接続助詞をめぐって』近代文芸社

今井新悟(1991)認識的疑似モダリティのモダリティ度 『東京外国語大学日本語学科年報』13
今井新悟(1992)モダリティ―モダリティ形式のモダリティ度― 『日本語教育』79
尹相実(1999)話し手不確実な判断を表すモダリティ 『国語国文研究』113(北海道大学)
王華佛(2006)『現代日本語の否定表現に関する研究』中国海洋大学
王学群(2003)『現代日本語の否定の研究』日本華僑出版社
王笑峰(1992)連体法の引用の諸問題 『日本学報』11(大阪大学)
太田朗(1980)『否定の意味』大修館書店
奥田靖雄(1986)現実・可能・必然(上)言語学研究会編(1986)『ことばの科学1』むぎ書房
奥田靖雄(1986)条件づけを表現するつきそい・あわせ文―その体系性をめぐって― 『教育国語』87(むぎ書房)
奥田靖雄(1988)文の意味的なタイプ 『教育国語』92(むぎ書房)
奥津敬一郎(1974)『生成日本文法論』大修館書店
奥津敬一郎(1975b)程度の形式副詞 『都大論究』12(東京都立大学)
奥津敬一郎(1983)続・形式副詞論―理由・目的の形式副詞―平山輝男博士記念会編(1983)『平山輝男博士古希記念 現代方言学の課題1』明治書院
奥津敬一郎(1978)『「ボクハウナギダ」の文法：ダとノ』くろしお出版
奥津敬一郎(1986)『いわゆる日本語助詞の研究』凡人社
奥津敬一郎(1996)『拾遺 日本文法論』ひつじ書房
尾崎明人他編(1992)『日本語研究と日本語教育』名古屋大学出版会
小野寺典子(1996)動詞から接続表現へ―日本語における grammaticalization と subjectification の一事例 言語学林 1995–1996 編集委員会編(1996)『言語学林 1995–1996』三省堂
海治美香(1996)「『しかたがない』の意味――多義語の意味構造」『日本語研究』第 16 号(東京都立大学国語学研究室)
風間力三(1964)『表現のための日本語文法』東京堂
梶井恵子(1995)話し言葉の分析 1 文末形式 『立教大学日本語研究』2
加藤重広(2006)『日本語文法入門ハンドブック』研究社
加藤重広(2007)日本語の述部構造と境界性 『北海道大学文学研究科紀要』122
金子尚一(1983)日本語の後置詞 『国文学 解釈と鑑賞』48–6(至文堂)
亀田千里(2000)条件形式による注釈節について―実例調査をもとに―『筑波応用言語学研究』第 7 号
亀田千里(2003)条件形式による注釈節の性格について『日本語と日本文学』第 37

号(筑波大学国語国文学会)

北條淳子(1989)節末のきまりことばとその条件 『日本語学』8-2(明治書院)

北條淳子(1999)いくつかの主題・立場を表す表現について―日本語学習者の視点から―森田良行教授古稀記念論文集刊行会編『日本語研究と日本語教育』明治書院

木下りか(1998)真偽判断を表す文末形式と「既定性」『ことばの科学』10(名古屋大学言語文化研究会)

金東郁(1995)単独形式化モダリティ 『日本語と日本文学』21(筑波大学)

楠見孝編(2007)『メタファー研究の最前線』ひつじ書房

工藤真由美(1999)現代日本語の文法的否定形式と語彙的否定形式 『現代日本語研究』6号(大阪大学)

工藤真由美(2000)「否定の表現」金水敏・工藤真由美・沼田善子著『時・否定と取り立て』岩波書店

久野暲(1973)『日本文法研究』大修館書店

グループKANAME(2007)『複合助詞がこれでわかる』ひつじ書房

黒滝真理子(2007)否定形式に誘発されるモダリティの特異な文法化：認知類型論的観点から 『桜文論叢』68(日本大学)

言語学研究会・構文論グループ(1986)条件づけを表現するつきそい・あわせ文(4)―その3・うらめ的なつきそい・あわせ文― 『教育国語』84(むぎ書房)

國廣哲彌(1978)時間接続表現の意味―意義素の分析― 『国語と国文学』第55巻5号(東京大学国語国文学会)

小泉保他編(1989)『日本語基本動詞用法辞典』大修館書店

小出慶一(2004)空間名詞の時間表現への転用について 『群馬県立女子大学紀要』25

国立国語研究所［宮島達夫］(1972)『動詞の意味・用法の記述的研究』集英出版

国立国語研究所［寺村秀夫］(1981)『〈日本語教育指導参考書5〉日本語の文法 下』大蔵省印刷局

国立国語研究所(1996)『日本語における表層格と深層格の対応関係』国立国語研究所報告113 秀英出版

国立国語研究所(2000)『認識のモダリティとその周辺 日本語・英語・中国語の場合』国立国語研究所

小林幸江・柏崎雅世他(2003)『形式名詞がこれでわかる』ひつじ書房

小針裕樹(1996)同意要求文の位置と形式 『国語学研究』35(東北大学)

小矢野哲夫(1995)格くずれ 仁田義雄編(1995)『複文の研究(上)』くろしお出版

佐伯哲夫(1966)複合格助詞について 『言語生活』178、佐伯哲夫(1976)『語順と

文法』関西大学出版・広報部に再録
佐伯哲夫(1987)受動態動作主マーカー考(上)(下)『日本語学』6-1・2(明治書院)
坂本宗和(1999)「『ない』文の用法について　接続詞『しかし』に関わる連文からの一考察」『國學院雑誌』100-6(國學院大學)
佐久間鼎(1941)『現代日本語法の研究』厚生閣、改訂版(1952)恒星社厚生閣、復刊(1983)くろしお出版
佐治圭三(1991)『日本語の文法の研究』ひつじ書房
佐治圭三(1992)『外国人が間違えやすい日本語の表現の研究』ひつじ書房
佐藤里美(1999)モダリティの手段としての述語の形式をめぐって『教育国語』3-5(むぎ書房)
佐藤里美(2006)名詞句述語「N＋人だ」の構造『日本東洋文化論集』12(琉球大学法文学部)
佐藤尚子(1990)後置詞と前置詞―名詞の格の周辺『国文学　解釈と鑑賞』55-1(至文堂)
佐藤尚子他(2001)社会科教科書における後置詞について『千葉大学留学生センター紀要』7
佐藤雄一(1996)補助的な品詞から―同音形式・多機能形式『国文学　解釈と鑑賞』61-1(至文堂)
塩入すみ(1992)「Xハ」型従属節について『阪大日本語研究』4(大阪大学)
重見一行(2005)いわゆる「説明のモダリティ」の構文と表現『就實論叢』34(就實大学・就實短期大学)
白川博之監修(2001)『中上級を教えるための日本語文法ハンドブック』スリーエーネットワーク
白川博之(2009)『「言いさし文」の研究』くろしお出版
新屋映子(1989)"文末名詞"について『国語学』159(国語学会)
新屋映子(2009)形容詞述語と名詞述語―その近くて遠い関係―『国文学解釈と鑑賞』74-7(至文堂)
杉村泰(1999)事態の蓋然性と判断の蓋然性『ことばの科学』12(名古屋大学言語文化研究会)
杉村泰(2000)ヨウダとソウダの主観性『言語文化論集』xxi-1号
杉村泰(2001)ヨウダとベキダの主観性『言語文化論集』xxi-2号
杉村泰(2004)蓋然性を表す副詞と文末のモダリティ形式『言語文化論集』xxv-2
杉村泰(2007)『日語語法問題解疑』中国・外語教学與研究出版社
杉村泰(2009)『現代日本語における蓋然性を表すモダリティ副詞の研究』ひつじ書房

鈴木重幸(1972)『日本語文法・形態論』むぎ書房
鈴木一(2002)文の構造にかかわる形式動詞の機能　文末慣用表現の様相を中心に　『國學院大學大學院紀要』33(國學院大學大學院文学研究科)
砂川有里子(1987)複合助詞について　『日本語教育』62
砂川有里子(2000)空間から時間へのメタファー―動詞と名詞の文法化―青木三郎・竹沢幸一編『空間表現と文法』くろしお出版
関正昭(1989)評価述定の誘導成分となる複合助詞について　『日本語教育』68
関正昭(1990)『外国人に教える日本語の文法』一光社
千昊載(1994)真偽判断のモダリティと丁寧さ　『東北大学言語学論叢集』3
卓星淑(1999)研究論文における文末表現の一考察　『ことば』20(現代日本語研究会)
高梨信乃(2007)評価のモダリティと実行のモダリティ　『神戸大学留学生センター紀要』13
高橋太郎(1983)構造と機能と意味―動詞の中止形(〜シテ)とその転成をめぐって―　『日本語学』2-12(明治書院)
高橋太郎(1983)動詞の条件形の後置詞化　渡辺実編『副用語の研究』明治書院
高橋太郎(1989)形式名詞についてのおぼえがき　『吉沢典男教授追悼論文集』吉沢典男教授追悼論文集編集委員会発行
高橋太郎(1994a)『動詞の研究　動詞の動詞らしさの発展と消失』むぎ書房
高橋太郎(1994b)「ダブルテンスの観点からみた〈スルコトガデキル〉の種々相」『立正大学文学部紀要』100号
高橋太郎(2003)　『動詞九章』ひつじ書房
竹林一志(2004)　『現代日本語における主部の本質と諸相』くろしお出版
田中章夫(1965)近代日本語成立過程にみえるいわゆる分析的傾向について　近代語学会編(1965)『近代語研究1』武蔵野書院
田中章夫(1977)近代語における複合辞的表現の発達　松村明教授還暦記念会編『松村明教授還暦記念国語学と国語史』明治書院
田中寛(1988)動詞派生の後置詞について―「中止形」の意味と機能―　『言語と文化』1(文教大学言語文化研究所)
田中寛(1989)動詞性反復と強調の類型　『東京外国語大学日本語学科年報』11号
田中寛(1994)条件表現と基本文型　『日本語学』13-9(明治書院)
田中寛(2004a)『日本語複文表現の研究　接続と叙述の構造』白帝社
田中寛(2004b)『統語構造を中心とした日本語とタイ語の対照研究』ひつじ書房
田野村忠温(2002)辞と複合辞　玉村文郎編(2002)『日本語学と言語学』明治書院
玉村文郎編(2002)『日本語学と言語学』明治書院

田村直子(1997)必然性と可能性のモダリティ　条件接続表現によるモダリティ形式を例に　『日本語と日本文学』24(筑波大学)
張慧芬(2004)接尾語「かける」について―その造語能力及び語義を中心に―北京外国語大学日語系　『日本学研究論叢』第四輯　学苑出版社
張麟声(1988)試論兼跨空間、時間範疇的表達形式(中国語)　『日語学習與研究』第3期　中国・対外経済貿易大学　同『漢日語言対比研究』北京大学出版社 1993 に収録
塚本秀樹(1990)日本語と朝鮮語におけるにおける複合格助詞について　崎山理・佐藤昭裕編『アジアの諸言語と一般言語学』三省堂
塚本秀樹(1991)日本語における複合格助詞について　『日本語学』10-3(明治書院)
塚本秀樹(1992)日本語における複合助詞と格支配　『文化言語学―その提言と建設―』三省堂
土屋雅稔・宇津呂武仁・松吉俊・佐藤理史・中川聖一(2006)日本語複合辞用例データベースの作成と分析　『情報処理学会論文誌』47-6
角田太作(1996)体言締め文　鈴木泰・角田太作編『日本語文法の諸問題―高橋太郎先生古希記念論文集』ひつじ書房
角田三枝(2004)『日本語の節・文の連続とモダリティ』くろしお出版
角田三枝(2006a)動詞「限ル」とその派生形：接続表現、文末表現、モダリティと文法化　『人間文化論叢』8(お茶の水女子大学)
角田三枝(2004)『日本語の節・文の連接とモダリティ』くろしお出版
角田三枝(2007)テ形接続と接続表現のシ：「節連接とモダリティの階層」との関係　『成城文芸』199 成城大学
寺村秀夫((1980)名詞修飾部の比較　国広哲弥編(1980)『日英語比較講座2』大修館書店
寺村秀夫(1982)『日本語のシンタクスと意味Ⅰ』くろしお出版
寺村秀夫(1984)『日本語のシンタクスと意味Ⅱ』くろしお出版
寺村秀夫(1991)『日本語のシンタクスと意味Ⅲ』くろしお出版
寺村秀夫(1992)『寺村秀夫論文集Ⅰ―日本語文法編―』くろしお出版
永田博(1991)「情動的否定―日本語についての検討」『岡山大学文学部紀要(哲学)』2号
永野賢(1953)表現文法の問題―複合辞の認定について―　金田一博士古希記念論文刊行会編『金田一博士古希記念言語民族論叢』三省堂、永野賢(1970)『伝達論にもとづく日本語文法の研究』東京堂出版に再録
西川寛之(2009)『日本語文末詞の研究』凡人社
成田徹男(1983)動詞のて形の副詞用法――様態動詞を中心に――渡辺実編『副用

語の研究』明治書院
仁田義雄(1981)可能性・蓋然性を表わす擬似ムード 『国語と国文学』58-5(京都大学)
仁田義雄(1983)結果の副詞とその周辺――語彙論的統語論の姿勢から―― 渡辺実編『副用語の研究』明治書院
仁田義雄(1991)『日本語のモダリティと人称』ひつじ書房
仁田義雄(1992)モダリティ―判断から発話・伝達へ―伝聞・婉曲の表現を中心に 『日本語教育』77
仁田義雄(1997)断定をめぐって 『阪大日本語研究』9
仁田義雄(2008)『日本語の文法カテゴリをめぐって』ひつじ書房
仁田義雄(2009)『日本語のモダリティとその周辺』ひつじ書房
日本語学会(2005)特集：日本語における文法化・機能語化 『日本語の研究』1-3
日本語記述文法研究会編(2003)『現代日本語文法 4 第 8 部　モダリティ』くろしお出版
日本語記述文法研究会編(2008)『現代日本語文法 6 第 11 部　複文』くろしお出版
日本語記述文法研究会編(2009)『現代日本語文法 5 第 9, 10 部　とりたて・主題』くろしお出版
日本語文法研究会(1989)『概説・現代日本語文法　日本語文法の常識』桜楓社
丹羽哲也(1998)逆接を表す接続助詞の諸相 『人文研究』50-10(大阪市立大学文学部紀要)
丹羽哲也(2006)『日本語の題目文』和泉書院
祢津仁美(1990)辞結合における慣用表現の文法的考察 『日本文学』74(東京女子大学)
沼田善子(2009)『現代日本語とりたて詞の研究』ひつじ書房
野田時寛(2007)複文研究メモ(八)―複文の動詞文型について：名詞節・疑問節・引用節― 『人文研紀要』60(中央大学人文科学研究所)
野田春美(1997)『の(だ)の機能』くろしお出版
橋本修(2003)日本語の複文 『朝倉日本語講座 5 文法Ⅰ』朝倉書店
花薗悟(1999)条件複合用言形式の認定 『国語学』197(国語学会)
馬場俊臣(1999)複合接続詞の体系的考察の試み 『北海道教育大学札幌校』(語文文学)Vol. 37
林四郎(1981)修飾における注ぎと括り 『国語と国文学』52-12(東京大学国語国文学会)
林雅子(2006)動詞のテ形・連用形に由来する副詞的成分の量的差異 『待兼山論叢』40 号　日本学篇(大阪大学文学会)

林雅子(2008)動詞テ形に由来する副詞的成分の「副詞度」算出の試み　『阪大日本語研究』20(大阪大学大学院文学研究科日本語学講座)

半藤英明(2006)「て」の接続機能　『国文研究』51(熊本県立大学日本語日本文学会)

姫野伴子(1989b)「説明ムード助動詞」について　『吉沢典男教授追悼論文集』吉沢典男教授追悼論文集編集委員会発行

姫野昌子(2002)『日本語複合動詞の研究』ひつじ書房

廣松渉(1980)「日本語の〈是認否認〉構制の"特質"に定位して」『理想』560号　特集：哲学の現場―判断における肯定と否定

福島泰正(2001)複合助詞の認定をめぐる問題点―日本語教育の立場から―　『岡山大学言語文化学論叢』9

藤城浩子(1997)判断のモダリティについての一考察　『日本語教育』92

藤田保幸(1991)引用と連体修飾　『表現研究』54(表現学会)

藤田保幸(2000)『国語引用構文の研究』和泉書院

藤田保幸(2002)引用形式の複合辞化―ムード助動詞的形式への転化の場合　近代語研究会編(2002)『日本近代語研究3』ひつじ書房

藤田保幸(2003a)伝聞研究のこれまでとこれから　『言語』37-7(大修館書店)

細川由紀子(1986)日本語の受け身文における動作主マーカーについて　『国語学』144(国語学会)

堀江薫(1997)構文から見た日本語らしさ　『日本語学』16-7(明治書院)

牧原功(1994a)蓋然性判断のムード形式と疑問化　『言語学論叢』(筑波大学)13

前田直子(2002)複文の類型と日本語教育　上田博人編　シリーズ言語科学5『日本語学と言語教育』東京大学出版会

前田直子(2009)『日本語の複文　条件文と原因・理由文の記述的研究』くろしお出版

益岡隆志(1987)モダリティの構造と意味―価値判断のモダリティをめぐって　『日本語学』6-7(明治書院)

益岡隆志・田窪行則(1992)　『基礎日本語文法(改訂版)』くろしお出版

益岡隆志(2000)『日本語文法の諸相』くろしお出版

益岡隆志(2002)判断のモダリティ―現実と非現実の対立　『日本語学』21-2(明治書院)

益岡隆志(2004)「日本語の2つの否定型の意味」　石黒昭博・山内信幸共編『言語研究の接点―理論と記述―』英宝社

益岡隆志(2007)『日本語モダリティの探究』くろしお出版

松岡弘(1994)「文型」を見直す　『言語文化』31(一橋大学)

松木正恵(1987)複合辞の認定基準と複合辞性の尺度 『昭和62年度国語学会春季大会(神戸大学)予稿集』
松木正恵(1990)複合辞の認定基準・尺度設定の試み 『紀要』2(早稲田大学日本語研究教育センター)
松木正恵(1992a)複合辞性をどうとらえるか―現代日本語における複合接続助詞を中心に― 辻村敏樹教授古希記念論文集刊行会編(1992)『辻村敏樹教授古希記念論文集 日本史の諸問題』明治書院
松木正恵(1992b)複合接続助詞の特質 『早稲田大学大学院文学研究科紀要別冊(文学・芸術学編)』18
松木正恵(1993)複合辞 『国文学 解釈と教材の研究』38-12(学燈社)
松木正恵(1994)「はずだった」と「はずがない」過去形・否定形と話者の視点 『学術研究 国語・国文学編』42(早稲田大学教育学部)
松木正恵(1995a)時制と視点―「～はずだ」を中心に 『学術研究 国語・国文学編』43(早稲田大学教育学部)
松木正恵(1995b)複合助詞の特性 『言語』24-11(大修館書店)
松木正恵(1996a)引用の形式をとる複合辞について―引用から複合辞へ 『学術研究 国語・国文学編』44(早稲田大学教育学部)
松木正恵(2003)複合辞研究史Ⅰ「複合辞」の提唱―永野賢の複合辞研究― 『学術研究 国語・国文学編』52(早稲田大学教育学部)
松木正恵(2004)複合辞研究史Ⅱ 初期の複合辞研究――水谷修・佐伯哲夫の複合辞研究 『学術研究 国語・国文学編』53(早稲田大学教育学部)
松木正恵(2005)分析的傾向と複合辞―複合辞研究史Ⅲ―田中章夫の通時的研究― 『論理的な日本語表現を支える複合辞形式に関する記述的研究』平成14～16年度日本学術振興会科学研究費補助金基盤研究(B)(1)研究成果報告書
松木正恵(2006a)複合辞研究史Ⅳ「後置詞」というとらえ方 『学術研究 国語・国文学編』54(早稲田大学教育学部)
松木正恵(2006b)複合辞研究史Ⅴ「形式副詞」との関連性―山田孝雄から奥津敬一郎まで― 『学術研究 国語・国文学編』51(早稲田大学教育学部)
松木正恵(2006c)複合辞研究と文法化―動詞が欠落した口語的複合辞を例として― 藤田保幸・山崎誠編『複合辞研究の現在』(和泉書院 2006)
松木正恵(2008)複合辞研究史Ⅵ「複合助詞」の特質 『学術研究 国語・国文学編』56(早稲田大学教育学部)
松木正恵(2009)複合辞研究史Ⅶ「複合辞」の体系化をめざして 『学術研究 国語・国文学編』57(早稲田大学教育学部)
松下大三郎(1930)『標準日本口語法』中文館書店、増補校訂(1977)勉誠社

松村明編(1969)『古典語現代語　助詞助動詞詳説』学燈社
松本泰丈(1976)補助的な品詞とその周辺　『国語国文論集』5(学習院女子短期大国語国文学会)
丸山和雄・岩崎摂子(1968)「現代語文末表現における"ない"の諸相―その慣用表現の構造的類型」『弘前学院短期大学紀要』4号
三上章(1953)『現代語法序説』刀江書院、復刊(1972)くろしお出版
水谷信子(1985)『日英比較　話しことばの文法』くろしお出版
三宅知宏(1996)日本語の確認要求表現の諸相　『日本語教育』89
三宅知宏(2005)現代日本語における文法化　『日本語の研究』1-3 日本語学会
宮崎和人(1997)判断のモダリティの体系と疑問化　『岡山大学文学部紀要』27
宮崎和人(2000)確認要求表現の体系性　『日本語教育』106
宮崎和人・安達太郎他(2002)『〈新日本語文法選書4 モダリティ〉』くろしお出版
宮島達夫・仁田義雄編(1995)『日本語類義表現の文法(上)(下)』くろしお出版
村木新次郎(1983a)日本語の後置詞をめぐって　『日語学習與研究』1-9(北京・対外貿易学院)
村木新次郎(1989)『日本語動詞の諸相』ひつじ書房
村木新次郎(1996)意味と品詞分類　『国文学解釈と鑑賞』61-1(至文堂)
村木新次郎(2005a)擬似連体節を受ける従属接続詞―「かたわら」と「一方で」の用法を中心に―　『同志社女子大学大学院文学研究科紀要』5
村木新次郎(2007)日本語の節の類型　『同志社女子大学学術研究年報』58
村木新次郎(2008)日本語の品詞体系のみなおし―形式重視の文法から意味・機能重視の文法へ―　『日中言語研究と日本語教育』創刊号(好文出版)
村田美穂子(1997)『助辞「は」のすべて』至文堂
村田美穂子(2008)『体系日本語文法』すずさわ書店
毛文偉(2009)《現代日語助詞性機能辞研究》華東理工大学出版社・上海
森重敏(1959)『日本文法通論』風間書房
森重敏(1965)『日本文法―主語と述語―』武蔵野書院
森田良行(1988)『日本語の類意表現』創拓社
森田良行(1994)『動詞の意味論的文法研究』明治書院
森田良行(2002)日本語の助詞・助動詞　飛田良文・佐藤武義編(2002)『現代日本語講座5 文法』明治書院
守時なぎさ(2000)連体修飾節における複合辞　『日本語と日本文学』30(筑波大学)
森山新(2005)日本語の格助詞に対する体系的特徴づけ―認知言語学的観点から―　『日本エドワード・サピア協会研究年報』19
森山新(2008)『認知言語学から見た日本語格助詞の意味構造と習得――日本語教

育に生かすために』ひつじ書房
森山卓郎(1988)『日本語動詞述語文の研究』明治書院
森山卓郎(1989)認識のムードとその周辺、仁田義雄・益岡隆志編(1989)『日本語のモダリティ』くろしお出版
森山卓郎(1992)モダリティ―価値判断のムード形式と人称― 『日本語教育』77
森山卓郎(1995)伝聞考 『京都教育大学国文学会誌』26
森山卓郎(1997)日本語における事態選択形式「義務」「必要」「許可」などのムード形式の意味構造 『国語学』188(国語学会)
森山卓郎・安達太郎(1996) 『セルフマスターシリーズ6 文の述べ方』くろしお出版
森山卓郎・仁田義雄・工藤浩(2000) 『モダリティ 日本語の文法3』岩波書店
森山卓郎(2002a)「とりたて詞の文末用法をめぐって」佐藤喜代治編『現代日本語の文法研究』明治書院
森山卓郎(2002b)『表現を味わうための日本語文法』岩波書店
矢沢真人・安部朋世(2000)方向のヘト格、青木三郎・竹沢幸一編(2000)『空間表現と文法』くろしお出版
山田小枝(1997)『否定対極表現』多賀出版
山田敏弘(2002)格助詞及び複合格助詞の連体用法について 『岐阜大学国語国文学』29
山田敏弘(2004)『国語教師が知っておきたい現代日本語文法』くろしお出版
山田孝雄(1935)『漢文の訓読によりて傳へられたる語法』宝文館出版、復刊(1970)
山中美恵子(1996)引用と評価 上田功他編『小泉保博士古稀記念論文集 言語探求の領域』大学書林
山梨正明(1995)『認知文法論』ひつじ書房
湯沢幸吉郎(1931)『解説日本文法』大岡山書店
湯沢幸吉郎(1953)『口語法詳説』明治書院再刊(1987)
姚双云(2008)《複句関係標記的搭配研究》中国・華中師範大学出版社
吉川武時(1989)『日本語文法入門』アルク
渡部学(1995)形式名詞と格助詞の相関 仁田義雄編『複文の研究(上)』くろしお出版
渡辺績央(2007)日本語の難易文 『東京大学言語学論集』26
渡辺実(1995)所と時の指定に関わる語のいくつか 『国語学』181号(国語学会)
渡邊ゆかり(2009)『文補語標識「こと」「の」の意味的相違に関する研究』溪水社

【辞典類・参考書類】

泉原省二(2007)『日本語類義表現使い分け辞典』研究社
大阪YWCA専門学校・岡本牧子・氏原庸子(2008)『くらべてわかる日本語表現文型辞典』Jリサーチ出版
大野晋・浜西雅人(1985)『類語国語辞典』小学館
小川誉子美・三枝令子(2004)『日本語文法演習　ことがらの関係を表す表現―複文―』スリーエーネットワーク
河原崎幹夫(1995)『辞書で引けない日本語文中表現』北星堂書店
グループ・ジャマシイ編著(1998)『日本語文型辞典』くろしお出版
小池清治・小林賢次他編(2002)『日本語表現・文型事典』朝倉書店
国立国語研究所［永野賢］(1951)『現代語の助詞・助動詞―用法と実例―』大日本図書［もと、集英出版より刊行］
国立国語研究所［山崎誠・藤田保幸］(2001)『現代語複合辞用例集』国立国語研究所
坂本正編著(1996)『学習者の発想による日本語表現文型例文集』凡人社
柴田武・山田進(2002)『類語大辞典』講談社
小学館辞典編集部編(1994)『使い方の分かる類語例解辞典』小学館
田忠魁・泉原省二・金相順(1998)『類義語使い分け辞典』研究社
東京外国語大学留学生日本語教育センター編著(1994)『中級日本語語彙・文型例文集』凡人社
冨田隆行(1997)『続・基礎表現50とその教え方』凡人社
友松悦子・宮本淳・和栗雅子(1996)『どんな時どう使う日本語表現文型500』アルク
日本語教育学会(1982)『日本語教育事典』大修館書店　新版2005
文化庁(1991)『外国人のための基本語用例辞典(第三版)』大蔵省印刷局
牧野成一他(1995)『日本語文法辞典(中級)』(英文)ザ・ジャパン・タイムス
三好礼子・吉木徹・米澤文彦(1996)『すぐに使える実践日本語シリーズ10 日本語マスターの鍵を握る助詞(上級)』専門教育出版
三好礼子・吉木徹・米澤文彦(2001)『すぐに使える実践日本語シリーズ15 複雑・微妙な意味を使い分ける助動詞(上級)』専門教育出版
森田良行(1977、1980、1984)『基礎日本語1、2、3』角川書店、森田良行(1989)『基礎日本語辞典』(創拓社)に合本
森田良行・松木正恵(1989)『日本語表現文型　用例中心・複合辞の意味と用法』アルク

森田良行(1999)『日本語の類義表現辞典』東京堂出版
森田良行(2008)『助詞・助動詞の辞典』東京堂出版
森田良行(2008)『動詞・形容詞・副詞の辞典』東京堂出版

＊なお、主要な文型辞典類については本書の序章「複合辞からみた日本語文法の研究」を参照。

●日本語論、言語文化論、言語哲学関係参考文献
浅利誠(2008)『日本語と日本思想』藤原書店
荒木博之(1985)『やまとことばの人類学　日本語から日本人を考える』朝日選書93
池上嘉彦(1979)『「する」と「なる」の言語学』大修館書店
池上嘉彦(2007)『日本語と日本語論』ちくま学芸文庫
内田樹(2009)『日本辺境論』新潮社
加藤周一(2008)『日本文化における時間と空間』岩波書店
熊倉千之(1990)『日本人の表現力と個性』中公新書
定延利之(2008)『煩悩の文法』ちくま新書
鈴木孝夫(2009)『日本語教のすすめ』新潮社新書
首藤基澄(2007)『「仕方がない」日本人』和泉書院
諏訪春雄(1998)『日本人と遠近法』ちくま新書
高野陽太郎(2008)『「集団主義」という錯覚』新曜社
田中寛(2008)『恥と隠蔽の言語学―「表徴」する日本語の発想と心理』(私家本)
土居健郎(1971)『「甘え」の構造』弘文堂
中島義道(1993)『うるさい日本の私』ブリタニカ
二宮正之(1986)「いう」と「おもう」―日本語における主体表現の二方向―『言語生活』413号(筑摩書房)
樋口覚(1993)「日本語の意識と無意識」　同『一九四六年の大岡昇平』新潮社
廣松渉(1988)『哲学入門一歩前　モノからコトへ』講談社現代新書
町田健(2009)『変わる日本語その感性』青灯社
茂木健一郎(2007)『思考の補助線』集英社新書
森田良行(1990)『日本語のなかの「公」と「私」』中公新書
森田良行(2006)『話者の視点がつくる日本語』ひつじ書房

『月刊言語』Vol. 29-11 特集：否定の意味論　大修館書店　2000.11
『月刊言語』Vol. 34. No. 12 特集　日本人と日本語――日本語を支える論理と感性　大修館書店　2005.12

『月刊言語』特集：文法化とは何か　2004.6. Vol. 34–6 大修館書店
『月刊言語』Vol. 35. No. 5 特集　「いま」と「ここ」の言語学——ことばの〈主観性〉をめぐって　大修館書店　2006.5
『月刊日本語学』特集：否定表現　1990.12　Vol. 9–12 明治書院

用例出典

飯干晃一『生贄』(徳間文庫 1994)
石川達三『生きている兵隊』(中公文庫 2002)
石川達三『青春の蹉跌』(新潮文庫 1971)
石川達三『七人の敵が居た』(新潮文庫 1984)
井上光晴『死者の時』(角川文庫 1970)
井伏鱒二『山椒魚』(新潮文庫 1996)
井伏鱒二『黒い雨』(新潮文庫 1972)
『黒雨』(柯毅文・顔景鎬訳、湖南人民出版社 1982)
梅崎春生『幻花』(新潮文庫 1974)
梅崎春生『桜島』(新潮文庫 2008)
奥泉光『浪漫的な行軍の記録』(講談社文芸文庫 2010)
奥泉光『モーダルな事象――桑潟幸一助教授のスタイリッシュな生活』(文春文庫 2008)
遠藤周作『海と毒薬』(角川文庫 1960)
荻原浩『明日の記憶』(光文社 2004)
川端康成『雪国』(新潮文庫 1971)
川端康成『伊豆の踊子』(新潮文庫 1996)
菊村到『硫黄島』(角川文庫 2005)
倉橋由美子『倉橋由美子の怪奇掌編』(新潮文庫 1988)
黒井千次『日の砦』(講談社文庫 2008)
佐江衆一『黄落』(新潮社 1995)
柴田翔『鳥の影』(新潮文庫 1974)
島尾敏雄『魚雷艇学生』(新潮文庫 2005)
城山三郎『硫黄島に死す』(新潮文庫 1984)
曽野綾子『切りとられた時間』(中公文庫 1975)
太宰治『斜陽』(新潮文庫 2003)
高橋和巳『堕落――あるいは、内なる曠野』(新潮文庫 1982)
高橋和巳『憂鬱なる党派(上)』(新潮文庫 1980)
武田泰淳『ひかりごけ』(中公文庫 1964)
立原正秋『冬のかたみに』(新潮文庫 1981)
立原正秋『剣ヶ崎』(角川文庫 1970)
立松和平『光の雨』(新潮文庫 1998)
辻原登『村の名前』(文春文庫 1993)

津村節子『娼婦たちの暦』（集英社文庫 1988）

新田次郎『強力伝・孤島』（新潮文庫 1965）
二宮正之『私の中のシャルトル』（ちくま学芸文庫 2000）
原民喜『夏の花』（集英社文庫 1993）
日野啓三『夢を走る』（中公文庫 1987）
日野啓三『断崖の年』（中公文庫 1999）
古山高麗雄『二十三の戦争短編小説』（文春文庫 2004）
三浦哲郎『忍ぶ川』（新潮文庫 1965）
松本清張『渡された時間』（新潮文庫 2003）
松本清張『偏狭者の系譜』（角川文庫 2007）
松本清張『歪んだ複写』（新潮文庫 1966）
松本清張『一九五二年日航機墜落事件』（角川文庫 1994）
松本清張『北の詩人』（角川文庫 1983）
松本清張『潜在光景』（新潮文庫 2005）
松本清張『失踪の果て』（角川文庫 1987）
松本清張『ゼロの焦点』（新潮文庫 2009）
松本清張『神々の乱心（上）』（文春文庫 2001）
三木卓『砲撃のあとで』（集英社文庫 1977）
三島由紀夫『金閣寺』（新潮文庫 1976）
三島由紀夫『奔馬』（新潮文庫 1980）
宮城谷昌光『三国志』（文春文庫 2008）
村上春樹『海辺のカフカ（上）』（新潮文庫 2007）
目取真俊『水滴』（文春文庫 2000）
吉村昭『大本営が震えた日』（新潮文庫 1981）
吉村昭『秋の街』（中公文庫 2004）
吉村昭『星への旅』（新潮文庫 2006）
吉村昭『仮釈放』（新潮文庫 1988）
吉村昭『冷い夏、熱い夏』（新潮文庫 1984）
吉村昭『海軍乙事件』（文春文庫 2007）
吉村昭『死顔』（新潮文庫 2009）
吉本ばなな『白河夜船』（角川文庫 1998）
吉行淳之介『砂の上の植物群』（新潮文庫 1990）
渡辺淳一『長く暑い夏の一日』（講談社文庫 1988）
渡辺淳一『愛のごとく（上）』（新潮文庫 1984）

渡辺淳一『死化粧』(角川文庫 1971)
渡辺洋二『重い飛行機雲』(文春文庫 2006)

磯貝芳郎・福島脩美『自己抑制と自己表現』(講談社現代新書 1987)
一橋文哉『オウム帝国の正体』(新潮文庫 2000)
上田信『ペストと村――七三一部隊の細菌戦と被害者のトラウマ』(風響社 2009)
河野友美『たべものと日本人』(講談社現代新書 1974)
纐纈厚『侵略戦争』(ちくま新書 1999)
佐野眞一『阿片王――満洲の夜と闇』(新潮文庫 2008)
島内景二『「山月記伝説」の真実』(文春新書 2009)
高野悦子『二十歳の原点』(新潮文庫 1971)
常石敬一『医学者たちの組織犯罪』(朝日文庫)
半藤一利『ソ連が満洲に侵攻した夏』(文春文庫 2002)
堀田善衛『バルセローナにて』(集英社文庫 1994)
前間孝則『亜細亜新幹線』(講談社文庫 1994)
毎日新聞社『シリーズ20世紀の記録　大日本帝国の戦争　満洲国の幻影』(毎日新聞社 1999)
茂木健一郎『思考の補助線』(ちくま新書 2008)
山崎正和『柔らかい個人主義の誕生』(中公文庫 1987)
柳田邦男『壊れる日本人』(新潮文庫 2007)
柳美里『仮面の国』(新潮文庫 1998)
吉岡忍『死よりも遠くへ』(新潮文庫 1989)
吉田裕・森茂樹『アジア・太平洋戦争』(吉川弘文館 2007)
劉傑他編『国境を越える歴史認識』(東京大学出版会 2006)
『シナリオ』1987–4「海と毒薬」シナリオ作家協会

コーパス「青空文庫」
『中日対訳コーパス第一版』(中国・北京日本学研究センター 2003)
以下収録作品(一部)
　　吉田茂『激動の百年史　わが決断と奇跡の転換』(白川書院 1978)
　　村本邦子・津村薫『ひとりっ子の上手な育て方』(三学出版 2002)
　　田中角栄『日本列島改造論』日刊工業新聞社 1972
　　夏目漱石『こころ』(新潮文庫 1952)
　　俵万智『サラダ記念日』(河出文庫 1989)

中根千枝『適応の条件』（講談社現代新書 1991）
中根千枝『タテ社会の人間関係』（講談社現代新書 1992）
村上春樹『ノルウェイの森』（講談社文庫 2004）
井伏鱒二『黒い雨』（新潮文庫 1972）
安部公房『砂の女』（新潮文庫 1981）
井上靖『あした来る人』（新潮文庫 1981）
乙武洋匡『五体不満足』（講談社文庫 1995）
武者小路実篤『友情』（集英社文庫 1992）
週刊読書人編集部『近代作家入門——文学館賞への誘い』（現代教養文庫、社会思想社 1966）
大江健三郎『死者の奢り・飼育』（新潮文庫 1959）
平川祐弘『マッテオ・リッチ伝』（平凡社・東洋文庫 1969）
谷沢永一『百言百話——明日への知恵』（中公新書 1985）

朝日新聞、讀賣新聞、日本経済新聞、毎日新聞、産経新聞、日刊スポーツ、
『週刊新潮』2009/10/15
『讀賣ウイークリー』2008/5/12

事項索引

あ

曖昧性　351
アスペクト　490
アスペクト接辞　495
新しい局面　55
暗示　356
安全面　361
安定指向　169, 291

い

言い替え　439, 502
言いさし　186, 396
言い直し　416
意外性　51, 240, 395
意外性の評価　49
意外性の容認　267
意外な事態の展開　496
意外な場面展開　270
意志・意向　70
意志形　59, 395
意志の限定表現　464
意志の中断　264
意志の発動　275
意志の否定　447, 458
意志・非意志の区別　109
意志表現　261
意思表明の常套句　497
異種現象の介入　247
異種の事態発生　241
位相　366
一語的な成分　378
一語文　281
一次的前項動詞　79
一回性　116
一体感　504
逸脱　70
一定量の動作量　255
一般的事態　481
一般的な基準値　70
一般的な警告　75
一般的な状況観察　94
意図的な説明　246
異文化背景　347
イベント　42, 139
イベント的事象　82
〈今＝ここ〉　238
意味素　135
意味の複合系　346
意味の累加的拡張　260
因果　137
因果関係　69, 82, 116, 301, 329, 380
引用　482
引用形式　308
引用節　385
引用的観点　395

う

受身形　61, 294
受身的　385
迂言的　57, 400, 460
内側の影響　245
ウチ的（；本音的）関係　358
内向き　395, 462

え

詠嘆的　388, 451, 478, 503
エートス　135
えらびだし性　188
婉曲的　205, 361, 489
婉曲否定表現　468

お

応答表現　331
応答文　469
恩恵　69

か

外在的　163, 453
介詞　77
解説的な論調　108
蓋然性　70, 246
回想、感慨の用法　433
階層構造　112
外的な制約　384
ガイドライン　365
外発的　116, 248
外部（教育環境）　2
外部否定型　473
解明の布石　128
書き言葉　6, 255
火急の要件　261
確実性　327, 343
学習者の誤用　140
格助詞相当表現　25
確信　116, 299, 327, 330, 333, 341
確定的な事態　241
確定的な推量　490
確認　491
格表示　42
確率の高さ　310
加護　69
過去の経験との照合　325
過去の事態　375
過去の出来事　383
過失的な要因　240
仮想的な条件　323

仮想的な用法　156
語りの視点　110
過程　59
可展的な接続詞　248
可展的な接続詞句　220
可展的な接続詞用法　404
可展的な接続成分　12
可展用法　36, 154
可能性　156, 166, 299, 433
可能性の兆し　469
可能性の結果　181
可能性の示唆　318
可能性の選択　300
可能性の高さ　315
可能動詞　256
可能表現　339, 434, 435
我慢の限界　380
カラ格支配　35
含意やぼかし　350
感慨、詠嘆的な心情　411
感慨の振幅　146
感慨用法　484
感覚主体　372
感覚的経験　475
感覚的な事態　380
感覚のモダリティ　475
感覚の様相　475
簡潔性　351
観察　81
観察主体　305, 373
観察の視点　135
観察の重心　333
観察や視点の根拠　71
感情形容詞　150, 382
感情形容動詞　150
感情的語彙　283
感情動詞　379
感情の行き違い　244
感情の介入　267
感情の起伏　260
感情の昂揚　392
感情の持続　372

感情の発露　304
感情表出　371
間接疑問（文）　258, 341
間接行為　350
間接指示　351
間接的な影響　101
間接的な希求文　456
間接的な警告　438
間接的な忠告　304, 361
間接発話行為　346, 362
眼前　50, 94, 411
眼前表示的な傾向　388
感嘆文　480
感動詞　281
願望意志表現　157
関与　26, 81
慣用型　3
慣用的な述語形式　379
慣用的な対比形式　413
慣用的な副詞句　43, 65
慣用的なフレーズ　199, 494
慣用表現　17
関連語　192

き

起因的事態　115, 123
起因的な意味　56
記憶の遡行　304
期間、範囲を表す用法　49
聞き手との距離感　307
聞き手目当て　489
危険度　355
擬古調　441
擬似的な従属接続のタイプ　207
擬似的な接続成分　195, 497
擬似的なモダリティ　497
擬似連体節　191
既成事実　122, 328, 504

既然的な用法　156
基層語彙　131
"基層的"な名詞述語文　476
偽装的な行為の遂行　61
既存の知識　336
期待感　89, 334
期待値　119, 238, 309
既知な情報　45
喫煙のマナー　367
きっかけ　56, 115
既定条件（文）　44, 212, 379
起点　126
既得権益　165
疑念　409
機能辞　18, 192
機能的な動詞　55
機能的な弁別　163
機能文型　12
機能文型教材　19
規範的　358
希望願望　199, 386
規模の大きい変化　98
『基本文型の研究』　4
義務　342
義務的な成分　100
義務・当為　157
きめ細かな日本語表現　16
逆条件　156
逆接　259, 269, 289, 437
逆接の文脈　48
逆接表現　60, 209, 263, 403
逆転の状況　270
客観的、恒例的なイベント　67
客観的な事態　29, 315, 498
客観的な情勢判断　376
客観的な判断　337

救済措置　317
旧態、常態の現状　46
教育実践　3
共演　79
共感　341
共起性の高さ　285
共起成分　153
共起文型　16
教訓的、指示的な内容　45
教材研究　5
共鳴的な確信　334
共有的指標　38
共有場面　45
局面の変化　86
拒否、疑念用法　485
拒否的な判断　390
許容度　90
近似値の情報　475
均質的な集団を営む習性　118
禁止表現　74, 480
禁止や制止　372
近接性　37

く

空間移動　102
空間的な接近　253
偶然的な背景　164
偶発的事態　252
偶発的な因子　275
偶発的な好機到来　117
偶発的な事象　240
偶発的な接点　127
具体的かつ物象的意味　129
具体的な空間移動　63
具体的な情報　138
具体的な対応策　59
下り坂　124
訓戒、教訓　356
訓戒的な表現　357

け

ケ　165
経緯説明　29, 53
契機　115
契機性　102
契機的な機能　79
継起表現　65, 240
経験材料　340
経験的内省　27, 360
経験的な前提　361
経験の蓄積　167
警告　186, 310, 325, 355, 400
警告文　485
計算された目的行為　271
形式のマトリクス　239
形式名詞　108, 143, 191, 211, 454, 464, 475, 490
掲示表現　360
継続事態の中断　260
継続性　149
継続性（進行性）　87
継続的な意味合い　117
継続的な事態　499
形態的な交替、拡張　77
形態的な多様性　35
形態的な特徴　93
形容詞語彙　281
形容詞的表現　340
形容詞派生　88
形容動詞　223
決意表明　40, 198
結果体　327
結果構文　404
結果事態　43, 376
結果時点　250
結果重視　208
結果節　137
結果的事態　115
結果的な行為　402
結果の招来　406

結果誘導節　137
結果論　283
結束性　476
決定的体験　123
結論的な印象　116
結論的な言辞　482
結論的判断　330
懸念の表明　334
原因理由　68, 194,
原因理由節　137, 193, 308, 372, 456, 487
限界値　170, 377
言語活動　325
言語環境　327
言語行為　159
言語行動　16, 327, 345
言語行動の対照分析　346
言語接触　2
現在発話時　427
現在発話時点　238
検索　182
現実事態　314
現実世界　299
限定状況　179
限定条件　172, 175, 465
限定的な状況　252
限定表現　308, 451
限定副詞　432
現場性　264
現場的な描写　261
兼務　49

こ

語彙研究　78
語彙的な意味　281
語彙的な否定表現　435, 436, 439, 443
語彙的な表現　391
語彙的な用法　213
語彙的（な）レベル　15, 436

行為確認　355
行為発生時点　330
後悔の気持ち　427
後悔や批判の気分　46
交換条件　204, 216
広義の主題形式　405
広義の命題成分　68
広義命題形式　45, 410
公共的性格　356
後件独立型　101
後件独立の用法　91
後件否定成分　174
後項（二次的動詞句）　64
後項動詞　471
口語縮約形　388
高コンテクスト文化　346
恒常性　139
恒常的な等価関係　406
構造的な制約　385
後続句成分　425
交代の可否条件　150
講談的な語り　258
後置詞　6, 25, 274, 277
後置詞接続のタイプ　76
後置詞的なふるまい　67
後置詞の選定基準　35
後置詞の"萌芽的"な形態　79
肯定形　454
肯定的な容認　408
肯定否定の言い替え　215
肯定表現　306, 426
肯定文末形式　425
後発事態　89
後方否定形式　448
呼応　131
"呼応詞"　18
コーディネイト　26
個人差　345
〈コト〉的な　165
コト的な心情　286
誤認・誤解回避　347

古風な言い方　49
個別的指標　38
個別認識　306
個別(の)事態　307, 436
コミュニケーション　159, 346
語用論　300, 324, 349
懇願表現　364
根拠や経緯　404
根拠・論点　493

さ

最高点　124
最高の状態　386
最後的判断　282, 337
最終的な結果　331
最終的な結果判断　139
最上級の表現　400
最小限の絶対的事態　336
最低(最小)条件　177
再認・追認　45
作例の適格性　7

し

使役形　294
使役成分　65
使役的な働きかけ　137
自戒的な意味　356
自戒の念　401
資格　72
時間移動　102
時間移動の言語化　82
時間節　29, 37, 109, 137, 382
時間的経過　42
時間的な段差　359
時間的な認識のずれ　349
時間認識　274
時間の移動　106
時間の前後関係　106

時間の定位　111
時間幅　239
時間表現の重層性　275
時間名詞　272
時空間の移動・推移　81
時系列的な配慮　281
思考の途上　337
自己過失の擁護　247
自己主張　392
自己述懐　284
自己納得　301
自己認識の解放　296
事後発生　44
自己防御　365
自己抑制　432
指示詞　383, 396
事実本位の描写　91
指示的な副詞　410
時事報道文　57
事象の発生　237
事象本位の観察　260
辞書の意味記述　82
自然界の現象　243
自然現象　315
自然な結果移行　208
事前の準備段階　41
事前発生　43
自然発生的な状況　256
事態回避　361
事態急変　267
事態実現への可能性　500
事態設定　183
事態の意識共有　477
時代のエポック　124
事態の帰結の当然性　107
事態の客観的描写　262
事態の急変　248
事態の自然発生　95
事態の終結　124
事態の終結部　305
事態の消滅　266
事態の推移　499

事項索引　585

事態の漸次進行　86
事態の"同時併発"　240
事態の動静　104
事態の発生頻度　52
事態の必然的な推移　95
事態の必然的な発生　312
事態の普遍性　164, 416
事態の累加　262
事態の連続継起　178
事態の連動的発生　99
事態発生のゆくえ　89
事態判明　140
事態変化の結果　264
事態本位　148
時代や人生の節目　118
自他の対称形　208
失言　284
実質性の希薄化　476
実質的意味　191
実質的な意味　385, 386
実質的な確定表現　323
実質的な対象　426
実践文法　2
指定形式　111
視点の集団性　112
自動詞　95
視認測定　251
自発形　318
自発的事態　374
自発動詞　376
始発の重大な要素　122
"締め括り"　477
自問自答　422, 440
自問自答の評価判断　375
社会通念的な情報　337
社説　356
主意的な意志　472
周縁的な語彙　124
"周縁的"な名詞述語文　476
習慣性　241, 266
習慣的行為　213

集合体　165
集合名詞　383
終助詞　398
終助詞的(な)用法　219, 486
従属接続詞　191
収束的機能　143
従属的な接続　191
重大な結果　172
周辺語彙　131
事由を表す傾向　99
主観性　111
主観性の介入　194
主観的な思い込み　337
主観的な観点　487
主観的な強さ　152
主観的な判断　75
主観的な要素　248
主観的判断　332
主観的評価　137
主観的本体把握　238
縮約形　378, 387, 486
主従関係　104
主従の意味関係　93
主体意志　275
主題化　39, 41, 44, 45
主題化の一類型　67
主題化類　36
主体行為　74
主体認識　478
主体の意志　159, 248
主体の内側　384
主体の感情　500
主体の態意性　253
主体の内面的な抵抗　458
主体の物理的な動作　79
主体の予知能力　422
主体表現　423
主題名詞　502
主張の緩急　313
出現モデル　110
述語形式　234

瞬間性　87, 237
循環的、置き替え的な記述　82
瞬間動詞　255
瞬間副詞　241
遵守対象　93
逡巡　486
順接　289
順接構造　176
準複合辞的な要素　6
情意、情動　259
情意性　455
情意的意味　52
情意的な意味　151
情意的な親しみ　117
情意的背景　275
情意寄り　148
照応関係　169
状況証拠　247
状況的な発言提示　323
状況の否定　458
状況没入型の言語観　238
消極的姿勢　386
消極的な比喩表現　401
情景描写　266
条件形後置詞　180, 265
条件帰結　69, 293, 380
条件形式　254
条件構文　354
条件節　73, 110, 287, 301, 316, 319, 382, 410, 434, 447
条件節の変種　385
助言表現　186
常時的な発生　166
小説の語り　288
状態性述語　27
常態性や習慣性　373
譲歩　36, 459
情報提供の機能　301
情報伝達　275
情報の受信側　349

情報の整合性　303
情報の発信側　349
情報の氾濫　348
譲歩構文　354
譲歩的な環境　179
『助詞・助動詞辞典』　16
助詞相当の複合辞　6
叙述的性格　423
所信表明演説　261, 497
女性語的　486
助動詞相当の複合辞　6
所望　491
所有・存在文　316
所有否定構文　442
人為的事態発生　110
新規事態　108, 239
真偽性判断　454
新事態の積極的な進展　120
心情的風土　118
心情の強調　388
心情の結果的様態　281
深層格　192
深層的な意味特徴　244
進捗的な相関関係　97
心的姿勢の起伏が　455
心的な表出　454
信憑性　299
新聞の社説　13
心理的紆余曲折　296
親和性　79

す

随行対象　93
随伴的な現象　99
推量　151
推量的確信　343
推量／内省　343
推量判断　327
推量表現　285
推量を含む働きかけ　459

数量詞　53
スピーチレベル　5
スル動詞　85

せ

生産的な語構成　211
制止表現　452
制止、抑制の表現　467
静的事態　30
生来の性癖　377
生理的な起因　377
生理的な状況　376
正論　284
世界認識　478
責任回避　202, 495
世間一般の常識　496
世間的な目線　491
積極的な働きかけ　153
接続句　60, 74
《接続辞》　191
接続詞的(な)用法　54, 183, 218
接続詞と接続助詞　411, 412
接続助詞　84, 258
接続助辞　25
接続成分　139, 234, 453
接続的な副詞用法　214
絶対条件　276, 461
絶対的な選択意志　465
絶対的な前提　157
絶対的な判断　399
絶対的否定　426
絶対否定表現　448
絶対命題　396
切迫感のある事態　250
切迫した時間　251
接尾語的な成分　214
接尾辞　252
接尾辞的な成分　273
説明責任　237

説明的モダリティ／説明のモダリティ　478, 481, 489
説明のムード　475
前件継承型　101
前件否定成分　174
前件連続の用法　91
前項(一次動詞句)　64
先行事態　260
潜在的な事由の所在　302
潜在的条件　312
潜在的な可能性　326
潜在的な文脈　283
詮索性向　300
"漸進性"　81
前接動詞　261
漸増的な言い方　457
全体的、社会的制約　358
選択決定の状況　300
選択条件　46
選択の可能性　47
前段の会話　51
前提条件　437, 446
前提情報　330
前提用法　439
前文情報　328
前方否定形式　448
全面否定　73, 322, 430
専門日本語教育　7

そ

相応の達成感　139
総括的な判断提示　302
総括的な判断表現　406
"相関関係"　81
相関接続詞　137
想起　182, 405
相互比例　104
相対(婉曲)否定形式　451
相対的否定　426
相対否定表現　448

事項索引　587

想定句　78
想定内の事態　241
想定前　50
属性　131
属性指示　484
属性の表象　195
属性描写　315
属性例示　261
措定　26, 481
外からの強制執行的な意味　295
ソト的(；建て前的)関係　358
外向き　395, 462
その他の副詞節　84
存在文　312

た

待遇レベル　17
体言止め　503, 506
タイ語　344, 352
対照研究　11, 338, 352
対照行動言語学　366
対称性　90
対象と状況　26
対象の程度　380
対人待遇的な配慮　451
対人的な機能　13
対比　44, 54
対比状況　46
対比的な状況　109
対比的な用法　215
対比と並列　177
対比表現　444
対比、並列の用法　268
代弁　73
対面行為　346
対立関係　340
対立、非対立の形式　425
対立表現　354
タ形　194, 215, 261

タ形接続　144, 457
多義的な意味　55, 181
多義的な文末形式　433
多言語・複言語社会　11, 345
打算的な気持ち　58
他者説得　301
他動詞の受身形　87
ダブルテンス　305, 313, 452
タラ節　266
段階的な事態の推移　94
段階的な程度の漸進　93
単純否定　472
男性語　360, 486
断定　169, 408
断定的な結論　293
断定的な判断　459
単独用法類　36
単文レベル　373
談話的な展開　269

ち

注意書き　360
注意喚起　291, 325, 355
注意伝達　479
忠告　400
中国語　338
中国語母語話者　77
注釈、前置き表現　175
注釈的な心情　195
注釈的な弁明　291
注釈の副詞　455
注釈表現　412
抽出　26
抽象化　64
『中上級日本語表現文型』　7
抽象的な移動　63
抽象的な概念　435
中止用法　194, 224, 317

直接行為　350
直接指示　351
直接的な影響　101
直截的な推断　302
直接発話行為　346, 362
直感的な確信　336

つ

追認・余情的用法　502
通念　91
通念媒体　502
強い願望や意志　402
強い期待感　329
強い決意　486
強い判断表現　335
強い認め　328

て

提示用法　484
丁重な断り　307
程度・傾向　492
程度節　149
程度の強調　372
程度副詞　390, 483
丁寧化　36
丁寧形　41
諦念　281, 340, 381
諦念的な気分　407
諦念表現　418
テイル形　263
テ形　25
テモ・テハ形　31
転嫁　244
展開的機能　143
転回点　118
添加の様相　58
テンスからの解放性　103
転折的な起因　124
伝達意図　327
伝達的(な)意図　39, 163

伝達的な意味の有意差 483
伝達表現 395
伝聞(言い伝え) 416, 478
伝聞・引用的な機能 72
伝聞形式 405
伝聞的な要素 404

と

問い返し的な機能 182
当為事態 305
同一行動の遂行 273
同一動詞の連動的用法 287
等位的な結合 187
当為的な表現 401
当為の強調 467
同意の姿勢 51
当為の否定 434
当為の含み 184
当為表現 417
当該事態への対応 66
当該対象の範囲 328
等価的な期待値 303
道義的な判断 361
統御不可能な状況 243
同形異種節 234
同語反復 182, 444, 469
動作性名詞 37, 81, 98, 108, 140, 251, 253, 505
動詞述語文 340
同時瞬間性 247
同時性 85, 107, 237
動詞的性格 60
動詞的表現 340
動詞テ形 286
動詞テ形後置詞 75, 134, 176, 216, 221
動詞の意志形 406
動詞の意志性 95
動詞の受身形 88

動詞の実質性 37, 75, 76
動詞のテンス 194
動詞のテンス性 103
動詞の反復形式 471
動詞の連用形 287, 306, 462
同時並走 104
同時併発 260
同情 341
当初の目的、目論見 254
動詞らしさ 25
動詞連続的な展開 65
動詞連続の表現形式 76
動詞連用形 252, 253, 272
当然の帰結 341
到達評価 492
到達表現 409
倒置文 15, 141, 250, 329, 494
動的事態 30
動的な観察表現 29
動的な姿勢 386
道理的展開 159
ト格支配 35
トキ節 311
時の重層性 188
特化的な言及 48
トハ節 267
とりたて 44
とり立て詞 200
努力や投資 120

な

ナイ形 215
内在性と外在性 2
内在的な意味 163
内在的な感情 491
内省的な確認 356
内省的な特徴 185
内発的因子 248
内発的な感情の高まり 377
内発的な表出 463
内発的なもの 116
内部的な突発性 246
内部否定型 473
内容説明文 477
内容否定 462
ナル的な特徴 308
ナル的な表現 242, 295
ナル動詞 87
ナル表現 91
ナレーション的な語り 305

に

ニ格支配 35
二次的後項動詞句 79
二次的な成分 80
二重否定 319, 323, 432, 440, 456, 458, 464, 470
二重否定形式 449
二重否定表現 359, 442, 444, 445, 446, 447
日本語の曖昧さ 451
日本語の曖昧表現 202
日本語能力試験 12
日本語の視覚的感性 112
日本語の時間表現 237
日本語非母語話者 3
『日本語表現文型』 5, 6
『日本語表現文型中級Ⅰ、Ⅱ』 5
『日本語表現文型ノート』 7
『日本語表現文典』 4
『日本語文型辞典』 6
『日本語類義表現使い分け辞典』 16
『日本語類義表現の文法』 14
日本語類義文型 8

日本人の言語習慣　152
日本人の言語発想　112
人間関係　345
認識共有の磁場　302
認識的なモダリティ　325
認識の一致・不一致　477
認識のカオス　301
認識の再確認　303
認識のスケール　299
認識のプロセス　283
認識のレベル　299
認識判断のモダリティ　71
人称制限　373, 375, 387
認知言語学　27
認知モデル　192

の

能動的　385
ノ節　30
ノやコト節　335

は

背景的説明　328
背景的な可能性　319
背景密着型　100
排除の気持ち　56
媒体的事態　115
配慮表現　364
働きかけ　346
働きかけ性　394
働きかけの表現　272
発生時点　43
発生的な事実　90
発想様式　284, 504
発動重視　208
発話意図　137, 245, 275, 327, 495
発話環境　13
発話形成　346

発話行為　345
発話時　330
発話者の意思表示　354
発話の対象設定　44
発話場面　395
話し言葉　6
『話しことばの文型(1)(2)』　4
話し手の意志的な行為　254
話し手の感情移入　334
話し手の共感　112
話し手の自己納得　429
話し手の情意　65
話し手の認識判断　74
話し手の評価判断　65
話し手の倫理観　462
ハレ　165
反期待性の事態　392
反語形式　441
反語的な意味　388
反語的表現　486
反語表現　374, 375, 397, 485
反実仮想　304, 313
判断　403
判断確認　398
判断形容詞　289
判断辞　311
判断実行時点　330
判断の修正　428
判断の逡巡　321
判断表現　285
判断留保　430, 431, 432, 440, 469
反復・並列形式　51
反復可能　116
反復行為　121, 266
反復的な事態　259

ひ

非意志的　395
非意志動詞　105
被害意識　381
被害度　360
比較構文　212
比較選択表現　401
比較的大きな意志決定　118
比較表現　341, 361
悲観的な予想　341
非言語(的)コミュニケーション　283, 345
非言語情報　300
非対面行為　346
非妥当性　438
必須成分　48, 479
必然性　70, 186
必然的な結果　329
必然的な背景　164
必要・当為表現　480
否定慣用表現　473
否定疑問文　449
否定形　454
否定形式　69, 485
否定辞　284
否定推量　421
否定の状況　290
否定のスコープ　426
否定の前提句　422
否定の動詞述語形式　460
否定の論理関係　462
否定の論理と倫理　461
否定表現　306, 371
否定文末形式　425
否定文末表現　453
否定文末文型　17
否定誘導の副詞　409
否定連鎖　179, 451, 468, 470
非難　75

批判的な表現　268
批判表現　389
比喩的な状況描写　403
評価性　371
評価成分　73
評価選択　387
評価的意味　154
評価的な程度表現　376
評価的な内容　153
評価的な誘導句　71
評価の恒常性　359
評価判断　47, 50, 328, 371, 381, 414, 495
評価副詞　392
標記・標識の過剰さ　348
表現意図　426
表現機能　346
表現効果　367
表現の"閾値"　352
表現文型　17
表層格　192
表面的な文法記述　348
比例型　104
比例関係　84, 176, 262
比例相関的な変化　96
比例的な事象　154
品詞体系　16

ふ

不安定な心理状況　384
不運な事態　250
フォーマルなニュアンス　40
フォーマルな文体　166
不確実性　300
不確定要因　194
不可抗力　88, 248, 292, 372, 382
不可能表現　353, 362, 363
不可避的な事態　98
複合格助詞　6, 25

複合辞　5, 6, 329, 359
複合辞研究　17
複合条件文　174
複合助詞　25
複合的な文型　413
複合的な文構造　172
複合否定　472
複合文型　16
複合名詞　251
副詞・接続詞的用法　36
副詞句表現　180
副詞語彙　192
副詞成分　310, 339
副詞的成分　66
副詞的なふるまい　60
副詞的用法　246, 248
副詞フレーズ　47, 389
複数事態の同時発生　106
複文　274, 287, 359
複文関連句　111
複文構造　291, 377, 380, 385
複文の研究　75
複文の構造　396
節目の出来事　41
付随現象　97
付随的な同伴　262
附帯状況を表す副詞句　115
不都合な結果　60
物理的な起因　377
物理的な状況　63
不特定多数の読み手　332
部分肯定　322
部分的、臨時的な本質　479
部分否定　72, 319, 429, 435
普遍事態　307
普遍性　186
普遍的な感情母体　342
普遍認識　306

不満　75, 487
プラス評価　50, 154, 374, 380
フラッシュバック　250
文化習慣　349
文化的背景　348
文型教育　3
文型研究　3
文型習得　2
文型積み上げ式　1
文接続　35
文体的な傾向　83
文中移動　142
文の産出の要件　14
文の自然さ　15
文の展開、拡張　75
文法化　27, 320, 496
文法教育　3
文法研究　3, 78
文末形式　74
文末詞　219
文末述語形式　313
文末述語成分　197
文末助辞　25
文末成分　196, 453
文末表現　425
文末名詞文型　17
文脈情報　13
文脈的構造　163
文脈的な特徴　187
文脈展開の連続性　302
〈文核〉的な否定　448
〈文枠〉的な否定　448

へ

並行的な事態　268
閉塞的な感情　296
閉塞的な状況　379
並列　44
並列・反復類　36
並列形式　275, 255, 405

並列表現　269, 400, 403, 414
並列用法　429, 459
べし・べからず集　365
変化・移動表現　88
変化・推移構文　110
変化動詞　86

ほ

《包含型》　104
包摂関係　343
放任の意味　65
飽和的状態　243
捕獲的な意味合い　249
ぼかし的な言い方　256
補助動詞　87, 149, 242, 255, 265, 306, 433
補足節　286
補足説明　455
仄めかし　302
補文節　209
補文節構造　481
本質的な本体把握　481
本来の目的達成　62

ま

マイナス的視点　61
マイナス的な意味　259
マイナス的な事態　252
マイナス(的)評価　29, 53, 380
マイナスの結果　60
マイナス予想値　310
前触れ　80, 111, 350
待ち望み　301
満足感　492

み

見込み的な判断　312

〈見せかけ〉的な意味　61
見せかけの接続成分　235
見通し　166

む

無意志的な現象　92
無常観　297
無条件　52, 287, 471
無助詞　249
無制限のなかの限定機能　72

め

名詞化辞　105, 112
名詞化の機能　476
名詞句の生産性　504
名詞修飾のタイプ　77
名詞述語の文末形式　142
名詞述語文　15, 439, 441, 475
名詞接続　30, 35, 153, 464
名詞派生の後置詞　135
命題の評価性　393
命題の評価づけ　371
迷惑度　360
メタファー　26, 78
メタファー化　129
メタファー的な援用　115
メトニミー　27, 78
メトニミー的なモデル　131

も

目的意志　253
目的表現　400
モダリティ　111, 299, 482
モダリティ研究　327
〈モノ〉的　165
物事の結末　145

問題提起の形式　72
問題本質の回避表現　281

や

柔らげの「も」　432

ゆ

有機的統合体　1
有契性　244, 248
誘導成分　30
誘導的な成分　91
《誘発型》　104
誘発性の出来事　147

よ

様態修飾　79
様態修飾句　133
様態修飾成分　195, 197
様態節　109
様態副詞句　197
様態副詞節　25
予期した事態　249
予想される基準　218
予想通りの事態　68
予測的な機能　13
予測通りの結果　51
予測不可能な事態　250

り

留保的な条件　311
了解事項的な要件　253
量的質的な変化　86
臨場感　112, 504
倫理観　473

る

累加の意味　440

類義表現分析　240
類義文型　6, 77, 116
類似的な事態生起の連鎖　88
ルールのハードル　365
ル形　149, 194, 215, 257, 261

れ

例外的な事象の出現　170
例示的な機能　73
レバ条件節　294, 315, 334, 459
レバ節　310, 312, 313
レバの論理性　172
連語的形態　501
連語的成分　203, 206
連想　58
連想的営為　26
連続的な意味構造　259
連続的な経緯　91
連体詞　200, 477, 484
連体修飾構造　16, 119, 191, 303
連体修飾節タ形　35
連体修飾節ル形　35
連体修飾の機能　312
連体修飾のタイプ　133
連体節表現　142
連用修飾のタイプ　133
連用中止形　31, 35

わ

話者の伝達心理の状況　274

を

ヲ格支配　35

文型・関連副詞索引

いざとなれば 185
以上 158, 212, 291, 329
以上(は) 45, 156, 157, 212
以上に 212
至って 107
一面 228, 226
いつ〜か分からない 324
一心で 199
言ったそばから 259
一方 224
一方(で) 223, 268
一方(では) 225
一方だ 493
今 108
今更 467
意味で 203, 204
いわれがない 457
いわんや 46

あ

(相)前後して 107
あいだに 109
合い間に 271
あかつきには 144, 146
あげく(に) 146, 290
あげくのN 147
あげくのはてに 148
あげくのはては 148
あってのN 67, 69
あってはならない 357, 460
当てがない 455
あながち 435
あまり 139, 148
あまりの〜に 150
ありうる 304
あるいは 300

い

以外(に)ない 465
いかん 207
いかんで(は) 207
如何にせよ 282
いかんによって 207
いかんによっては 47
勢いだ 500
意気込みで 199
意向だ 497, 500

う

うえで 194
うえは 156, 157, 158
うかつに 303
疑いがある 316
疑いが強い 317
疑いがもたれる 317
疑いで 202, 317
疑いようもない 463
うちに 109
うまくいけば 185
裏で 109
裏を返せば 185
うる／える 318

え

影響で 203

お

お／ご〜なく 362
おかげで 193, 194
おかしくない 291
おきに 222
お断わり 350
恐れがある 170, 315
驚くべきことに 478
おぼえがない 457
おまけに 214
思いだ 494
思いで 199
思い出に 221
思えば 185
思惑だ 497
お礼に 221
お詫びに 221

か

か(も)分からない 304
(カ)ト思エバ 183
が仇となって 60
甲斐(が)あって 67, 69
か否か 258
甲斐もなく 69
甲斐もむなしく 69
が裏目に出て 61
かえって 154, 310
がきっかけで 120, 135
がきっかけとなって 99, 120
限り 292
かぎりだ 386
限りだ 386
覚悟だ 497
覚悟で 209
陰で 109
がけに 273
が原因で 120
がこうじて 59, 60

重ねて 106
か知れない 304
が前提で 201
かたがた 230
かたくない 341
がたたって 61
かたちでは 205
かたわら 228, 229
格好だ 499
格好で 196
過程で 109
がてら 230
かというと 75
かといえば 75
かといって 72, 74, 412
かと思いきや 269
かと思うと 265
かと思えば 265
かと思ったら 265
廉で 202
か〜ない（かの） 255
かねない 170, 306, 310, 311, 312, 325, 464
かねる 306
可能性がある 314, 325
可能性が高い 314
可能性が高まる 314
可能性が出てくる 314
可能性も捨てきれない 314
が早いか 254
が引き金となって 99, 127
構えだ 500
かもしれない 170, 300, 301, 303, 304, 305, 309, 312, 324, 325, 329
かもしれなかった 314
がもとで 61, 120
がもとでは 208
から 141
カライエバ 183

からいって(も) 71, 404
AからいってもBから言っても 51
AからしてもBからしても 51
Aから見てもBから見ても 51
から推して 72
からこそ 446
からして(も) 69, 71
からであって 439
からといって 72, 73, 74, 413, 430, 435, 447, 470
からといって(も) 404
からにちがいない 328
からには 45, 156, 329
からには／からは 156
から見て(も) 71
がわざわいして 61
代わり(に) 54, 214
考えだ 500
感極まって 389
関係で 202
感じだ 494
感じで 197

き

記憶がない 457
機会に 221
聞けば 185
兆しがない 456
気だ 497
気で 199
記念に 220
気分で 197
気持ちだ 495
気持ちで 197
今日 108
ぎりぎり 253
きわまりない 389
きわまる 389

きわみ 389
禁止 347
禁止されております 348
禁じられています 348

く

具合に 222
くせに 219
口調で 197
雲行きだ 497
ぐらいだ 495
くらいで(ぐらいで) 194, 206, 235
くらいなら 401

け

計画だ 498, 500
結果 138, 140, 143, 292, 309
結果だ 502
結果として 141
懸念がある 315
気配がない 457
気配だ 497
厳禁 347
現在 108
現状だ 499

こ

公算が大きい 315
口実で 200
声で 198
ご遠慮ください 347
(こと)このうえない 390
(こと)はいうまでもない 414
(こと)はなはだしい 390
ことか 478, 480
ことがある 301, 317, 326,

文型・関連副詞索引　595

350, 442
ことが欠かせない　461
ことがない　442
ことが必要だ　14
ことから　135
ことだ　476
ことだった　479
ことで　193, 235
ことでは　287
ことではない　367, 436
ことと思う　489
ことなく　445
ことなくして　445
ことなしには　445
ごとに　222
ことに変わりはない　461
ことにちがいない　331
ことになりかねない　308
Xことによって　69
ことは明らかだ　461
ことはありえない　318
ことはあるまい　444
ことは否めない　321, 460
ことはしない　458
ことは必至だ　461
ことはまちがいない　333
ことは許されない　364, 460
こともあって　57, 67
こともありうる　318
こともない　455
こともなく　445
ことを思うと　267
ことを禁じます　349
ことを認めていない　462
ことを忘れなかった　462
魂胆だ　497

さ

際（ぎわ）　252
最中　263

最中だ　495
XサエYレバ　177
避けてください　348
ざま　272
ざるをえない　291, 385
ざるを得なくなる　292
さんざん　146
算段だ　500, 501

し

XシYシ　178
仕返しに　220
資格がない　456
しかたがない　284
仕方がない　282, 286
しかない　169, 464
時期だ　496
しぐさで　198
仕組みだ　499
事情で　203
姿勢だ　501
姿勢で　195
次第　13, 253
次第だ　496
次第で　206
次第によっては　47
始末だ　496
趣向で　201
術がない　456
瞬間　249
瞬間から　249
瞬間に　249
瞬間を　249
しょうがない　284
状況だ　498
状況で　202
条件で　203, 204
証拠に　219
状態だ　498
所存だ　497
しるしに　219, 221

心境だ　499
信じられない　398
心配がある　315

す

すえ　145
すえ（に）　144, 145
姿で　197
隙に　271
筋合いはない　457
ずにすむ　385
ずには　382
ずにはいられない　382
ずにはおかない　383
ずにはすまない／ずにはすまされない　384
すべきで（は）ない　361
するともなく　469
寸前　252
寸法だ　496

せ

せいか　194
性格だ　503
せいで　193
せかされるように　66
設定で　203
刹那　250

そ

そう　264
（そう）だからといって　413
早々　272
相談だ　498
想定で　203
そうな気がする　488
そうな気配だ　488
そうなものだ　487

そうはいっても 413
その結果 143
その瞬間 249
その証拠に 220
そのはずみ(に) 245
その反面 227
そのひょうしに 248
その割に(は) 218
そばから 259
そぶりで 198
素振りで 195
そもそも 431
それだけに 154
それとも 300
それにしては 51
それにしても 51
それにつけても 53
それに伴って 101
それにひきかえ 54

た
たいところだ 491
態度で 196
たいものだ 488
たが最後 232
だから 329
だけあって 154, 308
だけだ 155
だけで 155, 193, 235
だけでなく 467
だけでは 155
だけではない 440
だけではなく 440
だけでも 156
だけに 153, 154, 308
だけのことはある 155
確かに 311
ただ 431, 432
立場だ 501
たとえ〜ても 458
たび(に) 52, 113, 222

他方(で) 223, 225
たほうがいい 361
たまったものではない 380
たまりかねて 307
ためしがない 457
ためだ 493
ためには 14
他面 226, 228
タラ 174
たらいい 486
たら最後／たが最後 232
X タリ Y タリ 178
だれが〜か知れない 324
だろう 170, 300, 335
段階ではない 441
〈単独〉ものだ 481

ち
注文だ 498
調子だ 499
調子で 195, 197
直後 251
直前 251
ちょっと〜だけで 155

つ
ついで 231
ついでに 212
ついては 53
ついには 496
付け 503
付けが回って 61
っこない 342
ったら 388
ったらありゃしない 388
ったらない 387
って(ば) 388
つもりがない 447
つもりだ 500

つもりで 198, 235
つもりはなかった 448

て
A であっても B であっても 52
A であれ B であれ 52
A であろうが A でなかろうが 52
A であろうが B であろうが 52
A であろうと A でなかろうと 52
A であろうと B であろうと 52
ていく 14
テイク 88, 89, 90
テイタ 90
ていられない 376, 383
ておけない 378
手がない 456
てからというもの 404
できれば 184
テクル 90
てしかたがない 373, 374
てしまう 172
てしようがない 374
てたまらない 373, 374
てたまるものか 486
てならない 359, 372
てならなくなる 373
てなるものか 486
てのこと 477
ては 366, 380, 483
テハ 187, 260
ではあるまいし 439
てはいけない 351, 354, 355, 356, 358, 366
てはいけません 347, 366
てはしかたがない 379
てはたまらない 379, 380

ではないか 321
ではないが 439
ではないだろうか 321
てはならない 351, 354, 355, 356, 358
てはなるまい 359
てほしいものだ 488
てほしくない 364
てまいる 14
手前 151, 291
てみる 488
ても 285, 366, 434
テモ 187
てもいけない 366
てもおかしくない 290
てもしかたがない 285, 381
てもしょうがない 381
でもない 442
てもはじまらない 381
ても不思議ではない 290
てもらいたいものだ 488
てもらいたくない 364
てやまない 378
点だ 493
点では 205

と

と(相)前後して 273
と(は)いうものの 403
と(は)いっても 74
と(も)いえる 408, 420
ト(モ)ナレバ 183
とあいまって 56, 107
とあって 67, 308
とあっては 68
トアラバ 183
トアレバ 183
と合わせて 106
といい 403
といいたい(ところ)だろう 419
といいたくもなる 419
という 293, 423, 484
という(の)なら 410
という(のだ)から 411
という有様だ 405
という噂だ 405
というか 403
というが 405
というけれども 405
ということ 477
ということだ 405, 418, 477
ということだろう 418
ということで 404
ということではない 418
ということにする 406
ということになる 406
ということにはならない 406
ということはない 406
というしかない 288, 293
というだけでは済まされない 420
という点で 205
トイウト 181, 182
というと 405
というところだ 406
というのが(理由だ) 421
というのだ 419
というのだろう 409
というのだろうが 419
というのである 419
というのでは 412
というのでもなく 429
というのに 404
という話だ 405
というほうが無理だ 420
というほかない 288, 415
というほどのこともない 407
というほどのものではない 407
という名目で 200
というものだ 407, 417, 482, 484
というものだった 482
というもので 404
というものではない 407, 417
というものでもない 407
というものは 435
というよりない 288, 415
というよりほかない 415
という理由で 200
というわけだ 407, 417
というわけで 404
というわけではない 319, 407, 417
というわけでもない 407
というわけにはいかない 408
といえたものではない 408
といえども 404
といえなくもない 469
トイエバ 181, 182
といえば 410
といえよう 420
といえる 320
といえる(の)だろうか 420
といおうか 403
といった具合だ／調子だ 500
といった次第だ 405
といった状況だ 405
といったところ 406, 491, 492
といったところで 403
といったほうがいい 420
といって 73
といって(も) 72, 404
といって(も)いい 324,

408, 420
といっているに等しい 416
といっているのではない 419
といっては 48
といっても 413, 436
といってもいい 399
といっても言い過ぎではない 399
といっても過言ではない 399, 422
と偽って 61
といわざるをえない 418
と言わざるをえない 291
といわず 403
といわずして何というのか 422
と言わなければならない 344
といわねばならない 417
といわれている 416
といわれても仕方あるまい 421
といわれても仕方がない 421
といわれる 416
といわんばかりだ 403, 414
といわんばかりに 403, 493
といわんばかりの 414
どうかした拍子に，何かの拍子に 247
どうせ 341
とうとう 139, 148
とうらはらに 222
道理がない 458
と思いきや 13, 269
と思う間もなく 269
と思うと 265, 386
と思える 320

と思わざるをえない 291
通り(に) 217
と考えられる 318
とが(咎／科)で 209
時だ 496
ときたら 47
ときては 47
とくに 431
と交替して 55
と異なって 222
ところがない 455
ところだ 491
ところで 193, 235
どころではない 438
ところに 263, 264
ところへ 260
ところを 263
ところを知らない 455
ところをみると 329
としか言いようがない 287
として 69, 70, 308
としてあるまじき 363
としても 51, 70
とすれば 75
トスレバ、ニシテミレバ 181
とたん(に) 240, 248
と違って 222
と同時に 14, 125, 224, 260, 262
とともに 14, 84, 108, 224, 260, 262
となると 319
ト(モ)ナレバ 179, 184
との自信だ 502
とは 396
とはいいがたい 409, 417
とはいいきれない 409
とはいえ 404, 411
とはいえない 320, 415
とはいわないまでも 467

とは思えない 320
とは思わなかった 398
とはかぎらない 470
とは限らない 318, 319
とばかりもいえない 409
とは逆に 222
とは正反対に 222
とは無関係に 222
とひきかえに 54
とまではいえない 409
とみえて 69, 71
と見えなくもない 469
と見せかけて 62
とみて 69, 70, 337
とみてよい 338
とも 409
とも(どちらとも)いえない 409
ともいえない 415
とも限らない 318, 319

な

な 283, 499
ない間に 257
ないうちに 257
ないことだ 436, 443
ないことではない 323
ないことはない 323, 468
ないこともない 444
ない先から 257
ない先に 257
ないでください 347, 348, 352, 359
ないですむ 385
ないでは 382
ないではいられない 382
ないではおかない 383
ないではすまない 383, 384
ないではない 440
(ない)ではない 468

ないでほしい　364
ないでもない　440, 469
ないでもらいたい　364
ないとは言えない　455
ないとは限らない　323
ないとも限らない　319, 455
(ない)ともかぎらない　470
ないに越したことはない　400
ないのではないが　429
ないはずがない　446
ないべきだ　437
ないほうがいい　361, 400
ないものだ　433, 483
(ない)ものだろうか　490
ないものではない　323
ないものでもない　323
ないものはない　445
ないようにしてください　348, 359
ないわけだ　429
ないわけではない　323, 432
なか／なかで　68, 108, 224
なく(は／も)ない　468
なくてはすまない　385
なくてはならない　342
なければならない　14, 45
なければならぬ　457
なしに　463
ナゼ〜カトイエバ　181
など　397
ナラ　174
なり　243
なんか　219, 397
なんて　219, 397
何とも　478

に

に(も)まして　59
に飽かして　65
にあたって(は)　38, 39, 45, 56
にあたり　38
にあって　107
にあっては　47
にあやかって　58
にいたって　42
にいたっては　44
にいたるまで　43
に促されて　66
においては　48
に応じて　93, 96, 107
におよんで　42, 43
に及んで　107
に追われて　63
に代えて　54, 55
にかかっては　48
に限って　54, 55, 56
に限っては　56
に限り　54, 55
に限る　387, 400
にかけては　48
にかけても　48
にかこつけて　28
にかたくない　341
にかまけて　27
にかまわず　27
にからんで　66
に絡んで　58, 107
に代わって　54, 55
に決まっている　340
に加えて　58
に越したことはない　400
に応えて　59
に応えるべく　59
に際し／に際して(は)　40
に際しては　56

に先駆けて　38
に先立ち／に先立って　37
に先立つ(こと)N　38
に先んじて　38
に誘われて　66
に従い　84
にしたがいまして　96
にしたがって　91, 95, 97, 100, 101, 102, 103, 113
に従って　84
にしたって何にしたって　51
にして　49, 69
にしては　49, 50
にしてみれば　48
にしても　49, 51, 70
にしのびない　390
に乗じて　64
AにしろBにしろ　51
Aにつけ何につけ　53
にすぎない　466
に過ぎない　294
にせかされて　66
に相違ない　330
にそそのかされて　66
に沿って　93
に備えて　41
に対応して　107
に対して　30
に堪えかねて　65
にたえない　390, 391
に足る　391
にちがいない　170, 328, 330, 332, 334, 338, 399
にちがいなかった　330
に誓っても　49
にちなんで　58
については　44
につき　52
につけ(て)　113
につけ(ても)　52, 113

につけこんで 64	の際(は) 41	のはさけられない 336
につけ〜につけ 52	の節(は) 41	のは避けられない 461
に続いて 106	のついでに 231	のは確かだ 339
につられて 83	のに代わって 216	のは望ましくない 363
につれて 83, 86, 91, 93, 95, 97, 98, 100, 101, 102, 103, 110, 113	のに引きかえ 216	のは憚られる 391
	のを覚悟(のうえ)で 209	のは必至だ 336
	のを承知で 209	のは必定だ 336
に照らして 67	{の／こと}はまちがいない 335	のはまちがいない 331, 333
にともなうN 103		
にともなって 93, 97, 100, 101, 102, 103, 113	の至りだ 495	の振りをして 28
	のが仇で 60	のもそこそこに 272
にならって 62	のが原因で 200	のも否定できない 460
にのぞみ 39	のが現状だ 506	のも無理はない 460
にのぞんで 38, 39	のが実情だ 506	
にのぞんでは 40	のが狙いだ 506	**は**
に乗って 64	のかもしれない 302, 303	
にはあたらない 467	のが理由で 200	場合 293, 319
にはおよばない 467	のきわみにある 389	場合がある 317
にひきかえ 54	の際 40	場合ではない 362
に引き替え 222	のだ 426	は言うまでもない 400
に比例して 107	のだから 457	はいうまでもなく 467
に付随して 83	のだろう(か) 399	はおやめください 347
にほかならない 465	ので 235	ばかりだ 492, 493
にほだされて 64	のではあるまい 322	ばかりに 151, 152, 211
に任せて 65	のではない 367, 426, 436, 452	ばかりに(1) 235
にまぎれて 28		ばかりに(2) 235
にもとづいて 59	のではないだろう 322	は言を俟たない 400
にもほどがある 387	のではなかった 427	運びだ 500
にもまして 60	のではなく 428	はさておき 28
にやぶさかではない 439	のとき 40	はしない 458
によって(は) 46, 99	のと違うか 338	はずがない 362, 446
によると 317	のと引きかえに 216	はずだ 172
ニヨレバ 180	のにちがいない 328, 331	はずみに 244
	のにひきかえ 54	罰だ 503
ね	のにまちがいない 331	はてに 144
	のは 285, 289, 341, 366, 466	話だ 498
狙いだ 500		はまちがいない 332, 338
狙いで 201	のは危ない 350	はめになった 295
	のは居たたまれない 391	早ければ(〜にも) 185
の	のは否めない 336, 339	はやめましょう 347
	のは確実だ 169	腹いせに 221
の折(は) 41	のはかたい 342	腹立たしいことに 478

範囲で 204
半面／反面 226, 227

ひ

必要がない 455
必要だ 428
ひとつで 207
否認する 462
暇をぬすんで 63
拍子に 246
表情で 196
ひょっとしたら 310

ふ

〈複合〉ものだ 487
ふりをして 62
分 232

へ

並行して 106
べからず／べからざる N 362
べきだ 45, 428, 437
べきではない 356, 434, 437
べきではなく 437
べくもない 467

ほ

ほうがいい 12
法がない 456
ほうがましだ 401
方向だ 501
方向では 205
報酬に 221
方針だ 501
方針を固める 501
ほうではない 441

ほか(は)ない 293, 465
保証{が／は}ない 321, 455
保障がない 458

ま

まい 285, 292, 359
まぎれる 28
間際 252
幕ではない 441
幕はない 441
まじ／まじき N 362
まして 46
間近 253
まちがいない 331
まちがいなく 339
待ちかねる 307
(まで)にいたった 43
までだ 293, 466
までのことだ 293
までもない 467, 479
まねをして 62
ままだ 499
ままに 211
間もなく 271, 277
まんざら 435

み

見込みだ 500
見ていられない 377
見通しだ 500
見るに見かねて 307

む

無理もない 290

め

名目で 200

も

も重なって 58
目前 253
目的で 201
もしない 459
もっとも 432, 455
も手伝って 57
もとに 208
もの 486
ものか 485
ものかどうか 486
ものがない 445
もので 193, 235
ものではない 433, 452, 483
ものと思われる 489
ものとされる 489
ものとする 482
ものとみなす 482
模様だ 497
もん 486

や

や否や 257
約束だ 497
矢先(に) 250
やっと 148
やむをえず 290
やむをえない 289
やりきれない 393

ゆ

勇気がない 456
所以だ 497
所以はない 457

よ

よ 310

ようがない　287, 462
様子だ　499
様子で　196
ようでは　47
ようでもない　440
ようと(は)しない　459
ようとする　242, 264
ようなことはしない　459
ようなものだ　487
ように　14
ようにする　361
ヨウニナル　87
ようにも　287, 471
ようによっては　47
要領で　204
よく　483
横から　260
よしみで　202
よしもない　467
予想される　318
余地がない　456
予定だ　498, 500
予定　199
余裕がない　456
(より)ほかない　464
より先に　257
よりない　465
よりほかない　293, 465

れ

れば　285
レバ　164, 165, 166, 173, 309, 319
ればいい　486
ればいいというものではない　434
レバコソ　175
〜レバ〜デ　179
XレバYホド　176

わ

わけがない　446
わけだ　429
わけではない　318, 323, 429, 452
わけにはいかない　362, 463
忘れてはいけない　357
忘れてはならない　357
わりに(は)　218
割には　70
悪く言えば　184

を

を合言葉に　130
を合図に　130
を相手取り　29
を足がかりに　129
を糸口に　128
を受けて　30, 57, 106, 134
を縁に　117
を追い風に　130
をおいては　46
を押し切って　66
を介して　59
を限りに　54
を掛け声に　130
をかすめて　63
を糧に(して)　131
をかねて　228
を皮切りに　126
を機縁に　117
を機会に　116
をきっかけに　120
を機に　116
を期に　135
を教訓に　131
を切り口に　127, 128
を禁じえない　390, 391
を禁止します　347

を契機として　119
を契機に　116, 118
を契機にして　119
を厳然たる境界として　124
を口実に(して)　28
をごまかして　63
を最後に　124
を境に　123
を逆手にとって　65
を支えに(して)　131
をさしおいて　28
を差し引いても　49
を潮に　124
を試金石として　128
を前提に　201
をたたき台に　134
を棚にあげて　65
を力に　131
を通じて　59
を手がかりに　129
をてこに　129
を手はじめに　127
を突破口に　128
をにらんで　42
を抜きにしては　47
を狙い澄まして　30
を狙って　30
を除いて(は)　47
を励みに　131
をばねに　129
を反映して　61
をピークに　124
を控えて　41
を引き金に　127
をヒントに　129
を節目に　124
を踏まえて　30
を踏み台にして　130
を振り出しに　125, 126
を別にしても　49
を発端にして　122

を前に(して)　38
を待って　106
を見越して　42
を見据えて　42
を源に　122
を見はからって　29
を迎え／を迎えて　40

をめぐっては　44
をもとに　134
をもとに(して)　208
を余儀なくされる／させる
　　　　／させられる　294
をよそおって　62
を装って　28

を呼び水に　128
をよりどころに　122

ん

んばかり　493
んばかりに　493

あとがき

　筆者は平成16年(2004年)に『日本語複文表現の研究　接続と叙述の構造』(白帝社)を公刊した。幸いにも『国語学』(現『日本語の研究』、日本語学会)、『月刊言語』(大修館書店)等の書評でとりあげられるなど、文法研究者のあいだから反響があり、この成果をさらに発展させ、新しい視点から日本語教育に資する文法研究の成果をまとめてみたいとの必要に駆られた。本書では前著で十分に言及できなかった接続と文末表現の態様について、形態的には複合辞という観点から、また意味機能という側面からは言語行動、発話行為との相関を重視する観点から考察を試みた。その意味では書名は異なるが、前著の続編ということになる。とりわけ前半では時間節に重点をおきつつ、「投げ」或いは「渡し」が結果事態に向けて立ちあらわれる諸相をいささか詳しく検証し、後半ではその「受け」或いは「流し」「止め」の部分、すなわち展開と終結の諸相を文末表現の多様性において検証した。

　これまでの日本語教育の実践をふまえつつ文型研究と言語行動から文法を捉えなおすという試みは、文法研究をより実践的な角度からとらえ直す作業にほかならない。その試みは依然として牛歩の歩みであるが、日本語の文論研究にいささかなりとも資するところがあれば、と願う。本書のそれぞれの考察の元になったものは以下の通りである。2004年4月から翌年3月にかけて英国ロンドン大学での長期海外研究をはさんで書かれたものが大半を占めるが、最近の研究成果をふまえて、これに大幅な改稿、加筆を行うとともに新稿を加えた。

序章
- 複合辞からみた日本語文法の研究
　―文型研究と文法研究の接点をもとめて　……　書き下ろし

第1部
- 動詞テ形後置詞の分類と意味機能
　―機能的認定と様態的意味の諸相　……　書き下ろし
- 漸進性をあらわす後置詞―"―につれて""―にしたがって"をめぐって
　…『大東文化大学紀要(人文科学)』第39号　2001.3
- "きっかけ"をあらわす構文について―〈類義語〉と〈類義文型〉の関係
　…『指向』第3号　大東文化大学大学院外国語学研究科日本語学専攻紀要

2006.3
・「結果誘導」節における発話意図―主観性をめぐる一考察
　　…『語学教育研究論叢』第 20 号　大東文化大学語学教育研究所 2003.3

第 2 部
・レバ条件文における文脈的機能―論理関係と節末・文末表現に注目して
　　…『語学教育研究論叢』第 23 号　大東文化大学語学教育研究所 2006.3
・擬似的な連体節と従属接続成分
　　―「理由で」「代わりに」「反面」などをめぐって　……　書き下ろし
・"瞬間" と "同時" を表す複合辞
　　―事態生起の偶発性と恣意性の観点から　……　書き下ろし

第 3 部
・「しかたがない」、「やむをえない」考―〈表出〉をめぐる省察
　　…『外国語学会誌』第 29 号　大東文化大学外国語学会 2008.3
・確信と判断の交渉―「にちがいない」と「のはまちがいない」
　　…『外国語学研究』第 9 号　大東文化大学大学院外国語学研究科 2008.3
・条件と可能性、蓋然性のモダリティ
　　―「かもしれない」「かねない」とその周辺
　　…『大東文化大学外国語学部創設 35 周年記念論文集』2008.3
・言語行動論からみた発話行為と文法―〈禁止〉の構文をめぐって
　　…『語学教育研究論叢』第 31 号　大東文化大学語学教育研究所 2009.3

第 4 部
・"心情の強調" をあらわすモダリティ形式と命題の評価性
　　―「―てならない」「―ずにいられない」などを中心に
　　…『語学教育研究論叢』第 21 号　大東文化大学語学教育研究所 2004.3
・心的表出と価値判断のモダリティ(2)
　　―"引用" という観点からの考察　……　書き下ろし
・否定文末形式の意味と機能
　　…『講座日本語教育』第 40 分冊　早稲田大学日本語研究教育センター
　　　2004.11
・否定文末表現における判断の諸相―否定の論理構造と倫理的な意味
　　…『外国語学研究』第 8 号　大東文化大学大学院外国語学研究科紀要 2007.3
　　『日本言語文化研究　周炎輝教授業績論文集』湖南大学出版社 2008.8 転載

附章
・名詞述語文と"説明"のモダリティ表現
──「ことだ」「ものだ」から「寸法だ」「毎日だ」まで
…… 書き下ろし

　アメリカの著名な言語学者シルヴァーステインは言語の構造がいかにしてつくられるのか、という命題について次のように述べている。

　　言語の構造というものは、その言語を使う人々が覚醒としての認識と習慣を前提にしてそこから抽出してつくられるものである。（Silverstein1985）

一見、自明のことのようであるが、我々はこのことに気づかない、いやときには故意に気づこうとしないことさえあり、それが往々にして社会の関係性においてさまざまな破綻や軋轢を生じていることは明らかである。
　言語構造の大きな枠組みとして対格言語と能格言語という傾向が議論されることが少なくない。類型論の代表的な枠組みであるが、英語のような外在的視点での発話においては話者は客観的に事象を把握するのに対して、日本語のような能格言語では内在的視点から発話し、話者は事象のなかの一要素であるとする。したがって場のなかで自明なことはあえて言う必要がない。前者の言語傾向の社会においては自他対立型のカテゴリーを認識の習慣とし、個人主義、近代化意識の土壌を生成したのだが、後者の言語傾向の社会ではこれとは対照的に自他融合型の認識習慣を育み、いわゆる自己の二領域性といった指向風土を生成してきた。対格言語の習慣社会においては事象把握には、首尾一貫性があり、因果関係の整然とした線的なプロセスが重視されるとし、非線的な switch reference は異常な現象であると見る。しかし、能格言語の習慣社会においては発話の場において話者は事象を二領域すなわち、「figure 図」と「ground 場」で同時にとらえ、経済性にかなった情報伝達であるとする。「冷蔵庫を開けるとビールがある」「動物園に行けばコアラがいる」といった異主語が省略された文は日本語では一般的であって、対格言語の習慣からは屈折現象である。「太郎がボールを投げて窓ガラスを割った」という文に対して「太郎がボールを投げたら窓ガラスが割れた」を自然とする認識は、後者が人物、事態、場を一体的なものとして捉えているからである。しばしばスル的な言語（行為主意）に対してナル的な言語（結果指向）と規定される例だが、後者においては事態をいわば外側からと内側からと双方から一体的に捉えているのであって、この一体的な本体把握が日本人のどのような習性から生まれたものであるかは、もはや言

語研究の領域を越えたもので、さらなる論究が必要であろう。

　以上は、井出祥子氏の「場の言語学——社会インフラとしての言語コミュニケーション」（公開シンポジウム「地球時代の未来を設計する：場の論理の展開」早稲田大学 2009.12.26）を拝聴し、共感を得た部分を筆者なりに整理してみたものである。近現代の自我の問題として個の自立、分離が提唱されるが、その混迷は方々に湧出し、いまだ解決の糸口を見いだしてはいない。それぞれの自我を主張し合う世界はグローバリズムの中にあって、ますます尖鋭化しているようである。日本語は場の論理を支える言語で、自己の拠ってたつところの二領域性を意識する磁場に特徴的な姿があるように思われる。本書を書き終えてその認識を新たにするものである。日本語の立ち位置を考えるとき、認識の共通枠という意味において、本書で対象としてきた複合辞という文法カテゴリーも再意識していく必要があろう。

　本書の考察において、あらためて日本語の表現の多様性を認識するとともに、日本語の構造的意味分析がまだ十全ではないことも痛感された。今後の課題はこれらの機能的特徴とともに、表現発想の風土、心理を明らかにすることである。

　多くの学恩を受けながら研究を進めるなかで、国語学会（現日本語学会）から、森田良行著『日本語文法の発想』の書評を依頼されたのは英国ロンドンでの研究留学中であった。その拙文（『国語学』54-4, 2004.11）を認めるなかで日本人の近代の「自我」の覚醒にふれ、日本語の「公私」の概念について些か考えるところがあった。これはロンドンという多民族・多文化社会に触発された機会でもあったが、以後この呪縛を自分なりに解き明かすという命題を文法研究のなかに求め続けた。本書はその思索の過程の一端でもある。それにしても 2004 年から翌年にかけての英国ロンドン大学 SOAS（東洋アフリカ学院）での長期海外研究は、筆者にとって何と多くの知的刺戟を与えてくれたことであろう。多くの研究者との出会いを通じて日本語学を多文化、多言語のなかで実際に追究する姿勢を学びえたことは生涯の収穫であった。あらためて英国滞在中にお世話になった各位に感謝したい。このたびの論考をまとめるにあたり、勤務先の大学院の演習において問題提起をしてくれた院生の議論も研究の豊かな土壌となっている。また早稲田大学日本語教育研究センター教授佐久間まゆみ氏はじめ多くの研究者から貴重なご教示、ご助言を賜った。ここに深い感謝の意を表するものである。

　筆者は大学卒業と同時に日本語教育の世界に足を踏み入れ、多くの世界の日本語学習者に日本語を教えながら様々な異文化に触れ、知識を摂取してきた。その多くの学習者たちに感謝すると同時に、その過程で出会った多くの学恩もまた忘れることができない。とりわけ、1984 年、筆者を中国に招聘し、その後の日本語研究の端緒を開いてくださった湖南大学名誉教授周炎輝先生には心より感謝申し上げた

い。思えば文字通りゼロからの人生の再出発を期した筆者に暖かい手を差し伸べてくださった恩師との邂逅がなければ、まがりなりにも今日の自分を築くことはできなかった。だが、悲しむべきことに周炎輝先生は 2009 年 10 月 11 日、帰らぬ人となってしまった。亨年七四歳であった。ほぼ一年前の 2008 年 9 月に湖南大学を再訪した折にお目にかかったのが最後になろうとは思いもかけなかった。ご恩返しも道半ばとなり、深い悲しみを禁じ得ない。ご冥福をお祈りするばかりである。

その悲嘆も癒されぬうち、日をおかずして今度は最愛の母を失うという悲しみに遭遇した。母は異郷にあっても常に心の支えとなってくれた。母の遺したものは母語という偉大な産物、そして昭和の戦乱と物資困窮という激動の時代を生きた歴史であった。あらためて我が身の日本語の原質を感ぜずにはいられない。

この悲しみを乗り越え、日本語という母語をこれからも紡ぎだし、日本語の本質、日本人の言語発想を探究していきたい。

拙い成果ではあるが、本書を恩師、周炎輝先生、そして母の霊前に捧げる。

本書の出版に際しては学術書出版の多難な折、お引き受けいただいたひつじ書房社主松本功氏に心より感謝申し上げたい。また、遅々として進まない筆者に適切なご指示とご助言をいただいた編集の森脇尊志氏、索引の作成にご尽力いただいた三井陽子氏に深甚の謝意を申し上げる。

平成 22 年 2 月

【著者紹介】

田中 寛(たなか ひろし)

〈略歴〉大東文化大学外国語学部日本語学科・同大学院外国語学研究科日本言語文化学専攻教授。博士(文学、立命館大学)。
専門領域：日本語学、タイ語学、日本語教育学。
英国ロンドン大学 SOAS (東洋アフリカ学院) 学術訪問員 (2004年度)、中国・北京外国語大学短期研究員 (2001, 2008)、中国・湖南大学客員教授 (2007.5–)。

〈主な著書〉『条件表現の対照』((共著) くろしお出版 2006)、『はじめての人のための日本語の教え方ハンドブック』(国際語学社 2006)、『統語構造を中心とした日本語とタイ語の対照研究』(ひつじ書房 2004)、『日本語複文表現の研究 接続と叙述の構造』(白帝社 2004)、『ボーダーレス時代の外国語教育』((共著) 未来社 1999) など。

ひつじ研究叢書〈言語編〉第85巻

複合辞からみた日本語文法の研究

発行	2010年3月30日　初版1刷
定価	9800円＋税
著者	ⓒ田中 寛
発行者	松本 功
本文フォーマット	向井裕一（glyph）
印刷所	三美印刷株式会社
製本所	田中製本印刷株式会社
発行所	株式会社 ひつじ書房
	〒112-0011 東京都文京区千石2-1-2 大和ビル2階
	Tel.03-5319-4916　Fax.03-5319-4917
	郵便振替 00120-8-142852
	toiawase@hituzi.co.jp　http://www.hituzi.co.jp

ISBN978-4-89476-479-8

造本には充分注意しておりますが、落丁・乱丁などがございましたら、小社かお買上げ書店にておとりかえいたします。ご意見、ご感想など、小社までお寄せ下されば幸いです。